금융 소비자 권익 보호론

권순찬 지음

(주)교학사

▌ 머리말 ▌

금융은 흔히 사람 몸의 혈맥에 비유된다. 마치 피가 몸에 필요한 영양소를 공급하듯 금융이 공급자와 수요자 간에 자금 흐름을 중개하기 때문이다. 소액 예금을 모아 거액 자금을 만들어 생산성이 높은 곳에 여신을 제공하거나 투자를 함으로써 기업의 이윤 확대와 가계의 재산형성 및 후생 증대가 이루어지게 된다.

또 금융은 가계나 기업에 지급결제의 편의를 제공하고, 자산의 유동성을 높여주어 차입비용을 낮추어주기도 한다. 다양한 금융자산을 이용한 분산 투자와 보험의 리스크 풀링(pooling), 파생상품을 이용한 위험의 헤지 등 여러 가지 위험관리 수단도 제공한다. 이와 같이 다양한 기능을 통하여 금융은 국민경제 발전에 이바지한다.

이렇듯 중요한 기능을 하는 금융은 금융소비자를 기반으로 한다. 금융회사와 금융거래를 하는 개인이나 기업 모두 금융소비자이다. 모든 상거래와 마찬가지로 금융거래도 금융소비자의 구매력과 함께 금융회사와 금융소비자 간의 신뢰가 뒷받침되어야 지속 가능하다. 금융소비자의 구매력과 신뢰는 금융소비자가 금융거래로부터 기대한 만큼의 효익을 얻었을 때 증가한다.

그런데 금융상품은 다른 상품과 달리 매우 어렵고 복잡하며 또한 위험하다. 그리고 일반적으로 금융소비자는 금융회사에 비해 금융이나 금융상품에 대한 지식이나 정보 등이 현저하게 부족하고 자금력이나 교섭력도 비교할 수 없을 정도로 취약하다. 이러한 여건에서는 금융회사가 우월적 지위를 남용함으로써 금융소비자는 피해를 입을 가능성이 항상 열려있다. 만약 그 가능성이 현실화되면, 심한 경우에는 금융소비자가 금융회사를 신뢰하지 않게 되고 구매력도 감소하므로 금융거래가 축소되어 금융산업의 발전을 기대하기 어렵게 될 수 있다. 그러므로 금융의 안정과 발전을 위해서는 금융소비자가 금융회사의 부당행위로 인한 피해를 입지 않도록 금융소비자를 보호할 필요가 있다.

금융소비자보호는 2008년 미국발 글로벌 금융위기 이후 선진 각국 금융당국의 핵심 이슈가 되었다. 이에 따라 미국, 영국 등 선진국들은 금융감독 체계상의 금융소비자보호 기능과 조직을 강화하였으며, G20정상회의 등에서 금융소비자보호에 관한 논의가 진행되었다.

우리나라도 그동안 저축은행 사태, 동양 사태, 키코(KIKO) 사태 등을 계기로 금융소비자보호의 중요성에 대한 국민 공감대가 형성되었다. 이에 따라 2011년부터 의원 입법과 정부안에 의한 「금융소비자보호법」 제정이 추진되었다. 그 후 한동안 논의가 지지부진하였으나, 사모펀드 사태를 계기로 정부안에 대한 논의가 급진전되어 2020년 3월 법이 제정되고 2021년 3월부터 시행되었다.

우리나라 「금융소비자보호법」에 나타난 금융소비자보호 체계는 강자인 금융회사가 약자인 금융소비자에 대해 지극히 온정적, 시혜적으로 접근해야 한다는 관점(paternalism)에서 출발한다. 금융회사에게 금융소비자보호를 위한 여러 가지 의무를 부과하고, 금융회사가 이를 위반하여 금융소비자에게 피해를 입힐 경우 금융당국이 강력하게 제재하는 방식으로 금융소비자를 보호하려고 한다.

이러한 이분법적 접근방식으로는 금융소비자 피해를 예방하는 데 한계가 있다. 그 이유는 금융회사가 본질적으로 영리법인인 이상 이해가 상충될 경우 자기 이익을 희생시켜가며 금융소비자를 보호해주기를 기대하기가 매우 어렵기 때문이다. 그리고 금융당국의 법집행 능력에 한계가 있으므로 금융회사가 법을 위반하여 금융소비자에게 피해를 입힌 사례를 모두 적발하여 조치를 하기가 어렵다. 따라서 엄정한 처벌을 통하여 위법행위를 시도할 엄두를 내지 못하도록 함으로써 피해를 예방하는 것도 쉽지 않다. 게다가 본인이 일단 자필로 기명날인을 하였으면 금융소비자에게도 손해의 60~70%를 부담하도록 하는 판례가 확립되어 있으므로 법 위반 사실이 드러나더라도 금융소비자가 손해를 완전히 회복할 수는 없다. 그럼에도 금융회사를 과도하게 규제하고 처벌하면 그 영업을 위축시키고 경영 건전성을 훼손할 위험이 있으며, 심한 경우 부실화되어 해당 금융회사를 거래하는 모든 금융소비자와 이해관계자가 피해를 입을 수도 있다.

본서에서는 이와 같은 금융소비자보호 문제 접근 방식의 한계를 극복하기 위해 이전에 발생한 대형 금융소비자 피해 사례들을 바탕으로 금융분쟁을 일으키는 표면적 원인과 근본적인 원인까지 심층 분석하였다.

그 원인을 금융거래 주체별로 보면, 금융분쟁은 금융회사가 우월적 지위를 남용함에 따라 일어나는 것은 분명하지만 거래 상대방인 금융소비자도 상당한 원인을 제공한 것을 알 수 있었다. 금융당국도 금융정책 수립 또는 사후감독 과정에서 금융소비자보호 측면을 간과한 부분이 있었다. 또 요인별로 보면 금융거래 당사자 간의 역학관계나 금융회사의 영업 전략과 같은 표면적인 것뿐만 아니라, 금융회사 경영 건전성 문제, 금융소비자의 인식, 금융소비자보호 시스템의 한계, 경제 또는 사회 환경적 요인 등이 복합적으로 작용하였다.

이러한 점들에 비추어 이론적으로는 금융회사 임직원들이 금융소비자가 금융회사의 존립 기반으로서 그들과 상생하는 것이 금융회사 발전의 원동력이 된다는 점을 깊이 인식하고, 금융소비자가 금융회사와의 거래를 통하여 원하는 효익을 얻도록 도와주기 위해 노력하는 것이 가장 효과적, 효율적으로 금융소비자를 보호하는 길이 될 것이다. 또 금융소비자들도 스스로 권익을 보호할 수 있도록 필요한 역량을 갖추어야 할 것이다. 그러나 현실에 비추어 이렇게 되기를 기대하기는 어렵다. 그러므로 금융당국의 역할이 필요하다고 보고 다양한 방안을 제시하였다.

금융회사에 대해서는 무엇보다도 금융회사의 부실로 인한 금융소비자 피해가 없도록 경영건전성 감독을 강화하여야 한다. 금융회사 임직원들이 금융소비자보호의 중요성을 인식하고 그 의무를 충실히 이행하도록 유도하기 위해 금융소비자 보호실태 평가의 실효성을 높이고 금융소비자보호 관련 검사를 강화하여야 한다. 과도한 단기수익 위주의 영리추구로 인한 금융소비자 피해유발을 막기 위해서는 감독제도와 함께 내부통제시스템을 재정비하여야 한다.

또 금융소비자도 금융거래의 주체로서 스스로 권익을 보호하기 위해 필요한 지식과 정보 및 역량을 갖추고 자기책임 하에 금융거래를 하도록 하여야 한다.

이를 위해 금융당국은 계약서류 읽기 캠페인과 같은 금융소비자 의식 전환을 위한 활동을 전개하고, 금융교육 서비스를 보다 확충할 필요가 있다. 그리고 금융당국이 보유하고 있는 금융회사의 경영실태, 금융상품의 내용과 위험 등과 같이 금융소비자가 금융거래와 관련한 의사결정에 필요한 정보를 금융소비자에게 충분하고 원활하게 제공하여야 한다. 과도한 위험을 부담하며 수익을 추구하지 않아도 되도록 노후복지나 주거안정 등 여건 개선도 필요하다.

아울러 금융소비자 피해가 일어난 경우에는 금융당국이 공정하고 투명하게 분쟁조정을 하고, 법 위반 사항에 대해서는 법률에 따라 엄정하게 조치를 하는 심판으로서의 역할을 다하여야 한다.

이러한 노력으로 금융회사가 금융소비자의 중요성을 재인식하고 금융소비자는 자기에게 가장 바람직한 금융회사와 금융상품을 선택할 수 있는 능력을 갖추게 되면 자연히 금융소비자 권익이 완벽하게 보호될 수 있다. 뿐만 아니라 시장규율(market discipline)이 이루어지게 되어 보다 폭넓은 금융 자율화가 가능하므로 금융산업이 성장하여 국민경제가 발전하고, 금융소비자들도 재산형성과 복리후생 증대라는 금융거래의 목적을 달성할 수 있다. 결과적으로 금융회사와 금융소비자가 윈-윈 하는 상생 관계를 이룰 수 있게 될 것이다.

이 책은 크게 5개 부분으로 구성되어 있다.

제Ⅰ장에서는 금융소비자보호의 개요와 함께 우리나라 금융소비자보호 제도로서 「금융소비자보호법」과 금융소비자 피해 예방 및 금융소비자피해 구제를 위한 제도의 실제 운영 현황에 대해 소개한다.

제Ⅱ장에서는 우리나라 금융소비자보호 제도의 성과를 평가하고, 집단적 금융소비자 피해에 대한 금융분쟁조정 사례를 살펴보며, 금융분쟁이 발생하는 주요 원인에 대해 금융회사, 금융소비자 및 금융당국으로 나누어 점검해 본다. 또 「금융소비자보호법」이 안고 있는 문제와 한계에 대해서도 분석한다.

제Ⅲ장에서는 금융소비자보호를 어떻게 할 것인가에 대한 방안을 모색한다. 먼저 금융소비자보호 정책 방향에 대해 살펴보고 이어서 금융회사의 금융소비자보호 기능을 제고하도록 하기 위한 방안과 금융소비자의 자기 보호능력 배양 방안 및 이를 지원하기 위한 금융당국의 역할에 대해서도 검토해 본다. 아울러 금융분쟁조정의 실효성을 높이기 위한 방안도 제시한다.

그리고 부록에서는 본서 본문 내용과 연관되는 사항으로서 「금융소비자보호법」 주요내용과 함께 전문적이거나 특정 분야나 기관에 한정된 것들을 실어 관심 있는 독자들이 참고할 수 있도록 하였다.

금융의 디지털화, 융합화 등 금융 트렌드 변화에 따른 금융소비자 권익보호 관련 이슈는 향후 과제로 남긴다.

모쪼록 본서가 금융당국의 금융소비자보호 제도 정비와 운영, 금융회사 임직원들의 금융소비자보호에 대한 인식 제고 및 금융회사의 금융소비자보호 시스템 구축·운영, 금융소비자의 책임의식 제고와 권익 보호 역량 강화 등에 도움이 되기를 기대한다.

이 책을 집필하는 동안 여러 가지 어려운 여건에서도 무던히 견디고 참고 기다리며 뒷바라지를 해준 아내에게 송구함과 고마움을 전한다. 그리고 아낌없는 격려와 조언을 해주신 금융감독원 선·후배님들께도 감사의 말씀을 드린다. 아울러 출판을 허락해주신 (주)교학사의 양철우 회장님과 원고 편집과 교정을 위해 수고를 아끼지 않으신 김덕영 편집위원 등 관계자 여러분께도 감사를 드린다.

차례

제 II 장 금융소비자보호 제도 운영 성과

제 Ⅲ장 금융소비자보호, 어떻게 할 것인가?

제 I 장

금융소비자보호 제도 개관

제1절 금융소비자보호 개요

1. 금융소비자란?

「소비자기본법」 제2조 및 동법 시행령 제2조에 따르면 "소비자"란 '사업자가 제공하는 물품 또는 용역을 소비생활 또는 생산활동(농 · 어업에 한함)을 위하여 사용(이용 포함)하는 자'를 말한다. 여기서 사업자는 '물품을 제조(가공 및 포장을 포함) · 수입 · 판매하거나 용역을 제공하는 자'이다. 이러한 정의에 비추어 볼 때 일반적으로 "금융소비자"란 금융회사가 제공하는 금융상품이나 용역을 사용(이용)하는 자'라고 정의할 수 있다. 예금자, 대출 또는 보증 채무자, 투자자, 보험계약자(피보험자, 보험수익자 포함) 등으로서 개인은 물론 법인도 해당된다. 우리나라 사람들 가운데 일부 미성년자를 제외한 대부분의 개인과 기업은 모두 금융거래를 하므로 사실상 거의 모든 국민이 금융소비자라고 할 수 있다.

그런데 「금융소비자보호법」 제2조에서는 "금융소비자"란 '금융상품에 관한 계약의 체결 또는 계약 체결의 권유를 하거나 청약을 받는 것에 관한 금융상품판매업자의 거래상대방 또는 금융상품자문업자의 상대방인 전문금융소비자 또는 일반금융소비자'라고 정의하고 있다. 이와 같이 금융상품판매업자등과 금융상품 거래 계약을 체결한 상대방을 금융소비자로 정의한 것은 모든 금융거래는 일반 물품의 거래와 달리 명시적인 계약을 체결하여야만 성립하는 특성이 있기 때문이다.

또 「소비자기본법」과 달리, 계약을 체결하여 금융상품이나 서비스를 취득하여 사용하거나 이용하는 자 외에 계약체결 전이라도 금융회사가 계약체결을 권유하거나 청약을 받는 상대방도 금융소비자에 포함하고 있다.

이것은 금융상품 및 서비스가 농산물이나 공산품 같은 일반 소비재보다는 이해하기 어렵고 복잡하며, 경우에 따라서는 큰 손해를 볼 수도 있는 특성을 지니고 있기 때문이다. 만약 구매 전 단계에서 권유나 설명이 제대로 이루어지지 않으면 금융지식이 부족한 금융소비자가 금융거래로 인해 큰 피해를 볼 수 있게 되므로, 금융소비자를 보다 철저하게 보호하기 위해서는 권유나 청약 단계에서부터 법적 규제를 적용할 필요가 있다. 실제로 금융상품 유형별 영업행위 준수사항인 적합성원칙이나 설명의무, 부당권유행위 금지, 금융상품 광고 관련 준수사항 등은 모두 계약이 체결되기 이전의 권유나 청약 단계에서 준수하여야 하는 사항들로서 비록 최종 계약으로 연결이 되지 않았더라도 이를 위반할 경우 법에 의해 처벌을 받을 수 있다.

그리고 금융소비자를 전문금융소비자와 일반금융소비자로 구분한 것은, 일반금융소비자는 전문금융소비자에 비해 금융관련 지식이나 거래경험 등 금융에 관한 전문성이나 재산규모 등이 취약하여 위험감수 능력이 부족하므로, 전문금융소비자 보다는 특별한 주의를 기울여 보호할 필요가 있기 때문이다. 그런 취지에서 법률에서는 6가지 영업행위 준수사항 가운데 적합성원칙과 적정성원칙 및 설명의무는 일반금융소비자에게만, 불공정영업행위·부당권유행위 금지 및 허위·과장광고 금지는 전문·일반금융소비자 모두에게 적용한다.

한편 금융회사와의 거래 중 금융상품이나 금융서비스와 관련된 것이 아닌 거래, 예를 들면 금융회사에 대한 물품 또는 서비스 제공계약 같은 거래와 관련한 불만 때문에 금융감독원에 민원을 제기하는 사람도 있다. 이러한 거래를 하는 사람은 엄격한 의미에서 금융소비자는 아니며, 따라서 이러한 사안에 대한 민원 처리는 공정거래위원회 소관이다. 따라서 금융감독원에 민원을 제기

하더라도 공정거래위원회에 이관하거나, 금융감독원에서 처리하더라도 금융
소비자보호처가 아닌 감독 또는 검사부서에서 담당하게 된다.

2. 금융소비자보호의 필요성

세계 각국에서는 소비자를 보호하기 위해 법률을 제정하고 법을 위반한 경
우 처벌하는 것이 매우 일반적이다. 그 이유는 상품이나 용역을 제공하는 사
업자와 비교할 때 소비자는 상품의 원재료, 제조원가, 성능, 품질 등에 대한
지식이나 정보가 부족하여 사업자와 대등한 입장에서 거래를 할 수 없는 불리
한 여건인데다, 사업자는 자기 이익을 극대화하기 위해 행동하는 것이 일반적
이므로 사업자와 소비자 간의 거래를 방임할 경우 소비자가 일방적으로 피해
를 볼 수 있기 때문이다. 특히 금융거래에 있어서는 일반인이 금융상품의 내
용과 위험을 이해하기가 매우 어렵고 복잡하므로 그 금융상품이 본인에게 필
요한 상품 또는 유리한 상품인지 알기 어려워 경제적 실익이 없는 상품을 구
매하거나 과잉 구매를 하게 될 수 있고, 경우에 따라서는 금융상품의 가치가
크게 하락하여 금융소비자가 큰 손실을 입을 수도 있다. 그러므로 금융소비자
가 금융회사와 거래를 하는 데 있어서 전문지식이나 정보 등 불리한 여건 때
문에 금융회사로부터 부당한 대우를 받거나, 강요 또는 허위·과장 광고나 설
명에 기초한 권유에 따라 금융거래를 함으로써 피해를 입지 않도록 하기 위
해, 아울러 피해를 입은 경우 이를 구제하기 위해 금융소비자를 보호하는 법
을 제정, 운영한다.

금융거래 및 사후처리에 있어서 금융소비자가 금융회사에 비해 불리한 측면이
무엇이며 그것이 발생하는 원인이 무엇인지를 구체적으로 살펴보면 다음과 같다.

첫째, 금융소비자가 금융회사에 비해 금융 및 금융상품에 대한 전문지식과
정보가 매우 부족한 정보 비대칭 상태이다.

일반적으로 금융상품은 금리나 주가, 환율, 물가 등 금융·경제적 지표를 바
탕으로 만들어지며, 보험상품의 경우에는 인구, 재해, 질병 등 각종 통계와 확
률까지 이용한다. 파생상품의 경우에는 난해한 금융공학이 적용된다. 게다가

금융상품은 판매 현장에서 성능을 확인하고 품질을 비교할 수 있는 일반 소비재와 달리, 만기가 되거나, 계약에서 정한 사건이 발생하거나, 계약을 해지하게 되면 비로소 그 당시의 금융·경제지표에 따라 그 가치나 효능이 확정된다. 그러므로 금융회사나 금융소비자가 해당 금융상품을 거래할 경우 얻을 수 있는 이득과 위험 등을 정확히 판단하려면 금융, 경제, 통계 등에 대한 전문적인 지식과 해당 금융상품 설계에 이용된 데이터와 모델 등에 대한 정보는 물론, 각종 경제지표나 통계가 어떻게 변화할 것인지 예측을 하는데 필요한 정보를 얻는 것이 전제되어야 한다.

그런데 금융상품을 만들거나 판매하는 금융회사는 개인이 아니라 많은 사람들이 함께 일하는 조직으로 구성되어 있다. 임직원들은 모두가 금융상품은 물론 금융상품의 가치에 영향을 미치는 금융·경제적 요인들에 대해서도 전문지식을 갖추고 있다. 또한 조직의 구성원들이 많은 데다 국내외 네트워크까지 구축하고 있으므로 취득할 수 있는 정보는 양적으로나 질적으로나 금융소비자인 개인이나 중소기업과는 비교가 되지 않는다. 게다가 금융소비자의 심리나 행동을 연구하여 금융회사에 유리한 상품을 구매하도록 유도하는 전문 판매기법도 다양하게 개발하여 활용한다.

이에 반해 금융소비자는 금융상품의 내용과 위험에 대한 지식과 정보는 물론 금융상품의 가치나 효용에 영향을 미치는 요인들의 동향과 향후 예측에 관련된 정보가 매우 부족한 것이 일반적이다. 우선 대학에서 경제학이나 경영학 등 상경분야를 전공한 사람들 외의 금융소비자들은 금융에 대한 지식이 그리 많지 않다. 금융감독원 등이 일반인이나 학생들을 대상으로 금융교육을 실시하고 있지만 그 혜택을 받는 사람 수는 전체 금융소비자의 극히 일부분에 불과하다. 대부분의 금융소비자들은 서적이나 방송, SNS 또는 지인들과의 접촉 등을 통해 금융상품이나 금융·경제 관련 정보를 접한다. 특히 금융상품에 대한 구체적인 지식과 정보는 대부분 금융거래를 위해 금융회사에 문의를 하거나 방문하여 설명을 들을 때 얻게 된다.

이렇게 얻는 지식과 정보를 바탕으로 금융거래를 하게 되면 그 금융거래를 통해 자기가 기대하는 목표를 달성하기는 쉽지 않다. 우선 해당 금융상품의 구조와 설계의 기반이 되는 자료와 통계 등을 알 수 없으므로 그 금융상품이 금융회사에 일방적으로 유리하게 설계된 경우에도 이를 알기가 어렵다.

또 동일 유형의 금융상품이라 하더라도 상품마다 금리나 수수료, 위험 보장 범위나 보험료, 우대조건 등 구체적인 내용은 차이가 있기 때문에 상품 간 단순비교로는 어느 상품이 유리한지 판단하기도 어렵다. 더구나 금융상품마다 내재된 위험이 서로 다르고 개인에 따라 위험에 대한 취향(risk appetite)도 차이가 있을 뿐 아니라, 특정 금융상품을 구매하여 이익을 본 사례가 있더라도 막상 자기가 그 상품을 선택했을 때는 앞으로의 경제여건이 이전과 같이 변화할 것이라는 보장이 없기 때문에 남이 성공한 경험을 기준으로 동일한 금융상품을 구매하는 것도 현명한 선택이 될 수 없다.

그리고 금융소비자가 취득한 거의 모든 정보가 이미 시장에 알려진 정보이기 때문에 그것을 이용하여 이익을 얻을 수 있는 기회는 사실상 없다고 할 것이다. 결론적으로 금융소비자는 금융상품을 거래하는데 필요한 지식과 정보의 양이나 질이 금융회사와는 비교가 되지 않을 정도로 빈약하다. 그러므로 금융소비자가 이러한 불리한 여건 때문에 금융거래를 할 때 금융회사로부터 부당한 대우를 받거나 손해를 입지 않도록 하기 위해 제도적으로 보호받아야 된다는 것이다.

둘째로는 금융회사에 비해 금융소비자(전문금융소비자 제외)는 정치적, 사회적, 경제적인 지위나 영향력이 미약하므로 금융거래 및 사후처리에 있어서 필요한 교섭력(협상력)도 금융회사에 비해 상당히 열위에 있다.

대부분의 금융소비자는 서민이거나 중소기업이므로 보유하고 있는 재산규모가 매우 작다. 예를 들면, 2016년 상반기를 기준으로 요구불예금을 제외한 예금의 잔액이 총 1,229조 원, 계좌 수는 1억 9,954만 개인데 잔액 1억 원 이하인 계좌가 1억 9,856만 개(99.5%)로서 총잔액은 444조 원, 계좌당 잔액 평균은 2.2백만 원에 불과하다. 이러한 사실을 보면 대다수의 금융소비자가 수백만 원대의 소액 자금을 가지고 있다는 것을 알 수 있다.[1] 그러므로 일반금융소비자가 거래조건에 불만이 있어 그것을 해결해 주지 않으면 다른 금융회사로 거래를 옮기겠다고 하더라도, 금융회사는 해당 거래가 경영에 미치는 영향이 거의 없으므로 그 소리에 관심조차 보이지 않는다. 대부분의 금융소비자도 이런 사실을 잘 알고 있어 거래조건을 협상할 엄두도 내지 못한다.

2016년 상반기 예금 규모별 좌수 및 잔액

구분	계좌수(천 좌)	총잔액(10억 원)	좌당 평균(백만 원)
10억 원 초과	78	560,826	7,190.1
5~10억 원	80	59,306	741.3
1~5억 원	831	165,060	198.6
1억 원 이하	198,560	444,273	2.2
합계	199,549	1,229,465	6.2

자료출처: SBS, 2016. 11. 27. '은행예금 1천 229조 원… 0.1% 예금이 나머지 99.9%보다 많아'

또 대출 수요자들도 만약 은행이나 저축은행 등 금융회사가 대출을 거부하면 사채와 같은 비싼 금리를 부담하는 자금을 쓸 수밖에 없기 때문에 금융회사가 요구하는 금리나 부대조건 등에 불만이 있다 하더라도 감수해야 하는 처지다.

뿐만 아니라 대부분의 금융소비자는 금융회사의 부당한 업무처리나 불완전판매 등으로 피해를 보더라도 대부분이 정식 재판절차를 밟기에는 피해 규모가 충분히 크지 않은 데다, 소송에 따른 변호사 선임비용 등 금전 부담이 많아 소송의 실익이 없을 수 있으므로 소송을 제기하기가 쉽지 않다. 언론 등을 통하여 국민 여론을 움직이거나 정치적 이슈화 하는 것도 조직과 자금력을 갖춘 금융회사에 비해 월등히 불리하다. 즉, 금융소비자가 금융회사를 상대로 협상을 할 수 있는 여력은 거의 없다고 할 수 있다.

반면에 설립에 별다른 제한이 없는 상법상의 일반 회사와 달리 금융회사는 정부의 인가를 받아야 설립이 가능하다. 이와 같은 진입장벽 때문에 금융시장

---

1) 금융소비자 한 사람이 여러 개의 계좌를 가지고 있다 하더라도 그 수가 많지 않아 총액은 별로 크지 않음.

은 경쟁 제한적이어서 일반 시장에 비해 서비스 공급자의 수가 적다. 그러므로 금융소비자에게는 선택의 폭이 좁아진다. 게다가 금융회사 간에 상품을 베끼거나 영업 전략을 추종하는 것도 어렵지 않으므로, 경우에 따라서는 담합상태와 같이 모든 금융회사가 사실상 동일한 상품이나 서비스를 제공함으로써 금융소비자의 선택권이 무력화될 수도 있다.

이러한 교섭력의 불균형으로 인해 금융소비자가 부당하게 피해를 볼 수 있는 여지를 줄이기 위한 제도적 장치가 필요하다.

세 번째, 금융소비자가 피해를 볼 수 있는 불리한 여건은 과도한 금융자율화로 인하여 발생하기도 한다.

과거, 금융에 대한 규제가 강한 시대에는 금융 산업에 대한 정부의 인가라는 진입장벽이 매우 높고 엄격하였으며, 그 장벽을 넘는 특혜에 상응하여 금융상품은 물론 영업행위 등에 대해 감독당국이 일일이 간섭을 하였다. 그러므로 금융소비자에게 일방적으로 불리하거나 사회적 물의를 야기할 수 있는 금융상품 개발은 대부분 사전에 걸러졌다. 또 판매와 같은 영업행위에 대해서도 엄격하게 규제하였기 때문에 금융소비자 피해가 비교적 적었다.

그런데 금융 선진화 등을 이유로 정부가 금융산업에 대한 규제를 완화하는 것이 세계적인 추세가 되었고, 우리나라도 1990년대 이후 지속적으로 금융 자율화를 추진하고 있다. 그러나 소비자단체 등에 의한 사회적인 견제 시스템이 구축되지 않고, 금융소비자가 충분히 대응할 수 있는 능력도 갖추어지지 않은 상태에서 급격한 금융자율화를 추진함에 따라 금융회사들이 금융소비자보호는 도외시할 수 있는 여지가 커지게 되었다. 이러한 상황에서 저금리 기조가 지속됨에 따라 금융회사들은 금융상품의 수익성을 높이기 위해 어렵고 복잡한 금융공학에 바탕을 둔 파생상품 또는 구조화 상품을 개발하거나, 부동산이나 사모사채, 메자닌(mezzanine)[2] 등 대체 투자에 눈을 돌리게 되었다. 이러한 상품들은 수익률이 높은 반면 위험도 매우 큰 특성을 가지고 있다. 이와 아울

---

2) 전환사채(CB)와 신주인수권부 사채(BW)와 같이 주식과 채권의 성격을 모두 가진 상품 또는 주식과 채권에 동시에 투자하는 것을 주로 지칭.

러 금융산업의 글로벌화와 함께 겸업화가 진전되어 외국 금융회사가 개발한 파생상품 등을 국내에서 팔게 되고, 서로 다른 금융권역에 속하는 금융회사들 간에 상품을 교차 판매하는 것도 일반화되었다.

이에 따라 주로 은행에서 비교적 안전하고 단순한 상품인 예금이나 대출만 거래하던 일반금융소비자들이 파생상품이나 사모펀드와 같은 위험한 금융상 품에 무차별 노출되게 되었다. 게다가 금융 자율화, 겸업화로 인해 금융회사 간 판매경쟁이 치열해짐에 따라 금융회사들이 실적 올리기에 급급한 나머지 불완전 판매도 늘어나게 되었다. 때에 따라서는 판매사가 금융상품의 위험에 대한 검증도 제대로 하지 않고 판매함으로써 해당 금융상품 자체가 부실하여 많은 금융소비자가 큰 피해를 입는 경우도 발생하였다. 키코 사태나, DLF, 옵 티머스, 라임 등 사모펀드 사태가 대표적인 예가 될 것이다. 이에 더하여 교차 판매를 하는 경우에는 판매업자와 제조업자 중 금융소비자 손해배상에 대한 책임을 누가 져야 할 것인지에 대한 논란도 일어나게 된다.

이와 같이 금융규제 완화로 고위험 상품 개발 및 글로벌화, 겸업화 등이 진 전됨에 따라 금융소비자가 직면하는 위험이 확대되므로, 이로 인한 피해를 예방하고, 금융회사의 부당행위로 인해 금융소비자 피해가 발생할 경우 원활 한 보상을 위해서라도 금융소비자보호를 위한 제도적 장치가 필요하다고 할 것이다.

요약하자면 금융거래는 금융소비자가 금융회사를 상대로 자기 편 골대 쪽으 로 기울어진 운동장에서 축구 시합을 하는 것과 같아서 금융소비자에게 일방 적으로 불리하여 피해를 볼 수 있으므로 금융소비자가 이러한 불리한 여건을 극복하고 금융거래를 원활하게 할 수 있도록 도와주어야 하므로 금융소비자보 호가 필요하다는 것이다.

3. 금융소비자보호로 인한 기대 효과

그러면 국가가 금융소비자를 보호하는 목적이 무엇인가? 바꾸어 말하자면 금 융소비자를 보호함으로써 국가 및 사회적으로는 어떠한 이익이 얻을 수 있는가?

첫째는 사회 정의의 실현이다.

사회의 모든 구성원들은 단순히 성별, 연령, 지식, 재력, 체력 등을 이유로 차별이나 부당한 대우를 받지 않아야 한다. 만약 금융소비자가 금융에 관한 지식이나 정보, 거래 경험 등이 크게 부족한 약점을 이용하여 금융회사가 부당한 방법으로 금융상품이나 서비스를 제공하여 피해를 입히는데도 국가나 사회가 이를 방치하고 그 피해를 구제하는 것을 외면한다면, 이는 평등이나 공정성, 사회적 약자 권익 보장 등 현대 사회가 추구하는 가치와 상충되는 것이다.

특히 금융회사는 일반 상법상의 회사와 달리 모두 금융당국의 인가를 받아 금융시장에 진입하여 제한된 경쟁여건 하에서 사업을 영위하는 특혜를 받은 기업인만큼 일반 회사보다 더 높은 수준의 도덕성과 사회적 책임이 요구된다. 그럼에도 그 책임을 다하지 못하고 오히려 금융소비자들에게 큰 피해를 입히는 악덕기업이라는 부정적 이미지가 확산되면 그로 인한 불신과 불만은 그 기대에 부응하지 못하는 만큼 더욱 증폭되며, 결국 그 감독자인 금융당국, 즉 정부에 대한 불신으로 전이되게 된다. 또 피해를 본 집단이 거래를 회피하거나 그 피해를 회복하기 위하여 집단적인 행동을 하게 되면 사회적 갈등으로 발전할 수도 있으며, 이에 따른 경제·사회적 비용이 발생하게 된다. 그러므로 이러한 갈등과 그에 따르는 비용을 줄이고, 모든 사회구성원이 화합하여 함께 사는 사회를 만들기 위해서는 금융소비자를 잘 보호하여야 한다.

둘째는 금융산업의 보호와 발전이다.

금융산업은 신뢰가 생명이다. 모든 금융회사는 금융소비자들의 신뢰를 잃으면 설 자리가 없어진다. 고객이 없는 금융회사가 어떻게 존립할 수 있는가? 만약 어떤 금융소비자가 금융회사의 약속을 믿고 금융상품을 거래하였다가 금융회사가 약속한 수익이나 보장을 얻지 못하고 오히려 피해만 보았다면 그 금융상품을 다시는 거래하지 않게 되는 것이 일반적이다. 그리고 이러한 경험들이 쌓이게 되면 결국 금융 전체에 대한 불신으로 확장되어 금융거래 자체를 극도로 회피하게 된다. 만약 이러한 사례를 경험하는 금융소비자들이 늘어나게 되면 금융거래가 줄어들게 되어 금융산업이 그만큼 위축될 수밖에 없다.

다소 극단적인 가정이지만 대부분의 금융소비자가 금융에 대한 불신이 커지게 되면 금융산업이 존폐의 위기를 맞게 되지 말라는 법도 없을 것이다. 과거 어떤 부자가 은행에 예금을 하면 은행 직원이 자기 돈을 빼내어 갈까 두려워 자기 집 비밀금고에 현금을 보관하고 있었다는 일화는 결코 소설 속의 이야기가 아닐 수 있다. 실제로 키코 피해가 발생한 후부터 중소기업들이 외환 헤지를 위한 금융상품의 거래를 무조건 외면하는 현상이나, 옵티머스나 라임펀드 사태 이후 사모펀드 거래가 급격히 위축된 사례는 위와 같은 우려가 전혀 비현실적이라고 치부할 수 없는 근거를 제공한다.

그리고 금융산업의 경쟁력 강화를 위해서도 금융소비자보호가 필요하다. 약자인 금융소비자가 전혀 보호되지 않는다면 금융회사들은 금융소비자의 무지나 정보 및 협상력 부족 등의 약점을 이용하여 금융소비자에게 일방적으로 불리한 금융상품을 판매하여 과도한 이익을 취하거나, 금융상품의 효능이나 위험을 과장하거나 허위 정보를 제공하여 부당한 이득을 취할 수 있게 된다. 이와 같이 쉽게 돈을 벌 수 있는 상황에서는 금융회사는 금융상품 개발이나 영업기법, 경영관리 등에서 혁신이 없더라도 생존에 위협을 전혀 받지 않으므로 현실에 안주하며 혁신을 게을리 하게 된다. 그러면 국내 금융회사들이 해외진출을 통한 성장과 발전을 기대하기는 어려울 뿐 아니라, 국내 시장마저 혁신을 통하여 경쟁력을 확보한 외국계 금융회사들에게 잠식되어 국내 금융회사들이 차츰 설자리를 잃게 될 수도 있다[3].

한편, 금융소비자보호 활동의 일환으로 금융교육이 활성화 되고 금융소비자의 책임과 권익의식이 강화되어 금융소비자들이 스스로 권익을 보호할 수 있게 되면 금융소비자를 위해 만든 많은 금융규제를 완화할 수 있게 될 수 있으

---

3) 외국계 금융회사가 국내 금융회사보다 금융소비자보호를 위해 노력한다는 증거가 없고, 특히 국내 기업들이 막대한 피해를 본 키코 판매를 외국계 은행에서 먼저 시작한 점과 키코 관련 분쟁이 발생한 후 금융소비자 피해 구제를 위해 국내 금융회사보다 적극 노력한 흔적이 없었던 점 등을 볼 때 외국계 금융회사들이 시장원리에 더 충실하고 금융소비자보호에는 국내 금융회사보다 소홀하다는 평가를 할 수도 있음. 그러나 글로벌금융위기 이후 미국, 영국 등 해외에서 금융소비자보호 전담 감독기관을 설치하는 등 금융소비자보호에 대한 인식과 노력이 크게 달라지고 있는 점에 비추어 외국계 금융회사들도 금융소비자보호에 경쟁력을 갖추게 될 가능성이 높은 점을 감안하여 미리 대비하여야 한다는 취지임.

므로 금융산업이 발전하는 동력으로 작용할 수 있다. 또한 금융소비자들이 스마트해지면 금융상품의 내용과 위험, 그에 따른 거래의 유 · 불리 등에 대한 정확한 판단을 할 수 있으므로 금융회사를 감시 및 견제할 수 있으며 자기의 금융거래 취향에 맞는 금융상품을 선택하고, 그러한 금융상품의 개발을 요구할 수도 있다. 이로 인해 경쟁력 없는 금융상품이나 금융회사가 퇴출되는 등 시장규율(market discipline)이 이루어지면 금융회사는 금융소비자와 건강한 긴장관계를 유지하면서 경쟁력을 키울 수 있다. 우리나라 기업들이 고화질 TV나 스마트폰 등 전자통신 분야에서 세계적인 경쟁력을 갖춘 이면에는 우리나라 소비자들의 까다로운 취향과 색깔이나 소리 등의 미세한 차이를 구별해내는 예리한 감각, 그리고 그 차이를 참지 못하는 성미 등도 한 몫 했다고 한다. 결국 똑똑한 소비자가 강한 회사를 만드는 원동력이 될 수 있으므로 금융소비자보호는 금융산업의 경쟁력 강화와 성장을 위해서도 매우 중요하다고 할 것이다.

셋째는 국민경제 발전과 국민복지 향상을 실현하기 위해서다.

금융소비자보호를 통하여 금융산업이 발전하게 되면 그로 인한 국민소득 증가뿐만 아니라 금융 및 보험이 가지고 있는 자금중개 및 위험보장 등 금융의 기능이 원활하게 작동하게 되어 국민경제가 발전하고 국민복지의 증진도 가능하게 된다.

이를 조금 자세히 설명하자면, 우선 은행, 저축은행 등과 같은 예금금융기관은 자금에 여유가 있는 고객(주로 가계)의 예금을 받아 그 자금으로 자금이 부족한 기업이나 개인에게 대출을 하는 것을 주 업무로 하고 있다. 이와 같은 자금중개, 즉 자금이 잉여상태인 경제주체로부터 예금을 모아 자금이 부족한 경제주체에게 공급해주는 과정에서, 예금자는 여유자금을 낭비하지 않고 모을 수 있을 뿐만 아니라 은행에 안전하게 보관하면서 이자까지 받을 수 있으므로 재산을 형성할 수 있고, 기업은 대출은 받아 이자보다 더 수익률이 높은 분야에 투자를 하여 이득을 얻을 수 있다. 또 기업의 투자가 늘어나면 그만큼 일자리가 늘어나고, 생산이 늘어나고 부가가치가 증가하여 국민소득이 증가하게 된다.

　또 금융투자회사 등도 자금에 여유가 있는 투자자들이 자금이 부족한 기업 등이 발행하는 주식이나 회사채 등 유가증권에 쉽게 투자할 수 있도록 서비스를 제공함으로써 기업의 자금조달을 원활하게 할 수 있도록 도움을 주어 기업이 고용을 창출하고 생산을 확대하여 국민소득이 증가하게 된다. 국민소득이 증가하면 재정도 확충되어 사람들의 경제생활뿐만 아니라 사회, 문화적 측면의 편의와 안전, 보건, 의료 등 서비스를 제공하는 사회간접자본 투자가 늘어나 국민생활이 풍요롭고 건강하며 행복하게 될 수 있다.

　그리고 보험회사는 보험상품을 판매하여 개인의 건강이나 생명 또는 재산과 관련된 위험은 물론 기업의 재산 등과 관련된 위험을 보장하고 사고 발생 등으로 위험이 현실화 되었을 때 보험금을 지급하여 손실을 보상하여 주며, 보증보험 등을 통하여 기업의 신용을 보강하여 주게 된다. 그러므로 보험은 가정이 평안하고 가계와 기업경영이 안정되도록 함과 아울러 신용도 높은 기업에 대한 투자가 확대되도록 하므로 국민경제 발전과 국민복지 향상에도 기여하게 된다. 또한 보험료로 받은 자금으로 주식이나 채권 등에 투자하여 기업에 자금을 제공하므로 예금금융기관이나 증권회사와 같은 자금중개기능도 담당한다.

　이와 같이 금융소비자보호를 통하여 금융에 대한 금융소비자의 신뢰를 높임으로써 금융산업이 발전하면 실물경제 성장과 국민복지 후생 향상이 가능하다. 이러한 의미에서 「금융소비자보호법」 제1조에서도 이 법이 금융소비자보호의 실효성을 높이는 것과 아울러 국민경제 발전에 이바지함을 목적으로 하는 점을 명백히 하고 있다.

제2절 우리나라 금융소비자보호 제도

　우리나라 금융소비자보호 제도는 「금융소비자보호법」을 근간으로 한다. 그리고 이 법에 따라 금융위원회는 금융소비자보호 정책의 수립, 금융상품판매업자등의 등록업무와 금융교육 등 금융소비자보호 전반에 대한 책임을 진다. 그리고 금융감독원은 금융분쟁조정과 금융상품판매업자등에 대한 검사, 금융회사의 금융소비자 보호실태 평가 등의 업무를 담당한다. 또 법에 따라 금융위원회가 위탁한 금융교육, 금융상품 비교공시 등 업무도 금융감독원이 수행한다.[4] 그 외에 약관심사, 소비자경보, 미스터리 쇼핑, 상속인 금융거래조회 등 업무를 수행한다.

　우리나라 금융소비자보호 제도에 대한 이해를 돕기 위해 「금융소비자보호법」과 함께 금융감독원이 수행하는 금융소비자보호 업무를 중심으로 우리나라 금융소비자보호 제도의 운영에 대해 살펴보기로 한다.

1. 금융소비자보호법

　「금융소비자보호법」은 우리나라 금융소비자보호 제도의 기본 바탕이 된다.

---

4) 금융교육, 금융상품 비교공시, 금융소비자 보호실태 평가 등 업무는 법률적 근거가 없었음에도 「금융소비자보호법」 제정 전부터 금융감독원이 시행하여 왔음.

이 법에 따라 금융소비자보호를 위한 각종 규제가 이루어지고, 금융감독원에 '금융분쟁조정위원회'를 두어 금융소비자의 피해를 구제하고 있다.

이 법은 2011년 7월에 정부법안이 최초로 입법예고 된 이후 2012년 7월, 2016년 6월, 2017년 6월의 거듭된 입법예고를 거쳐 약 8년 만에 국회를 통과하였으며, 2020년 3월 25일 공포되고 2021년 3월 25일 시행되었다.

이 법은 금융소비자보호의 목적, 금융소비자의 권리와 책무, 금융회사의 책무 및 영업행위 준수사항, 금융소비자보호 정책과 금융분쟁조정, 금융회사에 대한 감독과 법규위반사항에 대한 처분 등 우리나라 금융소비자보호의 근본 철학과 정책방향은 물론 구체적인 방법론까지 명시하고 있다.

이 법에서는 그동안 개별 금융업법에 분산되어 있던 금융소비자보호에 관한 규정들을 통합함에 따라 모든 금융권역에 대해 동일 행위, 동일 기능에 대해 동일한 규제를 할 수 있도록 금융상품을 예금성, 투자성, 보장성 및 대출성 금융상품으로, 금융상품판매채널은 금융상품직접판매업자, 금융상품판매대리·중개업자, 금융상품자문업자로, 금융소비자를 전문금융소비자와 일반금융소비자로 구분하고 그에 따라 규제방식이나 수준을 달리하고 있다.

금융소비자 피해를 예방하는 장치로서 금융상품 유형별 영업행위 준수사항 6가지, 즉 적합성원칙, 적정성원칙, 설명의무, 불공정영업행위의 금지, 부당권유행위 금지, 허위·과장광고 금지를 명시하였다.

적합성원칙은 금융상품판매업자등이 일반금융소비자의 연령, 재산, 계약목적, 해당 금융상품 거래 경험과 이해도 등에 비추어 적합하지 아니하다고 인정되는 계약의 체결을 권유하지 못하도록 하는 것이다. 적정성원칙은 금융상품판매업자가 일반금융소비자에게 계약 체결을 권유하지 아니하고 금융상품판매 계약을 체결하려는 경우에는 미리 면담·질문 등을 통하여 각 상품별로 적합성원칙에 준하여 정보를 파악하고 금융상품의 적정성을 판단하도록 하는 것이다. 이 원칙은 계약 체결의 권유가 없어도 금융소비자가 자발적으로 계약 체결 의사를 밝힌 경우에 적용되는 점에서 적합성원칙과 차이가 있다. 또 설명의무는 금융상품판매업자등이 일반금융소비자에게 계약 체결을 권유 또는 자문하는 경우 및 일반금융소비자가 설명을 요청하는 경우에는 금융상품에 관한 중요한 사항을 일반금융소비자가 이해할 수 있도록 설명하여야 하는 의무이다. 불공정영업행위의 금지는 금융상품판매업자등이 우월적 지위를 이용하여 금융소비자의 권익을 침해하는 행위를 하지 못하도록 하는 것이다. 부당권유행위 금지는 금융상품판매업자등이 계약 체결을 권유하는 경우에는 불확실한 사항에 대하여 단정적 판단을 제공하거나 확실하다고 오인하게 할 소지가 있는 내용을 알리는 행위, 금융상품의 내용을 사실과 다르게 알리는 행위 등을 하지 못하도록 하는 것이다. 그리고 금융상품에 대한 허위·과장광고를 방지하기 위하여 광고의 주체 및 광고에 포함하여야 할 내용 등도 규제하고 있다.

이 가운데 적합성원칙과 설명의무, 허위·과장광고 금지는 「자본시장법」과 「보험업법」, 불공정영업행위의 금지는 「은행법」, 적정성원칙 및 부당권유행위 금지는 「자본시장법」에 규정되어 있던 내용으로서, 이 법 제정에 따라 전 금융권역에 확대 적용하게 되었다.

그 외에 금융상품판매업자등[5]에게 그 임직원 및 금융상품판매대리·중개업자가 직무를 수행할 때 준수하여야 할 '내부통제기준'을 마련하도록 의무를 새로이 부과하고, 그동안 금융감독원이 자체적으로 운영하던 금융상품 비교공시 및 금융회사의 금융소비자 보호실태 평가 제도를 법제화 하였다.

그리고 금융소비자의 권리도 강화하였다. 일정기간 내에 자유롭게 청약을 철회할 수 있는 '청약 철회권'은 종전에는 투자자문업과 보험업에만 적용되었으나 전 권역으로 확대하였고, 금융상품판매업자등이 법을 위반하여 계약을 체결한 경우 해지로 인한 금전부담 없이 계약 해지가 가능한 '위법계약 해지권'과, 소송이나 분쟁조정을 할 때 금융회사에 관련 자료의 열람을 요구할 수 있는 '자료요구권'도 새로 도입하였다.

아울러 2,000만 원이하 소액분쟁에서는 금융회사가 임의로 분쟁조정을 거

---

5) 「금융소비자보호에 관한 법률」 제2조 이하에서 정하는 '금융상품판매업자등'과 같은 법정용어에 대하여는 국립국어원의 맞춤법 띄어쓰기 원칙에도 불구하고 이하에서는 '금융상품판매업자등'으로 표기하고자 함.

부하고 소송을 제기하는 것을 금지하고, 금융분쟁조정 신청 전 또는 신청 후에 소송이 제기된 경우에 법원이 소송절차를 중지할 수 있도록 하였다. 설명의무 위반으로 금융소비자에게 손해를 발생시킨 경우로서 금융회사가 손해배상 책임을 면하려면 고의나 과실이 없었음을 입증하도록 하는 책임을 부과하였다. 그리고 금융상품으로 인하여 금융소비자가 재산상의 현저한 피해가 발생할 우려가 있을 경우 금융위원회가 판매를 제한하는 명령을 할 수 있도록 하였다.

〈 금융소비자보호법 시행 후 주요 변화 〉

제 도		시행 전	시행 후
사전 규제	6大 판매규제	일부 금융업법	원칙적으로 모든 금융상품
	소비자보호 내부통제기준	법령상 규율 없음*	기준 마련 의무 부과
사후 제재	금전적 제재	과태료 최대 5천만 원	**징벌적 과징금 도입 및** 과태료 최대 1억 원
	형벌	3년 이하 징역, 1억 원 이하 벌금	5년 이하 징역, 2억 원 이하 벌금
신설된 소비자 권리	청약 철회권**	투자자문업, 보험	원칙적으로 모든 금융상품
	위법계약 해지권	없음	
	자료열람 요구권		소송, 분쟁조정 시 자료 열람 요구 가능
사후 구제	소액분쟁 시 금융회사의 **분쟁조정 이탈 금지**	없음	허용
	분쟁조정 중 소 제기 시 **법원의 소송중지 가능**		
	손해배상 입증책임 전환		설명의무 위반 시 고의나 과실이 없음을 입증해야 함
	판매제한 명령권		재산상 현저한 피해 우려가 명백한 경우 발동

* 금융회사지배구조법 감독규정 제11조 제2항 4호에서 새로운 금융상품 개발 및 금융상품판매 과정에서 금융소비자보호 및 시장질서 유지 등을 위하여 준수하여야 할 업무절차를 정하도록 함.
** 은행의 대출에 대해서는 약관에 의해 2016년 6월부터 운영
※ 자료 출처: 금융위원회, 2021년 3월 17일 보도자료 '금융소비자의 권익을 넓히고 보호의 실효성을 높이기 위한 새로운 제도가 안착되도록 시장과 함께 뛰겠습니다.' 참고, 저자 첨삭

이 외에도 법을 위반한 경우 금전적 제재로서 최대 1억 원의 과태료를 부과하는 것으로 강화하였다. 특히 설명의무 위반, 불공정영업행위·부당권유행위

금지 및 허위 · 과장광고 금지 위반의 경우에는 그 위반행위와 관련된 계약으로 얻은 수입의 100분의 50범위 내에서 징벌적 과징금을 부과할 수 있도록 하였다. 그리고 금융상품판매업자등의 등록과 미등록자를 통한 금융상품판매 대리 · 중개금지 규정을 위반한 경우의 형벌도 종전의 3년 이하 징역 또는 1억 원 이하 벌금에서 5년 이하 징역 또는 2억 원 이하 벌금으로 높였다.

우리나라 「금융소비자보호법」의 주요 내용은 독자들의 이해를 돕고자 〈부록 1〉에서 각 법조문별 내용과 시행령과 감독규정 및 시행세칙의 내용까지 일목요연하게 정리하였으니 참고하기 바란다.

2. 금융소비자보호 전담기구

금융감독원에서 금융소비자보호 업무를 담당하는 조직은 금융소비자보호처이며 2012년 5월에 신설되었다. 그 이전에는 금융감독원의 소비자보호총괄국과 분쟁조정국 2개 부서에서 업무를 담당하였다. 그러나 저축은행 사태가 발생한 후 금융소비자보호 기능을 강화할 필요성이 제기되었다. 이에 따라 2011년 9월 총리실 금융감독혁신 T/F에서 제시한 '금융감독 혁신 방안'을 이행하기 위해 금융감독원장 직속으로 금융소비자보호처를 설치하여 부원장보급의 처장이 업무를 통할하게 하였다. 이 때 금융소비자보호처에 금융교육국과 민원조사실을 신설하고, 일부 금융감독원 지원[6]에 금융소비자보호실을 설치하는 등 조직도 확대, 정비하였다.

그 후 지속적으로 늘어나는 금융민원을 원활하게 처리하기 위해 조직을 신설, 확대 개편하였다. 2022년 1월 현재 금융소비자보호처의 조직은 다음과 같이 13개 부서로 구성되어 있다.

---

[6] 금융감독원 지방 소재 조직으로서 검사, 민원처리, 금융교육 등을 담당하며, 2021년 7월 현재 부산, 대구, 광주 등에 11개 지원이 있음.

금융소비자보호처장
(부원장)

부원장보 (피해예방)	부원장보 (권익보호)

금융소비자보호총괄국
제도 기획 · 운영, 금융상품자문업자등 감독, 금융상품 판매 감독, 불완전판매 예방 제도개선, 금융상품 공시 · 비교공시

금융민원총괄국
민원 · 분쟁조정 총괄, 금융분쟁조정위원회 지원, 민원 동향분석 · 통계관리, 민원 접수 · 분류, 민원상담, 민원 · 분쟁 조사 · 처리 · 사후관리

금융상품판매분석국
금융상품 단계별 모니터링, 소비자보호실태평가, 미스터리 쇼핑, 소비자경보 제도

분쟁조정1국
생명 · 손해보험 분쟁조정 신청사건 처리, 금융분쟁조정위원회 운영

금융상품심사분석국
금융상품 약관 심사, 신고 · 보고사항 모니터링

분쟁조정2국
제3보험 분쟁조정 신청사건 처리, 금융분쟁조정위원회 운영

연금감독실
퇴직연금 · 세제적격 개인연금 관련 제도 기획 · 조정 · 감독, 퇴직연금사업자 등록 · 감독 · 검사

분쟁조정3국
보험 이외 분쟁조정 신청사건 처리, 금융분쟁조정위원회 운영

금융교육국
금융교육의 기획 · 추진 · 운영, 금융교육 프로그램 개발 등

신속민원처리센터
민원 신청사건 처리, 사실조사, 결과분석 등

포용금융실
서민 · 고령자 · 중소기업 · 소상공인 · 자영업자 금융지원제도 관련 기획 · 안내

불법금융대응단
불법사금융 · 금융사기 · 유사수신 관련 금융소비자 피해예방 및 정보 수집 · 대응, 전기통신금융사기 피해 구제 및 예방홍보, 불법사금융 피해신고센터 운영

보험사기대응단
보험사기 조사 및 유관기관과의 협력, 보험범죄 방지대책의 수립 및 운영

자료출처: 금융감독원 홈페이지 금감원 소개

3. 금융소비자 피해 예방 업무

가. 약관 심사

"약관(約款)"이란 그 명칭이나 형태 또는 범위를 불문하고 계약의 한쪽 당사자가 여러 명의 상대방과 계약을 체결하기 위하여 일정한 형식으로 미리 마련한 계약의 내용을 말한다(「약관법」 제2조 제1호). 약관은 사업자가 일방적으로 작성한 계약서이므로 사업자가 그 거래상의 지위를 남용하여 불공정한 내용의 약관을 마련하여 거래에 사용할 가능성이 있다. 그러므로 이러한 사례를 방지하고 불공정한 내용의 약관을 규제함으로써 건전한 거래질서를 확립하고, 이를 통하여 소비자를 보호하고 국민생활을 균형 있게 향상시키기 위해 「약관법」에서 약관을 규제하고 있다.

금융회사는 동일한 금융상품을 수많은 금융소비자와 거래하므로 각 계약을 체결할 때마다 거래 내용이나 조건 등을 일일이 따로 정하기 힘들다. 따라서 금융거래에서는 일반적으로 미리 계약 내용을 정하여 인쇄한 계약서인 약관을 사용한다. 이로써 금융소비자는 그 약관 내용을 받아들여 계약을 체결할 것인가 아닌가만 결정하면 되므로 금융거래에 드는 시간과 비용을 절약할 수 있다.

금융회사가 약관을 제정 또는 개정하는 경우에는 「은행법」 제52조, 「보험업법」 제5조, 「저축은행법」 제18조의3 등 개별 금융업법에 따라 금융위원회에 신고 또는 보고를 하여야 한다. 약관에 대한 신고 수리 등 업무는 금융위원회가 금융감독원에 위탁하고 있다.

금융위원회는 약관 또는 표준약관이 금융 관련 법령에 위반되거나, 고객에게 부당하게 불리한 조항 등 「약관법」 제6조부터 제14조에서 규정한 불공정한 약관 조항에 해당되는 경우 금융회사 또는 협회에 그 변경을 명할 수 있다. 또 금융위원회는 신고 또는 보고받은 약관(또는 표준약관)을 공정거래위원회에 통보하여야 하는데, 이 경우 공정거래위원회는 통보받은 약관(또는 표준약관)이 불공정한 약관 조항에 해당되면 금융위원회(은행은 금융감독원)에 그 사실을 통보하고 그 시정에 필요한 조치를 하도록 요청할 수 있으며, 금융위원회는 특별한 사유가 없으면 요청에 따라야 한다.

이와 같이 금융당국이 금융거래의 기본이 되는 계약서인 약관에 대해 금융소비자에게 부당하게 불리한 내용이 없는지 심사하여 걸러냄으로써 금융소비자를 보호하기 위해 노력하고 있다.

나. 금융 교육

금융 교육은 금융소비자가 자기책임 원칙에 따라 자주적으로 금융상품 거래나 금융서비스를 활용하여 재산형성, 노후복지 등 소기의 목적을 달성하는 데 필요한 금융 지식과 의사결정 능력을 길러주기 위한 수단이다. 금융소비자가 합리적이고 현명하게 금융을 이용할 수 있으려면 먼저 자기가 금융거래 등을 통하여 얻고자 하는 목표를 명확히 설정하고 그 목표를 성취할 수 있는 금융상품이나 서비스를 선택할 수 있어야 한다. 금융상품 등을 선택할 때는 그 상품이 제공하는 효용과 위험을 충분히 이해하여야 한다.

그런데 금융상품의 효용과 위험은 금융시장 변동에 따른 금융지표에 영향을 받고, 금융시장은 국내외의 실물 경제는 물론 정치, 사회적 변화와 인간 심리에 의해서도 변화한다. 그러므로 금융소비자들이 이러한 내용까지 모두 알 수 있도록 금융교육을 실시하려면 금융에 관한 기본적인 학술 지식부터 금융시장의 변화, 금융회사의 행태 등에 대한 것까지 엄청나게 많은 내용을 포함하여야 하므로 금융소비자가 이러한 내용을 모두 배우려면 아주 많은 시간과 노력을 투자하여야 한다. 또 일반적인 금융소비자는 전문가와는 달리 금융에 대한 복잡한 이론과 금융시장 움직임을 폭넓고 깊이 있게 공부할 필요는 없는 경우가 대부분이다. 대개 연령이나 신분 등에 따라 필요로 하는 금융상품과 그에 따른 금융관련 지식은 어느 정도 공통적인 범위 내에서 정해진다.

그러므로 금융감독원에서는 이러한 금융소비자 그룹별 수요에 따라 금융교육을 실시하기 위해 노력하고 있다. 교육대상을 초등학생부터 중학생, 고등학생, 대학생 및 성인, 그리고 금융교육을 담당할 강사로 구분하여 그에 맞는 금융 교재를 마련하고 인터넷을 이용하거나 전문 강사가 현장을 직접 방문하여

교육을 실시한다. 성인의 경우에는 군인과 같이 금융서비스 접근이 어렵거나, 다문화가족, 가정주부, 탈북민, 노인, 장애인 등 금융지식이 상대적으로 부족하여 위법·부당한 금융거래에 노출되기 쉬운 금융 취약 계층을 대상으로 하는 금융교육도 따로 실시한다. 현장 방문 교육은 온라인으로 신청을 하게 되면 교육담당자가 신청서 확인 후 교육을 신청한 학교나 단체 등과 일정, 강의내용, 장소 등을 협의하여 실시한다.

이와 별도로 대학생들을 위한 금융교육으로서 대학교에서 교양과목 등으로 한 학기 이상 '실용 금융' 강좌를 개설할 경우 금융감독원이 그 학기 동안 교재를 제공하고 강사를 파견하여 강의를 하고 있다. 또 대학생 및 일반인을 위한 금융교육 프로그램으로서 'FSS 금융아카데미'를 운영하고 있는데, 이 프로그램에서는 월 1회 전문적이고 수준 높은 내용의 금융교육을 실시한다. 이 프로그램은 일반과정 및 심화과정으로 구분하여 일반과정에서는 금융일반, 금융감독 검사, 금융 시사, 금융 현안에 대한 심층 분석 등을, 심화과정에서는 일반과정 5회 이상 수강자를 대상으로 별도로 공지하는 프로그램으로 금융교육을 실시한다. 이 과정을 수료하면 각 레벨마다 FSS 금융아카데미 수료증을 수여한다. 연수 장소는 금융감독원 연수원(주소: 서울 종로구 효자로 11)이다.

그리고 전국에 있는 금융회사 본·지점과 인근 초·중·고교가 자매결연을 하고, 결연 금융회사가 결연 학교 학생들에게 방문교육, 체험교육, 동아리 활동 지원 등 다양한 금융교육을 실시한다. 이를 1사1교 금융교육이라 하며, 금융감독원의 인적자원이 제한되어 있는 상황에서 많은 금융교육 수요를 충족하기 위한 방편으로 활용되고 있다.

이러한 금융교육에 활용하기 위한 금융교육 교재를 금융에 관심 있는 사람이면 누구나 찾아 읽거나 다운로드 할 수 있도록 금융교육센터 홈페이지에 올려놓았다. 금융교육 프로그램에 참여하기 어려운 사람은 자기 수준에 적합한 교재를 선택하여 스스로 공부하더라도 금융생활에 많은 도움이 될 것이다.

교육프로그램별 주요 내용을 요약·정리하면 다음과 같다.

금융감독원 금융교육 프로그램 주요 내용

구분	프로그램	내 용
방문교육	수시 방문교육	청소년(초·중·고 학생), 대학생, 군장병, 다문화가정 등 취약계층, 일반인 등이 연중 수시로 금융교육을 신청할 경우 금감원 등에 소속된 전문 강사가 직접 방문하여 금융교육 실시
강사 양성 교육	전문 강사 양성연수	금융교육 강사들의 전문성을 제고하여 교육의 질적 수준을 개선하기 위해 금융회사 또는 금융 유관기관에서 10년 이상 근무한 자, 초·중·고에서 10년 이상 근무한 후 퇴직한 교사 중 희망자를 대상으로 집중 연수 및 1일 연수를 실시
	전문 강사 보수연수	인증기간 시효가 도래하는 3년차 전문 강사 중 인증기간 연장을 희망하는 자를 대상으로 온라인 인증 보수교육 실시
	교사 금융연수	청소년(초·중·고 학생)을 지도하는 교사를 여름방학(8월), 겨울방학(1월) 중 금감원 본원 및 지원으로 초청하여 실시하는 금융교육
	재정장교 금융연수	군장병을 지도하는 육·해·공군 재정장교를 매년 7월 경 금감원으로 초청하여 실시하는 금융교육
	대학생 봉사단 연수	매년 8월 전국 4년제 대학교의 재학생 및 휴학생을 대상으로 봉사단을 선발한 후 실시하는 금융교육(대학생 금융교육 봉사단은 주로 초등학교 방문교육을 담당)
1사1교 금융교육		전국의 금융회사 본·지점과 인근 초·중·고교가 자매 결연을 맺고, 결연 금융회사의 직원이 결연 학교 학생들에게 학교 방문교육, 체험교육, 동아리 활동 지원 등 다양한 금융교육을 실시하는 프로그램
대학교 실용 금융 교양강좌 개설		대학생들의 올바른 금융 습관 형성과 사회진출 전 실용적인 금융지식 함양을 위한 체계적인 금융교육의 기회를 제공하고자 '실용 금융' 강좌를 개설한 대학에 강사 및 교재를 지원하는 사업
온라인 콘텐츠 제공		금융교육센터 홈페이지를 통해 금융교육 대상자별(초·중·고 학생, 사회 초년생, 노령층, 다문화가족 등) 맞춤형 금융교육 교재, 교구, 동영상 등을 지속적으로 개발 및 보급

다. 금융상품 비교공시

금융감독원은 금융소비자가 금융상품을 선택할 때 합리적인 판단을 하는 데 도움이 될 수 있도록 금융감독원 홈페이지의 '금융상품 한 눈에(https://finlife.fss.or.kr/main/main.do)'에서 금융상품을 비교하여 공시하고 있다.

비교공시되는 금융상품은 1) 권역 간 비교 가능성이 높고, 2) 표준화가 용이하며, 3) 일반적으로 소비자의 관심이 높은 금융상품을 대상으로 하고 있다. 그러므로 여러 권역(은행, 저축은행, 보험회사, 증권회사, 신용카드사, 캐피탈사 등)에서 판매되는 상품으로 표준화가 용이하고 비교 가능성이 높은 정기예금, 적금, 주택담보대출, 전세자금대출, 개인신용대출, 연금저축은 금융감독원 사이트에서 직접 비교공시하고 있다.

또 일부 펀드와 실손의료보험, 자동차보험과 같이 상품 간 비교 가능성이 높거나 표준화된 상품이지만 특정 금융권역에서만 판매되고 있는 것은 해당 금융협회가 제공하는 비교공시 사이트를 연결하여 정보를 제공하고 있다. 다만 특정 금융권역에서만 판매되는 상품, 비교 가능성이 낮은 상품, 개별 특성이 많이 반영되어 표준화가 쉽지 않은 금융상품 등은 통합 비교공시 대상에서 제외되므로 금융소비자가 원하는 상품이 검색되지 않을 수 있다.

비교공시되는 금융상품 정보는 금융회사가 각 금융협회에 제출한 자료를 매월 20일(단, 연금저축은 매분기) 정기적으로, 이자율과 같이 중요한 정보는 수시로 제공받아 공시하고 있다 그러나 금융상품의 금리 등 거래조건은 수시로 변경될 수 있으므로 거래 전에 반드시 해당 금융회사에 문의하여야 한다. 또 금융소비자의 이해를 돕기 위해 예시금액으로 제시한 정기예금 및 적금의 만기 실수령액, 대출의 월평균 상환액, 연금저축의 예상 월 연금액 등은 실제 금액과 차이가 발생할 수 있으므로 정확한 금액은 거래 전 반드시 해당 금융회사

에 설명 자료를 요청하여 확인하여야 한다.

또 각 협회별 비교공시를 이용하기 편리하도록 은행연합회, 저축은행중앙회, 생명보험협회, 손해보험협회, 여신금융협회, 금융투자협회, 신협중앙회, 한국대부금융협회 등 금융협회에 곧바로 연결할 수 있도록 하고 있다.

라. 금융소비자 보호실태 평가

금융감독원의 금융회사에 대한 금융소비자 보호실태 평가는 2002년부터 실시한 '민원발생 평가제도'에서부터 출발하였다. 처음에는 금융감독원에 접수된 금융사별 민원 건수만을 기초로 1등급부터 5등급까지 다섯 등급으로 분류하고 이를 공표하였다. 이 제도는 민원이 많은 금융회사가 금융소비자로부터 나쁜 평판을 얻어 영업에 불리할 수 있으므로 스스로 민원을 줄이기 위한 노력을 하도록 촉구하는 것이 주요 목적이었다.

그러나 제도를 운영하는 과정에서 '금융회사 줄 세우기'라는 비판과 함께, 금융소비자가 금융회사에 대한 개인적인 편견으로 다수, 반복적 민원을 제기하거나, 금융회사 임직원이 민원 건수에 민감한 것을 악용하여 민원을 제기하겠다고 위협하며 자기 이득을 취하는 등의 부작용이 드러났다. 이에 따라 2014년부터는 민원발생 평가제도는 폐지하고 「금융소비자보호 모범규준」에 근거하여 새로이 금융소비자 보호실태 평가 제도를 도입하였다. 새로운 제도에서는 평가 항목을 다양화하고 비계량평가도 포함하여 금융소비자보호 수준을 종합적으로 평가함으로써, 금융소비자에게는 금융회사를 선택할 수 있도록 정보를 제공하고, 금융회사에게는 금융소비자보호의 중요성을 인식하고 보호를 위한 노력을 하도록 유도하고자 하였다. 2020년 3월 「금융소비자보호법」이 제정되면서 이 제도가 법제화되었다. 법률에서 정한 평가제도에 관한 얼개는 다음과 같다.

먼저 평가대상은 영업의 규모 및 시장점유율, 취급하는 금융상품의 종류 및 성격, 금융감독원의 감독 및 검사 결과, 해당 금융상품에 대한 민원 또는 분쟁 현황 등을 감안하여 금융감독원장이 결정한다. 금융감독원장은 매년 금융소비자 보호실태를 평가 · 공표해야 하며[7], 금융소비자보호 및 건전한 거래질서를 위해 필요하다고 인정하는 경우에는 수시로 평가 · 공표할 수 있다. 그리고 금융소비자 보호실태를 평가하는 경우 신뢰성과 타당성이 있는 평가지표를 사용하고, 금융상품의 유형별 특성을 반영하며, 평가결과에 대한 객관적인 근거를 확보하고, 평가 대상자의 의견을 확인하여야 한다. 또 금융소비자 보호실태를 평가하는 경우 해당 금융상품판매업자등에게 평가 기간, 방법, 내용 및 평가 책임자 등에 관한 사항을 미리 서면으로 알려야 하며, 금융소비자보호 실태의 평가 · 공표를 위해 필요하다고 인정하는 경우 금융 관련 기관 · 단체 또는 전문가의 의견을 듣거나 자료의 제출을 요청할 수 있다. 또 금융소비자 보호실태의 평가 결과를 공표하는 경우에는 금융감독원 및 관련 협회 등의 인터넷 홈페이지에 지체 없이 이를 게시해야 한다.

평가사항은 계량지표와 비계량지표로 나누어진다. 계량지표는 금융상품에 대한 민원 · 분쟁 발생 건수 및 증감, 자체 민원처리 기간 및 조정 성립 건수, 소송 제기 및 패소율 등이며, 비계량지표는 금융회사의 금융소비자보호기준 및 내부통제기준의 운영에 관한 사항과 임직원 교육 등을 포함한다.

실태평가 결과는 금융감독원과 각 업권별 협회 및 평가대상 금융회사 인터넷 홈페이지에 각각 게시하여야 한다. 평가결과 등급은 우수, 양호, 보통, 미흡, 취약 등 다섯 단계로 구분하는데 각 평가등급의 정의는 아래 표와 같다. 금융소비자는 각 등급의 의미를 이해하고 있으면 평가결과 등급을 참고하여 거래대상 금융회사를 결정할 때 도움이 될 수 있다.

---

7) 감독규정(제28조 제1항 제2호)에서는 실태평가 주기를 사전에 금융위원회와 협의하여 정하고, 그 주기에 따라 실시하도록 규정하고 있는데, 금융감독원은 대상 금융회사를 3개 그룹으로 나누어 매년 한 그룹씩 실시함으로써 금융회사별로는 3년 주기로 평가를 실시하기로 함.

금융소비자 보호실태 평가 평가등급별 정의
(시행세칙 [별표 5])

〈금융감독원 평가대상〉

등급	평가등급 정의
우수	내부통제기준, 금융소비자보호기준이 요구하는 수준을 상회하는 수준의 소비자보호 경영관리를 수행하고 있어 매우 높은 수준의 소비자보호 달성 가능
양호	금융소비자보호 체계·조직·제도가 유기적으로 연계되어 소비자보호 경영관리를 수행하고 있어 양호한 수준의 소비자보호 달성 가능
보통	내부통제기준, 금융소비자보호기준이 요구하는 소비자보호 수준을 대체로 이행하고 있으나 부분적으로는 소비자보호 체계·조직·제도와 실제 운영 간 연계성이 부족
미흡	내부통제기준, 금융소비자보호기준이 요구하는 소비자보호 수준을 부분적 또는 형식적으로 이행하고 있어 소비자 피해 예방에 부분적 결함이 존재
취약	내부통제기준, 금융소비자보호기준이 요구하는 소비자보호 수준을 미이행하고 있어 소비자 피해 예방에 심각한 결함 존재

〈자율진단 대상〉

등급	평가등급 정의
적정	내부통제기준, 금융소비자보호기준이 요구하는 소비자보호 수준을 대체로 이행하고 있어 소비자보호 수준이 적정함.
미흡	내부통제기준, 금융소비자보호기준이 요구하는 소비자보호 수준을 부분적 또는 형식적으로 이행하고 있어 소비자 피해 예방에 부분적 결함이 존재

금융회사는 평가결과를 경영위원회에 보고하여야 하며, 부문평가 결과 또는 종합평가 결과 미흡 이하인 금융회사는 평가결과 통지를 받은 이후 2개월 이내에 구체적인 개선계획을 금융감독원장에 제출하여야 한다. 금융감독원장은 실태평가 대상 외에 동일 업종 내 영업규모 및 민원 비중, 자산규모 등을 감안하여 금융회사 중 일부를 선별하여 스스로 평가를 실시하도록 할 수 있다(세칙 제6조 제1항). 이를 자율진단 대상이라 하며, 자율진단 결과를 실태평가 대상을 선정할 때 참고할 수 있다.

마. 금융소비자에게 유익한 정보 제공

마-1. 소비자경보

금융감독원에서는 금융소비자들이 특정 금융 거래나 금융과 연계된 사기행위 또는 불법행위 등으로 피해를 입을 우려가 크다고 판단되는 경우 '보도자료'를 통해 소비자경보를 발령하고 금융소비자가 유의할 사항 등을 안내한다. 때로는 금융과 관련하여 사회 이슈가 되고 있는 사항에 대한 해설이나 관련되는 위험 및 대처방안 등에 대해서도 안내한다. 소비자경보를 잘 활용하면 금융 사기나 금융소비자에게 위험한 금융거래를 회피할 수 있으므로 금융소비자에게 실질적인 도움이 될 수 있다.

금융감독원 금융소비자보호처 홈페이지의 '소비자 마당'에서 그동안에 발령된 소비자경보 내용을 확인할 수 있다. 2012년부터 제도가 도입된 후 2021년 12월 현재까지 총 103개의 소비자경보가 발령되었다. 경보 내용에는 유니버셜보험 가입시 소비자 유의사항, 주식신용거래에 따른 투자위험, 주식리딩방 관련 유의사항, 코로나19 관련 재난지원금 또는 소상공인 금융지원 등을 빙자한 보이스피싱, 사기대출이나 유사 수신업체 관련 유의사항 등과 같이 시대적으로 이슈가 되는 사항이 많으며, 역외보험, WTI원유 선물 연계 ETN, ETF와 같은 고위험상품이나 P2P에 투자할 때 유의사항도 있다.

마-2. 금융소비자 포털 「파인」(FINE)

금융감독원에서는 금융소비자가 금융거래에 유용한 정보를 쉽게 얻을 수 있도록 도와주기 위해 2016년 9월부터 금융소비자가 금융거래 과정에서 필요한 정보를 종합적으로 제공하는 포털사이트 「파인」[8]을 운영하고 있다. 처음에는 금융정보 유형을 기능별로 구분하여 금융상품, 금융조회, 금융 꿀팁, 금융피해 예방·구제, 서민·중소기업지원, 금융교육 등 9개 분야, 31개 금융정보 서비스를 제공하였다. 그 후 1년이 지난 2017년 9월부터는 기존의 기능별 편제에서 공통, 은행, 금융투자, 보험 등 분야별 편제로 바꾸었다. 그리고 2019년 5월부터는 '금융상품 거래단계별 핵심정보'란을 추가하여 금융상품 거래단계를 가입 전, 가입 시, 가입 후로 나누어 각 단계마다 필요한 정보를 제공하게 되었

---

[8] 금융감독원 보도자료 2016년 9월 1일자 「파인」 서비스 개시', 2017년 9월 1일자 「파인」개설 1주년 맞아 새단장', 2019년 5월 7일자 '금융상품 "비교에서 관리까지" -「파인」에서 거래단계별 핵심정보를 이용하세요!' 참조

다. 이 포털에서는 금융상품 비교공시(금융상품한눈에) 뿐만 아니라 금융거래 내역 조회, 상속인 금융거래 조회, 실용 금융정보(금융 꿀팁), 제도권 금융회사 조회, 금융통계 및 기업공시 정보 확인 등을 한 곳에서 이용 가능하다.

「파인」을 이용하려면 네이버(Naver) 등 주요 검색 포털에서 파인 두 글자를 치거나, 인터넷 주소(http://fine.fss.or.kr)를 입력하면 연결이 되며, 금융감독원 홈페이지(http://fss.or.kr)를 방문하거나 각 금융협회 또는 개별 금융회사 홈페이지에서 바로 접속이 가능하다.

「파인」에서 제공하는 서비스의 항목별 세부내용은 「파인」 화면 상단의 '파인 서비스 소개'에서 자세히 설명하고 있다..

바. 미스터리 쇼핑

미스터리 쇼핑(mistery shopping)은 조사원이 마치 금융상품에 가입하려는 고객처럼 가장하고 금융회사의 점포를 방문하거나 모집인을 만나서 금융회사 직원 또는 모집인의 금융상품판매절차 이행과정을 평가하는 것을 말한다. 이 제도는 전세계적으로 금융산업 뿐만 아니라 다른 여러 산업에서도 기업의 대고객 서비스의 품질을 평가하기 위해 광범위하게 활용되어 온 조사

기법이다.

우리나라 금융산업에 대한 미스터리 쇼핑은 금융감독원이 「금융기관 검사 및 제재에 관한 규정」 제47의6 (판매현장 사전점검 실시)에 근거하여 글로벌 금융위기 이후인 2009년 3월에 최초로 실시하였다. 미스터리 쇼핑은 판매과정에서 적합성원칙과 설명의무 등 고객보호 의무가 부과되는 집합투자증권(펀드), 파생결합증권[9], 변액보험 등을 주요 대상으로 실시하고 있다. 대상기관은 은행 및 증권사, 보험사인데, 대상기관별로 다수의 영업점과 보험상품 모집인, 비대면 채널(텔레마케팅 채널, 다이렉트 채널)을 선정하여 조사를 실시한다.

금융감독원은 조사를 실시할 때마다 공개입찰에 의해 전문업체를 선정하여 업무를 위탁한다. 그 이유는 조사자의 신분을 은폐하여야 조사의 정확성이 보장되나 금융감독원 직원들은 금융회사 직원들과의 접촉이 많아 신분은폐가 어렵고, 조사를 위한 방문대상이 금융권역별로 수백 개(400~600개)에 이를 정도로 많아 금융감독원의 제한된 인력으로는 직접 업무를 수행하기가 어렵기 때문이다.

조사원은 특정 금융상품을 계약하기 위해 영업점을 방문한 고객인 것처럼 가장하여 행동하며 판매 직원이 해당 상품을 판매할 때 준수해야 할 적합성 원칙 및 설명의무 등을 제대로 지키는지 살핀다. 이러한 조사가 끝나면 그 결과를 종합하여 금융회사별로 평가항목별 점수를 매기고, 이를 항목별 배점 기준에 따라 가중치를 반영하여 총점 100점 만점으로 종합점수를 산출한다. 종합점수를 기준으로 우수, 양호, 보통, 미흡, 저조 등 5가지로 종합등급을 부여한다.

미스터리 쇼핑이 끝나면 금융감독원은 미스터리 쇼핑 결과 전체 평균 점수 및 평가등급별 금융회사 명단을 공개한다. 그 목적은 금융회사들이 금융소비자보호에 대한 경각심을 가지게 하는 동시에 금융소비자들에게 금융회사별 불

---

9) 파생 결합증권에는 ELS와 DLS가 있는데, ELS(equity-linked securities)는 주가 또는 주가지수에 연동되어 수익률이 결정되는 상품이고 DLS(derivatives-linked securities)는 주가 이외에 이자율, 통화, 실물자산, 금리 등에 연동되어 수익률이 결정되는 증권이며, 증권사에서 판매함. 신탁회사가 금전신탁 자산을 ELS나 DLS에 운용하는 것을 각각 ELT, DLT라 하며, 자산운용사가 펀드 자산으로 운용하는 것은 ELF, DLF라고 함.

완전판매 위험 및 서비스수준에 대한 정보를 제공하기 위함이다. 또 우수 및 미흡 판매 사례도 제공함으로써 금융회사들이 스스로 판매 관행을 개선하도록 유도하는 한편, 종합평가등급이 '미흡' 또는 '저조'인 금융회사에 대해서는 자체적인 판매 관행 개선계획을 마련하여 제출토록 지도한다. 금융감독원은 금융회사가 제출한 개선 계획의 이행여부를 분기별로 점검한 후 이행실적이 저조한 금융회사에 대하여 현장검사를 실시하기도 한다.

참고로 미스터리 쇼핑 항목 가운데 파생결합증권의 세부 평가기준은 다음과 같다.

파생결합증권 미스터리 쇼핑 평가기준

구분	평가항목		세부 평가기준	배점 ① ②
적합성 원칙 (20점)	투자자 성향 분석 및 결과 제공		투자권유 전 투자자 정보 파악(서명 등의 확인) 및 투자자 성향 분석을 실시하고 그 결과(확인서)를 제공하는지 여부	10
	적합한 상품 투자권유		투자자의 투자 성향에 적합한 상품을 권유(추천)하는지 여부	10
	감점	투자자 성향 재분석 및 응답 유도	투자 권유 또는 판매하고자 하는 상품의 위험등급에 맞추어 투자자 성향을 재분석 또는 분석 시 응답을 유도하는지 여부	−10
설명 의무 (20점)	정당한 설명서 사용 및 투자 위험 설명		정당한 설명서를 사용하여 투자위험 핵심사항, 원금손실 가능성, 예금자보호 대상 여부 및 운용 결과 손익의 본인 귀속(자기책임 원칙)을 설명하고 설명서를 교부하는지 여부	10
	기준 평가가격 결정일 및 손익 구조에 대한 설명		상품의 최초 기준가격 결정일, 자동 조기상환 평가가격 결정일 및 손익 구조, 만기상환 평가가격 결정일 및 손익 구조에 대해 설명하는지 여부	5
	중도상환에 대한 설명		상품의 중도상환 신청 가능기간, 중도상환 가격 결정일, 중도상환 금액에 대해 설명하는지 여부	5
	감점	단정적 판단 제공	원금보장, 수익률 달성 및 각종 위험 등에 대해 단정적 판단 또는 확실하다고 오인케 할 소지가 있는 내용을 알리는지 여부	−10
녹취 의무 (10점)	판매과정 녹취 안내 및 녹취 실시		고령 투자자 또는 부적합 투자자인 경우, 녹취 대상 해당 사실 및 추후 요청 시 녹취 파일이 제공 가능함을 안내하고 녹취 실시에 대한 동의여부를 확인하는지 여부	10

			①	②
숙려제도 (10점)	숙려제도에 대한 안내	고령 투자자 또는 부적합 투자자가 청약 시 숙려제도 (숙려 기간 2일 부여, 숙려 기간 중 청약 불가, 해피콜 등)에 대해 안내하는지 여부	10	
고령 투자자 보호 제도 (20점)	전담창구 마련 여부	고령 투자자 전담창구 마련 여부	10	–
	유의상품 권유 시 관리직 직원의 사전확인	유의상품 권유 시 관리직 직원(지점장 또는 준법감시 담당자)의 사전확인 여부	10	–
적합성 보고서 (20점)	적합성 보고서 내용	적합성 보고서에 투자자 성향, 투자권유 상품, 투자권유 사유, 핵심 유의사항이 포함되었는지 여부	10	–
	적합성 보고서 교부	계약체결 이전에 투자자에게 적합성 보고서를 교부하는지 여부	10	–
부적합 상품 판매 가이드 라인(40점)	부적합 상품의 투자권유 불가 안내	투자자의 부적합 상품 추천 요청에 투자권유가 불가함을 안내하는지 여부	–	20
	부적합 상품의 투자방법 안내	투자권유 불가 안내에도 불구하고 투자자가 부적합 상품 투자를 원할 경우 방법의 안내 여부	–	10
	부적합 확인서 작성 및 위험고지	투자자의 투자결정시 부적합 확인서 징구 및 부적합 상품 투자 시 수반되는 투자 위험 고지 여부	–	10
합계	14항목		100점	100점

① 고령 투자자, ② 비고령 투자자
* 자료출처: 금융감독원 보도자료(2018년 10월 30일)

사. 상속인 금융거래 조회제도

금융감독원에서는 상속인 등으로부터 조회신청을 받아 각 금융회사에 대한 피상속인의 금융거래여부를 확인할 수 있는 서비스를 제공한다. 이 제도는 상속인 또는 후견인이 피상속인(사망자, 피성년후견인, 실종자)의 금융 재산과 채무를 확인하기 위하여 여러 금융회사를 일일이 방문하여야 하는데 따른 시간적 · 경제적 어려움을 덜어주는 것이 목적이다.[10]

조회할 수 있는 채권 · 채무의 범위는 조회신청일 기준으로 금융회사에 남아 있는 피상속인 명의의 모든 금융채권, 금융채무 및 보관 금품의 존재 여부와

---

10) 금융감독원 홈페이지 참조

공공정보이다. 금융채권은 명칭여하를 불문하고 각종 예금, 보험계약, 예탁증권, 공제, 신용카드사 DCDS[11] 가입 여부 등 피상속인 명의의 금융자산이며, 금융채무는 명칭여하를 불문하고 대출, 신용카드 이용대금과 같은 채무, 지급보증 등 우발채무 및 특수채권과 같이 금융회사가 청구권이 있는 피상속인 명의의 부채를 말한다. 또 보호금품은 국민주, 미반환 주식, 대여금고 및 보호 예수물, 보관어음 등 금융회사가 반환할 의무가 있는 피상속인 명의의 임치계약 금품이며 공공정보는 피상속인의 국세·지방세·과태료 등 일정금액 이상의 체납정보 등이다. 피상속인 명의의 채무금액 및 상환일과 예금액에 대해서는 알려준다.

조회대상 기관은 예금보험공사, 은행, 한국신용정보원(신보·기신보, 한국주택금융공사, 한국장학재단, 미소금융중앙재단, NICE평가정보·KCB·KED, 캠코, 무역보험공사, 신용보증재단, 중소기업중앙회 포함), 종합금융회사, 한국증권금융, 카드회사, 리스회사, 할부금융회사, 상호저축은행, 신용협동조합, 새마을금고, 산림조합, 우체국, 한국예탁결제원, 대부업체, 국세청, 국민연금공단, 공무원연금, 사학연금, 군인연금, 건설근로자공제회이다.

신청 접수는 서울 여의도에 있는 금융감독원 본원 1층 금융민원센터나 각 지원, 전 은행(수출입은행, 외은지점 제외), 농수협단위조합, 우체국, 삼성생명 고객프라자, 한화생명 고객센터, KB생명 고객프라자, 교보생명 고객프라자, 삼성화재 고객프라자, 유안타증권에서 한다. 사망일이 속한 달의 말일로부터 6개월 이내(피후견인 재산조회는 기간 제한 없음)인 경우에는 지방자치단체에서 운영하는 '안심 상속 원스톱서비스'를 이용할 수 있는데, 상속인이 사망자 주민등록지의 시·구·읍·면·동사무소를 방문하여 사망신고를 하고 동시에 상속재산 조회 신청서를 작성하여 제출하면 이 시스템을 이용하여 금융거래정보 및 공공정보에 대한 조회가 가능하다.

---

11) 신용카드사가 수수료를 받고 그 대가로 고객이 사망하거나 질병 등 사고를 당했을 때 고객의 카드결제 금액을 면제하거나 유예해 주는 제도

조회를 신청할 때 구비서류는 다음과 같다.

상속인 금융거래 조회 구비서류

- 상속인이 직접 신청하는 경우
    - 2007년 12월 31일 이전 사망자
        - 제적등본, 상속인의 신분증
    - 2008년 1월 1일 이후 사망자
        - 사망일 및 주민등록번호가 기재된 기본증명서, 사망진단서 등
        - 사망자 기준 가족관계증명서(최근 3개월 내 발급, 주민등록번호 기재) 또는 가족관계증명서 열람(지자체에서 접수하는 경우)
        - 상속인 신분증
    - 실종자, 피성년 후견인, 피한정 후견인, 상속재산 관리인
        - 상속인 직접 신청 시 필요서류와 등기사항 증명서[법원판결문(원본)과 확정증명서도 가능]

- 대리인이 신청할 경우
    - 상속인 등이 직접 신청하는 경우 필요한 서류
    - 상속인의 위임장(인감증명서를 첨부하는 경우 인감도장 날인, 본인서명사실 확인서를 첨부하는 경우는 서명)
    - 인감증명서 또는 본인서명사실 확인서
    - 대리인의 신분증(주민등록증 및 운전면허증 등)

금융감독원은 자체 접수하거나 접수대행기관에서 접수한 조회신청서를 취합하여 각 금융협회에 조회를 요청하며, 각 금융협회에서는 소속 금융회사에 피상속인 등의 금융거래 여부를 조회해 줄 것을 요청한다. 각 금융회사가 피상속인 등의 금융거래 여부 및 예금액과 채무액을 해당 금융협회 등에 통보하면 각 금융협회 등이 조회가 완료되었다는 사실을 신청인에게 문자메시지 등을 이용하여 통보한다.

처리기한은 신청일로부터 20일 이내이며 각 금융협회별로 처리기간에 차이가 있다. 조회 결과는 접수일로부터 3개월까지 금융감독원 홈페이지에서 일괄 확인이 가능하며, 금융권역별로는 각 금융협회 홈페이지에서도 확인할 수 있다. 조회 결과를 확인한 후 예금 등 금융자산을 인출하려면 해당 금융회사로 문의하여야 한다.

상속인 금융거래 정보 조회제도는 사망자나 실종자 또는 피한정 후견인이

가지고 있던 금융자산, 금융부채 등에 대한 정보를 빠르고 간편하게 조회하여 상속을 받을 수 있도록 도와주며[12], 상속받을 재산보다 부채가 더 많아 상속을 포기하는 것이 유리함에도 이를 알지 못하여 신고기간[13] 내에 상속 포기 신고를 하지 못하고 부채를 떠안게 되는 등 불리한 상황을 피할 수 있도록 해주는 제도이다.

아. 금융회사 검사

「금융위원회법」제24조 및 제37조에 따르면 금융감독원은 금융건전성 유지와 금융질서 확립을 위해 금융회사의 업무와 재산에 대한 검사를 실시하고 그 결과에 따른 제재를 담당한다. 「금융소비자보호법」제50조에서도 금융상품판매업자등은 그 업무와 재산상황에 관하여 금융감독원장의 검사를 받도록 하고 있다. 이와 같은 검사업무도 금융소비자보호에 많은 기여를 한다.

왜냐하면, 우선 업무에 관한 검사를 통해 6대 판매 규제 위반과 같은 금융소비자 권익침해 행위를 적발하여 제재함으로써 동일행위의 재발을 억제하기 때문이다.

그리고 재산 상태에 관한 검사를 통해 위험요인을 파악하고, 위험이 현실화되지 않도록 금융회사를 지도함으로써 금융회사의 경영건전성을 유지하게 한다. 만약 금융회사가 부실화되면 해당 금융회사를 거래하는 수많은 금융소비자들이 예금보험제도에 의해 보장되는 5천만 원을 제외하고는 원금손실을 입을 수 있다. 그러므로 검사는, 마치 서식지를 보호하여 그 속에 깃든 많은 생명을 살리는 것과 같이, 금융회사의 부실을 예방하여 금융소비자를 보호하는 역할을 한다.

검사업무에 대해 부연설명하자면, 금융감독원이란 명칭에 들어있는 금융감독(financial supervision) 업무는 기본적으로 금융회사의 건전성을 점검하고

---

12) 상속받을 재산이 있음에도 상속인들이 이를 알지 못하여 그냥 두게 되면 금융회사는 휴면계좌 등에 편입하고 최종적으로는 잡수입으로 처리할 수 있음.

13) 상속인이 상속을 포기할 때에는 상속개시 있음을 안 날로부터 3개월 이내에 상속개시지의 가정법원에 포기 신고서를 제출해야 함(「민법」제1041조, 제1019조 제1항 및 「가사소송법」제44조 제1항 제6호).

금융관련 법규의 준수 상황을 평가하는 것이다.[14)15)] 즉, 금융감독은 금융회사의 경영이 건전한지, 그리고 금융법규를 잘 준수하고 있는지를 점검하는 업무로서, 상시감시(off-site surveillance), 검사(on-site examination) 그리고 검사결과에 따른 제재(sanction)로 이루어진다. 그리고 그 결과를 정책당국에 제공하고 제도상의 문제점을 수정, 보완하도록 건의(feedback)하는 것도 중요한 업무이다. 이러한 업무는 현재 금융감독원의 각 검사국에서 담당하고 있다.

이 가운데 상시감시는 생물의 촉수나 통신장비의 안테나와 같은 역할, 의료행위로 치자면 환자를 청진기로 진찰하는 과정에 해당하는 것으로서, 금융 위험(financial risk) 요인, 즉 금융회사가 부실화되거나 법규를 위반하여 금융질서를 위협할 가능성 등을 미리 인지하여 위험이 현실화되지 않도록 대응하기 위한 업무이다. 금융감독원은 금융회사로부터 정기 또는 수시로 업무보고서를 받아 분석하고, 금융회사 임직원과의 통화, 면담, 인터넷, 언론보도 등을 통하여 정보를 수집함으로써 금융회사의 경영 건전성 현황과 법규의 이행 상태를 파악한다. 또 경제·금융환경의 변화와 금융회사 경영정책 및 전략이 금융회사의 건전성에 악영향을 미치는 등의 리스크 요인을 분석한다. 이와 같은 상시감시 결과 건전성이 악화되었거나 악화될 소지가 있는 경우, 또는 법규를 제대로 준수하지 않고 있거나 개연성이 있다고 판단되는 경우 경영진을 면담하여 문제를 해결하도록 요구하거나, 검사국이 현장검사를 실시하도록 한다.

또 금융회사의 각 상품별 판매동향, 수수료수입 현황 등은 금융회사 경영건전성(수익성) 외에 상품의 위험성, 판매과정에서의 고객보호 의무 위반 등 금융소비자보호와도 밀접한 관련이 있다. 그러므로 상시감시 과정에서 신상품을 출시하거나 특정 상품의 판매나 판매수수료 수입이 급증하는 등 금융상품판매

---

14) FRB San Francisco. (https://www.frbsf.org/education/teacher-resources/what-is-the-fed/supervision-regulation/) Supervision involves examining the financial condition of individual banks and evaluating their compliance with laws and regulations. Bank regulation involves setting rules and guidelines for the banking system.
15) 금융감독은 금융시스템에 적용하는 규칙(rule)과 지침(guideline)을 정하는 금융관련 규제(regulation)와 인·허가 업무까지 포함하는 개념으로도 사용됨. 금융감독원의 은행감독국, 보험감독국과 같이 감독 명칭이 붙은 부서는 모두 감독규정시행세칙의 제·개정과 금융위원회가 위탁한 각종 인가, 승인 등 업무를 수행하는데 이 명칭은 금융 규제업무의 의미를 포함한다고 할 수 있음.

에 특이한 사항이 감지되면 그 원인을 분석하여 금융소비자보호가 소홀해질 가능성이 없는지를 검토한다. 필요한 경우 검사를 실시하거나, 금융소비자보호처와 협업을 통하여 금융소비자 피해를 예방하기 위한 조치를 할 수 있다.

현장검사는 환자 치료를 위한 수술에 해당하는 업무이다. 상시감시 결과 나타난 건전성 및 법규 준수와 관련한 위험요인을 실제로 점검, 확인하고, 상시감시에서 발견되지 않은 문제점이 없는지도 살펴본다. 그 결과를 종합하여 건전성을 유지하거나 제고하기 위해 필요한 조치를 하도록 금융회사를 지도하고, 법규 위반사항에 대해서는 기관 또는 관련 임직원에 대한 제재조치를 한다.

금융감독원이 실시하는 검사에는 금융회사 업무 전반 및 재산상황에 대해 점검하는 종합검사와 금융질서 확립 및 금융사고 예방을 위한 법규준수 상황, 경영 건전성, 감독정책상 필요한 사항 등 일부 부문에 한정하여 살펴보는 부문검사가 있다. 또 검사원이 금융회사에 직접 방문하여 현물이나 장부 등 자료를 확인하고 점검하는 현장검사와 금융회사로부터 검사 자료를 받아서 금융감독원 내에서 점검하는 서면검사로 나눈다. 그리고 검사 대상에 따라 금융회사의 경영건전성에 대한 검사인 건전성검사와 법규위반 사항 적발을 위한 준법검사로 분류하기도 한다.

금융감독원은 종합검사를 할 때 건전성검사로서 재무건전성과 위험관리 및 경영관리의 적정성 평가('경영실태평가'라고 함)를 실시한다. 그 결과 필요한 경우에는 금융회사가 경영 건전성을 강화하기 위한 계획을 수립하고 그것을 이행할 것을 요구하는 조치인 적기시정조치[16]를 한다. 또 특정 부문에서 개선이 필요한 사항이 발견되면 경영유의사항으로 통보하기도 한다. 해당 금융회사는 이 조치에 따라 경영개선 계획을 수립하여 이행하고, 지적된 제도나 시스템을 개선하여야 한다. 이러한 과정을 통하여 금융감독원 검사는 금융회사가

---

16) 자본충실도와 경영실태 평가 등급이 감독기준에 미달하는 수준에 따라 경영개선 권고, 경영개선 요구, 경영개선 명령의 3단계로 구분하여 단계적으로 시정조치를 부과하는데, 경영개선 권고는 조직·인력 운영의 개선, 자본금 증액 또는 감액, 신규업무 진출 제한 등, 경영개선 요구는 점포 폐쇄 및 신설 제한, 임원진 교체 요구, 영업의 일부 정지 등, 경영개선 명령은 주식 소각, 영업 양도, 외부관리인 선임, 합병 및 계약 이전 등이 포함됨.

부실화되지 않고 건전하게 경영을 유지함으로써 부실화될 경우 금융소비자가 입을 수 있는 피해를 예방[17]하는 역할을 한다.

또 경영실태평가에서는 리스크 관리 실태도 평가한다. 금융소비자보호 시스템의 구축과 운영 실태는 법규리스크(legal risk) 및 평판리스크(reputation risk)와 연관된다. 그러므로 경영실태평가 과정에서 금융소비자보호 시스템 구축과 운영을 평가하여 금융회사 상품이나 업무가 금융소비자에게 불리하거나, 피해를 유발하였거나 유발할 가능성이 있다고 판단되는 경우 이를 개선 또는 시정하도록 한다. 이로써 금융회사로 하여금 금융소비자보호의 중요성을 인식하고 피해 예방을 위해 노력하도록 유도하는 효과가 있다. 내부통제시스템 구축과 운영이 미흡하여 금융회사 업무가 금융소비자에게 불리하거나 피해를 유발하였거나 유발할 가능성이 있다고 판단되는 경우 이를 개선 또는 시정하도록 한다.

준법검사에서는 법규에 위반되는 행위를 적발하여 제재조치를 취한다. 그러므로 당연히 「금융소비자보호법」을 위반한 사항도 지적하여 제재를 함으로써 금융회사 임직원들이 해당 법규를 준수하도록 경각심을 주어 금융소비자 피해를 사전에 예방할 수 있게 된다.

검사결과 드러난 금융소비자보호 관련 시스템의 구축 및 운영 실태와 금융소비자보호 관련 법규 위반 사항을 금융소비자보호처에서 소비자경보 발령, 금융소비자 보호실태 평가, 미스터리쇼핑 등 업무에 반영함으로써 금융소비자 피해를 예방할 수 있게 된다.

이와 아울러 상시감시나 민원처리 등의 업무를 처리하는 과정에서 특정 부문에서 문제가 있는 것이 발견되거나 문제가 있을 것으로 우려되는 경우, 해당 부문에 대한 부문검사를 실시한다. 부문검사는 연간 검사계획 또는 상시감시 결과 등에 따라 실시하기도 하지만, 금융소비자보호와 관련한 부문검사를 실

---

17) 예를 들어 금융회사가 부실화 되어 청산을 하는 경우에는 해당 금융회사에 대한 금융소비자의 채권은 예금보험 대상인 경우에는 그 보험에 의해 보장받을 수 있으나 나머지 부분은 청산절차에 따라 잔여 재산이 있을 경우에는 분배받을 수 있으며 잔여재산이 없거나 부족하면 그만큼 손실을 입을 수 있음. 또 부실 금융회사가 타 금융회사에 합병되거나 계약 이전이 되는 경우에는 인수한 금융회사에 대한 채권으로 이전되어 손해를 보지 않을 수 있으나, 인수·합병 과정에서 채권채무가 확정될 때까지 재산권을 행사하는 데 제약을 받을 수 있으므로 그 과정에서 금융소비자가 급전 조달 등으로 인한 손실을 입을 수 있음.

시하기도 한다. 예를 들어 금융소비자가 민원을 제기한 분쟁사항에 대해 조정을 하기 전에 사실관계를 현장에서 직접 확인할 필요가 있거나 민원 내용 중 금융회사의 업무처리가 법규를 위반하였을 가능성이 있을 것으로 판단되는 경우, 또는 금융회사 임직원의 비위사실에 대한 제보 내용이 있고 그 내용에 신빙성이 있다고 판단되는 경우에는 현장검사를 실시한다.[18] 특히 다수의 금융소비자가 피해를 구제받기 위해 민원을 제기하는 사안에 대해서는 많은 검사 인력을 동원하여 대대적인 사실관계 조사 등을 실시한다. 실제로 동양사태의 경우에는 300여 명의 인력을 동원하여 CP 판매 과정에서 불완전판매 여부를 확인하고 손해배상 책임을 확정하기 위해 판매자와 금융소비자 간의 대화 내용의 녹취를 모두 확인하였고, 저축은행 사태나 자살보험금, 사모펀드 등과 같이 대규모 금융소비자 피해가 발생한 금융 사고에 대해서도 예외 없이 많은 인력을 투입하여 검사를 실시하였다.

이러한 검사 결과 금융회사가 공개하지 않아 금융소비자로서는 전혀 알 수가 없는 내용까지 확인하여 정확한 사실관계를 파악할 수 있다. 따라서 금융회사의 책임을 보다 명확히 규명하고 이에 따라 손해배상 비율을 확정할 수 있으므로 금융소비자보호가 충실하게 이루어질 수 있게 된다. 또 검사 결과 드러난 법규 위반사실에 대해서는 제재기준에 따라 관련 금융회사 및 그 임직원에 대해 제재조치를 함으로써 금융소비자에게 피해를 초래하는 불법행위를 더 이상 하지 못하게 하는 효과가 있다.

한편, 금융정책을 수립할 때 예상되는 부작용을 충분히 고려하여 이를 최소화 할 수 있도록 대책을 마련해두는 것과 마찬가지로, 금융정책이 현장에서 당초의 취지대로 이행되는지, 부작용은 없는지를 모니터링하고, 필요하다고 판단되면, 정책방향이나 세부 방안, 또는 일정을 조정해나가는 것도 정책 성공의 관건이 된다. 이러한 금융정책의 이행 상황과 그 효과에 대한 모니터링도 금융감독원의 상시감시와 현장검사를 통해 이루어질 수 있다.

---

18) 이러한 검사는 금융소비자 피해 구제를 위한 사후적 조치이기도 하나, 대부분의 검사활동은 앞에서 언급한 금융회사 경영건전성 제고와 법규 위반 행위 적발을 통한 사전적 금융소비자보호를 위한 것이므로 사전적 금융소비자보호 영역에 포함하였음.

예를 들어, 금융정책이 바뀌어 자율화가 이루어지면 금융회사의 금융상품이나 서비스는 물론 경영전략도 바뀌게 된다. 그에 따라 금융회사의 수익과 비용의 원천과 구성이 변화하고, 조직 구조와 인사, 성과평가 및 보수와 관련한 기준도 바뀐다. 그러므로 금융감독원은 상시감시 및 현장검사 과정에서 금융회사가 신상품의 개발 및 출시 또는 수탁 판매 개시 등 새로운 경영전략의 추진, 판매수수료 수입 또는 특정 상품 판매량의 급증 등 경영상의 변화를 포착하고, 그것들이 금융산업 정책의 목표 달성, 금융회사의 경영 건전성, 금융질서 유지 및 금융소비자보호 등에 미치는 영향과 위험요인을 분석하여 정책의 유효성과 부작용 등을 정책당국 등에 전달(feedback)한다. 이에 따라 필요한 경우 정책당국이 정책을 수정 보완하도록 함으로써 금융소비자 피해 등 부작용을 예방하거나 줄일 수 있게 된다.

4. 금융소비자 피해 구제 업무

금융감독원에서는 금융소비자가 금융회사로부터 피해를 입은 경우 이를 구제하기 위해 금융상담을 하거나 금융민원을 접수하여 처리하고 있다. 민원 가운데 금융소비자가 금융회사와 금전적 다툼이 있는 사항은 금융감독원이 사실관계를 확인하고 판례나 조정례(調停例)를 참고하여 조정안을 마련하여 합의를 권고한다. 판례가 당사자간 합의가 되지 않거나 판례나 조정례가 없는 등 보다 심도 있는 법률적 판단을 필요로 하는 사안은 전문가로 구성된 '금융분쟁조정위원회'에 회부하여 조정결정을 한다. 분쟁조정위원회가 심의, 의결한 조정안을 당사자 모두가 수락하면 조정이 성립하며, 이 경우 재판상 화해와 같은 효력을 갖는다.

가. 금융상담

금융소비자들이 금융과 관련한 불만사항이나 애로사항, 건의사항, 금융회사의 법규위반 등 금융 범죄나 비리의 신고, 금융관련 법규나 금융제도 등에 대한 문의사항 등 어떠한 내용이든 질문하거나 확인하고 싶은 사항이 있을 경우에는 금융감독원을 직접 방문하거나 콜센터로 전화를 통하여 금융감독원의 전문가들과 상담을 할 수 있다. 상속인 금융거래 조회도 가능하다. 직접 금융감독원을 방문하여 상담하기를 원하는 경우에는 서울 여의도에 소재하는 금융감독원 본원 건물 1층에 있는 금융민원센터나 전국 주요 도시에 있는 지원에서 상담을 받을 수 있으며, 전화로는 전국 어디서나 국번 없이 1332를 누르면 전문 상담원과 통화가 가능하다. 상담을 하고 난 후에도 금융소비자의 불만이 해소되지 않으면 상담원의 안내에 따라 금융민원을 제출할 수도 있다. 상담원으로부터 민원서류 작성 요령과 접수절차 등에 대해서도 자세히 안내받을 수 있다.

금융민원센터에서는 장애인들을 위한 상담서비스도 제공하고 있는데, 청각장애인을 위한 '인터넷 채팅상담 서비스'를 실시하고 있으며, 국민권익위원회 110콜센터와 연계하여 청각장애인을 위한 화상(수화) 상담서비스도 실시하고

[상담 절차]

```
                        ┌──────────┐
                        │  민원인  │
                        └─────┬────┘
                        ┌─────┴────┐
                        │   상담   │
                        └─────┬────┘
   ┌────────────┬────────────┴──────────────┬──────────────┐
   │   내방     │        금감원콜센터 1332           │  인터넷 채팅  │
```

내방	금감원콜센터 1332			인터넷 채팅
-민원인 불만사항 청취등 상담	**0** 보이스피싱 피해 상담 및 신고	**1** 금융민원상담	**2** 상속인 금융거래 조회서비스	-전화 및 내방 상담이 어려운 분들의 불만 상담
-미해결시 민원 서류작성 및 접수절차 안내	**3** 불법 사금융 피해 상담 및 신고	**4** 금융범죄 및 비리 신고	**5** 공시회계안내	-미해결시 민원서류 작성 및 접수절차 등 안내
	6 중소기업 금융애로센터	**7** 금융자문서비스	**8** 외국인 금융민원상담 서비스	

전국어디서나 **국번없이** 1332를 누른 후 안내멘트에 따라 민원인이 원하는 번호를 누르면 자동으로 해당권역 상담원에게 연결됩니다.
통화연결이 되지 않고 일정기간 **통화대기되는 경우 자동으로 통화예약** (Call Back System) 이 가능합니다.

해결시 → 민원해소
미해결시 → 민원접수

* 자료 출처: 금융감독원 금융소비자보호처

있다. 또 통화 연결이 되지 않고 대기해야 하는 경우에는 연락처를 남겨두면 전화가 자동으로 연결되는 통화예약 시스템(Call Back System)도 이용할 수 있다.

나. 금융민원 처리

금융소비자가 금융거래 과정에서 불만이 있거나 피해를 본 것으로 생각되면 우선 해당 금융회사에 문의, 상담을 하거나 민원을 제기할 수 있다. 그 결과 불만 등이 해소되지 않으면 금융감독원에 금융상담을 할 수 있다. 금융상담을 통해서도 해결되지 않거나 구체적인 사실관계 확인이 필요한 문제가 있는 경우, 금융회사에 민원을 제기하여 '금융민원 처리 서비스'를 통해 보다 상세한 답변을 받을 수 있다. 물론 이러한 절차를 거치지 않고 곧바로 금융감독원에 민원을 제기할 수도 있다.

금융감독원(금융민원센터)에서 접수하는 민원은 은행, 증권·투신, 보험, 카드, 종합금융회사, 리스, 상호신용금고, 부동산신탁, 할부금융, 신기술금융, 신용협동조합, 신용정보회사 등과 관련된 사항이다. 그러나 금융회사를 사칭한 대출 사기 등 수사기관의 수사가 필요한 사항은 경찰서로 신고하여야 하며, 우체국은 과학기술정보통신부, 새마을금고는 새마을금고중앙회, 택시·버스·화물·주택·건설 공제는 국토교통부, 등록 대부업자는 관할 시·도, 다단계 업자, 방문판매업자는 공정거래위원회나 관할 시·도, 개인 워크아웃 및 신용회복에 관련한 민원은 신용회복위원회에 접수하여야 한다.

민원 접수는 인터넷, 우편, FAX 및 방문(서울 영등포구 여의도 소재 본원, 전국 11개 지원)을 통해 가능하다. 다만 사안이 경미하고 단순하여 민원처리 과정에서 금융회사와 사실 관계를 조회할 필요가 없고 민원인의 개인정보도 필요하지 않아 본인확인이 불필요한 민원사항인 경우에는 민원서류를 제출하지 않고 금융민원센터를 방문하여 구술하거나 전화(국번 없이 1332)로도 민원을 접수할 수 있다.

인터넷을 이용할 경우 'e-금융민원센터'(www.fcsc.kr)에 들어가 '민원신청'

을 클릭하고, 순서에 따라 내용을 입력하면 간편하게 민원을 접수할 수 있다. 우편이나 FAX 또는 방문을 통해 접수할 경우 민원신청 서류를 작성하여 제출하면 되는데, 이 경우에 사용할 민원신청 서류 양식은 'e-금융민원센터'의 '민원신청-민원신청 안내'에서 다운받거나 금융감독원 본원이나 지원의 금융민원센터에서 받을 수 있다. 민원 신청인의 성명, 주소, 연락처 등이 분명하지 않으면 민원으로 처리하지 않으므로 서류를 작성할 때 유의하여야 한다.

여러 명의 신청인이 공동으로 민원을 신청하는 경우에는 신청인 중 3명 이내의 대표자를 선정할 수 있다(영 제33조 제1항).

〈금융감독원 금융민원 접수처〉

- 우편제출: (07321) 서울특별시 영등포구 여의대로38 금융민원센터
- FAX제출: 02-3145-8548
- 인터넷 접수: e-금융민원센터(www.fcsc.kr)
- * 지원: 부산, 대구, 광주, 대전, 인천, 제주, 충주, 전주, 춘천, 강릉, 창원

금융감독원에 민원을 접수하게 되면, 금융회사에 민원을 신청하지 않고 바로 금융감독원에 신청한 민원은 해당 금융회사에 통보하여 민원인과 금융회사 간에 자율적으로 민원을 해결하도록 하는 '자율조정' 과정을 거치도록 한다. 자율조정제도는 금융민원을 신속히 해결하고 금융감독원의 민원처리 부담을 완화하기 위해 외국의 사례[19]를 참고하여 2006년 7월부터 도입되었다. 자율조정 기간은 14일 이내이다. 다만, 민원 내용이 금융회사의 위법부당 행위나 임직원의 비리 등을 고발하는 건이거나 법규 해석, 제도개선 제안 등에 해당하는 건은 자율조정 단계를 거치지 않고 직접 처리한다. 또 금융회사의 경영방침이나 업무 행태 등에 대한 의견이나 해명 요구 또는 개선제안 등과 같이 금융회사가 직접 처리하는 것이 합당하다고 생각되는 사항은 금융회사로 이첩하고 그 사실을 신청인에게 통지함으로써 민원처리 절차를 종료한다.

금융회사와 민원인 간에 협의가 원만히 이루어져 자율조정이 성립되면 금융회사가 민원인에게 결과를 알려주고 금융감독원에도 그 사실을 통보하면 민원

---

19) 미국(FRS, FDIC), 영국(FOS), 독일(옴브즈만) 등에서 운영

처리가 완료된다. 자율조정이 이루어지지 않은 민원과, 민원인이 처음부터 금융회사에 민원을 제기하였으나 해결되지 않은 민원은 금융감독원이 직접 처리한다. 인터넷으로 국민신문고에 신청한 민원이나 청와대, 국민권익위원회의, 감사원, 한국소비자원, 금융위원회, 공정거래위원회 등과 같은 다른 기관에서 접수한 민원도 금융과 관련된 사안인 경우로서 금융감독원으로 이첩되면, 금융감독원은 이를 처리한 후 그 결과를 접수한 기관에 통보해 주고 있다.

　접수된 민원 중 금융회사와 민원인 간 금전적인 다툼이 있는 사안은 분쟁조정 민원으로 분류하여 금융권역에 따라 분쟁조정 각국에서 처리한다. 2022년 1월 현재 분쟁조정국은 3개로서 분쟁조정1국은 생명보험 및 손해보험, 분쟁조정2국은 제3보험, 분쟁조정3국은 은행, 증권, 중소서민금융 등을 담당하고 있다. 금융회사의 업무처리 행태 등에 대한 불만은 신속민원처리센터에서 처리하며, 금융감독과 관련한 업무는 금융감독원의 소관부서에서 처리하게 된다.

　민원 접수가 완료되고 금융감독원의 민원처리 담당자가 정해지면 접수번호와 담당자 및 연락처와 민원처리 관련 안내사항 등을 민원 신청자에게 SNS 등으로 통지해 준다. 민원접수와 처리 진행상황 및 처리 결과는 e-금융민원센터(www.fcsc.kr)에서 민원 접수번호(또는 주민등록번호)와 성명 및 비밀번호를 입력하면 조회가 가능하다.

　금융민원 처리기간은 분쟁조정 민원은 30일, 기타 금융민원은 14일 이내이며 서류보완, 사실관계 조사 등에 필요한 시간 및 공휴일, 일요일은 처리기간에서 제외되어 실제 소요 기간은 다소 연장될 수 있다.

다. 금융분쟁조정

다-1. 금융분쟁조정위원회 회부 전 절차

　앞에서 이미 설명한 바와 같이 금융감독원에 접수된 민원 중 금융회사와 민원인 간 금전적인 다툼이 있는 사안은 분쟁조정 민원으로 분류하여 분쟁조정 각국에서 처리한다.

분쟁조정 업무 담당부서에서는 분쟁조정 민원을 접수하면 민원 신청인 및 금융회사로부터 필요한 자료를 받거나 관계자를 접촉하여 진술을 받는 등 구체적 사실관계를 확인하기 위한 조사를 실시한다. 필요한 경우 현장검사나 조사를 실시하는 경우도 있다.

사실관계를 확인한 후 신청 건과 가장 유사한 사건에 대한 판례나 조정례 등을 참고하여 조정의견을 제시하고 합의를 권고한다(「금융소비자보호법」 제36조 제2항). 다만, 분쟁조정의 신청 내용이 아래에 해당하는 경우에는 합의를 권고하지 않거나 조정위원회에 회부하지 않을 수 있다. 합의 권고를 하지 않거나 조정위원회에 회부하지 않을 때에는 그 사실과 사유를 관계 당사자에게 서면으로 통지한다(동법 제36조 제3항, 영 제33조 제4항).

합의 권고 또는 분쟁조정위원회 회부 제외 대상

- ■ 신청한 내용이 분쟁조정 대상으로서 적합하지 아니하다고 금융감독원장이 인정하는 경우
- ■ 신청한 내용이 관련 법령 또는 객관적인 증명자료 등에 따라 합의 권고 절차 또는 조정 절차를 진행할 실익이 없는 경우
- ■ 그 밖에 대통령령으로 정하는 경우(영 제33조 제3항)
  - ○ 조정위원회에 회부되기 전에 소가 제기된 경우
  - ○ 신청 내용의 보완을 2회 이상 요구하였으나 이에 응하지 않은 경우
  - ○ 신청 내용이 신청인과 직접적인 이해관계가 없는 경우

양 당사자가 조정 의견을 수락하여 합의에 이르게 되면 처리를 종결하게 된다. 분쟁대상 민원의 대부분은 이 단계에서 합의가 이루어지므로 실제로 위원회에 회부되는 민원은 극히 일부분이다.

분쟁조정 민원의 처리기간(신청일로부터 30일) 이내에 합의가 이루어지지 않으면 위원회에 회부하게 된다. 실제로 위원회에 회부하여 심의·의결하는 안건은 기존의 판례 또는 조정례가 없거나, 약관 규정에 대해 다양한 해석이 가능하므로 이에 대한 명확한 법률적 판단이 필요한 경우와 같이 새로운 조정 결정이 필요한 사안에 한정되고 있다. 이유는 판례나 조정례와 같은 객관적인 기준이 있는 사안은 그 기준에 따라 조정과 합의에 이를 수 있으며, 만일 이러

한 사안을 위원회에 회부하더라도 대부분 기존 판례나 조정례와 같은 조정안이 나올 것이므로 조정의 실익은 없는 반면 시간과 행정력의 낭비만 초래할 수 있기 때문이다.

다-2. 회부 사실의 통지

위원회에 회부되면 당사자인 민원인과 금융회사에 그 사실을 통지한다. 또한 분쟁조정위원 명단을 알려주고 기피 신청을 할 수 있다는 사실도 알려준다. 당사자는 특정 위원에게 공정한 심의 · 의결을 기대하기 어려운 사정이 있는 경우에는 기피 사유와 증거자료를 첨부하여 서면으로 기피 신청을 할 수 있다.

위원의 제척 · 기피 및 회피 (법 제38조)

- 금융분쟁조정위원회 위원은 다음에 해당하는 경우에는 그 분쟁조정 신청사건의 심의 · 의결에서 제척(除斥)됨(법 제38조 제1항).
  - 위원이나 그 배우자 또는 배우자였던 사람이 해당 사건의 당사자(당사자가 법인 · 단체 등인 경우에는 그 임원 포함)이거나 그 사건의 당사자와 공동권리자 또는 공동의무자인 경우
  - 위원이 해당 사건의 당사자와 친족이거나 친족이었던 경우
  - 위원이 해당 사건의 당사자인 법인 또는 단체(계열회사등 포함)에 속하거나 조정 신청일 전 최근 5년 이내에 속하였던 경우
  - 위원 또는 위원이 속한 법인 또는 단체, 사무소가 해당 사건에 관하여 증언 · 법률자문 또는 손해사정 등을 한 경우
  - 위원 또는 위원이 속한 법인 또는 단체, 사무소가 해당 사건에 관하여 당사자의 대리인으로서 관여하거나 관여하였던 경우
- 당사자는 위원에게 공정한 심의 · 의결을 기대하기 어려운 사정이 있는 경우에는 조정위원회 위원장에게 기피(忌避) 신청을 할 수 있으며, 조정위원회 위원장은 기피 신청이 타당하다고 인정할 때에는 기피의 결정을 함(법 제38조 제2항).
- 위원이 위의 제척 사유에 해당하는 경우에는 스스로 그 사건의 심의 · 의결에서 회피(回避)하여야 함(법 제38조 제3항).

다-3. 금융분쟁조정위원회

1) 설치 근거

「금융소비자보호법」 제33조에 의해 금융감독원에 금융분쟁조정위원회를 설치하여 운영한다. 이 위원회는 당초 「금융위원회법」에 의해 근거를 두고 설치되었으며, 「금융소비자보호법」이 제정되면서 이 법으로 이관되었다. 분쟁조정

대상은 금융감독원의 검사를 받는 금융기관(「금융위원회법」 제38조)과 금융소
비자 사이에 발생하는 금융 관련 분쟁이다.

2) 조정위원회의 구성 (법 제33조)

위원회는 위원장 1명을 포함하여 35명 이내의 위원으로 구성하며, 위원장은
금융감독원장이 소속 부원장 중에서 지명한다.

〈분야별 금융분쟁조정위원 자격 및 추천기관〉

구분	자격	추천기관 · 단체
법률 전문가	■ 판사 · 검사 또는 변호사 자격이 있는 사람	−법무부 −법원행정처 −대한법률구조공단 −대한변호사협회
금융 또는 소비자 분야 전문가	■ 한국소비자원 및 같은 법에 따라 등록한 소비자단체 임원, 임원으로 재직하였던 사람 또는 15년 이상 근무 경력이 있는 사람 ■ 조정 대상기관 또는 금융 관계 기관 · 단체에서 15년 이상 근무한 경력이 있는 사람 ■ 금융 또는 소비자 분야에 관한 학식과 경험이 있는 사람	−서민금융진흥원 또는 신용회복위원회 −한국소비자원 −공정거래위원회에 등록된 전국적 규모의 소비자단체 −조정대상 기관 또는 금융 유관기관 소속 협회 등
의료 전문가	■ 전문의(專門醫) 자격이 있는 의사	−의사회 −대한민국의학한림원
기타	■ 그 밖에 분쟁조정과 관련하여 금융감독원장이 필요하다고 인정하는 사람	

위원은 금융감독원장이 소속 부원장보 중에서 지명하는 사람과 법률, 소비
자, 금융 등 분야의 전문가 중에서 성별을 고려하여 금융감독원장이 위촉한 사
람으로 한다. 위원을 위촉할 때는 법에서 정한 기관 · 단체의 장으로부터 위촉
하려는 인원의 2배수 이상을 추천받아야 한다(영 제32조).

위원의 임기는 2년이며, 위원 중 공무원이 아닌 위원은 수뢰에 관한 「형법」

(제129조부터 제132조까지) 규정을 적용할 때에는 공무원으로 본다.

금융감독원장은 조정위원회 위원이 심신장애로 인하여 직무를 수행할 수 없게 된 경우, 직무와 관련된 비위사실이 있는 경우, 직무 태만, 품위 손상이나 그 밖의 사유로 위원에 적합하지 아니하다고 인정되는 경우, 제척 사유(법 제38조 제1항)에 해당함에도 불구하고 회피하지 아니한 경우, 위원 스스로 직무를 수행하기 어렵다는 의사를 밝히는 경우에 해당하는 경우에는 해당 위원의 지명을 철회하거나 해당 위원의 위촉을 해제할 수 있다.

이와 같이 위원의 자격 등을 엄격하게 정하고 관리하는 것은 공정하고 객관적인 분쟁조정을 할 수 있도록 하기 위한 것이다.

3) 회의 (법 제37조)

분쟁조정 대상 안건이 위원회에 회부되면 위원회는 60일 이내에 이를 심의하여 조정안을 작성하여야 한다(법 제36조 제5항).

회의는 위원장이 소집하며, 위원회는 위원장과 6명 이상 10명 이하의 위원으로 구성한다. 회의에 참석하는 위원은 매 회의마다 위원장이 전체 위원 중에서 지명하는데, 한국소비자원 및 소비자단체 등으로부터 추천받은 위원과 금융관련 협회 등으로부터 추천받은 위원을 각각 1명 이상의 같은 수로 지명해야 한다.

회의는 금융감독원 분쟁조정 부서의 안건 보고, 당사자 의견 진술, 위원들의 질문 및 토론 등으로 진행된다. 위원회가 당사자의 의견을 충분히 반영하여 조정안을 낼 수 있도록 하기 위해 특별한 사유가 없는 한 당사자가 회의에 참석하여 진술을 할 수 있도록 하고 있다(영 제34조 제1항).

금융감독원의 안건 보고에는 일반적으로 합의 권고를 위한 조정(안)이 포함되어 있으며, 위원회는 이를 심의하여 구성원 과반수의 출석과 출석위원 과반수의 찬성으로 의결한다. 당사자 의견을 청취하고 토론을 한 결과 조정(안)을 수정할 필요가 있다고 위원회가 판단하면 조정(안)을 수정하여 의결하기도 한다.

의결은 인용과 기각 및 각하로 구분되는데, 인용 결정은 신청사항을 전부 또는 일부 받아들이는 경우이고, 기각 결정은 신청사항이 이유 없는 경우, 각하 결정은 분쟁조정 신청 후 당사자 일방이 법원에 소를 제기하거나, 당사자의 주장이 상이하거나 증거 채택이 어려워 사실관계의 확정이 곤란한 경우 등 조정의 실익이 없다고 인정되는 경우에 내리는 결정이다.

4) 조정의 효력

위원회가 의결한 조정안을 분쟁조정의 양 당사자가 수락한 경우에는 해당 조정안은 재판상 화해와 같은 효력이 있다. 그리고 분쟁조정을 신청하면 그 때부터 시효 중단의 효력이 있다(법 제40조 제1항). 다만 금융감독원이 합의 권고를 하지 않거나 조정위원회에 회부하지 않는 경우에는 예외로 하며, 이 경우에도 1개월 이내에 재판상의 청구, 파산 절차 참가, 압류 또는 가압류, 가처분을 한 때에는 시효는 최초의 분쟁조정의 신청으로 인하여 중단된 것으로 본다(법 제40조 제2항). 분쟁조정 신청으로 중단된 시효는 양 당사자가 조정안을 수락한 경우 또는 분쟁조정이 이루어지지 아니하고 조정절차가 종료된 경우에 해당하는 때부터 새로이 진행된다(법 제40조 제3항).

5) 소송과의 관계

조정 신청 전 또는 신청 후 해당 사건에 대한 소가 제기되어 소송이 진행 중일 때에는 수소법원(受訴法院)은 조정이 있을 때까지 소송절차를 중지할 수 있다(법 제41조 제1항). 수소법원이 소송절차를 중지하지 아니하는 경우 위원회는 조정 절차를 중지하여야 한다(법 제41조 제2항). 또 조정 신청 사건과 동일한 원인으로 다수인이 관련되는 동종·유사 사건에 대한 소송이 진행 중인 경우 위원회의 결정으로 조정 절차를 중지할 수 있다(법 제41조 제3항). 조정 절차를 중지한 경우 금융감독원장은 지체 없이 그 사실을 당사자에 알려야 한다(영 제35조 제3항).

6) 소액분쟁 사건에 관한 특례

조정 대상기관은 일반금융소비자가 신청한 사건으로서 조정 대상가액이 2천만 원 이내인 소액분쟁 사건의 조정 절차가 개시된 경우에는 조정안을 제시받기 전에는 소를 제기할 수 없다(법 제42조, 영 제36조). 금융감독원이 위원회 회부나 합의 권고를 하지 않기로 한 경우나(법 제36조 제3항) 법정 기간(제36조 제5항) 내에 조정안을 제시받지 못한 경우에는 예외로 한다. 이것은 금융회사가 교섭력의 우위를 이용하여 소송을 남발함으로써 상대적 약자인 금융소비자를 보호하기 위해 마련된 금융분쟁조정 제도를 무력화하는 것을 막기 위해 만든 장치이다.

7) 조정결정 이후의 처리

위원회의 조정결정 내용은 즉시 당사자에게 통보되며, 당사자가 통보를 받은 날로부터 20일 이내에 조정결정 수락서에 기명하고 날인하여 제출하면 조정이 성립된다. 당사자 중 어느 한 쪽이라도 20일 이내에 조정안을 수락하지 않으면 조정안을 수락하지 않은 것으로 본다. 위원회의 조정결정은 조정안을 제시하는 것으로서 법원에 의한 판결과 달리 법적 강제력이 없으므로 조정결정에 대한 수락 여부는 전적으로 분쟁 당사자의 자유의사에 달려있다.

당사자 쌍방이 조정결정 내용을 수락하여 조정이 성립되면 '재판상 화해'와 동일한 효력을 가지게 되어 기판력이 생기기 때문에 다시 소송을 제기하여 다툴 수 없다. 쌍방이 수락하여 확정된 조정결정 내용을 어느 일방이 이행하지 않을 경우에는 별도의 소송절차 없이 조정서를 근거로 강제집행이 가능하다.

위원회의 조정결정에 대하여 당사자 일방이 이를 거부하여 조정이 불성립된 경우에는 법원의 소송절차를 통해 해결하게 된다. 신청인의 청구가 인용 결정된 사건으로서 피신청인인 금융회사가 조정결정을 불수락하고 소송을 제기하는 경우에는 금융감독원이 소송지원을 할 수 있다. 해당 분쟁조정의 당사자인 금융소비자가 금융감독원에 소송지원을 신청하면 금융회사의 조치가 현저히 부당하다고 위원회가 인정하는 경우에는 소송지원 변호인단 선임 및 소송 비용(1,000만 원 한도)을 지원하며, 금융감독원이 가지고 있는 소송에 활용할 수 있는 자료 등을 제공하기도 한다.

다-4. 금융민원 처리제도 이용의 장점

금융소비자가 금융감독원의 민원처리 제도를 이용하면 다음과 같은 이익이 있다.

첫째는 신속하게 결과를 얻을 수 있다. 금융감독원의 민원처리 기간은 금전적 다툼이 있어 조정 대상이 되는 경우 30일, 그렇지 않은 경우는 14일이다. 금융분쟁조정위원회에 회부되는 경우에도 회부된 후 60일 이내에 의결한다. 2020년도 금융감독원 금융민원처리 기간은 평균 29.0일이며, 이 중 일반 민원은 14.4일, 분쟁 민원은 58.7일이었다. 개별 사안에 따라 자료 징구나 검사 등으로 기간이 연장되는 경우도 있어 이보다 더 길어질 수 있다 하더라도, 대법원까지 가는 경우 수년이 소요되는 소송에 비하면 너무나 짧은 기간에 결론이 난다.

둘째로는 금융감독원의 실질적인 조력을 받을 수 있다. 소송의 경우에는 금융소비자가 자기 주장을 증명하기 위해 필요한 자료 중 금융회사가 가지고 있는 자료를 얻을 수 있는 경우는 극히 제한적이다. 그러나 금융감독원에 민원을 제기하면 금융에 대한 이론과 관련 법규는 물론 금융회사의 영업행태에 대해서도 잘 아는 전문가인 금융감독원 직원들이 사건과 관련된 자료를 금융회사로부터 받아서 확인하고 때로는 조사나 검사를 실시하며, 그 결과를 근거로 조정안을 마련한다. 그러므로 금융소비자 입장에서 보면 증거를 얻기 위한 노력과 비용을 거의 들이지 않아도 금융감독원이 소비자에게 가장 유리한 자료를 찾아서 조정안을 만들어 주는 혜택을 보게 된다. 게다가 조정안이 결정되면 금융회사는 감독기관인 금융감독원의 입장을 고려할 수밖에 없으므로 조정결정을 수락하게 될 가능성이 상당히 높아진다. 이와 같이 조정안 작성에서 뿐만 아니라 조정결정의 수락을 둘러싼 교섭에서도 감독기관으로부터 사실상의 도움을 받으므로 소송에 비해 매우 유리하다

셋째는 문제 해결에 비용이 거의 들지 않는다. 소송을 하게 되면 변호사 선임비와 성공 보수, 소장을 접수하는 데 드는 수입인지대 등으로 많은 비용이 든다. 경우에 따라 상고심까지 가게 되면 그 비용이 더욱 늘어난다. 그에 비해 금융감독원에 민원을 접수하면 비용은 거의 0이다. 또 당사자 간 조정이 성립되지 않아 소송으로 가더라도 금융감독원의 소송 지원 제도를 이용할 수 있으므로 금융소비자에게 그만큼 유리하다.

넷째는 당사자 쌍방이 조정결정 내용을 수락하여 조정이 성립되면 재판상 화해와 동일한 효력을 가지게 되므로 상대적으로 약자인 금융소비자에게 금융감독원의 분쟁조정 제도는 소송과는 비교할 수 없을 정도로 유리한 제도이다.

그러나 분쟁 당사자 중 어느 한 쪽에서 조정안을 수락하지 않을 경우에는 조정이 결렬되어 금융소비자에게 아무런 도움이 되지 않을 수 있다는 점은 단점으로 남는다.

제 Ⅱ 장

금융소비자보호 제도
운영 성과

제1절 금융소비자보호 성과 평가

앞에서 살펴본 바와 같이 금융당국, 특히 금융감독원은 제한된 인력과 자원을 최대한 활용하여 금융소비자보호를 위해 많은 노력을 하였고 그에 따라 상당한 성과를 나타내었다. 아울러 금융회사들도 금융소비자로부터 신뢰를 확보하는 것이 금융회사 생존의 관건임을 인식하고 금융소비자보호를 위해 상당한 노력을 하였음은 분명하다. 만약 금융회사들이 그동안 금융소비자의 이해는 완전 외면하고 오로지 금융회사의 이익만을 위해서 경영을 하였다면, 금융소비자들의 금융회사에 대한 불만이 누적되어 금융회사 이용이 크게 줄어들었을 터이지만 실제로는 그렇지 않기 때문이다.

그럼에도 불구하고 지금까지 우리나라의 금융소비자보호 제도나 그 운영 결과가 성공적이었다고 평가하기는 어렵다고 생각된다.

그 이유를 살펴보면 첫째, 금융민원 건수가 지속적으로 증가하고 있다는 점을 들 수 있다.[20] 금융민원 건수가 늘어난다는 것은 금융당국이 그동안 보여준

---

20) 금융민원이 증가하는 것은 감독대상 금융회사 수 및 금융거래 증가, 금융소비자 인식변화 등의 원인도 있을 수 있으나, 2016년 이후 민원 비중이 높은 은행, 보험 및 비은행(신용카드) 수의 실질적인 증가가 없는 점(은행은 인터넷전문은행 2개 증가, 보험 2개사 감소, 카드사 불변), 민원이 간헐적으로 급증(2018년에는 P2P, 2020년에는 사모펀드 및 파생상품 때문)하는 점 등에 비추어 이들 효과는 미미하다고 할 수 있음.

금융소비자 피해 예방을 위한 노력의 효과가 크지 않으며, 금융회사의 금융소비자보호에 대한 인식의 변화나 실질적 노력이 부족하다는 증거이기 때문이다. 아래 표에서 보는 바와 같이 금융민원 전체 건수가 지속적으로 증가하는 추세임을 알 수 있다. 물론 전체 건수 기준으로 2019년의 경우 82,209건으로 전년(83,097건) 대비 1.1%(△888건) 감소한 경우가 있어 지속적인 증가추세라고 평가하기는 어렵다고 하는 주장이 있을 수 있다. 그러나 이것은 주로 2018년의 P2P 투자피해 민원 급증에 따른 기저효과('18년 1,867건 → '19년 173건)로 대부업 민원이 크게 감소함에 따라 비은행 민원이 전년대비 11.0%(△2,032건) 감소한 데 따른 것임을 감안하면 전반적으로 증가 추세임을 부인할 수는 없다. 무엇보다도 금융민원의 주류를 차지하고 있는 보험업 민원이 일시적으로 정체하는 시기도 있지만 전반적으로는 꾸준히 증가추세를 보이고 있어 앞으로 민원 건수가 줄어들 것이라는 전망을 하기가 어렵다.

금융감독원의 금융민원 처리 현황

(단위 : 건, %)

구 분	'16년	'17년	'18년	'19년 (a)	'20년 (b)	증 감 (b-a)	증감률 (b-a)/a
은 행	8,843	8,927	9,447	10,148	12,237	2,089	20.6
비 은 행	15,674	16,813	18,501	16,469	17,113	644	3.9
카 드	7,213	6,546	6,346	6,085	6,103	18	0.3
저축은행	1,873	1,748	1,568	1,215	1,283	68	5.6
대 부	1,900	3,005	4,533	2,841	3,226	385	13.6
기 타	4,688	5,514	6,054	6,328	6,501	173	2.7
보 험	48,573	47,742	51,323	51,184	53,294	2,110	4.1
생 보	19,517	18,101	21,507	20,338	21,170	832	4.1
손 보	29,056	29,641	29,816	30,846	32,124	1,278	4.1
금융투자	3,147	2,875	3,826	4,408	7,690	3,282	74.5
합계 (분쟁 민원)	76,237 (25,214)	76,357 (25,205)	83,097 (28,118)	82,209 (29,622)	90,334 (32,130)	8,125 (2,508)	9.9 (8.5)

자료 출처: 금융감독원

그리고 여기서 특히 유념하여 살펴보아야 하는 것은 분쟁민원 즉, 금융회사와 민원인 간 금전적인 다툼이 있는 민원은 계속 증가하고 있다는 점이다. 이것은 금융회사 직원의 태도나 업무처리 지연 등과 같은 금융회사에 대한 단순한 불만이 아니라 실질적인 재산상의 손해를 입었다고 생각하는 사례를 민원으로 제기한 것이므로 금융소비자를 위해 보다 큰 무게를 두고 살펴야 하는 사항이다. 그러므로 설사 전체 민원 건수가 실질적으로 줄어든다 하더라도 분쟁민원이 증가한다는 점만으로도 그동안의 금융소비자보호 업무가 성공적이라고 하기는 어렵다.

다음으로는 다수 금융소비자가 거액의 피해를 보는 금융사고가 지속적으로 발생하는 점 때문에도 금융소비자보호에 성공하였다고 말하기는 어렵다. 그동안 저축은행 사태, 동양 사태, 키코 사태, 사모펀드 사태(예: DLF, 라임, 옵티머스펀드) 등은 물론, 암보험 요양병원 입원비 미지급[21], 즉시연금보험[22] 등 적게는 수백 명, 많게는 십만 명이 넘는 금융소비자가 수천억 원 내지 조 단위의 피해를 입은 사건이 연이어 일어났다. 이와 같은 사례는 단순히 금융회사의 소수 직원이나 판매원의 과욕이나 실수가 아니라 금융회사의 경영시스템 자체 또는 CEO 등 경영진의 경영철학 내지는 경영전략에 따른 문제라고 할 수 있다. 더구나 이러한 대형 분쟁들이 최근 십여 년 사이에 집중적으로 일어난 점, 특히 사모펀드 분쟁을 야기한 원인이 되는 상품설계 및 판매 등의 행위가 일어난 것이 키코 사건 등을 계기로 정부가 금융소비자보호법(안)을 제안한 2012년 이후로서 금융소비자보호에 대한 사회적 인식이 고조되어 있는 시기였던 점 등에 비추어 볼 때 기존의 제도와 운영방식은 금융소비자보호 문제를 근본적

---

21) 암보험 약관상 암 치료를 위해 입원하면 입원비를 지급하기로 되어 있는데도 보험사가 장기 요양병원 입원은 암의 직접적인 치료와 연관이 없다며 보험금을 지급하지 않는 것이 부당하다며 민원을 제기하였음. 금융분쟁조정 결과 지급하도록 권고한 것이 988건(삼성생명 551건, 한화생명 136건, 교보생명 130건 등)에 이름[출처: 파이낸셜뉴스 2019년 10월 4일].

22) 즉시연금 월 연금지급액을 계산할 때 만기보험금 적립 재원을 차감하여 연금을 과소지급하였다며 민원을 신청한 건으로서, 금감원이 2018년에 파악한 즉시연금 미지급 분쟁 규모는 16만 명에 8,000억 원 수준이며, 삼성생명이 5만 5,000명에 4,300억 원, 한화생명과 교보생명은 각각 850억 원과 700억 원임[출처: 중앙일보 2020년 11월 11일].

으로 해결하지 못하고 있다는 것을 여실히 증명하고 있는 것이라 할 것이다. 더구나 키코와 매우 유사한 유형의 위험을 가진 DLF를 판매[23]하여 대량 금융소비자 피해를 또다시 초래한 것은 우리나라 금융소비자보호 시스템이 얼마나 취약한지를 보여주는 사례라고 할 수 있다.

세 번째로는 금융위원회가 실시하는 '금융소비자보호에 대한 국민인식 조사' 결과에서도 나타난다. 2020년 1월 발표한 2019년도 조사결과에서 응답자 중 30.5%가 금융상품 및 서비스 이용과정에서 불만족·불합리한 처우를 받았다고 하여 전년의 30.4%와 같은 수준을 보였다. 그리고 '금융회사가 소비자 보호에 노력한다'는 응답은 37.9로 전년(37.7%)에 비해 거의 개선되지 않은 것으로 나타났다. 또 2020년도 조사결과에서도 유사한 결과가 나온 것으로 알려진다[24]. 금융회사의 금융소비자보호에 대한 인식이 변화하고 이를 금융소비자가 체감하는 데는 상당한 시간이 소요되므로 쉽게 단언하는 것은 위험하지만, 그동안의 노력이 많은 성과를 내었다고 말하기는 어렵다는 것은 분명하다고 할 수 있다.

마지막으로는「금융소비자보호법」을 새로 제정한 것 자체가 그동안의 금융소비자보호 노력이 성공적이지 않았다는 것을 반증하는 것이라 할 수 있다. 동법이 제안된 후 8년 가까운 기간 동안 입법 논의가 지지부진 하다가 DLF 사태를 계기로 급진전되어 2020년 3월에 제정되었다는 사실은 이러한 판단에 더욱 무게를 둘 수 있게 한다. 특히 적합성·적정성원칙 및 설명의무 준수, 불공정영업행위·부당권유행위 금지 및 허위·과장광고 금지 등 6大 영업행위 규제를 전 금융권에 적용하고, 이를 위반할 경우 위반행위 관련 계약으로 얻은 수입 등의 50%까지 과징금을 부과하는 징벌적 과징금 제도를 도입하는 등 금융회사에 대한 처벌을 강화하였으며, 금융소비자에게 청약 철회권과 위법계약 해지권을 부여한 데다 금융회사에는 소액분쟁의 분쟁조정 이탈 금지, 손해배

---

23) 손익을 결정하는 금융지표가 KIKO는 환율, DLF는 금리인 점에 차이가 있지만 두 가지 상품이 모두 일반적인 예상과 다른 방향이나 수준(KIKO는 환율 하락 추세가 상승으로 전환, DLF는 barrier 이하로 금리 하락)으로 변동할 경우 금융소비자가 거액의 피해를 볼 수 있는 구조

24) 디지털투데이, 2021년 3월 19일, 금융소비자 10명 중 4명 "정부 보호 부족", 10명 중 7명 "금융사 윤리 불신"

상 입증책임 부과 등 권한을 제한하는 사항들도 포함된 것은 기존의 제도로는 금융소비자 권익을 충분하게 보장하기가 어렵다는 판단에서 취해진 조치라고 할 수 있다. 게다가 법률이 제정된 후에도 징벌적 손해배상과 집단소송제도 등 금융회사의 책임을 강화하는 내용의 법률 개정 논의가 나오는 것은 이러한 견해에 더욱 힘을 실어주는 증거라고 생각된다.

그렇다면 특별법으로서 새로이 제정된 「금융소비자보호법」의 시행을 계기로 시스템이 획기적으로 개선되어 금융소비자보호의 효과가 뚜렷하게 나타날 것인가? 이에 대한 답을 하기 위해서는 이 법이 금융소비자 피해를 유발하는 원인을 원천적으로 차단할 수 있게 될 것인가를 살펴보는 것이 필요하다. 그러기 위해서는 우선 금융소비자 피해를 유발하는 원인, 즉 금융분쟁이 발생하는 원인을 찾는 것이 선행되어야 한다. 금융소비자 피해 유발 요인을 찾는 가장 정확하고 간편한 방법은 이미 일어난 금융분쟁 사례를 구체적으로 분석하는 것이다.

제2절 집단적 금융소비자 피해 구제 사례

그동안 세간의 이목이 집중되었던 대형 금융분쟁 사례는 많았지만 그 대표적인 사례로서 저축은행 후순위채 사태, 동양그룹 사태, 재해사망보험금(자살보험금) 부지급, 키코 사태 및 사모펀드 사태에 대해 살펴보기로 한다.[25] 이 사례들은 각 금융권역별로 나타나는 전형적인 금융분쟁의 원인을 잘 보여준다.

1. 저축은행 후순위채 사태

가. 사건 개요

부산저축은행과 부산2저축은행은 같은 그룹 소속으로서 , 2000년대 초반부터 취급하기 시작한 부동산 PF대출[26]이 부실화 되어 자기자본비율이 하락하자 금융당국으로부터 적기시정조치 대상이 되는 것을 피하기 위해 2009년 3월과

---

25) 금융감독원 보도자료 및 금융분쟁조정위원회 조정결정서, 법원 판결 등에서 인용함.

26) 부동산 개발금융(Project Financing). 신용카드 남발에 따른 신용카드사 부실화 등 2003년 가계신용 위기 이후 우리나라 금융회사들은 서민신용대출 대신, 때마침 저금리 기조에 따라 호조를 띠고 있는 부동산 경기에 착안하여 부동산 업자 등에게 비교적 규모가 큰 부동산의 개발에 필요한 초기의 부지매입 및 건설 등 소요자금을 대출하기 시작함.

6월, 두 번에 걸쳐 총 975억 원의 후순위채[27]를 발행하였다.

부산저축은행 및 부산2저축은행의 후순위채 발행 상황

(금액단위: 억 원)

공모 기간	발행일	만기일	발행 이율	발행 금액			발행 형식
				부산저축	부산제2	계	
'09.3. 2.~3. 4.	'09.3. 6.	'14.9. 6.	8.5%	294	180	475	공모
'09.6.22.~6.24.	'09.6.25.	'14.9.25.	8.5%	300	200	500	공모

자료 출처: 금융감독원 2011.10.28. 보도자료

그런데 2011년 2월에 금융위원회는 부산저축은행과 부산2저축은행에 대해 대규모 예금인출에 따른 유동성 부족 등을 이유로 영업정지 결정을 하였다. 2011년 4월에는 금융감독원 검사 및 자산부채 실사결과 부채 규모가 자산을 초과하여 부실금융기관으로 지정하고 경영개선명령을 부과[28]하였다. 이에 따라 후순위채 구매자들은 이자는 물론 만기에 채권투자 원금을 회수하지 못하게 됨에 따라 금융감독원에 민원을 제기하였다.

금융감독원은 저축은행 후순위채와 관련된 민원이 폭주하자 2011년 6월에 본원과 각 지원에 후순위채 불완전판매 신고센터를 설치하고, 민원신고 내용에 대한 사실조회를 실시한 후 그 해 8월에는 판매 당시의 정황과 저축은행 답변이 사실과 부합하는지 확인하기 위해 현장조사를 실시하였다.

2011년 10월 21일까지 금융감독원에 접수된 부산저축은행과 부산2저축은행 민원은 각각 870건, 272억 원과 607건, 242억 원이었으며, 이것은 발행 후순위채권 건수 기준으로 각각 51.8% 및 52.3%, 총액 기준으로는 각각 45.8%와 63.5%였다.[29]

---

27) 후순위채는 발행회사가 파산했을 때 상환 받을 수 있는 우선순위(pecking orders)가 보통주보다는 앞서나, 다른 부채(일반 회사채나 차입금 등)보다는 뒤떨어지는 채권으로서, 자본과 유사한 성격을 가지고 있으므로 만기가 5년 이상인 경우에는 금융회사의 자기자본비율을 산출할 때 자기자본(보완자본)으로 인정을 받음.

28) 금융위원회는 2011년 2월에 부산계열(부산, 부산2, 중앙부산, 대전) 4개 사와 보해, 도민, 삼화 등 7개 사를 영업정지한데 이어 2011년 9월에는 토마토, 제일, 제일2, 프라임, 대영, 에이스, 파랑새 등 7개 사를 영업정지함.

29) 부산 및 부산2저축은행을 포함하여 1차 및 2차 영업정지를 당한 14개 저축은행이 총 11,203건 3,746억 원의 후순위채를 발행하였으며, 이 중 보해를 제외한 13개 저축은행에 대해 총 4,093건, 1,447억 원(발행액의 38.6%)의 민원이 접수됨.

저축은행별 민원 접수 현황

(단위 : 건, 억 원, %)

구분	판매 현황		민원 접수		접수 비율	
	건수(A)	금액(B)	건수(C)	금액(D)	건수(C/A)	금액(D/B)
부 산	1,680	594	870	272	51.8	45.8
부 산 2	1,160	381	607	242	52.3	63.5

자료 출처: 금융감독원 2011.10. 28. 보도자료

나. 민원 신청인 측 주장

금융감독원에 민원을 신청한 사람들의 주요 주장을 정리하면 다음과 같다.

민원인들은 저축은행 담당 직원들이 원금이 보장된다고 하는 말을 믿고 가입하였거나, 저축은행 담당직원이 판매 당시의 해당 저축은행 BIS비율이 9% 이상인 우량 저축은행이고, 업계 최고의 저축은행인 만큼 절대 망하지 않을 것이므로 안심해도 좋다고 해서 가입하였다. 또 저축은행 직원들이 예금보다 금리가 높다는 점만 강조하면서, 인기가 있으므로 소액을 기입하거나 늦게 신청을 하면 배정이 되지 않을 수 있다는 말을 믿고 정기예금을 중도에 해지하여 후순위채를 가입하였다. 또 창구 직원이 시키는 대로 청약 신청서와 확인서에 표시된 곳에 서명하였다고 한다. 그리고 가입을 권유하고 계약을 하는 과정에서 후순위채의 위험성에 대한 설명은 전혀 없었으며, 투자설명서도 주지 않았다고 하였다.

다. 금융회사 측 주장

반면에 회사 측의 주장은 달랐다.

우선 담당직원들이 후순위채 청약을 받을 때 신청인들에게 후순위채는 예금이 아니므로 예금자보호법에 의한 보호를 받지 못한다는 사실 등 중요한 내용을 설명하였다고 하였다. 그리고 신청인들은 후순위채 투자위험고지서에 투자위험과 관련한 내용을 충분히 설명을 듣고 이해하였다는 것을 확인하는 자필서명과 날인을 하였다. 투자 설명서는 신청인이 수령을 원할 경우에는 교부하고 신청인들이 확인서에 '투자 설명서를 교부받았음'이라는 문구를 자필로 기

재하고 서명을 하였으며, 신청인이 투자 설명서를 받는 것을 원하지 않을 경우에는 그 사실에 대한 확인서를 받았다고 주장하였다.

라. 구체적 사실관계

이에 대해 금융감독원이 현장점검 등을 통해 구체적 사실관계를 조사한 결과, 해당 후순위채 '청약신청서'와 '투자위험고지서' 등에는 신청인들의 자필서명과 날인이 되어 있고, 가입서류의 형식적 하자는 발견되지 않았다.

그러나 저축은행이 후순위채에 대해 알기 쉽게 정리하여 신청인들에게 나누어준 상품 안내장에는 BIS 자기자본비율이 높고 자산규모가 크다는 등, 채권 발행자인 저축은행의 안정성이 높다는 점과, 채권의 금리가 은행예금 금리의 2.6배에 달하는 고수익인데다 확정금리여서 수익성이 높다는 점, 제3자에게 양도할 수 있으므로 환금성이 높다는 점, 채권 매입을 위해 예금을 중도에 해약할 경우에도 계약 금리를 적용해주는 혜택 등에 대해서만 강조하였다. 위험성에 대해서는 예금자보호법 적용 대상이 아니라는 내용을 작은 글씨로 간단히 표시하는 외에는 손실발생 가능성과 투자위험에 대해서는 전혀 표시를 하지 않았다.

이 가운데 후순위채의 환금성과 관련하여, 후순위채는 만기까지 중도해지가 불가능할 뿐 아니라 공식적인 매매시장도 형성되어 있지 않아 따로 매수인이 나타나지 않으면 양도를 할 수 없음에도 불구하고 1개월 전에 저축은행에 요청하면 언제든지 타인에게 양도 가능하다고 안내한 것은 현실성이 매우 부족한 것이었다. 또 정기예금을 중도해지하면 중도해지 금리를 적용하여야[30] 하는데도 저축은행은 신청인들이 후순위채 매입을 위해 기존 예금을 중도해약하면 정상 만기 금리를 적용해 주었는데, 이것은 저축은행이 후순위채가 잘 팔리지 않으므로 이를 팔기 위해 상당히 많은 무리를 하였다는 것을 알 수 있었다.

---

30) 저축은행 표준업무방법서

<부산 및 부산2저축은행 후순위채 상품안내장 주요 내용>

- ■ 안정성
- ○ 2008. 6. 30. 결산시 3개 관계사(부산, 부산2, 중앙부산저축은행)의 자산이 5조 6천억 원, 세후 순 이익 1,080억 원, BIS비율 9.6% 이상, 고정이하여신 비율 5% 미만으로 우량함.
- ■ 수익성
- ○ 금리가 하락하더라도 장기적인 확정금리
- ○ 은행 정기예금 금리의 2.6배, 저축은행 정기예금 금리의 1.7배인 고수익
- ■ 환금성
- ○ 만기 이전에 제3자에게 양도 가능
- ○ 당사(저축은행)에 의뢰하면 1개월 이내에 제3자에게 안내하여 매입토록 적극 지원함.
- ■ 해당 저축은행의 예금 해약 후 채권을 매입할 경우에는 계약 만기금리를 적용하는 혜택을 드림.

자료 출처: 금융감독원

　　이에 더하여 저축은행들은 후순위채 발행 2개월 전부터 후순위채 발매지침을 마련하고 이 지침에 따라 기존 예금자를 대상으로 문자메시지 발송, 통화 등을 통해 후순위채 청약을 적극적으로 권유하도록 하고, 그 결과를 점포 영업 실적에 반영한 것이 드러났다.

　　발매지침에 따르면 예금 1억 원 이상인 고객을 대상으로 본점과 영업점별로 세부 목표를 할당하고 이를 초과 달성하도록 하였다. 또 발매지침에는 구체적 인 전화 상담 요령도 들어있는데, 그 요령에 따르면 우선 기존 예금자인 고객 의 예금금리를 알려주고, 만기에 금리가 하락할 것이라고 설명한 후, 좋은 상 품을 추천하겠다고 하면서 당해 저축은행이 회사채를 발행한다는 사실과 함께 그 수익성과 환금성, 안정성 등이 아주 좋다는 점을 설명하고, 그 채권을 매입 을 청약하기 위해 기존 예금을 중도해약 하더라도 계약 금리를 그대로 적용해 주겠다는 등, 그 내용이 상품 안내장 내용과 대동소이하였다.

　　아울러 저축은행의 내부직원들에게 후순위채의 위험성에 대한 내부 교육이 나 안내를 실시한 증거가 없었으며 판매담당 직원들 다수가 후순위채를 매입 한 점에 비추어 판매담당 직원들조차 후순위채의 위험성에 대한 인지도가 낮 은 것으로 보여, 고객에게 후순위채의 위험성에 대한 설명을 제대로 하지 못했 을 것으로 추정하였다.

<부산 및 부산2저축은행의 후순위채 발매지침 주요내용>

- ■ 본지점 할당 목표를 초과달성하도록 적극 추진
  전화권유 대상 : 정기예금 1억 원 이상 고객(1억 원 이상은 Teller가 권유, 2~3억 원은 지점장이
  　　　　　　　　전화 또는 방문하여 권유)
  ○ 매일 전화상담 목표를 세우고 전화 및 상담 결과를 오후 6시 45분까지 본점 영업부장에게 보고
  　하면, 영업부장은 임원회의에 보고하고 지점별 영업실적에 반영
  ○ 상담 결과 고객을 예약, 가망, 추후, 불가 등으로 구분·관리하여 각 지점별로 목표 달성
  　-예약한 고객은 자금 출처에 따라 해당 저축은행 예금 해약과 타 은행 예금으로 구분
- ■ 전화상담 요령
  ○ 고객의 현재 예금금리를 안내하고, 만기에는 금리가 하락할 것임을 안내
  ○ 좋은 상품(저축은행 회사채) 추천
  　-수익성: 저금리 시대에 5년 6개월간 확정금리 8.5%(당시 저축은행 예금금리보다 1.25배 은행금
  　　　　　리보다 2배 높은 수준)
  　-환금성: 1개월 전 요청하면 언제든지 양도가능
  　-안정성: 그룹 3사 자산 5조 원, 당기순이익 1,000억 원, BIS비율 9.7%, 자산 가치는 주당
  　　　　　100,000원

자료 출처: 금융감독원

한편, 금융감독원 검사 및 실사 결과 해당 저축은행의 회계분식 등이 사실로 나타났으며, 검찰은 2011년 7월 회계분식을 통해 조작한 재무제표 또는 BIS 자기자본비율을 공시하고 후순위채를 발행하였다는 이유로 전·현직 임원들을 자본시장법 위반(BIS비율 등 허위 공시를 통한 사기적 부정거래) 등 혐의로 기소하였다.

마. 분쟁조정결정

이러한 조사결과를 토대로 2011년 10월에 개최된 금융감독원 금융분쟁조정위원회에서는 해당 저축은행들이 후순위채를 판매할 때 투자결정에 필요한 중요 정보를 제공하지 않고 고금리 등 장점만 강조하여 고객에 대한 보호 의무를 위반한 것으로 판단하였다. 그리고 민원 신청인들이 청약신청서 등에 자필서명한 점 등을 감안하여 손해배상 책임의 범위는 평균 42%로 제한하는 것으로 조정결정하였다.

구체적 내용을 살펴보면 다음과 같다.

우선 저축은행들의 고객보호의무 위반여부를 판단한 법리적 근거를 보면, 금융회사의 임직원이 고객에게 적극적으로 투자를 권유하였으나 투자결과 손

실을 본 경우에 투자가에 대한 불법행위 책임이 성립하기 위해서는 이익보장 여부에 대한 적극적 기망 행위의 존재까지 요구하는 것은 아니라 하더라도, 적어도 거래 행위와 거래방법, 고객의 투자 상황(재산상태, 연령, 사회적 경험 정도 등), 거래의 위험도 및 이에 관한 설명의 정도 등을 종합적으로 고려한 후, 당해 권유 행위가 경험이 부족한 일반투자가에게 거래 행위에 필연적으로 수반되는 위험성에 관한 올바른 인식 형성을 방해하거나 또는 고객의 투자 상황에 비추어 과대한 위험성을 수반하는 거래를 적극적으로 권유한 경우에 해당하여, 결국 고객에 대한 보호 의무를 저버려 위법성을 띤 행위인 것으로 평가될 수 있는 경우이면 된다는 대법원 판례[31]와 금융회사의 임직원이 고객에게 금융투자상품 매입을 권유할 때에는 그 투자에 따른 위험을 포함하여 당해 상품의 특성과 주요내용을 설명함으로써 고객이 그 정보를 바탕으로 합리적인 투자판단을 할 수 있도록 고객을 보호하여야 할 주의 의무가 있다는 판례[32]에 근거한 것이다.

다음으로 저축은행이 고객보호 의무를 위반하였다고 볼 수 있는 구체적 행위를 보면,

첫째, 저축은행이 점포별로 목표를 할당하고 직원들이 기존 예금자인 신청인들에게 일일이 전화하여 후순위 채권의 수익성, 환금성, 안정성을 강조하면서 기존 예금을 해약하고 후순위채를 매입하라고 적극적으로 권유하는 한편, 후순위채 매입을 위해 정기예금을 중도 해약할 경우 중도해지이율을 적용하지 않고 계약금리(만기금리)를 적용한다고 안내하여 고객들이 안전한 상품인 예금을 보다 위험한 후순위채로 변경하도록 한 점,

둘째, 후순위채는 만기 전에 중도해지는 물론 양도도 사실상 불가능한데도 1개월 전에만 요청하면 언제든지 양도가능하다고 안내하여 고객들이 후순위채가 필요시 언제든지 현금화가 가능한 상품으로 오인하도록 한 점,

셋째, 「상품안내장」에 후순위채가 변제받지 못할 위험이 있다는 내용이 전혀

---

31) 대법원 2003.1.10. 선고 2000다50312 판결. 대법원 2007.7.12. 선고 2006다53344 판결 등
32) 대법원 2003. 7. 11. 선고 2001다11802 판결 등

기재되어 있지 않고, 예금자보호법이 적용되지 않는다는 내용도 작은 글씨로 표기하고 있으면서, 수익성, 환금성, 안정성에 대해서만 강조하여 후순위채의 위험성에 대해 충분히 안내하였다고 보기 어려운 점 등이다.

아울러 고객들의 손해금액은 후순위채 매입금액에서 그간 수령한 후순위채 이자금액과 정기예금 이자금액과의 차액을 뺀 금액[33]으로 하였다. 손해금액을 산정할 때 후순위채 매입금액을 기준으로 한 것은 「자본시장법」 제48조에 따른 것이다.

그리고 손해배상 책임 범위를 평균 42%로 제한한 근거는 다음과 같다.

첫째, 저축은행 기본 과실비율은 40%(고객의 과실비율은 60%)로 보았는데, 그 이유는 다음과 같다.

신청인들에게 교부한 후순위채 「상품안내장」에 후순위채 이율이 8.5%, 저축은행 정기예금 이율은 5% 또는 6.8%, 시중은행 예금이율은 4.2%임이 기재되어 있는데, 후순위채가 정기예금에 비해 이율이 높다는 것은 그만큼 위험성도 높을 수 있다는 것은 누구나 예상할 수 있으므로, 신청인들이 후순위채를 가입할 때 그 위험성에 대해서 면밀히 살펴보고 가입 여부를 결정해야 할 책임이 있는 점, 신청인들이 후순위채 가입을 할 때 「청약신청서」와 「투자위험고지서」에 '투자위험고지서의 내용을 충분히 설명 듣고 이해하였음을 확인한다.'고 자필서명 및 날인을 하였으며, 「투자위험고지서」에 후순위채는 발행회사가 파산하면 주식을 제외한 모든 일반채권의 변제가 완료된 후에 상환되며, 예금자보호법 적용을 받지 않는다는 내용의 투자위험이 기재되어 있는 점 등이다.

둘째, 신청인의 특성에 따라 과실비율을 조정하였는데 이를 구체적으로 살펴보면 다음과 같다.

노인복지법상 65세 이상 고령자는 경로우대 대상이 되고, '표준투자권유준칙'에 따르면 만 65세 이상 고령자에 대해서는 파생상품 등 위험한 상품에 대한 투자권유가 일정한 조건 하에서만 허용되고 있으므로 만 65세 이상의 고령자에 대해서는 저축은행의 과실비율을 +5%p 추가하는 것으로 조정하고, 특히 만 80세 이상의 고령자에 대해서는 저축은행의 과실비율을 +10%p를 추가하였다.

---

33) 손해액 = 후순위채 매입금액 − (기 수령한 후순위채 이자 − 해당 저축은행 정기예금의 이자)

이에 더하여 저축은행이 정기예금 고객에게 후순위채를 매입하기 위해 정기예금을 중도 해약하더라도 중도해지금리를 적용하지 않고 만기금리를 적용해준다고 하며 적극적으로 투자권유를 하여 기존의 정기예금을 해약하고 후순위채를 매입한 고객은 피해의 정도가 더 크므로 저축은행의 과실비율을 +5%p 추가 조정하였다.

다만 투자자(신청인)는 투자금액이 클수록 투자위험에 대해 더욱 많은 주의를 기울여야 하므로 투자자의 과실비율도 높이는 것이 합리적이다. 따라서 5,000만 원 이하는 예금자보호법에 의해 보호를 받을 수 있는 점을 고려하여 투자금액이 5,000만 원을 초과하는 경우에는 신청인의 과실비율을 +5%p(저축은행 과실비율 △5%p), 1억 원을 초과하는 경우 +10%p(저축은행 과실비율 △10%p), 2억 원을 초과하는 경우에는 +20%p(저축은행 과실비율 △20%p) 높게 책정하였다. 또 신청인이 증권회사 영업점에 직접 방문하여 청약 신청을 한 경우에는 +5%p(저축은행 과실비율 △5%p)를 추가하였다.

한편 BIS 자기자본비율 등을 실제보다 양호한 것으로 조작하여 허위로 공시함으로써 투자자들이 이를 믿고 후순위채를 매입하게 한 것과 관련해서는 재판 진행 중임을 이유로 판단을 유보하였다.

2. 동양그룹 회사채 사태

가. 사건 개요

동양증권은 2012년 3월부터 2013년 8월까지 ㈜동양 등 동양그룹 소속 5개 계열사가 운영자금 및 차환자금 조달을 목적으로 회사채 또는 CP[34]를 발행하였다. 발행당시 계열사의 신용등급은 BB^0~BB^+로서 투자 부적격 등급이었다.

그런데 2013년 10월 24일부터 시행되는 개정 「금융투자업규정」에서 계열회

---

34) 기업어음(commercial paper), 기업이 자금 융통을 목적으로 발행하는 약속어음이며, 만기는 1년 이내로서 신용평가기관으로부터 B등급 이상의 신용등급을 받은 기업이 발행할 수 있음.

사가 발행한 유가증권 중 투자적격 등급에 미치지 아니하거나 신용등급을 받지 않은 사채권 등 고위험 채무증권의 매매를 권유하는 행위를 금지하자 회사채의 만기연장이 사실상 불가능하게 되었다. 이에 따라, ㈜동양은 2013년 9월 30일, 나머지 5개 계열사도 2013년 9월 30일과 10월 1일 사이에 기업회생절차 개시를 신청하였다. 2014년 3월 21일부터 ㈜동양을 필두로 동양 계열사들의 회생계획안이 차례로 인가되었다.

이로 인해 동양증권에서 동양그룹 회사채나 CP를 매입한 고객들이 투자자금 전액을 회수하기가 어렵게 되자, 동양증권이 해당 증권을 판매할 때 법률을 위반하였다고 주장하며 손해배상을 해줄 것을 요구하는 민원을 금융감독원에 제기하였다.

〈동양그룹 회생 계획안 주요 내용〉

구분		현금 변제	출자 전환	변제율(현가기준)
㈜동양		10년간 45%(36.7%)	55%(17.2%)	53.9%
동양시멘트		7년간 100%(85.2%)	없음	85.2%
동양인터내셔널		3년간 17.3%(16.4%)	82.7%(4.2%)	20.6%
동양레저		2014년말 54.5%(53.3%)	없음(45.5%를 채무면제)	53.3%
TY석세스	담보	2015년말 83%(76.8%)	17%(미정)**	미정
	무담보	10년간 45%(36.7%)	55%(17.2%)	53.9%

* ( )내는 현가율(채무가액에 대비한 해당 가액 현재가치 비율)
** 담보물 가격 확정이 어려워 산정 불가능
자료 출처: 금융감독원 2014. 7. 31. 보도자료

나. 민원 신청인 측 주장

신청인들은 동양증권 임직원들이 신청인들의 투자자성향[35]이 해당 투자에 적합한 것으로 되도록 하는 답변을 유도하거나 임직원 임의로 답변을 컴퓨터에 입력하는 등 투자자성향 파악이 형식적으로 이루어졌다고 하였다. 또 동양증권 임직원들은 신청인의 CMA계좌 잔고를 확인한 후 고객의 투자자성향과

---

35) 금융투자협회 「표준투자권유준칙」 IV-1에서는 금융회사가 투자자성향 유형을 3, 4, 5, 7개 등으로 정할 수 있도록 하고 각각의 유형을 예시하고 있음.

상관없이 해당 회사채 등의 금리가 예금보다 높다는 것을 강조하며 투자를 권유하였으며, 주로 문자나 유선으로 권유하여 신청인들이 상품의 내용을 충분히 이해하기 어려웠다.

동양증권은 회사채 발행인인 ㈜동양의 재무구조나 투자원금 손실 위험성에 대한 설명을 하지 않았으며, '투자설명서'를 교부하지 않은 경우도 있었다. 또 신청인을 내방하게 하거나 직접 방문하여 구체적 설명도 없이 미리 준비한 '채권청약서' 등 투자계약에 필요한 서류를 내놓고 서명·날인하도록 하였다. 그리고 가입할 때 고객이 작성해야 하는 '채권청약서' 및 '상품설명 체크리스트' 등에 임직원들이 서명·날인을 대필하는 경우도 있었다. 뿐만 아니라 투자 권유를 받은 신청인들이 인터넷을 통해 가입하려고 하는 경우에는 회사에서 전화를 걸어 실시간으로 가입하는 절차를 안내하여 신청인들이 상품에 대한 정보를 제대로 파악하고 판단할 기회를 주지 않은 상태에서 형식적인 동의 절차와 서명만으로 상품을 계약하게 하였다.

아울러 동양그룹뿐만 아니라 오리온그룹에서도 자금을 지원해주기로 약속하였다는 등의 확정되지 않았거나 허위인 사실을 말하면서 회사가 망하더라도 원금을 받을 수 있다거나, 동양그룹에는 우량계열사가 많고 동양시멘트가 삼척지역에 화력발전소를 수주하여 많은 수익이 예상되는 등 경영이 안정적이어서 회사채 등이 예금과 다름없다고 하며, 상품이 고금리이면서 확정금리라고 하는 등 투자위험을 축소하거나 상품을 왜곡 설명하였다.

그러므로 회사가 해당 회사채 등을 판매함에 있어서 해당상품의 중요한 내용을 설명하지 않거나 허위사실을 말하여 신청인들이 해당 회사채 등에 투자하였으므로, 그로 인해 발생한 손해 전액을 배상하여야 한다고 주장하였다.

다. 동양증권 측 주장

신청인들의 주장에 대하여 동양증권에서는 투자 신청인들의 투자자성향에 부합하는 경우에만 해당 회사채를 권유하였으며, 투자 신청인들의 투자자성향과 부합되지 않는 경우에는 신청인들이 직접 당해 상품을 특정하여 투자하였다고 하였다. 또 신청인들의 투자자성향에 부합되지 않는 경우에는 신청인들로부터 '투자권유 불원 확인서' 또는 '부적합 금융투자 상품 거래확인서'에 서명날인을 받았으므로 투자자성향에 맞지 않는 상품을 위법하게 판매한 것이 아니라고 하였다. 또 신청인들은 회사채, CP 등 상품에 대하여 많은 투자경험을 가지고 있어 회사채의 내용에 대하여 기본적인 이해를 하고 있었으며, 회사채에 투자하면 원본 손실을 볼 위험성이 있다는 것을 인식하고 있었다고도 하였다.

그리고 회사는 회사채 투자를 권유할 때 신청인들에게 상품의 투자 수익성, 수수료, 계약해지 등에 관한 사항이나 채무불이행 위험, 유동성 위험, 예금자보호법 적용에 관한 사항 등 중요한 내용을 설명하였으며, 신청인들은 회사채의 원본 손실 위험, 시장위험[36], 신용위험[37] 등에 관한 설명의무[38]가 이행되었다는 내용이 명시되어 있는 '채권청약서', '채권매매 상품설명서' 및 '상품설명 체크리스트'에 자필 서명 및 날인하였다고 하였다.

아울러 신청인이 '투자설명서' 수령을 원할 경우에는 이를 교부하여 신청인들이 확인서에 '투자설명서를 교부받았음'을 자필 기재하고 서명을 하였으며, 신청인이 투자설명서의 수령을 원하지 않을 경우에는 신청인으로부터 '투자설명서 수령 거부 확인서'를 받았다고도 하였다.

그 외에 동양그룹이 업계 수위의 재벌그룹인 점과 삼척지역에 화력발전소 사업을 수주한 점, 오리온그룹의 자금지원 가능성 등은 객관적 사실과 언론을 통해 보도된 내용을 확인하는 것에 불과하므로 허위의 사실이나 불확실한 사실에 대한 단정적 표현에 해당되지 않는다고 하였다.

따라서 회사는 회사채 판매에 있어서 설명의무 등 관련 법규를 모두 준수하였을 뿐만 아니라 신청인들의 손해는 회사채의 상품에 본질적으로 내재된 신

---

36) 금리나 주가, 환율 등 시장 요인의 변동으로 회사채, 주식, 파생상품 등 시장성 유가증권 자산가치가 하락하는 위험

37) 거래 상대방이 채무를 변제하지 않거나 못하는 등 계약의무가 이행되지 않을 경우 발생하는 손실 위험

38) 금융투자회사가 일반투자자에게 투자를 권유하려면 금융투자 상품의 내용과 투자의 위험 등을 투자자가 이해할 수 있도록 설명해야 하는 의무('자본시장법」 제47조)로서 이를 위반할 경우 손해배상 책임을 부과함(동법 제48조).

용위험의 실현에 따른 것이므로 회사가 신청인들에게 손해를 배상할 의무가 없다고 주장하였다.

라. 금융감독원 조사 결과

금융감독원은 동양그룹 사태로 인한 금융소비자 피해를 구제하기 위해 300 명 수준의 전담 T/F를 구성하였으며, 동양증권에 대하여 3회에 걸쳐 특별검사를 실시하였다. 그 결과 불완전 판매행위와 함께 대주주 등의 부정거래와 시세조종 혐의 등 수많은 불법행위를 적발하였다.

그리고 금융감독원은 동양증권의 회사채 등의 판매와 관련한 많은 부당행위도 발견하였다. 그 주요 내용을 살펴보면, ㈜동양의 회사채가 투자 부적격 등급임에도 해당 회사채 판매를 하기 전에 리스크 검토 절차를 생략하였으며, 해당 회사채 판매실적을 높이기 위해 본부에서 각 지역본부별로 목표를 할당하고, 각 지역본부에서는 다시 각 지점별로 할당 금액을 배정하였다. 그리고 성과급율이 회사채 판매 금액의 35.4bp로서 비계열사 회사채 판매의 경우 9.6bp에 비해 약 3.7배 높은 성과급율을 반영하였다.

'투자설명서'에는 신용등급 등 투자 위험요소에 대한 내용이 기재되어 있으며, '상품설명 체크리스트'에는 원금손실 가능성, 채무불이행, 유동성 위험, 환금성 위험과 함께 투자설명서에 대한 이해가 부족한 경우에는 다시 한 번 설명을 요구할 수 있다는 내용이 기재되어 있었다. 그리고 이들 서류에는 대부분 신청인들의 자필 서명 또는 날인이 되어 있는 등 서류상의 형식적 하자는 발견되지 않았다.

그러나 금융감독원 검사 과정에서 동양증권 일부 임직원은 문답서 또는 확인서에서 해당 회사채를 불완전판매하였음을 인정하였으며, 회사채 등 계약 과정에서 증권사 직원과 고객 간 대화내용 녹취를 확인한 결과 「자본시장법」에 따른 적합성원칙, 설명의무, 부당권유의 금지 등을 위반하여 불완전판매가 이루어진 사실을 확인하였다.

마. 금융분쟁조정위원회의 판단

마-1. 적합성원칙 위반 여부

「자본시장법」 제46조와 관련 대법원 판례[39] 등과 아울러 다음과 같은 사실들을 종합하여 볼 때 동양증권은 적합성원칙을 위반하였다고 판단하였다.

첫째, 해당 회사채 투자 당시 투자자성향이 '안정형' 내지 '위험중립형'인 신청인들에게는 투자원금의 손실위험을 최소화하는 저위험 상품만을 투자 권유하는 것이 가능하므로 발행사가 부도가 나면 원금손실이 발생할 수 있고 투자 부적격으로 고위험 상품인 해당 회사채를 투자 권유하지 않았어야 되는 점,

둘째, 동양증권은 신청인의 투자 목적, 투자 경험, 위험선호, 상품에 대한 이해도 등 신청인의 투자자성향을 파악하지 아니한 채, 신청인 명의의 '투자자 정보 확인서'를 대필로 작성하여 보관하는 등 신청인에게 적합한 상품인지에 대한 확인 자체를 하지 아니한 점,

셋째, 고객의 투자자성향을 파악하기 위한 질문을 우선으로 하면서 특정 질문의 답을 고객의 실제상황과 다르게 답변하도록 유도하고, 투자 권유 전에 투자자 정보를 확인하지 않거나 정보 제공을 원하지 않거나 투자 권유를 희망하지 않는 고객에게 투자를 권유하였으며, '투자 부적합 확인서'도 임직원의 요청에 따라 사후적으로 작성되는 등 신청인이 동양증권의 투자 권유 없이 독자적으로 해당 회사채의 투자 위험을 감수하고 투자를 결정하였다고 보기 어려운 점 등이다.

마-2. 설명의무 위반 여부

「자본시장법」 제47조와 대법원 판례[40] 등 법리와 함께 다음과 같은 점을 종합할 때, 동양증권은 신청인들에 대하여 각 상품의 특성 및 위험성 등에 대해 충분한 설명을 하였다고 보기 어렵다고 판단하였다.

첫째, 동양증권의 임직원은 신청인에게 유선통화 등으로 투자를 권유하였

---

39) 대법원 2010.11.11. 선고 2010다55699 판결 등
40) 대법원 2010.11.11. 선고 2008다52369 판결 등

고, 투자권유 과정에서 해당 회사채의 내용이나 투자 위험성 등에 대해 설명한 사실이 확인되지 아니하는 점,

둘째 해당 회사채의 중요한 내용에 대해 신청인이 이해하였음을 확인하기 위해 필요한 절차인 해당 회사채의 내용이나 투자 위험성이 자세히 기재되어 있는 '상품설명 체크리스트' 등 서류를 일절 작성하지 아니한 점,

셋째, ㈜동양 회사채의 신용등급이 투자 부적격 등급임에도 이에 대한 설명이 누락된 점 등이다.

마-3. 부당권유의 금지 위반여부

「자본시장법」 제49조와 대법원 판례[41] 등 법리에 비추어 다음과 같은 상황을 종합해 볼 때, 동양증권은 신청인들에 대하여 왜곡 설명 및 불확실한 상황에 대한 단정적인 판단을 제공하였다고 하였다.

첫째, 동양증권의 임직원은 해당 회사채 투자의사가 없던 신청인에게 "산업은행(또는 오리온 그룹)에서 지원하기로 했어요.", "동양이라서 안전해요."라고 단정적으로 해당 회사채의 안정성을 강조하는 등 상환 여부를 걱정하는 신청인에게 어떤 상황에도 원리금 지급이 확실히 보장되는 것으로 오인할 소지를 제공함으로써 해당 회사채의 투자 위험성에 대한 신청인의 올바른 인식 형성을 방해한 점,

둘째, 동양증권의 임직원은 원금손실 가능성 등에 대한 정확한 설명 없이 "주식이나 펀드처럼 원금에서 손실 나는 상품이 아니다.", "동양그룹이 지원하니 부도 가능성이 없다."라고 설명하는 등 신청인들의 투자 성향 및 투자 목적에 비추어 과도한 위험을 초래하는 상품에 투자하도록 적극적으로 권유한 점 등이다.

마-4. 손해배상액 산정

1) 손해 금액

「자본시장법」 제48조에 비추어 신청인들의 손해 금액은 해당 회사채 최초

---

41) 대법원 2007다16007, 2000다50312, 2006다53344 판결 등

투자금에서 회수하였거나 회수가 예상되는 금전의 총액을 뺀 금액이라고 보았다. 그러므로 신청인들의 손해 금액은 당해 회사채 투자금액에서 회생 계획안[42]에 따라 10년간 분할하여 현금 변제받을 금액을 현재가치로 환산[43]한 금액과 출자전환 주식의 신규 재상장일(2014년 6월 20일)로부터 7영업일 동안의 거래량 가중평균 가격(총거래 대금 ÷ 총거래량)을 적용하여 그 가치를 산정한 평가금액[44]을 공제한 금액으로 하였다.

2) 동양증권의 책임 제한(과실 상계)

손해배상 비율을 정함에 있어서는 동양증권의 법규 위반행위 뿐만 아니라 신청인의 과실도 고려하여 책임제한 비율을 산정하여야 한다. 신청인들의 과실비율을 반영한 증권회사의 손해배상 비율은 다음과 같이 판단하였다.

구분		손해배상 비율
적합성원칙 위반		20%
설명의무 위반		20%
부당권유의 금지 위반		25%
중복 위반	적합성원칙 위반 + 설명의무 위반	30%
	부당권유의 금지 위반 + 적합성원칙 위반 또는 설명의무 위반	35%
	부당권유의 금지 위반 + 적합성원칙 위반 + 설명의무 위반	40%

3) 신청인의 특성에 따른 과실 비율의 조정

신청인의 연령, 투자 경험, 투자금액 등 특성도 감안하여 신청인의 과실 비율을 조정하였다.

---

42) 회생계획에서는 회생 채권액의 45%에 대해서는 향후 10년간 분할하여 현금 변제를 받고 나머지 55%에 대해서는 출자전환 주식을 배정받게 되어 있음. 따라서 현금 변제 및 출자전환 부분은 향후에 회수될 개연성이 높다고 보아 그 현재가치 상당액을 투자금에서 공제하는 것이 타당하다고 보았음.
43) 법원이 2014년 3월 21일 인가한 ㈜동양 회생계획안에서 현금 변제액 현가 산정 시 할인율인 4.43%를 적용
44) 출자전환으로 배정받은 주식 수 × 783.4원(120,729,474,666원 ÷ 154,107,737주)

구분		과실비율 조정
연령	65세이상 고령자	△5%p
	80세 이상	△10%p*
투자 경험	1~5회	+2%p
	6~10회	+4%p
	11~20회	+6%p
	21~30회	+8%p
	31회 이상	+10%p
투자 금액	2억 원** 초과	초과분에 대해 +5%p
	5억 원 초과	초과분에 대해 +10%p
투자서류 작성(자필서명)		+5%p
비상장 영리법인	외감 대상이 아닌 중기업	+5%p
	외감 대상 중소기업	+10%p
	대기업	불완전판매 불인정

* △인 경우 증권회사의 책임이 증가(+는 그 반대)
** 우리나라 가구소득 상위 20%의 평균보유 금융자산 금액이 2억 원임.

4) 배상 하한선 설정

과실비율 조정 요소가 중복되어 배상비율이 현저히 낮아지면 불완전 판매에도 불구하고 배상책임이 면제되는 불합리한 결과가 발생할 수 있으므로 법원에서 통상적으로 인정하는 불완전 판매에 따른 손해배상 비율을 고려하여 개인은 20%를 배상 하한선으로 정하였다. 영리법인 가운데 외감 대상 중소기업과 비외감 대상 중기업은 10%를 배상 하한선으로 정하였다. 또 31회 이상 투자 경험이 있는 자의 배상 하한선으로 15%를, 영리법인 가운데 외감 대상 중소기업과 비외감 대상 중기업은 10%를 적용하였다. 한편, 투자금액에 따른 과실비율 조정은 배상 하한선을 적용하지 않았다.

3. 생명보험사의 재해사망보험금 부지급

가. 사건 개요

생명보험회사들은 1995년부터 주계약 또는 특약에 자살에 대한 면책을 제한하는 조항이 포함된 재해사망 담보 상품(이하에서 '자살보험'이라고 함)을 판매하였다. 재해사망의 경우 보험금이 일반사망 보험금의 2~3배 수준이었다. 관련 보험약관에서는 고의 사고를 면책으로 보면서도 정신질환 등 자유로운 의사결정을 할 수 없는 상태에서 자신을 해친 경우와, 책임 개시일로부터 2년이 경과한 후 자살한 경우에는 예외로 한다고 규정하였다.

〈무배당 재해사망특약 약관(예시)〉

◇ 제○○조(보험금의 종류 및 지급사유) 회사는 이 특약의 보험기간 중 보험대상자(피보험자)에게 다음 사항 중 어느 한 가지의 경우에 해당하는 사유가 발생한 때에는 보험금을 받는 자(보험수익자)에게 약정한 보험금을 지급합니다.
1. 보험기간 중 재해분류표에서 정하는 재해를 직접적인 원인으로 사망하였을 때
2. 보험기간 중 재해를 직접적인 원인으로 장해등급분류표 중 제1급의 장해 상태가 되었을 때

◇ 제○○조(보험금을 지급하지 아니하는 보험사고) ① 회사는 다음 중 어느 한 가지의 경우에 의하여 보험금 지급사유가 발생한 때에는 보험금을 드리지 아니함과 동시에 이 특약을 해지할 수 있습니다.
1. 피보험자가 고의로 자신을 해친 경우.
  그러나 피보험자가 정신질환 상태에서 자신을 해친 경우와 계약의 책임 개시일(부활 계약의 경우는 부활 청약일)로부터 2년이 경과한 후에 자살하거나 자신을 해침으로써 장해등급분류표 중 제1급의 장해 상태가 되었을 경우에는 그러하지 아니합니다.

그 후 자살보험은 꾸준히 판매되었으나 실제 자살한 경우에도 보험회사가 일반사망 보험금을 지급하고 재해사망 보험금을 지급하지 않아 민원이 발생하여 2006년 2월과 2007년 8월에 금융분쟁조정위원회에서는 해당 보험금을 지급하도록 조정결정하였다. 2006년 2월 조정 건은 보험회사가 조정안을 거부하고 소송을 제기함에 따라 조정이 불성립하였으나, 2007년에 1심에서 보험회사가 패소하여 항소를 포기하고 보험금을 지급하였다. 그리고 2007년 8월 조정 건은 보험회사가 분쟁조정결정을 수용하여 해당 건에 대해서는 보험금을 지급하였으나, 나머지 동일 유형의 보험계약에 대해서는 보험금을 지급하지 않았다.

그리고 자살보험금 지급이 제대로 이루어지지 않은 사례로서 소송을 제기한 경우도 있어 2007년 9월부터 2010년 11월 사이에 5건의 대법원 판결이 있었다. 그런데 그 중 보험금을 지급하여야 한다고 한 것이 2건, 지급하지 않아도

된다는 판결은 3건(그 중 2건은 동일 회사의 동일 유형인 계약에 관한 것으로서 판결내용도 동일)이었다. 이와 같이 판결이 엇갈리는 것 같지만 자세히 살펴보면 판결에 일관성이 있는데, 대법원은 약관 해석에 있어 '자살 면책 제한 조항' 즉 '책임 개시일로부터 2년이 경과된 후 자살한 경우 그러하지 아니하다'는 문구가 있는 조항이 재해사망 담보에 적용되는 경우에는 지급하도록 판결하고, 일반사망 담보에만 적용된다고 해석되는 경우에는 지급하지 않아도 되는 것으로 판결하였다.

그 후 2013년 8월에 금융감독원의 ING생명에 대한 종합검사에서 428건 560억 원(지연이자 128억 원 포함)의 재해사망 특약 자살보험금을 지급하지 않은 사례가 발견되었다. 이에 따라 금융감독원에서는 2014년 8월에 ING생명에 대하여 보험업법 제127조의3[45]에 규정된 기초서류 기재사항 준수의무 위반 등을 이유로 과징금 49백만 원을 부과하고 기관주의와 함께 관련 임직원 4명에 대해 주의 조치하고, 보험금 지급방안을 마련하여 이행하도록 지도하였다.

이와 같은 ING생명에 대한 조치 후 금융감독원은 2014년 9월에 생명보험사 모두에 대해 자살보험금을 지급하도록 지도공문을 발송하였다. 아울러 2014년 10월부터 12월 중에 16개 생명보험사에 대해 자살보험금 지급의 적정성 여부에 대한 검사를 실시하였다. 그리고 비슷한 시기에 제기된 자살보험금 민원에 대해서도 지급을 하도록 권고하였다. 그러나 생명보험사들은 금융감독원의 합의 권고를 거부하고 보험금채무 부존재 소송(민사소송)을 제기하였다.

ING생명도 2014년 11월에 금융감독원의 조치에 대해 행정소송을 제기하고 집행정지 신청을 하였으며, 이에 따라 금융감독원은 생명보험사들에 대한 검사결과 제재 절차를 일단 중단하였다. 이에 대해 서울행정법원은 2014년 12월 ING생명의 집행정지신청을 기각하고 2015년 11월에는 과징금 부과처분 등 취소소송도 기각하였다. 이에 따라 2015년 12월 ING생명은 서울고등법원에 항소하였는데, 2016년 6월에 행정소송을 취하하여 1심 판결이 확정되었다.

이러한 가운데 2016년 5월 12일에 교보생명이 제기한 보험금채무 부존재 소

---

45) 「보험업법」 제127조의3(기초서류 기재사항 준수의무) 보험회사는 기초서류에 기재된 사항을 준수하여야 한다.

송에 대해 자살보험금을 지급하여야 한다는 취지의 대법원 판결이 나왔다. 이어서 5월 26일에는 신협공제가 제기한 소송에 대해, 6월 23일에는 삼성생명이 제기한 소송에 대해서도 동일한 취지의 대법원 판결이 내려졌다. 즉, 보험사가 약관에서 책임개시일로부터 2년이 경과한 후에 자살하는 경우 재해사망 보험금을 지급한다고 약속한 이상 보험금을 지급하여야 한다고 최종 판결한 것이다.

〈자살보험금 관련 대법원 판결 요약〉

일자	판결	회사	계약 형태			
			주계약		특약	
			보장 대상	면책 제한[1]	보장 대상	면책 제한[1]
2007.9.6.	지급	교보	교통재해 사망	○	재해 사망	X (주계약 준용)
2009.5.28.	불지급	한화	일반 사망	○	재해 사망	X (주계약 준용)
2009.9.24.[2]	지급	새마을금고	재해 사망	○	−	−
2010.11.25.	불지급	축협	일반 장해&재해 장해	○	−	−
2016.5.12.	지급	교보[3]	일반 사망	○	재해 사망	○
2016.5.26., 6.23.	지급	신협, 삼성	재해 사망	○	−	−

주 1) 책임 개시일로부터 2년이 경과된 후 자살한 경우 그러하지 아니하다는 문구가 있는 조항
   2) 2건의 판결이 있었으나 그 중 하나는 2009년 5월 28일 판결과 동일 회사, 동일한 약관에 관한 내용이므로 생략
   3) ING생명과 동일한 계약 유형

이러한 판결에 따라 금융감독원은 2014년에 이미 지도한 바와 같이 생명보험사들에게 자살보험금을 지급하도록 지도하였다. 그 결과 많은 보험사들이 금융감독원 지도에 부응하여 자살보험금을 지급하기로 한 반면, 일부 생명보험사들은 지급을 거부하거나 지급여부에 대한 결정을 미루었다. 이런 가운데 2016년 9월 30일에는 대법원이 자살보험금 지급과 관련하여 소멸시효[46]가 완

---

46) 「상법」 제662조(소멸시효) 보험금 청구권은 3년간, 보험료 또는 적립금의 반환 청구권은 3년간, 보험료 청구권은 2년간 행사하지 아니하면 시효의 완성으로 소멸한다.
  * 2014. 3. 11. 개정(2015. 3. 12. 시행) 이전에는 보험금 청구권 및 보험료 또는 적립금 반환 청구권은 2년, 보험료 청구권은 1년이었음. 시효 기산점은 「민법」 제166조와 대법원 판례(2009다14340)에 따라 보험사고 발생일

성된 보험금은 지급할 필요가 없다고 판결하였다. 이에 따라 그 때까지 자살보험금을 지급하지 않은 보험사들은 소멸시효가 완성되지 않은 자살보험금에 한하여 지급하겠다는 의사를 밝혔다.

한편, 금융감독원은 2014년에 자살보험금 지급과 관련한 검사를 실시하였으나 생명보험사들이 소송을 제기함에 따라 중단하였던 검사결과 조치 절차를 다시 추진하였다. 이 과정에서 보다 정확한 사실관계 확인 등이 필요함에 따라 일부 보험회사에 대해서는 다시 검사를 실시하였다. 그 결과 기초서류 기재사항 준수의무 위반과 설명의무 위반 등의 문제가 드러나 제재심의위원회에서 해당 회사들에 대해 과징금 및 기관 제재와 임직원에 대한 제재안을 의결하였다. 보험금 미지급 규모 및 미지급 양태를 반영하여 기관에 대해서는 최고 영업 일부 정지부터 기관주의까지, 관련 임직원에 대해서는 최고 면직부터 주의까지 제재 수위를 달리하였다. 의결 직후 교보생명을 제외한 나머지 생명보험사들은 소멸시효가 완성된 자살보험금까지 지급하기로 결정하였다. 이에 따라 중대한 사정 변경이 발생한 점과 원장 결재 및 금융위 부의 절차가 완료되지 않은 점을 감안하여 조치 원안을 다시 제재심의위원회에 부의하여 제재조치 수준을 감경하였다.

나. 금융감독원의 제재조치 주요 내용

나-1. 기초서류 기재사항 준수의무 위반

금융감독원은 보험회사는 「보험업법」 제127조의3에 따라 보험약관 등 기초서류[47]에 기재된 사항에 따라 보험수익자에게 정확한 보험금을 지급하는 등 기초서류를 준수하여야 함에도 2011. 1. 24. ~ 2016. 5. 31. 기간 중 다음과 같이 부당하게 재해사망 보험금을 지급하지 않아 보험소비자의 피해를 초래하여 법을 위반하였다고 보았다.

---

47) 기초서류는 보험상품을 구성하는 서류로서 보험회사가 영위하고자 하는 보험상품별 사업방법서, 보험약관, 보험료 및 책임준비금 산출 방법서를 말함.

〈대형 생명보험사의 자살보험금 부지급 규모〉

(단위: 억 원)

구분		○○생명	□□생명	◇◇생명	합계
전체 부지급액(a)		1,673	1,233	1,025	3,931
		(3,337건)	(1,858건)	(952건)	(6,147건)
	시효 완성(b)	1,532	1,176	990	3,698
	비중(b/a)	91.6%	95.4%	96.6%	94.1%
제재 대상(c) ('11.1.24. 이후)		634	167	158	959
		(1,342건)	(454건)	(315건)	(2,111건)
제재 대상 비중(c/a)		37.9%	13.5%	15.4%	24.4%
회사 지급액(d)		359	167	158	684
지급액 비중(d/a)		21.5%	13.5%	15.4%	17.4%
지급액 중 시효 완성 해당분(e)		218	110	123	451
시효 완성액 중 지급률(e/b)		14.2%	9.4%	12.4%	12.2%

금융감독원은 이러한 판단을 하게 된 이유로, 보험사가 약관상 '자살 면책 제한 조항'이 명백히 기재되어 있고, 2007년 8월에 금융감독원 분쟁조정위원회가 자살보험금을 지급하도록 결정하였던 점, 2007년 9월 보험회사가 재해사망 보험금을 지급하여야 한다는 대법원 판결(2006다55005, 교보생명 패소)이 있었던 점, 금융감독원은 이러한 분쟁조정 내용과 대법원 판결 내용을 모두 포함한 '2007생명보험 판결례집'을 제작하여 모든 생명보험사에 배포하였던 점, 2007년 이후에도 대법원은 일관되게 주계약 또는 특약에서 자살 면책 제한 조항이 재해사망 담보에 적용된 사안에서는 보험회사의 지급책임이 있다고 판결[48]하였던 점 등을 들었다.

그리고 금융감독원의 검사결과, 관련 보험사들은 그 동안 여러 건의 자살보험금 지급 관련 소송을 진행하면서 내부 검토한 문서들을 보면 이러한 자살 면책 제한 조항의 작용 형태에 따라 판결이 다르다는 것까지 알고 있었으며, 이에 근거하여 소송을 포기하는 사례도 여러 건이 있었던 점, 문제가 되는 상품

---

48) '07.9.6.(교보), '09.9.24.(새마을금고), '16.5.12.(교보), '16.5.26.(신협), '16.6.23.(삼성) 등 각 대법원 판결에서 '자살은 재해가 아니나 자살 면책 제한 조항을 일반적인 재해로 한정하여 해석하는 경우 적용 대상이 존재하지 아니하는 무의미한 규정이 된다.'고 명시

의 약관에서 자살 면책 제한 조항을 스스로 삭제한 점, 2016년 5월 12일자 대법원 판결 이전에도 소비자가 적극적으로 민원을 제기하는 경우에는 2007년 9월 6일자 대법원 판례를 원용하여 자살보험금을 스스로 지급한 사례도 많았던 점 등도 이유로 들었다.

나-2. 재해사망보험금 부지급시 설명의무 불이행

「보험업법」 제95조의2 제3항 및 제4항과 「동법시행령」 제42조의2 제3항에 따르면 보험회사는 일반보험계약자가 보험금 지급을 요청한 경우에는 보험금의 지급 절차 및 지급 내역 등을 설명하여야 하며, 보험금을 감액하여 지급하거나 지급하지 않을 경우에는 보험금 심사·지급 단계에서 그 사유를 설명하여야 한다. 그러나 금융감독원 검사 결과 보험사들은 제재대상 기간(2011. 1. 24.~2016. 5. 31.) 중 정당하게 청구된 대다수 건에 대하여 재해사망 보험금 부지급 사유를 전혀 설명하지 않는 등 설명의무를 위반한 것으로 나타났다. 또 경우에 따라서는 "자살은 약관에서 보장하는 재해에 해당하지 않는다."는 등 잘못 설명한 사례도 있었으며, 어떤 회사는 본사 또는 금융감독원에 민원을 제기한 보험 수익자들에게 "대법원 판단까지 상당한 기간이 소요되므로 시간을 가지고 지켜봐 달라." 또는 "관련 소송 진행 중이므로 대법원 판결이후 일괄 지급 심사하겠다."고 안내하였다가 2016년 5월 대법원 판결이후 보험금을 청구하자 소멸시효가 완성되었다며 보험금 지급을 거절한 사례도 있었다. 이에 따라 보험수익자의 분쟁조정 신청이나 보험금청구 소송 등의 기회와 권리를 제한할 수 있는 결과를 초래하였다고 보았다.

설명의무 위반 건수 현황(예시)

구분	○○생명	□□생명	◇◇생명
보험금 청구 건수	1,342(100%)	454(100%)	315(100%)
설명의무 위반 건수	1,009(75%)	398(88%)	289(92%)
잘못 설명한 건수	333(25%)	56(12%)	26(8%)
소멸시효 경과 건수	985(73%)	299(66%)	230(73%)

다. 자살보험금 지급관련 쟁점 사항

자살보험금 부지급과 관련하여 금융감독원이 관련 보험사에 대해 제재를 하는 과정에서 보험사와 금융감독원 간에 입장을 달리하는 부분들이 몇 가지 있었다. 이에 관한 핵심 내용을 살펴보면 다음과 같다.

다-1. 자살보험금을 지급해야 하는가?

1) 보험사 의견 :

① 자살은 재해가 아니라는 것은 상식이며, 보험료율을 산정할 때 자살위험 담보는 고려하지 않는 등(자살보험금 지급에 필요한 보험료를 받지 않았음) 자살은 재해사망 보험금을 지급하지 않도록 설계되었다. 이러한 점에 비추어 기초서류가 잘못된 것이며, 잘못된 기초서류는 준수할 의무가 없다고 본다.

② 그리고 자살로 인한 재해사망 보험금을 지급하면 사회적으로 자살을 부추기게 되므로 자살보험금을 지급할 정책적인 필요성도 없다. 그러므로 재해사망 보험금을 지급하지 않은 것은 당연한 것이다.

2) 금융감독원 검토 :

① 대법원 판결 요지는 상품의 설계와는 무관하게 '약관에 대한 합리적 해석에 따라 재해사망 보험금을 지급하는 것이 타당하다.'는 것이므로, 보험금 지급여부에 대한 판단 기준은 당사자 간 계약 내용, 즉 약관에 문언으로 명시된 내용에 따라 이루어져야 한다는 것이다. 또한 ING생명 행정소송 판결문(2015.11.13.)에서도 '이 사건 보험료율이 관련 사고에 대하여 보험금을 지급하는 것을 전제로 산정되지 않았다고 하더라도 이 사건 약관 조항을 작성하고 보험료를 책정하여 이를 판매하는 업무는 모두 보험사가 좌우할 수 있는 업무이므로 그에 대한 위험을 보험사가 부담하는 것이 부당하다고 보이지 않는다.'고 하고 있다.

② ING생명 행정소송에서 행정법원은 기초서류가 잘못된 책임은 보험약관

을 작성한 보험회사에 있다[49]는 점을 명확히 하고 있으며[50], 평균적인 고객은 재해사망 담보에서 자살을 담보하는 것을 이상하게 생각하지 않고 보험자의 선택으로 가능하다. 즉 보험회사가 그런 상품을 판매하면 살 수 있다고 이해한다. 이러한 근거에서 그 동안 대법원은 약관 해석상 자살 면책 제한조항이 일반사망 담보에만 적용되면 부지급 판결을 내렸으나, 동 조항이 재해사망 담보에 적용되면 지급하도록 일관되게 판결하고 있다. 그러므로 재해보험에서 자살을 보상하는 것은 있을 수 없는 무의미한 조항으로 보기 어렵다.

③ 자살보험금을 지급하여야 하는 것은 약관 해석에 따른 것이지 정책적 요소와 상관이 없으며, 자살보험금을 지급하는 것은 유족 보호[51]의 효과도 있으므로 반드시 반사회적이라고 할 수 없다. 그리고 자살보험금 지급이 자살을 부추긴다는 객관적인 증거도 없으며, 과거에 발생한 자살에 대해서 보험금을 지급하는 것이 앞으로 일어날 자살률에 영향을 미칠 것이라고 보기도 어렵다는 연구결과도 있다.

다-2. 소멸시효 완성된 보험금의 지급

1) 보험사 의견 :

① 2016년 9월 30일 대법원 판결에서 나타난 바와 같이 소멸시효가 완성된 보험금은 지급의무가 없다.

② 소멸시효가 완성된 보험금을 지급할 경우 지급하지 않아도 되는 보험금을 지급하여 보험회사에 손해를 끼치게 되므로 배임죄가 될 수 있다.

2) 금융감독원 검토 :

① 금융감독원은 소멸시효가 완성된 자살보험금을 지급할 것인지에 대해서

---

49) 약관 해석의 원칙으로서 '작성자 불이익 원칙'이라 함.

50) 'ING생명이 자살 면책 제한조항을 기재한 이상 일단 보험금 지급 후 위 약관 조항의 효력 없음을 이유로 반환을 구하는 등 위 약관 조항에 따른 위험은 ING생명이 부담하는 것이 타당하고 그것이 불가능한 것도 아니다'라고 함.

51) 자살한 사람들이 빈곤층이거나 사회적 약자인 경우가 많음.

는 보험회사가 자율적으로 판단할 사항으로서 금융감독원이 지급을 강제할 수 없다고 본다. 그리고 금융감독원이 제재 양정을 결정한 기준은 보험업법상 기초서류 기재사항 준수의무 제도를 도입한 2011년 1월 24일 이후 지급하지 않은 자살보험금 규모이며 소멸시효 완성분에 대한 자살보험금 지급 여부와는 전혀 관계가 없다.

〈자살보험금 관련 대법원의 소멸시효 판결 요지와 소멸시효 완성에 대한 견해〉

◇ 2016년 10월 27일 대법원의 자살보험금 소멸시효에 대한 판결 요지
(1) 채무자(보험회사)가 시효 완성 전에 채권자(보험금 지급 청구인)의 권리행사나 시효 중단을 불가능 또는 현저히 곤란하게 하였거나 그러한 조치가 불필요하다고 믿게 하는 행동을 한 경우
(2) 객관적으로 채권자가 권리를 행사할 수 없는 장애 사유가 있었던 경우
(3) 일단 시효 완성 후에 채무자가 시효를 원용하지 아니할 것 같은 태도를 보여 권리자로 하여금 그와 같이 신뢰하게 한 경우
(4) 채권자 보호의 필요성이 크고 같은 조건의 다른 채권자가 채무의 변제를 수령하는 등의 사정이 있어 채무이행의 거절을 인정함이 현저히 부당하거나 불공평하게 되는 경우 등의
  특별한 사정이 있는 때에는 채무자의 소멸시효 항변은 신의성실의 원칙에 반하여 권리 남용으로서 허용될 수 없으나
  동 건의 경우 보험회사가 재해사망보험금 지급의무의 존재를 알면서 부지급 사유를 수익자에게 알리지 않아 수익자의 권리행사를 현저히 곤란하게 하였다고 하기 어렵다.

◆ 금융감독원 검사결과
(1) 보험회사가 지급의무가 있음을 인지하였음에도 약관해석에 의하지 않고 자살은 재해가 아니라는 잘못된 부지급 사유에 의한 안내를 함으로써 '고객의 시효중단 조치를 방해'하였을 소지가 있는 사례가 있고,
(2) 정당한 보험금 청구권자에게 회사가 법률상 의무인 부지급 사유를 전혀 설명하지 않아 보험약관에 대한 지식이 부족한 고객이 권리를 행사하기 어렵게 하였으므로 '객관적으로 채권자가 권리를 행사할 수 없는 장애 사유가 있는 경우'에 해당된다고 볼 수도 있으며,
(3) 적극적으로 민원을 제기한 경우나 소송에서 패소한 건에 대해서는 보험금을 지급하고(A사 22건 9.2억 원, B사 21건 11.5억 원, C사 5건 3.5억 원) 그렇지 않은 경우에는 지급하지 않아 '고객 간 부당한 차별(불평등)'이 존재하며,
(4) 보험금 지급을 요구하는 고객에게 '소송 진행 중으로서 대법원 판단까지 상당한 기간이 소요되므로 시간을 가지고 지켜봐 달라.'고 안내하여 '채무자가 시효를 원용하지 아니할 것 같은 태도를 보여 고객이 이를 믿게' 하고서는 2016년 5월 대법원 판결 후에는 소멸시효 완성을 이유로 지급을 거절하는 사례 등
  보험회사의 권리 남용에 해당되는 상황이 확인되어 다른 재판과정에서 소멸시효 완성 여부에 대한 판단이 달라질 개연성이 있음.

---

② 본래 지급했어야 할 보험금을 지급하지 않았다가, 지급하는 것은 회사의 임무 위배라고 보기는 어렵고, 설사 배임죄의 요건을 갖추었다고 하더라도 사회 상규에 위배되지 않는 행위이므로 면책될 소지가 크다고 본다.

아울러 고객의 신뢰는 보험의 가장 본질적인 요소이므로 고객과의 약속을 지키기 위해 소멸시효가 완성된 보험금도 지급하는 것이 보험회사가 고객의 신뢰를 확보할 수 있어 종국적으로 회사에 이익이 된다고 신중하게 판단하여 보험금을 지급하기로 결정하였다면 배임죄의 구성 요건이 되는 고의 또는 불법이득 의사가 있었다고 보기 어려워 경영진에게 형사책임을 묻기가 어려울 것으로 본다.[52]

또 ING생명 등 15개 생명보험사가 소멸시효가 완성된 자살보험금을 지급하였으며, 이들 보험사 중 자기자본을 기준으로 한 부담비중이 대형 3사보다 훨씬 높은 회사들도 많았으나 배임에 대한 우려나 논란은 없었다. 뿐만 아니라 생명보험업계에서는 2003년부터 2014년 사이에 시효가 완성된 휴면보험금 총 6조 1천억 원을 고객에게 지급한 전례가 있으나 이에 대해서도 배임 논란은 없었다. 그 외에 보험사들이 그 동안 민원이나 소송을 제기한 고객에게 대하여 차별적으로 자살보험금을 지급한 사례가 있었는데, 이는 계약자간 부당한 차별 등에 따른 권리남용에 해당될 수 있으므로 이를 알게 된 고객들이 대규모 민사소송을 벌여 보험회사가 소송비용 부담, 부정적 평판 형성 등의 손해가 발생할 수 있어 배임 논란의 소지는 없다고 본다.

4. 은행의 키코(KIKO) 불완전판매

가. 사건 개요

우리에게 키코로 알려진 금융상품은 'KIKO(Knock-In Knock-Out) 통화옵션 상품'으로서 중소기업이 환 헤지에 이용할 수 있도록 국제 IB나 헤지펀드 등이 만든 것이다. 이 상품의 개념은 〈부록2〉를 참고하기 바란다.

원달러 환율 하락세가 지속되던 2007년부터 2008년 3월까지 14개 은행이

---

52) (경영판단의 법칙) 기업의 경영자가 아무런 개인의 이익을 취할 의도 없이 선의에 기하여 가능한 범위 내에서 수집된 정보를 바탕으로 기업의 이익에 합치된다는 믿음을 가지고 신중하게 결정을 내렸다면, 그 예측이 빗나가 기업에 손해가 발생하는 경우가 있다 하더라도 배임죄의 형사책임을 묻기는 곤란하다(대법원 2002도4229 판결 등)

국내기업 약 800~900개와 키코 계약을 체결하였다. 그러나 2008년 정부가 수출을 늘리기 위해 환율을 올리는 정책을 취하여 2008년 3월 이후 환율이 상승하였고, 여기에 글로벌 금융위기가 닥치면서 2008년 2월말 937원 수준이었던 환율이 2008년 11월 1,480원 수준으로 급등하여 키코를 계약한 중소기업들이 큰 손실을 입었고 상당수가 도산하기도 하였다. 2010년 10월의 금융감독원 발표에 의하면 키코 계약을 맺은 기업은 738개사이며, 2010년 6월 현재 키코 거래로 인해 입은 손실은 총 3조 2천억 원에 이르는 것으로 나타났다.

금융감독원에서는 2008년 8월부터 2009년 2월까지 키코 거래 14개 은행에 대해 특별검사를 실시하였다. 그 결과 키코 판매과정에서 환 헤지 목적에 적합하지 않는 장외 파생상품을 취급한 불건전 거래 등을 이유로 2010년 8월 14개 은행 72명의 임직원에 대해 제재를 결정하였다.

이와는 별도로 2008년 11월에는 피해기업 124개 사가 처음으로 민사소송을 제기하였는데, 2013년 9월 대법원 전원합의체는 키코의 불공정성과 사기성은 인정하지 않았으나,[53] 불완전판매 관련부분은 일부승소 판결을 내려 23개 기업에 대해 5~50%(평균 26.4%)의 비율로 총 105억 원을 손해 배상하도록 하였다.

그 후 2017년 8월에 집권여당인 더불어민주당의 '적폐청산위원회'가 키코 문제를 금융분야 3대 적폐로 규정하고 2017년 12월에 '금융행정혁신위원회'는 법원의 판결을 받지 않은 키코 거래업체에 대해 금융분쟁조정을 통해 피해를 구제하도록 권고하였다. 이에 따라 그동안 소송을 제기하지 않았던 4개 피해업체가 분쟁조정을 신청함에 따라 분쟁조정 절차를 진행하여 2019년 12월 12일에는 금융분쟁조정위원회가 은행의 키코 불완전판매 책임을 인정하고 손해액의 일부를 배당하도록 조정결정하였다.

나. 금융감독원의 분쟁조정

대법원 판결에서 키코 통화옵션 계약 자체의 불공정성이나 사기·착오 여부

---

53) 대법원 판결문(2013. 9. 26. 선고 2013다26746) 참조

는 부인되었는데, 이는 통화옵션 상품의 구조에 관한 사항을 기반으로 이루어진 판단이며 모든 계약에 공통되는 문제이므로 금융감독원은 분쟁조정 대상에서 제외하였다.

그리고 또 하나의 쟁점인 적합성원칙 및 설명의무 준수 여부에 대해서는 대법원은 사례에 따라 인정하기도 하고 부인하기도 하였다. 부인된 경우는 손해를 본 회사가 외환 거래 경험이 많고 환위험 관리를 위한 전문 조직과 인력을 보유하고 있으며, 그동안의 거래 양태나 직원의 행동 등에 비추어 볼 때 회사는 해당 사건 통화옵션 계약을 체결하기 전에 이미 계약의 내용과 위험성을 충분히 인지하고 있으면서 해당 계약을 단순한 환위험 관리목적이 아니라 환차익을 얻기 위한 목적(환 투자 또는 환 투기)으로 해당 계약을 체결한 것으로 본 데 따른 것이었다.

따라서 각 회사마다 위험관리 성향(risk appetite), 외환거래 목적, 거래 규모 및 환 헤지 필요성, 환위험 관리에 대한 전문 조직과 인력의 확보 및 실무 경험 등이 다를 수 있으므로, 대법원 판결에서 제시된 기준에 따라 각 회사별로 계약체결 당시의 구체적 사실관계를 검토하여 적합성원칙 및 설명의무 준수 여부를 판단하였다.

나-1. 불완전판매 여부

대법원 판결에 따르면, 은행은 인가 요건, 업무 범위 등 여러 면에서 투자를 전문으로 하는 금융기관에 비해 더 큰 공신력을 가지고 있어 기업의 의사결정에 강한 영향을 미칠 수 있으므로, 고객에게 위험성이 큰 장외 파생상품 거래를 권유할 때는 다른 금융기관에 비해 더 무거운 고객보호 의무를 부담한다.

또 은행은 기업의 예상 외화유입액, 재산상태, 환 헤지의 필요여부, 거래목적, 거래 경험, 당해 계약에 대한 지식 또는 이해의 정도, 다른 환 헤지 계약 체결 여부 등의 경영상황을 파악한 다음, 그에 비추어 해당기업에 적합하지 아니한 계약의 체결을 권유하여서는 아니 된다.

그럼에도 판매 은행들은 키코 계약 체결 시 예상 외화유입액 규모를 제대로 파악하지 않거나, 다른 은행의 환 헤지 계약을 감안하지 아니하고 과도한 규모의 환 헤지를 권유, 체결하였는데,

A기업에 대하여는 수출실적이 급감하여 무역금융 및 수입신용장 한도는 감액하면서도, 수출입 계약서가 아닌 구속력이 없는 협약서(agreement) 상의 주문 예정 수량을 근거로 추가 환 헤지 계약을 체결하였고,

B기업에 대해서는 은행이 기업의 외화유출입 규모를 소상하게 파악하고 있는 주거래은행이었음에도 헤지 대상으로 설정한 외화 순유입액을 크게 초과하는 규모의 계약을 체결하였다.

또 C기업에 대해서는 기업의 전체 수출액 중 달러화 비중은 평균 30% 수준에 불과한데도 여러 가지 통화(달러, 원화, 엔화, 유로화)를 합산하여 달러로 환산한 매출총액 기준으로 달러화 통화옵션 상품을 권유하여 계약을 체결하였으며,

D기업에 대해서는 기업이 감사보고서 등을 통해 은행들과의 환 헤지 계약 내용을 공시하고 있었음에도 은행은 이를 감안하지 않고 과도한 규모의 헤지 계약을 체결하였다. 따라서 은행이 적합성원칙을 위반하였다.

아울러 대법원 판결에 따르면, 은행은 일반 고객과 장외 파생상품 거래를 할 경우에는 고객이 그 거래의 구조와 위험성을 정확하게 평가할 수 있도록 위험 요소 및 잠재적 손실에 영향을 미치는 중요 인자 등 거래상의 주요 정보를 고객이 충분히 이해할 수 있도록 적합한 방법으로 명확하게 설명하여야 할 신의 칙상의 의무가 있으며, 설명하여야 하는 거래상의 주요 정보에는 당해 장외 파생상품 계약의 구조와 주요 내용, 고객이 얻을 수 있는 이익과 발생 가능한 손실의 구체적 내용, 특히 손실 발생의 위험요소 등을 포함하여야 한다.

그러나 은행들은 고객에게 배부하는 상품 안내장, 위험고지서 등에 레버리지에 따른 위험성을 설명하지 않았고, 오버 헤지 위험성도 전혀 언급하지 않은 채, 환차손 위험 회피, 무비용 거래 등 이익 측면만 부각하였다. 특히 키코 상품의 손익을 그래프로 설명하면서 레버리지로 인한 손실 확대 구간이나 손실 구간 자체를 정확하게 표현하지 않아 고객이 레버리지의 위험성을 제대로 인

식하기 곤란하게 하였으므로 은행이 설명의무를 위반하였다.

이러한 점을 감안하여 금융분쟁조정위원회는 은행들이 고객보호 의무를 다했다고 볼 수 없으므로 불완전판매에 따른 손해배상 책임이 인정된다고 판단하였다.

나−2. 손해배상 비율

손해배상 비율은 은행의 고객 보호의무 위반 정도와 기업의 통화옵션 계약의 위험성 등을 스스로 살폈어야 할 자기책임 원칙을 종합적으로 고려하여 결정하였는데, 동양 CP 및 회사채 불완전판매(2014년 7월) 등 기존의 적합성원칙과 설명의무 위반에 의한 불완전판매 관련 분쟁조정 사례에 적용된 것과 같이 기본 배상비율은 30%로 하고, 키코 사건 관련 판례상 적용된 과실 상계 사유 등 당사자나 계약의 특별사정을 고려하여 가감 조정한 후 최종 배상비율을 산정하였다.

은행의 배상책임 조정 사유(예시)

가중 사유	경감 사유
◇ 주거래은행으로서 외환 유입규모 등을 용이하게 파악할 수 있었던 경우 ◇ 계약기간(만기)을 과도하게 장기로 설정하여 리스크를 증대시킨 경우 등	◇ 기업의 규모가 큰 경우 ◇ 기업의 파생상품 거래 경험이 많은 경우 ◇ 기업이 장기간 수출업무를 영위하여 환율 변동성을 인식할 수 있었던 경우

그 결과, 각 기업별로 손실액의 15%~41%, 평균 23%를 배상하도록 조정결정하였다.

신청인별 손해배상 금액 결정 내용

(단위: 억 원, %)

구분	A 기업	B 기업	C 기업	D 기업
손실액	102	32	435	921
손해배상 금액	42	7	66	141
배상 비율	41	20	15	15

* 은행별 배상액 : 신한은행 150억 원, 우리은행 42억 원, 산업은행 28억 원, KEB하나은행 18억 원, 대구은행 11억 원, 씨티은행 6억 원

아울러 이 사례에서도 사건이 발생한 지 10년 이상이 지나 소멸시효가 완성되었으므로 조정 권고의 적정성에 대한 논란은 있을 수 있다.

그러나 금융감독원은 금융분쟁조정이 「민사조정법」에서 정한 바와 같이 당사자 사이의 상호 양해를 통해 분쟁을 해결하는 절차로서 소멸시효가 완성되었더라도 당사자의 임의변제가 가능하므로 금융소비자보호를 위해 조정결정을 권고할 수 있다고 보았다.

또 키코 사태 당시 은행들이 대법원 판결 등을 바탕으로 불완전판매가 있었던 유사한 피해기업 구제 등 고객 보호 의무를 다하는 데 미흡하여 조정 당시까지 분쟁이 지속되어 온 점, 키코 손실로 신용등급이 악화된 상황에서 피해 기업들이 거래은행을 상대로 소송 제기 등 적극적인 권리행사가 현실적으로 곤란하였던 점, 양 당사자가 예상치 못한 환율 급등으로 손해가 발생한 것이므로 불완전판매가 인정되는 경우 계약을 권유한 은행도 손실 일부를 부담하는 것이 공평의 원칙에 부합하는 점, 영국 등 해외에서도 키코와 유사한 파생상품 대규모 불완전 판매에 대하여 시효와 관계없이 감독당국의 권고로 은행들이 배상을 한 사례가 있는 점 등을 종합적으로 감안하여 조정안을 권고하였다.

이 조정안 권고와 함께 나머지 145개 키코 피해 기업들에 대해서는 은행권협의체에서 자율조정하도록 권고하였다. 그 결과 관련 은행 가운데 일부는 조정안을 수용하였으나 일부는 거부하는 등 난항을 겪었다.

5. 사모펀드 불완전판매

가. 사모펀드 개요

사모펀드는 그 시원이 PEF와 헤지펀드로서 소수 제한된 투자자들로부터 투자받은 자금으로 전문 운용자가 기업인수 또는 레버리지 및 공매도를 이용한 투자 전략을 구사하여 수익을 확보하고 이를 투자자에게 배분하는 것을 목적으로 조성되었다.

사모펀드에 대해서는 투자대상 자산의 종류나 투자 한도 및 투자 방법 등의 제한이 없다.[54] 금융당국의 감독을 받지 않고 안정성이 보장되지 않는 사모펀드는 공모펀드나 은행 저축, 또는 보험 상품 등 비교적 안정적인 금융상품들과 경쟁하기 위해 보다 높은 수익을 제시하여야 하므로 상당한 고위험을 감수하는 투자 전략을 구사할 수밖에 없다. 이러한 이유로 사모펀드에 대해서는 모집, 즉 50인 이상의 투자자에게 새로 발행되는 증권의 취득의 청약을 권유하는 것을 금지함으로써 투자에 대해 전문지식이나 경험이 부족하고 고위험을 감내하기 어려운 일반투자자가 사모펀드에 투자를 하는 것을 제한하는 것이 일반적이다.

그런데 2015년 4월에 투자 장벽을 낮추어 벤처산업을 육성하기 위해 국내 사모펀드에 대한 규제를 대폭 풀어주는 것을 골자로 「자본시장법」이 개정되었다. 이에 따라 전문 사모집합투자업자 설립 요건으로서 최소자본 규모가 60억 원에서 10억 원으로 완화되고,[55] 설립도 당국의 인가가 아닌 등록제로 바뀌었으며, 사모펀드 설립 보고도 금융위원회 사전 등록에서 사후 보고로 바뀌는 등 사모펀드의 설립이 사실상 완전 자율화 되었다. 또 재산가가 아닌 서민에게도 고수익 투자기회를 주겠다는 명분으로 일반투자자의 최소투자 금액을 5억 원에서 1억 원으로 내렸다. 그리고 자산운용 규제에 있어서도 종전에 투자대상 자산별로 펀드를 설정하도록 한 것을 개별 펀드에 증권, 부동산 등 다양한 자산을 편입할 수 있도록 하였고, 개별 펀드의 차입, 채무보증, 담보제공 등 각각의 한도를 폐지하는 대신 파생상품 투자, 채무보증, 담보제공 및 차입금의 합산액이 펀드 자산총액에서 부채총액을 뺀 가액의 400% 이내가 되도록 하였다. 아울러 PEF 잔여재산의 증권투자 운용 비율을 5%에서 30%로 확대하고, 투자목적회사가 투자목적회사에 투자하는 것을 허용함으로써 복층 투자목적회사(SPC) 설립이 가능하도록 하였다.

---

54) 공모펀드의 경우 투자한도가 동일 종목은 10%, 동일회사 주식은 20%
55) 2015년 당시에는 20억 원으로, 2019년에 다시 10억 원으로 완화

〈2015년 사모펀드 규제 완화 주요내용〉

구분	종전	개정	자본시장법
구분	▪일반, 전문 사모펀드, PEF, 기업 재무안정 PEF	▪전문투자형 사모펀드(헤지펀드), 경영참여형 사모펀드(PEF)	§9⑲
투자 하한	▪5억 원	▪1억 원	§249의2,§249의11⑥
진입 규제	▪집합투자업(일반 및 전문 사모펀드 운용) 인가제 운영 ▪최소자본 60억 원	▪전문사모집합투자업 신규도입 및 등록제 운영 ▪최소자본 20억 원('19년: 10억 원)	§249의 1
설립 보고	▪금융위원회 등록 ▪등록 전 영업 금지	▪사후보고(헤지펀드는 설정·설립일로부터, PEF는 설립등기일로부터 2주일 이내)	§249의6②, §249의6④
자산 운용 규제	▪일반사모펀드의 주목적 투자대상을 증권, 부동산, 특별재산 등으로 분류, 주목적 투자대상별 최소투자 비율 설정(투자대상별로 펀드 설정) ▪개별 펀드의 차입, 채무보증, 담보제공을 엄격히 제한 ▪PEF는 경영참여 등 목적으로 운용하고 남은 잔여재산의 증권투자 운용 비율을 5%로 제한	▪헤지펀드의 투자대상별 최소투자 비율 규제 폐지(개별 펀드 내에 다양한 자산 편입 허용) ▪펀드별 차입 등의 개별 한도를 폐지하고, 파생상품 투자, 채무보증, 담보제공 및 차입금액 합산액이 펀드 자산총액에서 부채총액을 뺀 가액의 400% 이내로 완화 ▪PEF 잔여재산의 증권투자 운용 비율 30%로 확대 ▪복층 투자목적회사(SPC) 설립 허용	§249의7①
자전 거래	▪환매 대응 목적의 펀드 자전거래 기간은 설정 후 1개월	▪기간 제한 폐지	§85 영§87③나

* 자료 출처: 2015년 7월 15일 「Lexology」, '사모펀드 제도 대폭 개편(자본시장법 개정)'에 저자 첨삭

이러한 사모펀드 규제 완화 결과 2015년말 사모펀드 수는 8,974개, 설정금액은 200조 원이었으나 2019년 6월말 현재 11,397개, 380조 원으로 불어났다.

〈연도별 사모펀드 증가 추이〉

구분	2015말	2016말	2017말	2018말	2019.6말
펀드 개수	8,974	9,849	8,970	10,105	11,397
설정금액(조 원)	200	249	285	333	380

* 자료 출처: 금융투자협회, 2019년 10월 4일자 「인포스탁 데일리」, '2015년 사모펀드 규제 완화 이후 은행 파생상품 판매 49% 늘어' 참조

그런데 일반투자자의 투자 하한을 1억 원으로 내린 결과, 노후자금 등 소액의 금융자산을 가진 금융소비자들이 사모펀드 투자를 할 수 있게 되었다. 또

자산운용 규제를 완화하여 복층 투자목적회사(SPC) 설립이 가능하도록 함에 따라 사모펀드를 수많은 자펀드로 쪼개어 공모펀드와 같은 방식으로 은행이나 증권사 창구에서 투자자를 모집할 수 있었다. 아울러 모펀드 하나에 부동산, 메자닌, 재간접 펀드 등 수많은 자산을 편입할 수 있게 되어 수탁사나 사무관리회사, 판매사 등이 펀드에 대한 실사나 검증을 하기가 어렵게 되었고, 펀드 자전거래의 기간 제한을 폐지함에 따라 부실 펀드의 환매 불가능 사실을 숨기는 것도 가능하게 되었다.

이에 따라 사모펀드 투자제안서 내용이 원천적으로 허위이거나, 사모펀드가 투자한 해외펀드의 부실이 이미 발생하였음에도 이를 숨기고 판매하거나, 위험성이 매우 높은데도 이를 숨기거나 사실과 다르게 설명하고 판매하는 등 위법행위가 발생하여 많은 금융소비자들이 거액의 피해를 입는 사례가 연속적으로 발생하였다. 이 중 가장 대표적인 사례가 DLF, 라임, 그리고 옵티머스 사태이다. 이들 가운데 DLF와 라임펀드에 대한 전반적인 개요와 함께 금융감독원이 공개한 분쟁조정 사례를 살펴보기로 한다. 옵티머스펀드는 라임의 무역금융펀드와 같이 투자제안서를 사실과 다르게 기재하는 등 상품 자체의 부실, 펀드 간 돌려막기, 적합성원칙과 설명의무 위반 등 공통점이 많으므로 제외하였다.

나. 해외금리 연계 파생결합 펀드(DLF)

나-1. 개요

문제가 된 해외금리 연계 파생결합 펀드(DLF)에는 두 종류가 있다. 하나는 독일국채 10년물 만기수익률 연계 사모펀드이고 또 하나는 영국과 미국의 CMS(Constant Maturity Swap) 금리 연계 사모펀드이다.

이 가운데 독일국채 10년물 만기수익률 연계 사모펀드는 독일국채 10년물 만기수익률을 기초자산으로 하며 만기는 6개월이고 조기상환이 불가능하다. 만기 평가 시 기초자산 금리가 행사가격인 −0.27% 이상인 경우에는 2.25%(연

4.5% 상당)의 약정수익을 지급하며, 행사가격 미만인 경우에는 손실 배수(200배)에 따라 원금손실이 발생한다. 따라서 행사가격 미만인 경우 0.01%당 원금 2.0%의 손실(0.01% × 200)이 발생하므로 행사가격의 0.5% 이상 하회하게 되면 원금은 100% 손실이 발생한다. 다만 만기 평가 시의 금리 수준과 무관하게 2.25% 쿠폰을 지급하므로 이것을 감안하면 최종 수익률은 6개월에 최소 △97.75% ~ 최대 2.25%가 된다.

이러한 수익 구조를 그림으로 나타내면 다음과 같다.

〈독일국채 10년물 만기수익률 연계 사모펀드의 수익 구조〉

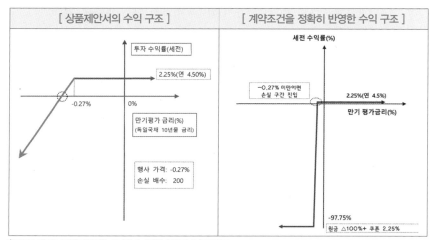

* 자료 출처: 금융감독원 2019년 12월 9일자 보도자료

CMS 금리연계 사모펀드는 기초자산이 영국 CMS 7년 금리와 미국 CMS 5년 금리이다. 영국 CMS 7년 금리는 영국 파운드화(GBP) 시장에서 7년 만기 이자율 스왑 체결 시 GBP LIBOR 6개월 변동금리와 교환하는 고정금리이며, 미국 CMS 5년 금리는 미국 달러화 시장에서 5년 만기 이자율 스왑 체결시 USD LIBOR 3개월 변동금리와 교환하는 고정금리이다. 두 가지 금리 모두 ICE(Intercontinental Exchange)가 산출하여 고시하는 시세이다. 만기는 12개월이며, 조기상환 조건은 매 3개월 마다 두 기초자산의 종가가 모두 최초 기준가격의 95%(3개월), 85%(6개월), 75%(9개월) 이상인 경우 연 3.3% 지급하

는 것이다.

그리고 만기 평가 시에 두 기초자산의 종가가 모두 최초 기준가격의 60%(12개월) 이상인 경우 연 3.3%를 지급한다. 그러나 만기 평가 시 두 기초자산 종가 중 하나라도 60% 미만인 경우 하락률이 더 큰 기초자산을 기준으로 투자금액에 최종 기준가격/최초 기준가격의 비율대로 지급하므로 원금 손실이 발생한다. 만기일에 금리수준과 무관하게 연 3.3%의 쿠폰을 지급하므로 이를 감안하면 최종 연간 수익률은 최소 △96.7% ~ 최대 3.3%가 된다.

이러한 수익 구조를 그림으로 나타내면 다음과 같다.

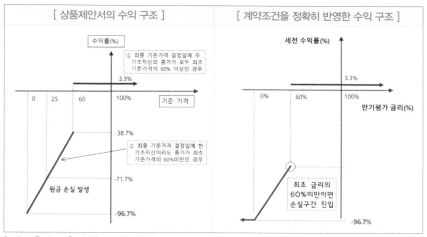

* 자료 출처: 금융감독원 2019년 12월 9일자 보도자료

이와 같이 DLF는 은행 예금보다 높은 3~5%대 이자수익을 주지만, 투자한 원금의 전액을 날릴 수 있어서 가입할 때 상당한 주의가 필요한 상품이다.

나-2. 금융감독원의 검사

그런데 글로벌 금융시장의 저금리 기조가 지속되면서 독일국채 금리나 영국이나 미국의 CMS 금리도 일반적인 예상보다 크게 하락하여 배리어(barrier, 손실발생 금리수준)를 하회함에 따라 DLF의 원금손실이 발생하여 금융소비자들이 많은 피해를 입게 되었다. 이에 따라 금융감독원은 2019년 8월말부터 2

개 은행(우리, 하나), 3개 증권사(IBK, NH, 하나금투) 및 5개 자산운용사(유경, KB, 교보, 메리츠, HDC)에 대해 검사를 실시하였다.[56]

그 결과 2019년 8월 7일 현재 잔액기준으로 주요 해외금리 연계 DLF가 210개 설정되어 법인 222개를 포함한 3,243명 투자자에게 7,950억 원(가입금액 기준)이 판매된 것으로 나타났다. 그 후부터 중간 검사결과 보고의 기준일자인 9월 25일까지 기간 중에 투자자 중도환매액 932억 원 및 만기도래 295억 원 등으로 잔액이 총 1,227억 원이 감소하였는데 그 중 확정된 손실금액은 669억 원(손실률 54.5%)이었다.

9월 25일 기준 잔액 6,723억 원 중 당시 금리수준(독일 국채금리 10년물 △0.643%, 영국 CMS 7년 금리 0.649%, 미국 CMS 5년 금리 1.540%)을 유지할 경우 5,784억 원이 손실 구간에 진입하여 손실 예상금액은 3,513억 원으로서 예상손실률은 52.3%에 이르는 것으로 추정하였다.

주요 해외금리 연계 DLF 판매잔액 및 손실 수준

(단위: 억 원)

구분		2019. 8. 7. 잔액 (A + B + C)	9. 25.			8. 8.~9. 25.			
			잔액 (A)	손실 구간 진입액	예상 손실액	중도 환매		만기 상환	
						금액 (B)	손실액	금액 (C)	손실액
A 은행	獨 국채 (10년)	1,255	942	942	△913	27	△22	285	△176
	英 CMS (7년)	2,757	2,598	1,660	△836	159	△61	−	−
B 은행	英(7년)· 美(5년) CMS	3,938	3,183	3,182	△1,764	746	△405	10	△5
합계		7,950	6,723	5,784	△3,513	932	△489	295	△180

* 자료 출처: 금융감독원

그리고 전체 투자자 중 개인 일반투자자가 3,004명으로서 대부분인 92.6%를 차지하며, 투자금액도 6,564억 원으로 81.5%에 이르고 있었다.

---

56) 금융감독원, 2019년 10월 2일, '주요 해외금리 연계 DLF 관련 중간 검사결과 보고' 참조

구 분 (단위: 명, 억 원)	일반 투자자		전문 투자자		합 계	
	투자자 수	가입 금액	투자자 수	가입 금액	투자자 수	가입 금액
법인	222	1,386	–	–	222	1,386
개인	3,004	6,480	17	84	3,021	6,564
합계	3,226	7,866	17	84	3,243	7,950

* 자료 출처: 금융감독원

그리고 1억 원대를 투자한 개인투자자가 65.8%로 가장 많으며, 3억 원 미만 투자자가 83.3%로 대부분을 차지하고 있다.

또 개인의 연령으로 보면 개인투자자 중 60대 이상이 48.4%(1,462명, 3,464억 원)이며, 70대 이상 비중도 21.3%(643명, 1,747억 원)에 달하고 있다. 아울러 개인 투자자 중 ELF, DLF, ELT 등 동일하거나 유사한 투자상품에 대한 투자 경험이 없는 개인투자자의 가입금액 비중은 21.8%(830건, 1,431억 원)이며, 투자 경험이 1~5건인 개인투자자는 41.9%(1,336건, 2,749억 원)에 이르러 대부분이 이러한 위험한 투자에 대한 투자 경험이 거의 없는 것으로 나타났다.

한편, 검사결과 금융회사들의 부당한 행태도 드러났다.

증권사는 외국계 IB와 협의 과정에서 증권사가 투자자 약정수익률을 낮추고 그 대신 자사가 받는 수수료를 높인 사례가 있었다. 또 외국계 IB와 DLS 발행 관련 백투백 헤지 계약을 체결한다는 것 등을 이유로 '가격 적정성'을 별도로 검증하지 않은 사례도 있었다. 그리고 DLS를 발행할 때 상품 실무협의회 등의 심의나 리스크관리부서의 사전합의를 거치지 않은 사례도 있었다. 또 내부 리스크관리 부서에서 금리 하락으로 원금 손실이 가능하다는 의견이 있었으나 이를 무시하고 DLS를 발행한 사례도 발견되었다.

자산운용사에서는 결정된 DLS 발행조건에 맞춰 DLF를 설정하고 운용 보수를 수취하는 편법을 썼다. 또 독일국채 DLF를 설정한 4개 자산운용사 모두 금리가 높은 수준이었던 2000년 1월 1일부터 2018년 9월 13일까지 18년간의 금리(평균 2.8%) 추이만을 기준으로 실시한 백테스트(back test, 수익률 모의실험) 결과인 만기상환 확률 100%를 상품제안서에 반영하여 은행에 제공하였으며, 독일국채 DLF를 최초 설정한 W자산운용에서 작성한 상품제안서를 타 자산운용사가 받아 공동으로 활용한 것으로 확인되었다.

그리고 판매회사인 2개 은행 모두 수수료 수입을 늘리기 위해 영업점에 상당히 강하게 DLF 판매를 독려하였다. 우선 비(非)이자 수익 배점을 높게 설정하였고, 특히 PB[57]센터에 대한 비이자 수익 배점을 20% 이상으로 올려 경쟁 은행 대비 2배~7배 높은 수준으로 부여하였다. 반면에 소비자보호 배점은 △2%와 △4%로 오히려 감점 항목으로 운영하여 여타 은행의 경우 소비자보호 항목에 높은 배점(최고 10%)을 부여하는 것과 크게 대비되었다. 또 두 은행 모두 은행 경영계획에서 매년 수수료수익 증대 목표 또는 DLF 판매 목표를 상향 제시하고, 은행 본점에서 일(日) 단위로 영업본부 등에 실적을 달성하도록 독려하기도 하였다.

아울러 은행의 상품 출시 및 판매와 관련한 내부통제도 허술하게 운영된 것으로 나타났다. 우선 상품 출시과정에서는, 고위험 상품의 출시를 결정할 때 은행 내부의 상품(선정) 위원회의 심의 및 승인을 얻지 않아 은행 내규를 위반하고, 일부 심의 건은 평가표 작성을 거절하는 참석 위원의 의견을 찬성 의견으로 임의 기재하거나, 반대 의견을 표명한 위원을 상품담당자와 친분이 있는 직원으로 교체한 후 찬성 의견을 받아 승인하기도 하였다. 또 '원금 100% 손실 가능' 등 문구를 고객용 요약제안서와 직원용 교육자료에 반영하도록 한 내부 협의체(공정가액평가 실무협의회) 의결사항을 이행하지 않은 경우도 있었다. 그리고 DLF 상품의 위험성에 대해 자체 리스크 분석을 하지도 않고 자산운용사의 백테스트 결과 자료를 그대로 수용하였다. 또 계열회사 금융경영연구소에서 금리 하락을 예측하였음에도 금리 상승이 예상된다며 이익이 실현될 것으로 전망한 경우도 있었다. 이에 따라 판매직원 교육 자료에는 상품의 위험성과 관련한 중요 정보를 충실히 제공하지 않고 백테스트 결과 손실률 0%, 기간 중 최저금리(△0.18%)가 배리어(△0.2%)를 하회한 적이 없다는 점, 금리 상승 예상, 짧은 만기, 높은 수익률 등의 내용만을 강조하였다.

---

57) Private Banking의 약자이며, 은행이 거액 거래를 하는 고객을 상대로 하는 영업으로서 고수익을 올리기 위해 일반 영업장과 분리된 공간에서 금융전문가가 금융, 부동산, 조세, 상속 등 종합컨설팅 서비스를 제공함.

뿐만 아니라 기초자산인 채권 금리가 하락하여 기존에 판매한 DLF의 손실 가능성이 높아지는 상황에서도 상품판매를 중단하지 않고 신규판매를 지속하였으며, 배리어(barrier)를 낮추거나 손실 배수를 높여 위험성을 더욱 높이는 등 상품 구조를 바꾸어가며 판매를 계속하였다. 또 금리가 하락하는 상황에서 기존 고객에 대해 손실가능성을 통보하지 않은 사례가 많았다.

그리고 판매 과정에서는 투자자 확인서상 자필로 "설명을 듣고 이해하였음"을 기재하지 않거나 대필로 기재한 사례, 고객이 내방하지 않았음에도 고객 신분증 사본을 이용하여 펀드를 개설한 사례, 고객의 투자자성향을 분석할 때 고객이 체크한 내용과 다르게 입력하거나 일부 항목 기재가 누락되는 등 불완전판매 사례도 다수 발견되었다.

이러한 내부통제 및 판매 과정의 위법행위에 대해서는 금융당국이 총 490억 원의 과태료와 일부 업무(사모펀드 신규판매) 정지 6개월을 부과하였다. 그리고 판매 당시 은행장 등 임직원들에 대해서도 중징계 결정을 내렸다.

나-3. 금융분쟁조정

DLF 투자로 손실을 입은 금융소비자들은 금융감독원에 민원을 제기하여 2019년 11월 30일 현재까지 총 276건에 이르렀는데 이 가운데 만기 상환이나 중도 환매로 손실이 확정된 210건을 금융분쟁조정 대상으로 정하였다.

구 분	A은행		B은행	합 계
	독일 국채금리	영국 CMS	영국/미국 CMS	
분쟁 건수 (A)	136	39	101	276
손익 미확정(B)	–	12	47	59
이익 실현 (C)	7	–	–	7
손실 확정 (A–B–C)	129	27	54	210

* 자료 출처: 금융감독원

분쟁조정 대상 건에 대한 금융감독원의 사실조사 결과에서도 검사에서 드러난 DLF 출시절차 부실 운영, 자체 리스크 분석 소홀, 부적절한 목표 고객 선정, 판매자 교육 미흡, 과도한 수익 목표 부여 및 판매 독려 등 심각한 내부통제 부실이 확인되었다. 그리고 DLF를 판매할 때 투자자성향 임의 작성, 손실위험 설명 누락, 고령자 보호절차 미이행 등 영업점 직원의 불완전판매 행위가 다수 발견되었으며, 특히, B은행의 경우에는 금융감독원의 분쟁 사실조사 과정에서 불완전판매를 부인하도록 유도하기 위한 PB용 Q&A를 작성하여 활용한 것이 드러나기도 했다.

이러한 과정을 거쳐 손실이 확정되고 불완전판매 사실이 확인된 대표적인 사례 6건에 대해 법률자문을 거쳐 금융분쟁조정위원회 안건으로 상정하였다. 그리고 2019년 12월 5일에 금융분쟁조정위원회는 해외금리 연계 DLF 투자로 손실을 입은 6명의 금융소비자에 대해 은행이 손실금액의 40~80%의 손해배상을 하도록 결정하였다. 이와 같이 높은 손해배상 비율이 결정된 것은 그간의 불완전판매 분쟁조정의 경우 영업점 직원의 위반 행위를 기준으로 배상비율을 결정해 왔으나, DLF 분쟁조정은 본점 차원의 과도한 수익추구 영업전략 및 심각한 내부통제 부실이 대규모 불완전판매로 이어져 사회적 물의를 야기한 점을 배상비율에 최초로 반영하였기 때문이다. 즉 기존 불완전판매 관련 조정례에 따라 적합성원칙과 설명의무 위반이 인정되는 경우 기본 배상비율은 30%로 정하고, 과도한 수익 추구 영업전략 및 심각한 내부통제 부실 등으로 DLF 사태를 초래한 점을 감안하여 25%p('내부통제 부실책임' 등 20%p, '초고위험 상품 특성' 5%p)를 일괄하여 가산하였으며, 개별 사정을 고려하여 고령자 보호절차 미이행, 모니터링콜 미실시 등 은행측 책임 가중사유는 추가로 가산 조정하고 신청인의 투자 경험, 매입 규모 등 투자자 자기책임 원칙을 고려한 신청인측 과실사유는 차감 조정하였다. 분쟁조정 건별로 주요 내용을 살펴보면 다음과 같다.

1) 신청인 중 투자 경험이 없고, 난청인 고령(79세)의 치매환자에 대해서는 80% 배상을 결정하였다. 은행은 임의로 해당 금융소비자의 투자자성향을 '적극투자형'으로 분류하였고, DLF는 위험등급이 1등급으로 가장 높아 투자위험 감내 수준이 가장 높은 '공격투자형'만 가입이 가능하나 고객의 성향이 이에 미치지 못

하므로 '위험등급 초과 가입 확인서'에 서명하여야 하는데 이에 대한 별도의 설명이 없이 서명하도록 하였다. 또 투자자의 연령이 79세로서 난청과 치매로 인해 중요 법률행위 등 의사능력은 어려운 정도이며, 투자 경험이 예·적금 가입에 한정되어 상품을 제대로 이해할 정도로 설명되었다고 보기 어렵다고 보았다. 또 내규에 따른 고령자 대상 고위험상품 판매 시 필수절차인 감사통할자 사전확인을 이행하지 않은 점, 가족 등 조력자의 도움을 받을 의사가 있는지를 묻지 않고도 '거절'로 표시한 점, 모니터링콜을 실시하지 않은 점 등도 감안하였다.

2) 투자 경험이 없는 60대 주부에게는 75% 배상을 결정하였다. 투자 경험이 없고, PB의 자산관리를 받아 본 적이 없음에도 불구하고 은행이 임의로 투자자 성향을 '공격투자형'으로 분류하였고, "과거 10년간 Back Test 결과 손실확률이 0%였다"는 점만 강조하였을 뿐, 손실 배수로 인해 금리 하락폭의 200~333배에 이르는 원금손실이 일어날 수 있는 점 등 위험성은 설명하지 않았다는 점을 반영하였다. 또 은행이 이러한 위험한 상품에 가입하도록 하기 위해 만기 도래 적금 1건과 만기 미도래 적금 11건을 '만기 앞당김 제도'를 이용해 손실 없이 중도해지 처리한 점도 감안하였다.

3) 투자 경험이 있는 50대 광고회사 임원에게는 손실의 40%를 배상하도록 하였다. 이 건은 은행직원이 먼저 전화하여 초고위험 상품인 DLF를 "안전하고 조건 좋은 상품"이라며 권유하자, 신청인이 은행직원에게 비밀번호를 알려주어 우선 가입 처리하도록 하였는데, 이 과정에서 은행이 상품의 만기와 이자율만 설명하고, 손실배수 등 위험성은 설명하지 않았다는 점을 인정하였다. 그러나 신청인이 과거 6회에 걸친 투자경험과 전부터 은행 직원에게 자산 포트폴리오 관리를 일임하여 투자 판단을 맡긴 경우가 있었던 점 등은 배상비율 차감 요소(과실상계 요소)로 반영하여 다른 사람들에 비해 낮은 배상비율을 결정하였다.

4) 투자 경험이 없는 40대 개인사업자에게는 65% 배상을 결정하였다. 당초

신청인은 해당 영업점에 대여금고를 개설하기 위해 1억 원 이상 예치가 필요하다는 은행직원의 안내를 받고 개인사업과 관련한 대출을 받은 자금을 가지고 가서 정기예금 상품을 가입하려 하였으나 은행직원이 DLF를 권유하였는데, 이 과정에서 은행직원은 DLF 기초자산이 '미국 CMS'와 '영국 CMS' 2개 지수로 구성되어 있음에도 이에 대한 별도의 설명 없이, "만기에 최초지수 대비 58% 미만 시 원금손실이 발생하나 미국이 당분간 금리 인상 추세가 계속될 것이고, 이런 추세가 계속되면 조기 상환될 가능성이 높다."는 취지로 설명하였다. 신청인은 "미국 금리가 40% 넘게 빠질 일은 없지."라고 말하며 가입의사를 표명하였는데, 판매직원은 상품을 잘못 이해한 것을 알고도 판매한 것이다. 또 투자자 정보확인서 항목에 신청인을 대리하여 실제와는 다른 내용으로 체크하기도 하였다.

5) 40대 간호사에게는 55% 배상을 결정하였다. 신청인은 이주비 대출금을 1년간 예치할 수 있는 예금상품 추천을 요청하였는데, 은행직원은 DLF를 권유하고 투자자성향은 임의로 '공격투자형'으로 작성하였다. 이 건은 PB가 아닌 일반직원이 판매하였는데, 은행직원이 "CMS(Constant Maturity Swap)에 대해 아느냐?"고 질문하자 투자자는 "CMS(Cash Management Service) 계좌에 가입한 적 있다."고 답변하여 투자자가 기초자산인 CMS를 잘못 이해한 것을 알고도 추가로 설명하지 않았다. 그러나 모니터링콜 이후에 은행직원으로부터 "계약 철회 가능함"을 안내받고도 계약을 해지하지 않고 유지한 점은 배상비율 차감 요소로 반영하였다.

6) 60대 퇴직 자영업자에게는 40% 배상을 결정하였다. 은행은 고객의 투자자성향 분석 시 투자자에게 묻지 않고 '20% 손실 감수 가능' 등으로 임의 체크하여 '공격투자형'으로 분류하였다. 그리고 설명자료가 교부되지 않는 등 충분히 설명되었다고 보기 어려우며, '마케팅 전화 거절 고객'으로 등록된 사유로 모니터링콜을 실시하지도 않았다. 다만 DLF 가입금액이 3억 원으로서 고액인

점, 공동으로 투자 판단 및 자산관리를 하던 배우자 및 자녀 명의의 투자 경험
이 적지 않았던 점, 가입상담 당시 판매직원의 투자 포트폴리오 제안을 거의
수용하는 등 사실상 투자 판단을 위임한 사정이 엿보이는 점 등을 과실상계 요
소로 고려하였다.

이상의 6건 외의 나머지 분쟁조정 대상에 대해서는 금융분쟁조정위원회의
배상기준에 따라 자율조정 등의 방식으로 조속히 배상이 이루어지도록 지도하
기로 하였다. 이에 따라 2020년 10월 말 기준으로 DLF 손실 확정 투자자
2,870명 가운데 2,710명(94.4%)이 두 은행과의 자율조정(배상)에 합의하였으
며, 투자자들이 배상받은 금액은 총 2,349억 원으로 전체 손실금액 4,024억 원
의 58.4%에 이르는 것으로 알려졌다.

다. 라임 펀드

다-1. 개요

라임 펀드 사태를 일으킨 라임자산운용은 2012년 투자 자문사로 시작해
2015년 전문사모집합투자업자로 인가를 받았다. 2019년 12월말 현재 라임의
펀드 총 수탁고는 약 4조 5천억 원으로 그 중 비상장 주식, 비상장 주식 관련
사채권(CB, BW 등), 사모사채 등 대체 투자자산이 약 3조 9천억 원에 이르는
것으로 나타났다. 이 가운데 환매 연기가 발생한 펀드는 4개의 모(母)펀드와 이
모펀드에 투자한 173개 자(子)펀드였다. 이러한 모-자형 펀드구조는 다수의
자펀드가 투자자로부터 모은 자금을 모펀드에 집중하고, 모펀드가 실제로 투
자대상 자산을 취득하여 운용하는 형태이다.

라임의 4개 모펀드는 주로 대체 투자자산에 투자하는 펀드로 4개 펀드의 전
체 수탁고는 약 1조 6,700억 원 수준이었다. 이 4개의 모펀드는 국내투자 펀드
인 플루토 FI D-1호 및 테티스 2호와 해외투자 펀드인 플루토 TF-1호 및
Credit Insured 1호이다. 국내투자 펀드는 주로 국내 사모사채 및 메자닌 등
국내자산에 투자하였고, 해외투자 펀드는 P-note(약속어음) 및 해외무역 채권

등 해외자산에 투자하였다.

이러한 모펀드에 투자한 자펀드 173개의 계좌수는 4,616개이다.

라임펀드 환매연기 현황('19.12월말)

구분	펀드명	주요 투자자산	설정액(억 원)
해외투자 모펀드	플루토 TF-1호	무역금융펀드(P-note)	2,438
	Credit Insured 1호	무역금융 채권	2,949
국내투자 모펀드	플루토 FI D-1호	국내 사모사채	10,091
	테티스 2호	국내 메자닌(CB, BW)	3,207
합계(중복투자 제외)			16,679

* 자료 출처: 금융감독원

173개 자펀드 판매사는 19개 사이며, 그 중 우리은행, 신한금융투자, 신한은행 등 3개사가 각각 3,577억 원, 3,248억 원 및 2,769억 원을 판매하여 전체 판매액의 64.0%를 차지하였다. 투자자 가운데 개인계좌는 4,035개, 법인계좌는 581개로서 투자금액은 각각 9,943억 원, 6,736억 원이었다.

다-2. 금융감독원의 검사

금융감독원은 2019년 6월부터 라임자산운용의 대표 펀드인 플루토 FI D-1호 등을 중심으로 한 펀드 간 순환 펀드 거래, 수익률 돌려막기 등 이상 징후를 포착하고 사실관계 확인을 위해 2019년 8월부터 라임자산운용 등 금융회사에 대한 검사를 실시하였다.

검사과정에서 발견된 주요 문제점을 살펴보면, 펀드 투자자산이 무역금융 채권, 메자닌, 사모사채 등 만기가 장기이고 시장성이 낮아 매우 위험한 자산에 투자함에도 개방형, 단기 폐쇄형 구조를 채택하고, TRS[58] 거래 등 레버리지를 활용하여 원금 이상의 자금을 투자하는 등 유동성 위험에 대한 고려 없이 과도한 수익추구 위주의 펀드 구조를 설계하여 운용하였다. 그리고 특정 운용역이 독단으로 운용하였으며, 이 과정에서 특정 펀드의 손실 발생을 회피하기 위해 다른 펀드의 자금을 활용하여 부실자산을 인수하는 등 한 펀드의 부실을

---

58) Total Return Swap : 투자금의 일정 배수를 차입하여 운용규모를 확대하는 스왑 계약

다른 펀드로 전가하는 행위를 수차례 반복한 것이 드러났다. 또 라임은 「자본시장법」상 허용된 펀드간 자전거래 요건에 해당되지 않았는데도 라임 펀드 중 하나가 다른 운용사의 OEM 펀드에 가입하고, OEM 펀드가 라임의 다른 펀드의 비시장성 자산을 매수하는 방법으로 자금을 지원한 사례도 발견되었다.

또 라임과 신한금융투자가 무역금융펀드의 부실 발생 사실을 은폐하고, 정상 운용중인 것으로 가장하여 펀드를 지속 판매한 혐의도 드러났다. 라임의 무역금융펀드는 2017년 5월부터 신한금투 명의로 해외 무역금융펀드인 IIG펀드(2개), BAF펀드, Barak펀드, ATF펀드에 신한금융투자 TRS레버리지를 이용하여 투자하였다. 그런데 라임과 신한금융투자는 2018년 6월경 IIG 펀드의 기준가가 산출되지 않은 사실을 인지하였음에도 2018년 11월까지 IIG 펀드의 기준가가 매월 0.45%씩 상승하는 것으로 임의로 조정하여 인위적으로 기준가를 산정하였다. 2018년 11월 17일 신한금융투자는 IIG 펀드의 해외사무 수탁사로부터 IIG 펀드의 부실 및 청산절차 개시 통지를 받았다. 그러자 라임과 신한금융투자는 IIG 펀드에 투자한 라임의 무역금융펀드 환매대금(500억 원 규모) 마련을 위해, 2018년 11월 26일, IIG 펀드 및 기타 해외 무역금융펀드 등 5개 펀드를 합하여(Pooling) 母-子형 구조로 변경하여 정상 펀드로 부실을 전가하였다.

구분	라임 펀드		해외 펀드
종전	○○펀드	⇨	IIG펀드(부실 펀드)
	□□펀드	⇨	BAF펀드 등(정상 펀드)
변경	○○펀드, □□펀드 ⇨ 플루토 TF-1호 펀드	⇨	IIG펀드(부실), BAF펀드 등(정상)

그리고 라임과 신한금융투자는 2019년 1월경 IIG펀드에서 펀드 투자금액의 50% 수준인 약 1천억 원의 손실이 발생할 가능성을 인지하였고, 또 다른 해외 무역금융펀드인 BAF펀드(투자금액 1.6억 달러)도 2019년 2월경 만기 6년의 폐쇄형으로 전환된다는 것을 통보받았다. 이에 따라 2019년 4월경에는 IIG펀드의 부실을 은폐하고 BAF펀드의 환매 불가에 대응하기 위해 해외 무역금융펀드를 케이먼제도에 소재하는 해외 SPC에 장부가로 처분하고 그 대가로 P-note(약속어음)를 수취하는 구조로 계약을 변경한 것으로 드러났다.

다-3. 금융분쟁조정

이와 같이 라임이 운용하는 4개 모펀드와 173개 자펀드의 환매 연기로 인해 다수의 투자 피해자가 발생하였는데, 2020년 6월 26일까지 분쟁조정 신청은 총 672건(은행 366건, 증권사 306건)이 접수되었다. 그런데 펀드는 원칙적으로 환매 또는 청산으로 손해가 확정된 경우에만 손해배상이 가능하다. 그러나 분쟁조정 신청 건 가운데 2018년 11월 이후 판매한 무역금융펀드는 다수의 중대한 불법행위가 상당 부분 확인되어 계약 취소까지 고려하여 금융분쟁조정을 추진하였다.

그 결과 2020년 6월 30일 금융분쟁조정위원회를 개최하여 4건에 대해 착오에 의한 계약 취소(민법 제109조)를 결정하여 판매사가 투자원금 전액을 반환하도록 하였다. 4건 외의 나머지 무역금융펀드 투자 피해자에 대해서는 그 분쟁조정결정 내용에 따라 조속히 자율 조정을 진행하도록 하였다.

그러나 무역금융펀드 외의 나머지 펀드는 환매연기에 따른 손해가 확정되지 않아 분쟁조정이 곤란하므로, 관련 금융회사에 대한 검사와 제재 등을 통해 사실관계가 확인되고, 객관적으로 손해를 추정할 수 있으며, 펀드 판매사가 동의하는 경우에는 사후정산 방식으로 금융분쟁조정을 추진하였다. 사후정산 방식은 사모펀드 환매 연기 사태로 대규모 피해가 발생한 상황에서 손해가 확정될 때까지 기다릴 경우 분쟁이 4~5년 정도로 장기화되어 다수 피해자의 고통이 가중될 우려가 있으므로, 미상환액을 손해액으로 간주하고 금융분쟁조정위원회가 결정한 배상비율을 적용하여 우선 배상하고, 추후에 상환액이 발생하는 경우 판매사는 상환금에서 초과지급 배상금을 차감한 잔액을 투자자에게 지급하는 방식이다. 사후 정산 방식에 따른 투자자의 최종 수령액은 펀드 청산 후 손해배상이 이루어졌을 경우와 같아지므로 초과 지급에 따른 배임소지가 없다는 것이 강점이다.

라임펀드 관련 금융분쟁조정 사례를 살펴보면 다음과 같다.

1) 무역금융펀드

라임은 다음과 같이 중요한 내용을 투자제안서에 허위 또는 부실 기재하였으며, 판매사는 면밀한 검토 없이 투자제안서를 그대로 투자자에게 제공하거나 설명하였다.

첫째, 이미 부실이 발생한 IIG 과거수익률을 월 0.45%씩 상승하는 것으로 기재하였는데, 특히 신한금융투자는 2019년 1월에 기준가 조작을 중단하고 원래의 가격으로 환원하였으나 라임은 2019년 6~7월에 판매된 펀드의 투자제안서에 계속 기준가가 상승하는 것으로 기재하였다.

둘째, 이미 부실이 발생한 IIG 목표수익률을 7%로 기재하였다.

셋째, 이미 환매자금 돌려막기를 위해 펀드를 모-자형 구조로 변경하였으면서도 해외 무역금융펀드에 직접 투자하는 것으로 수익구조를 표시하였다.

넷째, BAF펀드가 만기 6년의 폐쇄형으로 전환되어 유동성 문제가 발생하였으나, 월별 환매가 가능한 것으로 기재하였다.

다섯째, IIG, BAF 등 해외 무역금융펀드를 전부 해외 SPC에 매도하고 P-note를 인수하였음에도 IIG 등에 계속 직접 투자하는 것으로 기재하였다.

여섯째, TRS 레버리지를 이용하여 투자원금의 100%까지 대출을 받는 것으로 기재하였으나, 실제로는 146%까지 대출을 확대하였다. 또 손실률이 레버리지 비율만큼 확대된다는 위험성도 제대로 설명하지 않았다.

일곱째, 운송 사고, 어음 부도 등 각종 사고에 대비하여 보험에 가입된 무역금융에만 투자한다고 기재하였으나, 실제 보험가입 비율은 50%에 불과하였으며, 나머지 50%는 보험에 가입되지 않은 수출 전 무역금융에 투자하였다.

여덟째, 펀드 자산의 30%를 신용보험에 가입된 CI펀드(Credit Insured 1호)에 투자하는 것으로 기재하였으나, 실제로는 전부 무역금융펀드에 투자하였다.

아홉째, 운용 방식(TRS 레버리지) 등을 고려할 경우 위험등급이 1등급(매우 높은 위험)에 해당되나, 일부 펀드는 위험등급을 3등급(다소 높은 위험)으로 기재하였다.

열 번째, 모펀드가 2018년 11월 설정되었음에도 2017년 11월부터 연환산 수익률 9.25%를 실현하고 있는 것으로 기재하였다. 그리고 이미 부실이 발생한 IIG에 40% 내외를 투자하고 있는 모펀드의 기대수익률을 6% 수준으로 기재하였다.

이러한 점들을 감안하여 금융분쟁조정위원회는 부의된 2018년 11월 이후 판매된 무역금융펀드 4건 모두에 대해 민법 제109조에 따라 착오를 이유로 이 사건 계약을 취소할 수 있다고 판단하고, 해당 계약들은 신청인이 피신청인에 대하여 취소의 의사표시를 한 분쟁조정 신청서가 피신청인에게 전달된 때에 적법하게 취소되었으며, 착오를 이유로 의사표시가 적법하게 취소되면 그 의사표시를 구성요소로 하는 법률행위가 처음부터 무효인 것으로 간주되므로 판매계약의 상대방인 판매사가 투자원금 전액을 반환토록 결정하였다.

결정문에서 금융분쟁조정위원회는, 계약 체결 시점에 이미 주요 투자자산인 IIG 부실이 TRS 레버리지와 결합되어 투자원금의 상당 부분(76%~98%)이 부실화된 상황에서, 운용사는 투자제안서에 수익률 및 투자 위험 등 핵심 정보를 허위·부실 기재하고(5~8개), 판매사는 이를 그대로 투자자에게 제공하거나 설명하여 법률행위의 중요 부분(착오가 없었더라면 계약을 체결하지 않았을 만큼 중요한 정도를 의미)에서 착오를 유발한 것으로 인정하였다. 아울러, 판매자의 허위 투자정보 설명, 투자자 성향 임의 기재, 손실보전 각서 작성 등으로 합리적인 투자 판단 기회가 박탈된 점을 고려할 때 투자자에게 중과실이 있다고 보기는 어렵다고 판단하였다.

2) 무역금융 이외의 펀드

다음은 사후 정산 방식에 가장 먼저 동의한 KB증권이 판매한 펀드에 대한 금융분쟁조정 내용을 살펴보자. KB증권이 2019년 1~3월 중 판매한 라임AI스타1.5Y(580억 원, 119계좌)에 대해 42건의 분쟁 접수되었는데, 이 가운데 대표적인 3건이 2020년 12월 30일 금융분쟁조정위원회에 부의되었으며, 3건 모두 KB증권의 손해배상 책임이 인정되었다. 그 이유는, 해당 상품은 투자위험 감내 수준이 가장 높은 공격투자형만 가입 가능함에도 신청인의 투자자성향을 먼저 확인하지 않고 펀드가입이 결정된 후 '공격투자형'으로 사실과 다르게 변경하여 적합성원칙을 위반하였고, 전액 손실을 초래한 TRS의 위험성은 설명하지 않고, 초고위험 상품을 오히려 안전한 펀드라고 설명하여 설명의무를 위반하였으며, 특히 KB증권이 TRS 제공사이자 펀드 판매사로서 상품의 출시 및 판매 과정에서 투자자 보호 노력을 소홀히 하여 고액·다수의 피해자를 발생시킨 책임도 크다고 판단하였기 때문이다.

배상비율은 60~70%로 정하였는데, 이는 영업점 판매직원의 적합성원칙 및 설명의무 위반에 대해 동양 CP·회사채 등 기존 분쟁조정 사례와 동일하게 30%를 적용하되, 본점차원에서 투자자보호에 소홀한 책임 및 초고위험상품 특성 등을 고려하여 배상비율에 30%를 공통적으로 가산하고, 투자자별로 판매사의 책임가중 사유와 투자자의 자기책임 사유를 가감 조정하여 최종 배상비율을 산정하였다. 이러한 기준에 따라 신청인 중 금융 투자상품 자체를 이해하지 못하는 60대 주부에 대해서는 70%, 투자를 꺼리는 고령자에게 안전하다며 지속적 권유한 건에 대해서도 70%, 투자경험이 있는 은퇴자에게 전액 손실을 초래한 TRS 위험성에 대해 설명하지 않은 건에 대해서는 60% 배상을 결정하였다.

이어서 2021년 2월 23일에는 우리은행과 기업은행이 판매한 라임펀드와 관련한 3건의 금융분쟁조정에서도 KB증권의 경우와 거의 유사한 사유로 은행의 손해배상책임을 인정하였는데, 우리은행에 대해서는 25%, 기업은행에 대해서는 20%의 배상비율을 공통적으로 가산하였으며, 이에 따라 우리은행에 각각 68%와 78%, 기업은행에 65%의 배상비율을 결정하였다.

아울러 2021년 4월 19일에는 신한은행이 판매한 라임 CI펀드(Credit Insured 펀드)에 대해 사후 정산 방식에 의한 손해배상을 결정하였는데, 55%의 기본 배상비율을 적용하여 투자자 2명에 대한 배상비율을 각각 69% 및 75%로 결정하였다.

참고로 KB증권의 라임펀드 판매와 관련하여 2020년 12월 30일 금융분쟁조정위원회가 결정한 배상비율 산정기준은 다음과 같다. 다른 분쟁조정 사례도 이와 비슷한 기준에 의해 배상비율이 결정되었다.

KB증권 분쟁조정 배상비율 산정기준

구분	배상 비율			

구분			배상 비율				

기본 배상비율에 대한 표:

	구분	적합성 (적정성)	설명 의무	부당권유	비율
기본 배상비율 * 다만, 자본시장법상 전문투자자(법 §9 ⑤)는 적합성원칙 및 설명의무 적용대상이 아니므로 부당권유 금지 위반이 확인되는 경우만 기본 배상비율 25% 적용	위반 행위	○			20%
			○		20%
				○	25%
		○	○		30%
		○		○	35%
			○	○	35%
		○	○	○	40%

배상비율 조정에 대한 표:

배상비율 조정		공통 가중	30%p
	가산 (5~ 25%p)	고령 투자자	5 ~ 15%p ① 고령자(만65세 이상) : 5%p ② 초고령자(만80세 이상) : 10%p ③ 고령 투자자 보호기준 미준수시 : 추가 5%p
		서류 부실	5%p 가입신청서 등 필수서류상 확인란에 신청인 성명이나 서명 누락 등 서류 부실
		모니터링콜 부실	5%p 모니터링콜(해피콜) 미실시 또는 임의 보완
		비영리 공익법인	5%p 설립목적 등에 비추어 투자목적의 자금 운용이 제한되는 재단법인
	차감 (△2~ △25%p)	투자경험 * 조정대상 상품 가입일 이전 5년 이내, 당해 금융회사 기준	△2 ~ △5%p 주식*, 펀드** 등 금융투자상품 가입 경험 ① 6회~10회 : △2%p, ② 11회~20회 : △3%p, ③ 21회~30회 : △4%p, ④ 31회 이상 : △5%p * 종목수 기준(동일 종목 우선주, 보통주는 합산), 국공채 등 제외 ** 기본재산 형성을 위한 소액 적립식(월 50만 원) 투자 제외
		매입 규모 * 비영리 공익법인은 적용 제외	△3 ~ △5%p ① 2억 원 초과 ~ 3.5억 원 이하분 : △3%p ② 3.5억 원 초과 ~ 5억 원 이하분 : △4%p ③ 5억 원 초과분 : △5%p
		라임 펀드 수익 경험	△5%p 분쟁조정 대상 펀드 가입 이전에 라임 펀드에서 수익 경험이 있는 경우
		영리법인 * 전문투자자, 중소기업 기본법상 소기업 제외	△5 ~ △10%p ① 비외감 법인 : △5%p, ② 외감 법인 : △10%p
	기타 조정		±10%p
배상비율 상·하한			Max 80%, Min 40% (법인은 30%)

* 자료 출처: 금융감독원

제3절 금융분쟁 발생 주요 원인

앞에서 소개한 대형 금융분쟁 사례를 잘 살펴보면 금융분쟁이 발생하는 원인, 즉 금융소비자가 금융거래 결과 피해를 예방하지 못하는 이유를 찾아낼 수 있다. 그러므로 금융분쟁조정 사례에서 나타난 사실들을 중심으로 금융분쟁의 당사자인 금융회사와 금융소비자, 그리고 금융제도를 기획, 운영하고 분쟁을 처리하는 금융당국이 어떠한 문제를 지니고 있어 금융분쟁이 발생하였는지 살펴보기로 한다. 아울러 금융당국의 금융소비자 피해 사후 구제와 관련한 문제점도 알아본다.

다만, 여기서 기술하는 문제점 등의 내용은 금융분쟁에 직접 관련되는 특정 금융회사와 그 임직원 또는 금융소비자 등에 해당하는 사항으로서, 모든 금융회사나 금융업 종사자, 금융소비자 등에 일반적으로 적용될 수 있는 것은 아님을 사전에 밝혀두니 오해가 없기를 바란다.

1. 금융회사

가. 주요 문제점

주요 대량 소비자피해가 발생한 금융분쟁조정 사례를 중심으로 금융회사 측면에서는 어떤 문제가 있었는지 살펴보자.

가-1. 경영 건전성 악화

금융회사의 경영 건전성은 금융소비자보호를 위해 가장 근본적인 조건이 된다. 만약 금융회사가 부실화된다면 금융소비자의 피해는 엄청나게 된다. 분쟁 사례에서 이미 살펴본 바와 같이 저축은행 사태는 저축은행 부실화에 따른 금융소비자 피해 사례의 전형이다. 저축은행이 후순위채를 팔면서 설명의무를 이행하지 않은 사실이 드러나 금융소비자보호에 소홀한 것으로 비난을 받았으나, 만약 저축은행의 경영 건전성이 회복되어 후순위채를 상환하였다면 저축은행 사태는 일어나지 않았을 것이다. 반대로, 만약 설명의무를 다하여 후순위채를 판매하였다 하더라도 고수익에 매료되어 후순위채를 매입한 금융소비자는 분명 있었을 것이며, 이들은 저축은행이 부실화되면서 결국 금융소비자들은 후순위채 투자금액 대부분을 날렸을 것이다.

만약 저축은행이 설명의무를 제대로 이행하여 금융소비자들이 아무도 후순위채를 사지 않았다면 저축은행은 좀 더 일찍 부실화되었을 것이다. 그러면 저축은행에 예금을 한 금융소비자들은 예금보험에 의해 보장되는 5천만 원은 회수하였겠지만 나머지 예금은 상당부분 손실을 면하기 어려웠을 것이다.

동양 사태도 마찬가지이다. 다만 저축은행과 달리 이 경우는 채권을 판매한 증권사가 아니라 채권을 발행한 기업의 경영 건전성이 문제가 된 것이 차이일 뿐이다. 금융회사 직원이 채권을 판매하면서 아무리 설명을 사실과 다르게 했더라도 회사가 정상화되어 채권을 환매하였다면 동양 사태는 일어나지 않았을 것이다.

또 라임이나 옵티머스 사태의 경우에도 만약 펀드를 조성한 자산운용사가 경영 건전성이 양호하여 부실상품에 대해 책임을 지고 손해배상을 하였다면 대량 피해사례가 일어나지 않았을 것이다. 이런 면에서 보면 금융회사 경영 건전성은 금융소비자 피해 구제를 위해서도 필수 요소이다.

그리고 금융회사가 금융소비자보호 의무를 다했더라도 일단 부실화되면 대량의 금융소비자 피해는 나타나게 마련이다. 금융회사가 부실화되면 예금보험에 의해 보호받는 부분 외에는 손실이 나게 마련이므로 금융소비자는 자기 피해를 줄이기 위해 금융회사의 부당행위를 찾아내어 민원을 내게 된다. 그러므로 저축은행의 후순위채 판매 과정에서 나타난 고객보호 의무 위반과 같은 사례가 없었더라도 금융분쟁은 일어나게 된다.

이러한 점에 비추어 경영 부실화는 금융소비자 분쟁 발생의 가장 중요한 원인이 되므로 경영 건전성이 금융소비자보호의 출발점이라고 할 수 있다.

가-2. 부실 금융상품 출시

금융회사 경영 건전성 외에 금융상품 자체가 지닌 문제점도 대형 금융분쟁의 원인이었다.

저축은행의 경우 PF 등 부동산 관련 거액 대출이 부실화되어 자기자본비율이 기준 이하로 떨어지면서 감독당국의 적기 시정조치 대상이 되는 것을 피하기 위해 후순위채를 발행하였다. 그러므로 PF대출의 정상화 또는 다른 대안이 없는 상태에서 후순위채를 발행하는 것은 부실 금융상품을 출시하는 것에 해당되며, 사실상 그 위험을 모두 금융소비자에게 전가하는 것에 다름이 아니다.

동양 사태의 경우에도 ㈜동양의 회사채 등급이 투자 부적격임에도 회사의 정상화 방안도 제시하지 않고 회사채를 판매하였으므로 사실상 부실상품을 판매한 것이라고 할 수 있다.

라임 사태의 경우에도 펀드가 투자한 해외무역금융펀드가 이미 부실화되어 환매가 불가능한 상태여서 라임펀드가 사실상 부실상품임에도 자산운용사는 이 사실을 숨겼고, 옵티머스 사태의 경우도 펀드의 실제 투자자산이 투자제안서 내용과 다른 자산으로서 부실자산이었다.

재해사망보험금의 경우에는 자살은 재해가 아니라는 것은 상식적으로도 인정되는 점, 보험회사가 별도로 보험료를 받지 않은 점, 다수의 회사가 매우 유사한 유형의 상품을 판매한 점 등에 비추어 볼 때, 재해사망보험금은 각 보험회사가 통계를 기반으로 자체 개발한 상품이 아니라, 다른 회사 상품을 모방한 것으로서, 약관내용조차 면밀히 검토하지 않을 정도로 허점이 많은 상품이라는 점에서 보면 재해사망보험금도 사실상 부실 상품이라고 할 수 있다.

이와 같이 금융상품 자체가 부실화되었거나 부실화 우려가 높으면 금융소비자 피해가 발생할 수밖에 없고, 이로 인해 금융분쟁이 일어나는 것은 당연하다.

가-3. 금융소비자보호 의무 경시

아울러 금융상품판매과정에서도 금융회사는 적합성원칙, 설명의무, 부당권유 금지의무 등 금융소비자보호 의무를 위반하였다.

저축은행 사태의 경우를 보면 저축은행이 부실화로 인해 BIS 자기자본비율이 기준에 미달하게 됨에 따라 적기 시정조치 대상이 되어 퇴출 위기에 몰림에 따라 자기자본비율을 맞추기 위해 후순위채를 발행하여 판매하는 상황이면서도 과거 데이터를 기준으로 BIS비율이 9% 이상인 우량저축은행으로서 업계 최고의 저축은행인 만큼 절대 망하지 않을 것이므로 안심해도 좋다고 설명을 한다든가, 채권의 금리가 은행예금 금리의 2.6배에 달하는 고수익인 점만 강조하고 손실 가능성과 투자 위험에 대해서는 전혀 알리지 않았다. 그리고 후순위채는 만기 전 중도해지가 불가능하고 따로 매수인이 나타나지 않으면 양도를 할 수 없음에도 1개월 전에 저축은행에 요청하면 언제든지 타인에게 양도 가능하다고 안내하였다.

동양증권의 경우에도 판매 직원들이 신청인들의 투자자성향이 해당 투자에 적합한 것으로 되도록 하는 답변을 유도하거나 임직원 임의로 답변을 컴퓨터에 입력하는 등 투자자성향 파악이 형식적으로 이루어지고, 투자자성향이 '안정형' 내지 '위험중립형'인 고객에게 투자 부적격인 고위험 상품에 투자하도록 권유하여 적합성원칙을 위반하였다. 그리고 회사채 신용등급이 투자 부적격 등급임에도 이에 대한 설명을 누락하는 등 설명의무를 위반하였으며, 오리온 그룹에서 자금을 지원해주기로 약속하였다거나 동양의 경영이 안정적이어서 부도 가능성이 없다는 등 회사채의 투자 위험성에 대해 고객이 올바른 인식을 하는 것을 방해하여 부당권유의 금지를 위반하였다.

키코(KIKO) 사건의 경우에도 은행들은 고객에게 배부하는 상품 안내장, 위험고지서 등에 레버리지에 따른 위험성을 설명하지 않았고, 오버 헤지 위험성도 전혀 언급하지 않은 채, 환차손 위험 회피, 무비용 거래 등 이익 측면만 부각하였다. 특히 키코 상품의 손익을 그래프로 설명하면서 레버리지로 인한 손실 확대 구간이나 손실 구간 자체를 정확하게 표현하지 않아 고객이 레버리지의 위험성을 제대로 인식하기 곤란하게 하였으므로 설명의무를 위반하였다.

사모 파생결합펀드(DLF)의 경우에도 고객이 가정주부 또는 치매환자 등 일정한 수입이나 직업이 없고 금융투자 상품 투자 경험이 없거나 아주 적은 안정적 투자형으로서 원금 손실 등 투자위험을 감수할 의사도 없었음에도 은행 판매직원이 투자자 정보 확인서상 임의로 거짓 내용을 기재하여 '공격 투자형' 등으로 분류되게 하는 등 적합성원칙에 따른 고객보호 의무를 위반하였다. 또 은행 본부에서 사모펀드의 여러 리스크 요인을 영업점에 고지하지 않아 판매 직원들도 해당 사모펀드의 리스크 요인을 제대로 숙지하지 못하고 있어 사모펀드의 위험성에 대한 설명의무가 충실히 이행되지 않은 것으로 보았다. 한편 은행이 자산관리 수수료수익 목표치를 매년 확대하는 경영계획을 수립하고 KPI[59]에서 PB고객의 펀드 포함 수신 증감액의 배점을 확대하고 KPI를 영업본부장이 일별 관리하도록 하여 직원들의 판매를 압박하였다. 상품선정위원회에서 금융소비자보호센터 소속 위원이 불완전판매의 개연성과 독일국채금리 하락 및 레버리지(200배)로 실제 손실이 크게 될 수 있으므로 이를 명확하게 고지하여 불완전판매가 발생하지 않도록 관리가 필요하다는 의견을 제시하였으나, 판매직원을 위한 동영상 강의에서는 '국채 금리가 마이너스까지 가는 것은 굉장히 비정상적인 현상'이고, '가더라도 행사가격 −0.2%로 갈 가능성은 현저히 낮다'는 내용으로 교육을 실시하였다. 상품안내 자료에서도 원금손실 가능

---

59) Key Performance Indicator의 약자로서 영업점 성과 평가를 위한 지표

성이 거의 없다는 내용을 기재하여 영업점에 배포하였다. 이에 따라 영업 현장에서 해당 상품에 대한 설명이 제대로 이루어질 수 없었다.

라임무역금융펀드의 경우 펀드의 투자제안서에는 투자 대상, 투자 구조, 위험성, 수익률 등이 허위·부실 기재되어 있었다. 예를 들면, 해당 펀드가 투자된 해외 무역금융펀드 중 IIG 펀드는 이미 심각한 수준의 부실이 발생하여 청산을 앞두고 있었던 상태였음에도 목표수익률이 "7.0%"인 것으로 기재되어 있었고, 해당 펀드가 증권사 TRS(Total Return Swap)를 통해 해외 무역금융펀드에 직접 투자하는 것으로 기재되었으나 실제로는 이 사건 펀드 출시 이전에 이미 모-자형으로 투자구조가 변경된 상태였다. 그리고 손실이 발생하는 경우 TRS를 제공한 증권회사가 우선변제 받게 되므로 레버리지 비율만큼 손실이 확대될 가능성이 있다는 점은 전혀 기재되지 아니하였다.

가-4. 금융소비자 피해 구제에 소극적

금융감독원에 민원을 제기한 사례로서 결국에 민원인의 요구를 수용한 민원[60]의 상당 부분은 정도의 차이가 있을 수는 있지만 금융회사가 우월적 지위를 이용하여 금융소비자의 정당한 요구를 외면하며 피해 구제를 기피하였기 때문에 발생한 사례에 해당한다. 특히 앞에서 소개한 대형 분쟁조정 사례는 모두 금융회사가 금융소비자 피해구제에 소극적이었기 때문에 나타난 전형적 사례라 할 수 있는데, 그 중에서도 가장 대표적인 사례가 재해사망보험금 사태라 할 수 있다.

재해사망보험금 사태는 보험사가 약관상 '자살 면책제한 조항'이 명백히 기재되어 있어 보험금 지급책임이 있음을 명확히 인식하고도 자살에 대한 재해사망보험금을 지급하지 아니한 사례로서 기초서류 기재사항 준수의무(「보험업법」 제127조의3)와 설명의무(동법 제95조의2)를 위반하였다.

이 사례에서 보험사가 스스로 만든 약관에 보험가입 후 2년이 경과하면 재해

---

60) 2020년도 평균 민원 수용률은 36.8%이며, 이 중 일반민원 수용률은 33.1%, 분쟁민원 수용률은 44.7%(금융감독원 '금융소비자의 소리' 2021-01호)

사망보험금을 지급하겠다고 명문으로 기재해 놓고도, 자살은 재해가 아니므로 그 서류가 잘못된 것이며 당초부터 자살에 대해 재해사망보험금을 지급할 의도로 명시한 것이 아니었다고 주장하며 지급을 거절하였다. 특히 2007년 9월에 보험회사가 재해사망보험금을 지급하여야 한다는 대법원 판결(보험회사 패소)이 있었고, 2007년 8월 금융분쟁조정위원회가 재해사망보험금을 지급하도록 결정하여 보험회사가 해당 신청인에게 보험금을 지급하였다. 금융감독원은 이러한 분쟁조정 내용과 대법원 판결 내용을 모두 포함한「2007 생명보험 판결례집」을 제작하여 모든 생명보험사에 배포하였음에도 불구하고 보험회사들은 대법원 판결이 소송 해당 건만 구속하고 다른 계약에 영향을 미치지 않는다는 입장을 견지하여 보험금을 지급하지 않았다.

동일 내용의 약관으로 보험계약을 체결하였으므로 민원을 제기하거나 소송을 하면 동일한 조정결정이나 판결이 나올 것임은 분명하다. 그러함에도 모든 금융소비자가 일일이 민원이나 소송을 제기하여 그 결과에 따라 보험금을 지급 여부를 결정하겠다는 입장은 금융소비자가 보험가입 여부를 모르고 민원을 제기하지 않거나 비싼 소송비용이 부담스러워 소송을 포기할 수 있으므로 이를 이용하여 보험금 지급을 줄이겠다는 계산에서 비롯된 것으로 볼 수 있다.

뿐만 아니라 민원을 제기한 보험 수익자들에게 '대법원 판단까지 상당한 기간이 소요되므로 시간을 가지고 지켜봐 달라.' 또는 '관련 소송 진행 중이므로 대법원 판결이후 일괄 지급심사하겠다.'고 안내하였다가 2016년 5월 대법원 판결이후 보험금을 청구하자 소멸시효가 완성되었다며 보험금 지급을 거절함으로써 보험 수익자의 분쟁조정 신청이나 보험금 청구 소송 등의 기회와 권리를 제한할 수 있는 결과를 초래한 경우도 있었다.

이와 같이 금융회사들이 금융소비자 피해 구제에 소극적인 이유는 첫째, 피해 구제를 위해서는 대개 손해배상을 해야 하므로 이에 따른 금융회사 순이익 또는 실적이 감소하기 때문이라고 생각된다. 특히 재해사망보험, 사모펀드 사태 등과 같이 대상 금액이 크면 피해 구제를 하기로 결정하는 것이 더욱 어려워진다. 둘째는 피해 구제를 하게 되면 업무 담당자가 법이나 규정을 위반하였다고 인정하는 것이 되므로 이에 따른 제재 등 책임을 부담해야하기 때문에 피해 구제에 소극적일 수밖에 없을 것이다. 이 외에 금융회사 임직원들의 금융소비자에 대한 관심과 배려의식 부족도 한 몫 하는 것으로 보인다. 예를 들어 금융회사 직원들의 고객 응대 태도나 말씨 등과 같은 단순 불만사항을 이유로 민원을 제기하는 경우도 상당히 많은데, 이러한 사안에 대해 금융감독원에 민원을 내면 그제야 금융회사 측에서 적극적으로 대응하여 금세 해결되는 것을 보면 평소에 금융회사가 금융소비자의 목소리에 그다지 귀를 잘 기울이지 않는다는 것을 알 수 있다.

나. 근본 원인

나-1. 과도한 영리 추구

이와 같은 문제가 발생하는 원인의 가장 밑바닥에는 이익을 추구하는 금융회사의 본능적 이기심이 자리하고 있다.

금융회사는 영리법인이므로 계속기업(going concern)으로서 생존하고 발전하기 위해서는 인적·물적 자원의 확충과 수익사업 투자에 필요한 자본을 충분히 축적할 수 있도록 이익을 많이 내야만 한다. 따라서 금융회사와 그 임직원이 더 많은 이익을 얻기 위해 노력하는 것은 생존과 번영을 위한 당연한 행동이며, 그것이 이기적 탐욕에 기반을 둔 것이라 하더라도 비난받을 일은 아니다. 왜냐하면 이기심과 탐욕은 경제 및 사회 발전의 원동력이 되기도 하기 때문이다. 모든 시장 참가자들이 각자의 이익을 얻기 위해 최선의 노력을 하는 가운데 시장이 자율조정 기능을 통하여 균형을 찾는 과정에서 생산성과 효율성이 극대화됨으로써 자본주의 경제가 번영하여 왔다는 것은 누구나 아는 사실이다.

그러나 과도한 영리 추구, 특히 단기적 관점에서 영리를 추구하여 도덕적 해이나 위법에 해당하는 행위를 하면서까지 상품을 판매함으로써 결과적으로 금융소비자에게 피해를 입히는 사례가 발생하기 때문에 문제가 된다. 회사의 주인인 주주들은 회사가 순이익을 많이 낼수록 높은 배당수익을 올릴 수 있으므로 경영진이 단기간에 더 많은 이익을 내어 주기를 기대한다. CEO 등 경영진은 임기(1~3년) 내에 승진이나 연임, 높은 성과급 등을 얻기 위해 주주의 기대에 맞추어 당기순이익이나 규모의 성장 등 실적을 내는 데 전력을 기울인다. 그리고 일반 직원들도 경영진의 경영 방침에 따라 자기에게 주어진 영업목표를 초과 달성해야 승진이나 급여 상승 등의 혜택을 받을 수 있다. 그러므로 금융회사의 모든 임직원과 금융상품판매원 등 금융 종사자들은 경쟁회사보다, 또는 회사 내 경쟁자보다 많은 실적을 올리는 것이 지상의 목표가 되므로 때로는 금융소비자 권익을 돌보지 않게 되는 경우가 있다.

저축은행 사태와 동양 사태의 경우에는 회사가 부실화될 위기에 처하였으나 건전성을 회복할 대안이 명확하지 않은 상태에서 채권을 발행하는 것이므로 해당 금융회사 임직원은 해당 채권의 상환 가능성에 의문을 가질 수 있었다. 그럼에도 곤궁한 상황을 벗어나기 위해 부실화 가능성이 아주 높은 채권을 판매하였고, 그 과정에서 설명의무 등 금융소비자보호 의무를 위반하면서 채권을 판매하였다.

사모 파생결합펀드(DLF)의 경우에도 은행이 수수료 수익을 늘리기 위해 펀드판매 목표치를 매년 확대하고 KPI에서 펀드 판매의 배점을 확대하고 영업본부장이 일별 실적을 관리하면서 직원들을 압박하였고, 상품선정위원회에서 불완전 판매의 개연성과 펀드의 손실 위험을 지적하였음에도 이를 무시하였다. 라임무역금융펀드의 경우 해당 펀드가 투자된 해외 무역금융펀드 중 IIG 펀드는 이미 심각한 수준의 부실이 발생하여 청산을 앞두고 있었던 상태였음에도 이를 은폐하는 등 펀드의 투자제안서에는 투자 대상, 투자 구조, 위험성, 수익률 등이 허위·부실 기재되어 있었으며 판매사는 환매중단 상태임을 이미 알았음에도 금융소비자에게는 이를 숨겼다.

은행 직원이 원금보장형 저축상품이라고 안내해서 자기는 분명히 적금을 가입한 줄 알고 있었는데 보험상품이어서 만기까지 가지 않고 중도해지하면 원금손실을 보게 되는 경우도 흔하다[61].

---

61) 「서울신문」 2021년 3월 25일자 '적금인줄 알았는데 암보험 ··· 방카슈랑스의 배신' 참조

이러한 사례들을 보면 도무지 금융회사를 믿고 거래를 해도 될까 하는 의문이 드는 사람도 많을 것이다. 말하자면, 해당 금융회사는 오로지 회사의 이익과 임직원 개인의 이익을 위해 상품판매에만 열중함으로써 결국 금융소비자들의 피해를 초래하였으므로 금융회사의 과욕이 금융소비자보호를 방해하는 중요한 요소임이 분명하다.

한편, 사람들은 금융회사가 고의나 과실로 금융소비자에게 손해를 입혔으면 이를 배상하는 것은 당연하다고 생각한다. 그러나 재해사망보험금 사례에서 보는 바와 같이 당연히 지급해야할 보험금도 지급하지 않으려고 갖가지 핑계를 대거나, 다른 분쟁조정 사례에서 보는 바와 같이 조정 결과를 금융회사가 수용하지 않고 소송을 제기하는 등 금융회사들이 손해를 배상하는데 소극적이다. 금융회사가 금융소비자 피해 구제를 꺼리는 이유는 다른 이유도 있지만 가장 중요한 것은 손해를 배상할 경우 그만큼 금융회사에는 비용, 즉 손실이 발생하므로 이익이 줄어들게 되기 때문이다.

이러한 점들에 비추어 금융회사의 과도한 영리 추구, 특히 단기성과 위주의 경영은 금융소비자보호를 소홀히 하는 가장 큰 원인이라 할 수 있다.

나-3. 금융소비자의 중요성에 대한 인식 미흡

금융회사가 금융소비자 피해를 유발하는 근본 원인은 과도한 영리추구라는 점에 이견이 없겠지만 이에 상응하는 또 다른 중요한 요인에는 금융소비자보호의 중요성에 대한 인식 부족이 있다.

금융회사 입장에서 보면 금융소비자는 재산 형성이나 투자자금 획득, 위험 보장 등의 효용을 얻기 위해 금융회사가 제공하는 금융상품이나 서비스를 구매하여 주는, 그리하여 금융회사의 존립과 번영이 가능하게 하는 고마운 존재이다. 그러므로 금융소비자가 금융상품이나 서비스 거래로 보다 많은 효용을 얻고 만족하여야 그 상품 등을 다시 구매하게 되고, 점점 금융소비자와 금융회사 간의 거래가 늘어나 금융회사가 성장, 발전할 수 있다. 결국 금융소비자와 금융회사가 상생하는 관계가 되어야 금융산업도 발전하게 되므로 금융회사는 감사하는 마음으로, 금융소비자가 금융거래로 많은 이득을 얻도록 도와주어야 한다는 마음으로 금융소비자를 대하는 것이 지혜로운 태도라 할 것이다.

그런데 분쟁 사례에서 보는 바와 같이 금융회사는 자기의 생존과 이익을 얻으려는 목표를 달성하기 위해 많은 금융소비자들에게 엄청난 피해를 입혔다. 그러나 그로 인해서 금융회사도 그에 상응하는 대가를 부담하게 되었다. 금융소비자에게 피해를 준 것이 직접적인 원인은 아니지만 부산저축은행 등은 파산하였으며, 동양증권은 대만 유안타(元大) 그룹 계열사로 편입되어 유안타증권으로 변경되었다. 또 사모펀드를 판 은행과 증권회사는 투자금액의 0.5%에도 미치지 않는 수수료에 집착하였다가 사모펀드 투자 손해액 전액 또는 일정 부분을 배상하여야 하는 결과를 초래하였다.

무엇보다도 정말 뼈아픈 것은 금융회사를 지탱하는 가장 중요한 요소인 공신력을 잃은 것이라 할 수 있다. 금융소비자가 금융회사와 거래를 하면 자기가 기대하는 효용을 얻을 수 있을 것이라는 신뢰를 기초로 금융상품을 구입하거나 서비스를 제공받기 위한 계약을 한다. 그런데 금융회사의 권유로 거래한 금융상품이나 서비스에서 금융회사가 자랑한 효용을 얻지 못하고 오히려 큰 손해를 보았다면 금융소비자들은 다시는 그 금융상품을 찾지 않게 되고 금융회사마저도 불신하고 외면하게 될 것이 분명하다. 당장에 키코 때문에 환 헤지 상품은 기업들이 아예 쳐다보지도 않음에 따라 사실상 환 헤지 상품 자체가 시장에서 사라져버리는 수준에 이르고, 사모펀드도 말 그대로 동절기를 맞이하였다.

이와 같이 이어진 대형 분쟁 사례들로 인해 그동안 입법 절차의 진행이 지지부진하던 「금융소비자보호법」이 제정, 시행됨으로써 금융회사들에게는 상당한 타격이 될 전망이다. 징벌적 과징금 제도가 도입되고 소비자에게는 청약철회권과 위법계약해지권을 부여하고 금융회사에는 소액분쟁의 분쟁조정 이탈 금지, 손해배상 입증 책임 부과 등 불리한 제도가 도입되어 금융회사들이 영업을 하는데 너무나 많은 제약을 받게 되었다. 이렇게 된 것은 결국 금융회사가 과도하게 이익에 집착한 나머지 금융소비자를 공존 공생하는 동반자로 보지 않고 눈앞의 이익을 얻기 위한 먹잇감으로 간주하여 부당한 피해를 입힌 데 따른 과보라고 할 것이다.

나-4. 내부통제시스템 불완전

금융회사들이 금융소비자와 함께 번영하는 지혜로운 길이 아니라 금융소비자보호를 소홀히 하여 그들의 신뢰를 잃어버리는 길을 택하게 된 원인으로서 과도한 영리추구 외에 또 하나 중요한 원인은 견제와 균형 미흡, 즉 내부통제시스템이 미흡한 것을 들 수 있다.

모든 조직은 내부통제시스템을 구축하고 운영하여야 한다. 내부통제(internal control)는 업무운영의 효율성, 재무 및 업무 보고의 신뢰성, 법규의 준수 등과 같은 조직 목표를 달성하기 위해 이사회, 경영진 및 직원 등 조직의 모든 구성원이 이행하도록 마련한 절차이다.[62] 주인 혼자서 운영하는 문방구점은 주인 본인이 의사결정하고 실행하며 책임도 스스로 지는 것이기 때문에 권한을 위임하고 위임받을 필요가 없으므로 별도로 내부통제시스템이 필요가 없다. 그러나 정부기관이나 단체, 회사와 같이 여러 사람들로 구성된 조직은 국민 또는 주주 등에 의해 선출된 기관장이나 이사(이사회) 등이 그 조직 구성원들에게 권한을 위임하여 업무를 처리하게 해야 하므로 법이나 정관 등에 따라 권한을 하부에 위임하고, 하부 조직과 구성원이 위임받은 업무를 위임한 취지에 맞게 이행하도록 하기 위한 내부통제시스템을 구축하고 운영하여야 한다.

내부통제시스템의 주요 내용은 다음과 같다.

---

62) COSO(Committee of Sponsoring Organizations of the Treadway Commission) 「Internal Control —Integrated Framework」(1992)

내부통제시스템이란?[63]

1. 개요

내부통제(internal control)는 업무운영의 효율성, 재무 및 업무 보고의 신뢰성, 준거 법규의 준수 등과 같은 조직 목표를 달성하기 위해 이사회, 경영진 및 직원 등 조직의 모든 구성원이 이행하도록 마련한 절차이다. 내부통제시스템은 금융회사 경영에 있어 대단히 중요한 요소로서 건전경영의 기반이 되며, 강력한 내부통제시스템은 조직의 목표(goals)와 목적(objectives)이 충족되도록 하고, 장기 수익성(profitability) 목표의 달성과 함께, 재무 및 업무 보고의 신뢰성을 확보할 수 있도록 보장한다. 또 법규는 물론 경영정책과 경영계획, 내규 및 절차를 준수하고, 예상하지 못한 손실과 평판의 저하와 같은 위험을 줄이는데 도움을 준다.[64]

2. 내부통제 구성요소

내부통제의 구성요소는 통제환경(Control Environment), 리스크 평가(Risk Assessment), 통제활동(Control Activities), 정보 및 의사소통(Information & Communication), 모니터링(Monitoring) 등 5가지이다.

통제환경은 내부통제시스템이 효율적으로 운영되도록 하기 위한 환경적 요소로서 모든 임직원들이 내부통제시스템의 중요성을 인식하고 실천의지를 공유하는 통제문화(control culture)를 형성하기 위한 조직구조, 보상 체계, 인사정책, 교육 정책 등이 포함된다. 통제환경은 다른 4가지 내부통제 구성 요소들이 적정하게 운영될 수 있는 기반이 되는 중요한 요소로서 이사회 및 경영진의 내부통제시스템 운영에 대한 의지에 의해 결정된다.

리스크 평가는 조직의 목표 달성에 부정적인 영향을 미칠 수 있는 위험 요소를 인식하고 평가하는 것으로서 새로운 유형의 리스크나 과거에 무시된 리스크가 발견되면 그 리스크를 통제할 수 있는 방향으로 내부통제시스템이 보완되어야 한다.

통제활동은 이사회와 경영진으로부터 권한을 위임받은 조직 구성원들이 이사회 및 경영진이 제시한 경영정책이나 지침에 따라 일상적으로 업무를 수행하는 방법과 절차를 마련하고 이를 준수하도록 하는 활동으로서 이를 통하여 조직 목표 달성을 방해하는 리스크를 통제할 수 있다. 가장 기본적인 형태의 통제활동에는 영업성과 보고서 및 예외사항 보고서(exception report) 검토, 특정 거래 또는 한도 초과 거래에 대한 상위 직급의 사전승인 또는 특별승인, 업무 연관 부서의 합의(dual signature), 오류나 허위 보고를 예방하기 위해 이해 상충되는 2개 이상의 직무를 동일인이 담당하지 못하도록 하는 직무분리(segregation of duties), 민감한 업무 담당자에 대한 명령휴가, 거래 은닉 등을 방지하기 위해 사전에 일련번호가 부여된 정해진 양식 및 기록장치의 사용, 실물자산과 거래기록에 대한 접근 및 이용 통제, 직무수행의 적정성 및 거래기록의 정확성 등에 대한 독립적인 제3자에 의한 검증 등이 있다. 이러한 통제활동은 최고경영진부터 최하급 직원까지의 모든 구성원에 의해 상시적으로 이루어져야 한다.

정보 및 의사소통은 이사회, 경영진 및 직원들이 책임을 다할 수 있도록 정보를 수집, 제공하는 것으로서 정보시스템은 이사회 및 경영진이 경영을 위한 의사결정을 하는 데 필요한 정보 및 보고서를 생산하며, 의사소통 시스템은 정보시스템에 의해 생산된 정보를 조직 내부 관계자, 감독당국,

---

63) 금융감독원, 미 감독당국의 내부통제 및 감사제도 운영기준(2002년 1월)을 참조하여 정리
64) 바젤은행감독위원회(Basel Committee on Banking Supervision, BCBS) 「Framework for Internal Control Systems in Banking Organisations」(1998)

주주, 고객 등 이해관계자에게 제공하는 역할을 한다. 효과적인 내부통제시스템이 되기 위해서는 효과적인 의사소통 시스템이 유지되어야 하며, 이를 위해 제반 정보가 조직 내부에서 상하 및 수평으로 원활하게 전달되어야 한다.

모니터링은 내부통제시스템 운영상황에 대해 조직 자체적으로 감시하고 평가하는 활동이며, 일상적 업무의 일부로서 상시적으로 이루어지는 상시 모니터링(ongoing monitoring)과 내부통제 전반에 대한 평가(separate evaluation)로 구분된다. 상시 모니터링은 내부통제기준이 잘 준수되고 있는지를 점검하는 활동으로서 일상적인 영업활동의 일부로서 상시적으로 이루어지는 것이다. 내부통제평가는 내부 또는 외부감사 기능에 의해 내부통제시스템의 설계 및 운영상황의 적정성 및 유효성에 대해 독립적으로 평가를 실시하는 것으로서 그 결과 발견된 문제점은 경영진 및 이사회에 보고되어 시정조치를 하여야 한다.

〈COSO의 내부통제 Framework〉

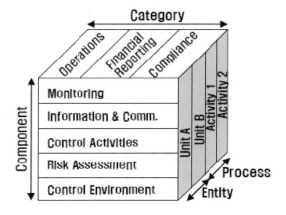

3. 내부통제시스템의 효용

내부통제시스템이 원활하게 작동하면 조직이 직면한 리스크의 인식과 평가가 정확하고 시의적절하게 이루어지고 각 분야별로 업무를 담당하는 부서들 간, 직원들 간에 소통이 원만히 이루어져 예상되는 위험을 다함께 인식, 공유하고 그 위험이 현실화 되는 것을 방지하기 위한 합리적인 방안을 모색할 수 있으므로 리스크의 현실화를 예방하거나, 현실화되더라도 그 충격을 최소화할 수 있게 된다. 모든 의사결정이 있어서 독단과 일방통행보다는 협의와 상호 존중하는 마음으로 화합하는 조직문화가 형성된다. 단기성과보다는 장기적인 관점에서 기업 가치를 높이기 위해 노력하게 된다.

쉽게 말하자면 자동차를 운전하면서 액셀레이터만 밟으면 과속으로 사고가 나게 되므로 자동차를 충분히 제어할 수 있는 수준으로 브레이크를 밟아주어 사고를 방지하는 것과 같다. 내부통제시스템이 적정하게 구축되고 작동한다면 오로지 단기실적에 눈이 어두워 실적에만 매달리는 그룹에게 금융소비자보호 조직과 법규리스크(legal risk)와 평판리스크(reputation risk) 등 리스크관리 조직의 전문가 그룹이 그 위험을 경고하고 위험을 줄이기 위한 대책을 제시하는 등 견제와 균형을 통하여 장기적 관점에서 기업 가치를 극대화할 수 있는 방향으로 지혜롭고 조화로운 경영 의사결정을 할 수 있게 된다는 것이다.

금융회사도 해당 금융업법과 정관 등에 따라 내부통제시스템을 구축하여 운영하고 있다.

금융소비자보호 관점에서 금융회사의 내부통제시스템이 제대로 작동하게 되면 새로운 금융상품의 개발이나 판매에 관한 의사결정을 할 때 금융소비자보호 업무 담당부서와 준법감시 부서 등의 전문가들이 소비자보호 관점에서는 물론 운영리스크(operational risk), 법규리스크(legal risk), 평판리스크(reputation risk) 등 관리의 관점에서 예상되는 위험요인을 검토하여 상품 담당 부서에 제공하고, 이해상충이 있는 경우에는 조정을 하는 등 금융상품에 내재된 위험을 최소화 할 수 있는 방안을 강구하게 된다. 또 일상적 판매 과정에서도 판매담당 직원 개인의 일탈이나 판단 미흡, 또는 피로 등에 따른 주의력 부족 등으로 적합성원칙이나 설명의무 등 법규위반 사항이나 부당한 행위가 일어나지 않도록 전결권을 정비하고, 예외적인 취급사항에 대해서는 전결권 상향 또는 자점 감사자의 특별승인과 같은 통제를 받도록 한다. 그리고 내부감사를 통해 내부통제시스템 구축과 운영의 적정성을 평가하고 이사회에 보고함으로써 경영진이 문제점을 보완하도록 하게 된다. 그러므로 금융소비자에게 피해를 입히는 사례를 최소화할 수 있다.

그런데 그동안 집단적 소비자피해 사례가 지속적으로 발생한 것은 금융회사의 내부통제시스템이 제대로 작동하지 않았기 때문이라고 할 수 있다.

저축은행이 후순위채를 발행하여 판매함에 있어 후순위채가 예금자보호 대상이 아니라는 사실은 작은 글씨로 눈에 잘 띄지 않게 하였으며, 제3자에게 양도할 수 있어 환금성이 좋다고 허위 설명하고, 정기예금 중도해약에도 불구하고 계약 금리를 적용하는 등 부당한 업무처리를 하였다. 동양증권의 경우에도 판매과정에서 적합성원칙, 설명의무, 부당권유 금지 등 법률을 위반하는 행위를 하였다. 그럼에도 회사 내부의 금융소비자보호 부서나 준법감시 부서, 감사 부서 등에서는 이러한 행위가 지닌 문제점과 그 리스크에 대해 지적하고[65] 대

---

65) 만약 전문가가 없어서 문제를 제기하지 못하였다면 금융회사 설립 인가의 조건인 전문 인력 확보에 흠결이 있다고 할 것임.

책을 마련한 흔적이 발견되지 않은 것은 분명히 내부통제활동, 모니터링 등에서 문제가 있다고 할 수 있다.

또 재해사망보험과 관련하여서는, 보험약관을 면밀하게 점검하지 않아 재해사망보험금을 지급할 의도가 없으면서도 지급한다는 문장을 오랫동안 그대로 두었다. 재해사망보험금을 지급하도록 결정한 판례나 조정례가 나왔음에도 불구하고 금융소비자가 민원이나 소송을 내지 않으면 보험금을 지급하지 않았을 뿐 아니라 민원을 낸 경우에도 선택적으로 지급하였다. 그럼에도 이에 따른 고객 신뢰 상실, 미지급 보험금 누적에 따른 일시 거액지급 부담과 감독당국의 제재 등 위험을 평가하고 공론화하지 않아 리스크 평가 기능과 내부 의사소통 기능이 미흡한 것이라고 할 수 있다. 또 이러한 일들이 장기간에 걸쳐 진행되었음에도 내부감사에서 지적, 시정하도록 한 적이 없는 것은 모니터링 기능이 작동하지 않은 것이다.

또 DLF의 경우 판매회사인 은행이 공정가액평가실무협의회가 제기한 원금손실 위험, 상품선정위원회의 불완전판매 개연성에 대한 경고 등을 판매직원 교육 자료나 상품 안내 자료에는 전혀 반영하지 않고 오히려 그런 가능성이 없음을 강조하였다. 경영연구소에서 독일금리 하락을 예측하는 보고서를 발표하였음에도 오히려 반등할 것으로 예상한다는 내용으로 PB 교육 자료를 작성하였다. 이에 따라 판매과정에서 직원들이 적합성원칙과 설명의무를 위반하는 결과를 초래하였는데, 이것은 판매부문의 일방적 독주로 인해 내부통제가 이루어지지 않았다는 반증이라 할 수 있다.

라임펀드 사례에서도 자산운용사는 펀드 자체가 부실임을 알고도 판매 금융회사에 이 사실을 알리지 않고 계속 공급하여 전반적으로 내부통제시스템이 작동하지 않았다고 할 수 있다. 또 판매 금융회사 중 투자금융회사의 경우에는 펀드가 부실임을 알면서도 이를 숨기고 판매하였으며, 은행의 경우에는 펀드의 부실 여부에 대해 제대로 확인하지도 않고 판매하였다. 내부통제 구성요소 중 통제환경, 리스크 평가, 의사소통 등에 결함이 있다고 할 수 있다.

나–5. 권한 집중과 순환근무 제도

이와 아울러 내부통제시스템 구성요소 중 통제환경에 속하는 사항이지만 별도로 짚어보아야 할 사항은 권한, 특히 인사권의 집중 문제이다.

대부분의 조직에서 경영 의사결정 권한이 CEO 한 사람에게 집중되어 있다. 그러므로 현 CEO나 앞으로 CEO가 될 유력한 사람과 같이 조직 내 영향력이 강한 사람이 결정한 사항에 대해서는 아무리 문제가 있더라도 그 누구도 쉽게 CEO의 뜻에 반하는 의견을 제시하기가 어렵다. 그리고 조직의 최우선 관심사인 이익을 내는 것은 주로 영업부서가 담당하므로 당연히 영업라인의 조직 내 영향력이 다른 부서에 비해 훨씬 강하다. 따라서 금융소비자보호나 리스크관리와 관련하여 아무리 시의적절한 의견을 제시하더라도 CEO가 의견을 무시하거나 영업 담당 임원이 잘라버리면 별 효과가 없다. 사모펀드 사례에서 전문가 집단인 경영연구소나 공정가액평가실무협의회, 상품선정위원회 등의 경고가 무시된 것도 영업 중심의 권한 집중에 따른 결과로 볼 수 있다.

이러한 점에 비추어 볼 때, 내부통제가 원활하게 이루어져 금융소비자보호가 효과적으로 이루어지고 조직의 위험을 최소화하려면, 과도하게 권한이 집중되지 않고 상하 직위 간 및 부서조직 간에 분권이 이루어져, 수직적, 수평적 의사소통이 원활히 이루어질 수 있는 조직문화가 만들어져야 한다.

내부통제시스템이 제대로 작동하지 않는 또 하나의 요인에는 순환근무 제도가 있다. 이것은 인사제도에 관한 문제이므로 내부통제환경에 속하는 사항이기도 하다.

금융회사, 특히 은행은 대개 2년 주기로 순환근무를 하고 있는데, 이로 인해서 임직원들의 담당 업무 분야에 대한 전문성과 책임의식이 약해질 수밖에 없다. 특히 금융소비자보호 같은 비인기 업무를 담당하는 경우에는 대개가 한시적으로 거쳐 가는 부서로 생각하게 된다. 그러므로 이 분야의 전문가가 되고자 하는 의지나 그 노력이 약할 수밖에 없다. 또 다음에 인사발령이 나면 영업부서 같은 다른 분야로 가서 일을 해야 하는 입장이므로, 현재 담당업무인 금융소비자보호를 이유로 영업 관련 업무를 강하게 견제하기가 쉽지 않다. 왜냐하면 다음에 자기가 그 부서로 옮겨갈 경우를 감안하여야 하기 때문이다. 또 경우에 따라서는 감사부서 직원이 이전에 자기가 한 업무를 감사해야 하는 상황이 발생할 수도 있다.

그러나 특별한 사유가 없는 한 자기가 담당하고 있는 업무를 계속 담당한다는 것이 분명할 때는 그 일에 집중하게 되어 전문성이 생기므로 위험요인을 보다 쉽게 찾아낼 수 있다. 또 지금 발견된 위험요인은 언젠가는 현실화되어 자기 책임으로 돌아오게 될 것이므로 그 일에 책임감을 가지고 임하게 된다. 그러므로 다른 사람이나 부서의 눈치를 보지 않고 분명하게 위험을 경고하고, 반대 의견이 있더라도 집요하게 주장하고 설득하여 관철시키려 할 것이다.

금융회사의 순환근무 제도를 바꾸지 않으면 조직의 각 부문별 전문성과 책임의식을 강화하고 내부통제시스템을 통해 조직의 견제와 균형을 이룸으로써 금융소비자보호와 관련한 조직 전체의 인식 전환과 실천, 나아가 조직의 장기적 발전을 도모하기는 상당한 어려움이 있다고 생각된다.

나-6. 동질적 금융상품판매

가전제품이나 가구 등 제조 상품은 제조사의 기술이나 디자인 능력 등에 따라 제품의 품질과 편의성 등에 차별화가 가능하므로 특허나 디자인등록 등으로 일정기간 독점적 권리를 누릴 수 있어 경쟁사와의 치열한 판매 경쟁을 피하면서도 높은 마진(수익률)을 올릴 수 있다.

그러나 금융상품은 대개가 금리나 주가, 환율 등 시장에서 결정되는 금융 지표를 바탕으로 만들어지므로 다른 금융회사가 모방할 수 없는 차별화된 금융상품 개발이 거의 불가능에 가깝다. 설사 독창적인 금융상품을 개발하더라도 특허와 같은 독점적 판매권을 얻기가 어렵다. 따라서 독창적인 금융상품을 개발하기 위해 투자할 유인이 거의 없다. 그러므로 대부분 신상품을 개발하기보다는 적당히 다른 금융회사 상품을 모방하여 금융회사마다 거의 차이가 없는 금융상품을 내놓고 있다. 게다가 대부분의 금융회사가 경쟁사와 서로 비슷한 인적·물적 구조를 갖추고 있으므로 판매 기법이나 비용 등에서도 자기만의 강점을 이용한 독특한 전략을 구사하기가 어렵다.

더구나 현대는 전자금융거래가 활성화되고, 특히 금융상품 비교공시나 계좌이동서비스와 같은 제도로 인해 금융소비자들이 조금이라도 자기에게 유리한 금융상품이나 금융회사가 있으면 쉽게 찾아내어 거래처를 옮겨가게 된다. 이러한 고객을 잡아두기 위해서는 경쟁 회사에서 파는 금융상품을 팔아야 한다. 이러다 보니 상품 자체에 흠이 있는 경우도 있고, 상품 내용이나 위험에 대한 정확한 정보를 알지 못하고 직원들에게 상품 관련 교육을 제대로 하지 못하게 되어 불완전판매가 일어날 수 있다. 차별성이 없는 상품을 팔기 위해 상품을 과장하여 설명하거나 부당권유행위, 특별이익 제공 등 위법행위가 일어나기도 한다.

만약 은행이 고유상품인 예금과 대출만으로도 충분한 예대마진으로 목표이익을 달성할 수 있었다면 굳이 소액 수수료를 얻기 위해 키코나 사모펀드 같은 다른 금융회사가 만든 상품을 판매할 만한 이유가 없었을 것이다.

또 재해사망보험금의 경우, 일부 생명보험사가 이 보험을 출시하자 다른 경쟁사들도 같은 상품을 연이어 판매하기 시작하였다고 한다. 이것은 각 보험사가 각각 다른 보험회사 상품과는 차별화된 혁신적인 상품을 만들어내기가 어려우므로 다른 회사 상품을 그대로 모방하여 출시한 결과라고 할 수 있다. 그러다 보니 보장 내용이나 약관 문구에 대한 깊은 고민 없이 상품을 출시하였다가 나중에야 문제를 알고는 '당초 자살은 재해로 보장할 의사가 없었다.'는 주장을 하는 것도 이해가 되는 측면이 있다.

이와 같이 금융상품 특성상 경쟁사 상품과의 차별화가 되지 않으면 판매 경쟁이 과열될 수밖에 없으므로 금융회사가 필요로 하는 이익 목표를 달성하기 위해 무리하게 영업을 하게 됨에 따라 금융소비자보호를 소홀히 하는 사례가 빈번하게 나타나는 것이라 할 수 있다.

2. 금융소비자

가. 주요 문제점

집단적 금융소비자 피해구제 사례에서 나타난 사실관계를 살펴보면, 형식적으로 볼 때 모든 계약서는 적정하게 기명날인 되어있고, 또 적합성원칙이나 설명의무 등 소비자보호 의무를 다하였음을 입증하기 위해 작성하도록 되어 있는 문서에도 체크나 확인 서명 등이 잘 갖추어져 있었다. 그러나 금융감독원 검사 등을 통해 나타난 사실관계를 구체적으로 따져보면 외형상의 모습과는 다르게 설명의무나 적합성원칙 등 고객 보호 의무를 위반한 사례가 나타나고 있다. 이러한 사실은 금융소비자가 계약서나 상품설명서 등 자기가 서명한 서류를 제대로 읽어보지 않았거나 읽었어도 충분히 이해가 되지 않은 상태에서 서명하였다는 방증이다. 실제로 민원인이 내용을 충분히 이해하지 못한 상태이지만 판매직원이 서명을 해달라고 해서 서명하였다고 진술하고 있는 경우도 상당히 많다.

계약서와 상품설명서 등에는 금융상품의 내용과 위험에 대해 설명이 되어 있다. 그러므로 그 서류들이 사실과 다르게 작성되어 있지 않다면, 그 서류들을 읽고 이해한 경우에는 금융회사 직원들이 상품을 허위, 과장하여 설명하는 경우 그것을 곧바로 알 수 있으므로, 이를 따져 물으면 설명의무 위반이 일어날 수가 없다[66].

또 적합성원칙의 이행과 관련, 금융회사 직원이 적합성 조사를 하기 위해 금융소비자와 질문과 답변을 한 후 그 답변과 다르게 임의로 조사표를 작성하고 금융소비자에게 확인서명을 받았다. 그러나 금융소비자는 그 내용이 사실과 다른지 체크하지 않고 서명하거나, 그 사실을 알면서도 수정을 요구하지 않고 넘어간 정황이 보인다. 만약 당시에 이를 꼼꼼하게 확인하고 자기가 한 답변과 다르면 수정할 것을 요구하여 본인이 그 금융상품을 투자하는 것이 적합하지 않다는 결과가 나왔다면 그 계약을 체결하지 않았거나, 특별승인 등의 과정을 거쳐 계약을 체결하여야 하므로 적합성원칙 위반은 물론 분쟁도 일어나지 않았을 수도 있다.

위와 같은 사정은 예시한 분쟁조정 사례에서만이 아니라 일반 금융민원 처

---

66) 적합성원칙이나 설명의무 위반과 관련하여, 금융소비자가 고령, 치매 등 심신 장애로 관련 서류를 제대로 읽고 이해하지 못하는 상태인 경우에는 예외

리 사례에서도 비슷한 정황이 많이 드러난다는 점에서 금융소비자가 금융거래 과정에서 피해를 입는 원인으로 작용한다고 할 수 있다.

금융소비자가 서류를 자세히 읽지 않는 것과 금융회사 판매 직원의 안내에 순응하여 서명을 하는 행위는 금융상품의 내용과 위험을 스스로 따져볼 수 있는 금융지식이 부족하므로 판매직원의 설명에만 의존하여 계약을 체결한 것으로도 볼 수 있다. 또 이렇게 행동한 밑바탕에는 판매직원이 금융회사에서 일하는 전문가로서 자기보다 훨씬 금융상품에 대해 잘 알고 있으므로 자기에게 도움이 되는 방향으로 행동할 것이라는 막연한 신뢰와 함께, '위험하더라도 설마 그것이 현실화 되랴?' 하며 요행을 바라는 자기합리화 심리가 자리하고 있었던 것으로 보인다. 그리고 이러한 심리의 이면에는 보다 풍족한 노후생활이나 주택 구입에 의한 주거 안정 등을 위해 기왕이면 금융거래에서 보다 많은 이득을 얻으려는 욕망, 즉 인간의 오욕[67] 가운데서도 첫 번째인 재물욕이 자리한다.

그러므로 금융소비자 피해가 발생하는 근본원인 가운데 금융소비자와 관련되는 사항으로는 금융과 금융상품에 대한 지식은 부족하면서도 이득을 얻으려는 마음이 앞서, 금융상품의 위험을 과소평가하거나 외면하며, 자기책임 의식이 약하여 금융회사 판매직원이나 남의 의견을 듣고 의사결정하는 점 등을 들수 있다.

나. 근본 원인

나-1. 금융 및 금융상품에 대한 지식 및 정보 부족

우리나라 금융소비자가 금융에 대한 지식과 이해력이 부족한 것은 이미 알려진 사실이다. 2018년 금융감독원과 한국은행이 공동으로 실시한 국민 금융이해력 조사 결과 평균 62.2점으로서 OECD 평균 64.9점보다 낮은 것으로 나타났다. 청년 세대인 20대의 금융이해력 점수도 61.8점으로 우리나라 평균보다 낮게 조사됐다. 특히 60세 이상의 연령층에서는 금융이해력 수준이 56.9점

---

67) 재욕(財慾)·색욕(色慾)·식욕(食慾)·명예욕(名譽慾)·수면욕(睡眠慾)의 다섯 가지 욕심

에 불과하였다. 미국 신용평가기관인 스탠더드앤드푸어스(S&P)가 2015년에 조사한 세계 각국의 금융이해력 순위에서는 한국은 33점으로 아프리카의 가봉(35점)이나 우간다(34점)보다 낮았다.

이러한 금융에 대한 이해력 부족으로 인해 금융회사가 적합성원칙을 위반하여 원금손실 가능성이 큰 상품을 권하거나 허위·과장 설명으로 위험은 숨기고 고수익만 강조하더라도 이를 가려낼 수가 없으므로 그 말을 믿고 계약을 체결하였다가 피해를 입기가 쉽다.

저축은행 사태의 경우를 보면 금융회사 직원이 원금이 보장된다고 하는 말을 믿고 가입하였다거나, 채권 표면금리가 8.5%로서 당시 정기예금 금리의 2.6배에 달하는 고금리임에도 그 위험에 대해 의심하지 않았다고 한다. 저축은행 담당직원이 판매 당시의 해당 저축은행 BIS비율이 9% 이상인 우량 저축은행이고, 업계 최고의 저축은행인 만큼 절대 망하지 않을 것이므로 안심해도 좋다고 해서 가입하였다고도 한다. 또 후순위채를 매입하기 위해 중도 해지한 정기예금에 대해 저축은행이 정기예금 약관 내용대로 중도해지 금리를 적용하지 않고 당초 계약 금리를 지급하는데도 피해를 입은 금융소비자 가운데 이것을 이상하게 생각하고 의심을 한 정황은 나타나지 않는다.

이러한 점들에 대해 냉정하게 되짚어 보면, 우선 후순위채라는 상품의 이름에서부터 정기예금이나 적금 같이 은행이나 저축은행에서 일반적으로 접하는 상품과는 다르다는 것을 알 수 있다. 그러므로 금융회사 직원이 후순위채를 권하였을 때 일반적인 상식을 가진 사람으로서 그것이 무엇인지 조금이라도 알아보면 이름 그대로 후순위채는 채권이므로 원금이 보장되지 않는다는 사실을 쉽게 알 수 있었을 것이다.

그리고 업계에서 최고의 건전한 저축은행이라면서도 정기예금 금리의 2배 이상을 주겠다고 하면 무언가 이상한 구석이 있는 것이다. 또 평소에는 정기예금을 만기 전에 해지하면 당초 약속한 이자를 주지 않고 보통예금과 비슷한 이자를 주는데도 계약 금리를 적용해 주겠다면, 평소 단돈 1원도 손해 보는 일은 하지 않는 금융회사의 행동으로서는 정말 이상한 것이다. 그리고 IMF 외환위기를 겪으면서 대형은행도 도산한 것을 이미 보았는데 저축은행이 절대로 안전하다고 하는 말에 별다른 의심을 하지 않았다고 하는 것도 이해하기가 어렵다. 동양 사태에서도 이와 유사한 형태의 사례가 나타난다.

다음으로 키코의 경우에는 키코 상품 자체가 금융공학이 동원된 어렵고 복잡한 상품이므로 그 구조나 그 위험에 대해 중소기업이 전문적 지식을 가지고 있기를 기대하기는 힘들다. 그러나 '헤지'라는 것이 외환 현물에 대한 환위험을 줄일 목적에서 이루어지는 거래이므로 은행이 기업의 외환 현물 규모를 훨씬 초과하는 헤지 계약을 체결하도록 유도하는 것에 대해서는 한번쯤 의심해 보는 것이 당연하다 할 것이다. 그럼에도 불구하고 키코 계약을 체결하였다는 것은 해당 기업이 헤지라는 의미 자체를 몰랐거나, 환투기 같은 다른 의도가 있었지 않았는가 하고 생각할 수 있다.

그리고 사모펀드의 경우 일단 펀드라고 하면 원금손실이 날 수 있다는 것은 일반상식에 속하는데도 노후자금과 같이 원금 손실이 발생하면 큰 낭패를 겪을 자금을 사모펀드에 가입한 것 자체를 이해하기가 어렵다. 물론 은행에서 거래를 한 경우에는 펀드를 은행상품인 예금이나 적금으로 오해했을 가능성은 있다. 그러나 계약 관련 서류 상단에는 '펀드'라는 용어가 인쇄되어 있으므로 적어도 계약서류에 기명날인하거나 적합성원칙 및 설명의무와 관련한 서류에 서명할 때 그것이 예·적금과는 다른 상품인 '펀드'라는 것을 알 수 있었을 것이다. 아무리 금융회사가 적합성원칙과 설명의무를 위반한 것이 분명하다 하더라도 이를 그냥 지나쳤다는 것은 금융소비자가 스스로에게 무책임하거나 금융에 대한 지식이 너무 부족하다는 것 외에는 설명하기가 어렵다고 생각된다.

물론 이러한 일들이 경우에 따라서는 순간적인 실수로 일어나기도 한다. 그러나 수천 명의 사람들이 똑같은 상황을 맞았다면 이는 판단의 문제가 아니라 지식이 부족하다는 것 외에는 달리 설명할 길이 없다고 본다. 금융에 대한 지식이 부족하니까 그 위험에 대한 인식이 부족하고, 그러다 보니 작은 이익에 현혹되어 큰 위험을 감수하게 된다. 그러므로 전문가들인 금융회사 직원들에게 쉽게 이용당하고, 손쉬운 먹잇감이 될 수 있는 것이다.

금융소비자의 금융지식 이슈와 연결하여, 저축은행과 동양증권의 경우에서 와 같이 상식에 비추어 이상한 행태나 건전성에 대한 의심이 생길 경우, 또는 키코나 사모펀드 등 어렵고 위험한 금융상품을 접할 때 금융소비자가 의심이 가는 부분을 제3의 신뢰할만한 단체나 기관에 문의하거나 관련 정보를 쉽게 검 색할 수 있는 제도적 장치가 미흡한 부분도 금융소비자 피해를 막는데 어려움 이 있는 원인으로 볼 수 있다. 물론, 제도가 운영되고 있더라도 금융소비자들 이 이에 대한 사실을 잘 모르거나 활용 능력이 부족하여 이를 잘 이용하지 못 하는 측면도 있겠지만, 어쨌든 고령자이든 청소년이든 누구나 손쉽게 접근하 여 당장 필요로 하는 금융관련 정보를 얻을 수 없는 것이 현실임은 분명하다.

나-2. 리스크 경시

우리나라 사람들은 위험을 매우 가볍게 생각하는 경향이 있는 것 같다. 그 실례로 우리나라만큼 개인이 주식이나 파생상품에 투자하는 나라는 없다고 해도 과언이 아니다. 2020년 6월 중 우리나라 개인의 증시 거래비중은 무려 77.5%를 기록했다.[68] 2020년 상반기의 미국 증시의 개인 주식 거래량 비중 19.5%[69]와는 비교가 되지 않는 수준이다. 물론 국내에서 2020년에 동학개미 운동이라는 개인 주식투자 열풍 때문에 개인 거래비중이 급증한 탓이 크지 만, 그 이전에도 대략 절반[70] 정도의 거래비중을 차지하였던 점을 감안하면 개인투자자 비중은 결코 적은 숫자가 아니다. 그리고 옵션의 개인투자 비중 도 25% 내외로 유지되고 있는데, 옵션이라는 상품 자체가 어렵고 복잡한 금 융공학을 기반으로 하고 있어 웬만해서는 가격결정이론조차 이해하기가 어 렵고 위험성도 매우 높으므로 개인이 투자를 하기에는 적합하지 않은 것임에 도 개인의 투자비중이 이렇게 높다는 것은 상식적으로는 이해가 가지 않는 면이 있다.

---

68) 「이데일리」, 2020년 6월 27일 '[부를 키우는 투자지표] 증시 거래대금의 3분의2는 개인'
69) 「연합뉴스」, 2020년 9월 1일 '미 증시 개인 거래 비중 20%로 상승…적어도 10년 새 최고'
70) 「아주경제」, 2020년 8월 27일 '국내 증시 개인이 이끄는데 파생시장은 '외면'… '회복 어렵다'

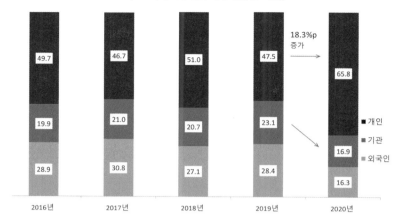

〈코스피 투자주제별 거래비중('16~'20)〉

자료출처: 한국거래소

　이와 같이 개인투자자가 과도하게 거래하는 원인에 대해 학자들은 두 가지로 설명하고 있다.[71]

　첫 번째는 과잉확신(overconfidence), 즉 스스로의 능력이 뛰어나다는 믿음, 자신이 가진 정보가 더 정확하다는 믿음 때문이라고 한다. 불확실성이 높은 주식시장에 직접 참여하는 투자자들은 기본적으로 과잉확신을 가지고 있을 가능성이 높은 데다, 우수한 투자 성과는 자신의 능력에 따른 것, 저조한 투자 성과는 운이 없었기 때문이라고 생각하기 때문에 주식시장에서 과잉확신은 쉽게 사라지지 않는다고 설명한다.

　두 번째 설명은 주식투자가 대박 또는 도박의 기회라고 인식하기 때문이라는 것인데, 이러한 인식을 가진 투자자는 변동성이 크고 수익률 특성이 도박과 유사한 주식을 선호하며 주가가 단기간에 급등할 확률을 과대평가한다고 한다. 미국, 독일, 대만 등에서 복권이 도입된 후 주식거래가 감소하는 현상, 복권 당첨일마다 개인투자자의 주식거래가 감소하는 현상이 개인투자자가 주식을 복권의 대체재로 인식하고 있음을 보여주는 사례라고 한다. 한마디로 요약하면 위험은 무시하고 대박만 탐한다는 것이다.

<hr>

71) 김준석, '코로나19 국면의 개인투자자' 〈자본시장 포커스〉 2021-04호 「자본시장연구원」

우리나라 사람들이 이러한 성향이 강한 것은 1960년대 경제개발 이후 국민경제나 민간경제나 줄곧 계획을 훨씬 능가하는 성공을 지속하여 OECD 가입 등 거의 선진국 반열에 들게 되었고, 그 도중에 석유 파동이나 IMF 외환위기 등을 겪었지만 짧은 기간 내에 회복하는 놀라운 성과를 낸 경험이 있기 때문이 아닌가 생각된다. 성공가도를 달리며 실패를 경험해보지 않은 사람은 자기 판단을 무조건 믿고 실패의 위험은 아예 무시하는 경향이 생길 수밖에 없다. 또 주변에서 주식으로, 가상화폐로, 부동산으로 소위 대박이 난 이야기를 많이 듣다 보면, 그것이 사실은 로또복권과 같이 수백만 분의 일밖에 되지 않는 확률이 실현된 것이더라도 아주 일반적인 경우로 착각하게 된다. '설마 나에게 쪽박 차는 일이 닥치랴?' 하고 요행을 바라거나, '지금까지 잘 되었으니 일단 저지르고 나서 나중에 일이 생기더라도 무슨 수가 나겠지……' 하는 막연한 기대심리로 과감하게 베팅을 하는 것으로 보인다.

이러한 위험에 대한 성향은 주식 외의 다른 금융상품을 거래하면서도 나타난다. 저축은행 사태나 동양증권 사태, 사모펀드 사태 등에서 보는 바와 같이 금융회사 직원이 회사가 신용도가 높다거나 다른 회사로부터 지원을 받는다거나 하는 이유로 부도날 리가 없다는 설명, 또는 독일국채 금리가 그렇게 될 가능성이 거의 없다거나 하는 말에 쉽게 채권이나 사모펀드에 투자한 것을 보면 리스크에 대한 이해가 거의 없는 것 같다는 생각이 든다.

회사채나 펀드 등의 위험을 평가할 때 해당 신용등급에 따른 부도율과 같은 확률 개념을 이용한다. 그런데 만약 ㈜동양 회사채나 라임펀드처럼 부도가 나거나 환매가 불가능해지면 신용등급에 따른 부도율은 아무런 의미가 없다. 최악의 경우 원금 손실이 100%가 될 수도 있다. 이럴 경우에는 아무리 높은 이자나 수익률로도 커버가 되지 않는다. 그런데도 대부분의 회사채나 펀드 등에 투자한 금융소비자들은 이런 부분까지는 깊이 고민을 하지 않은 것으로 보인다. 저축은행 사태, DLF, 라임 및 옵티머스 사태 피해자의 절반 가까이가 60대 이상의 연령이므로 이들이 투자한 자금은 노후생활 자금이 대부분일 것이다. 그러므로 큰 규모의 원금 손실이 발생하면 치명적인 상황이 올 수 있을 텐데도 이런 금융상품에 투자를 한 것은 원금 손실이 생긴다 하더라도 원금 중 아주 적은 수준의 손실에 그칠 것이라고 생각하였기 때문으로 추정된다. 그만큼 리스크에 대한 이해가 부족한 것으로 이해할 수밖에 없다.

또 이와 같이 위험에 대해 과소평가하는 것은 개인의 과도한 주식 투자와 관련하여 언급한 '과잉 확신'과 연결되는 심리적 영역으로서 자기는 예외일 거라는 막연한 기대 또는 희망을 투영한 자기 합리화, 자기 최면 같은 것도 작용하는 것으로 생각된다.

나-3. 자기책임 의식 미흡

우리나라 사람들은 계약을 할 때 문서를 잘 읽지 않는다. 그 대신 판매직원이 하는 설명만 듣고 형광펜으로 표시한 곳이나 손가락으로 가리키는 곳에 체크와 서명을 하는 경우가 더 많다.

그런데 미국이나 서구 사람들은 계약서를 읽고 그 내용을 파악한 후 서명을 한다. 금액이 좀 크고 내용이 좀 복잡하거나 본인이 이해하기 어려운 계약은 대부분 변호사에게 의뢰하여 계약서의 내용을 검토하게 한 후 변호사가 서명해도 좋겠다는 의견을 확인하면 그제야 서명을 한다.

이와 같이 동·서양 간에 문화의 차이가 있음을 파악하고 나름의 모델을 만든 사람이 E. T. Hall이다. 그는 고배경 문화(high-context culture)와 저배경 문화(low-context culture)로 구분하는 문화 모형[72]을 제시하였는데 이것이 동양 문화권과 서양 문화권의 차이를 잘 설명하고 있다. 그의 이론에 따르면 고배경 문화는 대화 자체보다는 배경(context), 즉 대화할 때의 외부 환경, 상황, 비언어적 표현(non verbal expression) 등에 의존해서 의사소통이 이루어지는 문화를 말한다. 이는 주로 한국, 일본, 중국, 베트남 등 유교 문화권에서 나타나는 특성으로서, 의사소통을 할 때 그 의사를 표시한 배경에 대한 암묵적인 의미를 해석하는 경향이 있으며, 책임과 신뢰가 중요한 가치 덕목이 된다. 그러므로 법적인 서류보다 개인의 말이 중요한 보증이 되며, 계약에 서명을 한 후에도 합의에 의해 변경이 가능

---

72) 이장로, 신만수, 「국제경영」, 무역경영사, 2018년 3월 제7판 245쪽 참조

하다. 특히 조직 실패의 책임은 최고위층에게 있다고 본다.

반면에 저배경 문화권에서는 대화할 때의 외부 환경과 비언어적 행위는 상대적으로 중요성이 떨어지며, 외부 환경이나 비언어적 행위보다 대화 내용 자체를 중시하므로 문서화된 계약 내용이 진정한 의사표현으로 생각한다. 그러므로 비슷한 상황에서 공통적으로 느끼는 사회적 통념이나 인간적 신뢰 같은 것을 기반으로 하는 암묵적인 공감을 바탕으로 하는 해석은 배제되므로 명확한 언어적 의미에 기반을 둔 정보를 교환하여 의사소통이 이루어지며, 개인의 서명이 있는 문서나 법률적 서류가 보증서가 된다. 그리고 일단 서명을 한 후에는 계약 내용 변경이 불가하다. 그리고 조직 실패에 대한 책임은 해당 실무자가 진다. 이러한 문화적 특징은 대개 미국이나 유럽 각국에서 나타난다.

우리나라는 고배경 문화에 속하므로 대부분이 계약 상대방이나 중개인의 이야기를 듣고 계약을 하는 경향이 있다고 한다. 실제로 금융분쟁조정 사례에서 보면 금융회사 직원이 적합성 조사를 하는 과정에서 자기가 답변한 대로 조사를 하였는지 따져보거나 확인하지 않고 서명해 준다거나, '설마 은행 직원이 거짓말 하랴,' '설마 은행이 그렇게 위험한 상품을 팔 리가 있으랴' 하고 금융회사 직원을 과신하여 계약서(약관)는 읽어보지도 않고 기명날인한 것으로 보이는 사례가 많이 나타난다.

하지만 정작 법률에서는 이러한 문화를 전혀 인정하지 않기 때문에 문제가 생긴다. 판례에서는 당사자의 기명날인으로 외형상 계약이 일단 유효하게 성립하였으면 금융회사가 소비자보호 의무를 위반하였더라도 기명날인한 금융소비자에게 상당한 비중의 책임을 부과하고 있다. 조정례에서도 마찬가지로서 60% 수준의 책임을 부과하였다. 저축은행 사태의 경우에는 고객보호의무 위반에 따른 저축은행의 기본 과실비율이 40%였으며, 동양 사태나 사모펀드 관련 사례에서는 적합성원칙 위반 20%, 설명의무 위반 20%, 부당권유 금지 위반 25% 등을 적용하였다.[73] 저축은행의 경우 후순위채가 정기예금에 비해 이율이

---

73) 라임펀드 중 무역금융펀드는 판매 은행 과실비율이 100%였으나 이는 착오에 의한 계약 무효에 해당되므로 다른 사례와 성격이 전혀 다름.

높다는 것은 그만큼 위험성도 높을 수 있다는 것은 누구나 예상할 수 있으므로, 신청인들이 후순위채를 계약할 때 그 위험성에 대해서 면밀히 살펴보고 가입 여부를 결정해야 할 책임이 있는 점을 감안하였다. 동양 사태의 경우에는 금융상품을 청약하거나 계약할 때 관련 서류의 내용을 면밀히 살펴보는 것은 기본인 점과 상품 설명서 등에 투자 등급, 원금손실 위험 등의 투자위험이 기재되어 있어 신청인들이 조금만 주의를 기울였다면 회사채의 위험성을 쉽게 알 수 있었던 점 등을 감안하였다. 또 사모펀드의 경우에도 예·적금보다 높은 금리의 상품의 경우 그만큼의 위험도 존재할 수 있음을 알았거나 알 수 있었던 점을 감안하였다.

아울러 모든 사례에서 공통적으로 금융소비자에게 일정 수준의 과실비율을 부담하도록 하는 이유로는 '원칙적으로 투자 결과는 자기책임 원칙에 따라 투자자가 감수해야 한다.'는 것을 들고 있다. 금융소비자가 계약관련 서류를 제대로 읽지 않아 금융상품의 내용과 위험을 정확히 이해하지 않은 상태에서 판매직원의 말만 믿고 계약서 및 관련 서류에 서명하여 계약을 체결함으로써 금융분쟁이 일어나게 되었으므로 금융소비자도 금융분쟁에 일정한 책임이 있다고 보는 것이다.

이와 같은 점들을 감안하면 금융소비자의 자기책임 의식이 부족한 것도 금융소비자 피해 발생의 근본 원인이라고 하는데 이견이 없을 것이다.

나-4. 재산 증식에 대한 과욕

모든 화의 근원은 욕심이다. 금융회사와 마찬가지로 금융소비자도 금융거래에서 원금을 날리는 손해를 본 것은 같은 재산으로 더 많은 수익을 얻으려고 너무 욕심을 냈기 때문이다. 사람은 누구나가 재산이 많은 것을 좋아한다. 우리 속담에 '같은 값이면 다홍치마(同價紅裳)'라고 한 대로, 기왕이면 고금리, 고수익을 선호하는 것은 인지상정이다. 그러나 세상에는 공짜가 없는 법. 다른 금융상품보다 금리나 수익률이 높으면 반드시 그만한 대가인 높은 위험을 감수해야 한다.

저축은행 사태에서나 동양 사태, 사모펀드 사태 등 사례에서 피해자들이 저금리 기조로 인해 예금이나 연금, CMA, 공모펀드 등 그동안 거래하던 금융상품들은 수익률이 낮아 불만인 상태에서 고금리, 고수익이라는 말에 유혹되어 결국 원금까지 날려버리는 상황에 떨어진 것은 모두가 욕심에 눈이 어두워 위험을 제대로 살피지 못했기 때문이라고 볼 수 있다. 저축은행이나 동양 사태 같은 사례에서 금융소비자가 그 상품이 위험하지 않느냐고 금융회사 직원들에게 질문한 경우가 있었던 것으로 나타나는데, 이는 원금 손실이 발생할 수 있다는 것을 알고 있었다는 증거로 볼 수 있다. 따라서 그 금융상품을 계약하기가 두렵기는 하였지만 금융회사 직원이 걱정하지 않아도 된다는 말을 듣고 계약을 한 것은 고수익을 향한 욕심이 원금 손실 위험에 대한 두려움을 이긴 것이라 할 수 있다.

그리고 원금 손실 위험을 감수한 대가로 돌아오는 이득은 생각보다 크지 않다. DLF 피해자 가운데 1억 원 대에 투자한 개인이 전체의 68.5%를 차지한 것으로 나타났다. 그런데 한국은행이 2020년 1월 30일 발표한 2019년 12월중 예금은행의 신규 취급액기준 저축성 수신금리는 연 1.60%이고, DLF가 만기일에 기초자산 금리가 행사가격 이상인 경우 수익률은 연 4.5~6%인데 금융회사 판매수수료가 4.93%이므로 DLF가 위험에 상응하는 이득이 없었다고 할 수 있다. 1억 원의 수익률이 예금보다 1%p 높다 하더라도 수익금 차이가 연간 1백만 원이다. 이런 소액의 이득을 위해 원금 손실을 볼 수 있는 위험을 무릅쓰는 것은 너무 무모한 게 아닌가?

특히 노후 생계나 결혼 준비와 같이 용도와 시기가 정해져 있는 자금은 원금 손실이 발생할 경우, 노후에 생계유지가 어렵거나, 결혼을 해도 신접살림을 차릴 수 없는 상황이 될 수 있는데도 높은 금리나 수익률에 현혹되어 위험성이 높은 금융상품에 투자하는 경우도 목격되는데, 그것은 분명히 과욕이다.

분쟁조정 사례에는 소개하지 않았지만 금융소비자의 탐욕적 특성이 잘 나타나는 금융소비자의 행태로서 보험사기[74] 사례가 있다. 보험 소비자 가운데 극히

---

[74] 2016년 9월 시행된 「보험사기방지특별법」에 따르면 보험사기는 보험사고의 발생, 원인 또는 내용에 관하여 보험자(보험사)를 기망하여 보험금을 청구하는 행위임. 보험사기로 인해 보험금 지급이 늘어나 보험 수지를 악화시켜 모든 보험가입자의 보험료를 올리게 만들며, 사기를 막기 위해 보험회사는 보험금 지급심사를 까다롭게 하게 되므로 다른 보험소비자가 많은 불편을 겪게 됨. 또 보험회사는 보험사기 예방과 처리를 위해 많은 조직과 인력 및 비용을 투입해야 하므로 사업비가 늘어나 보험료를 올리게 되는 문제가 있음.

일부에 지나지 않지만, 치료를 받지 않아도 되는데도 계속 비싼 도수치료를 받거나, 골프를 칠 때 홀인원을 하지도 않았으면서 동반자들과 짜고서 홀인원을 했다고 속여 홀인원 보험금을 타내는 것과 같은 보험사기 사건들은 언론에서 자주 보도된다. 이러한 사례를 보면, 금융회사만이 아니라 금융소비자도 금융제도상의 빈틈을 찾고 그것을 이용하여 자기 이익을 챙기려는 탐욕으로 무장되어 있음을 부인할 수 없다.

3. 금융당국

금융당국은 금융소비자보호에 대한 책임을 진다. 「금융소비자보호법」 제9조에서는 국가의 책무로서 금융소비자의 기본적 권리가 실현되도록 하기 위하여 금융소비자 권익 증진을 위하여 필요한 시책의 수립과 실시, 금융소비자보호 관련 법령의 제정 · 개정 및 폐기 등의 책무를 진다고 규정하고 있다. 그러므로 그동안 우리나라의 금융소비자보호가 철저하게 이루어지지 못하고 주기적으로 대형 금융사고가 발생한 것은 금융당국이 그 책무를 다하지 못한 결과라고할 것이다. 이와 관련된 문제점과 근본 원인에 대해 살펴보자

가. 문제점

가-1. 성급한 정책 변경과 원칙을 허문 규제 완화

금융위원회와 금융감독원은 금융산업 선진화와 금융시장의 안정, 건전한 신용질서와 공정한 금융거래 관행 확립, 예금자 및 투자자 등 금융 수요자 보호를 통하여 최종적으로는 국민경제의 발전에 이바지함을 목적으로 설립되었다. 그러므로 이러한 다양한 목적을 달성하기 위해서는 원칙에 충실하여야 하고, 금융산업이나 금융회사의 관점만이 아니라 금융소비자를 포함하는 종합적인 관점에서 부작용이 없도록 신중하게 정책을 수립하고 시행하여야 한다.

그런데 금융분쟁조정 사례를 보면 금융당국이 원칙에 입각하지 않거나 다양한 이해관계자의 입장을 충분히 고려하지 않고 정책을 수립 · 시행하였다고 볼수 있는 부분이 있다.

우선 저축은행 사태를 보면 이 사건의 핵심은 저축은행의 부실화로 인해 후순위채를 상환할 수 없게 됨에 따라 이를 매입한 수많은 금융소비자들이 피해를 입게 된 것이다. 그리고 부실화를 초래한 근본 원인을 따져보자면, 기본적으로는 PF 등 부동산 관련 대출에 대해 사업성과 위험을 제대로 평가하지 못하면서도 지나치게 편중되도록 자금을 운용하는 등 저축은행의 경영진이 경영을 제대로 하지 못한 데 있다고 할 수 있다.

그러나 서민금융기관인 저축은행이 위험성이 아주 높고 거액의 자금이 들어가는 부동산 PF 대출을 취급할 수 있는 환경을 만들어 준 것은 금융당국이다. 금융당국은 저축은행 경영 정상화, 저축은행 대형화를 통한 서민금융 확대 등을 위해 2005년 12월에 주식 취득 후 연결기준 BIS비율이 7% 이상을 충족하는 저축은행에 대해서는 저축은행간 유가증권 투자한도를 완화하여 저축은행간 M&A를 할 수 있도록 하였다. 또 동북아 금융허브로 발전하기 위한 금융규제 개혁을 명분으로 2006년 8월에는 8·8 요건(BIS비율 8% 이상이고 고정여신 비율이 8% 이하)을 갖춘 우량저축은행에 대해서는 당초 자기자본의 20% 및 80억 원이었던 동일인 여신한도를 자기자본의 20%로 완화하였다.

이러한 규제완화 조치로 인해 서민금융기관에 대해 유지되었던 여러 가지 규제 원칙들이 허물어지는 결과를 낳았다. 우선 저축은행이 M&A 후에도 단일 법인으로 합병하지 않고 각각 독립된 법인으로 존속하면서 영업을 할 수 있도록 함에 따라 사실상 여러 개의 영업점을 운영하는 것과 같게 되었는데, 이것은 지역 서민금융기관의 지점 설치를 엄격하게 규제하는 정책과 배치된다. 또 한 사람이 각각의 저축은행에 예탁금을 분산하여 예치하면 5천만 원까지 보장되는 예금보험 한도를 초과하여 보장을 받는 것이 가능해지게 되었다.

그리고 동일인 여신한도도 대폭 완화하여 거액 여신도 취급할 수 있게 된 데다, 동일 그룹 소속 저축은행이 컨소시엄을 구성하게 되면 그 규모는 그만큼 늘어나므로 대기업에 대한 거액 여신도 가능하게 되었다. 이러한 조치는 결과적으로 저축은행이 중소서민금융 전문기관이 아니라 사실상 은행과 유사한 영업활동을 하게 되는 결과를 낳았으며, 서민금융 확대를 위한 정책에 오히려 역행하는 모순을 초래하기도 하였다.

아울러 여신한도 규제를 완화하여 동일인 여신 규모가 커지면 여신 편중도가 높아지는 등 신용리스크가 커지는 데에 걸맞게 그 관리능력을 갖추어야 경영 건전성이 유지될 수 있다. 중소서민금융을 취급하는 저축은행의 신용리스크 관리 능력은 은행과 비교할 때 상당히 차이가 있으므로 규제 완화를 하기 전에 이를 보완하기 위한 대책을 마련하였어야 하나 이러한 준비는 없었던 것으로 보인다.

이와 같은 원칙을 흔드는 성급한 규제완화로 해외에서는 IB나 취급할 정도로 너무나 위험한 부동산 PF 대출을 저축은행들이 너나없이 무분별하게 취급하고, 결국 부실화되어 수많은 금융소비자 피해를 초래한 것이다.

다음으로 사모펀드 사태의 경우도 표면적으로는 판매 금융사의 고객보호의무 위반, 사기성이 농후한 펀드를 출시한 자산운용사 경영진의 도덕성 등이 원인이지만, 금융당국의 성급한 규제완화 정책 또한 근본원인 중 하나라고 할 수 있다. 이미 제Ⅱ장 제2절 '집단적 금융소비자 피해 구제사례'에서 살펴본 것과 같이 2015년 4월에 투자 장벽을 낮추어 벤처산업을 육성하기 위해 국내 사모펀드에 대한 규제를 대폭 풀어주는 것을 골자로 하는 「자본시장법」 개정이 이루어졌다.

사모펀드는 투자 대상이나 투자 한도 및 투자방법 등의 규제가 없기 때문에 그만큼 투자의 위험성이 크다. 투자자에 대한 정보제공 의무도 없고 투자자에게 장부나 서류 열람청구권만 부여되어 있다. 본래 사모펀드는 일반금융소비자를 대상으로 하는 것이 아니라 '전문투자형 사모집합투자기구'라는 이름에서도 알 수 있듯이 전문금융소비자를 대상으로 하는 것이다. 그러므로 사모펀드는 펀드 운용사(전문사모집합투자기구) 스스로가 쌓은 신용을 바탕으로 소수의 투자자들을 개별 접촉하여 투자계약을 하도록 하는 것이 법 취지에 부합한다고 할 것이다. 그래서 「자본시장법」에서는 사모펀드의 공모를 금지하여 투자자를 49인으로 제한하고 있다. 또 같은 맥락에서 투자자들도 모두 전문가로서, 조성하려는 사모펀드에 대해 완벽하게 분석할 수 있는 능력과 정보력을 갖추고 그것을 바탕으로 투자 여부를 결정할 수 있으며 운용사(무한책임 사원)를 감시할 수 있는 능력이 있어서 운용사가 투자자를 속일 수 없을 정도가 되어야 한다. 또 투자자의 자금동원 능력도 충분하여야 한다. 그래야만 고수익 투자기회를 포착하였을 때 49명이라는 제한된 투자자들을 대상으로 신속하게 거액 자금을 마련하여 투자 전략을 구사할 수 있고, 또 투자자 입장에서는 웬만큼 손실이 나더라도 큰 충격을 감내할 수 있기 때문이다.

그럼에도 불구하고 금융당국은 사모펀드 규제를 대폭 완화하면서 투자 하한을 1억 원으로 내려 전문투자자가 아닌 일반투자자도 사모펀드를 살 수 있게 하였다. 그리고 사모펀드가 복층 투자목적회사(SPC) 설립이 가능하도록 함으로써 사모펀드를 수많은 자펀드로 쪼개어 공모펀드와 같은 방식으로 은행이나 증권사 창구에서 사실상 투자자를 공모할 수 있게 하였다. 이것은 사모펀드와 공모펀드의 경계를 허물어뜨린 것이다. 또 모펀드 하나에 부동산, 메자닌, 재간접 펀드 등 수많은 자산을 편입할 수 있게 되어 수탁사나 사무관리회사, 판매사 등이 펀드에 대한 실사나 검증을 하기가 어렵게 되었고, 펀드 자전 거래의 기간 제한을 폐지함에 따라 부실 펀드의 환매 불가능 사실을 숨기는 것도 가능하게 되었다.

이러한 사모펀드 규제완화 결과 2015년말 사모펀드 수는 8,974개, 설정금액은 200조 원이었으나 2019년 6월말 현재 11,397개, 380조 원으로 불어났다. 이와 같이 늘어난 펀드 자금이 당초 기대한 대로 벤처산업에 자금이 얼마나 유입되었는지는 잘 알려지지 않고 있다. 그러나 사모펀드 사태로 그 부정적 효과는 크게 부각되었다.

그런데 이와 같이 금융제도의 근본을 허무는 정책을 수립하면서 금융회사들의 대응방식이나 금융소비자보호 문제 등 정책이 미칠 영향을 심각하게 고민한 흔적은 보이지 않는다. 더구나 그 시기는 키코(KIKO) 사태 이후 금융소비자보호에 대한 여론이 들끓어 2011년 11월과 2012년 7월에 연이어 정부가 「금융소비자보호법」을 입법예고 하는 등 금융소비자보호에 대한 관심이 매우 높은 상황이었음에도 이러한 이율배반적인 행태를 보인 것은 이해가 쉽지 않은 대목이기도 하다.

이러한 사례 외에도 은행 창구에서 펀드나 보험을 파는 등 금융권역 간 교차 판매도 IMF 외환위기 및 신용카드 사태로 어려움을 겪고 있는 은행의 경영 정상화를 지원하기 위해 시행하였다. 그런데 제도를 시행한 지가 이미 오래 되었지만[75] 아직도 은행 상품인 적금이나 예금과 구별하지 못하여 은행에서 보험을 적금으로 알고 가입하였다거나, 공신력 있는 은행이 취급하는 상품이 이렇게 위험한 줄 모르고 펀드를 가입하였다는 민원인이 많은데, 이것도 규제완화를 성급하게 한 결과라고 생각된다. 이론적으로는 적어도 금융회사가 타권역 금융상품에 대한 전문성과 설명 능력 등을 갖추고, 금융소비자들도 권역별 상품의 내용과 위험에 대한 분별력을 갖추는 등 준비 상황을 충분히 살핀 후에 이러한 교차 판매를 허용하였어야 한다.

금융자율화는 금융시장이 자율규제 능력을 갖추었을 때 추진하는 것이 효과가 크고 부작용이 적다. 금융회사는 내부통제시스템이 완벽하게 작동하여 위법행위는 물론 고객의 신뢰를 저버리는 행위를 하지 않으며, 금융소비자는 스스로 권익을 지킬 수 있는 능력을 갖추었을 때 시장의 자율규제가 가능하다. 물론 현실적으로 그러한 시기가 올 때까지 기다리면 실기할 가능성이 높다. 또 정책을 수립하면서 금융소비자에게 미칠 영향과 같이 미시적인 상황까지 모두 살펴 모두에게 불리하지 않은 최적 해법을 찾아내기는 어렵다. 그러므로 거시적 안목에서 국민경제 전체적으로 실보다 득이 많으면 일부 희생을 각오하고서라도 정책을 시행하는 것은 비난받을 일이 아니다. 다만 꼬리가 몸통을 흔들 듯이, 미시적인 사안을 놓침으로 인해 그 악영향이 거시적인 부분에까지 미쳐 정책의 효과보다 큰 부작용을 초래한다면 이는 다른 문제이다. 그러므로 정책 시행 전에 충분한 논의를 통해 그 부작용에 대해 면밀하게 검토하고 금융회사의 준비 상태와 대응 능력, 나아가 이를 방지하기 위한 대책을 수립한 후에 정책을 시행하여야 하는 것은 정책 당국의 당연한 의무이다.

---

75) 은행 지점망을 통해 보험상품 판매하는 것을 의미하는 방카슈랑스(프랑스어로 은행을 의미하는 Banque와 보험을 의미하는 Assurance의 합성어)는 2003년에 처음 도입되었으며, 은행의 펀드판매는 1998년에 허용

가-2. 검사기능 취약

금융감독원의 검사업무, 즉 상시감시와 현장검사는 금융회사 경영 건전성과 금융시장 질서 확립과 함께 금융정책에 대한 피드백(feedback) 기능도 담당한다. 즉, 상시감시와 현장검사 과정에서 금융회사의 경영 건전성을 훼손하는 요소들을 찾아 보완하도록 지도함으로써 금융회사 부실로 인한 금융소비자 피해를 방지하며, 법규 위반사항에 대해서는 제재를 가함으로써 금융질서를 유지하고 금융회사가 경각심을 가지고 금융소비자보호 의무를 다하도록 한다. 그리고 어떤 금융정책이 시행 후에 정책 목표대로 시장에서 작동되는지, 부작용은 없는지 모니터링하고, 그 결과를 정책당국과 공유한다. 정책당국은 이를 바탕으로 필요한 경우에는 정책 방향이나 세부 방안, 또는 일정을 조정해 나감으로써 정책의 성공과 부작용 최소화를 이룰 수 있다. 또한 검사과정에서 파악된 경영 건전성 정보나 금융소비자 보호실태 관련 정보를 금융소비자보호처와 협조하여 금융소비자들에게 정보를 제공하고 필요한 경우에는 경고를 울리도록 하여야 한다.

그러면 금융감독원이 그동안 검사업무를 통하여 이러한 역할을 다하였는가? 우선 저축은행 사태와 관련하여 살펴보면, 2005년 12월 저축은행 간 M&A 허용, 2006년 8월 8·8 요건을 갖춘 저축은행의 동일인 여신한도 확대(자기자본 20%) 등으로 2003년부터 본격 취급하기 시작한 부동산 PF대출이 폭발적으로 증가하여 2006년에는 11.8조 원(비중 26.7%)으로 전년대비 87.3% 증가하였다. 그러므로 상시감시 및 현장검사 결과 이에 대한 위험성과 문제점을 경고하였어야 마땅하였으나 이를 이행한 흔적은 보이지 않는다. 당시에 일부 검사역들은 부동산PF 중 상당 부분이 사업성이 떨어지거나 공정 진척이 지지부진한 개발프로젝트에 투자한 것이어서 건전성이 매우 우려된다는 것을 인지하고 있었으나 아직 부실화는 되지 않았으므로 이를 지적하기는 어려운 상황이어서 검사서에 남기지 않은 것으로 알려져 있다.

동양 사태의 경우도 저축은행 사태와 마찬가지로 동양그룹 계열회사의 건전성 문제가 발단이 되었으므로 금융감독원 대기업 그룹(주채무계열)의 재무구조 개선에 관한 업무와 함께 기업공시 및 회계 감독 등의 업무를 담당하고 있음을 감안하면 금융감독원은 동양그룹 계열사의 경영실태를 충분히 파악할 수 있었을 것이다. 그러므로 투자 부적격인 정크 본드(junk bond) 수준의 회사채를 발행한다는 사실을 파악하여 그 실상과 채권의 위험에 대한 정보를 미리 시장에 제공하였다면 금융소비자 피해를 예방할 수 있지 않았을까 생각된다. 더구나 감독규정 개정에 따라 계열사가 발행한 무보증 사채는 50%를 초과해서 모집, 주선할 수 없으므로 동양증권이 다른 증권사와 50:50의 비율로 ㈜동양 회사채를 모집, 주선하기로 한 후, 다른 증권사를 통해 청약한 해당 회사채를 동양그룹 관련 회사가 동양증권의 고객에게 중개하여 판매하기도 하였고, 성과급률도 판매금액의 35.4bp로서 비계열사 회사채(9.6bp)에 비해 약 3.7배 높게 반영하는 등 아주 무리한 영업을 하였음에도 이를 파악하고 대응한 사실이 없었던 것은 상시감시 기능이 제대로 작동하지 않은 증거로 볼 수 있다.

그리고 키코의 경우를 살펴보면, 여러 은행이 2007년부터 1년 이상에 걸쳐 종전에는 볼 수 없었던 특이한 상품을 대량 판매하였는데, 그것이 환위험을 헤지하는 상품이라 하지만 실제로는 보유하게 될 외환 규모를 초과하여 2배 이상의 콜옵션을 매도하는 구조로 되어 있어 오버 헤지(over hedge)에 해당하므로 헤지 상품의 수량이나 금액을 현물 수량이나 금액과 맞추는(matching) 헤지의 기본원칙에 어긋나는 문제가 있는 위험한 상품이었다. 더구나 시장에서는 이런 상품을 매수하여 이익을 본 회사가 많다는 소문이 퍼져 너도나도 매수하였다고 알려져 있다. 그럼에도 금융감독원이 이 상품의 판매 실태와 그 위험을 포착하여 시장에 경고하지 않았으므로 상시감시 기능이 제대로 작동하지 않은 증거라 할 것이다.

또 사모펀드의 경우, 2015년 규제 폐지 정책 시행이후 거래실적이 폭증하였으므로 금융감독원은 감독기관으로서 정책 시행 직후부터 사모펀드 시장을 밀착 모니터링하면서 사모펀드 투자의 수요와 공급이 어떠하며, 과열 경향은 없는지, 사모펀드가 투자 목적물이 펀드 명세서 상의 실물과 일치하고 건전하게 설정되는지, 사기 우려는 없는지 등에 대해 상시감시 기능이 작동하였어야 했다.[76] 특히 사모펀드를 재간접 투자방식을 이용한 쪼개팔기 방식으로 사실상 공모 펀드화 하였지만 이것이 법률 위반에 해당되는지를 입증하기가 어려워 제재하지 못하였다는 주장을 하기도 했는데,[77] 그러한 문제를 발견하였으면 그 것을 이슈화하고, 제도를 개선하도록 정책당국에 건의하는 것이 상시감시 및 검사 담당기관의 임무임에도 그 역할을 다하지 않은 것은 아쉬움으로 남는다.

그리고 사모펀드 판매업자인 은행이나 증권사 등에 대해서도 해당 검사국의 상시감시나 검사과정에서 금융회사가 새로 판매를 시작한 상품의 내용과 위험을 제대로 검토하고 나서 판매를 하는 것인지를 확인하고, 사모펀드 판매계약에 대한 표본검사를 통해 적합성원칙이나 설명의무 등 이행 여부를 점검하여, 그 결과를 경영실태평가에 반영하는 등의 노력을 하지 않은 것으로 보인다. 만약 상시감시와 검사 과정에서 이러한 부분에 대해 좀 더 많은 관심과 노력을 기울였더라면 수많은 부실 사모펀드 가운데 일부라도 환매가 중단되기 전에 발견할 수 있었거나, 판매 직원들이 고객보호 의무를 다하여 사모펀드 투자에 적합하지 않은 고객에게는 판매를 하지 않아 고객도 보호하고 금융회사 직원 본인도 제재를 받지 않게 되지 않았을까 하고 생각된다.

아울러 옵티머스 사례와 같이 사모펀드가 환매 중단 등으로 문제가 드러났을 때 금융감독원이 즉각적인 대응을 하지 않은 것에 대해서도 세간의 비판이 많았다. 문제를 인식하였을 때는 좌고우면하지 않고 최대한 신속하게 대응하는 모습은 감독기관이 보여줘야 할 당연한 역할이자 덕목임에도 그것을 다하지 못한 것으로 비치는 것은 사실이므로 비판이 잘못된 것이라고 하기는 어렵다.

이러한 여러 가지 사례에 비추어 금융감독원의 검사기능이 취약한 것도 금융소비자 피해를 막지 못한 원인 중의 하나라고 할 수 있다.

물론 금융감독원이 지나친 규제 완화로 인한 부작용을 일찍 감지하고 적극

---

76) 사모펀드에 대해 규제가 자율화되어 감독당국이 펀드운용 등에 관여할 수는 없지만 부작용을 방지하기 위한 감시·감독과 도덕적 권고는 가능
77) 조선일보, 2020년 10월 13일, '개미 2조 원 물린 사모펀드 '쪼개팔기 편법' … 당국은 방치했다'

대응함으로써 이를 최소화하는데 기여한 성공 사례로서, 앞의 분쟁 사례에는 소개하지 않았지만 2003년의 신용카드 사태가 있다. IMF 외환위기를 극복하는 과정에서 정부는 소비를 통한 경기부양과 탈세 방지를 통한 원활한 세금 징수를 위하여 신용카드 규제를 완화하였다. 1999년에는 신용카드 현금서비스 한도 폐지, 신용카드 소득공제 제도를 도입하였으며, 2000년에는 신용카드 영수증 복권 제도를 시행하였다. 이 과정에서 카드사들 간 경쟁 과잉으로 길거리 모집이 성행하고 신용카드가 미성년자나 소득이 없는 사람들에게도 무분별하게 발급되었다.

그 결과 서민들이 소득을 고려하지 않고 마구 소비를 늘리게 되어 2002년부터 신용카드 연체율과 함께 신용불량자 수도 급증하여 상당수가 개인파산이나 개인워크아웃을 하게 되었고, 신용카드사도 부실화되는 상황에 이르렀다.[78]

〈신용카드 사태 주요 통계〉

구분		2001년	2002년	2003년
전업사 수(개)		9	9	8
당기순이익(억 원)		24,870	3,109	△77,289
연체율(%)		2.5	6.6	28.3
카드 발급수(만 매)		8,500	10,480	9,433
카드이용실적(조 원)		480.4	680.8	517.3
	신용판매	175.5	268.0	240.6
	카드대출	304.9	412.8	276.7
신용불량자(a, 만 명)		245	264	372
	신용카드 관련(b, 만 명)	104	149	239
	비율(b/a, %)	42.4	56.4	64.2

자료출처: 금융감독원

금융감독원에서는 길거리 모집 등 신용카드사의 무분별한 신용카드 발급을 막기 위해 그 위험을 경고하는 등 적극적인 노력을 한 결과 사후에 별다른 감

---

[78] 금융그룹 또는 대기업집단 소속 신용카드사는 모은행과 합병하거나 그룹의 자금 지원으로 생존을 유지하였으나, 외환카드 부실을 감당하기 어려워진 외환은행은 2003년 10월 론스타에 매각되었고 대규모 부실이 드러난 LG카드는 2006년 12월에 신한금융그룹에 인수되어 현재의 신한카드가 됨.

독책임을 부담하지 않을 수 있었다. 이 사례를 보면 금융감독원이 여러 가지 제약요인이 많지만 사명감, 책임감과 의지가 있으면 상시감시 등을 통하여 정책의 부작용을 감지하고 대응할 수 있음을 증명해 주는 좋은 사례라고 할 수 있다.

가-3. 금융소비자 피해예방 제도의 실효성 문제

이미 제 I 장에서 소개한 대로 금융감독원은 금융소비자가 금융을 유용하게 이용하고 피해를 예방하기 위하여 금융교육, 금융상품 비교공시, 금융소비자 보호실태 평가 제도를, 금융소비자에 대한 정보제공 서비스로서 소비자경보, 금융소비자포털 파인(FINE), 미스터리 쇼핑 등을 운영하고 있다. 이러한 제도들이 금융소비자보호에 얼마나 기여하였는지 살펴보기로 한다.

1) 금융 교육

우선 금융교육에 대해 살펴보면 금융감독원은 그동안 금융교육에 투입할 수 있는 예산과 인력의 한계에도 불구하고 사실상 금융소비자에 대한 금융교육을 도맡아 왔다. 2016년부터 2020년까지의 실적을 보면 총 50,062건, 3,294,383명에 대해 금융교육을 실시하였다. 그 중 금융감독원이 교육을 직접 실시하지 않고 금융회사가 대신하여 실시한 1사1교 31,429건, 1,967,314명을 제외하더라도 총 18,633건. 1,327,069명을 교육한 것이다. 코로나19로 인해 2020년에는 실적이 크게 줄어들었지만 그래도 매년 평균 60만 명(2020년을 제외하면 70~80만 명) 이상의 사람들에게 금융교육을 실시한 셈이다. 이러한 실적은 인력과 예산 측면에서 한계가 있는 상황에서 이룬 성과이기 때문에 더욱 의미가 있다고 본다. 다만 금융교육이 대부분 1사1교에 의존(2019년의 경우 약 65%)한 초ㆍ중ㆍ고 학생을 대상으로 하고 있고, 나머지는 대학생과 군장병이 주요 대상인데다, 당장 금융거래를 하고 있어서 피해를 볼 위험에 노출되어 있는 일반 성인을 대상으로 한 금융교육은 소수(2019년 기준 약 6만 5천 명)에 불과하여 금융교육으로 인한 금융소비자 피해 예방 효과가 나타나는 데는 상당한 시간이 걸릴 것으로 생각된다.

〈금융감독원 금융교육 실적〉

(단위 : 회, 명)

구분	2016년		2017년		2018년		2019년		2020년	
	횟수	인원	횟수	인원	횟수	인원	횟수	인원	횟수	인원
초중고생	5,688	535,652	7,759	494,168	8,160	444,283	10,961	565,376	3,336	139,156
(1사1교)	(4,102)	(446,224)	(6,482)	(435,269)	(7,208)	(404,539)	(10,454)	(547,027)	(3,183)	(134,255)
대학생	797	59,036	1,485	101,880	1,866	121,089	1,739	107,664	1,375	84,213
군장병	249	33,566	371	93,086	490	107,554	356	109,409	70	30,100
일반인	1,052	48,668	1,435	73,351	1,253	64,159	1,253	64,699	367	17,279
합계	7,786	676,922	11,050	762,485	11,769	737,085	14,309	847,148	5,148	270,743
(취약계층)	(953)	(66,203)	(1,313)	(134,451)	(1,420)	(155,653)	(1,435)	(161,824)	(361)	(39,768)

*취약계층은 탈북민, 다문화가족, 노인, 재소자, 실업자, 불우청소년, 군장병 등
자료출처: 금융감독원

또 이렇게 공을 들인 교육이 실질적으로 어느 정도 효과가 있느냐에 대해서는 진단을 하기가 어렵다. 그 효과를 제대로 분석하려면 조사대상을 금융교육을 받은 집단과 금융교육을 받지 않은 집단으로 나누고, 일정기간 이상 금융거래를 한 결과 두 집단 간의 재산의 변화, 금융거래의 효과적 이용 사례와 피해 사례, 인생의 행복감 등에 대한 다면적인 조사연구가 진행되어야 할 것이지만, 이러한 작업은 많은 시간과 비용을 필요로 하므로 시도 자체가 어려움이 있기 때문이다. 다만 금융감독원이 한국은행과 공동으로 우리나라 성인(만18세~79세) 2,400명 대상 「2020 전국민 금융이해력 조사」 결과, 금융이해력[79] 총점은 66.8점으로 2018년 조사(62.2점) 대비 4.6점 상승하여 2019년 OECD 평균인

---

79) 금융이해력이란 합리적이고 건전한 금융 생활을 위해 필요한 금융 지식·금융 행위·금융 태도 등 금융에 대한 전반적인 이해 정도를 의미하며, 점수는 국제기준(OECD/INFE)에 따라 산출함. 금융 지식은 합리적인 금융 생활을 위해 갖추어야 할 지식, 금융 행위는 건전한 금융·경제생활을 영위하기 위한 행동양식, 금융 태도는 현재보다 미래를 대비하기 위한 의식구조를 의미함.

62.0점을 상회하는 것으로 나타났다. 특히 금융·경제교육 수강 경험자[80]의 금융이해력 점수(68.2점)가 수강 경험이 없는 경우보다 높고 금융지식 및 금융행위 부문에서 최소목표 점수를 달성한 비중도 더 양호한 것으로 나타나 금융·경제교육 경험은 금융이해력에 긍정적 영향을 미치는 것으로 나타났다.[81] 이러한 점들을 종합하면 금융감독원의 금융교육은 확정하여 말하기는 조심스럽지만 질적으로는 나름대로 의미 있는 성과를 거두고 있다고 할 수 있다. 다만 금융소비자가 금융교육을 받도록 하기 위한 제도적 뒷받침이 없어 교육 이수자 수가 제한적이라는 한계는 시급히 해결해야 할 과제라 할 수 있다.

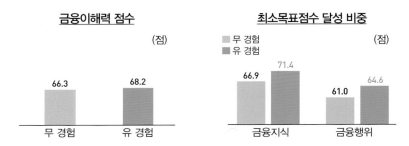

자료출처: 2021년 3월 30일, 금융감독원 보도자료 '2020 전국민 금융이해력 조사 결과'

2) 금융소비자 보호실태 평가

금융소비자 보호실태 평가 제도는 금융회사 임직원들이 금융소비자보호에 대한 인식을 개선하게 하고, 금융소비자보호 시스템에 결여되거나 미흡한 부분이 있으면 이를 보완, 개선하도록 하는 것이 목적이다. 그리고 금융소비자들이 금융회사의 선택이나 금융거래에 도움을 줄 수도 있다. 그러므로 이것은 금융소비자보호를 위한 종합적인 감독수단이다.

금융감독원은 2015년도부터 이 제도를 운영하였는데 평가 대상은 민원 건수

---

80) 금융·경제교육 경험자 비중은 응답자의 24.6%(청년층 33.7%, 중장년층 24.8%, 노년층 16.2%)

81) 금융이해력 측정을 위한 질문 내용이 두 기관이 실시한 교육교재 내용을 기반으로 하니까 실질 금융이해력이 같은 수준이라도 연수를 받은 사람이 그렇지 않은 사람보다 유리하므로 이러한 해석은 객관적이지 못하다는 주장이 있을 수 있지만, 우리나라 금융관련 최고 권위를 가진 두 기관이 마련한 금융·경제교육 교재에는 금융생활에 필요한 내용 전반을 균형있게 담고 있음은 부정할 수 없으므로 교재 내용을 중심으로 질문 하더라도 통계적 오류가 나타날 가능성은 낮을 것임.

및 영업 규모(고객수 등)가 해당 금융권역의 1% 이상인 금융회사(증권회사 및 저축은행은 2% 이상)로 하였다. 그리고 계량평가의 경우 업권별 관련 통계(부문별. 업권별로 과거 시계열 자료, 평균 및 분포 등)를 분석하여 등급별 구간을 설정하고, 비계량평가는 「금융소비자보호 모범규준」에서 정하고 있는 제도, 시스템 구축 여부 및 이행실적이 요구수준 이상인 경우 '양호', 모범규준 미이행 또는 형식적 이행은 '미흡', 나머지는 보통으로 평가하였다. 그러나 2017년부터는 '양호' 등급을 받은 회사 중 업권별 상위 20%내의 회사에 '우수' 등급을 부여하여 4개 등급으로 분류하였고, 2018년부터는 '미흡'의 아래 등급으로서 모범규준이 요구하는 소비자보호기준을 전혀 이행하지 않아 소비자피해 예방에 심각한 결함이 존재하는 '취약' 등급을 추가하여 5개 등급으로 분류하는 방식으로 바뀌었으며, 종합등급도 새로 도입하였다. 아래 표는 실태평가 결과를 나타낸 것으로서 평가를 시작한 이래 매년마다 평가기준이 달라져서 일관성이 떨어지므로 시계열로 비교하기 위해서 편의상 부문별 평가등급이 '양호' 이상에 해당하는 항목이 8개 이상인 경우로서 '미흡'이 없는 회사를 '우수' 회사로 하여 통계표를 작성하였다.[82]

평가 대상을 보면 매년 비슷한 수준의 대상 금융회사를 선정하고 있다. 그리고 평가 대상이 되는 개별 금융회사의 면모도 거의 변화가 없다. 그런데 금융소비자보호 실태가 양호하거나 우수한 것으로 평가된 금융회사 수는 전체적으로는 물론이고 특히 권역별로는 변동이 심하다. 제도 시행 첫해인 2015년에는 15개 금융회사(평가대상 중 22.7%)가 양호한 것으로 평가를 받았으나 다음해인 2016년에는 29개(46.7%)로 크게 증가하였다.

금융 권역별로 보면, 은행의 경우 2015년에는 양호한 은행이 7개(53.8%)였다가 2016년에는 12개 (92.3%)로 급증하였다가 2018년과 2019년에 DLF, 라임, 옵티머스 등 사모펀드 사태를 감안하여 해당 은행에 대해 종합등급을 1등급 낮추는 바람에 이전에 비해 크게 줄어든 3개(18.8%)를 기록하였다.

---

82) 2018년 이후 종합평가 등급이 '양호' 또는 '우수'인 경우에도 부문별 평가등급이 양호 또는 우수가 8개 이상인 경우로 하고 있음.

〈금융소비자 보호실태 평가 결과〉

(단위 : 개, %)

연도별		2015	2016	2017	2018	2019
평가 대상		66	64	66	68	71
	은행	13	13	13	12	16
	생명보험	18	18	18	18	18
	손해보험	10	10	11	11	11
	신용카드	7	7	7	7	7
	증권사	11	9	10	10	10
	저축은행	7	7	7	10	9
양호 등급인 회사		15 (22.7)	29 (46.7)	38 (57.6)	39 (57.4)	26 (36.6)
	은행	7 (53.8)	12 (92.3)	9 (69.2)	5 (41.7)	3 (18.8)
	생명보험	1 (0.6)	4 (22.2)	11 (61.1)	9 (50.0)	5 (27.8)
	손해보험	2 (20.0)	5 (50.0)	6 (54.5)	7 (63.6)	5 (45.5)
	신용카드	3 (42.9)	7 (100.0)	6 (85.7)	7 (100.0)	5 (71.4)
	증권사	2 (18.2)	1 (11.1)	5 (50.0)	7 (70.0)	3 (30.0)
	저축은행	–	–	1 (14.3)	4 (40.0)	5 (55.6)

* ( )내는 평가대상에서 차지하는 비율(%)

자료출처: 금융감독원 보도자료

생명보험의 경우, 2017년 해피콜 및 녹취 검수 등 불완전판매 방지제도 도입과 자율조정 성립 건수 증가로 민원 건수가 크게 감소되어 '양호' 등급 회사가 11개(61.1%)까지 늘어났으나 그 다음 해부터 요양병원 암보험 및 즉시연금 문제 등으로 '양호' 등급 회사수가 감소하여 2019년에는 5개(27.8%)로 줄어들었다. 증권 부문도 투자숙려제도 등 판매 프로세스 점검절차 강화 등으로 2017년에 양호 회사가 7개(70%)까지 늘어났으나 2019년에는 사모펀드 사태로 인해 3개사(30%)로 줄어들었다. 신용카드의 경우에는 2016년과 2018년에는 모든 회사가 양호한 것으로 평가되기도 하였다.

다음으로 개별 금융회사 평가 결과를 보면, 은행권에서는 2018년[83]에 DLF 사태로 미흡으로 평가된 우리은행과 KEB하나은행의 경우 2015년부터 2017년까지 3년간 연속으로 양호한 것으로 평가받았다. 특히 KEB하나는 2016년과 2017년 2년 연속으로, 우리은행은 2017년에 10개 항목 모두가 양호 이상(우수 1)의 등급이었다. 또 2019년 평가에서는 사모펀드 사태로 기업, 부산, 신한은행도 모두 종합등급을 강등하여 미흡으로 평가되었는데 이들 3개 은행도 모두 2015년부터 2018년까지 4년간 연속으로 양호한 것으로 평가를 받았다. 아울러 증권사 등 타 권역에서도 은행권과 유사한 현상을 보였다.

이러한 사실들은 금융소비자 보호실태 평가의 운영상 문제점이 있다는 것을 보여준다. 조직의 금융소비자보호 시스템이 바뀌고 그 성과가 나타나려면 우선 경영진의 해당 업무에 대한 철학과 의식이 전환되어야 하며, 그 다음에 그에 맞추어 시스템을 바꾸어야 한다. 이어서 전 임직원이 그 제도에 적응하고 취지대로 이행하는 등 제대로 뿌리를 내려야만 민원 건수나 금액의 감소 등의 성과를 보이게 된다. 이러한 변화가 나타나는 데는 상당한 시간(적어도 1년보다는 많은)이 필요하다. 특히 금융회사가 시스템을 획기적으로 개선하였더라도, 새로운 시스템이 기대만큼 작동할지는 알 수 없으므로 섣불리 평가하는 것은 위험하다. 이런 점에 비추어 평가결과 연도별로 양호한 등급의 금융회사 수가 변동이 심하다는 것은 평가기준이 금융회사의 금융소비자보호 능력이나 성과를 제대로 반영하지 못하거나, 평가자마다 평가등급을 매기는 기준이 달라 평가하는 사람이 바뀔 때마다 등급이 달라지거나, 심한 경우에는 동일 평가자라 하더라도 평가 시기마다 기준이 달라진다는 것을 의미한다. 이러한 현상은 제도의 공정성, 일관성 등을 의심하게 하는 요인이 될 수 있다.

다음으로 금융소비자 보호실태 평가가 제도의 목적에 충실하게 운영되는지 의문을 갖게 하는 부분이 있다. 금융소비자 보호실태 평가 항목 중 계량 부문은 민원발생 건수 등 과거의 자료를 기준으로 그 금융회사가 얼마나 금융소비자를 잘 보호했는지, 또 그 추세를 볼 때 앞으로 어떻게 될 것인지 추정하

---

83) DLF 문제는 2019년 8월부터 드러났고 금융소비자 보호실태 평가 결과 보도자료는 2019년 12월 17일 발표

는 것이 목적이다. 그리고 비계량부문은 금융소비자보호 시스템을 어떻게 구축, 운영하고 있는지, 이에 따라 앞으로 금융소비자 피해를 효과적 예방하고 사후 구제하는 등 금융소비자보호의 성과가 나타날지 예측하는 것이 목적이다. 바꾸어 말하자면 미래지향적 관점에서 평가해야 한다는 것이다. 그러므로 실태평가 결과가 양호하다면 해당 금융회사는 평가대상 기간의 금융소비자보호수준도 양호하지만 앞으로도 그러할 것이라고 예상되므로, 이후에는 민원 건수나 금액도 줄어들 뿐만 아니라 대형 금융분쟁 사태를 일으키지 않을 것으로 보아도 무방해야 한다. 특히 과거 몇 년간 연속으로 우수한 평가를 받았다면 더욱 그러할 것을 인정해주는 것이나 마찬가지이다. 그래야만 이러한 정보를 금융소비자를 비롯한 이해관계자들에게 알려주어 활용하게 함으로써 금융회사들이 금융소비자보호를 위해 노력하도록 하는 최종 목적을 달성할 수 있다.

그런데 은행이나 증권 권역에서 과거 2~3년간 연속으로 양호 등급을 받은 금융회사들이 DLF, 라임, 옵티머스 등과 같은 사태를 일으켰다면 금융회사 측에서 시스템이 갑자기 무너지는 등 특별한 사유가 발견되지 않는 한 금융소비자 보호실태 평가의 기능이나 공정성에 대해 의문을 가지지 않을 수 없다. 바꾸어 말하자면, 전년의 평가등급이 그 회사에 숨겨진 금융소비자보호 시스템의 약점을 제대로 파악하여 반영하지 못한 결과라는 것을 의미한다. 적합성원칙이나 설명의무 위반 같은 문제는 특정 상품을 출시하거나 경영진이 바뀜과 동시에 임직원의 지식이나 인식이 바뀌어 생겨나는 것이 아니라, 기존에 조직 내부에서 전반적으로 그 내용을 잘 모르거나, 의무를 철저히 준수해야 한다는 인식이 부족하거나, 그것을 감시·감독하고 통제할 수 있는 시스템이 작동하지 않는 등의 문제점들이 잠복하고 있었기 때문에 실적을 높이기 위한 전략을 세워 밀어붙이면 때맞춰 불거지는 것이다. 그런 의미에서 그동안 운영한 평가제도는 상당히 불완전하므로 보완되어야 할 것으로 생각된다.

제도 운영과 관련한 또 하나의 문제점은 평가대상 기간과 평가결과 발표 시기 사이의 간격이 너무 길다. 2018년도 및 2019년도 평가결과는 그 다음 해 12

월에, 2015, 2016, 2017년도 평가결과는 그 다음해 8월말 또는 9월초에 발표되었다. 이 정도로 평가시점과 발표시점 사이의 간격이 있으면 평가결과는 발표시점의 금융소비자보호 실태와 거리가 있다. 그리고 평가 대상년도가 아니라 그 다음 해에 발생한 사건들을 반영하여 사후적으로 꿰어 맞추기 식으로 평가를 하게 되면 평가 대상기간과 평가등급이 대응이 되지 않고 평가등급의 변동성이 증가하게 된다. 또 이미 발생한 대형 금융사고나 금융소비자 권익 침해 사례는 대부분의 금융소비자들이 알고 있으므로 실태평가 결과가 금융소비자의 앞으로의 금융회사 선택에 별 도움이 되지 않을 수도 있다.

다음으로 대형사와 중·소형사 간의 평가 상의 불균형 문제도 제기될 수 있다. 우선 대형사는 예산과 조직, 인력이 중·소형사에 비해 풍부하므로 기존 자원을 이용하더라도 모범규준(「금융소비자보호법」에서는 '금융소비자보호기준')에서 요구하는 기준을 충족하는 것이 비교적 쉽다고 할 수 있다. 그러나 중·소형사는 규모가 작으므로 이 분야로 전용할 자원이 부족하기 때문에 기준을 맞추는데 어려움이 있으므로 평가에서 불리할 수밖에 없다. 실제로 업권별 평가등급을 보면 대부분 대형사들이 양호한 등급을 받고 있음을 알 수 있다.

그리고 평가대상을 해당 금융권역 내에서 민원 건수 및 영업규모(고객 수 등)가 일정 수준 이상인 금융회사를 위주로 함에 따라 중·소형사가 배제되는 것은 중·소형사를 거래하는 금융소비자에 대한 차별 문제가 제기될 소지가 있다.

3) 소비자경보

다음으로 소비자경보의 경우 2012년 6월부터 2021년 12월말 현재까지 총 103회를 발령하여, 매년 평균 10건 가까운 경보를 발령하였는데 이를 분석해 보면 다음과 같다.

우선 경보를 발령한 부서별로 보면 금융소비자보호처 소속 부서에서 발령한 것이 90건으로 87%를 차지하며, 감독·검사부서나 회계, 조사, 감리 등 다른 부서에서는 14건에 불과하다. 금융소비자보호처 소속 부서 중 금융소비자보호 총괄국과 불법금융대응단이 차지하는 비중이 높다. 금융소비자보호총괄국이 많은 건수를 차지하는 것은 2017년 8월 이전까지는 금융소비자보호처 소속 부서들을 총괄하며 포털 관리자로서 다른 부서들을 대신하여 경보를 내린 때문으로 보인다. 또 불법금융대응단은 담당업무 특성상 사회적 이슈가 되는 보이스 피싱이나 대출사기 등 범죄에 대해 입수되는 정보가 많기 때문으로 분석된다. 금융소비자보호처 소속 부서의 경보 발령 건수가 절대 우위를 차지하는 것은 금융소비자보호가 본연의 업무인 데다가 금융소비자들과 직접 대면하여 금융시장에서 일어나는 상황들을 파악할 수 있으므로 금융소비자 권익과 관련되는 사항을 그만큼 적극적이고 신속하게 가려낼 수 있기 때문이라고 할 수 있다.

경보 내용을 보면 보이스 피싱, 대출사기 등 금융소비자를 상대로 하는 불법적인 사기 행위에 관한 것들이 절반 이상을 차지하며, 그 외에 신용카드 이용 및 보험가입 관련 유의사항 등이 많은 편이다. 그러므로 금융감독원은 금융소비자들이 불법적 사기 행위와 같은 범죄로 피해를 입는 것을 방지하는 데 상당한 기여를 하였을 것으로 평가할 수 있다. 다만 사모펀드와 같이 상당기간 동안 여러 금융회사에서 발생한 대형 분쟁 사례에 대해서는 조기에 소비자경보를 울리지 않은 점은 옥의 티라 할 수 있다.

한편 연도별로 볼 때, 2014년과 2019, 2020년에 특히 건수가 많은 것은 2014년의 경우 신용카드사 정보 유출 사태와 동양 사태가 발생하고 2019, 2020년에는 DLF 등 사모펀드 사태가 발생한 직후에 금융소비자보호에 대한 경각심이 높은 상태여서 적극적으로 경보를 울린 때문인 것으로 생각된다.

이러한 점들에 비추어 볼 때 소비자경보를 울리는 것도 금융소비자보호에 대한 관심에 비례한다고 볼 수 있으므로, 감독·검사부서 등에서 금융소비자보호에 보다 많은 관심을 가지고 적극적으로 참여하였더라면 금융소비자에게 유익한 경보를 울리고, 특히 다수의 금융소비자 피해 문제가 발생한 사건들 중에 한두 건이라도 미리 경보를 울린 성공 사례를 만들지 않았을까 하는 아쉬움이 남는다.

〈부서별 소비자경보 발령 건수〉

〈부서별 소비자경보 발령 건수〉

부서별	금융소비자보호처					감독 · 검사부서				합계
	총괄국[1]	불금단[1]	상품분석[1]	기타[2]	소계	보험[3]	자산운용[3]	기타[4]	소계	
건수	53	22	7	8	90	3	3	7	13	103

주 1) 총괄국은 금융소비자보호총괄국, 불금단은 불법금융대응단, 상품분석은 금융상품분석국의 약칭
　　2) 분쟁조정1,2,3국 3건, 신속민원처리센터 3건, 민원조사실 1건 및 보험사기대응단 1건
　　3) 보험 감독 · 검사부서, 자산운용감독 · 검사부서
　　4) 핀테크혁신실 2건, 자본시장감독국, 일반은행검사국, 저축은행검사국, 여신금융검사국 및 금융투
　　　자검사국 각 1건

〈주제별 소비자경보 발령 건수〉

구분	피싱	대출사기	기타사기	신용카드	보험가입	위험상품	기타*	계
건수	29	18	14	9	9	6	18	103

* 주식투자 4건, 개인정보 4건, P2P투자유의사항 2건, 불법추심, 대출연체 시 유의사항, 우대금리 상품,
IT, 유사투자자문, 유사수신, 설계사의 투자상품 권유 및 증권사 직원 계좌 이용 유의 각 1건

〈연도별 소비자경보 발령 건수〉

연도	2012	2013	2014	2015	2016	2017	2018	2019	2020	2021	계
건수	3	10	20	7	8	10	6	4	19	16	103

4) 금융소비자 포털 「파인」과 금융상품 비교공시

금융소비자 정보포털 「파인」은 개설 6개월 만인 2017년 3월, 이용자가 138만 명을 돌파하는 등 큰 반향을 일으켰다. 그리고 컨텐츠도 지속적으로 추가하고 보완하여 금융감독원이 보유하고 있는 금융소비자들에게 도움이 되는 정보를 거의 대부분 제공하고 있다고 할 수 있다. '잠자는 내 돈 찾기'나 '내 계좌 한 눈에', '내 보험 다 보여' '개인정보 노출 등록 · 해제'와 같이 개인의 금융자산 관리나 개인정보 관리 외에 '금융상품 한 눈에' 같은 금융상품 거래를 하는 데 필요한 정보에 대한 접속 횟수가 인기순위 상위에 랭크되고 있는 등 상당한 역할을 하고 있다고 할 수 있다.

다만 각 분야별로 구체적인 접속 횟수를 알기 어렵고, 금융소비자가 이용에 불편한 사항을 드러낼 수 있는 공간이 없어서 포털의 전반적인 성패에 대한 평

가는 유보하기로 한다.

한편 「파인」 '공통 분야'의 '금융상품 한 눈에'에서는 금융상품 비교공시 서비스를 제공한다. 그러나 아직은 비교공시되는 금융상품이 권역 간 비교 가능성이 높고, 표준화가 용이하며, 일반적으로 소비자의 관심이 높은 금융상품에 한정하고 있다. 그리고 특정 금융권역에서만 판매되는 상품, 비교 가능성이 낮은 상품, 개인별 특성이 많이 반영되어 표준화가 쉽지 않은 금융상품 등은 해당 금융협회가 제공하는 비교공시 사이트를 연결하여 정보를 제공하고 있으므로 금융소비자가 원하는 상품을 검색하지 못하는 경우가 많고, 해당 금융권 협회가 공시하는 내용을 믿을 수 있는가 하고 의문을 제기할 수도 있다. 또 비교공시를 얼마나 많이 이용하는지 알 수가 없고, 이용 효과에 대한 반응을 조사한 결과를 알 수가 없어 제도의 성과에 대한 평가를 하기에는 어려움이 있다. 다만 종전에는 법적 근거가 없이 금융감독원이 독자적으로 제도를 운영하였기 때문에 여러 가지 한계가 있었지만 「금융소비자보호법」 제정 및 시행으로 법적인 근거를 확보함에 따라 앞으로는 많은 개선이 있을 것으로 기대해 본다.

5) 미스터리 쇼핑

2009년부터 금융감독원은 은행, 증권, 보험사가 취급하고 있는 집합투자증권(펀드), 파생결합증권(ELS 등), 변액보험 등을 주요 대상으로 미스터리 쇼핑을 실시하였다. 그런데 그간의 실적에 대해 2009년부터 2013년까지의 결과에 대해서는 보도자료를 통해 발표하였으나 그 후에는 2018년 실시결과만 발표하였을 뿐 나머지 해에는 발표를 하지 않았다. 그러므로 비교적 최근의 자료인 2018년 결과를 이용하여 그 실적을 살펴보기로 한다.

2018년에는 은행과 증권사를 대상으로 파생결합증권에 대해, 보험사를 대상으로 변액보험에 대해 미스터리 쇼핑을 실시하였다. 조사 대상은 파생결합증권의 경우 29개 금융회사 440개 점포(은행 14개사 240개 점포, 증권사 15개사 200개 점포), 변액보험은 14개 보험사 294개 점포였다.

파생결합증권에 대한 미스터리 쇼핑 결과 추이

(단위 : 평가 점수)

구 분	2015년(a)	2016년	2017년	2018년(b)	증감(b-a)
증권사	77.7	82.7	64.3	83.9	6.2
은 행	76.9	-	-	64.0	△12.9

자료출처: 금융감독원

2018년 미스터리 쇼핑 결과 회사별 등급

등급	증 권 사	은 행	합 계
우수 (90점 이상)	신영증권, 한국투자증권 한화투자증권, NH투자증권 (4사)	-	4사
양호 (80점대)	미래에셋대우, 삼성증권, 유안타증권, 하나금융투자, KB증권, SK증권 (6사)	국민은행, 한국씨티은행 (2사)	8사
보통 (70점대)	신한금융투자, 하이투자증권, 현대차증권 (3사)	부산은행 (1사)	4사
미흡 (60점대)	대신증권 (1사)	대구은행, 수협은행, 우리은행, 중소기업은행 (4사)	5사
저조 (60점 미만)	유진투자증권 (1사)	경남은행, 농협은행, 신한은행, 하나은행, 한국SC은행 (5사)	6사
합 계	15사	12사	27사

자료출처: 금융감독원

평가결과를 보면 증권사의 평가점수는 평균 83.9점으로 2017년(64.3점)에 비해 19.6점 상승하였는데, 이것은 전년도('17년)에 평가결과가 저조한 증권사가 직원 교육, 자체 점검 등의 방법으로 판매 절차를 개선한 데 따른 것으로 나타났다. 은행의 평가 점수는 평균 64.0점으로 지난번 조사연도인 2015년(76.9점)에 비해 12.9점 하락하였다. 이것은 2016년 이후 새로 도입된 파생결합증권 관련 녹취 의무, 숙려제도, 고령자보호 제도 등 투자자보호 제도에 대해 은행 직원들이 충분히 숙지하지 못한 데 따른 것으로 분석하였다.

회사별로 보면 등급 산정 대상 27개사[84] 중 '우수' 등급 4개사, '양호' 등급 8

---

84) 평가대상 총 29개사 중 광주은행과 전북은행은 일부 점포에서 고령투자자와 부적합 투자자에 대해 파생결합증권을 판매하지 아니하였기 때문에 등급 산정에서 제외

개사, '보통' 등급 4개사, '미흡' 등급 5개사, '저조' 등급 6개사로 나타났다.

한편 14개 보험회사에 대한 미스터리 쇼핑 결과, 전체 평가점수는 평균 78.5 점으로 전년(64.4점) 대비 14.1점 상승하였다. 이는 2017년도 주가상승 등으로 변액보험 판매경쟁이 심해 평가 점수가 낮았으나 금융감독원이 2017년 9~11월중에 6개 생명보험사의 변액보험 적합성 진단 관련 검사를 실시하여 2018년 6월에 제재조치를 함에 따라 보험사들의 내부통제가 강화되었고, 2017년부터 시행된 개선된 변액보험 적합성 진단제도가 시행 초기보다 모집인들의 숙지도가 높아진 때문으로 판단하고 있다.

연도별 변액보험 미스터리 쇼핑 결과

연도	'13년	'15년	'16년	'17년	'18년
평가 점수	76.0점	74.1점	77.5점	64.4점	78.5점

* '14년은 변액보험 대신 저축성보험을 대상으로 실시
자료출처: 금융감독원

평가결과를 회사별로 살펴보면 평가 대상 14개사 중 양호(80점 이상) 9개사, 보통(70점 이상) 4개사, 저조(60점 미만) 1개사인데 KB생명은 대부분의 평가 항목에서 조사대상 보험사의 평균을 하회하여 '저조' 등급으로 나타났다.

보험회사별 평가 결과

평가등급	회사수	생명보험사
우수 (90점 이상)	–	
양호 (80점대)	9	삼성생명, 푸르덴셜생명, 한화생명, 오렌지라이프생명, 미래에셋생명, 흥국생명, 교보생명, AIA생명, 메트라이프생명
보통 (70점대)	4	신한생명, DB생명, 동양생명, ABL생명
미흡 (60점대)	–	–
저조 (60점 미만)	1	KB생명
전 체	14	

자료출처: 금융감독원

이와 같은 미스터리 쇼핑 결과는 시계열 자료가 부족하여 섣불리 판단하기는 어렵지만 2018년 조사 결과를 놓고 보면 미스터리 쇼핑은 금융소비자보호 측면에서 절반의 성공을 거두었다고 볼 수 있다.

우선 파생결합증권에 대한 미스터리 쇼핑의 경우, 은행에 대해서 살펴보면 2019년 7월에 터진 DLF 사태에 연루된 우리은행과 하나은행에 대한 평가는 각각 '미흡'과 '저조' 등급을 받았다. 미스터리 쇼핑 결과 발표가 2018년 10월말에 이루어진 점을 감안하면 이 평가는 상당히 의미가 있다고 할 수 있다. 앞의 두 은행 외에 라임, 옵티머스 등의 사모펀드 사태에 연관된 은행으로서 부산, 기업, 신한은행은 각각 '보통', '미흡', '저조'로 평가되었다. 또 항목별로 보면 업계 평균이 '보통' 등급인 70점대는 적합성원칙(76.6점)과 설명의무(70.8점) 두 항목이며 나머지는 모두 그 이하이다. 또 고령투자자 보호제도 및 적합성 보고서 제도 항목에 대한 평가는 아주 저조한 것으로 나타나 사모펀드 사태의 피해자 중 60대 이상의 고령자가 절반에 이르는 점을 감안하면 상당히 의미 있는 조사결과라고 할 수 있다. 다만 증권사의 경우에는 DLF 사태에 연루된 NH투자증권, 하나금융투자가 각각 우수, 양호 등급을 받았고, 사모펀드 사태에 관련된 KB증권, 신한금융투자 및 대신증권이 각각 양호, 보통, 미흡으로 등급을 받아 조사 결과에 아쉬움이 있다. 조사대상 15개사 중 3분의 2에 해당하는 10개사가 '우수' 또는 '양호' 등급을 받았고, 그 중 6개(전체의 40%)가 양호에 몰려 있는 점을 볼 때, 증권사에 대한 조사가 관대화, 중심화 경향이 있는 것으로 생각된다.

다음으로 변액보험에 대한 조사결과를 보면 전년에 비해 큰 폭으로 평가 점수가 상승하였으며 그 원인을 금융감독원의 강력한 지도가 효과를 미친 것으로 보았다. 나름대로의 논리는 있다고 할 것이다. 그러나 아무리 금융감독원의 강력한 조치가 있었다 하더라도 1년 사이에 20점 가까운 평점이 상승(2개 등급의 상승에 해당)하였다는 것은 평가의 신뢰도를 떨어뜨리는 요인으로 작용한다고 생각된다.

이와 아울러 미스터리 쇼핑 제도의 실효성에 대한 근본적 의문이 제기되는 부분도 있다. 미스터리 쇼퍼(mistery shopper)가 직접 영업점을 들러야 하므로 조사 표본이 적고 외부 업체 직원들이 평가를 진행하므로 신뢰성에 의문이 있는 점, 상담 과정에서 질문 내용이나 방법 등이 실제 고객과 달라 미스터리 쇼핑이라는 것이 쉽게 드러나는 점 등이 그것이다. 특히 「금융소비자보호법」 시행으로, 상품계약을 하려면 사전에 적합성 평가를 하여야 하므로 고객을 가장하여 미스터리 쇼핑을 하기는 더욱 어려워질 것으로 보인다. 이러한 점을 감안하여 제도의 지속 운영에 대해 재검토가 필요한 시점으로 생각된다.

가-4. 금융소비자 피해 구제 제도 운영에 대한 불만 존재

1) 금융민원 처리 지연

제Ⅱ장 제1절에서 살펴본 것과 같이 금융감독원에 제기되는 금융민원은 2020년에 9만 건을 상회하며, 이 가운데 금융회사와 금전적 다툼이 있는 분쟁민원도 3만 2천 건을 넘는다. 게다가 과거부터 거의 매년 지속적으로 증가 추세에 있어 앞으로 얼마나 늘어날지 예상하기가 어렵다. 이에 따라 평균 민원 처리기간도 2016년 16.5일, 2017년 18.3일, 2019년 24.8일, 2020년 29.0일로 지속적으로 늘어나고 있다. 2020년의 일반민원 처리기간은 14.4일, 분쟁민원은 58.7일이었다. 금융감독원의 일반민원 처리기간이 14일, 분쟁민원은 30일인 점을 감안하면 사실상 약속된 처리기간을 어기고 있는 것이다. 그러므로 금융소비자는 물론 금융회사도 불만을 가질 수밖에 없다. 최근 민원의 60% 수준에 이르는 보험 민원 가운데 일부를 관련 협회에서 처리하는 방안에 대한 논의가 있는 것도 이러한 어려움에서 나온 고육책으로 생각된다.

2) 금융회사의 금융분쟁조정안 수락 거부 사례

금융분쟁조정은 처리기간이 재판에 비해 짧고, 비용이 거의 들지 않으며, 금융감독원이 조사나 검사를 통해 획득한 정보나 자료를 이용하여 금융소비자에게 도움을 준다. 당사자 쌍방이 조정안을 수락하여 조정이 성립되면 재판상 화해와 동일한 효력을 가지게 되므로 금융소비자에게 매우 유리한 제도임은 이미 살펴본 내용이다. 그러나 분쟁 당사자 중 어느 한 쪽에서 조정안을 수락하지 않으면 조정이 결렬되어 이러한 장점이 무의미해진다.

조정안을 수락하지 않는 당사자는 주로 금융회사인 것으로 알려져 있다. 금융회사가 수락하지 않는 이유는 소송으로 가면 조정안보다 유리한 결과를 얻을 것이라는 판단이 서는 경우이거나, 조정안에 따를 경우 주주 등 이해관계자들로부터 배임 혐의로 피소될 가능성을 우려하는 경우도 있다. 또 수락으로 인한 손해배상이 경영실적에 미치는 영향, 업무 관련 임직원의 책임 문제 등이 복합적으로 작용하기도 한다.

2020년 민원수용률(= 수용 건수/처리 건수 × 100)은 평균 36.8%로서 일반민원의 수용률은 33.1%, 분쟁민원의 수용률은 44.7%이다.[85] 민원수용률 산식의 분모가 금융감독원의 분쟁조정결정 건수가 아니라 민원처리 건수인 점을 감안하면 이 비율은 매우 높은 수준이다. 왜냐하면 처리 건수는 사실관계 확인 결과 민원인의 주장이 근거가 없는 경우도 포함되기 때문이다. 그러나 2019년 12월 키코나 2018년 4월 즉시연금 분쟁조정에서와 같이 금융회사가 수락을 거부하고 소송을 제기하는 사례도 나타나고, 이것이 이슈화가 되어 분쟁조정 제도의 실효성에 대해 의문을 제기하기도 한다. 그리고 해결방안으로서 분쟁조정결정에 대해 '편면적 구속력'을 부여해야 한다는 주장도 나타난다.

이러한 측면에서 보면 금융분쟁조정의 수용률을 높이는 것은 금융당국이 풀어야 할 과제임은 분명하다. 특히 사회적 이목을 끄는 분쟁일수록 금융회사가 조정안을 수락하도록 할 수 있는 금융당국의 역량이 필요하다고 할 것이다.

나. 근본 원인

나-1. 정책 실패에 대한 처벌 미흡

금융당국은 금융산업의 선진화, 금융시장 안정, 건전한 신용질서와 공정한 금융거래 관행 확립, 예금자 및 투자자 등 금융 수요자 보호, 국민경제 발전 등의 설립목적을 달성하기 위해 정책을 수립하고 시행하는 것이 기본 업무이다.

---

85) 금융감독원, 「금융소비자의 소리」, 2021-1호

따라서 금융당국의 기관장을 비롯한 모든 임직원들은 정책 개발을 위해 엄청난 노력을 한다. 그런데 문제는 정책과 관련한 다양한 이해관계자의 의견을 반영하고 신중하게 검토를 하지 않은 결과, 큰 부작용을 일으키는 경우가 많다는 사실이다. 우리가 잘 알고 있는 저축은행 사태, 신용카드 대란, 사모펀드 사태 등은 모두 엄청나게 많은 금융소비자가 피해를 보았고, 그로 인해 금융소비자들은 물론 그 가족과 지인들, 또는 이해관계인들까지도 크나 큰 경제적, 정신적 피해를 입었다.

이와 같이 신중하지 못한 정책 시행이 반복되는 것은 금융소비자 피해나 금융회사 부실과 같은 부작용이 나타난 정책의 실패에 대한 제재나 불이익이 그다지 엄하지 않기 때문이라고 생각된다. 그 예로서 지금까지 저축은행 사태나 신용카드 사태와 관련하여 규제완화 정책 입안자에 대한 책임을 묻지 않았다. 저축은행 사태와 관련하여서는 금융감독원 직원들이 비리에 연루되어 사법당국의 처벌을 받았고, 감사원 감사결과 금융감독원만이 사후감독 책임을 졌을 뿐이다. 신용카드 대란과 관련하여서도 규제완화 정책 책임자는 처벌을 받지 않았다. 금융감독원은 길거리 모집을 강력히 단속하는 등 정책 부작용 방지를 위해 적극 노력을 한 결과 사후감독 책임을 면했다. 사모펀드 사태 등과 관련하여서도 감사원은 금융감독원이 감독을 소홀히 한 책임을 물어 직원 2명 정직 등 총 15명의 임직원에 대해 징계를 요구하였으나, 정책을 입안한 금융위원회에 대해서는 위원장에 대한 주의 조치에 그쳤다.

이와 같이 정책 실패에 대한 책임을 엄중하게 묻지 않는 것은 정책과 그 부작용의 인과관계가 분명하지 않기 때문이라 생각된다. 어떤 정책의 부작용이 나타나는 것은 반드시 정책만의 문제가 아니라 그 정책을 집행하거나 제도를 이용하는 사람들의 문제일 수도 있고, 정책 입안 당시에는 예측 불가능한 의외의 상황 변화로 발생한 것일 수도 있다. 정책의 부작용이 심하여 국민 여론이 악화되어 정부 입장이 상당히 곤란한 상황에 몰리면 장관 등 고위 관리가 책임지고 사퇴하면 더 이상 책임을 묻지 않는 것이 일반적이다. 또 설사 정책과 그 부작용의 인과관계가 입증이 되더라도, 그것을 이유로 정책 입안자를 문책하면 정부가 권장하고 있는 적극 행정[86]의 추진에 상당한 장애가 될 수 있으므로, 엄중 문책하기가 어렵게 된다.

반면에 관리감독 책임은 대부분 법률에 규정되어 있으므로 그것을 근거로 책임을 묻는 것은 매우 쉬운 일이다. 금융감독원은 금융회사의 건전성과 법규 준수에 대한 상시감시 및 검사 책임을 지고 있으므로 금융소비자 피해가 발생하면 거의 무조건 책임을 진다. 왜냐하면 문제를 조기에 발견하여 치유하거나 더 이상 확대되지 않도록 대응하는 것이 감독기관의 역할임에도 이를 제대로 하지 못했기 때문에 문제가 발생한 것이라고 주장하면 방어하기가 매우 어렵기 때문이다.

그리고 대형 금융분쟁 사태가 발생하면 금융소비자들은 금융감독원에 민원을 낸다. 그러므로 사람들은 금융감독원이 사건의 일차적 책임이 있는 것으로 생각하기 쉽다. 정치권도 언론도 국민이 이해하기 쉬운 방향으로 금융감독원에게 책임을 부과하고 마무리하는 방식을 선호한다. 사람들은 쉽게 잊기 때문에 그 다음은 관심이 줄어들게 되므로 정책당국에 대한 책임은 유야무야 넘어가도 별 문제 삼지 않는다.

이러한 여건 하에서는 정책당국은 정책을 입안하면서 꼼꼼하게 챙기기보다는 성과 올리기 측면에서 정책 양산에 주력할 수도 있다. 그래서 설익은 정책으로 인해 금융소비자들은 물론 저축은행이나 자산운용사 지배주주 등과 같이 바뀐 정책을 이용하여 일확천금을 노리는 사람들도 함께 망가지게 되는 경우가 흔히 발생할 수 있다.

나-2. 정책 견제시스템 미비

이와 같이 급격한 규제 완화로 인한 부작용이 반복되는 또 다른 원인은 금융당국의 독주를 견제할 장치가 미흡하다는 데 있다. 특히 금융소비자 입장에서 그 부작용을 예상하고 정책 시행에 브레이크를 걸 수 있는 시스템이 작동하기

---

86) 적당 편의주의, 업무 해태, 탁상행정, 기타 관 중심 행정 등과 같이 공무원의 부작위 또는 직무태만 등으로 국민의 권익을 침해하거나 국가 재정상 손실을 발생하게 하는 소극 행정에서 벗어나 불합리한 규제의 개선 등 공공의 이익을 위하여 창의성과 전문성을 바탕으로 적극적으로 업무를 처리하는 행위

가 어렵다.

우선 공식적인 견제장치로서 정책당국은 법령을 제정 또는 개정할 때 입법예고[87]를 통하여 각계의 의견을 수렴하는 절차를 거치도록 되어있다. 그러나 이 과정에서 금융소비자의 의견을 수렴하여 반영하기는 쉽지 않다. 왜냐하면 일반 금융소비자 가운데서 법률이나 금융에 대한 전문지식이 부족하여 그 법안이 가지고 있는 부작용을 예상하고 이를 정리하여 의견을 제출하는 것은 너무나 어려운 일이다. 이것이 그 첫째 이유이다.

두 번째는 소비자 단체 등 비교적 전문지식을 갖춘 그룹이 논리적이고 합리적인 의견을 낸다 하더라도 정책당국은 필요하다고 생각되면 내부 보고 과정에서 전문가적 논리로 그 의견을 배제할 수 있다. 그러나 의견을 제출한 소비자 단체 등은 외부에 있기 때문에 내부 절차로 진행되는 상황을 알 수가 없어 그 논리를 재반박하는 등의 기회가 거의 없기 때문에 의견이 단순한 의견으로만 끝나게 되기가 쉽다.

세 번째, 새로운 정책이나 제도를 도입하는 방안을 마련하는 과정에서 비공식적인 방식으로도 금융소비자의 의견을 충분히 수렴, 반영하기가 어렵다. 금융당국은 평소에 금융회사들과는 자주 접촉하게 된다. 정책 이행상황 점검이나 현안사항에 대한 의견 교환 등 여러 가지 이유로 간담회, 세미나 등을 통하여 만나서 의견을 교환한다. 그러나 금융소비자와는 접촉하는 빈도가 매우 낮다. 우선 금융소비자는 금융회사와 달리 조직화되어 있지 않고, 금융소비자단체가 있지만 대부분이 소규모로서 전문성과 대표성이 미약하기 때문에 당국자가 이들과 만나더라도 개인적인 만남이 되기 쉽다.

그리고 금융회사의 건전성이나 국제경쟁력 강화 등, 금융회사 입장을 반영한 정책을 수립하면 언론에서도 어느 정도 이상의 반응을 하는 것이 일반적이다. 그 이유로는 우선 금융회사들의 홍보 능력이 강하기 때문이며, 다음으로는

---

87) 국민의 권리나 의무 또는 일상생활과 밀접한 관련이 있는 법령 등을 제정, 개정 또는 폐지하고자 할 때 국민 의견을 수렴하여 법안에 반영하기 위하여 그 입법안을 주관하는 기관이 입법안의 취지 및 주요 내용 등을 관보, 공보, 신문, 방송, PC통신 등을 통하여 40일 이상 예고하는 제도(행정상 입법예고는 「행정절차법」 제41조 제1항, 국회의 입법예고는 「국회법」 제82조의2 제1항에 근거하고 있음.)

국민들의 금융에 관한 전문성이 충분하지 않기 때문에 금융소비자의 권익을 침해할 가능성이 있는 정책이라 하더라도 일반인인 금융소비자들이 반발하는 경우는 그렇게 많지 않기 때문이다.

더구나 금융 전문가들로부터 금융당국의 정책에 대한 냉정한 비판을 기대하기도 힘들다. 우리나라 금융 전문가 집단은 대학과 금융관련 학회, 국책 연구기관인 KDI, 금융회사들이 출자하여 설립한 한국금융연구원, 자본시장연구원, 보험연구원 등과 같은 전문연구기관, 그리고 금융그룹이나 금융회사가 설립한 경영연구소 등이다. 그런데 대학 교수들 입장에서는 금융당국의 협조를 받지 않으면 자문 기회를 얻거나 관련 자료를 얻는 데 어려움이 많고, 현장의 생생한 정보를 얻기도 어렵기 때문에 비판의 근거나 논리를 찾기가 어렵다. 그리고 국책 연구소나 금융회사 공동 또는 개별적으로 설립한 연구기관에서는 금융정책 당국 또는 금융회사의 반대편에 서서 금융소비자 입장을 대변하기는 쉽지 않다. 그러므로 특별히 금융소비자보호에 관심이 많은 일부 학자들을 제외하고는 금융당국의 규제완화 정책에 대해 비판의 목소리를 높이는 경우가 드물다.

이런 상황에서 정책 수립 실적에 따라 근무평가 성적이 좌우되는 정책 담당자들로서는 금융소비자 입장에서보다는 금융회사 입장에서 규제를 완화하는 금융정책을 수립하는 데 치중하게 될 가능성이 높아지게 된다.

한편, 금융감독원은 상시감시나 현장 검사, 금융민원 처리 등의 업무를 통하여 금융 현장의 살아있는 정보를 직접 접하기 때문에 어떤 금융정책이 금융회사의 건전성이나 금융시장의 반응 및 그에 따른 금융소비자 권익 보호에 미치는 영향을 잘 파악할 수 있는 기관이다. 그러므로 금융감독원이 금융당국의 정책 수립과정에서 의견을 제시하여 반영하게 되거나, 정책을 시행한 후에도 시장 움직임을 밀착 감시하면서 정책 부작용이 나타나면 즉각적이고 적극적으로 대응하고, 필요하면 정책을 수정하도록 제안하여 반영이 되면 정책의 부작용을 최소화할 수 있을 것이다. 그러나 실상은 그렇지 못하다는 평가가 일반적이다.

그 이유를 분석해 보면 첫째, 금융위원회는 금융감독원을 지도·감독하는 기관(「금융위원회법」 제24조)이기 때문이다. 더구나 그 지도·감독의 내용이 금융감독원의 업무·운영·관리에 관한 사항과 함께 금융감독원의 정관 변경에 대한 승인, 금융감독원의 예산 및 결산 승인, 그 밖에 금융감독원을 지도·감독하기 위하여 필요한 사항을 금융위원회가 심의·의결하는 것까지 포함(「금융위원회법」 제18조)하고 있다. 또 금융감독원의 핵심 업무인 검사 및 제재(「금융위원회법」 제37조), 금융소비자보호(분쟁조정) 업무(「금융소비자보호법」 제33조)도 금융위원회 소관 사무로 규정되어 있다(「금융위원회법」 제17조). 실제로 금융감독원은 금융위원회에 검사계획을 보고하고, 중요한 제재의 최종 결정권을 금융위원회에서 행사하는 등, 금융감독원은 독자적인 업무 수행에 상당한 제약을 받고 있다. 이런 상황에서 금융위원회의 정책에 대해 그 지도·감독을 받는 기관이 반대의견이나 대안을 제시하기는 매우 어렵다. 또 정책 시행 초기에 상시감시나 검사를 통해 시장에서 나타나는 부작용을 발견하더라도, 이를 공개할 경우 정책을 입안한 금융위원회의 입장을 난처하게 만드는 일이므로 과감하게 공개하기 어렵다.

둘째는 금융위원회가 금융감독원장 및 임원들에 대한 인사권을 가지고 있기 때문이다. 금융감독원장은 금융위원회 의결과 위원장 제청으로 대통령이 임명하며, 부원장은 원장 제청으로 금융위원회가 임명한다. 그러므로 이들 최고 경영진부터가 금융위원회가 추진하는 정책에 대해 비판과 견제를 하기는 매우 어려운 구조이다.

셋째는 책임문제 때문이다. 금융감독원 상시감시 또는 검사과정에서 정책의 부작용이 나타나 금융회사 건전성이나 금융소비자보호에 악영향을 끼칠 우려가 있는 사안이 발견되더라도 이를 공개할 경우 그에 따른 책임을 부담하게 될 수 있다. 예를 들어 어떤 저축은행이 부실화의 위험이 있다는 것을 공개할 경우 실제로는 충분히 위기를 극복할 수 있는 상황임에도 해당 저축은행 소비자들이 앞 다투어 예금을 인출하게 되면 오히려 부실화가 가속될 수 있다. 이 경우 그 저축은행이 소송을 제기하면 금융감독원이 책임에서 자유로울 수 없다는 점이 우려되므로 과감하게 대응조치를 하기가 어려운 측면도 있다.

나-3. 감독기관의 핵심 업무 경시

그동안 금융감독원은 금융회사 건전성 강화는 물론 금융소비자 피해 예방에도 나름의 역할을 하여 왔으나 이미 대형 금융분쟁 사태에서 살펴본 바와 같이 실패한 사례도 많았다. 이러한 실패의 원인을 분석해 보자면 우선 금융감독원이 본연의 업무인 검사와 금융소비자보호에 역량을 집중하지 않은 것을 들 수 있다.

금융감독원 검사 인력 현황(2021년 7월 현재)

검사국	국실장	팀장(상시)	팀원(상시)	계(상시)
제재심의국	1	6(-)	20(-)	27(-)
디지털금융검사국	1	6(-)	30(-)	37(-)
생명보험검사국	1	6(1)	30(5)	37(6)
손해보험검사국	1	6(1)	28(5)	35(6)
보험영업검사실	1	3(-)	15(-)	19(-)
일반은행검사국	1	8(1)	37(6)	46(7)
특수은행검사국	1	6(1)	29(6)	36(7)
저축은행검사국	1	6(1)	28(4)	35(5)
여신금융검사국	1	8(1)	38(5)	47(6)
상호금융검사국	1	5(1)	23(5)	29(6)
금융투자검사국	1	7(1)	31(4)	39(5)
자산운용검사국	1	6(1)	28(3)	35(4)
전문사모운용사 전담검사단	1	5(-)	12(-)	18(-)
지원(4개)		4	10	14
계	13	82(9)	359(43)	454(52)

「금융위원회법」상 금융감독원은 검사 및 제재와 금융분쟁조정이 핵심 업무이다. 그러므로 금융감독원은 이들 업무에 자원을 집중하여 이 업무들을 완벽하게 수행하여야 한다.

그런데 검사의 경우 2021년 7월 현재 검사담당 인력은 450명 수준으로 금융감독원 전체 인력의 5분의 1 수준을 조금 넘는다.

이 가운데 상시감시 인력은 52명이다. 각 국별로 4~7명의 검사역들이 국 소관 금융회사에 대해 상시감시 활동을 한다. 그러나 이 인력으로는 업무보고서 분석, 금융회사 경영진 면담, 신상품 출시 및 판매 동향 파악 등의 상시감시 업무를 충실히 이행하기 어렵다.

예를 들어, 일반은행검사국의 경우 상시감시 담당 실무 인력은 4명(팀장 1명 제외)인데 담당 금융회사는 금융지주 4개와 은행 8개이다. 이 중 4개 시중은행(우리, 신한, 하나, 국민)만 하더라도 자산 규모가 총 1,200조 원이 넘으며, 취급하는 상품만 해도 수를 헤아리기 어렵다. 또 월평균 예금 잔액 30만 원 이상인 활동 고객은 4,000만 명[88]에 육박한다. 그러므로 이들 은행에 대해서는 고도의 주의를 기울여 상시감시를 해야 한다. 특히 대형 은행들만 아니라 그룹 소속 금융회사들의 경영을 통할하는 금융지주사는 경영진의 동향과 그룹 경영 전략의 변화 등이 그룹에 소속된 모든 금융회사의 경영에 중대한 영향을 미칠 수 있으므로 그 동향에 잠시도 눈을 떼지 않고 살펴야 한다. 이러한 업무를 4명이 제대로 수행하기는 불가능에 가깝다.

현장검사의 경우에도 종합검사를 수행하려면 많은 인력이 필요하다. 중형 보험회사만 하더라도 최소 20명 정도의 인력이 있어야 3~4주로 정해진 검사기간 중에 가장 기본적으로 커버해야 할 사항을 겨우 점검할 수 있다. 그러나 보험검사국 인력 사정을 보면 30명 수준으로서 기획, 상시감시, 다음 검사 사전준비, 이전 검사 결과 보고 및 제재 업무 등을 수행하기 위한 인력을 제외해야 하므로 대부분의 경우 소요 인력을 충원하지 못한다. 은행의 경

---

88) 「머니투데이」, 2016년 8월 1일 '초저금리 뉴노멀 시대, 은행들 활동 고객수 확대에 총력'에 따르면 은행별 활동 고객수는 국민 1,350만 명, 신한 940만 명, 우리 900만 명, 하나 610만 명으로 추정하였음.

우는 자산규모가 보험사보다 훨씬 크므로 이보다 훨씬 많은 인력이 소요되는 데도 인력 수준은 보험검사국과 거의 비슷하므로 인력 부족은 더욱 심하다.[89] 그러므로 다른 부서에서 인력을 빌려와야 하는 일이 늘 일어난다. 사정이 이러하다 보니 현장검사가 제대로 이루어지기 어렵다. 검사횟수가 줄고 검사 범위나 검사대상 표본도 줄어들 수밖에 없다. 또 각 검사역별로 전문 분야를 정하고 검사를 나갈 때마다 그 전문 분야에 투입하여야 전문성이 높아져 검사를 제대로 할 수 있음에도 인력이 부족하여 머릿수 맞추기에 급급한 상황에서 그렇게 하기는 거의 불가능하다. 자원과 시간은 물론 전문성까지 부족하니 정형적인 사항만 살펴보는 데 그치고, 상황 변화에 따라 발생하는 새로운 문제들은 볼 여유가 없다. 그러므로 금융소비자보호 관련 검사는 차치하고 내부통제시스템 및 리스크 등 건전성 검사와 준법검사도 품질보증이 쉽지 않다.

그리고 금융소비자보호 업무 담당조직도 2012년 5월 금융소비자보호처가 출범하기 전만 하더라도 소비자보호감독국(61명), 분쟁조정국(49명) 및 금융서비스개선국(19)명 등 3개 부서와 부산, 대구, 광주, 대전 등 4개 지원과 전주, 제주, 춘천 등 3개 출장소 민원담당 총 30명을 합하면 149명(총원 1,715명의 8.7%)에 불과하였다. 출범 이후 동양 사태, 신용카드사 개인정보 유출 등을 거치면서 계속 조직과 인력이 확보되어 오늘에 이르렀으나, 지금도 금융민원이 지속적으로 증가함에 따라 민원담당 직원들이 처리하지 못하고 안고 있는 민원 건수가 많게는 1인당 300건이 넘는 경우도 있을 정도로 민원처리가 적체되어 있는 실정이다. 그러므로 민원처리 기간이 갈수록 길어지고 있으며, 이에 따라 민원처리의 공정성과 객관성 등 품질을 높이기가 어려우므로 금융소비자와 금융회사 모두가 불만을 품게 되는 것이다.

이와 같은 인력배치 상황만 보더라도 그동안 금융감독원이 핵심업무인 검사

---

89) 저자가 2008년 FRB San Francisco에 OJT 파견 당시 현장검사에 참가한 은행 중 우리나라 지방은행 수준의 주법 회원은행(State Member Bank)을 검사할 때 자산운용 검사 인력만 23명이었으며, 우리나라 중형 저축은행 규모의 주법 회원은행을 검사할 때도 전체 15명 내외의 검사역이 검사에 참가하였음.

와 금융소비자보호 업무를 별로 중시하지 않았음을 곧바로 알 수 있다.

금융감독원 금융소비자보호 인력 현황(2021년 7월 현재)

	부서명	국실장	팀장	팀원	전문역*	계
금융 소비자 보호처	금융소비자보호총괄국	1	4	22		27
	금융현장소통반			8		8
	금융상품분석국	1	5	19		25
	금융상품심사국	1	4	12		17
	연금감독실	1	2	7		10
	금융교육국	1	2	23		26
	금융교육지원단			15		15
	포용금융실	1	2	10		13
	금융민원총괄국	1	3	32	24	60
	분쟁조정1국	1	3	19	2	25
	분쟁조정2국	1	3	15	1	20
	분쟁조정3국	1	5	18		24
	신속민원처리센터	1	4	13	58	76
	불법금융 대응단	1	3	15	25	44
	보험사기 대응단	1	3	12	1	17
지원(9개)		5	10	34	31	80
계		18	53	274	142	487

* 전문역은 민원전문역 또는 상담전문역

  이와 같이 된 데에는 금융감독원의 업무 특성에도 원인이 있다. 금융감독원이 1999년 1월1일 출범할 때는 금융감독위원회를 보좌하는 집행기구로서의 역할도 하였다. 그러므로 금융감독원이 금융감독위원회가 하는 업무인 금융관련 규정을 개정하는 실무와 함께 인허가 업무 등 정책(regulation)에 관한 사항도 담당한다. 이들 업무가 모든 금융회사에 상당한 영향을 미치므로 세간의 관심이 높기 때문에 최고 경영층이 관심을 기울일 수밖에 없었다. 반면에 검사의 경우에는 내용이 특정 금융회사에 국한된 미시적인 사항이고, 내용이 상세하고 전문적이어서 이해하기 어렵다. 또 검사 기획부터 검사 실시 및 제재까지 소요되는 기간이 길어서 보고서 생산 횟수가 적으므로 검사부서는 최고 경영층의 관심에서 멀어진다. 이러한 분위기는 금융감독원이 금융위원회와 분리된 2008년 이후에도 계속되었다.

또 금융소비자보호 업무는 금융회사가 아닌 개인의 불만을 처리하는 업무이므로 민원이 이슈가 되어 정부나 국회, 언론 등 외부에서 많은 관심을 가지기 전에는 보고를 받거나 결재를 해야 할 사항도 거의 없었으므로 애초에 최고경영진의 관심에서 멀리 있었다. 더구나 이 업무는 속칭 3D 업종에 속한다. 실무직원들은 늘 수십 건 이상의 민원을 안고 있으며, 민원인을 상대로 불만을 들어줘야 되는 데다 악성 민원인을 만나면 욕설이나 폭언을 듣는 등 육체적으로는 물론 정신적으로도 너무나 힘든 업무이다.

이와 같이 최고경영진의 관심이 적은 환경에서는 직원들도 검사업무나 금융소비자보호 업무에 대한 전문성을 갖추려 하거나 책임감을 느끼며 열정을 다하여 일을 하는 것을 기대하기 어렵다. 더구나 맡은 업무에 대한 사명감을 가지고 열심히 일하더라도 감독부서와 달리 임원에게 대면 보고를 할 기회가 매우 드물다. 그러므로 승진 등 인사에 불리한 경우가 많다. 또 금융소비자보호 업무를 하면서 발견한 불합리한 금융 관련 정책이나 제도를 개선해줄 것을 금융감독원 내 소관 부서에 요청하더라도 해당 부서에서 외면하면 별다른 방법이 없으므로 좌절하며 물러나게 된다.

이와 같이 법률상 핵심업무인 검사와 금융소비자보호 업무에 대한 조직의 관심과 지원이 부족하였기 때문에 해당분야의 인력이 절대적으로 부족하고, 소속 직원들도 업무에 대한 사명감과 자긍심이 부족하므로, 금융회사가 키코, DLF와 같은 매우 어렵고 위험한 금융상품을 팔거나 금융소비자보호 의무를 위반하더라도 상시감시나 검사에서 이를 적극적으로 들여다보고 찾아내어 경고를 울리거나, 재해사망보험금 분쟁조정이 처음 이루어진 후에 곧바로 종합적인 대응을 하기를 기대하기 어려운 상황이었던 것으로 분석할 수 있다.

다만 그동안 여러 차례 대형 분쟁 사태가 발생하여 정부나 정치권, 언론 등 외부의 관심이 높아지면서 최고경영층도 금융소비자보호에 관심이 많아짐에 따라 조직과 인력이 확대되는 등 금융소비자보호 업무가 조직 내에서 업무의 비중이 높아지고 있다. 또 금융위원회가 금융감독원과 분리 이후 조직이 많이 확대되고 인력도 확충되어 금융감독원의 업무 지원 없이도 금융정책 수립 및 집행에 어려움이 없게 되자 금융감독원도 금융정책 관련 업무량이 많이 줄어들게 되었고, 이에 따라 점차 검사 업무의 중요성에 대한 인식이 바뀌는 분위기가 감지되는 것은 다행이라 생각된다.

나-4. 순환인사

금융감독원은 매년 1월경에 정기 인사를 한다. 이 때 부서장은 절반 이상이 바뀌며 70~80%가 바뀌는 경우도 있다. 그러므로 대부분의 부서장은 거의 1년 만에 자리를 이동하는 셈이다. 팀장 이하 직원은 대개 부서에 전입한 후 2년이 지나면 다른 부서로 옮기며, 그 기간 중에도 부서 내 다른 팀으로 옮기기도 한다. 그러므로 직원들도 전체의 50% 이상이 매년 자리를 바꾸는 셈이다. 대부분의 금융회사는 물론 금융위원회 사무처도 대개 비슷한 형태로 순환인사제도를 운영하는데 그 이유는 고객과의 유착 방지이다.[90] 이 제도는 나름대로 성과를 거뒀지만 그 부작용 또한 매우 크다.

〈순환인사제도의 문제점〉

- ■ 직원의 전문성 제고에 어려움
  - ○ 인사이동 후 업무에 적응하는 데 일정기간 이상이 필요
  - ○ 일시에 많은 사람이 이동하게 되므로 적재적소 배치가 곤란
    - − 능력(학술지식, 자격, 경력 등)이 직위에 맞지 않으면 적응에 보다 많은 시간과 노력 필요
  - ○ 업무에 익숙해지면 곧 인사이동 시기가 되므로 업무 집중도와 추진력 저하, 자기계발 소홀
  - → 이에 따른 관찰력과 판단력 저하로 징후 포착에 애로, 발견된 징후의 위험 인식 및 효과적인 대응책 마련에 실패할 가능성

- ■ 단기실적 위주로 업무를 추진하는 조직문화 조성

---

90) 1983년 8월 상업은행 혜화동지점의 명성그룹 사건과 같이 대형 금융사고가 대부분 동일 영업점에서 장기간 근무한 직원이 친밀한 고객들과 사적 금전대차 등 부정을 저지르는 사례를 방지하기 위해 도입

○차기 인사를 염두에 두고 업무를 수행하므로 상사의 관심 사항, 단기간 내에 성과가 분명하게 나타나는 업무 위주로 추진
　－근본적 제도 개혁을 위한 업무 등 장기간 많은 노력이 필요한 업무는 기피
○업무 연속성 결여
　－전임자가 추진한 제도개혁 등의 사후관리는 평가에 유리하지 않으므로 소홀
　－전임자와 전혀 다른 방향으로 업무를 추진하여 금융시장이 혼란을 초래하는 사례도 있음.
○관리자가 당장의 가시적 성과를 내기 위해 업무능력이 우수한 인력 위주로 활용
　－직원 간 소외감, 위화감 등으로 반목이 발생

■ 조직 구성원의 책임의식과 사명감 약화
○담당기간 중 위험요인이 드러나지 않기를 기대하며, 발견되더라도 숨기고 싶어함.
　－문제가 누적된 다음에야 폭발하여 부작용이 확대
※ 순환인사가 아니어서 계속 같은 업무를 담당해야 하는 경우라면, 가급적 문제가 커지기 전에 조기 해결하려고 노력할 것임.

■ 부서 간 정보공유 및 협업을 방해
○순환인사 제도 하에서는 모든 동료가 경쟁자
　－직원의 능력과 무관한 인사배치를 하므로 승진이나 보직을 두고 직원 모두가 경쟁관계
○다른 부서 업무협조 요청에 대해 본인과 경쟁자의 유·불리 등을 따져 협업 결정

■ 내부 견제가 취약하고 공동으로 문제를 은폐하는 조직문화를 조장
○상호 견제 관계에 있는 부서 간 또는 감사부서와 피감사 부서 간에 이동의 제한이 없어 입장이 서로 바뀔 수 있음을 감안, 견제 또는 감사에 소홀해질 가능성

■ 관리자의 조직 장악력 약화로 책임경영이 곤란
○조직과 그 관리자의 업무성과는 관리자의 리더십 외에 조직 구성원의 능력에도 좌우되나 인사 부서가 업무능력이 부족한 직원을 배치하더라도 성과평가 시 고려되지 않음.
　－조직과 관리자의 성과평가에 불리해지고, 조직 성과평가 결과가 조직 구성원 성과평가에 반영되면 조직 구성원 모두가 평가에 불리
○직원 배치 권한은 인사부서가, 성과에 대한 책임은 관리자와 해당 조직 구성원이 부담하는, 권한과 책임(R&R, Role & Responsibility)의 비대칭 발생
　－조직의 불만 증가, 인사권자에 줄을 서는 조직문화 형성

■ 유착 관계 예방에 효과적인지 여부 불분명
○인사이동을 하더라도 복귀 가능성을 염두에 두고 거래처 또는 피감 기관과의 관계 유지, 후임 자와의 인수인계 및 유대로 기존 관계 유지 등으로 유착 지속 가능 등

순환인사로 인한 이러한 부작용들이 금융감독원에서 일어난다는 것은 아니다. 다만 대형 분쟁사례에서 나타난 결과를 놓고 보면 일부 부작용을 미루어 짐

작할 수 있다. 우선 저축은행 사태에서 검사원들이 부동산PF의 위험성에 대해 경영실태평가를 통해 경고음을 미리 내지 않은 것은 아직 부실화 여부가 불확실한 상황에서 문제를 부각시켜 일을 키우는 것보다는 우선은 그냥 지나가고 보자는 생각, 즉 책임의식 부족 때문이라 할 수 있다. 만약 앞으로도 계속 그 자리에서 저축은행을 담당하고 있어야 한다면 그냥 두었다가 나중에 충격을 키우는 것보다는 미리 대처해서 충격을 줄이는 것이 유리하다는 것을 아니까 조기에 대응을 했을 수도 있다. 또 저축은행이 자사 후순위채를 자기 창구에서 팔거나[91] 동양증권이 투자 등급에 미치지 못하는 계열사 회사채를 파는 것에 대해 문제의식을 가지고 미리 제도를 개선하지 못하고 일이 터진 다음에야 조치한 것도 순환인사로 인해 문제점을 꿰뚫는 전문성과, 어차피 할 일이니 미리미리 내가 해결한다는 책임의식이 부족한 데 따른 산물이라고 생각된다.

또 사모펀드 규제 완화 후 초기부터 정책의 실효성과 부작용에 대해 밀착 감시를 하지 않았다거나, 다층구조 펀드가 심각한 문제가 있다는 것을 인지하였으나 법규 위반 여부만 검토하는 데 그쳐 근본적으로 제도 자체를 바꾸는 방안을 제시하지 않은 것도 전문성과 책임의식 부족 등에 따른 것이라 할 수 있다. 그 외에 재해사망보험금의 경우에도 분쟁조정 담당자가 최초에 분쟁이 생겼을 때 분쟁조정결정으로 끝내지 않고 금융소비자들을 위해 거시적 안목에서 사명감을 가지고 검사국 등 관련부서와 협업을 통하여 완결 처리하였더라면 하는 아쉬움을 남긴 근본 원인은, 어차피 인사이동 하면 끝까지 책임질 일도 아닌데 굳이 욕먹어 가며 일을 벌일 필요가 있겠는가 하는 마음에서 비롯된 것이 아닐까 하는 생각을 지울 수 없다.

이러한 관점에서 금융감독원의 순환인사로 인해 금융소비자보호 업무는 물론 다른 분야에서도 여러 가지 한계를 드러낸 것으로 보인다. 그러므로 인사제도의 과감한 혁신이 필요하다고 생각된다.

---

91) 2011년 6월 1일 저축은행 후순위채의 공모 및 창구판매 제한 조치(금융위원회 보도자료 참고)

제4절 「금융소비자보호법」의 한계

2020년 3월 「금융소비자보호법」이 제정되고 2021년 3월에 시행되었다. 제I장 제2절에서 이미 살펴본 것과 같이 이 법은 금융회사가 거래 상대방인 금융소비자의 권익을 보호하기 위해 많은 의무를 부담하게 하고, 만약 법을 위반하면 금융당국과 사법당국이 강력한 제재와 처벌을 가함으로써 그 의무 이행을 담보하는 형태로 되어 있다고 정리할 수 있다. 금융위원회는 이 법의 제정으로 금융소비자의 권익 신장뿐만 아니라 금융회사에 대한 국민의 신뢰 제고 차원에서도 중대한 전환점이 될 것이라고 하였다.

그러면 새로 제정된 「금융소비자보호법」은 기존의 제도가 가지고 있는 한계로 인해 발생하는 금융소비자 피해의 원인을 해소함으로써 효율적, 효과적으로 금융소비자를 보호할 수 있을 것인가? 금융회사 임직원들의 의식이 완전히 바뀌어서 금융소비자보호를 최우선 과제로 염두에 두고 경영정책과 전략을 수립하고, 실제 영업활동에서 이를 철저히 실천함으로써 금융소비자가 금융회사와 거래에서 억울한 피해를 입지 않게 될 것인가? 설사 금융회사의 부당행위로 피해를 보더라도 금융감독원 등에 민원을 제기하거나 법원에 소송을 제기하면 손해를 철저하게 배상받을 수 있을 것인가?

1. 법 시행의 기대 효과

법 시행에 따른 긍정적 효과를 살펴보자. 우선 이와 같은 특별법의 제정으로 정부와 국회가 금융소비자보호에 상당한 관심을 기울인다는 사실이 널리 알려지고 이로 말미암아 일반 국민들의 금융소비자보호에 대한 공감대가 형성되는 효과는 있을 것으로 보인다. 또 이러한 사회적 인식의 변화로 인해 금융회사 경영진들도 종전보다는 금융소비자보호 업무를 중시하여 인적, 물적 자원을 많이 배분하는 등 노력을 기울이게 하는 효과는 있을 것이다. 또 법원이나 금융당국도 소비자피해를 예방하고, 발생한 피해가 조금이라도 더 줄어들 수 있도록 많은 노력을 하게 될 것으로 기대할 수 있다.

또 금전적 제재와 형벌 강화로 금융소비자 권익침해 사례는 상당히 감소하는 효과를 보일 것이다.[92] 사람은 누구나 처벌을 두려워하므로 처벌이 강할수록 위법행위를 하지 않기 위해 더욱 조심하고 살피게 되기 때문이다. 특히 금융회사들 간에는 서로 경쟁의식이 있어 다른 금융회사보다 평판이 나빠지는 것을 피하고 싶어 한다. 그런데 법 시행 후 사람들의 관심이 극도로 높아진 상태여서 처음으로 법을 위반하면 집중 조명을 받게 된다. 더구나 법 시행 초기에는 법의 위력을 잘 알지 못한다. 그러므로 서로가 최초로 시범케이스에 걸려서 평판을 크게 손상하는 상황에 직면하지 않기 위해 법을 철저히 준수하므로 초기에는 법 제정의 효과가 상당하다고 느낄 것이다.

2. 법의 실효성

그렇다고 해서 당초의 법률 제정 목적을 충분히 달성하게 될 것이라고 보기는 힘들다. 왜 그럴까? 「금융소비자보호법」은 금융소비자보호의 성패가 주로 금융회사의 의무 이행에 달려있는 구조이기 때문이다.

이 법은 전체적으로 볼 때 금융회사가 일방적으로 적합성원칙, 설명의무 등 6대 판매규제를 준수하는 책임을 부과하고 이를 위반하면 금융당국과 사법당

---

92) 실제로 2021년 상반기 접수된 금융민원은 총 42,725건으로 전년 동기 대비 7%(3,197건) 감소(금융감독원 보도자료 2021년 상반기 금융민원 동향, 2021년 8월 19일)

국이 엄중한 제재와 형벌을 가함으로써 금융소비자 권익을 보호하도록 강제하는 구조로 되어 있다. 바꾸어 말하면 금융소비자는 금융회사에 비해 약자니까 무한한 보호가 필요하므로 금융당국 및 사법당국은 물론 거래 상대방인 금융회사도 지극히 온정적, 시혜적으로 접근해야 한다는 관점(paternalism)을 바탕으로 법을 제정한 것이다. 금융소비자의 책무(법 제8조)에는 금융계약의 당사자로서 자기가 한 행위에 대해 책임을 져야한다는 가장 기본적인 선언조차도 규정되어 있지 않다. 하지만, 금융회사에 대해서는 금융소비자의 공정한 금융 소비생활 환경 조성, 재산상의 위해 방지 등 거의 무한정의 책임을 명시하고 있다(법 제10조). 나아가 법을 어긴 금융회사와 그 임직원에 대해서는 징역, 벌금, 징벌적 과징금, 과태료 등을 부과하도록 한 점, 특히 최종 법안에서는 제외되었지만 당초 법안에는 징벌적 손해배상이나 집단소송제도 등이 포함되었던 점 등은 이러한 관점을 극명하게 보여준다고 할 수 있다.

이러한 법체계 하에서는 금융회사가 금융소비자보호를 다른 어떤 것보다 가장 우선하는 가치로 받아들이고 자발적으로 실천하거나, 금융당국이나 사법당국이 법률 위반 사례를 예외 없이 모두 찾고 가려내어 처벌을 할 것이라고 모두가 믿을 때 법 제정 목적을 달성할 수 있다. 그러나 현실은 이와 많은 거리가 있기 때문에 법의 실효성을 보장하기가 어렵다. 왜 그런가?

첫째 금융회사가 영리법인이기 때문이다.

이론적으로 금융회사는 금융당국의 인가를 받고 진입장벽을 통과하여 경쟁 제한적인 환경에서 영업을 하고 있으므로, 그 특혜를 받는 만큼 '사회적 기업'으로서의 역할을 해야 마땅하다고 할 수 있다. 특히 공신력을 중시하는 금융회사로서 장기 성장과 발전의 기반이 되는 고객 신뢰 확보, 즉 평판리스크 관리 차원에서도 금융회사는 자발적으로 금융소비자보호를 위한 책무를 다하는 것이 당연하다.

그러나 금융회사는 생존을 위해 이익을 내야 한다. 금융소비자를 잘 보호한다고 해서 당장 영업이 확대되거나, 의무를 이행하는 데 따른 보상도 없다. 그 대신 법규를 준수하는 데 따른 비용만 증가하므로 금융회사의 가장 근본적인 목표인 이익 증대와는 상충된다. 이와 같은 구조에서 금융회사가 스스로 법규를 잘 지키기를 기대하는 것은 환상이 될 수 있다. 아무리 제재가 강하더라도 조직이나 개인의 생존 문제가 걸리면 당장의 판매실적을 올리기 위해 법을 위반하는 것도 감수하게 된다. 사흘 굶은 사람이 '앉아서 굶어죽으나 남의 것 훔치다가 맞아 죽으나 마찬가지'라는 심정에서 남의 집 담을 넘는 것과 같은 이치이다.

그 증거로서 금융소비자보호의 핵심이 되는 적합성원칙, 설명의무 등 6대 판매 준수사항은 이전부터 「자본시장법」, 「보험업법」 등에 따라 시행되고 있었음에도 이를 잘 지키지 않아 사모펀드 사태가 터졌다. 물론 법위반에 따른 제재가 강화되었으므로 금융회사들이 종전보다는 훨씬 조심하겠지만 위반을 전혀 하지 않으리라는 보장은 없다.

둘째는 금융당국의 법집행 능력에 한계가 있기 때문이다.

만약 위법사례가 발생하면 100% 예외 없이 적발되어 처벌을 받는다는 것이 확실하다면 법률 위반 사례가 거의 발생하지 않을 수도 있다. 아무리 당장의 실적이 급하다고 하더라도 법을 위반하면 적발되어 처벌을 받고 과태료까지 부담할 것이 분명한데도 법을 위반하면서 상품을 판매를 할 사람은 없을 것이기 때문이다. 그러나 위법 사례를 적발하고 조치할 금융당국의 능력에는 한계가 있으므로 위법 사항의 적발과 조치는 극히 일부에 불과하다고 할 수 있다.

그동안의 금융감독원 업무 운영을 보면, 저축은행이나 사모펀드 사태처럼 사회적 이목을 끄는 대형 사태가 아닌 경우에는 금융감독원에 민원이 제기된 건에 한하여, 그것도 민원 담당자가 위법행위가 있었을 가능성이 의심되어 조사나 검사를 실시함으로써 사실이 확인된 경우에만 처벌을 받게 된다. 그런데 최근 금융감독원 민원처리 담당 직원들은 1인당 수십 건, 많은 경우에는 300건 이상의 처리대상 민원을 안고 있는 실정이다. 이와 같은 상황에서는 하루하루 맡은 민원을 처리하는 데 급급하게 되므로, 법률 위반여부를 면밀히 검토하고 조사나 검사를 추진하기에는 너무나 부담이 크다. 검사국에 검사를 요청하더라도 검사국 인력 부족 등으로 대형사고 등 특별한 경우가 아니면 검사를 실시하기가 어렵다. 검사국의 준법검사도 처음에는 표본 검사를 한 후 위법사항이 드러나면 전수 검사를 하므로 모든 위법사항을 완벽히 걸러내기는 사실상 불가능하다.

이와 같은 사정 때문에 앞으로도 수많은 법 위반 사항 중 극소수만 드러나서 처벌을 받게 될 수 있으므로 금융시장에 경각심을 주기는 어려울 것이다. 그렇다면 「금융소비자보호법」 시행 초기에는 잔뜩 움츠리고 있던 금융회사들이 시간이 흐를수록 긴장이 점차 흐트러질 것이다. 이런 관점에서 법 위반에 대한 처벌은 강화되었지만 그것만으로는 위반사례를 근절하기는 어려우므로 또다시 역사는 반복될 것이 분명하다.

셋째, 다른 법규와의 간극이 「금융소비자보호법」의 실효성을 떨어뜨릴 수 있다.

이 법에서 규정하지 않은 사항에 대해서는 「민법」이나 「상법」, 기타 금융관련 법규가 적용된다. 이러한 법규에 의해 정립된 금융계약 관련 금융회사의 손해배상 책임 범위 등 판례가 하루아침에 바뀌기는 매우 어려우므로 「금융소비자보호법」이 시행되었다고 해서 금융소비자 권익이 획기적으로 신장될 것으로 보기는 어려운 부분도 있다. 예를 들어, 그동안의 조정례나 판례에서는 금융소비자가 계약 관련 서류에 기명날인을 하여 계약이 적법하게 성립되었으면, 금융회사가 설명의무 등 고객보호 의무를 위반하였다 하더라도 고수익은 고위험을 동반한다는 것은 금융소비자라면 누구나 다 아는 상식으로 보아 금융회사의 손실배상 비율은 30~40% 정도로 그치고 있다. 그러므로 「금융소비자보호법」이 시행되었더라도 기존 판례 등의 범위를 벗어나 그 비율이 획기적으로 올라갈 것이라고 예상하기는 매우 어렵다는 점에서 피해 구제 수준에 한계가 존재하는 것은 분명하다고 할 것이다.

넷째, 금융회사 책임에 비해 금융소비자의 책임에 대한 규정은 거의 결여되어 있기 때문이다.

금융소비자를 보호하는 가장 바람직한 방법은 금융회사가 의무를 다하는 것이 아니라 금융소비자 스스로가 책임의식과 충분한 금융지식으로 무장하여 스스로 금융상품의 내용과 위험을 잘 이해하고 자기의 금융거래 목적에 맞는 상품을 선택할 수 있는 능력을 키우는 것이다. 이렇게 함으로써 피해를 예방하는 것이 피해가 발생한 다음에 사후 구제를 받는 것보다 훨씬 사회적 비용이 줄어든다. 그러므로 금융소비자의 자기 보호 능력을 키우기 위한 정책이 뒷받침되어야 금융소비자보호 정책이 성공할 수 있다.

그런데 이 법에는 금융회사의 책임에 비해 금융소비자의 책임에 관한 사항은 거의 명시되어 있지 않다. 선언적으로만 금융소비자가 주체의식을 가지고 금융상품을 올바르게 선택하고 금융소비자의 기본적 권리를 정당하게 행사할 것과, 스스로의 권익을 증진하기 위하여 필요한 지식과 정보를 습득하도록 노력하여야 한다고 규정하고 있을 뿐이다(법 제8조). 또 금융위원회가 금융교육을 하도록 책임을 부과하고 있으나 금융소비자가 교육을 받지 않으면 아무런 효과가 없음에도 금융교육을 실효성 있게 추진할 수단은 명시되어 있지 않다.

또 금융소비자의 책임을 강화하지 않으면 법을 악용하여 금융회사 영업을 방해하거나 직원들을 괴롭히는 금융소비자가 나타날 수 있다. 예를 들면, 법에서 금융회사의 위법행위에 대해 무거운 제재나 처벌을 가하는 점을 악용하여 금융회사의 극히 사소한 과실을 이유로 금융당국에 민원을 제기하겠다며 금융회사를 괴롭히거나, 실제로 민원을 제기하여 금융당국의 민원 처리업무 부담을 늘리게 될 것이다. 이에 따라 정작 피해 구제를 받아야 할 사람이 구제를 받지 못하게 되는 사례가 지속될 수 있다.

다섯째, 금융회사에 대한 책임을 강화하면 금융회사의 경영이 어려워지는 문제가 있다. 금융소비자보호의무 위반으로 강력한 제재를 받게 되면 그 학습효과 때문에 비슷한 이슈가 될 수 있는 금융상품은 개발이나 판매를 기피하게 되는 것은 당연하다. 키코 사태 후에는 중소기업을 대상으로 하는 환 헤지 금융상품이 자취를 감추고, 사모펀드 사태 후에는 사모펀드 판매 수탁회사 찾기가 힘들어졌다고 한다. 일부 은행이 이 법 시행을 앞두고 그동안 준비하여왔던 금융서비스를 한시적으로 중단했으며, 인공지능 기반의 상담을 통한 예·적금 가입을 중단했다고 한다.[93] 이와 같이 금융상품이 유통되지 않게 되면 해당 금융상품이 가지고 있는 순기능이 사라지게 되므로 경제 전반에 악영향을 미치게 된다. 환위험 헤지를 할 수가 없고 사모펀드가 투자하던 벤처기업들은 자금난에 빠지게 된다. 금융회사 영업이 위축되어 금융 본연의 기능이 약화되면 우리나라 금융산업의 국제경쟁력을 키우기 어렵게 된다. 또 기업 활동이 위축되고, 이에 따라 고용이 줄고 국민소득이 줄어드는 등, 경제순환 고리에 따라 국민경제 전반에도 악영향을 끼칠 수 있게 된다.

또 금융회사가 이 법을 준수하려면 많은 비용이 든다. 설명의무나 적합성원칙 등을 이행하기 위해 고객에게 제공할 설명서를 작성하여 인쇄한다거나, 적합성 조사와 설명 과정을 녹취하고 그 자료를 보관하는데 드는 비용이 발생한다. 또 적합성 조사와 상품 설명에 많은 시간이 늘어나므로 직원 1인당, 또는 시간당 판매 실적이 줄어들 수밖에 없어 생산성 저하로 인한 보이지 않는 비용이 늘어난다.

이와 같이 영업 위축이 심화되고 비용은 늘어나는 데다, 경기 침체까지 겹쳐 경영 건전성이 악화된 상태에서 위법 사항이 대량 적발되어 징벌적 과징금이나 거액 과태료를 부담하고 과도한 손해배상을 하게 되면 극단적인 경우에는 유동성 악화 등으로 일부 금융회사가 문을 닫을 수도 있을 것이다. 이런 경우에는 그 금융회사의 주주, 채권자, 임직원, 비금융 상거래 고객 등 많은 이해관계자는 물론, 해당 분쟁과 무관한 다른 금융상품이나 서비스를 거래하는 고객 등 그 금융회사의 다른 금융소비자들까지 함께 피해를 입을 수 있게 된다.[94] 또 그 위험이 전이되어 다른 금융회사나 기업의 연쇄도산으로 이어질 경우에는 국민경제에도 큰 부담이 될 수 있다.

이런 상황이 되면 금융회사 부실에 대해 감독책임이 있는 금융당국으로서는 무조건 현실을 외면하기가 어려울 것이다. 그동안 금융정책이 끊임없이 규제

---

93) 「뉴시스」 2021년 3월 27일 "비운의 법'이라 불린 금소법 시행됐지만⋯과제는' 참조
94) 예금보험 대상인 금융상품을 거래한 고객이라도 예금보험공사가 예금이나 보험금을 지급하는 데 상당한 시간
　이 소요되므로 그로 인한 기회비용이 발생함.

완화와 강화 사이를 오간 것을 보면 금융소비자보호도 예외는 아닐 것이기 때문이다. 법규의 가변성으로 인해 법규 제정으로 기대한 성과를 거두기 어려울 수 있다.

3. 주요 제도의 실효성

이제 법에서 정하고 있는 각종 금융소비자보호 제도들이 효과적으로 작동하게 될 것인지 살펴보자. 법에서는 6대 판매규제와 금융회사 내부통제, 금융소비자의 청약철회권과 위법계약해지권, 금융회사의 소액 분쟁조정 이탈금지, 손해배상 입증책임 부과 등의 제도들을 담고 있다. 이 가운데서도 가장 핵심적인 제도는 피해 예방을 위한 제도인 6대 판매 규제와 내부통제라고 할 수 있다. 6대 판매 규제 가운데서도 적합성원칙과 설명의무가 제대로 이행될 수 있을지가 법 제정 효과를 결정하는 가장 중요한 제도가 될 것이다. 왜냐하면 이전의 금융분쟁에서 가장 빈번하게 이슈가 된 것이 이 두 가지이기 때문이다. 그리고 내부통제는 상품 설계 단계부터 판매 및 사후처리까지 금융회사 경영활동의 모든 과정에서 작동함으로써 부실상품 출시를 억제하고 6대 판매 규제를 준수하게 하며, 금융회사 임직원의 금융소비자보호에 대한 바람직한 인식과 조직문화를 형성하는 데도 중요한 역할을 한다. 그러므로 여기서는 이 제도들을 중심으로 살펴본다.

가. 적합성원칙

적합성원칙(적정성원칙 포함, 이하 같음)은 금융회사가 금융소비자의 능력에 부적합한 금융상품을 판매하지 않도록 함으로써 금융소비자가 감당하기 어려운 수준의 위험을 안고 있는 금융상품을 계약하여 피해를 입게 되는 것을 방지하기 위한 제도이다. 법에서는 판매 직원이 적합성 평가를 위해 필요한 사항들을 고객에게 질문을 하여 그 답을 근거로 적합성을 판단하고, 그 결과를 금융소비자에게 확인하도록 하고 있다.

적합성원칙은 금융소비자가 스스로 자기의 지식과 재산, 자금 수요 등 상황을 감안하여 거래하기에 적합한 금융상품을 선택하도록 하는 것이 취지에 가장 잘 부합한다. 그러나 금융소비자가 금융상품 등에 대한 지식과 정보가 부족하여 스스로 이러한 판단을 하기가 어려운 점을 감안하여 금융회사가 적합성 평가를 하도록 하고 있다. 그런데 법에서 정한 방식으로 적합성 평가를 하면 금융소비자는 수동적 입장이 되므로 그 중요성을 인식하지 못할 수 있다. 그러므로 사실대로 정확한 답변을 하지 않거나, 직원이 확인해 달라고 내민 평가서의 기록 내용을 제대로 살피지도 않고 서명하거나, 자기 답변과 기록 내용이 조금 차이가 있어도 그냥 넘어갈 가능성도 높아진다. 이러한 상황에서는 판매 직원이 필요에 따라 금융소비자의 답변 내용을 선택적으로 받아들이거나 약간씩 과장 또는 축소할 가능성이 있게 마련이다. 그리고 필요하면 법에 저촉되지 않는 범위 내에서 금융소비자가 원하는 답변을 하도록 유도할 수도 있다. 사모펀드 사태에서와 같이 투자자 정보 확인서상 거짓 내용을 기재하여 고객의 투자자성향을 임의로 분류한 것과 같은 유형의 위반사례가 나타날 소지는 여전하다.

또 금융소비자는 필요에 따라 적합성 평가를 위한 질문에 거짓으로 답변할 가능성도 있다. 예를 들어 자기가 꼭 거래하고 싶은 금융상품의 위험에 비추어 자신의 거래 목적이나 재력, 금융거래 경험 등이 적합하지 않다는 것을 알면 재산상황이나 거래 경험 등 정보를 적당히 부풀릴 가능성도 있다. 이런 경우 금융회사는 소비자로부터 제공받은 정보의 사실여부 확인을 위해 소비자에게 증빙자료를 요구해야 할 의무가 없다는 것이 금융당국의 해석이다.[95] 이것이 정보의 사실 여부를 확인할 의무가 없다는 의미라면 거짓 정보를 기준으로 적합성을 평가할 수도 있게 되므로 제도가 제대로 작동하지 않게 될 수 있다. 그리고 금융회사가 금융소비자와의 기존 거래 과정에서 이미 확보하고 있는 정보가 있는 경우 이를 이용하여 정보의 사실 여부를 확인하는 의무도 없는지는 불분명하다. 금융분쟁이 발생할 경우 정보를 가지고 있으면서도 이를 확인하지 않은 금융회사의 책임을 둘러싼 논란이 있을 수 있다.

한편, 금융회사별 적합성원칙 이행 기준은 대통령령과 감독규정 등에서 정

---

95) 금융감독원, 보도참고자료, 금융소비자보호법 관련 10문10답, 2021년 3월 24일

한 기준 범위 내에서 금융회사가 정하도록 되어 있으므로 금융회사에 따라서는 기준을 완화하여 적용하는 경우도 있게 된다. 따라서 금융소비자가 기준을 보다 보수적으로 운영한 다른 금융회사와 거래를 했더라면 피해를 입지 않았을 텐데, 기준을 완화하여 운영한 금융회사와 금융거래를 한 결과 손실을 입었다면 금융회사에 대해 책임을 부과할 수 있는가 하는 문제가 제기될 수 있다. 만약 기준을 완화하여 운영한 결과 금융소비자 피해가 있더라도 제재를 받지 않거나, 보다 가벼운 제재를 받았다면 모든 금융회사가 영업에 보다 유리하도록 기준을 완화하려 할 것이므로 제도의 실효성 자체가 보장되기 어려울 수도 있다. 협회 등이 주관하여 업계 표준안을 만들더라도 모든 회원 금융사들이 일률적으로 그 안을 적용하도록 강제할 수는 없으므로 결과는 크게 달라지지 않을 것이다.

이 외에도 최초로 적합성 평가를 한 후 다음 평가는 매 거래마다 할 것인가, 일정기간마다 할 것인가에 대해 기준이 명확하지 않다. 처음 한번 조사를 하고 나면 그 후에 재산이나 직업, 투자 경험 등이 변하는데, 이를 반영하지 않으면 판매 당시에 상응하는 적합성 평가를 할 수 없다. 그렇다고 매번 거래할 때마다 평가를 해야 한다면 너무 많은 시간과 비용이 들게 된다. 만약 평가 주기를 너무 길게 하거나 금융회사 자율에 맡기면 판매 당시 금융소비자의 실제 투자자성향을 반영하지 못하게 된다. 그러므로 당초 공격투자형에 속하던 금융소비자가 재산이 감소하고, 심신이 노쇠하여 안정추구형에 속하게 되었음에도 적합성 평가를 하지 않고 투자자성향을 종전의 분류대로 둔 채 매우 위험한 상품을 권할 수 있게 되는 것과 같은 문제가 생기게 될 것이다.

나. 설명의무

다음으로 설명의무에 대해 살펴보자. 금융감독원에 접수된 금융민원 가운데 모든 권역에서 가장 비중이 높은 불만사항이 '설명 불충분'이므로[96] 보다 면밀히 살펴볼 필요가 있다.

96) 조남희, 「금융소비자보호」, 연암사, 2019, p68

금융상품은 다른 실물 상품과 달리 눈으로 볼 수가 없고 내용도 매우 복잡하고 어려운 데다, 효능도 만기가 되거나 상당한 기간이 흘러야 알 수 있다. 따라서 금융소비자가 그 내용을 잘 모르고 선불리 계약을 할 수 있다. 설명의무는 이러한 상황을 막기 위하여 금융회사가 금융상품에 대한 정보를 충분히 제공한 후 판매함으로써 금융소비자가 거래 결과에 스스로 책임을 질 수 있도록 하려는 것이 그 취지이다. 위반하면 1억 원 이하의 과태료를 부과할 수 있다.

설명의무의 주요 내용을 요약하면, ① 설명 전에 설명서를 제공할 것, ② 법령에서 정한 중요 사항을 금융소비자가 이해할 수 있게 설명할 것, ③ 금융소비자로부터 설명을 이해했다는 사실에 대한 확인을 받을 것, ④ 설명서에는 설명을 한 사람이 일반금융소비자에게 설명한 내용과 실제 설명서의 내용이 같다는 사실을 확인하는 서명을 할 것 등이다.

이와 같은 설명의무를 다하는 데는 많은 어려움이 있을 것으로 보인다.

첫째, 설명서 이상으로 설명을 하는 것을 막게 될 수 있다. 왜냐하면 설명한 사람이 자기가 설명한 내용과 설명서의 내용이 동일하다는 것을 확인하는 서명을 하도록 하고 있기 때문이다(영 제14조 제2항). 이를 문언적으로 해석하면 설명하는 사람은 설명서에 명시된 내용대로만 설명하여야 한다는 것으로 볼 수 있다. 또 금융당국이 제시한 가이드라인에서는 법령에서 정하지 않은 사항은 판매업자가 금융소비자의 수용 능력을 고려하여 설명 여부를 판단하되 설명서나 설명 스크립트에 반영되는 내용은 반영사유를 내부적으로 기록·관리하도록 하고 있다. 이러한 기준 하에서 금융회사로서는 법으로 정한 중요한 사항만을 골라 설명서와 스크립트를 작성하고 판매직원들이 그것을 자구하나 틀림이 없이 그대로 읽도록 하는 것이 가장 안전한 방법이 될 것이다. 그렇게 하지 않으면 설명자의 피로나 실수 등으로 설명서 내용 중 일부를 빠뜨리거나 내용과 다르게 설명할 수 있게 된다.

이런 방식은 금융소비자가 직접 설명서를 읽는 것과 다를 바가 없어 금융상품을 더 잘 '이해'할 수 있도록 설명하는 것은 상당히 어렵게 된다. 특히 결국 금융소비자는 판에 박힌(stereotyped) 설명만 듣고 금융상품을 제대로 이해를 하지 못한 채 계약을 하는 상황을 맞을 수 있다. 설명의무를 강화하였지만 설명은 제대로 되지 않는 결과가 되는 것이다.

둘째는 설명의무를 다하는 데 엄청난 시간과 노력이 필요하다. 법에서는 금융소비자에게 계약을 '권유'하거나 금융소비자가 설명을 요청하는 경우에는 설명을 하도록 하고 있다. 금융소비자가 이미 판매직원을 만나기 전에 특정 금융상품을 정해놓고 그것을 계약하겠다고 하는 경우에는 계약을 권유하지 않은 경우에 해당하므로 설명을 요구하거나 질문하는 사항만 설명하면 되겠으나 이런 경우는 정말 드물다. 설사 그런 경우라 하더라도 실제 상담을 하는 과정에서는 다양한 의견도 나누므로 판매직원으로서는 권유한 경우가 아니라고 자신 있게 판단하기 어렵다. 또 법에서는 '중요한 사항(일반금융소비자가 특정 사항에 대한 설명만 원하는 경우 해당사항으로 한정한다)을 일반금융소비자에게 이해할 수 있도록 설명하여야 한다.'라고 하고 있으나, 이렇게 특정하여 요구하는 금융소비자는 매우 드물 뿐만 아니라, 금융회사 입장에서는 해당 규정의 해석이 불분명한 상황에서 위험을 자초하지 않기 위해 중요한 내용을 모두 설명하게 될 것이다.

그러므로 설명할 내용이 많아서 시간이 오래 걸리는 데다 거의 모든 고객에게 설명을 하여야 하므로, 설명에 따른 금융회사 직원들의 부담은 상당하다. 특히 보험상품은 주계약 하나에 수많은 특약이 붙어있는 형태가 많아 약관 자체가 책만큼 두꺼워 제대로 설명을 하려면 여러 시간이 걸릴 정도이다. 이와 같은 물리적인 이유 때문에 계약의 중요한 내용을 모두 설명하지 못하여 설명의무를 위반하는 경우가 허다할 것으로 예상된다.

셋째는 설명의무가 완전하게 이행되었는지를 판단할 수 있는 기준이 명확하지 않은 것도 문제가 될 수 있다. 그 이유는 '이해'라는 용어의 모호성 때문이다. 법에서는 금융소비자가 '이해'할 수 있도록 설명할 것을 요구하고 있다. 그런데 이해할 수 있도록 설명하려면 상대가 정확히 이해하였는가를 확인하여야 하나 이것은 매우 어렵다. 이해하였는가를 확인하는 것은 이해하는 본인의 주관적인 사항이기 때문이다. 구체적으로 들어가다 보면, 금융소비자 스스로도 자기가 이해하였는지 판단할 수 있는 정확한 지식이나 경험이 없어 실제로는 오해하였으면서도 이해하였다고 답변하는 상황이 발생할 수도 있다. [97]

또 실제로는 이해가 전혀 되지 않았으면서도 설명을 들을 때는 이해한 것으로 착각하는 경우도 흔하다. 그러므로 금융소비자가 이해할 수 있도록 설명하는 것은 이행하기가 매우 어려운 과제이다. 판매직원이 이런 점을 역으로 이용하여 법은 준수하면서도 금융소비자를 혼란이나 착각에 빠지게 하여 계약을 유도할 수도 있다. 예를 들어, 먼저 장점을 강조하여 장밋빛 기대가 부풀게 한 다음에는 위험을 있는 그대로 설명하더라도 금융소비자는 위험은 흘려듣고 고수익에만 현혹되어 섣불리 계약하겠다고 덤빌 수 있게 된다.

넷째, 설명의무를 다하였는지를 사후에 입증하는 것도 쉽지 않은 문제가 된다. 설명은 구두로 하는 것이므로 녹음이나 녹화를 해야 증거가 될 수 있다. 따라서 대부분의 금융회사는 설명의무를 다하였음을 확인하기 위해 녹취를 한다. 특히 법에서 설명의무 위반에 대해서는 금융회사가 고의 또는 과실이 없었음을 입증하여야 손해배상 책임을 면할 수 있으므로 이를 위해서라도 녹취는 필수이다. 그러나 보장성 상품과 같이 녹취 자체가 의무는 아닌 경우도 있다. 녹취를 하더라도 상담과정 전체를 다 녹취하지 않고 설명의무를 이행하기 위해 설명서를 낭독할 때만 녹취하면 그 전이나 후에 아무리 허위, 과장 설명을 하더라도 나중에 적발하지 못할 수도 있다. 또 녹취를 하더라도 기기의 기능 문제 등으로 녹취가 제대로 되지 않을 수 있고 관리 소홀 등으로 녹취가 멸실되는 경우도 있다. 이러한 상황을 대비한 제도적 보완이 필요하다.

다섯째, 설명을 강제하는 데 따른 부작용이 나타날 수도 있다. 대부분의 사람들은 문서를 읽는 경우에 보다 이성적이고 중립적인 시각에서 내용을 이해하게 된다. 그런데 같은 내용이라도 남이 말로 하는 것을 들을 때는 그 사람이

---

97) 예를 들어 투자 부적격인 증권을 설명하면서, '이 증권 발행회사 신용등급이 BB인데요. 부도 확률은 4%이고요,……' 이런 식으로 설명하면 정확하게 설명은 되었으나, 듣는 사람이 부도확률 4%가 아주 낮은 확률이라고 생각하거나, 손해를 보더라도 4%쯤 보는 것이라고 이해할 수도 있음.

이해한 것을 바탕으로 가공되어 흘러나오는 표현을 듣게 되므로 말 뿐만 아니라 표정이나 동작 등이 가미된 언어를 받아들이게 된다. 그러므로 상대방이 특정한 목적을 가지고 설명을 하게 되면 그 의도에 휘말리기 쉽다. 특히 지식과 경험이 부족한 사람은 언변이 좋은 사람을 만나서 이야기를 듣다보면 쉽게 그 사람의 말에 동화된다.

예를 들어 보험판매왕 같은 사람을 만나서 이야기를 듣다보면 보험을 들지 않으면 아니 되겠다는 마음이 금세 생긴다는 이야기와 통하는 것이다. 그러므로 그냥 계약서와 설명서를 잘 읽고 나서, 모르는 것, 의문 나는 것 등만 질문하여 설명을 듣고 판단을 했으면 별 탈이 없었을 것을 공연히 판매원의 설명을 듣고 나서는 마음이 바뀌어 판매원이 권유하는 상품을 계약하였다가 낭패를 볼 가능성은 언제나 열려 있다. 또 구두로 설명을 하고 나면 이미 시간이 많이 경과하였으므로 고객이 설명서를 읽으려면 또 시간이 걸리는 점을 이유로 설명서는 이메일 등으로 보내주겠다고 하면서 고객이 차분히 설명서를 읽을 기회를 빼앗는 결과를 초래할 가능성도 많다. 금융소비자를 위해 부과된 설명의무 제도가 오히려 해를 끼치는 원인으로 작용하게 될 수도 있다는 의미이다.

다. 내부통제기준과 금융소비자보호기준

내부통제는 업무운영의 효율성, 재무 및 업무 보고의 신뢰성, 법규의 준수 등과 같은 조직 목표를 달성하기 위해 이사회, 경영진 및 직원 등 조직의 모든 구성원이 준수하도록 마련한 절차이다. 따라서 금융상품의 개발 및 출시와 판매 등 과정에서 법령을 준수하고 건전한 거래질서를 유지할 수 있도록 하기 위한 내부통제기준을 마련하도록 법으로 정한 것은 금융회사 등이 금융소비자와의 금융거래에 있어 법규를 준수하여 금융소비자를 보호함으로써 법규리스크(Legal Risk)와 평판리스크(Reputation Risk)를 관리하기 위한 당연한 조치이다.

법에서는 또 금융소비자보호에 관한 내부통제를 수행하는 데 필요한 의사를 결정하는 기구인 '내부통제위원회'와 금융소비자보호 내부통제 업무를 총괄하는 조직인 '금융소비자보호 총괄기관'을 만들어 상품개발이나 판매 및 사후관리 등 경영 전반에서 금융소비자보호를 위해 역할을 하도록 하고 있다. 그리고 대표자가 이들 기관을 직접 주재하거나 직속으로 관할하게 함으로써 금융소비자보호에 대한 직접적인 책임을 부담하도록 하였다. 또 내부통제기준을 제정하거나 변경하는 경우에는 이사회의 승인을 받도록 하고 있다(영 제10조 제3항). 이에 따라 대표자가 금융소비자보호에 대해 많은 관심을 기울이게 될 것이므로 금융회사가 이익 목표 달성을 위하여 금융소비자 권익은 무시하는 사례가 많이 줄어들 것으로 예상된다.

그러나 많은 금융회사가 금융지주 체제의 계열사로 운영되고 있다. 이 체제에서는 금융지주사가 인사권 등을 통하여 소속 계열사들을 실질적으로 통제한다. 그러므로 금융지주사가 주주의 이익, 즉 배당과 주가에 우선을 두고 그룹 전체의 경영 목표와 전략을 수립하게 되면 그 계열사인 금융회사들도 그룹 경영 목표와 전략에 맞추어 경영 목표를 설정하고 전략을 수립하게 된다. 그 결과, 각 금융회사는 그 목표를 달성하기 위해 금융소비자보호를 등한히 함으로써 법을 위반하여 금융소비자보호 내부통제의 실질 책임자인 대표자가 제재를 받을 수 있다. 결국 법 위반을 초래한 근본적 책임은 금융지주에 있음에도 계열사 대표자나 임원들이 책임을 지게 되는 구조이다. 금융지주 체제가 아닌 경우에도 대주주가 과도한 영업실적을 강요할 경우에는 마찬가지 결과가 나타날 수 있다. 이러한 구조 하에서는 금융회사 대표자에게 아무리 처벌을 통해 금융소비자보호를 강요하더라도 그 효과가 기대보다는 낮을 것으로 보인다.

또 법에서 대표자가 내부통제위원회를 주재하고 그 직속으로 금융소비자보호 총괄기관을 둠으로써 대표자가 과도한 영업 지향적 경영을 지양하고 금융소비자보호에 관심을 기울이도록 하겠다는 발상은 왼손으로 오른손이 하는 행동을 견제하라고 하는 것과 같다고 할 것이다. 대표자는 인사 권한이 있기 때문에 영업을 견제하는 금융소비자보호 조직의 기능을 적당히 무력화시킬 수 있는 방법이 많으므로 금융소비자보호는 등한시하면서도 자신이 책임을 면하는 길을 모색할 가능성이 높기 때문이다. 준법감시인 제도가 당초 기대한 만큼 효과를 거두지 못하는 것과 같은 이치이다.

그리고 법에서는 내부통제기준을 마련하지 않으면 1억 원의 과태료를 부과하도록 하고 있으나 그 실효성에 대해서는 의문이 간다. 만약 시행령이나 감독규정 등에서 정한 사항만을 반영하여 지극히 형식적으로 된 내부통제기준을 제정하여 운영하더라도 법을 위반한 것으로 볼 수 없을 것이기 때문이다. 이에 연계하여 내부통제기준을 갖추고 있더라도 그것을 제대로 운영하지 않아 실효성이 없는 경우에는 어떻게 할 것인가 하는 점도 문제로 남게 된다. 이러한 문제는 이미 「금융사지배구조법」상에 내부통제기준을 마련하도록 하고 있음에도 내부통제가 이루어지지 않는 경우 이에 대해 제대로 제재조치를 하기가 어려운 상황과 통한다.

아울러 내부통제시스템이 적절하게 구축되고 효과적, 효율적으로 운영되도록 하기 위해서는 감사의 내부통제시스템에 대한 평가 및 개선 등의 조치요구가 반드시 뒤따라야 한다. 그리고 그에 따른 감사의 권한과 책임도 명확히 규정하여 감사에 대해서도 금융소비자보호와 관련한 책임을 물 수 있도록 하여야 한다. 그러나 이러한 내용은 내부통제기준에 포함되어야 할 사항에 명확하게 규정되어 있지 않다.[98]

또 내부통제제도가 실효성을 확보하기 위해서는 금융소비자보호와 관련하여 제시된 의견이나 평가 등이 무시되지 않도록 하기 위해 반드시 공식적으로 검토하고 그 기록을 남겨 책임을 명확히 하는 장치가 필요하다. DLF 사태에서 금융소비자보호 담당 부서와 경영연구소에서 금융상품에 대한 위험요인을 상품선정위원회 등에서 제시하였으나 영업 담당 조직에서는 이를 무시하였던 것은 이러한 장치가 없었기 때문인데, 현행 법규에서도 이러한 구체적인 내용이 없다.

그리고 내부통제시스템의 의사소통 기능으로서 하의상달도 매우 중요한 요

---

98) 감독규정 [별표2]에 내부통제기준에 포함되어야 하는 사항으로서 '4. 내부통제기준 준수 여부에 대한 점검, 조치 및 평가를 명시하고 있으나 이것을 누가 어떻게 해야 하는가 등을 명확히 언급하지 않고 있어 금융회사마다 편의대로 정하여 제도를 운영할 가능성이 높음.

소가 되나 법규에서는 이러한 내용이 없다. 고객들과 직접 응대하여 상품을 판매하는 직원들과 그 관리자들의 의견은 영업은 물론 금융소비자보호를 위해서도 도움이 될 수 있다. 그러나 이를 최고경영층이 간과하기 쉬우므로 역방향의 의사소통으로서 현장 직원들의 목소리를 듣는 장치가 없으면 경영진의 독단과 전횡이 발생하기 쉽고, 문제가 발생하더라도 신속하게 대응하지 못하여 소비자 피해가 확대될 수 있다.

이와 아울러 감독규정 [별표2]에서는 6대 판매 규제의 이행을 보장하기 위해 금융상품 권유에서부터 계약 체결 및 사후관리까지의 과정에서 지켜야 할 업무처리 절차와 방법(통제활동)에 대한 기준을 제시하지 않고 있다. 물론 금융회사들이 기존에 금융상품을 판매하고 있었으므로 이에 대한 내규가 있겠지만 보다 철저한 금융소비자보호의무 이행을 위해 반드시 포함하여야 할 통제활동을 명시할 필요가 있다.

그리고 제도의 실효성과 관계는 없지만 법률상의 용어나 체계 면에서 몇 가지 문제점이 발견된다. 우선 '내부통제기준'이라 하면 일반적으로 조직의 내부통제시스템 구축 및 운영에 관한 내부기준이라는 의미로 읽혀진다. 그러나 '금융소비자보호 내부통제기준'과 같이 조직 내 일부 기능이나 업무를 대상으로 별도의 내부통제기준을 정하면 다른 업무관련 내부통제기준과의 충돌이나 중복 등으로 인한 갈등이나 비효율이 발생할 수 있어 조직 전체 목표 달성에 방해가 될 수 있는 문제가 있다. 그리고 「금융사지배구조법」에 따른 내부통제기준과 혼동이 생기기도 하며, 금융소비자보호 내부통제기준에 포함할 사항이 「금융사지배구조법」에 따른 내부통제기준과 서로 중복되는 부분이 많다.[99] 또 「금융사지배구조감독규정」 제11조 제7항 제3호에서는 「금융사지배구조법」상의 내부통제위원회가 금융 사고 등 내부통제 취약 부분에 대한 점검 및 대응방안 마련, 임직원의 윤리 의식·준법 의식 제고 노력 등 역할을 하도록 하고 있다.

---

99) 금융소비자보호법 시행령 제10조 제2항 '1. 업무의 분장 및 조직구조 2. 임직원이 업무를 수행할 때 준수해야 하는 기준 및 절차, 3. 내부통제기준의 운영을 위한 조직·인력, 4. 내부통제기준 준수 여부에 대한 점검·조치 및 평가, 7. 내부통제기준의 제정·변경 절차는 금융회사지배구조법 시행령 제19조에 동일한 내용이 있음.

그런데, 금융소비자 피해도 금융사고라 할 수 있고 임직원의 준법의식도 금융소비자보호 관련 법규 준수와 연결되는 사항이므로 기능의 중복이라 할 수 있다. 더구나 「금융소비자보호법」 시행령 제10조 제3항에서나 「금융사지배구조법」 제15조에서나 모두 내부통제기준의 제정과 변경 등을 이사회 권한으로 정해 놓았다. 그러므로 어차피 두 가지 기준이 모두 이사회가 제정 또는 개정하는 것인데도 두 기준을 따로 구분하여 제정하도록 한 실익이 있는지 의문이다. 오히려 별도의 내부통제기준이라는 틀을 정해주지 말고 금융소비자보호를 위해 반드시 이행해야할 사항을 제시하고 이를 금융회사 이사회가 내규에 반영하도록 하는 것이 단순하고 명쾌할 것으로 보인다.

한편 법 제32조 제3항에 따른 '금융소비자보호기준'은 금융소비자 불만 예방 및 신속한 피해 구제를 통하여 금융소비자를 보호하기 위하여 그 임직원이 지켜야할 기본적인 절차와 기준으로서 사실상 금융소비자보호 '내부통제기준'과 그 목적이 대동소이하다.[100] 그런데 시행령 제31조에 따르면 이 기준은 금융소비자 불만 처리 및 자료열람 요구, 청약 철회, 위법계약 해지 등 계약의 사후처리에 관한 업무를 대상으로 하도록 규정하고 있다. 이는 법률에서 정하고 있는 '금융소비자 불만 예방'에 대한 사항은 제외하고 있어 엄격히 따지면 하위 법규가 상위 법규에 위배된다는 논란의 소지가 있다고 본다. 이렇게 한 것은 아마도 내부통제기준에서 금융상품 개발, 판매 및 사후관리 관련 정책수립 등 과정에서의 금융소비자 피해예방을 위한 기준을 정하고 있기 때문에 금융소비자보호기준과 차별화하기 위한 조치로 보인다.

이러한 점들을 종합하여 고려할 때 법의 본래 취지에 충실하기 위해서는 금융소비자보호 내부통제기준은 폐지하고 그 내용을 '금융소비자보호기준'에 통합함으로써 용어의 혼동은 물론 금융소비자 피해 사전 예방 및 사후 구제까지

---

[100] '내부통제기준'의 목적은 임직원 등이 법규를 준수하고 건전한 거래질서를 해치는 일이 없도록 관리하기 위함인데, 문언으로 볼 때 법규리스크를 관리하는 것이 목적이지만 궁극적으로는 법을 준수함으로써 그 취지인 금융소비자를 보호하는 것이 목적이라 할 수 있으므로, 금융소비자 불만 예방 및 신속한 구제를 통한 금융소비자보호를 목적으로 임직원이 준수하여야 할 기본적인 절차와 기준을 정한 '금융소비자보호기준'은 '내부통제기준'과 그 목적이 동일함.

망라하는 체계적인 기준을 마련하는 것이 보다 합리적이라 생각된다.

그리고 '내부통제위원회'는 일반적으로 내부통제에 관한 사안을 다루는 위원회라는 의미로 이해된다. 그러므로 '금융소비자보호 내부통제위원회'는 이사회가 정한 조직 목표 중 하나인 '금융소비자보호'를 하기 위해 경영관련 주요 의사결정을 하는 과정에서 금융소비자 피해 예방 및 사후 구제 업무와 관련한 이슈를 어떻게 반영하고 통제할 것인가를 다루는 기구라는 의미로 읽혀진다. 그런데 감독규정 [별표2]에서와 같이 이 위원회가 금융소비자보호 관련 경영 방향이나 제도 변경에 관한 사항까지 결정할 수 있도록 하는 것은 그 업무 범위를 벗어나는 것으로 보이며, 만약 이를 이 위원회에서 결정하게 되면 이사회가 정하는 조직 전체 경영 목표와 충돌이 발생할 가능성도 있다.

또한 금융소비자보호 내부통제위원회는 이사회와의 관계가 불분명하고, 「금융사지배구조법」에 따른 내부통제위원회와 중첩되는 부분이 있는 점에서 앞으로 이해상충의 문제가 생길 가능성이 있다. 금융소비자보호 내부통제위원회는 대표자와 금융소비자보호 담당 임원과 사내 임원(「금융사지배구조법」 제2조 제2호에 따른 임원)[101]으로 구성하도록 하고 있고(감독규정 [별표2]), 「금융사지배구조법」에 따른 내부통제위원회는 대표이사를 위원장으로 하고 준법감시인, 위험관리 책임자 및 그 밖에 내부통제 관련 업무 담당 임원을 위원으로 정하도록 하고 있다(「금융사지배구조감독규정」 제11조 제7항 제2호). 그런데 「금융사지배구조법」 제2조 제2호에 따른 임원은 이사, 감사, 집행 임원(「상법」에 따른 집행 임원을 둔 경우에 한함) 및 업무집행 책임자이므로, 금융소비자보호 내부통제위원회를 구성하는 사내 임원은 이사 중 사내이사, 감사(사외이사인 경우 제외), 집행 임원 및 업무집행 책임자를 포함한다. 이와 같이 금융소비자보호 내부통제위원회는 「금융사지배구조법」상의 내부통제위원회와 일부 구성원이 중복되며 이사회의 구성원까지도 일부 포함하고 있다. 따라서 양쪽 위원회에

---

101) 「금융회사지배구조법」 제2조 제2호의 "임원"이란 이사, 감사, 집행임원(「상법」에 따른 집행임원을 둔 경우로 한정한다) 및 업무집행 책임자를 말한다고 되어 있고, 동 제3호에서는 "이사"란 사내이사, 사외이사 및 그 밖에 상시적인 업무에 종사하지 아니하는 이사(이하 "비상임이사"라 한다)를 말한다고 규정함.

중복하여 참석하는 위원은 각 위원회에서 상충되는 의사결정을 하는 등 그 정체성에 대해 혼란을 겪을 수 있을 것으로 보인다. 또 회의도 양쪽 모두 매 반기마다 1회 이상 개최하도록 하고 있어 이사회와 양쪽 내부통제위원회에 모두 포함된 사내이사들은 업무 부담도 증가할 것으로 예상된다.

이 외에도 감사를 내부통제위원회 위원에 포함시키는 것이 적정한가에 대해서는 논란이 있을 수 있다. 왜냐하면 감사는 내부통제시스템을 평가하는 것이 그 본분이므로 내부통제시스템의 구축과 운영에 관한 의사결정에 참여하게 되면 그 본연의 임무와 이해 상충이 일어나기 때문이다.

또 두 가지 '내부통제기준'에 포함할 사항이 서로 중복되는 부분이 많은 데다 양 법 모두 내부통제기준의 제정과 변경 등을 이사회 권한으로 정해놓았다. 그러므로 굳이 두 개의 내부통제위원회를 따로 설치하여 운영하더라도 내부통제에 관한 최종 결정은 이사회가 하게 되고, 두 내부통제위원회 구성원 일부가 서로 중복될 뿐 아니라 이사회 구성원과도 중복되어 의사결정구조만 복잡할 뿐 실익이 별로 없을 것으로 보인다.

따라서 이사회가 모든 기능을 통합 수행하는 것이 단순·명료함은 물론 금융회사의 조직 추가구성에 따른 인력운영 부담을 줄여줄 것으로 보인다. 또 내부통제위원회는 반기 1회 이상 개최하도록 하고 있어 활성화가 어렵고, 중요한 사안을 신속히 결정해야 할 경우에는 임시회의를 소집하는 불편함이 있으나, 이사회는 반기 1회보다는 훨씬 자주 열리므로 업무 처리에 있어서도 보다 효율적일 것으로 보인다. 다만 금융소비자보호와 관련한 심의(결정이 아님)나 금융회사 내부 의견수렴, 상품개발 또는 출시와 관련 리스크 점검 등을 위해 필요하다면 기존에 대부분의 금융회사가 운영하고 있는 '리스크관리위원회'와 같은 회의체에서 논의하는 것이 바람직하며, 반드시 금융소비자보호 차원에서 전문적으로 다룰 기구가 꼭 필요한 경우에는 이사회의 하부 위원회(sub-committee)로서 '금융소비자보호위원회' 등의 명칭으로 운영하는 것도 방법이라고 생각된다.

4. 종합 결론

「금융소비자보호법」은 시대적 요청에 따른 산물로서 그 필요성이나 시의성에 대해서는 이의를 제기하기가 어렵다. 제정 취지에 부합하는 많은 효과가 있을 것을 기대한다. 그러나 이 법은 법률의 전반적 구조와 내용에 있어서 금융회사는 정보나 협상력이 금융소비자보다 절대적 우위에 있으므로 금융소비자와 거래를 할 때는 그만큼 약자인 금융소비자를 배려하고 도와줌으로써 균형을 맞추어야 한다는 관점에 기반을 두고 있다. 적합성 평가를 해보아 금융소비자의 위험 감수 능력을 벗어나는 위험한 상품을 판매하지 말고, 상품 내용과 위험을 잘 설명해서 위험한 투자는 하지 말도록 경고를 하라는 것이다. 그것을 어기면 금융당국의 엄청난 처벌을 각오해야 한다. 법규를 잘 준수하는 데 따른 보상은 없다. 결국 금융회사가 금융당국 및 사법당국의 제재와 처벌이 두려워 금융소비자를 보호하도록 강제하는 체제이다.

이러한 방식의 금융소비자보호 제도가 완벽하게 효과를 발휘하기 위해서는 금융회사가 준법의식이 철저하여 스스로 법률을 완벽하게 지켜나가거나, 법을 위반할 경우 감독당국이나 사법당국이 100% 적발하여 제재와 처벌을 할 수 있어야 한다. 그러나 금융회사가 영리를 목적으로 설립된 법인이므로 이익을 희생하면서 금융소비자를 보호해주기를 기대하기는 어려운 것이 분명하다. 또 금융당국이나 사법당국의 역량이 금융회사의 위법행위를 예외 없이 적발하여 조치하기에는 턱없이 부족한 것이 현실이다. 아울러 이 법만으로는 금융분쟁 발생의 근본원인으로 드러난 금융회사 경영부실이나 단기성과 위주의 경영, 금융소비자의 책임의식 미흡 등의 문제를 해결하기도 어렵다.

그러므로 금융회사를 구속하고 금융당국이 구제해 주는 방식으로 금융소비자를 보호하려는 구조로 이루어진 「금융소비자보호법」은 시간이 흐름에 따라 분명히 그 한계를 드러낼 것으로 보인다. 보다 근본적인 해결책에 대해 고민할 필요가 있다.

지금까지 우리나라 금융소비자보호 제도와 그 성과 및 한계점에 대해 살펴보았다. 그동안 발생한 대형 분쟁사례를 대상으로 그 발생 원인과 금융당국의 역할을 살펴보고, 금융당국이 이러한 사례들을 예방하지 못한 원인도 점검해 보았다. 또 이에 비추어 2021년 3월 시행된 「금융소비자보호법」의 기대효과와 한계에 대해서도 생각해 보았다. 결론은 현행 제도는 그 운영에 있어 미흡한 부분이 많았다는 것이었다. 그리고 새로 제정된 「금융소비자보호법」도 강자인 금융회사가 약자인 금융소비자를 거의 일방적으로 보호해야 한다는 관점에서 제정되었고, 금융회사가 법을 위반하여 금융소비자에게 피해를 입힐 경우 금융당국이 강력하게 제재하는 방식으로 금융소비자를 보호하려고 한다. 하지만 이러한 방식으로는 금융소비자 피해를 예방하기에는 한계가 있다고 보았다.

　그러면 앞으로 어떻게 해야 보다 효율적, 효과적으로 금융소비자를 보호할 수 있을 것인가?

　가장 바람직한 것은 금융회사는 금융소비자가 있기 때문에 존립할 수 있고 금융소비자는 금융회사가 있기 때문에 금융 혜택을 얻을 수 있다는 사실을 자각하고, 각자가 이러한 상호 의존적 관계가 지속 가능하도록 하기 위해 필요한 역할을 다하는 것이라 할 것이다. 말하자면 금융회사는 금융소비자에게 불리하지 않도록 상품이나 서비스를 설계하고, 판매를 할 때는 금융소비자가 합리적인 의사결정을 할 수 있도록 필요한 정보를 모두 제공하고 충분히 이해하도록 설명하며, 금융소비자의 불만이 발생했을 때는 법과 원칙에 맞게 치유하여야 한다. 아울러 금융소비자도 금융거래 과정에서 자기 권익 보호를 위해 필요한 지식과 경험 등을 갖추고 이성적, 합리적으로 의사결정을 하며, 그 결과에 대해서는 책임을 지고, 금융회사에 대해 부당한 요구를 하지 않아야 한다.

　그러나 금융회사와 금융소비자 모두가 함께 스스로 이러한 자각과 실천을 하는 것은 사실상 불가능하다. 왜냐하면 사람들이 모두가 이기적인 존재로서 자기 이익을 우선하기 때문에, 모두의 이익을 위해 필요할 경우일지라도, 스스로 자기 이익을 양보하기를 기대하기는 어렵기 때문이다. 그러므로 금융소비자보호에 대한 책임을 지고 있는 금융당국이 앞장서서 금융소비자 피해가 발생하는 원인을 치유할 수 있도록 현행 금융소비자보호 시스템을 개선하는 방향으로 나아가야 한다.

이러한 관점에서 여기서는 앞에서 분석해낸 금융분쟁 발생 원인과 금융소비자보호 시스템의 한계를 바탕으로 금융당국의 금융소비자보호 정책 방향을 어떻게 조정할 것인가를 점검하고, 금융소비자 피해를 예방하기 위한 방안과 이미 발생한 피해를 효율적으로 구제하기 위한 방안에 대해 살펴보기로 한다. 이들 방안은 주로 금융당국이 추진할 사항들이 중심이 된다. 그 이유는 금융소비자보호의 권한과 책임이 금융당국에 있고, 사실상 금융회사들이 금융소비자보호 법규와 금융당국에서 제시하는 지침 등의 범위를 벗어나 자율적으로 금융소비자보호 활동을 추진할 수 있는 부분은 극히 적고, 금융소비자도 현재로서는 금융당국이 제공하는 금융교육 서비스나 금융 관련 정보 등을 제외하면 스스로를 보호하기 위해 할 수 있는 부분이 극히 제한적이기 때문이다. 다만 금융회사와 금융소비자들도 금융당국이 성공적으로 업무를 추진할 수 있도록 그 취지에 공감하고 스스로 실천할 수 있는 사항을 찾아 실천하는 등 적극적으로 협조하는 것이 반드시 필요하다.

제1절 금융소비자보호 정책 방향

1. 기본 방향

「금융위원회법」 및 「금융소비자보호법」에서 명확히 규정되어 있는 대로 금융소비자 보호 정책과 그 집행에 대한 권한과 책임은 금융위원회와 금융감독원에 있다. 이 두 기관은 경기의 규칙(rule) 제정자이면서 동시에 심판(referee)이기도 하다. 따라서 금융소비자보호 문제를 접근하는 금융당국의 안목과 관점이 금융소비자보호의 성패를 결정하는 가장 중요한 요인이 된다고 해도 과언이 아닐 것이다.

그런데 우리나라 금융당국의 금융소비자보호에 대한 접근방식은 금융소비자와 금융회사 간에 존재하는 정보 및 교섭력의 비대칭성, 금융상품과 그 위험에 대한 이해력의 불균형 등을 해소하기 위하여 금융회사에 대해 일방적인 금융소비자보호 의무를 부과하는 것이라 할 수 있다. 정부가 제안하여 제정된 「금융소비자보호법」에서도 이러한 접근 방식을 따르고 있음이 잘 나타난다.

이러한 접근 방식은 여러 가지 문제점을 안고 있음은 이미 앞에서 살펴본 것과 같다.

그러므로 기존 제도의 한계점을 해결하면서 보다 충실하게 금융소비자를 보호하기 위해서는 앞으로의 금융소비자보호는 약자인 금융소비자를 위해 강자인 금융회사는 억누르고, 금융소비자는 무조건 보호하고 도와준다는 하향평준화 식의 접근방식에서 벗어나야 한다. 바꾸어 말하면, 금융회사는 금융원리에 맞는 상품을 금융소비자가 자기 판단에 따라 선택할 수 있도록 사실대로 안내하면 그 의무를 다한 것으로 보되, 허위·과장 설명 등으로 금융소비자를 현혹, 기망하여 피해를 입히는 경우에는 엄중하게 제재하는 방향으로 정책을 운영하여야 한다. 그리고 금융소비자에 대해서는 금융교육을 통하여 스스로 권익을 보호할 수 있도록 의식을 일깨우고 금융 지식을 함양하도록 지원하며, 정보 등 비대칭을 해소하도록 제도를 확충해나가야 할 것이다. 특히 감독당국이 보유하고 있는 금융회사의 경영 건전성, 금융소비자보호 실태, 금융상품의 내용과 위험성 등에 관한 정보를 충분히 제공하여야 한다.

금융소비자가 금융거래에 필요한 지식과 정보를 충분히 보유하고 이를 활용하여 의사결정을 할 수 있게 되면 금융규제를 완화하더라도 금융소비자가 피해를 입게 될 위험이 줄어들게 되므로 대폭적인 금융 자율화가 가능하게 된다. 그렇게 되면 금융회사는 금융소비자의 니즈(needs)에 맞는 상품 및 서비스의 개발과 영업 전략 및 광고 등에 있어 경쟁이 치열해지게 된다. 또 금융소비자들은 경영 건전성이 확보되고 자기 취향에 잘 맞는 상품이나 서비스를 제공하는 금융회사를 선택하여 거래를 하게 되므로 부실 금융상품이나 좀비 금융회사들은 자연스레 퇴출되어 시장 규율(market discipline)이 이루어질 것이다. 이 과정에서 우리나라 금융산업은 경쟁력이 높아지고 글로벌 경영을 통해 성장할 수 있게 되며, 이로 인해 국민경제가 발전하게 될 수 있다.

이런 관점에서 금융당국이 금융소비자 편에 서서 무조건 금융소비자를 도와주겠다는 개념으로 오해될 수 있는 '금융소비자보호'라는 용어보다는, 금융소비자가 책임의식을 가지고 스스로 권익을 지키도록 지원하되, 금융소비자의 권익이 부당하게 침해당하였을 경우 그 회복을 도와준다는 의미에서 '금융소비자 권익보호'라는 용어를 일반화 하는 것부터 출발하는 것이 필요하다.

2. 금융정책 균형 유지 시스템 구축

금융위원회는 「금융위원회법」에 따라 금융산업의 선진화와 금융시장의 안정을 도모하기 위한 금융산업 정책, 건전한 신용 질서와 공정한 금융거래 관행을 확립하기 위한 금융감독 정책, 그리고 예금자 및 투자자 등 금융 수요자를 보호하기 위한 금융소비자보호 정책을 함께 수행하는 기관이다. 금융정책은 금융산업 전체 및 개별 금융 업종의 생태계를 변화시키고, 개별 금융회사의 존망뿐만 아니라 금융소비자의 운명에도 중대한 영향을 미칠 수 있다. 그러므로 금융관련 정책을 수립할 때는 해당 정책이 초점을 맞추는 분야에 미치는 영향만을 고려하지 말고 다른 분야에 미치는 영향도 충분히 고려하는 균형 잡힌 시각을 갖추어야 함은 이론의 여지가 없다.

그런데 「금융소비자보호법」이 제정되기 전까지 금융위원회는 금융산업 정책이나 금융감독 정책에 많은 비중을 두어왔고, 정책을 수립하는 과정에서 금융소비자보호는 비교적 소홀하였던 것을 부인하기 힘들 것이다. 저축은행 사태나 사모펀드 사태 같은 대형 금융분쟁 사태가 발생한 배경을 거슬러 올라가면 성급하고 무모한 규제 완화를 추진한 금융산업 정책이 자리 잡고 있다는 사실은 이를 입증한다.

이제 「금융소비자보호법」이 시행되어 모든 국민이 금융소비자보호에 대한 관심이 높아진 상황에서는 금융당국의 경각심도 당연히 매우 높아져 모든 정책 입안 과정에서 금융소비자 피해 발생 가능성을 검토하고, 그것을 방지하기 위한 대책을 마련할 것이므로 과거와 같은 사례가 재발할 가능성은 많이 줄어들 것으로 기대된다.

그러나 시간이 지나가고 금융소비자보호에 대한 관심이 점차 약해지거나, 경제상황 변화 등으로 금융산업이 어려움에 직면하는 등 여건이 바뀌면 규제 완화를 통한 확장 위주의 금융산업 정책을 중시하게 될 가능성은 항상 열려 있다. 그러한 여건이 조성되면 다시 금융소비자보호는 상대적으로 경시하게 되므로 많은 금융소비자들이 피해를 보는 상황은 재발할 수 있다.

그러므로 과거 사례와 같은 정책 실패를 미연에 방지하기 위해서는 시간의 흐름이나 여건의 변화와 상관없이 모든 금융정책 입안 과정에서 늘 금융소비자보호 측면을 충분히 감안하는 시스템을 구축하여야 한다. 금융회사들에 대해 금융소비자보호를 위한 내부통제시스템을 갖추고 내부통제기준과 금융소비자보호기준을 마련하여 준수하도록 하는 것과 같은 이치이다. 견제 받지 않는 권력은 반드시 부패하듯이, 어느 한쪽만을 바라보며 독단적으로 정책을 수립하면 반드시 많은 부작용이 일어나기 때문에 항상 다양한 의견을 수렴하여 반영하도록 제도적 장치를 마련하자는 것이다.

이를 위해서는 우선 금융위원회 위원 중에 금융소비자보호 전문가를 포함하도록 할 필요가 있다. 그렇게 되면 금융위원회가 결정하는 모든 정책에 대해 금융소비자보호의 관점에서 검토하고 의견을 반영하도록 할 수 있으므로 금융위원회가 금융소비자보호에 대해 보다 균형 있는 접근을 하게 될 것이다.

그 다음으로는 정부입법 절차[102] 모든 과정에서 금융소비자보호에 미치는 영향을 반드시 검토하고 심의가 이루어지도록 정책보고서에 이에 대한 사항을 별도 항목으로 명시하게 할 필요가 있다. 특히 관계기관의 협의 또는 입법예고 과정에서 관계기관의 의견을 공식적으로 접수하여 이를 보고서에 명시하도록 해야 한다. 입법예고 후 차관회의 및 국무회의 심의 과정, 그리고 국회 심의를 위한 보고서에 이러한 의견의 유무, 의견의 내용과 그에 대한 금융위원회의 검토의견을 명시하도록 하면 될 것이다. 그리고 해당 금융정책에 대한 학술토론회나 세미나 등을 개최하되 반드시 금융소비자보호 단체를 비롯한 금융소비자 전문가들의 의견을 취합하여 입법예고 과정에서 제시된 의견과 마찬가지로 처리하는 것이 바람직하다.

이에 더하여 금융소비자보호 업무를 담당하고 있는 금융감독원으로부터도 해당 정책에 대해 공식적으로 의견을 받아 같은 방식으로 처리하는 것도 필요하다. 왜냐하면 금융감독원은 검사업무나 민원처리 등의 업무 특성상 금융회

---

102) 정부 입법절차는 1. 입법 계획의 수립, 2. 법령안의 입안, 3. 관계 기관과의 협의, 4. 사전 영향 평가, 5. 입법예고, 6. 규제 심사, 7. 법제처 심사, 8. 차관회의·국무회의 심의, 9. 대통령 재가 및 국무총리와 관계 국무위원의 부서(副署), 10. 국회 제출, 11. 국회 심의·의결, 12. 공포안 정부 이송, 13. 국무회의 상정, 14. 공포 순으로 이루어짐.

사 임직원과 금융소비자를 늘 접촉하므로 비교적 현실적인 시각에서 정책의 영향을 예상하고 평가할 수 있기 때문이다. 그리고 이것은 지금까지 그랬듯이 해당 금융정책으로 인해 추후 금융소비자 피해가 발생하면 금융감독원이 그 사후관리 책임을 부담하게 될 수 있으므로 그에 상응하는 역할을 할 수 있도록 기회를 주기 위한 것이기도 하다. 만약 금융감독원의 의견제시가 비공식적으로 이루어지면 금융위원회가 이를 무시하더라도 역학적 관계에 있어 을의 입장인 금융감독원이 해당 의견이 반영되도록 하기 위한 별다른 길이 없다. 그러므로 반드시 공식 문서로 의견을 제시하도록 하면 금융위원회도 그 의견을 공식적으로 검토하여야 하므로 업무 투명성이 강화될 수 있으며, 금융감독원도 전문성 있는 기관으로서 책임감을 가지고 역할을 할 수 있게 될 것이다.

아울러 정책 시행 이후의 실효성과 부작용을 파악하고 부작용의 확장을 예방하기 위해 정책 효과에 대한 모니터링 기능을 정립할 필요가 있다. 이를 위해서는 금융감독원의 상시 감시 및 현장 검사(건전성검사 및 준법 검사) 기능이 작동하여야 한다. 예를 들면, 과거 3~5년간에 법령이나 감독규정의 제정 또는 개정으로 시행된 정책의 실효성과 부작용에 대해 상시 감시 및 현장 검사 결과를 바탕으로 정기적(예시: 1년)인 보고서를 작성하여 금융위원회에 보고하는 방식이다. 이렇게 하면 저축은행 사태에서 나타난 부동산 PF 사례와 같이 부실화 이전 단계에서 공론화할 수 없는 사항이나 사모펀드 사태에서 쪼개팔기의 문제점 같은 것들을 정책에 대한 피드백(feedback) 차원에서 보고함으로써 정책 부작용을 최소화할 수 있는 대책을 강구하게 하는 역할을 할 수 있을 것이다. 아울러 이러한 보고 내용은 뒷날 정책 부작용에 대한 책임을 묻게 되는 경우 중요한 참고가 될 수 있을 것이다.

그리고 이 같은 노력의 일환으로 대형 금융사고나 분쟁 사태가 발생한 후 사후수습이 끝나면 사태의 전말, 그리고 정책 및 감독 측면에서의 문제점을 포함한 사태의 표면적 원인과 근본원인, 대응의 내용과 효과, 한계 등을 종합 정리하여 백서 형태로 발간할 필요가 있다. 이것은 금융소비자보호 차원에서 뿐만 아니라 건전성 감독 및 금융질서 확립 차원에서도 훗날의 교훈으로 삼을 수 있도록 하면 정책의 실패를 되풀이 하는 사례를 최소화할 수 있을 것으로 생각된다.

3. 향후 과제

그런데 정책에 대한 모니터링 및 피드백(feedback) 기능이 효과적으로 작동하려면 이 기능을 담당하는 기관이나 정책 담당기관과 독립적인 관계를 유지해야만 발견한 사실과 그 의미를 사실 그대로, 그리고 객관적인 시각에서 전달할 수 있다. 금융감독원이 이러한 역할을 수행하려면 정책 입안자인 금융위원회 등의 눈치를 살피지 않고 일할 수 있도록 독립적인 지위를 확보해야만 한다. 현재와 같이 금융위원회의 관리·감독을 받는 지위에 있고, 인사와 조직 및 예산까지도 사실상 금융위원회에 예속되어 있는 상황에서는 설사 정책의 부작용이 나타나더라도 과감하게 소리치기가 어려운 환경이다. 금융감독 체계 개편에 관한 논의가 필요하다.

그런데 금융감독 체계와 관련하여 한 가지 유념할 것은 설사 현재의 구조를 바꾸어 새로운 금융감독 체계를 만든다 해도 금융감독기관 임직원들이 기관 본연의 기능을 발휘하기 위해 필요한 사명감과 능력을 갖추지 않으면 다시 본래 자리로 되돌아가기 쉽다는 점이다. 통합 금융감독원이 출범하였을 때 사실 금융감독원은 그 권한이 막강하였다. 그러나 조직 구성원들이 준비되지 않은 상태에서 그러한 권한을 얻고 보니 그 권한이 얼마나 귀한 것인지, 얼마나 지키기 어려운 것인지를 제대로 인식하지 못하였다. 그렇기 때문에 임직원들 모두가 그것을 지키기 위해 본연의 역할과 기능을 다하려는 노력은 제대로 하지 않고 각자가 더 많은 권한과 혜택을 향유하기 위해 권역 간, 부서 간, 개인 간 반목과 갈등으로 조직의 비효율을 초래하여 사회로부터 신뢰를 잃게 된 측면이 있었다. 그 결과 처음에 받은 권한을 제대로 유지하지 못하고 대형 금융사고가 일어날 때마다 조금씩 기능이 금융감독위원회 사무처로 흡수되어 현재와 같은 상황에 이른 것이다.

흔히 금융감독기관을 워치독(watchdog)이라고 부른다. 집을 지키는 개는 눈을 부릅뜨고 집 주위를 감시하다가 도둑이 담을 넘으려고 하면 경고를 하여 도둑이 도망가게 하거나 주인이 알아채고 대비를 하도록 하는 것이 그 임무이다. 금융감독기관도 금융시장과 금융회사들을 살펴보고 위험요인이 있으면 그것에 대비하도록 당사자나 금융시장에 알리는 것이 그 임무이기 때문에 그렇게 부른다. 그러므로 최선을 다해서 금융 위험요인을 탐지하고, 그것을 정책당국이나 금융회사나 여론의 눈치를 보거나 가감하지 말고 공개적으로 시장에 알려 이해당사자들로 하여금 대비하도록 하여야 한다. 평소에 홍수 위험에 대비하여 제방을 튼튼하게 높이 쌓고 새거나 무너지지 않도록 관리하며 만약의 사태를 대비하였다면 상류에서 느닷없이 댐을 방류하더라도 홍수 피해를 크게 줄일 수 있을 것이다. 신용카드 사태 당시 정부가 정책적으로 소비를 촉진하기 위해 신용카드 규제를 완화한 것이었음에도 금융감독원이 길거리모집 행위에 대해 강력히 경고한 결과, 규제 완화의 폐해가 엄청났음에도 불구하고 감독책임을 전혀 부담하지 않은 것은 원칙에 입각하여 우직하게 자기 임무를 수행한 모범사례라 할 수 있다.

같은 맥락에서 금융감독원은 금융위원회가 감독기관이긴 하지만 대의를 위해 어떤 불이익을 감수하더라도 정책에 대한 비판의 목소리를 내야만 한다. 그렇지 않으면 결국은 저축은행 사태나 사모펀드 사태에서와 같이 사후 감독기관인 금융감독원만 책임을 지게 된다. 그것이 현재의 역학구조이다.

이러한 구조에서 벗어나려면 감독기관 구성원 모두가 긴 안목에서 비전(vision)을 공유하며, 신뢰도를 높이기 위한 마스터플랜을 세워 추진하여야 한다. 모든 업무를 법과 원칙에 따라 공정하고 객관적이며 투명하고 일관성 있게 수행하여야 한다. 업무 전문성이 독보적이며 수행한 업무가 완벽하여 그 누구도 시비를 걸 수 없도록 하여야 한다. 그러다 보면 자연스럽게 국민으로부터 신뢰를 받게 되어 금융감독 기능의 독립도 익은 과일처럼 쉽게 수확할 수 있을 것이다.

세상에는 공짜로 얻을 수 있는 것은 아무 것도 없다. 끊임없는 성찰과 도전, 노력만이 성취를 보장한다.

제2절 금융회사의 금융소비자보호 기능 제고 유도

1. 금융회사 경영 및 금융상품 건전성 강화

과거 집단적 금융소비자 피해가 발생하는 중요한 원인 중의 하나가 금융 부실이었다는 것은 이미 앞에서 살펴본 것과 같다. 저축은행 부실로 후순위채를 상환하지 못하고, 동양 계열사 부실화로 인해 회사채를 상환하지 못하여 대량의 금융소비자 피해가 발생하였다. 또 사모펀드와 자산운용사의 부실로 많은 금융소비자가 피해를 입었을 뿐 아니라 상품판매 금융회사도 부실펀드 판매로 인한 손해배상 책임을 지게 되었다. 숙주가 죽으면 그곳에 깃들어 살던 모든 생명들이 다함께 수난을 당하는 것이 생태계의 이치이다.

금융회사나 금융상품의 부실화는 언제나 다시 일어날 수 있다. 특히 최근 코로나19로 인한 경기 침체 우려, 자영업자 및 중소기업의 영업 부진, 가계대출 부실화 가능성 등으로 우리나라 경제가 상당한 충격을 받을 가능성이 크며, 중소서민 금융기관은 물론 은행도 예외일 수는 없다. 특히 그동안 코로나19 극복을 지원하기 위해 만기연장을 거듭해온 대출금이 연장을 중단할 경우 어느 정도가 부실화될지 가늠하기 어려울 정도이다.

또 보험회사들도 2023년에 부채를 시가로 평가하는 회계제도인 IFRS17이 시행될 경우 부채가 크게 늘어나 지급여력이 대폭 하락할 것으로 전망된다. 물론 최근 금리가 상승하여 종전에 비해 그 하락 폭이 줄어들 것으로 예상되나 채권 비중이 높은 자산구조 특성과 금리의 변동 방향을 예측하기 어려운 점 등을 감안할 때 부담이 되는 것은 여전할 것이다. 가장 우려되는 것은 일반회계상의 자본잠식이 발생할 경우 「금융산업구조개선법」 제2조제2항에 따라 부실금융기관으로 지정되고 상장이 폐지되므로 여기에 해당하는 보험회사는 정리가 불가피할 것으로 보인다. 또 금융당국에서는 IFRS17 시행에 따라 새로 도입되는 지급여력비율인 K-ICS 비율이 기준(100%)에 미달하더라도 적기시정조치를 상당기간 유예하여 줄 것이라고 방침은 밝히고 있으나 시장이 그런 보험사에 대해 지켜보며 기다려 줄지는 미지수이다. 만약 사람들이 해당 보험사와 새로운 보험계약을 하지 않거나 기존 보험계약을 해지해버리면 보험회사는 자연히 부실화된다.

아울러 사모펀드 사태에서와 같이 금융회사 대주주나 경영진의 도덕성 해이로 부실 금융상품이 출현할 가능성은 누구도 부인하기 어렵다.

그러므로 앞으로 금융소비자 피해를 예방하기 위해서는 금융당국이 금융회사 및 금융상품의 건전성 감독에 많은 자원과 노력을 투입하여야 한다. 특히 금융감독원은 상시감시와 현장검사를 강화하여 각 금융회사의 건전성에 대해 면밀히 살펴보고, 위험 징후가 포착되면 과감하게 이를 해당 금융회사에 경고하는 것은 물론 필요한 경우 금융소비자 및 시장에도 정보를 제공함으로써 워치독(watchdog)으로서의 역할을 다하여야 한다. 또 금융상품에 대한 감리도 강화하여야 한다.

가. 건전성 관련 상시감시 및 검사

금융회사의 건전성과 금융소비자보호라는 두 가지 목표를 모두 달성하기 위해서는 검사기능이 제 역할을 다할 수 있도록 운영하는 것은 매우 중요하다.

<h2 align="center">〈2016년 건전성검사와 준법검사 분리 실시 배경〉</h2>

- 건전성검사 충실화
  - ○ 종합검사 시 지적 위주의 검사 관행을 개선, 건전성검사를 강화함으로써 금융 부실화 방지
  - ○ 금융회사로부터 받는 감독 분담금에 상응하는 건전성 감독 서비스 제공
- 금융감독원의 감독 책임 범위 명확화
  - ○ 종합검사라는 용어로 인해 전수검사를 하는 것으로 오해를 일으켜 금융 건전성과 위법 행위 등 모든 사안에 대해 무한책임을 부담
- 금융회사 자료 제출 및 수검 부담 완화
  - ○ 테마 위주의 검사가 가능하므로 요구 자료가 감소하고 검사 인력도 적으므로 수검 부담도 감소
- 검사인력 부족 문제 완화 및 검사 주기 단기화
  - ○ 검사 분리로 검사반별 소요인력이 줄어들어 검사국 인력 운영이 용이
  - ○ 다수 인력이 필요한 종합검사보다 검사 주기의 단축이 가능하므로 종합검사 후 발생할 수 있는 금융회사의 경영 건전성에 대한 관심 저하 및 도덕적 해이 가능성 차단
- 검사 전문성 제고
  - ○ 단위 검사반의 검사 분야가 줄어들어 검사역별 전문분야 반복 투입이 가능
  - ○ 두 검사의 목표와 방법 등에 차이가 있어 병행 시 검사의 전문성 확보 및 효율성 제고에 한계
- 필요 시 건전성검사와 준법 검사를 동시에 실시함으로써 종합검사 효과 도출 가능 등

<h3 align="center">〈건전성검사와 준법 검사의 차이〉</h3>

구분	건전성검사	준법검사
목적	금융회사의 경영 건전성 제고	금융질서 확립
방법	금융회사 경영관련 리스크 요인을 찾아 대응방안을 모색하도록 도덕적 권고(moral suasion) 또는 적기 시정조치	위법행위 등을 적발하여 제재
검사 기법	주로 비교하고 분석하는 데 집중하며, 내부통제시스템의 유효성 점검 및 리스크 요인을 찾기 위해 개별 거래 등의 표본을 추출하여 법령이나 내규 준수 여부를 확인	법 위반사항이 발생할 가능성이 큰 지점을 짚어 관련 증거를 확보, 개별 거래에 대해서는 표본추출에 의해 법규 위반 여부를 점검하고 필요시 전수 검사
금융 회사 와의 관계	의견 교환과 협의의 대상이며 협력과 상생의 관계	금융회사는 자료 제출을 기피하거나 증거를 숨기는 등 방어하는 입장이고 검사역은 증거를 찾으려는 입장으로 대립적인 관계
필요 지식 등	경제·금융 등 거시적 분야와 금융회사 경영 등 미시적 분야, 이들의 상호관계와 그 영향 및 리스크 관리 등에 대한 전문적 지식과 안목	금융관련 법규에 대한 이해, 금융회사의 업무처리 방법과 프로세스에 대한 지식 및 증거 채집 능력과 함께 상대가 위반행위를 인정하도록 대응하는 기법도 필요

그동안 금융감독원 검사[103]는 건전성검사와 준법검사를 함께 실시하는 종합검사 체제를 유지하였다. 2016년부터 약 2년 정도 이를 분리하여 시행한 적이 있었으나 지금은 다시 종전의 체제로 되돌아가 있다.

그 간의 금융감독원 검사는 건전성과 금융 질서 유지(금융소비자보호 포함)라는 본래의 목적을 달성하기 위해 노력하였다는 것은 누구나 인정할 수 있다. 그러나 일부 미흡한 부분이 있었다는 것도 분명한 사실이다. 저축은행 사태나 사모펀드 사태 등은 모두 금융회사 또는 금융상품의 건전성과 금융소비자보호에 대한 상시감시 및 검사 기능이 제대로 작동하지 않은 전형적인 사례였다. 그러므로 앞으로는 검사제도와 그 운영을 획기적으로 개선함으로써 금융 건전성과 금융소비자보호라는 두 가지 목표를 효율적으로 달성할 수 있도록 할 필요가 있다. 여기서는 금융회사 경영건전성 제고를 위한 상시감시와 건전성검사에 대해 살펴보고 금융소비자보호를 위한 상시감시 및 준법검사에 대해서는 다음 항에서 설명한다.

가-1. 상시 감시

상시감시는 사실상 금융감독원의 촉수 역할을 하는 중요한 기능이다. 그러므로 상시감시 기능이 금융회사의 경영실적 분석이나 업무정보 파악 등 단순한 수준에 그칠 것이 아니라, 계량적, 비계량적 정보를 종합하여 리스크 요인을 파악하고 금융회사 건전성에 대한 전망까지 도출하는 수준에 이르러야 한다. 그래야만 금융회사 부실을 선제적으로 막을 수 있는 것이다. 이를 위해서는 업무보고서를 시계열 및 횡단면(동류 그룹과의 비교 분석)으로 분석하여 계량적 데이터의 추세와 재무구조의 장단점 등을 파악하여 재무 건전성을 감시하여야 한다. 또 금융회사와 매일 또는 수시로 전화나 이메일, 직원 면담 등의 방식으로 접촉하여야 한다. 이사회 및 그 하위 위원회 등 개최 현황 및 논의 내용 등과 함께, 대표자와 이사 및 임원 등 경영진의 동향을 파악하여 금융회사의 경영목표와 전략 및 그 변화를 인지하고, 그것이 금융회사 건전성과 금융소

---

103) 검사의 내용은 '제II장 제2절' 참조

비자보호 및 금융시장 질서에 미치는 영향을 분석하여야 한다. 그리고 경영진과 대주주의 자질과 위험성향(risk appetite)등도 파악하여 그것이 경영목표와 전략에 미칠 영향을 분석할 필요도 있다. 또한 거시경제 변수 및 정치, 사회, 기술 등의 변동 현황과 함께 그것이 금융회사 경영 건전성에 미치는 영향도 정기적으로 분석하여야 한다.

이러한 감시 결과를 매일매일 메모 형태의 보고서로 작성하여 신속하게 보고하고 필요시 관련 부서에도 통보하며, 중요한 사안이라고 판단되는 사항에 대해서는 최고경영층에 보고하고 금융위 등 유관 부처에도 통보한다. 또 필요하다고 판단되는 경우 금융회사 경영진을 면담하고 현안사항에 대해 의견을 나누며 대책을 마련하도록 권고하거나 검사부서에 검사를 실시하도록 요청하는 등 적극적이고 심도 있는 역할을 하여야 한다. 아울러 상시감시 결과 금융회사 건전성에 상당한 변화가 있어 금융소비자나 기타 시장 참가자 등의 이해에 영향을 미칠 우려가 있는 사항이 있는 경우에는 이를 공개하도록 하여야 한다. 공개하는 경우 내부의 신중한 검토와 함께 금융회사의 의견도 듣고 반영하는 등 엄정한 절차를 거쳐 결정하는 것은 당연하다. 왜냐하면 사실관계에 오류가 있었다거나 부풀려진 측면이 있을 경우 금융소비자 등 이해관계자들의 오해와 과민반응을 유도하여 금융회사가 큰 손해를 입는 등 불필요하게 금융회사 건전성을 악화시킨 결과를 초래할 위험이 있기 때문이다.

이와 같이 상시감시 업무를 충실하고 원활하게 수행하기 위해서는 우선 조직을 현장검사 부서와 분리시키고 업무를 담당할 수 있는 충분한 인력을 확보하여야 한다. 두 가지 업무를 분리하여 각각 다른 조직이 이행해야 하는 이유는 아래에서 정리하였다.

〈상시감시와 현장검사 담당 조직 분리 필요성〉

- 상시감시 업무의 연속성 유지
  - 인력이 부족한 현장검사 업무 지원에 따른 상시감시 기능의 단절 방지
- 업무 전문성 제고
  - 상시감시와 검사 업무는 그 목적이나 수단, 방법 등이 서로 다르므로 통합 운영할 경우 전문성 제고가 어려움.
- 현장검사의 도덕성에 대한 불신 방지
  - 상시감시를 위해 일상적으로 금융회사 임직원과 밀접하게 접촉하는 상시감시 담당 검사역이 현장검사를 수행하면 금융회사와의 유착 가능성을 의심 받을 우려
    - ※ 검사업무의 효율성을 높이기 위해 검사 부서에 상시감시 결과 자료를 제공하거나 자문에 응하는 것, 검사반의 금융회사 경영진 면담 참석 등은 가능
- 두 업무 간 견제가 가능
  - 상시감시 결과 발견된 위험 요인과 관련 자료를 검사국에 공식 제공하고 현장검사를 요청하는 등 기록으로 남겨지므로 업무 투명성을 높이고 도덕적 해이 방지 가능
  - 검사부서의 검사결과와 상시감시 부서의 자료 제공 및 업무 협조 등에 대해 상호 평가를 함으로써 견제 가능
- ➡ 현재의 금융감독원 조직구조에서는 권역별 상시감시팀을 해당 권역 감독국에 배치하거나 별도의 통합 상시감시 부서를 설치하는 방안도 고려 가능

한편, 상시감시를 충실히 하려면 적정 수준의 인력을 배분하여야 한다. 이를 위해서는 직무분석을 실시하여 소요인력을 산출하여야 할 것이다. 금융그룹과 그 소속 대형 은행은 금융그룹과 은행에 대해서는 적어도 그룹당 2명 이상의 상시감시 담당자를 두고, 그 외의 은행은 은행당 1명, 보험회사의 경우 대형은 회사당 1명, 그 외의 중소형사는 1인당 2~3개 등으로 충분한 상시감시 인력을 배분할 필요가 있다고 본다.

가-2. 건전성검사

건전성검사인 경영실태평가를 충실하고 실효성 있게 하기 위해서는 무엇보다도 금융회사별로 정기 경영실태평가를 매년 1회 실시하도록 하고, 상시감시 결과 필요할 경우에는 수시 평가를 실시하되 검사 범위는 상황에 따라 조정하는 방식으로 운영함으로써 검사 빈도를 높여야 한다. 다만 부실의 전이 효과(transition effect)가 적은 소형사에 대해서는 그 간격을 적의조정하면 될 것

이다. 이로써 금융회사에 리스크 요인을 미리 경고하여 부실을 예방하거나 적기에 대응할 수 있게 될 뿐만 아니라, 최신의 금융회사 건전성 현황과 향후 전망에 관한 정보를 금융소비자 및 이해관계자들에게 제공하여 그들이 의사결정을 하는 데 활용할 수 있도록 도움을 줄 수 있다. 미국 FRB의 경우 감독대상인 은행에 대해 원칙적으로 매년 1회 경영실태평가를 실시하며[104], 상시감시 과정에서 경영 건전성이 악화되는 조짐이 있다고 판단되면 수시로 현장검사를 실시한다. 이런 이유로 FRB SF에서는 글로벌 금융위기가 발생한 2008년 중에 한 은행에 대해 3회 경영실태평가 검사를 실시하는 사례도 있었다.

아울러 건전성검사의 실효성을 제고하기 위해서는 경영실태평가의 공정성, 객관성, 일관성 및 투명성이 확보되어야 하며, 평가결과 보고서에 금융 회사의 현재 경영상태 뿐만 아니라 금융회사가 안고 있는 잠재적 위험까지 포함함으로써 금융회사 이해관계자 및 금융소비자에게 도움이 되도록 하여야 한다. 경영실태평가 방법은 금융감독원 내부의 과제에 해당되므로 〈부록3〉에서 설명하였다.

이와 같이 건전성검사를 충실히 수행하여 금융회사 경영건전성 제고라는 목표를 모두 달성하려면 건전성검사와 준법검사를 분리하여 실시하여야 한다. 그 이유는 앞에서 2016년 양 검사 분리실시 배경에서 설명한 내용과 같다.

그리고 매년 1회 건전성검사를 실시하기 위해서는 상시감시 인력과 마찬가지로 과학적인 직무분석을 통해 적정 인원을 산출하여 전문성을 갖춘 인력을 충분히 배치하여야 한다. 이에 대한 구체적 방법으로서 업무 우선순위 조정에 의한 인력 재배치, 유휴인력 활용, 인력 증원 등이 검토될 수 있을 것이다.

---

104) 미국 은행감독기관은 1980년대에 은행과 저축대부조합(Savings & Loan Association)의 대규모 도산을 경험한 후 은행 부실을 예방하는 데는 검사가 가장 효율적이라는 결론에 도달하여 은행에 대한 주기적인 건전성 검사제도가 정착됨.

〈검사부서는 야전군〉

- ■ 군대는 전쟁을 막기 위해, 전쟁으로부터 국가와 국민을 지키고, 전후 수습을 하기 위해 운영
- ■ 금융감독원은 금융 부실과 금융질서 문란의 예방과 위기상황 발생 시 수습 기능을 담당
  - ○ 주로 검사부서가 담당하므로 검사부서는 군대의 야전부대에 해당
- ■ 평소에는 검사관련 이슈가 감독정책 관련 이슈에 비해 드러나지 않아 검사를 경시할 소지
  - ○ 위기상황에서 검사 기능이 제대로 작동해야 감독기관의 존재 이유가 증명됨.
- ➡ 평소 군대가 전쟁에 대비하여 많은 인력과 예산을 들여 운영 하는 것과 같이 검사부문에도 충분한 인력자원을 투입해야 하며, 군대가 늘 훈련을 하듯이 금융 위기상황을 예방하고 위기상황이 닥쳤을 때도 효과적으로 대응하기 위해 최대한 자주 검사를 실시하여 전문성을 유지하여야 함.

  ※ 실제로 IMF 외환위기를 극복하는 과정에서 금융감독원이 엄청난 검사 인력을 투입하여 금융 구조조정 임무를 완수하였고, 동양사태의 경우에도 300명 이상을 투입하여 수습

나. 금융상품 감리

금융상품 개발 및 판매는 자율화되어 있지만 금융회사가 금융상품을 판매하려면 금융감독원에 사전신고 또는 사후보고를 하여야 한다. 금융상품은 금융회사 경영 건전성에 영향을 미치며 금융소비자에게도 피해를 입힐 수 있다. 금융상품 가격(금리, 보험료 등)을 너무 싸게 만들면 금융회사의 수익성이 떨어져 금융회사의 순이익이 감소하고, 그것이 누적되면 금융회사의 건전성이 위협받을 수 있다. 반대로 금융상품 가격이 너무 비싸거나, 수익률에 비해 너무 위험한 상품을 만들면 금융소비자가 피해를 볼 수 있다. 그러므로 금융상품이 공정하게 만들어졌는지, 계약 서류 등은 해당 상품과 그 위험을 잘 설명하고 다툼의 소지가 없도록 작성되었는지 등에 대해 금융당국이 점검하고 확인하여야 한다. 이를 위해 금융당국은 충분한 인력을 투입하여 사전신고 대상인 상품은 물론 기존에 출시된 상품에 대해서도 정기, 또는 수시로 표본추출 등의 방법으로 대상을 선정하여 감리를 철저하게 실시할 필요가 있다. 특히 출시된 후 2~3년 이내인 상품으로서 판매 실적이 급등하는 상품 등을 중점 대상으로 선정하여 감리하는 것이 필요하다고 생각된다.

감리 과정에서는 금융상품이 기존에 축적된 통계와 과학적, 금융공학적 근거에 기반을 두고 개발되었는지, 금융시장과 금융소비자의 수요를 과학적 방

법에 의해 예측하였는지 등을 검토하여야 한다. 특히 매우 어려운 이론을 배경으로 하고 있는 보험상품이나 파생상품의 경우 이러한 점검은 그 이론 등이 생소한 금융소비자를 보호하기 위해 매우 중요하다. 또 이러한 감리를 통해 상품 베끼기, 사기성의 엉터리 상품 출시 등을 막을 수 있을 것이다.

또 금융소비자에게 상품의 내용과 위험을 이해하기가 너무 어렵지 않은지, 위험등급은 적정하게 분류되었는지, 상품 특성이나 위험 등에 비추어 가격이나 거래조건 등이 금융소비자에게 불리하지 않고 합리적인지, 건전한 미풍양속을 해할 우려는 없는지 등에 대해서는 물론, 금융회사 건전성에 어떤 영향을 미치는지에 대해서도 살펴보아야 한다. 또 해당 상품의 내용과 위험 등이 계약서(약관) 및 부속서류 등에 제대로 설명하고 있는지, 문장이 명확하고 이해하기 쉬우며 간결하게 작성되었는지도 검토하여야 한다. 특히 설명서 및 핵심설명서가 법령에서 정해진 기준에 따라 작성되었는지는 보다 엄밀하게 점검하여야 한다.

그리고 기존의 금융상품으로서 가격(예금이나 대출의 금리, 보험료, 펀드 수수료 등)이 변동된 경우에도 그 근거를 과학적으로 분석하여 가격 책정이 합리적인지, 금융소비자에게 일방적으로 불리하지 않은지 등을 따져보아야 한다.

아울러 금융회사가 그 금융상품을 판매하고 관리하는데 필요한 전문성 등 능력을 갖춘 충분한 인력과 물적 역량을 갖추고 있는지 등을 점검하는 것도 필요하다. 상품 감리결과는 공시하여 금융소비자들이 금융거래에 활용할 수 있도록 하고, 금융소비자 피해가 우려되는 등 문제가 발견되면 소비자경보를 울리거나 금융위원회에 판매제한·금지 명령권을 발동할 것을 건의하여야 한다.

이와 같이 감리업무는 금융소비자보호와 금융회사 건전성에 있어 매우 중요한 업무이므로 업무추진의 효율성을 높이기 위해 법규 위반 사실이 의심되거나 자료 확보 등을 위해 필요한 경우에는 감리담당 부서(금융상품심사분석국)가 곧바로 현장 또는 서면검사를 실시하고 제재조치까지 할 수 있도록 검사 권한을 부여하는 것도 필요하다.

〈건전성 감독 기능과 금융소비자보호 기능의 분리 문제〉

1. 개요
- 금융감독 체계 개편 논의 과정에서 금융소비자보호 기능 강화를 위해 금융소비자보호 기능을 금융감독 기능과 분리, 독립해야 한다는 주장 대두
  - ○ 금융감독기관은 금융회사의 경영 건전성에 우선순위를 두고 금융소비자보호는 소홀
  - ○ 두 기능을 분리하여 쌍봉형(twin peaks) 감독체제를 유지하는 것이 금융소비자보호에 효과적
- 외국 사례로는 호주와 네덜란드

2. 논리의 타당성
- 금융 건전성 감독과 금융소비자보호는 서로 상충되는 기능인가?
  - ○ 금융회사와 금융소비자 간 다툼이 있을 때 금융소비자 입장을 반영하면 금융회사 순이익이 줄어들어 건전성이 저하되어 부실화될 수 있으므로
    - − 건전성 감독 책임이 있는 감독당국으로서는 이것이 부담스러워 금융소비자보호를 소홀히 할 수 있다는 논리는 일견 이해될 수 있음
    - − 다만, 이러한 극단적 가정을 전제로 하는 것은 비현실적(실제 발생 가능성은 매우 낮음.)
    - − 실제로 재해사망보험금과 관련하여 당기 순손실 시현에도 불구하고 자기자본의 5.5%에 이르는 거액의 보험금을 지급한 보험사도 있었음.
  - ○ 역으로, 만약 금융소비자보호를 위해 지급해야 할 손해배상액이 거액이어서 금융회사가 부실화될 수 있는 상황이라면 손해배상액을 지급하는 것이 정의로운 것인가?
    - − 금융회사는 해당 피해를 입은 금융소비자 외에도 다른 금융소비자들과 많은 이해관계인들이 연결되어 있어 금융회사가 도산하면 모두가 피해자가 됨
    - − 민원을 제기한 금융소비자의 보호를 위해 손해를 배상하도록 하면 또 다른 소비자와 이해관계인들의 권익을 침해하는 결과 초래
  - ○ 이러한 점에 비추어 금융소비자보호의 가장 기본은 금융회사 건전성 유지
    - − 금융당국이 금융소비자보호를 소홀히 했다는 사례로 드는 저축은행 사태 및 동양 사태의 본질은 건전성 감독 문제
    - − 금융회사 건전성을 제대로 감독하여 저축은행과 동양증권이 부실화되지 않았으면 상품 판매 과정에서 불완전판매가 있었더라도 만기에 상환되어 소비자피해는 나타나지 않았을 것임.
    - − 반대로 상품 판매 시 위험을 제대로 설명을 하였다면 투자자들이 후순위채 등을 구입하지 않아 곧바로 저축은행 등이 부실화되어 기존 투자자들이 피해를 보았을 것임.
    - − 이들 사례를 금감원이 불완전판매를 막지 못한 소비자보호 소홀 문제로만 보고 건전성 감독 기능과 분리해야 한다는 주장은 단견
- 금융 규제 가운데 상당부분은 그 목적에 있어 금융회사 건전성과 금융소비자보호가 중첩
  - ○ (예시) 금융상품 관련 규제는 금융소비자의 이해 및 금융회사 건전성에 모두 영향을 미치며, 건전성 규제(예: DTI)는 과도한 여신을 방지함으로써 금융회사 건전성과 금융소비자의 파산 위험을 예방
- 감독기관 건전성감독 업무와 금융소비자보호 업무는 운영상 상호 보완관계
  - ○ (예시) 금융소비자보호 관련 법규 위반에 따른 Legal Risk와 Reputation Risk는 금융회사 건전성에도 영향을 미치게 되므로 경영실태평가(경영관리 및 리스크 관리) 및 준법검사 과정에

서 금융회사의 금융소비자보호 업무에 대한 평가와 검사를 실시
- ○ (예시) 민원처리 시 나타난 과도한 시책비나 부실상품 등과 같이 건전성에 영향을 미치거나 법규위반 소지가 있는 사안을 검사부서에 정보 제공하여 금융회사 손실 확대 방지
- ➡ 금융소비자보호는 예금자보호 기능도 포함하는 개념으로 보아야 하며, 이런 관점에서 금융회사 건전성 유지를 통한 지급불능 방지 기능까지 금융소비자보호 기능에 포함하여야 하므로 건전성 감독기관과 금융소비자보호 기관을 분리할 이유가 없음.

3. 현실적 문제

- ■ 기능 분리가 필수적이라면 두 기능을 실질적으로 분리해야 하므로 금융위원회의 금융소비자보호 정책기능도 금융산업 정책 및 금융감독 정책 기능으로부터 분리해야 함.
  - ○ 정책기능 간 분리 없이 집행기관(acting body)만 분리하면 분리의 실익이 없음.
- ■ 금융소비자 보호기관의 분리로 인한 예산 재원의 확보 문제
  - ○ 금융감독기관은 감독·검사를 통해 금융회사의 경영 건전성을 유지하는 데 도움을 준다는 명분이 있으므로 법률에 근거하여 금융회사로부터 분담금을 받아 운영
  - ○ 금융소비자 보호기관은 금융소비자를 위해 금융회사와 대척점에 서는 입장이므로 금융회사로부터 분담금을 받을 명분이 부족
    - 법률로 분담금을 받아 기관을 운영하도록 할 수는 있으나 금융회사의 상당한 저항 예상
    - 금융소비자로부터 민원처리 비용을 받는 것도 현실적으로 불가능
    - 분쟁조정 결정이 판결과 같은 강제력이 없으므로 비용을 요구할 명분도 부족
  - ○ 만약 금융소비자 보호기관을 금융건전성 감독기관과 분리하면 한국소비자원과 같은 방식으로 운영되거나 한국소비자원에 통합될 가능성도 매우 높을 것임.
- ■ 금융소비자보호 기관에 대한 감독권(감독규칙 제정권, 약관 심사, 상품 인·허가권 등)과 영업행위 검사권 부여 문제
  - ○ 분쟁조정안을 수락하도록 금융회사를 압박할 수 있는 권한 확보가 필수 조건이라는 이유
  - ○ 이 경우 건전성 감독기관의 기능, 조직 및 인력의 대폭 축소가 불가피하여 금융위기 시 인력 부족으로 원활한 대응이 곤란할 가능성
    - 쌍봉형 감독체계인 호주의 경우 금융소비자보호 기관인 ASIC은 1,500명 수준, 건전성 감독 기관인 APRA 임직원은 500명에 불과
- ■ 양 기관 간 업무 중복 문제
  - ○ 건전성 규제와 영업행위 규제는 중복되는 부분이 많아 두 기관 간 업무영역 다툼이나 책임회피로 인해 규제 사각지대가 발생할 가능성
    - (예) 금융상품은 경영 건전성과 금융소비자보호 모두에 연관되고, 금융소비자보호를 위한 영업행위 규제는 영업의 위축을 초래하여 건전성에 영향을 미침.
    - 집단민원과 같은 금융소비자보호와 금융기관 건전성 간 이해가 상충되는 사례가 발생할 경우 양 기관 간 갈등으로 인한 사회적 비용이 커질 가능성
  - ○ 동일 금융회사를 중복 감독·검사함에 따라 금융회사 업무 부담이 가중
  - ○ 기관 분리로 신설 기관의 경영진 임명, 관리부서 신설, 기존조직 확대 등으로 조직 운영비용이 추가 소요되어 금융기관 부담이 가중
  - ○ 분리 운영 결과 부작용 사례: 호주의 경우 HIH보험 파산(2001년), Trio Capital 사기사건(2009년), Banksia 파산(2012년) 등 문제가 APRA와 ASIC 두 기관 간 갈등과 비협조 또는 책임회피로 인해 발생하였음을 호주정부 또는 의회가 인정한 바 있음.

4. 결론

- 금융소비자보호기관을 별도로 분리, 신설하는 것은 순기능보다는 부작용이 클 것으로 예상
  - ○ 금융소비자보호가 금융회사 경영 건전성과 상충된다는 주장의 실증이나 경영 건전성을 희생하더라도 우선해야 하는 가치라는 공감대 형성 등의 명분이 부족
  - ○ 해외에서도 Twin Peaks 형태를 유지하는 사례는 호주와 네덜란드 정도
    - 대부분의 선진국에서는 감독기관의 자회사 형태로 운영
- ➡ 현재의 금융감독원 금융소비자보호처를 과거 한국은행 은행감독원과 같이 금융감독원 내부의 독립기구로 두는 것이 바람직
- ▶ 분리로 인한 양 기관 간 업무 중복, 이해상충, 예산 확보 등 문제도 해결 가능
  - ※ 부득이 독립된 금융소비자보호원을 설립하여야 할 경우에도 업무 중복, 금융회사의 과도한 검사부담 등을 감안하여 금융소비자보호 기관은 현재의 금융감독원 금융소비자보호처와 같이 순수 민원처리 및 분쟁조정 업무만 담당하고 별도의 검사권은 부여하지 않는 대신, 한국은행이나 예금보험공사와 같이 금융감독원에 대한 검사 요구권을 부여함으로써 통합감독기구 설치법 취지에 부응하고 기능 분산에 따른 금융감독·검사 기능 저하를 방지

2. 금융회사의 금융소비자보호 의식 제고

금융회사가 적합성원칙, 설명의무 등 6대 판매 규제(금융소비자보호 의무)를 위반하여 금융소비자에게 피해를 유발하거나 금융소비자에게 피해를 입히고도 사후에 피해 구제를 하는 데 소극적인 것은 금융회사 경영에 있어 금융소비자가 얼마나 중요한 존재인지를 순간순간 망각하는데 원인이 있다 할 것이다. 그러므로 금융회사 임직원이 금융소비자보호의 중요성을 상시적으로 염두에 두고 업무를 수행하도록 하기 위해서는 금융당국이 위반 행위에 대해서는 상응하는 제재 조치와 함께 실태평가 등의 지도를 병행하는 것이 필요하다고 생각된다. 그 방법에 대해 살펴보기로 하자.

가. 금융소비자보호 의무 위반 방지를 위한 대책 마련

금융소비자가 금융거래에 필요한 금융지식과 금융상품에 대한 정보를 얻을 수 있도록 함으로써 금융회사와 금융소비자 간의 정보 비대칭을 해소하려면 금융회사도 금융소비자에게 관련 정보를 제공하여야 한다. 그런데 금융회사는 영리법인으로서 최대한 많은 금융상품이나 서비스 계약 실적을 올려 보다 많

은 이익을 얻기 위해 노력하므로 판매에 불리한 정보는 가급적 드러나지 않게 하기 위해 노력하게 된다. 그 결과 금융소비자가 금융상품 등의 내용과 위험을 정확하게 인지하지 못하고 계약을 체결함으로써 피해를 입을 가능성이 있다. 따라서 이러한 사태를 예방하기 위해서는 금융당국이 금융회사로 하여금 관련 정보를 있는 그대로 금융소비자에게 전달할 수 있도록 기준마련 등 여건을 조성하여야 한다. 아울러 금융소비자 금융회사의 허위 또는 과장된 설명을 분별하여 현혹되지 않고 스스로 계약하려는 금융상품에 관한 정확한 정보를 쉽고 편리하게 인지할 수 있도록 도울 필요가 있다.

가-1. 금융회사의 계약 관련 문서 작성 기준 정비

금융상품 거래를 위한 약관 또는 계약서와 설명서 등에는 계약 목적, 계약 당사자의 권리와 의무 등 계약 성립에 필요한 사항과 함께 거래의 대상이 되는 금융상품의 내용과 위험 등에 관한 정보가 포함된다. 그러므로 이들 서류는 금융소비자들이 정독하면 거래하려는 금융상품의 정확한 내용과 위험을 쉽게 파악할 수 있을 정도로 간단명료하게 작성하는 것이 바람직하다. 이를 위해 금융당국은 금융회사가 이들 서류를 어떻게 작성하여야 하는지 구체적인 기준을 마련하여 지도하는 것이 필요하다. 이와 병행하여 금융회사 및 협회, 소비자단체 등과 함께 금융소비자들로 하여금 관련 서류를 잘 읽고 나서 제대로 이해가 되면 비로소 계약서에 서명을 하도록 하는 캠페인을 벌이면 금융소비자 피해 예방에 큰 효과를 볼 수 있을 것이다(이에 대해서는 제4절 참조).

금융당국에서는 계약서(약관)에 대한 작성 지침을 별도로 정한 것이 없으나, 설명서에 대해서는 2021년 7월 14일 발표한 「금융상품 설명의무의 합리적 이행을 위한 가이드라인」에서 판매업자는 금융소비자보호 감독규정(§13 ①) 상의 '설명서 작성 시 준수사항'[105]을 설명의무 취지를 벗어나지 않는 범위 내에서 자율 이행하되, 소비자 행태에 대한 실증자료 및 민원 · 분쟁 분석자료 등을 토대로 자체 설명서 작성기준을 마련하도록 하였다. 그리고 각 금융협회별로 설명

---

105) 일반인을 기준으로 쉽게 쓸 것, 그림·그래프 등을 활용하여 가독성을 높일 것 등

서 표준 작성례를 마련하여 제공할 것임을 밝혔다. 결국은 각 금융회사의 자율에 맡긴다는 취지로 이해되며, 그 실효성은 여전히 의문으로 남는다. 그러므로 그 실효성을 확보하기 위해서는 금융당국에서 제시하는 가이드라인에 법규에서 명시적으로 정한 사항 외에 다음 사항을 이행하도록 분명히 정하는 것이 필요하다고 본다.

첫째, 해당 금융상품이 판매하는 금융회사가 만든 것인지 아니면 대행하는 것인지를 명확히 하여야 하고, 판매를 대행하는 경우에는 판매 금융회사를 연상하게 하는 로고나 색깔 등을 사용하지 못하게 하여야 한다. 또 판매대리 계약서나 상품설명서의 표지 등에 반드시 '이 상품은 OO금융회사가 만든 상품으로서 당사는 계약 체결을 대리한다'는 취지가 명확하고도 쉽게 알아볼 수 있게 제작하도록 금융당국이 지도하여야 한다.

왜 그런가? 금융소비자가 방문한 금융회사가 다른 금융 권역에 속하는 금융회사의 금융상품판매를 대행하면서도 그 사실을 명확히 알리지 않으면 그 금융회사가 자체 상품을 판매하는 것으로 오인할 소지가 있기 때문이다. 특히 금융소비자가 가지고 있는 각 금융 권역에 대한 인식, 예를 들면 은행에 대해서는 준 공공기관으로서 상당한 공신력을 가진 기관으로 생각하는 경향이 있어, 은행이 판매하는 상품은 대개 원금이 보장되어 위험이 적고 안정적이라고 생각한다. 이러한 인식이 투영되어 은행에서 파니까 하물며 펀드까지도 그렇게 위험하지 않은 줄 알고 샀다고 주장하는 민원인도 자주 나타난다. 이와 같이 금융소비자로 하여금 오해를 일으키게 하는 요인은 미리 제거하는 것이 필요하다.

둘째, 계약 서류, 특히 상품 설명서에는 상품의 위험을 금융소비자가 쉽게 알 수 있도록 표시하여야 한다.

우선 상품의 위험을 표시할 때는 금융소비자가 쉽게 확인할 수 있도록 잘 드러나게 하여야 한다. 설명서, 계약서류 표지 등에 해당 상품의 위험등급을 굵은 글씨로, 그 중에서도 위험등급이 '위험', 또는 '매우 위험'인 경우에는 붉은 글씨로 굵게 표시하고, 표지 색깔을 위험등급별로 달리하는 것도 필요하다. 아울러 계약서(약관)나 상품 설명서 등을 작성할 때 '상품의 위험'에 대해서는 계약 당사자의 권리의무나 상품 내용 등 다른 내용과 문단을 구분하여 기술하되, 별도로 '상품의 위험' 등의 제목을 달도록 함으로써 눈에 잘 띄게 하여야 한다. 또 '상품의 위험'에 대한 설명으로서 해당 위험등급의 의미는 물론 그 등급으로 분류한 이유와 배경 등 위험의 구체적 내용과 함께 원금손실이 발생하는 경우에는 상황(시나리오)별 발생 확률 및 예상손실 금액 등을 명확히 표시하도록 하여야 한다. 원금 손실은 중도해지로 인한 손실도 포함하여야 한다. 손익 추정에 대한 신뢰성을 확인할 수 있도록 추정 근거와 그 근거를 제공한 기관과 그 기관에 대한 정보도 표시하도록 하는 것도 필요하다.

이에 더하여 원금손실이 발생할 수 있는 금융상품(투자성 및 보장성 상품)에 대해서는 설명서, 특히 핵심 설명서에는 반드시 구체적인 손실 예상금액(최대 손실금액)을 명기하도록 하여야 한다.[106] 아울러 문자로 설명한 위험에 대해 금융소비자가 구체적으로 이해 가능하도록 도표, 그림 등의 보조 참고자료를 추가하는 것도 필요하다. 다양한 시나리오별로, 특히 최악의 시나리오를 반드시 포함하여, 예상되는 손익의 크기를 그림으로 표현함으로써 한눈에 상품의 위험을 알아볼 수 있도록 하여야 한다. 그리고 도표에서 손실에 대해서는 붉은색으로 표현하여 금융소비자가 보다 쉽게 주의를 기울일 수 있도록 하는 것도 필요하다.

또 법 제21조(부당권유행위 금지) 제3호의 '금융상품의 가치에 중대한 영향을 미치는 사항'에 해당하는 것이 무엇인지를 명확히 표시하고, 그 사항이 어떻게 금융상품 가치에 영향을 미치는지도 설명하도록 할 필요가 있다. 금융상품 중에는 금리나 환율 등 단일 지표에 의해 가치가 변하는 상품이 있는 반면, 변액보험이나 파생결합증권, 사모펀드 등과 같이 복합적 변수에 의해 가치가 변하는 경우도 많다. 특히 복층구조로 된 사모펀드의 경우 자펀드 투자자가 모펀드의 자산구성과 그 펀드가치에 영향을 미치는 요인을 명확히 알기 어려울 수

---

106) 만약 최대손실 금액 이상으로 손실이 발생하면 설명서 부실 작성에 해당하므로 보다 엄중한 손해배상 책임 및 제재를 부과할 필요

도 있다. 그러므로 이러한 변수들의 특징과 전망 등에 대한 정보를 금융소비자가 충분히 검토할 수 있도록 제공하여야 금융소비자가 금융상품의 내용과 위험을 정확히 이해하게 되며, 또 계약 이후에도 해당 변수들을 모니터링 하면서 상황 변화에 따라 능동적으로 대처할 수 있다.

〈위험등급 결정과 관련한 제도개선 필요 사항〉

- 위험등급을 정하는 대상에 보험도 포함
  ○ 법 제17조 제1항 제1호 나목3에서 투자성 상품에 대해서 위험등급을 정하도록 하고 있음.
    – 기초자산 가치의 변동성, 신용등급, 상품 구조의 복잡성, 최대 원금손실 가능 금액을 고려
  ○ 저축성보험과 변액보험의 경우에는 만기 전 해약을 하는 경우에는 원금손실의 위험이 존재
    – 변액보험은 사업비를 차감한 보험료만 투자하므로 계약 초기에 해지하면 엄청난 손실 가능
- 권역별 금융상품의 위험등급 결정기준을 통일
  ○ 권역별로 위험등급 결정기준이 다르면 금융소비자가 그 위험 수준을 오해할 가능성
    – 증권사가 분류한 '보통'이나 '안전' 등급 상품(예: 공모펀드)에 대해 은행 예금만 거래를 한 사람은 원금보장이 되는 수준으로 이해하고 상품을 계약할 수도 있음.
- 위험등급은 금융권별 협회 등 자율 규제 기관이 결정하되 금융당국이 사후 감리를 실시하고 그 적정성을 점검, 평가하는 것이 바람직한 것으로 보임.

셋째, 금융소비자가 제대로 이행하지 않거나 특정 조건에 부합하지 않으면 불이익을 받을 수 있는 의무사항에 대해서도 금융상품의 위험과 마찬가지로 금융소비자가 주의를 기울여 확인하고 기억하는데 도움이 되도록 관련 서류에 표현되어야 한다. 흔히 보험의 고지의무 위반이나 보험금을 지급하지 않는 단서 조항과 같이 금융소비자가 계약서류에 그런 내용이 있는지조차도 알지 못하거나, 알았더라도 그것이 계약에 미치는 영향을 제대로 인식하지 못하여 이를 이행하지 않았다가 나중에 보험금을 받지 못하게 되는 등 불이익을 당하는 경우가 많기 때문이다.

넷째, 계약서 등 서류를 금융소비자가 읽고 이해할 수 있도록 쉽게 작성하여야 한다. 금융위의 2020년 금융소비자보호 국민인식 조사[107] 결과, 금융회사 직원의 설명을 이해하는 데 어려움을 겪었다는 응답이 53.4%를 차지하였는데, 그 이유로는 약관이나 상품 설명서가 너무 어려워서가 37.4%, 양이 너무 많아서가 35.1%에 이르는 것을 보면 계약 관련 서류에 대한 금융소비자의 불만을

---

107) 중앙일보, 2021년 3월 29일, "약관·상품설명서 너무 어렵다" 금융상품 이해 못 하는 소비자 53%

엿볼 수 있다. 그러므로 일반인에게 이해하기 어려운 용어나 표현은 이해 가능한 수준으로 바꾸어야 하며, 용어를 바꾸었을 때 판례가 바뀌는 위험이 있는 것과 같이 부득이한 경우에는 용어에 대해 주석을 다는 등의 개선 작업이 이루어져야 한다. 고등학교 졸업생 내지 대학 신입생이 읽고 이해가 될 정도로 목표를 정하는 것이 바람직하다고 생각된다. 이러한 개선 작업에는 가급적 금융당국이 금융회사와 학계, 소비자단체, 법조계 등과 공동으로 추진하되 언어, 법률 등 전문가들도 참가하여야 한다.

다섯째, 계약서 등 서류의 양(量)도 읽을 수 있는 수준으로 조정하여야 한다. 계약 관련 서류의 용어가 어려운 것은 물론, 인간의 집중력과 기억력의 한계 때문에 내용이 너무 많아 단시간 내에 숙독하기가 어려운 서류도 제대로 정보를 전달하지 못한다. 특히 보험은 주계약에 수많은 특약을 붙여 보험약관이 웬만한 책만큼 두꺼운 경우도 많다. 이러한 상황에서는 소비자가 계약서류를 읽을 엄두조차 내지 못하고 설계사가 하는 설명에만 의존하여 계약 내용과 위험을 파악할 수밖에 없다.[108] 그러다 보니 소비자가 보장 범위조차 파악하지 못해 꼭 필요하지도 않은 보장까지 과잉 구매하고, 정작 어떤 사건이 발생하여 보장 대상인줄 알고 보험금을 신청하면 보장에 포함되어 있지 않다고 하니 소비자 불만이 쌓일 수밖에 없다.

특히 계약 관련 내용의 양이 너무 많으면「금융소비자보호법」상 설명의무를 다하기가 물리적으로 불가능하게 된다. 지금도 보험계약은 설계사가 대충 중요한 것만 설명하고 나머지 구체적인 것은 이메일 등으로 약관을 받고나서 나중에 읽어보라고 하면서 계약을 체결하는 것이 일반적이다. 이런 형태의 설명 방식은 법위반 가능성이 매우 높다.

이와 같은 문제를 해결하기 위해서는 종합선물세트 식으로 여러 가지 보장을 묶어놓은 상품을 각 보장별로 쪼개어 별개의 상품으로 만들도록 하여

---

108) 금융위의 2019년 금융소비자보호 국민인식 조사 결과에 따르면 금융상품 상담·계약시 적절한 소요시간은 10~20분 36.3%, 20~30분 34.5%, 10분 미만 12.1%로서 대부분(82.9%)이 30분 이내를 선호

야[109] 한다. 최근 코로나19 등으로 인해 대면 거래가 더욱 어려워지고 있으므로 온라인이나 모바일 등을 이용한 비대면 거래 비중 확대는 대세일 수밖에 없다. 이러한 환경 변화에 맞추어 설계사의 설명 없이 스스로 보험 상품을 선택하게 하려면 금융소비자가 상품을 이해하기 쉽고 단순하게 만들어야 하므로 각 보장별로 나누는 것은 선택이 아닌 필수가 될 것으로 생각된다. 실제로 인터넷전문 보험계약은 상품을 아주 단순화하여 계약 서류도 그만큼 간단하므로 계약을 할 때 관련 계약 서류를 숙독하게 되고, 이로 인해 불완전 판매와 관련한 분쟁은 거의 0에 가까운 점[110]을 보면 이러한 상품 단순화 작업은 금융소비자보호에 매우 유용하다는 것이 입증되는 것이라고 생각된다. 그리고 최근 온라인 미니보험의 판매 실적이 증가하고 있어 미니보험 활성화가 기대되는 상황에서 고객이 원하는 보장을 골라 설계하는 'DIY(Do It Yourself)' 보험이 재조명되고 있다는 점도 이러한 전략의 성공 가능성에 대한 전망을 밝게 해주고 있다.[111]

계약서류가 금융소비자들에게 충분한 정보를 제공하고 이해하기 쉬우며 간결하도록 작성하는지 평가하기 위해 보험권역에서는 「보험업법」 제128조의 4에 따라 보험약관 이해도 평가 제도를 시행하고 있다. 이러한 제도를 모든 금융권역의 금융상품 약관 및 상품안내서 등 계약서류 전반으로 확대하여 이해도 평가를 실시하고 그 결과를 공개하면 금융소비자가 이해하기 어려운 상품이 시장에 진입하지 못하도록 제한할 수 있어 금융소비자를 보호할 수 있을 것이다. 다만 현행 보험약관 이해도 평가제도는 평가자 인원이 소수인데다 특정 기관 추천을 받게 되면 평가의 공정성 및 객관성 등이 훼손될 수도 있으며, 특

---

109) 보험상품을 개발할 때 각 보장별로 통계를 이용하여 보험료를 산출하고, IFRS17에 의해 회계처리를 할 때도 각 보장별로 현금흐름을 추정하여 보험부채 가치를 평가하는 것이 원칙이므로 보장별로 하나의 독립된 상품으로 만드는 것이 이러한 원리에 부합된다고 할 수 있음. 기존의 여러 보장을 묶은 종합선물세트식 보험상품은 보장별 사업비 등 간접비의 보장별 배분에 정확성을 높이기 어렵고, 사실상 가입할 필요가 없는 보장에도 가입하게 되는 경우가 많아 '같은 위험에 노출된 사람들이 단체를 구성하는 보험의 원리에도 맞지 않을 뿐 아니라 해당 보험의 위험률이 과도하게 축소되는 등의 문제가 내포되어 있음.

110) 실제로 교보라이프플래닛의 경우 2016년에 상품 설명과 관련 민원은 전혀 없었음.

111) 「뉴데일리경제」 2021년 2월 5일자 '원하는 보장 넣는 'DIY보험' 재부각…미니 보험과 시너지 기대', 「서울경제」 2021년 6월 18일자 '저렴한 보험료에 알찬 보장, 생보 온라인 미니보험 쑥쑥' 참조

히 전문가들 중심으로 구성되면 그들은 일반 금융소비자와 지적 수준이나 관점이 달라 일반 금융소비자를 대변하기가 어려운 경우가 많으므로, 일반인이 이해하기 어렵고 전문적인 용어나 표현 등을 걸러내지 못할 가능성도 있다. 앞으로 이 제도를 전 금융권역으로 확대 시행한다면 일반인 평가자 인원을 대폭 늘리고 그 선임방법도 일정기간 희망자를 모집하여 그 중 무작위(random)로 정하는 방식을 활용함으로써 일반인의 눈높이에서 평가가 이루어지도록 할 필요가 있다.

〈 현행 보험약관 이해도 평가 개요 〉

- 시행 근거: 보험업법 제128조의 4
- 시행 기관: 보험개발원 ▪ 평가 주기: 연 2회
- 평가 주체 : 유관기관 장 등이 추천하는 보험소비자 및 관련 전문가 9명
- 기능: 보험소비자 입장에서 약관 이해도를 평가한 후 평가 결과를 홈페이지에 공시하고 개선 필요사항에 대해서는 보험회사에 권고

가-2. 금융소비자보호 의무 이행 기준 제시

「금융소비자보호법」의 금융상품 유형별 영업행위 준수사항(6대 판매 규제) 가운데 금융회사 입장에서 가장 고민스러운 것은 설명의무가 될 것이다. 그것은 제Ⅱ장 제4절에서 이미 살펴본 것과 같이 금융소비자가 이해하도록 설명을 하기가 어렵고 설명이 이루어졌는지 확인하기도 어려운 점 등 여러 가지 문제가 있기 때문이다. 금융당국이 2021년 7월 14일 발표한 「금융상품 설명의무의 합리적 이행을 위한 가이드라인」으로도 이러한 문제를 해결하기 어려울 것으로 보인다. 금융당국이 보다 명확한 지침을 제시하는 것이 필요하다고 생각된다.

그러면 구체적으로 그 기준을 어떻게 만들 것인가? 그 답은 적합성원칙 또는 적정성원칙과 금융상품의 위험등급, 그리고 설명의무를 연계하여 기준을 정하는 것이라 생각된다. 즉, 적합성원칙에 따라 분류한 금융소비자의 투자자성향별로 권유하거나 판매할 수 있는 상품의 위험등급을 정하고, 동일 투자자성향 내에서도 금융소비자를 연령, 금융에 대한 지식과 거래경험, 재산, 상품 구매

목적, 감수할 수 있는 최대손실 등을 기준으로 몇 가지 유형으로 나누어 각 유형에 따라 맞춤식 설명 매뉴얼을 만들어 활용하도록 하는 것이다. 이렇게 하면 설명에 필요한 시간과 노력을 크게 줄일 수 있으며 설명 효과도 크게 높일 수 있을 것이다.

그 방법을 보다 구체적으로 설명하면 다음과 같다.

1) 적합성 평가

우선 적합성 평가 방식에 대해 살펴보자. 적합성 평가를 위해 금융소비자의 연령, 금융거래 지식 및 경험 등 정보를 확인할 때는 각 정보 항목별로 예시한 내용의 해당 번호에 체크하는 형식으로 하지 말고, 반드시 양식에 항목별로 빈칸을 마련하여 금융소비자 본인이 해당 빈칸에 해당 내용을 자필로 기록하도록 하는 것이 바람직하다. 이것은 금융소비자가 계약 당사자로서 주체적으로 계약에 임한다는 마음가짐을 갖추도록 하는 것과 함께, 자기가 제공한 정보에 대해서는 자기가 책임을 진다는 점을 분명히 인식하며, 금융회사 직원이 자의적으로 정보를 조작하는 등 적합성원칙을 형식적으로만 이행하고 실질적으로는 위반하는 사례를 예방하기 위한 것이다. 특히 판단력이나 주의력이 떨어지는 고연령층 등 취약계층에 대해서는 반드시 후견인 등을 대동하게 하거나 금융회사 자점감사자 또는 이에 준하는 사람의 입회하에 절차를 진행하도록 하는 등 보다 엄격한 기준을 적용함으로써 금융회사 직원이 대리 작성하는 일이 없도록 하여야 한다. 다만 판매인이 개입되지 않고 순수한 디지털 방식인 온라인이나 스마트폰 등을 이용한 비대면 거래인 경우에는 모두가 스스로 계약서나 상품설명서 등을 읽고 내용을 이해하고 판단한 것으로 볼 수 있으므로 이러한 복잡한 절차를 생략할 수 있을 것이다.

다음으로는 적합성 및 적정성원칙의 이행 기준으로서 거래를 희망하는 모든 고객에 대해 ① 연령, ② 건강 상태, ③ 경제활동 상황 및 소득, ④ 금융교육 또는 이에 해당하는 교육(경영학, 경제학 전공 등) 이수 경험, ⑤ 계약 대상 금융상품에 대한 지식과 거래 경험, ⑥ 계약 자금의 원천과 만기 후 자금 용도, ⑦

자금력, 즉 주요 수입원과 연간 수입금액, 보유 금융자산[단기간(예: 3개월) 이내에 처분하여 금융자산으로 전환 가능한 부동산 포함]에서 해당 거래 금액이 차지하는 비중과 자금 운용가능 기간, ⑧ 본인이 생각하는 위험(손실) 감내 수준[납입원금 대비 손실금액 비율(%) 등], ⑨ 금융상품의 용도와 계약 목적의 합치 여부[112] 등 항목을 기준으로 권유 가능한 금융상품의 범위에 대한 표준을 정하도록 하여야 한다. 금융교육을 포함하는 것은 금융교육을 받은 사람이 단순히 거래 경험이나 주변의 이야기를 들어서 이해하는 사람보다는 금융상품의 내용과 위험에 대한 이해도가 높으므로 적합성 평가 항목으로 포함하는 것이 적절할 뿐만 아니라, 이것을 포함하게 되면 금융소비자들이 금융교육에 대해 관심을 가지고 참여하게 될 수 있기 때문이다.

그리고 각 항목별로 구간 또는 내용을 구분하여 구간별로 점수를 부여하고 항목별로 금융소비자에게 해당되는 구간의 점수를 합한 종합점수를 산출한다. 그 다음에는 그 종합점수를 다시 5~6개 구간으로 구분하여 투자자성향(예시: 안정형, 안정추구형, 위험중립형, 적극투자형, 공격투자형 등)을 정한다. 투자자성향 별로 권유나 거래를 허용하거나, 금지하는 상품 위험등급을 정한다. 여기에 더하여 위험등급이 높은 상품에 대해서는 '원(투)스트라이크 아웃제'와 같이 특정 항목 또는 두세 개의 항목에서 정한 기준을 초과하면 그 상품의 권유 또는 거래를 원칙적으로 금지하는 기준도 반드시 필요하다. 예를 들어, 그동안 발생한 피해 사례에 비추어 연령이 너무 높거나 금융관련 지식과 경험이 부족하여 금융상품의 위험에 대한 판단능력이 상당히 부족한 사람인 경우, 또는 자금의 원천이 되는 기존 금융상품의 본래 용도나, 체결하려는 계약이 끝난 후 자금의 용도 및 만기, 고객의 자금력 등에 비추어 원금손실이 발생하면 고객에게 극복하기 힘든 어려움이 생기는 등의 경우에는 어느 하나의 항목에만 해당되더라도 사모펀드, 파생상품, 하이브리드 상품 등과 같이 위험한 상품의 권유를 원칙적으로 금지하는 것이 당연하다.

---

112) 예를 들어 골프를 치지 않는 사람이 홀인원 보험 가입, 운전면허가 없는 사람이 운전자보험 가입 등 전혀 불필요한 계약을 가입하는 사례를 방지하기 위함.

다만, 예외적으로 금융소비자가 원하는 경우 적합성 범위를 벗어나는 금융상품을 거래하는 것을 허용은 하되, 판매직원이 임의로 적합성을 판단하거나 적합성 범위를 벗어나는 거래를 하는 사례를 예방하기 위해 보다 특별한 승인 절차를 거치도록 하여야 한다.[113] 예를 들어 본인이 자기 의사에 따라, 자기 책임 하에 위험한 상품을 거래한다는 것을 명백히 확인하는 취지를 나타내는 문언을 자서함과 동시에 자필서명을 하게한다. 거래 금액이나 상품의 위험을 기준으로 통상적인 경우에 비해 전결권을 한 단계 이상 상향[114]하되 반드시 자점 감사자의 사전 감사도 받는 등 엄격한 내부통제 절차를 거치도록 하는 것이 필요하다. 다만 사모펀드의 경우에는 그 위험성과 폐쇄성 등을 감안하여 일반금융소비자는 원칙적으로 적합성을 벗어난 것으로 판별하여 모두 특별승인 대상으로 하도록 운영할 필요가 있다.

2) 설명 의무

다음으로 설명의무 이행 여부를 판단하는 세부 기준은 어떻게 정할 것인가? 법률에서는 금융회사가 금융상품을 권유한 경우에는 예외 없이 설명을 하도록 의무를 부과하고 있다. 그러나 이에 따른 부작용[115]을 감안할 때, 이러한 방식은 개선되어야 한다. 일단 계약 서류와 상품 설명서에 금융상품의 내용과 위험을 사실대로 명확히 기술하였고 고객의 거래 적합성도 제대로 판별한 것을 전제로 한다면, 적합성에 부합하는 상품을 계약하려는 경우에는 금융소비자가 먼저 설명서를 일독하도록 요청하게 하는 것이 필요하다. 금융소비자가 읽고 나면 최대손실 예상액과 고지의무 등 금융소비자의 의무는 반드시 설명하도록 한다. 그리고 나서 설명이 필요한 사항이 있는지를 묻고, 설명을 요구한 사항에 대해서만 설명을 한 후 다른 요구가 없었다면 이는 설명의무를 다한 것으로

---

113) 판매자가 적합성 평가 후 적합한 상품을 권유했으나 금융소비자가 부적합한 상품을 특정하여 청약하는 경우로서 적정성원칙 적용대상이 아닌 경우에는 계약이 가능하다는 금융당국의 유권해석이 있음에도[금융소비자 보호법 FAQ 답변(2차)] 추후 분쟁 발생 시 금융소비자가 '특정'한 것을 금융회사가 입증하기 어려운 점을 이유로 금융회사가 아예 계약을 하지 않고 있는 바, 예시한 방식으로 하면 이런 문제의 해결이 가능

114) 예를 들어 위험수준이 적합성 등급보다 2단계 높은 경우 전결권도 2단계 상행

115) 본서 제II장 제4절 참조

인정하는 것이 합리적이다. 만약 금융소비자가 읽는 것을 거절하고 전체 내용 또는 특정 사항에 대해 설명을 요구하면 요구대로 설명을 하면 된다.

금융소비자가 일독 후(읽지 않았더라도) 설명을 요구한 사항이 있었고 이에 대해 설명을 하였다면 질문 또는 설명을 요구한 내용과 금융회사 측의 설명 내용을 설명서 또는 별지에 간략히 기록한 후 금융소비자가 충분히 이해하였음을 확인하는 취지의 문언과 함께 양측이 서명을 하여 계약 서류의 일부로 보관하도록 하면 된다. 이런 방식으로 하면 설명의무를 둘러싸고 분쟁이 발생하는 것을 예방할 뿐만 아니라 금융소비자가 계약 당사자로서 주체성을 가지고 능동적으로 계약에 따른 권리와 의무를 다하도록 유도하는 효과도 있을 것이다.

다만, 적합성평가 결과 금융소비자의 투자자성향에 상응하는 위험등급보다 높은 상품을 상담하거나 계약하는 경우에는 원칙적으로 금융소비자가 설명서 일독 후 설명을 요구하지 않더라도 일단 상품의 위험을 설명하도록 할 필요가 있다.

이 외에 기존 상품 계약을 중도 해지하여 다른 상품을 구매하는 경우에는 보다 엄격한 설명의무를 부과하여야 할 것이다. 저축은행 사태나 동양사태 사례에서 본 것과 같이 정기예금 등을 해약하여 후순위채나 기업 CP를 사는 경우나, 고금리인 고정금리부 저축성보험을 중도해지하고 저금리인 새로운 보험을 가입하는 경우와 같이 금융소비자에게 기존 계약에 비해 불리한 거래 또는 훨씬 위험한 거래는 금융소비자가 그 사실을 충분히 알지 못하는 거래일 수 있으므로 이러한 사례를 방지하기 위하여 불리해지거나 위험해지는 내용을 구체적으로 설명하고 서면 외에 녹취나 동영상 등 구체적 증거를 남기도록 하는 등 기준을 만들 필요가 있다.

그리고 금융회사가 설명의무를 다하였음을 입증하는 책임을 부담하는데 도움이 되도록 모든 금융권역의 상품 판매 과정에 대한 녹취를 의무화하여야 한다. 이것은 설명의무 위반에 해당될 경우 입증책임, 제재, 과태료 및 손해배상책임 등 금융회사가 부담할 수 있는 위험을 생각할 때 웬만한 비용을 감수하고서라도 반드시 추진해야 할 사안이라고 본다. 아울러 금융회사가 녹취하여 보관하는 방법에 대해서도 분명하게 규정할 필요가 있다. 왜냐하면 녹음 등을 하는 주체는 금융회사이므로 금융회사에 불리한 부분은 녹음이나 동영상 촬영을 하지 않고 유리한 부분만 하거나, 녹취 후 보관 과정에서 불리한 부분은 훼손 또는 삭제하는 등 조작의 가능성이 있기 때문이다. 그러므로 금융소비자가 금융회사 직원과 처음 상면하는 때부터 자리를 떠날 때까지 중단됨이 없이 녹음 또는 촬영하게 하여야 한다. 그리고 금융소비자가 원하는 경우에는 이를 복사하여 주도록 하고, 보관은 공전소[116]에 맡기는 등 철저히 관리하도록 하여야 한다.

끝으로 판매인이 상품을 설명할 때 금융소비자의 이해도와 유·불리를 판단하는 데 도움이 되도록 함으로써 금융회사의 설명의무를 보다 충실하게 하도록 하기 위해 판매 현장에서 PC나 모바일 등으로 금융감독원 또는 협회의 상품비교 포털을 연결하여 동일 회사 내 유사상품은 물론 다른 경쟁회사 상품의 가격이나 수익률, 거래조건 등을 비교하여 설명할 수 있도록 시스템을 갖추게 하는 것도 필요하다고 본다.

3) 적합성원칙의 실효성 제고

적합성원칙은 「금융소비자보호법」상 '금융상품 유형별 영업행위 준수사항'의 밑바탕이 되는 사항이라고 할 수 있으므로, 이 원칙이 제대로만 지켜지면 금융소비자의 피해를 획기적으로 예방할 수 있다고 본다. 금융소비자 본인이 사실대로 성실하게 적합성 조사에 응하여 자필로 정보를 기록, 서명하고 그것을 기준으로 적합성 평가가 이루어지면 금융회사는 적합성 범위를 벗어나는 위험한 금융상품을 권유하기가 어렵게 된다. 그러면 80대 노인이 정기예금을 헐어서 사모펀드에 투자하게 하거나, 운전면허증도 없는 사람에게 운전자보험을 팔거나, 은퇴한 사람이 노후용 예금을 인출하여 CP나 DLF에 투자하게 하는 등의 황당한 사례는 나타나기 어려울 것이다. 또 설명의무도 보다 합목적적으로 이

---

116) 공인 전자문서센터의 약칭으로서 「전자문서 및 전자거래기본법」 제31조의2에 따라 과학기술정보통신부장관은 전자문서 보관 등의 안전성과 정확성을 확보하기 위하여 전자문서 보관 등에 관하여 전문성이 있는 자를 공인 전자문서센터로 지정하여 전자문서 보관 등을 하게 할 수 있음.

행될 수 있다. 그러므로 이 제도가 정착되도록 하기 위해 특별한 관심과 자원을 기울여야 한다.

적합성원칙이 제대로 지켜지도록 금융소비자는 반드시 자필로 기록하도록 주의를 환기시키고, 금융회사 직원이 대필하는 일이 절대 없도록 지도하고 대필을 한 경우에는 엄정하게 제재하여야 할 것이다. 아울러 이 원칙을 위반한 경우 「금융소비자보호법」 제69조 제②항의 벌칙에서 과태료를 설명의무와 대등한 수준인 1억 원으로 상향하는 것과 함께, 과태료 부과 방법도 기관에 대해 포괄 일죄[117]를 적용하지 말고 건별 기준으로 함으로써 제재의 실효성을 확보하는 것이 필요하다고 생각된다.

그리고 이와 같은 적합성원칙의 중요성을 감안할 때, 현행법에서와 같이 적합성 조사 및 평가를 하는 주체를 금융회사로 할 것인가에 대해서는 신중히 재검토할 필요가 있다고 본다. 왜냐하면 현행대로 금융회사가 적합성 평가를 위한 조사와 투자자성향을 평가하도록 하면 판매 직원이 위험한 상품 판매를 하기 위해 임의로 조사서를 작성하거나 금융소비자 진술 내용과 다르게 작성하는 등 부당행위가 언제든지 일어날 소지가 있다. 또 금융권역 간은 물론 같은 권역 내 금융회사들 간에도 평가기준이 서로 달라 금융소비자에게 혼란을 줄 수 있다. 금융소비자들에게 보다 위험한 금융상품을 권유하기 위해 기준을 매우 느슨하게 운영하는 금융회사가 있더라도 금융당국이 이를 간섭할 수 없으므로 그대로 둘 경우 다른 금융회사도 이를 추종하여 적합성원칙 제도가 무력화될 수도 있다. 또 금융소비자가 거래 금융회사를 바꾸는 경우에는 그 때마다 같은 절차를 거쳐야 하는 불편도 따른다.

그러므로 이러한 문제들을 해결하기 위해 적합성 평가 기준을 금융당국이 감독규정이나 세칙에 명시하고, 그 기준에 의해 통합 시스템을 구축하여 각 금융권역 협회 등으로 하여금 평가업무를 수행하게 하는 방법을 검토하여야 한

---

117) 여러 개의 행위가 포괄적으로 한 개의 구성 요건에 해당되어 한 개의 죄를 구성하는 경우를 말하는데, 예를 들어 금융상품판매 과정에서 여러 개의 적합성원칙 위반행위가 있더라도 이를 모두 묶어 한 건의 죄로 보아 과태료를 부과하게 됨.

다. 이렇게 할 경우 금융소비자들이 직접 컴퓨터나 모바일 등을 통하거나 금융회사 영업점에서 단말기를 통하여 협회 등의 홈페이지에 접속하여 조사서에 체크하거나 기록하여 투자자성향을 평가받도록 하면 될 것이다. 다만 금융회사 영업점에서 단말기를 이용하여 평가를 받을 경우에는 반드시 금융회사 자점감사자가 입회하여 전 과정을 관리하도록 할 필요가 있다. 이런 방식으로 제도 운영을 바꾸면 금융회사가 적합성 평가를 수행할 때 일어나는 부작용을 예방할 수 있을 뿐 아니라 제도에 대한 신뢰성과 통일성을 높일 수도 있다.

아울러 최초 적합성 평가 후 다음 평가는 언제 할 것인가에 대해 기준을 명확히 할 필요가 있다. 그 이유는 재산이나 정신 건강 등의 변화로 투자자성향이 달라졌는데도 적합성 평가를 하지 않을 경우 그 전의 투자자성향에 적합한 위험한 상품을 판매할 수 있게 되는 등 부작용이 있기 때문이다. 1년에 한번, 고객과의 금융상품 계약이 있는 경우에 실시하되 고객이 원하는 경우에는 수시로 실시하도록 정하는 것이 합리적일 것으로 생각된다.

적합성원칙(적정성원칙 포함)과 설명의무를 제외한 나머지 3가지 판매 규제는 대부분 법률에서 정한 내용이 비교적 명확하므로 금융회사가 이행하는 데큰 혼란이 없는 것으로 보인다. 다만 광고의 경우에는 설명의무와 마찬가지로 금융상품의 내용과 함께 위험도 제대로 알려야 금융소비자들이 해당 금융상품에 대한 올바른 판단을 할 수 있다는 점에서 일부 개선이 필요한 것으로 생각된다. 예를 들면, 보장성 상품의 경우 금융소비자 불만이 일어나는 원인 중에 보험금 지급과 중도해지 시 원금 손실이 큰 비중을 차지하는데, 이와 관련하여 감독규정(제17조 제1항 1호 가목)에서 보험금 지급제한 사유는 광고에 명시하도록 하고 있으나 중도해지 시 원금 손실 위험에 대해서는 언급이 없다. 그러므로 금융소비자들이 중도해지로 인한 원금 손실의 위험을 알 수 있도록 광고 내용에 포함하게 하는 조치가 필요하다고 생각된다.

가-3. 금융상품판매원의 금융상품 설명능력 제고

설명의무를 이행함에 있어 중요한 사항은 금융상품판매원의 해당 금융상품에 대한 지식과 설명 능력, 그리고 도덕성이다. 우선 금융회사는 판매직원들이 자기회사 금융상품을 완벽하게 알고 있도록 하여야 한다(Know Your Product, KYP). 즉, 금융회사는 새로운 금융상품을 판매하려고 하면 사전에 판매담당 직원들에게 해당 상품의 내용과 그 위험 등을 충분히 교육하여 금융소비자가 잘 이해할 수 있도록 눈높이에 맞추어 설명할 수 있는 능력과 함께 금융소비자의 질문에 충실히 답변할 수 있도록 준비하는 것은 당연하다. 특히 다른 금융회사 상품의 판매를 대행하는 상품의 경우, 그 금융회사 직원이 생소할 수 있으므로 이러한 상품일수록 더욱더 철저한 교육이 필요하다. 그러므로 금융회사가 신상품을 출시할 경우 판매원을 대상으로 해당 상품에 대해 일정기간에 걸쳐 연수를 실시하고 연수 내용에 대한 이해 수준 및 설명 능력을 테스트하여 일정수준 이상의 능력이 있다고 인정되는 사람에게만 판매 자격을 부여하는 등의 절차를 마련하여 이행하도록 금융당국이 철저하게 지도하여야 한다.

이에 더하여 실제 금융상품 계약 체결 과정에서 적합성 평가와 상품 설명한 내용을 녹취한 것과 계약 서류 등을 사후에 검사(경영실태평가) 또는 금융소비자보호 실태 평가 과정에서 표본 추출하여 그 전문성과 설명 능력을 평가하여야 한다. 아울러 계약을 체결한 금융소비자 가운데 표본을 추출하여 직접 접촉을 통하여 조사를 실시하는 방안도 고려할 필요가 있다.

그리고 이러한 모든 점검 결과를 금융소비자보호 실태 평가에 반영하고, 공개함으로써 금융소비자가 금융거래를 하기 전에 미리 어떤 금융회사, 어떤 상품 판매원들의 상품에 대한 이해 및 설명 능력이 어떠한지를 알고 의사결정에 참고할 수 있도록 도와주어야 한다.

나. 금융소비자보호 관련 상시감시 및 검사 강화

금융회사의 금융소비자보호 의식을 강화하는 데는 금융소비자보호 관련 상시감시를 활성화하는 것이 매우 유용한 수단이 된다. 왜냐하면 감독기관이 수시로 금융소비자보호 관련 현황을 파악하게 되면 금융회사도 그 업무에 대해 경각심을 가지게 되기 때문이다.

사실 금융회사의 모든 전략이나 영업활동은 금융소비자보호와 밀접한 연관성을 가지고 있으므로 이러한 부분에 대한 상시감시를 철저히 하면 금융소비자 피해 예방에 많은 기여를 할 수 있을 것이다. 그러므로 경영 건전성 관련 상시감시와 마찬가지로 이사회나 감사위원회, 리스크관리위원회, 내부통제위원회 등의 의사록과 감사보고서 등의 내용을 모니터링하여 금융회사의 경영진 교체, 경영계획 수립, 경영전략 변경, 신상품 출시, 조직 개편 및 인사 방침 변경, 성과평가 기준 변경 등이 있는 경우에는 보다 면밀한 감시가 필요하다. 경영진의 경영전략이 공격적이면 경영 목표를 조직 역량에 비해 과도하게 높게 설정하고, 조직운영이나 인사 및 성과평가도 영업 실적 위주로 변경한다. 그 과정에서 금융소비자보호는 다소 경시하게 되며, 직원들도 이에 따라 실적을 올리기 위해 경우에 따라서는 6대 판매 규제 등을 위반하는 것과 같은 사례가 나타나게 되기 때문이다.

그리고 업무보고서에서 원천별 수입과 금융상품별 판매량 등의 증감 변동을 시계열, 횡단면으로 분석하면 판매량이 급등하고 수수료 수입이 급증하는 등 이상치를 나타내는 상품을 찾아낼 수 있다. 필요하다면 신상품 출시 현황과 상품별 판매실적을 업무보고서에 포함하여 보고를 받아 이를 분석하는 것도 방법이다. 이러한 분석을 통해 판매가 급등한 상품의 특성과 위험성, 경영진의 해당 상품에 대한 판매 전략 등을 파악하여 금융소비자가 피해를 입을 가능성을 미리 예상하고 밀착 감시할 수 있게 된다. 상시감시 결과 금융소비자 피해가 우려되는 경우 금융회사에 경고를 할 필요가 있다. 또 금융소비자에게 부당하게 피해를 입히거나 법규를 위반하였을 가능성이 높으면 현장 검사를 실시하도록 하여야 한다.

한편, 「금융소비자보호법」에서 규정하고 있는 6대 판매 규제 등 금융소비자보호 의무를 위반하는 것은 금융 질서를 문란하게 하는 행위이므로 당연히 준법검사에서 중요하게 다루어져야 할 사안이다. 법률에서 정한 의무를 다하지 못하는 경우 반드시 적발되어 처벌을 받는다는 확신을 심어줌으로써 금융회사 임직원들의 준법정신을 고취하고 금융소비자보호에 대한 인식을 새롭게 하도록 하기 위해 「금융소비자보호법」을 위반한 사항을 철저히 검사하여 예외 없이 모두 적발할 수 있도록 준법검사 체제를 정비하여야 한다.

이를 위해서는 준법검사에서 금융소비자보호 관련 검사에 투입되는 인력 비중을 종전보다 크게 확대할 필요가 있다. 다만, 감독기관의 인력사정 등을 감안할 때 준법검사의 검사 주기는 건전성검사보다는 다소 길게 하더라도 큰 문제가 없을 것으로 보인다. 왜냐하면 상시감시를 강화하여 위법 가능성이 발견될 때마다 테마검사를 하면 충분할 수 있기 때문이다. 그러므로 건전성 검사 주기(1년)의 2배 범위 내에서 정기적인 준법검사를 실시할 필요가 있다고 본다.

정기 현장검사를 할 때는 상시감시 결과 판매증가가 두드러지는 상품 등 6대 판매규제 위반이 우려되는 상품의 계약 가운데서 표본을 추출하여 계약서류 및 녹취 확인, 필요시 금융소비자 면담 등을 통하여 법 위반 여부를 점검하고, 표본검사 결과 통계적으로 유의한 수준의 위법사항이 드러나는 경우 해당 상품에 대해 전수검사를 하는 방식의 검사운영이 필요하다. 왜냐하면 처음부터 검사대상을 특정하여 전수검사를 하는 등의 방식으로는 대상을 잘못 짚은 경우 시간과 인력만 낭비할 가능성이 많기 때문이다.

한편 정기검사의 공백을 메우기 위해 상시감시 결과 위법 행위가 발생하였거나 그럴 소지가 있다고 판단되는 경우, 또는 건전성검사 과정에서 표본검사 결과 위법사항이 나타날 경우, 그리고 금융소비자보호처의 민원 처리과정 또는 미스터리 쇼핑 결과 위법 행위가 광범위하게 벌어졌을 것으로 판단되어 검사가 필요한 경우에도 즉시 검사를 실시할 필요가 있다. 이때에는 당연히 전수검사를 실시하여야 한다.

한편, 준법검사와 건전성검사를 비슷한 시기에 실시하여야 할 경우, 양 검사의 통합 운영 또는 시기조정 등은 금융회사의 수검 편의성을 감안하여 정하면 된다.

다. 위법 행위에 대한 제재기준 정비

금융소비자보호의 성패를 결정하는 가장 중요한 요인으로 경영진의 관심과 실천을 꼽을 수 있다. 경영진이 금융소비자보호의 중요성을 인식하고 그에 대한 관심을 기울이도록 하는 감독수단 중 가장 강력한 것이 위법 행위에 대한 재제이다. 특히 금융회사의 최고 의사결정자인 대표자(CEO)에게 책임을 부과하면 대표자가 금융소비자보호 관련 법규 위반으로 책임을 지는 일이 없도록 하기 위해 상품 개발부터 판매 및 사후관리까지 전 과정에서 본인뿐만 아니라 모든 임직원들도 살피고 조심하도록 지시·감독하므로 금융회사 전체가 금융소비자보호를 위해 노력하게 된다.

다-1. 내부통제 미이행 관련 제재 근거 보완

그런데, 현행 법규 내용으로 볼 때 금융소비자보호 의무 위반으로 금융회사 대표자를 제재하기는 쉽지 않을 것으로 보인다. 금융당국의 제재는 행위자를 기준으로 하고, 그 상위 직위에 대해서는 관리·감독 책임을 부과하는 것이 원칙인데 관리자에 대한 제재는 행위자보다 낮은 수준이 된다. 그러므로 대표자는 물론 임원에 대한 제재도 어렵게 된다. 그동안 금융감독원이 「금융사지배구조법」 제24조에서 내부통제기준을 마련하도록 한 규정을 근거로 대표자 등 최고 경영층에 대한 제재를 시도하였지만 쉽게 성공하지 못하고 있는 실정이다.[118]

「금융소비자보호법」에서는 금융소비자보호를 위한 내부통제기준을 만들고, 내부통제위원회를 대표자가 주재하며, 금융소비자보호 총괄기관을 대표자 직속으로 두도록 하였다. 내부통제위원회에서는 금융소비자보호와 관련한 경영방향, 주요 제도 변경, 금융상품의 개발과 영업방식 및 관련 정보 공시 등을 조정 또는 의결하도록 하고 있으며, 총괄기관은 금융소비자보호 관련 경영방향 수립, 제도 개선, 금융상품 개발, 판매 및 사후관리에 대한 모니터링 및 조치

---

118) 2021년 8월 27일, 서울행정법원은 우리금융지주 손태승 회장이 금융감독원을 상대로 제기한 파생결합펀드 (DLF) 관련 중징계 처분 취소 소송에서 원고 승소 판결을 내림.

등의 업무를 수행하도록 하고 있다. 이와 같이 규정한 것은 대표자 등의 책임을 명확히 하려는 것이나, 이러한 내부통제기준만으로 금융소비자보호 관련 위법사항이 드러난다고 해도 금융회사 대표자를 중징계하도록 할 수 있을까?

금융소비자보호와 관련하여 가장 빈번하게 드러나는 위법행위가 6대 판매규제, 그 중에서도 적합성원칙과 설명의무 위반이다. 금융감독원이 제재를 할 때 이러한 행위는 단순히 금융상품판매 과정에서 개별 판매직원이 준수하여야 할 사항을 위반한 사례로 보아 행위자는 판매직원이 되며 관리·감독 책임은 차상위직이 지도록 하는 것이 원칙이다. 그러므로 대표자는 물론 다른 임원에게도 책임을 묻기 어렵다. 설혹 다수의 위반사항에 발견되더라도 경영진이 그렇게 하도록 지시한 증거가 확인되지 않으면 경영진을 제재하지 못한다. 내부통제기준에는 내부통제위원회와 총괄기관이 성과보상 체계에 대해 금융소비자보호 측면에서 평가를 하는 역할을 하도록 하고 있으나 이러한 내용을 근거로 대표자 등에게 책임을 묻기는 어려울 것으로 보인다. 예를 들어 특정 상품판매에 대해 KPI 비중을 높이는 문제를 위원회에서 논의하였더라도 KPI 조정이 설명의무 위반 등 위법행위를 초래했다고 단정하기는 어려울 것이다. 특히 위원회가 KPI는 조정하되 위법행위는 하지 않도록 유의하라는 지시를 하였다면 더욱 그러할 것이다.

이와 아울러 금융소비자보호 관련 경영 방향, 제도변경, 금융상품 개발이나 영업방식 및 관련 정보 공시 등에 대해서는 내부통제위원회에서 조정 또는 의결하도록 하고 있다. 그러나 이러한 규정만을 근거로 부실 상품의 개발 또는 판매가 발생한 사실에 대해 대표자 등에게 책임을 부과하기는 어려울 것이다. 왜냐하면 위원회가 금융소비자보호 관련 경영 방향이나 제도 변경에 대한 의제를 다루었더라도 그러한 총론적 사안이 구체적 법규 위반을 초래하였다는 것을 입증하기는 어렵기 때문이다. 또 경우에 따라서는 위원회를 지극히 형식적으로 운영하거나, 총괄기관 등의 전문성 부족으로 상품의 부실에 대한 우려 또는 과도한 위험 등을 발견하였더라도 보고하지 않으면 위원회는 물론 대표자도 책임을 질 이유가 없게 되기도 한다.

또 '내부통제기준'에서는 금융소비자보호 총괄기관의 수행 업무로서 금융상품 개발, 판매 및 사후관리에 관한 모니터링 및 조치를 포함하도록 하고 있으나, 감사 권한이 없는 총괄기관이 모니터링 기능만으로는 위법사례를 적발하기가 어려울 것으로 보인다. 또 적발을 하더라도 일부 사례에 그칠 것이므로 총괄기관을 직속으로 두고 지휘하는 대표자가 전수조사를 하도록 특별히 지시하지 않으면 성과를 내기가 어려울 것이다. 이러한 점들을 감안할 때 기대와 달리 내부통제기준의 실효성이 크게 떨어지며, 이에 따라 금융소비자 피해 발생 시 경영진에 대한 책임을 묻기도 힘들 것으로 생각된다.

이와 같은 약점을 보완하기 위해서는 금융회사가 법률에 따라 내부통제기준은 제정하였으나 실제로 기능을 하지 못하여 대형 금융사고나 금융소비자 피해가 발생한 경우에도 내부통제기준 제·개정권자(이사회)나 제도 운영 책임자(대표이사, 준법감시인, 관리자 등) 및 평가자(감사)를 처벌할 수 있는 법률적 근거를 마련하여야 한다. 법령에서 정한 내부통제기준에 포함할 사항뿐만 아니라 기준이 이행되도록 하기 위한 제도적 장치로서 이사회 및 경영진의 관리감독(모니터링 포함)과 감사의 시스템 평가 등에 대한 기준(방법, 시기, 사후조치)을 법규에 명시하고 이를 이행하지 않은 경우 임직원 제재와 함께 금전적 제재(과태료)를 부과할 수 있도록 하는 것이다. 예를 들어 내부통제기준에 대표자가 준법감시조직을 통하여 이미 출시된 상품의 부실 여부, 판매과정에서의 금융소비자보호 의무 이행 여부 등을 정기적(예: 반기 1회)으로 점검하고 필요한 경우 적절한 조치를 하도록 하며, 이사회는 이에 대한 보고를 받아 필요한 지시를 하게 한다. 감사는 준법감시 활동을 포함한 내부통제시스템 구축과 운영의 적정성에 대한 평가를 매년 1회 이상 실시하여 필요한 조치를 하는 의무를 추가한다. 이렇게 함으로써 위법사항 등을 조기에 발견하여 조치를 하게 되면 그만큼 소비자 피해를 줄일 수 있는 효과가 있게 되고, 위법사항이 있음에도 발견하여 조치를 하지 못하였으면 대표자와 감사에게 그 책임을 부과할 수 있다. 또 이사회에 대해서도 감독책임을 물을 수 있다. 다만, 법규에서 제시한 내부통제기준 대로 금융소비자보호 총괄기관에 이러한 점검 기능을 부여하는 것은 기존의 준법감시조직과 기능이 중복되는 등 문제가 있으므로 바람직하지 않은 것으로 보인다.

다─2. 경영책임 부과 근거 마련

또한 「검사 및 제재규정」을 개정하여 단일 금융상품으로 인해 금융소비자 피해가 일정규모 이상(예: 피해자 수 300명 이상, 피해금액 500억 원 이상)이 되는 경우, 행위자 중심이 아니라 경영진에 주책임을 물을 수 있는 근거를 마련할 필요가 있다. 예를 들면, 6대 판매 규제를 위반하여 판매한 금융상품을 구매하여 피해를 입은 금융소비자가 전국적(예: 전체 지역본부의 과반수)으로 나타나면 대표자에게 주책임을 묻도록 제재기준을 정하는 것이다. 금융회사 관행상 신상품을 출시하면 당연히 대표자에게 보고를 하고 문서로든 구두로든 사전 승인을 받아야 한다. 또 신상품을 출시하면 조직 차원에서 판매를 독려하게 된다. 이러한 관행은 대표자가 직접 지시는 하지 않더라도 명시적 또는 암묵적 동의하에 이루어지는 것이다. 그러므로 회사 전체적 수준에서 위법행위가 발생했다면 대표자에게 책임을 부과하는 것은 합리적이다. 또한 같은 논리로 특정 지역본부에서만 다수의 금융소비자 피해사례가 나타났는데 관련 영업점 수가 해당 지역본부 영업점의 과반수이면 해당 지역본부장을 제재하고, 특정 점포에서만 발생하였으면 해당 점포장을 제재함으로써 관리감독 책임을 형평성 있게 부과하여야 한다. 다만 대표자나 본부장 등이 이러한 위법행위를 방지하기 위해 최선을 다해 성실하게 노력한 것을 입증하면 그 책임을 면제하는 것은 당연하다.

그리고 이러한 다수 금융소비자가 여러 지역에서 거액의 피해를 입는 사례가 발생하였다면 이는 상당기간에 걸쳐 일어나는 것이 일반적이므로, 이에 대해 준법감시인의 점검이나 감사부서의 감사 등 모니터링 활동이 제대로 이루어졌다면 조기에 발견되어 피해의 확대를 막을 수 있었을 것이다. 그런데도 이를 발견하지 못하였다면 이에 대한 책임도 반드시 물어야 한다.

이와 같은 제재기준을 내부통제기준에서 규정하고 있는 대표자 등의 책임과 결합하여 적용할 수 있게 되면 대표자 등 최고경영진이 금융소비자보호에 대해 관심을 기울이도록 하기 위해 도입한 내부통제기준이 소기의 성과를 거둘 수 있을 것으로 생각된다.

다-3. 금전적 제재 강화

한편, 이러한 인적 제재를 하기 위한 근거를 마련하는 방안을 추진하는 외에 금전제재를 강화하는 것도 필요하다고 생각된다. 법규 위반사항에 대해 과징금을 엄정하게 부과하여 금융회사 경영에 실질적으로 부(−)의 영향을 미치게 되면 주주가 대표자 등을 교체하는 등 대응을 할 것이므로 제재의 목적을 충분히 달성할 수 있게 된다. 또 과태료는 건별로 부과하되, 최고경영층의 방침 등과 같이 금융회사가 법규 위반의 원인을 제공한 것이 입증되는 경우에는 금융회사에 과태료를 부과하고, 그렇지 않은 경우에는 법을 위반한 당사자인 판매직원 각각의 개인에게 부과하여야 한다. 이렇게 하면 법규를 위반한 당사자가 과태료 부담을 피하기 위해 사실대로 금융회사 차원에서의 지시가 있었음을 진술하여 경영진의 책임을 입증할 수 있게 된다. 또 하급 실무자가 엄청난 부담을 하게 되는 것을 직·간접으로 경험하게 되면 금융회사 경영진이 과도한 영업목표를 부과하고 실적 달성을 강요하더라도 그것을 충족하기 위해 직원 본인이 위험을 감수하지는 않게 될 것이므로 자연히 위법한 업무 관행이 줄어드는 효과를 얻을 수 있을 것이다.

3. 금융회사의 과도한 이익 추구 지양 유도

금융회사가 금융소비자보호를 중시하지 않는 근본 원인은 단기성과 위주의 과도한 영리를 추구하기 때문이다. 그러므로 이러한 근본적인 문제를 해결하기 위해서는 경영 건전성 지표 등 감독제도 측면에서 접근하며 동시에 금융소비자를 배려하며 경영할 수 있는 환경을 조성하는 것이 필요하다. 이에 대해 살펴보기로 한다.

가. 경영 건전성 평가지표 개선

금융회사가 당기순이익을 극대화하기 위해 당장의 판매실적을 높이기 위해 과도한 목표를 설정하고 임직원들이 목표를 달성하도록 독려함에 따라 무리하게 판매를 하는 과정에서 금융소비자보호에 소홀하게 되는 것은 쉽게 이해된다. 이러한 현상은 금융회사 경영진과 대주주 등의 욕심으로부터 비롯된 것이지만, 금융당국이 이러한 욕심을 제어하지 않고 방치한다고 비판받을 소지가 있는 요인도 있다. 그것은 금융회사 건전성 평가지표의 하나인 수익성 지표이다.

금융감독원이 경영실태를 평가할 때 일반적으로 수익성이 높을수록 건전성이 높은 것으로 본다. 그런데 고수익은 고위험을 전제로 하므로 어떤 금융회사의 수익률이 아주 높다는 것은 특별한 경우를 제외하고는 그만큼 위험성이 높은 분야에 자산을 운용하거나 수수료를 많이 주는 상품을 판매한 결과이므로 경영 건전성 차원에서 무조건 바람직하다고만 할 수는 없는 것이다. 과거 저축은행들이 위험한 부동산 PF대출을 무분별하게 취급할 당시 당기순이익이 급증하였으나 결국 부실화된 사례를 굳이 예로 들지 않더라도 이것은 누구나 아는 사실이다. 만일 그런 게 아니면 금융소비자로부터 투입 원가나 비용에 비해 과도하게 높은 이자나 수수료를 챙긴 경우일 수도 있으므로 금융소비자 권익을 침해했을 가능성이 높다 할 것이다. 또 수수료 수입이 크게 증가하였다면 그만큼 수수료를 많이 주는 금융상품을 많이 팔았다는 의미로서 해당 상품이 특별한 인기가 있는 것이 아니라면, 경영진이 판매를 독려한 결과라 할 수 있다. 따라서 판매 직원들이 목표를 달성하기 위해 금융소비자보호를 소홀히 하였을 가능성이 큰 것이다. 그러므로 수익성이 높을수록 건전성이 높은 것으로 평가하면 금융당국이 금융회사로 하여금 금융소비자보호를 소홀히 하도록 권장하는 결과를 초래한다는 비난을 받을 수 있다. 또 금융회사들이 자금중개 같은 본연의 기능마저 도외시 하고 오로지 이익만 탐닉하여 손쉬운 소비자금융에 집중하였다가 결국 가계부채 폭탄이라는 막다른 골목에 이르도록 방치하였다는 비판에서도 자유롭기 어려울 것이다.

그러므로 금융당국은 건전성 지표에 대한 시각을 바꾸어, 수익성 지표를 정할 때 무조건 수익률이 높은 것이 좋은 평가등급을 받도록 할 것이 아니라 어느 정도로 안정적이고 합리적인지를 기준으로 평가를 하는 방안을 강구하여야 한다. 예를 들어 경영실태평가에서 수익성을 평가할 때 중위수에 속하는 수익률에 높은 평가등급을 매기거나, 위험을 감안한 수익성 지표(RAROC)의 평가 비중을 대폭 올리는 방안 등을 검토할 필요가 있다. 또 5년 또는 10년 등 중장기간의 이익의 변동성(전체 및 항목별)을 측정하고 동류 그룹(peer group)과 비교, 평가하는 등 과도한 단기 실적 위주의 경쟁과 편법이 줄어들게 할 수 있는 지표를 개발하고 활용하여야 금융소비자가 금융회사의 희생양이 되지 않도록 할 수 있고 동시에 금융회사 건전성도 유지될 것으로 생각된다.

나. 손해배상을 대비한 충당금 적립제도 도입

분쟁조정 사례를 보면 금융소비자가 금융상품의 내용과 위험에 대해 설명을 듣고 이해하였음을 확인하는 서명을 계약서 등 서류에 남긴 경우, 금융회사의 소비자보호의무 위반 사실이 확인되더라도 기본 배상비율 30% 수준에서 손해배상 책임을 부과하였다. 그리고 라임펀드(무역금융펀드)에 대해서는 금융분쟁조정위원회가 착오에 의한 계약 취소를 결정하여 판매회사가 투자원금 전액(100%)을 돌려주도록 조정 결정하였다. 금융회사로서는 판매 수수료가 투자원금에 비해 너무 적은 데다(대개 0.3~0.4%, 높은 경우에도 1.0% 이하) 나중에 구상권을 통하여 회수할 수 있다는 희망도 없으므로 엄청난 자금 부담을 하게 된 셈이다. 게다가 새로 제정된 「금융소비자보호법」에서는 6대 판매 규제를 위반한 경우 상당 금액의 과태료를 부과하도록 하고 있다. 또 설명의무, 불공정영업행위 금지, 부당권유행위 금지, 금융상품 광고 준수사항 4가지를 위반하면 수입의 50% 이내에서 징벌적 과징금도 부과한다. 만약 경제적으로 어려운 국면이거나 금융회사의 경영건전성이 저하되는 국면에서 이러한 부담을 하게 되면 금융회사가 부실화되거나, 금융회사의 건전성에 불안을 느낀 금융소비자들이 자금을 인출하는 사태(bank run)가 일어나 위험한 상황에 처할 가능성도 있을 것이다. 그러므로 금융회사가 금융상품판매에 따른 손해배상 위험에 대비한 충당금을 설정하거나 위험자본을 배분하도록 하는 제도적인 장치를 마련할 필요가 있다.

이러한 제도는 금융회사의 경영 건전성을 보호하는 데도 역할을 하겠지만 금융회사가 수수료가 공짜가 아니라는 것을 분명하게 인식하고, 무분별하게 상품을 판매하지 않고 신중하게 판단함으로써 소탐대실하는 실수를 하지 않도록 하는 효과도 있을 것이다.

다. 보험부문의 제도 개선

다음으로 금융감독원 접수 민원 중 가장 많은 비중을 차지하는 보험부문에서 금융소비자보호를 위한 근본적인 해결방안에 대해 생각해보자. 사람에 따라서는 보험계약이 적은 보험료를 내고 사건이 발생하면 거액의 보험금을 받을 수 있어서 사행성이 강한 계약이므로 원래 민원이 많을 수밖에 없다는 생각을 할 수도 있다. 이러한 선입관을 가지고 있으면 어차피 분쟁이 많을 수밖에 없으므로 굳이 민원을 줄이기 위해 노력할 필요가 없다는 생각하여 금융소비자보호를 위한 제도 개선에 소극적일 수 있다. 그러면 민원은 계속 일어날 수밖에 없을 것이다. 그러므로 우선 이러한 생각부터 바꾸어야 한다. 보험이라고 해서 민원을 줄일 수 없는 것은 아니다. 보험 민원이 발생하는 근본 원인을 찾아 그 해결책을 강구하면 충분히 가능하다고 본다. 몇 가지 사례를 정리해 본다.

다-1. 수수료 선지급 관행 및 신계약비 이연상각 제도

1) 수수료 선지급 관행

보험민원이 발생하는 원인으로 가장 많은 사례로 나타나는 것이 판매과정에서의 설명 불충분, 즉 불완전 판매인데 그 비중은 생명보험 30.7%, 손해보험 20.7%로서 보험가입 권유 또는 상품 자체에 대한 불만 등에 비해 2배 이상으로 많았다.[119] 그러므로 불완전 판매를 줄이면 보험 민원의 많은 부분이 예방될

---

119) 조남희, 『금융소비자보호』, 연암사, 2019, pp68~69

수 있을 것이다.

불완전 판매의 원인은 무엇인가? 직접적인 원인은 당장 판매실적을 올려야
만 하는 보험회사와 설계사의 공통된 이해 때문이라고 할 수 있다. 그러나 그
근본 원인에는 수수료 선지급 관행이 있다. 보험 수수료는 보험료가 납입되
면 그 중에서 일부를 떼어내어 지급하는 것이 정상이다. 그러나 보험회사 입
장에서 능력 있는 설계사를 고용하거나 판매 역량이 좋은 GA를 이용하여 판
매 실적을 올리기 위해 보험료가 납입되기 전에 수수료를 선지급하고 있다.
최근에는 초회 보험료의 12배(1,200%)까지 수수료를 선지급하는 것이 일반
적이다. GA 소속 보험설계사에게는 이러한 한도도 적용되지 않아 논란이 일
고 있다.

보험료가 입금되어야 수수료를 받게 되는 여건에서는 고객이 보험계약을 유
지해야 수수료를 받을 수 있지만, 수수료를 선지급하는 환경에서 설계사는 보
험을 판매하면 당장에 상당한 액수의 수수료를 챙기게 되어 계약의 유지와는
상관이 없으므로 판매에만 혈안이 되게 된다. 따라서 고객과의 의리나 인간관
계를 가볍게 생각하고, 보험회사나 GA에 대한 충성심도 약하게 되므로 불완전
판매가 더욱 쉽게 일어날 수 있다. 또 설계사가 회사를 옮기면 기존 계약은 관
리하는 설계사가 없어 속칭 '고아 계약'이 되므로 보험계약의 관리나 보험금 청
구 등에서 고객이 불편을 겪게 된다. 그리고 보험회사나 GA로서는 실적이 좋
은 우수한 설계사를 영입하기 위해 파격적 조건을 제시하고 스카웃 경쟁을 벌
이게 되는데, 이로 인해 보험시장의 질서가 문란하게 될 뿐 아니라, 비싼 스카
웃 비용은 결국 보험료에 반영되므로 금융소비자가 그에 따른 비용을 부담하
게 된다.

이러한 문제점들을 해결하기 위해 설계사 수수료 선지급 관행은 개선되어야
한다. 그 방법으로는 2015년부터 분급을 시행하고 있는 저축성보험과 같이[120]
보장성보험에 대해서도 판매수수료를 판매관련 보수와 유지관련 보수로 구분

---

120) 저축성보험의 경우 일반채널에 대해서는 2015년부터 수수료 분급 비중을 확대하였는데, 종전에는 30%였으
나 2015년에는 40%, 2016년에는 50%로 확대하여 분급하도록 하고 있음.

하고, 유지관련 보수 비중을 합리적 수준으로 결정하여 판매관련 보수는 제1회차 보험료 납부 시점에서 지급하고 유지관련 보수는 전체 보험기간 중에 배분하여 보험료가 납입되면 그에 따라 지급하는 방식으로 하면 합리적일 것이다. 나아가 보장성 요소가 없는 부분, 즉 저축성보험의 투자요소, 변액연금 및 연금저축보험에 대해서는 유지보수만 지급[121]하도록 함으로써 수수료 선지급을 단계적으로 폐지하는 방안을 추진하여야 한다. 또한 계약 초기에 지급할 수 있는 수수료의 지급 한도를 설정하여 과도한 모집수수료의 선지급을 제한하도록 제도화하는 것이 필요하다. 미국 뉴욕주의 경우에는 초년도 수수료 한도를 초년도 보험료의 55%(GA는 65%)로 제한[122]하는데 이러한 사례를 참고하면 될 것이다. 그리고 금융기관보험대리점에 대해서는 수수료가 모집인이 아닌 은행 등 금융기관에 지급되는 점을 감안하여 수수료를 유지관련 보수로만 지급(수수료 완전 분급)하고, 이를 기점으로 삼아 일반 채널(설계사, GA 등)에 대한 분급 비율도 단계적으로 확대하여 업계 전체에 확산할 필요가 있다.

2) 신계약비 이연상각제도

그런데, 이와 같이 수수료 지급을 직접 제한하는 것은 금융자율화를 역행하는 것이므로 추진에 어려움이 있을 수 있다. 그러므로 다른 방식의 제도적 접근이 필요하다. 판매수수료 선지급 제도를 뒷받침해 주는 것은 신계약비 이연상각 제도이다. 이것은 소비자가 자발적으로 원해서 보험을 가입하는 경우는 거의 없는데도 보험계약을 체결하게 된 것은 보험설계사가 연구하고 개발한 창의적인 기법으로 소비자를 설득하여 새로운 수요를 창출한 것이므로, 일반 회사에서 연구개발비(R&D cost)를 이연자산으로 회계처리 하는 것과 같이 새로운 보험계약 체결에 들어간 비용을 이연자산으로 계상하고 7년에 걸쳐 상각

---

121) 유지보수 중심으로 수수료를 지급하게 되면 해약 공제가 0이 되어 중도 해지를 하더라도 저축 해당 부분의 납입 원금을 보장할 수 있는데 이러한 제도 개선이 필요한 이유는 은행이 예금을 받으면서 수수료를 받지 않는 것과 같으며, IFRS17이 시행되면 저축성보험의 투자요소 해당 보험료는 보험손익에서 분리되어 투자손익으로 계리되므로 이러한 문제가 드러나게 되므로 제도개선은 불가피함.
122) 2011년 9월 손보협회, 「해외 선진국의 모집 제도 및 수수료 체계에 관한 연구」

할 수 있도록 하는 제도이다.

이 제도로 말미암아 보험회사는 신계약을 하는 데 들어가는 모집수수료 등 모든 보험계약 비용을 자산으로 편입할 수 있어서 신계약이 이루어지면 그만큼 이익이 발생하게 되므로 모집수수료를 선지급할 수 있는 여력이 생기고, 또 보험회사는 신계약 증대를 위해 수수료를 선지급하는 것을 피할 이유가 없게 된다. 그러나 수수료를 선지급하여 계약실적을 올리면 효과는 그 때 뿐으로서 또다시 새로운 계약을 체결해야만 보험회사가 유지된다. 마치 자전거가 계속 달리지 않으면 넘어지는 것과 같이 보험회사도 신계약이 들어오지 않으면 보험회사 경영이 어려워질 수 있다. 그러므로 신계약비 이연상각제도는 수수료 선지급이 가능하게 하고, 단기실적 위주의 경영을 하게 하는 유인으로 작용하여 불완전 판매를 조장하는 근본원인이 된다. 당장의 신계약 실적을 위하여 요실금보험이나 백내장수술 보험 같이 보험회사의 건전성을 훼손하는 상품을 출시하는 것을 방지하지 못하는 원인(遠因)으로 작용하기도 한다. 그러므로 이 제도를 바꾸지 않으면 보험업계의 상당수 문제점을 해결하기 어렵다.

이 제도의 개선을 위해서 보험 판매계약이 R&D와 같은 성격인가를 살펴보자. 만약 보험계약이 금융소비자가 꼭 필요한 상품으로 인식하지 않아 구매의사가 없음에도 설계사가 판매 활동을 통해 새로운 수요를 창조한 것이므로 연구개발비와 같이 신계약비 이연상각이 필요하다고 주장한다면, 본래 보험이 금융소비자가 꼭 필요로 하는 상품이 아닌 것을 무리하게 판매하였다는 것을 전제로 하는 것이므로 보험에 대한 부정적 인식을 불식시키기 어렵게 된다. 그러므로 모든 금융소비자가 보험이 유용하고 필요한 상품임을 인식하고 꼭 설계사의 판매촉진 활동이 없더라도 자발적으로 자기에게 필요한 상품을 찾아 계약을 하도록 하기 위해서도 신계약비 이연상각제도는 재검토되어야 한다.

그리고 정보통신의 발달과 코로나19 등의 영향으로 최근 비대면 보험 판매 비중이 확대되고 있는데 인터넷 보험은 소비자가 자발적으로 가입하는 것으로서 설계사가 권유하여 당초에 없던 수요를 창출한 것이 아니므로 이연상각의 논리와는 어긋난다.

또 방카슈랑스의 경우 판매원이 고객을 찾아 영업을 하는(out-bound) 것이 아니라 영업점을 방문한 고객을 대상으로 판매를 하는 영업(in-bound)이다. 꼭 예금이나 대출 등 다른 금융거래의 의사가 있어서 방문하였다가 보험을 계약한 것이므로 전혀 금융거래 의사가 없었는데 완전히 새로운 수요를 창출한 것과는 다른 경우이다. 이런 경우에도 당초에는 보험계약 의사는 없었던 것을 권유와 설명으로 수요를 창출한 것이라고 주장한다면, 외환거래 고객에게 예금을 권유하여 가입하게 한 경우도 예금 수요를 창출한 것이므로 예금 신계약 체결에 필요한 경비도 이연상각하도록 하여야 할 것이다.

더구나 보험설계사가 판매하는 보험과 달리 AI, 인터넷 보험 등 비대면 보험이나 방카슈랑스를 통해 판매한 보험에는 수수료 선지급의 필요성도 없으므로 신계약비 이연상각 제도 운영의 근거가 부족하다. 이런 측면과 함께 수수료 선지급이 가능하게 함으로써 많은 부작용을 낳게 하는 근원이 되는 점 등을 감안할 때 신계약비 이연상각 제도는 폐지하여야 한다.

신계약비 이연상각 제도를 폐지하고 수수료 선지급 관행이 사라지면 보험설계사들은 장기적으로 연금을 받는 것과 같은 효과가 생기므로 생활이 오히려 안정될 수 있다. 판매수수료를 선지급 받게 되면 아무래도 씀씀이가 커지게 되지만, 선지급이 폐지되면 장기간에 걸쳐 분할 지급받게 되므로 계획적인 수입 관리가 가능하게 되며, 활동을 하지 못하는 노년에도 수입을 유지할 수 있기 때문이다. 뿐만 아니라 아무래도 이직에 보다 신중하게 되므로 이직에 따른 비용지출이나 새 직장에 적응하는 데 따른 업무 공백 등이 줄어드는 장점도 있다. 또 보험 소비자들은 보험설계사로부터 계속해서 A/S를 받게 되어 만족도가 더욱 높아지게 되고, 보험회사 입장에서는 불완전판매가 감소하여 보험에 대한 신뢰가 상승하므로 장기적, 안정적으로 성장하게 되는 장점을 누리게 될 것이다.

3) 제도 시행 전 준비사항

수수료 선지급 관행이 사라지면 당장에 보험설계사들의 생계가 어려워진다는 이유로 반대하는 의견이 있다. 이러한 문제는 제도를 시행하기 전에 일정기간 유예기간을 두고 그 기간 동안에는 설계사 본인이 수수료 선취 여부와 그 비율을 정할 수 있도록 하여 유연하게 대응하면 될 것이다. 또 부득이한 경우에는 보험회사가 일정기간 보험설계사에게 선취수수료 감소액에 해당하는 수준의 금전을 정착 지원금이나 대출금으로 지원해주는 방법을 모색할 수도 있다. 이것은 설계사를 사실상 고용하는 회사가 설계사 수당에 대해 일정부분 책임을 지도록 하는 의미도 있다. 또 수수료 선지급을 분할 지급으로 변경한 후 장기간 동안 계약을 유지할 경우에는 총 수수료가 선지급하는 경우보다 많이 지급되도록 인센티브를 부여하는 방안도 검토하면 반발을 줄일 수 있을 것이다. 의지만 있으면 얼마든지 시행이 가능하다.

그리고 판매 수수료 선지급 외에 판매수수료를 과도하게 지급하는 것도 설계사들이 실적을 올려 많은 수수료를 받기 위해 불완전판매를 하거나 스카웃 경쟁 등으로 금융 질서를 문란하게 하는 원인이 된다. 또 납입보험료 대비 해지 환급금이 적어 금융소비자 불만의 원인도 되고 있다. 이것은 2000년 4월 보험가격 자율화 이후 보험회사들이 과거 경험 통계 등을 참고하여 관행적으로 사업비[123]를 과다하게 책정[124]하고 있지만 이를 제어할 수 있는 수단이 없는 것이 중요한 원인 중의 하나라고 할 수 있다. 그러므로 이러한 문제를 해결하기 위해서는 보험회사들이 표준사업비 제도를 도입하도록 하는 등 제도적 보완이 필요하다.

다-2. 보험금 지급 관행

불완전판매 다음으로 문제가 되는 것은 보험금 지급 문제이다. 2020년 보험 민원을 유형별로 보면, 생명보험(21,170건)의 경우 보험모집 관련 민원이 52.6%, 보험금 산정 및 지급 17.5%, 면·부책 결정 11.5%였으며, 손해보험 (32,124건)의 경우 보험금 산정 및 지급이 44.2%, 계약의 성립 및 해지 9.8%,

---

123) 사업비에는 설계사 수당, 판촉비, 점포 운영비, 직원급여, 수금 비용 등이 포함됨.
124) 영업 보험료 대비 저축성보험은 7~13%, 보장성보험은 20~40% 수준으로 사업비 부과

면·부책 결정 7.4%, 보험모집 7.0%의 순이었다. 면·부책 결정도 결국은 보험금 지급 대상인지 아닌지를 둘러싼 민원이므로 보험금 지급에 포함된다고 볼 수 있으므로 보험금 지급과 관련한 민원이 생명보험의 경우 39.0%, 손해보험의 경우 51.6%를 차지하였다고 할 수 있다.

이와 같이 보험금 지급과 관련한 민원이 많은 것은 이익을 많이 내기 위해서는 보험금 지급을 줄여야 한다고 여기는 경영 문화가 자리하고 있다. 무리하게 보험금 지급을 거부함에 따라 민원이 빈발하는 것이다.

이러한 문제를 해결하기 위해서는 '보험금 지급 약속은 반드시 지킨다.' ' 지급해야할 보험금은 어떤 희생을 치르더라도 지급하고, 지급하지 말아야 할 보험금은 절대 지급하지 않는다.'는 문화가 확립되도록 금융당국이 나서야 한다.

우선 보험금 부지급과 과소 지급 등에 대해서는 주기적으로 특별검사를 실시하고, 특히 정액 급부형 상품의 합의 지급이나 보험금 부당 삭감 등에 대해서는 수시로 테마검사를 실시하여야 한다. 생명보험이나 장기보험은 보장하는 사고가 발생하면 무조건 정액을 지급해야 하는데도 불합리한 이유를 들어 감액을 하기로 합의하도록 유도하는 사례에 대해서는 「보험업법」 제127조의3에 따른 기초서류 기재사항 준수 의무 위반 등으로 강력하게 제재하는 것이 필요하다. 그리고 장기 요양환자에게 장기간에 걸쳐 지속적으로 보험금을 지급하는 것을 피하기 위해 화해서, 면책합의서, 또는 부제소 합의서 등을 제출하는 것을 조건으로 보험금을 지급하는 사례 등과 같이 계약자의 무지(無知)를 이용한 보험금 부지급 행위를 엄단해야 한다. 이러한 사안에 대해서는 필요시 형사고발 등의 조치를 추진할 필요가 있다.

아울러 종전에는 계속 지급하던 보장에 대해 계약자의 동의를 받지도 않고 지급을 중단하는 경우에도 기초 서류 기재사항 준수의무 위반으로 제재를 해야 한다. 예를 들어, 암환자에게 요양병원 입원비를 정상적으로 지급하다가 입원 기간이 장기화되면서부터 갑자기 거절하는 사례와 같이 보험회사가 보험금 지급 방침을 변경하여 민원이 발생하는 경우가 많은데, 이런 경우에는 약관 내용이 명확하지 않은 부분이 있더라도 이미 보험금을 지급한 이력이 있다면 그 계약은 지급하는 것이 타당하다고 보험회사도 추인한 것이므로 중도에 지급을 거절하는 것은 약관 위반에 해당된다고 볼 수 있기 때문이다.

※ 보험 조사 관련 서류에 서명할 때 유의할 사항

보험금 지급을 청구하면 보험금 청구가 정당한 것인지, 청구금액이 적정한 것인지를 확인하기 위해 보험회사 측에서 보험 조사를 나오는 경우가 있다. 이 때 보험회사 측이 제시하는 서류에 서명을 할 때는 내용을 잘 읽어보고 신중하게 판단하여야 한다. 관련 서류와 유의사항을 살펴본다.

① 의무기록 열람 및 사본발급 동의서

보험회사가 소비자의 과거 진료나 치료 내역을 조사하여 보험금 청구금액이 적정한지, 신고의무 위반에 해당되는지 확인하기 위해 요구한다. 보험회사 측은 가급적 많은 의료기관에 열람하기를 원하나 소비자 입장에서는 개인정보 유출이나 프라이버시 침해 등의 우려도 있으므로 신중히 결정하여야 한다. 또 서식에 의료기관 명칭이나 발급범위 등을 공란으로 둔 채 서명해 주면 보험회사에게 유리한 병원을 임의로 지정할 수 있으므로 본인이 직접 작성하여야 한다.

② 제3의료기관 의료자문 · 의료심사 · 의료판정 동의서

소비자가 제출한 진단서 내용이 정확한지 확인하기 위해 보험회사가 제3의료기관의 의료자문을 받는 데 동의하는 것이므로 보험회사 측에 유리하게 진단해줄 의료기관 지정을 인정하는 것이 된다. 자기에게 유리하거나 공정하게 진단해줄 의료기관에 한해 동의할 필요가 있다.

③ 손해사정합의서

보험회사가 면책(신고의무 위반 등으로 보험금 지급 사유가 없음), 또는 보험금을 감액지급 하고자 할 때 요구한다. 그 내용에는 보험회사가 보험금을 지급하지 않아도 된다는 내용인 면책동의서나, 합의한 보험금을 받은 후 이의 제기나 민원 또는 소송을 제기하지 않겠다고 하는 부제소합의서에 해당하는 내용이 들어있다. 내용이 면책 동의에 해당되면 보험금을 전혀 받지 못하게 되며, 부제소합의에 해당되는 경우에는 추후 후유장해가 나타나거나 치료나 요양을 하더라도 보험금을 요구할 수 없게 된다. 암수술 후 요양병원에서 치료받는 환자들이 '보험금을 지급할 테니 이 서류에 서명해 달라.'는 말을 듣고 서명하였다가 더 이상 보험금을 받을 수 없게 된 사례가 많다.

이 서류는 서명하기 전에 가급적 전문가와 상의하여 처리하는 것이 좋다.

※ 손해사정사가 보험 조사를 하는 경우가 많으나 손해사정사는 "보험금의 지급을 요건으로 합의서를 작성하거나 합의를 요구하는 행위"를 할 수 없다.(보험업법 §189③6)

다음으로는 보험금 부지급에 대한 제재기준을 강화해야 한다. 부당하게 보험금을 지급하지 않는 경우에는 금액에 따라 관련자를 중징계하고 기관에 대해서는 보험금 부지급금의 2~3배에 해당하는 징벌적 과징금을 부과하며, 해당 상품에 대해서는 일정기간 영업정지 조치를 할 필요가 있다. 이러한 조치가 다소 가혹하다고 반발할 수도 있겠지만, 보험금을 지급하기로 약속하고 보험을 모집하여 보험료를 받을 수 있도록 인가를 받은 보험회사가 그 약속을 어겼으므로 사실상 보험회사로서의 존재 이유를 상실한 것이나 마찬가지인데도 이러한 정도의 조치에 대해 이의를 제기하는 것은 용납될 수 없는 태도라고 아니할 수 없다.

그리고 보험회사별 보험금 지급 현황에 관한 공시를 확대하여야 한다. 보장별 보험금의 청구 금액과 지급 금액, 지급 기간(지급일 초과), 부지급 사유 등과 같은 지급관련 세부 정보를 회사별로 보험협회 홈페이지 등에 비교 공시하고 보험금 부당지급 등과 관련된 금감원의 상시감시 및 검사결과를 보도자료로 배포하여 보험소비자들이 보험계약을 할 때 그 정보를 활용하여 보험금 부지급 사례가 많은 보험회사를 회피할 수 있도록 하여야 한다.

이 외에 계약 서류에는 용어의 정의를 반드시 넣도록 함으로써 시대에 따라 용어의 의미나 용도가 달라지거나, 기존에 쓰던 것과 유사한 용어가 새로 생겨 용어의 해석 문제 때문에 보험금 지급과 관련한 분쟁이 발생하는 것을 예방하도록 하는 것도 필요하다. 20~30년의 장기간에 걸쳐 계약이 유지되는 보험의 특성상 의술이나 과학기술 발전에 따라 사실상 보험의 보장이 소멸되는 결과를 초래하는 사례가 나타난다. 예를 들면, 심장병 '수술'에 대해 보장하는 보험의 경우 현대 의술의 발달로 '수술'이 아닌 '시술'을 하는 사례가 많은데, 이에 대해 보험사에서는 약관상 '수술'에 대해 보장한다는 문구를 이유로 '수술'이 아닌 '시술'을 받은 경우에는 보험금 지급을 거절함에 따라 민원이 발생하는 사례가 있다. 이렇게 되면 보험 가입의 본래 목적이 심장병이 일어나 의학적 치료를 받았을 때 그에 소요되는 비용을 보험금으로 충당하고자 하는 것인데, 의술이 발달함에 따라 계약 당시의 일반화된 의술보다 발전된 의술로 치료를 받았다고 해서 보험 혜택을 받지 못하게 되는 모순이 발생하는 것이다.

그러므로 앞으로는 이러한 논란이 일어나지 않도록 보험계약서(약관)에 의학, 과학 등의 발달에 따른 보험 환경의 변화를 감안하여 보험금을 지급하는 문구가 포함되도록 하여야 한다. 예를 들어, 심장병 치료를 담보하는 보험의 경우 '심장병으로 수술 또는 이에 준하는 치료를 하는 경우 ---'와 같은 방식으로 표현하는 것이다. 다만 이러한 보장 방식으로 인해 증가하는 치료비에 상응하는 보험료의 합리적 증액이 전제되어야 함은 당연하다.

라. 금융회사 본연의 기능 회복

금융회사는 금융당국으로부터 인가를 받아 진입 제한의 벽을 통과하여 경쟁 제한적인 시장에서 경영활동을 하고 있으므로 그만큼 특혜를 받고 있다고 할 수 있다. 특히 은행은 중앙은행(한국은행)으로부터 저금리로 대출을 받기도 한다. 그러므로 모든 금융회사는 그 본연의 기능인 자금중개 기능(은행, 비은행 예금수취기관, 증권회사) 및 위험 분산 기능(보험)을 충실하게 이행함으로써 가계의 재산 형성과 기업의 투자를 도와 결국 국민경제가 발전하는 데 기여하는 것을 제일의 가치로 삼아야 한다.[125] 그러한 본연의 기능을 이행하는 가운데 적절한 수준의 마진과 수수료 수입을 취하여 스스로의 생존과 발전을 도모하는 것이 가장 바람직한 금융회사 경영의 모델이 된다 할 것이다. 금융회사가 자금중개 기능을 효과적으로 이행하면 기업 투자가 활성화되며 고용이 확대되고, 주택 투기에 몰린 자금이 기업 투자로 흘러가면 주택 가격도 안정될 수 있다. 이에 따라 국민(금융소비자)의 생활이 안정되므로 과도하게 위험한 금융거래를 시도하여야 할 유인이 줄어들어 금융소비자 피해 예방에도 크게 기여하게 될 것이다. 그리고 금융회사도 일반금융소비자가 아닌 전문금융소비자에 속하는 기업을 대상으로 개인 소비자보다는 거래 단위가 큰 도매금융을 통하여 수익을 올릴 수 있으므로 일반금융소비자인 서민들을 대상으로 하는 무리한 영업 드라이브를 걸 필요가 줄어들게 되므로 금융소비자 피해를 유발하여 공신력을 훼손할 가능성도 그만큼 줄어들 것이다.

그러나 금융회사들의 경영 행태를 살펴보면 그러한 역할 이행은 상당히 경시하고 있다는 생각을 하지 않을 수 없다. 특히 은행은 담보 중심의 소비자 금

---

125) 금융당국도 금융회사의 경영건전성과 법규준수를 위한 감독을 하는 것도 최종적으로는 금융회사가 그 본연의 기능을 다함으로써 국민경제에 기여하도록 함이 그 목표임.

융인 가계대출에 치중하고 있어, 자금중개 기능은 고사하고 전당포 수준의 영업을 하고 있다고 혹평하는 사람들이 많다. 실제로 은행의 대출 운용에 대해 살펴보면 이러한 비판을 부인하기 어렵다. 2019년말 현재 일반은행의 가계대출(평잔)은 578조 6,506억 원으로서 총대출금 1,163조 3,092억 원의 49.7%를 차지한다. 과거 IMF 외환위기 이전인 1996년말 일반은행의 가계대출(평잔)은 19조 3,429억 원으로 총대출금(평잔) 192조 2,808억 원의 9.7%에 불과하였던 것과 비교하면 가계대출 비중을 엄청나게 늘린 것이다. 여기에다 2021년 5월 말 현재 예금은행의 1년 만기 정기예금 가중평균금리(신규 취급액 기준)는 0.92%이며 주택담보대출 금리는 2.69%이다.[126] 정기예금이나 주택담보대출 모두 주요 고객이 가계(개인)인 점을 감안하면 일반 금융소비자를 대상으로 엄청난 이득을 안정적으로 올리고 있는 것이다.

은행 가계대출 비중

(단위:억 원, %)

은 행	1996				2019			
	가계대출 (A)	기업대출	총대출금 (B)	비중 (A/B)	가계대출 (A)	기업대출	총대출금 (B)	비중 (A/B)
시중은행	169,141	647,797	1,682,069	10.1	5,170,537	4,267,399	10,049,617	51.5
지방은행	24,288	151,459	240,739	10.1	484,791	909,335	1,452,298	33.4
일반은행	193,429	799,257	1,922,808	10.1	5,786,506	5,176,733	11,633,092	49.7

자료: 금융감독원 은행경영통계

또 겸영 업무에 치중한 나머지 고객에게 자기 상품인 예금을 권유하지 않고 오히려 예금을 빼서 보험이나 펀드에 가입하도록 권유함으로써 은행의 정체성마저 혼란스럽게 하는 모습을 보이기도 하였다. 결국 키코 사태와 사모펀드 사태 등에 연루되어 수수료 몇 푼 벌기 위해 은행의 공신력을 믿고 찾아온 고객을 배반하였다는 비판으로부터 자유롭지 못하다. 소탐대실의 전형이 된 것이다.

---

126) 한국은행 경제통계시스템(http://ecos.bok.or.kr/EIndex.jsp)

라-1. 은행의 자금중개 기능 회복

그러면 은행이 일반 금융소비자를 이용한 과도한 영리를 추구하지 않도록 함으로써 금융소비자들이 피해를 입지 않도록 하기 위해서는 어떻게 할 것인가? 답은 일반금융소비자 중심의 영업(소매금융)에서 벗어나 전문 금융소비자인 기업과 외국인 등을 상대로 하는 영업(도매금융)에서 이익을 내는 구조로 바꾸도록 제도적으로 뒷받침해 주어야 한다는 것이다.

우선 지나친 가계대출, 특히 주택담보대출 위주의 여신 운용을 억제할 수 있도록 공통적 특성을 가진 담보의 편중에 따른 리스크를 측정하여 자기자본 규제에 반영하는 방안을 검토할 필요가 있다.

주택담보대출의 대상이 되는 주택은 거의 대부분이 아파트이다. 그런데 아파트는 소재 지역이나 크기, 건설사, 완공 시기 등과 상관없이 그 가격 변동의 방향성은 거의 일치한다. 서울 강남의 아파트 가격이 오르면 가격 상승 폭의 차이나 시차는 있더라도 강북이나 수도권 아파트도 가격이 오른다. 그러므로 지역과 평형, 건설사, 건축시기 등에 따라 다양한 주택담보 포트폴리오를 구성하더라도 리스크가 줄어들지 않는다. 따라서 동일 유형 담보 취득 한도를 법규로 규제하거나 BIS 자기자본비율 산정 시에 담보 편중에 따른 리스크를 반영[127]하도록 제도를 도입할 필요가 있다.

그리고 이와 연계하여 은행이 가계 대출 중심의 자산 운용에서 기업대출 중심으로 전환할 수 있도록 제도적 뒷받침이 필요하다. 최근에는 대기업은 유가증권 발행 등으로 자금을 조달할 수 있는 경우가 많으므로 은행이 중소기업이나 스타트업 업체를 대상으로 여신을 확대해야 한다. 이를 위해서는 은행이 신용 평가 및 여신 심사 능력을 강화하도록 지원하는 외에 은행이 기업에 대출을 하고 그 대가로 전환사채를 취득할 수 있도록 하는 방안을 도입하여야 한다.

그동안 은행의 자금중개 기능 저하로 성장 가능성 있는 중소기업에 대해 자

---

127) 표준방식을 이용할 경우 편중 비율에 따라 위험계수를 차등화 하는 방안, 그리고 제도 도입에 따른 충격을 완화하기 위해 위험 계수를 제도 시행 초기에는 낮게 설정하고, 장기간에 걸쳐 상향 조정하는 방안 추진 등이 필요하다.

금 지원이 원활하게 이루어지지 않게 되어 기업 생태계가 유지, 발전되기 어렵게 되자 금융당국은 '기술금융'을 지원하도록 은행에 권고하였다. 그러나 이러한 정책은 은행이 이로 인한 이득을 기대하기 어렵기 때문에 이행하기가 쉽지 않다. 왜냐하면 은행이 스타트업 기업에 금융을 지원하여 그 기업이 성공하여 상장한 결과 주가가 수십 배로 뛰어도 은행이 얻을 수 있는 것은 정해진 이자와 기업과의 외환거래 등 업무 확대에 따른 수수료 수입 증가 등에 그친다. 그러나 만약 기술금융을 지원한 기업이 실패하면 원금 손실이 발생할 수 있으나 이를 회복할 수 있는 방법이 없다. 그런데도 어떻게 쉽게 대출 지원이 가능하겠는가? 부동산 담보나 신용보증서 등의 안전장치 없이는 기술금융 지원이 어렵다.

그러므로 은행이 제대로 된 기술금융을 취급할 수 있도록 하려면 자금 지원 후 실패하는 기업이 나타나 손실 처리해야 하는 상황이 되더라도 이를 만회할 수 있도록 수익 모델을 만들어 주어야 한다. 그 방안이 기술금융 대상 기업에 대해서는 전환사채를 받고 은행이 자금을 지원할 수 있도록 허용함으로써 그 기업이 성공하여 상장을 하면 전환권을 행사하여 원금을 훨씬 초과하는 자금을 회수할 수 있도록 하는 것이다. 만약 그렇게 하면 은행은 스타트업 기업들을 하나의 풀(pool)로 만들어 자금을 지원하고, 성공하는 기업으로부터 높은 초과수익을 얻어 실패하는 기업에 대한 대출 원금손실을 커버할 수 있게 될 것이다. 그러므로 은행이 기술이 확실한 기업에 대해서는 담보가 없더라도 대출이 이루어질 가능성이 커진다. 만약 필요하다면 은행이 별도의 펀드를 조성하여 벤처캐피털 같이 운용하면 될 것이다. 그리고 이러한 스타트기업만이 아니라 상장기업을 포함한 일반 중소기업이나 대기업도 전환사채를 받고 대출을 할 수 있도록 허용하면 자금 지원 후 주가상승 등의 효과를 은행이 이용할 수 있으므로 기업 대출을 보다 적극적으로 취급하게 될 것이다.

다만 이 제도를 도입하려면 「금융지주회사법」 제19조 및 「은행법」 제37조에 따른 금융회사의 타회사 지배 금지 등 제약을 해소할 수 있는 방안이 강구되어야 한다. 기술금융의 경우 예외를 두되 전환사채의 전환권 행사의 조건과 전환권 행사로 주식을 취득한 후 매각 기한을 엄격히 제한(예: 전환권 행사 후 3년)

하면 해당 법 취지를 벗어나지 않으면서 소기의 성과를 얻을 수 있을 것으로 생각된다.

그리고 여신에 대한 검사도 신용평가, 여신 심사 및 사후관리 등 신용리스크 관리시스템의 구축과 운영의 적정성을 평가하고 필요시 개선 및 보완하도록 권고하는 데 집중하며, 여신 부실화에 따른 조치는 금융회사 자율에 맡기되 금융당국은 위법사항에 대해서만 제재하는 방식으로 전환하여야 한다.

이와 아울러 은행이 PF나 M&A, 경영컨설팅 등과 같은 IB 분야나 도매 금융(wholesale banking) 영업 비중을 늘리고 해외영업을 확대하는 것도 일반 금융소비자에 대한 의존도를 낮춤으로써 경영효율을 높이고 금융소비자보호에 관심을 가지고 노력할 수 있는 여유를 가질 수 있게 만드는 길이 될 것이다. 외국의 대형 금융그룹들이 유니버설뱅킹이나 IB업무 등 도매금융을 통해 수익을 올리는 것을 모델로 삼아 정책을 추진하는 것이 금융도 살리고 금융소비자도 보호하는 길이 될 것이다. 아울러 은행이 이러한 방향으로 경영을 하게 되면 가계대출과 같은 서민금융은 상호저축은행, 신협 등 전담기관이 맡게 되므로 이들 금융회사들도 숨통이 트이는 긍정적 효과도 있을 것이다.

라-2. 보험의 상호회사 특성 회복

그리고 은행 외에 보험회사에 대해서도 금융소비자보호에 대한 인식을 바꿀 수 있도록 여건 조성이 필요하다. 원래 보험에 적합한 회사구조는 상호회사이다. 보험은 같은 위험에 놓여있는 사람들이 하나의 위험 단체를 구성하여 통계적 기초에 의해 산출된 보험료를 갹출하여 기금을 마련하고, 우연한 사고를 당한 사람에게 재산적 급여를 제공함으로써 경제생활의 불안을 경감하는 제도[128]이다. 그러므로 갹출된 보험료보다 지급보험금이 많으면 가입자들이 추가로 보험료를 납부하고, 반대의 경우는 가입자들이 배당으로 돌려받을 수 있어야 가장 합리적이다. 이러한 취지를 제대로 구현할 수 있는 보험회사의 소유구조는 보험가입자가 주인인 상호회사이다. 실제로 「보험업법」 제3절에서 상호

---

128) 성대규, 「한국보험업법」, 11쪽, 도서출판두남(양승규,「보험법」, 22쪽, 삼지원에서 인용)

회사에 대해 규정하고 있다.

상호회사인 보험회사는 가입자를 위하여 위험 단체를 조직하고, 그에 알맞은 보험상품 개발 및 보험료 산출, 보험료 수납, 보험금 지급 등 업무를 수행하며, 결산결과 손실이 발생하면 추가 보험료를 갹출하고 이익이 나면 배당을 한다. 그러므로 상호회사는 보험 가입자로부터 과도한 이익을 취하기 위하여 사업비를 과다하게 책정하거나, 불완전 판매나 승환계약, 자기계약 등 불법행위, 부당한 보험금 삭감이나 지급 거절 등 보험 소비자의 불만요인이 크게 줄어들 것이다. 또 이익이 나면 배당을 통해 가입자에게 환급되므로 전혀 새로운 위험을 보장하는 보험을 설계할 때 위험률 등에 비해 다소 여유 있게 보험료를 책정(안전할증)하더라도 소비자 불만이 크지 않게 되어 혁신적 상품 개발에 유리하다.

그런데 우리나라는 모든 보험회사가 주식회사이다. 주식회사는 주인이 주주로서 보험소비자와는 일치하지 않으므로 보험회사가 소비자의 권익에는 소홀하고 오로지 주주의 이익을 위해서 경영활동을 하게 되는 구조이다. 따라서 단기 실적위주의 경영관리로 상품개발, 보험 판매, 보험금 지급 등에서 소비자 불만을 초래하는 영업행태를 드러낸다. 그러므로 보험회사가 보험소비자를 돈벌이의 대상이 아니라 회사 존립의 기반으로 인식하며 그들의 권익을 보호하기 위해 노력하도록 하기 위해서는 우리나라에도 상호회사가 출현할 필요가 있다. 일본이나 미국과 같이 상호회사인 보험회사가 있어 주식회사인 보험사와 경쟁하는 구조 하에서는 이들 회사 간의 상품이나 보험료, 판매 관행이나 보험금 지급 등에 대한 상호 비교가 가능하다. 그러므로 주식회사인 보험회사가 소비자 지향적인 상호회사로부터 시장에서 견제를 받게 되므로 주식회사 중심인 보험업계의 폐단이 감소될 수 있을 것이다.

그러나 상호회사를 신설하는 것은 쉽지 않다. 그러므로 우선은 신협공제나 수협공제 등과 같이 소비자가 주주(조합원)인 단체들의 영업을 활성화하여 보험사와 경쟁하는 체제를 만들어가야 할 것이다. 중장기적으로는 이들을 금융위 감독 대상으로 전환하여 기존의 주식회사 형태의 보험회사를 견제하도록 유도하는 것이 필요하다. 그리고 앞으로 경기 하락이나 IFRS17 시행 등으로 인해 보험회사 구조조정이 일어날 경우 보험소비자들이 부담할 손실을 출자금으로 전환하는 방식으로 상호회사를 설립할 수도 있을 것이다.

상호회사를 설립하지 않더라도 비슷한 효과를 얻을 수 있는 방법으로는 원칙적으로 모든 보험상품을 유배당으로 개발하도록 하면 된다. 유배당 상품은 결산결과 이익이 나면 보험 소비자에게 그것을 배당하는 상품이다. 이 상품이 일반화되면 계약자가 주주와 이익 배당을 공유하게 되므로 주식회사인 보험회사가 상호회사 특성을 가지도록 만들어 주주가 계약자의 희생 위에 과도한 이익을 얻는 것을 방지할 수 있다.

그런데 보험회사들은 유배당 상품 판매를 꺼리는데 그것은 유배당 상품의 주주에 대한 배당지분이 10%에 불과하기 때문이다. 그러므로 유배당 상품이 활성화되도록 유배당 상품의 주주지분을 확대하여(예시: 10% → 30%~50%) 보험회사가 유배당 상품을 판매할 수 있는 유인을 제공할 필요가 있다. 그리고 유배당 상품은 보험료 안전할증이 가능하므로 무배당 상품에 비해 리스크 경감 효과가 있기 때문에 위험자기자본비율(RBC, K-ICS)을 산출할 때 위험계수를 하향 조정하는 것도 필요할 것이다.

이 외에도 보험회사의 자산운용 수익률을 높이거나 해외 영업을 강화함으로써 보험료를 인하하거나 수익원을 과도하게 보험계약자에게 의존하는 구조를 벗어날 수 있게 될 것이다. 이에 관한 방안에 대해서는 이미 많은 연구가 이루어져 있으므로 여기서는 생략한다.

마. 배타적 사용권 제도 확충

금융상품은 그 특성상 다른 금융회사가 모방할 수 없는 차별화된 금융상품 개발이 어려운데다, 개발을 하더라도 특허권과 같이 그 독창성을 인정받고 독점적인 판매권을 보장받기가 더욱 어렵다. 이에 따라 대부분의 금융회사들이 독창적인 상품개발 노력보다는 다른 금융상품을 모방하고 베끼는 것이 일반화되어 있다. 그러므로 거의 동질적인 상품을 경쟁사보다 많이 판매하기 위해 과당 경쟁이 일어나고 이에 따른 불완전판매로 금융소비자가 피해를 입을 소지가 크다. 이러한 폐단을 해결하기 위해서는 금융회사들이 보다 창의적이고 차별화되는 금융상품을 개발하여 과도한 경쟁을 하지 않고도 안정적인 영업이 가능하도록 할 필요가 있다. 그 방법은 보험업권에서 회원사간 협정으로 시행하고 있는 '배타적 사용권' 제도를 전 금융 권역에 확장하여 운영하는 것이 될 것이다.

보험업계에서 운영하고 있는 배타적 사용권은 신상품 개발회사의 선발이익 보호를 위하여 일정기간 다른 회사가 유사한 상품을 판매할 수 없게 하는 독점적 판매 권한을 말한다.[129] 신상품이란 상품개발에 많은 노력과 비용이 소요되고 기존 상품과 구별되는 독창성이 있는 상품으로서 새로운 담보 내용을 동반한 위험률을 적용한 상품, 새로운 급부 방식 또는 서비스를 적용한 상품, 기타 기존 상품 및 서비스와의 차별성 등에 비추어 배타적 사용권의 부여가 필요한 상품으로 정하고 있다. 신상품에 대한 배타적 사용권 부여 여부 및 그 기간은 협회 내에 구성된 '신상품심의위원회'가 심의를 거쳐 결정하는데, 이 위원회는 업계 및 학계 전문가로 구성되어 있다.

현행 배타적 사용권 제도는 그 부여 기간이 1년 이내로 너무 짧아 신상품을 개발한 회사가 신상품 연구개발(R&D)에 투입된 비용을 회수하기가 어려우므로 금융회사의 독창적인 신상품 개발 의욕을 높이는 데 한계가 있다. 그러므로 신상품 개발회사가 연구개발비를 모두 회수할 수 있을 정도로 배타적 사용 기간을 장기화(예: 3년 이상 10년 이내)하고 신상품심의위원회의 전문성과 중립성을 강화할 수 있도록 위원의 범위와 자격 등을 다양화하며, 배타적 사용권 부여 기준을 보다 합리적으로 조정할 필요가 있다고 본다. 특히 금융상품이 실존하는 통계 등을 근거로 개발되었으며, 가격도 이를 반영한 합리적인 수준인지, 실제로 금융소비자 편익이 제고될 것인지를 입증 가능한지 등을 면밀히 검증하도록 하여야 한다.

그리고 이런 제도를 전 금융 권역에 확대하여 시행하는 것도 추진하여야 한다. 그렇게 하면 금융회사들이 신상품 개발에 적극 나서서 금융소비자들에게

---

129) 생명보험 신상품 개발이익 보호에 관한 협정 제2조

보다 유용한 금융상품을 공급할 수 있게 된다. 또 금융회사 간에 차이가 전혀 없는 금융상품을 가지고 판매실적을 높이기 위해 무리한 밀어내기식 판매를 함으로써 금융소비자에게 피해를 입히는 사례도 크게 줄어들 것이다.

4. 금융회사의 내부통제문화 확립

금융회사가 금융소비자보호를 중시하지 않는 근본원인 가운데 금융회사의 내부통제 미흡과 권한 집중도 큰 비중을 차지한다. 금융회사의 상품 설계나 출시를 결정할 때 상품의 효용과 위험 등 금융소비자에게 미치는 영향 등에 대해서 금융소비자 입장에서 검토하고, 판매 과정에서 법규 위반이 발생하지 않도록 통제하고 사후 모니터링을 하는 등 내부통제기능이 제대로 작동하지 않아 부실 금융상품을 출시, 판매하거나 금융소비자보호 의무를 위반하게 된다. 아울러 이러한 내부통제가 제대로 이루어지지 않는 것은 대표자 등 제한된 소수에게 권한이 집중되어 다른 경영진이나 직원들이 이들의 독단을 견제하지 못하기 때문이라고 할 수 있다. 이제 금융회사 내부통제시스템을 제대로 구축하도록 하기 위해서는 어떻게 해야 하는가 알아보기로 한다.

가. 내부통제시스템 재정비

금융회사가 영업에만 중점을 두지 않고 금융소비자보호나 사회적 기업으로서의 역할, 즉 공익적 기능을 다하도록 함으로써 금융소비자, 기타 이해관계자들의 신뢰를 바탕으로 성장, 발전하여 장기적인 측면에서 기업가치가 극대화되도록 하기 위해서는 조직 내부의 전문가들이 건설적인 의견을 제한 없이 표출하고, 이를 공식적으로 논의하여 최선의 결론을 내릴 수 있어야 한다. 그리고 업무를 추진하는 과정에서는 각자가 최선을 다하여 맡은 업무를 수행하되 정해진 절차와 방법을 준수하고, 사후 평가를 통하여 문제점에 대한 개선방안을 마련하여 실패가 반복되지 않도록 하는 것이 중요하다. 이를 위해서는 내부통제시스템을 제대로 구축하여 운영하여야 한다.

그러면 금융회사가 금융소비자의 불만을 예방하고 신속한 사후 구제를 함으로써 민원을 줄이도록 유도하기 위해서는 내부통제시스템을 어떻게 구축하여 운영할 것인가? 「금융소비자보호법」 제16조 제2항과 제32조 제3항에서는 금융회사가 '내부통제기준'과 '금융소비자보호기준'을 마련하도록 하고 있으며 이에 포함될 사항도 규정하였다. 그러나 일부 미흡한 부분이 있음을 '제Ⅱ장 제4절 「금융소비자보호법」의 한계'에서 언급하였다. 그러므로 여기서는 이에 대한 보완방안에 대해 살펴본다.

먼저 금융회사가 금융지주사나 대주주가 설정한 영업 목표를 달성하기 위해 금융소비자보호를 등한히 하게 되는 구조적 문제를 해결해야 한다. 이를 위해서는 금융지주사가 금융그룹 경영계획을 수립하거나 소속 금융회사의 성과를 평가할 때 그것이 계열 금융회사의 금융소비자보호에 미치는 영향을 반영하도록 하기 위한 장치를 법령[130]에 명시하는 것이 필요하다. 아울러 개별 금융회사에서도 경영계획 등을 수립할 때 회사의 역량과 환경요인 등을 통계적, 과학적으로 분석한 결과를 바탕으로 구체적 목표를 설정하도록 하고, 그것이 금융소비자보호에 미치는 영향 등을 반드시 검토하도록 하는 장치가 필요하다. 이로써 금융회사가 지주사 또는 대주주의 방침을 무조건 수용하지 않도록 하는 명분을 주게 되므로 상당한 효과를 기대할 수 있을 것이다.

아울러 대표이사가 내부통제위원회를 주재하고 그 직속으로 금융소비자보호 총괄기관을 두더라도 경영실적을 우선시해야 하는 입장에서 금융소비자보호를 우선하기는 어렵기 때문에 내부통제제도 도입의 효과가 미미할 수 있다. 이러한 문제를 조금이라도 해결하기 위해서는 영업 실적과는 거리가 있는 감사(감사위원회)의 견제기능을 강화하는 방안을 모색해야 한다. 예를 들면, 상품 설계, 출시, 판매, 사후관리 등 전 과정에서 금융소비자보호와 관련되는 사항은 반드시 사전 또는 사후 감사를 받도록 의무화 하는 것이다. 금융소비자보호 내부통제위원회나 상품관련 내부위원회 부의·보고사항, 판매촉진 계획 수립

---

130) 「금융소비자보호법」(감독규정 [별표2])에서 '금융소비자보호에 관한 경영방향'에 대한 사항을 해당 내부통제위원회에서 의결·조정하도록 한 것과 달리, 「금융회사지배구조법」에서는 경영방향에 대한 사항을 명시하지 않고 있으며, 이로 인해 지주회사나 개별 금융회사가 금융그룹 경영계획이나 경영목표 수립 시 통계 등 과학적, 합리적 근거가 부족한 무리한 계획을 수립하더라도 이를 체크하고 견제하기 어려울 소지가 있음.

및 상품 판매실적, 민원 접수 및 처리 결과 등이 대상이 될 것이다.

그리고 법에서는 금융소비자보호제도의 핵심인 6대 판매규제의 이행을 보장하기 위해 금융상품 권유에서부터 계약체결 및 사후관리까지의 과정에서 지켜야 할 업무처리 절차와 방법(통제활동)에 대한 기준을 제시하지 않고 있다. 그러므로 동 과정에 포함된 법규, 평판, 운영 등의 리스크를 예방하기 위하여 준수해야 할 절차와 방법인 통제활동, 즉 금융거래 등 영업활동에 대한 승인(결재), 예외처리 사항에 대한 특별승인 및 보고, 개인의 기망 또는 오류나 은폐를 막기 위한 직무 분리(front office와 back office 기능 분리 등), 명령휴가, 문서나 녹취 등 자료의 보관, 자산이나 기록 등에 대한 물리적 접근이나 이용에 대한 제한, 직무수행 및 기록에 대한 제3자 검증(자점감사에 의한 계정 대사, 컴퓨터 로그인 기록 점검, 녹취에 대한 표본 검증 등)과 같이 가장 기본적이면서도 필수적인 통제수단에 대해서는 모든 금융회사가 통제기준으로 채택하여 이행하도록 감독규정 등에 명시하여야 할 것이다.

그리고 정보소통에 관한 사항으로서 금융소비자보호와 관련하여 제시된 의견이나 평가 등이 무시되지 않도록 하는 동시에 책임도 명확히 하기 위한 장치가 필요하다. 예를 들어 금융소비자보호 관련 회의에서 어떤 의견이 있는 경우에는 그 내용과 논의 결과를 반드시 회의록에 기록하고, 그 내용을 해당 회의 의장의 차상위 직위자 또는 대표자에게 보고하며, 내부통제위원회의 논의 사항은 반드시 이사회에 보고하도록 규정을 둠으로써 최고경영진의 금융소비자보호에 대한 관심을 높이는 동시에 책임도 명확히 할 수 있을 것이다. 또 상하 간 의사소통을 원활히 하여 경영진의 독단과 전횡을 막고, 문제가 발생하면 조기에 인지하여 신속하게 대응할 수 있도록 금융소비자보호 총괄기관과 감사부서 등에서 정기적으로 판매 현장 직원들의 애로사항과 건의사항을 익명으로 수집하고 이를 공식 검토하여 필요한 조치를 하는 방안도 포함시키는 것이 필요하다.

아래 표에서는 법에서 규정한 '내부통제기준'과 '금융소비자보호기준'을 '금융소비자보호기준'으로 통합하는 것을 전제로 현행 감독규정에서 명시하지 않은 통제활동에 관한 사항까지 포함하여 금융소비자보호기준에 포함하여야 할 내용을 정리해보았다.

금융소비자보호기준 구성(예시)

1. 목적 : 금융거래로 인한 금융소비자 피해 및 불만의 예방과 신속한 사후 구제

2. 용어의 정의

3. 금융소비자보호를 위한 경영 원칙
   - ○ 금융회사 이익보다는 금융소비자보호를 우선
   - ○ 금융소비자보호를 위한 금융회사의 책무
     - − 금융소비자 권리
     - − 금융회사의 책무
     - − 기타

4. 내부통제환경 관련 원칙
   - ○ 조직: 금융소비자보호를 우선할 수 있도록 조직구조 구축(대표자 또는 감사 직속 조직)
   - ○ 인력: 해당 업무를 충실히 수행할 수 있도록 전문성을 갖춘 인력을 충분히 배치
   - ○ 성과 평가 및 보수: 단기실적 위주의 성과 평가 및 보수 지급으로 금융소비자보호를 등한시하지 않도록 책정
     - − 예시: 성과 평가 기준(KPI)은 수수료가 많거나 NIM이 큰 특정 상품에 대해 비중을 높이는 방식은 지양하고 RAROC과 같이 위험을 감안한 수익성을 기준으로 하며, 대표자 등의 성과급은 이임 후 3~5년에 걸쳐 지급하는 것을 권장
   - ○ 조직, 인사, 성과 평가 기준(KPI 등), 보수 등을 변경할 경우 그 이유와 근거를 명시하여 사전에 공식적으로 금융소비자보호 조직의 의견을 조회(회신도 공식 문서로 통지)
     - − 조회 결과 이견이 있는 경우로서 이를 반영하기 어려운 경우에는 이사회에서 결정(금융소비자보호 조직이 출석하여 입장을 설명)

5. 금융소비자보호 조직 : 금융소비자 피해 예방과 사후 구제를 위해 필요한 조직을 설치
   - ○ 조직 구조(기획 · 총괄 조직과 민원처리 조직 등) 및 인원 등은 이사회가 결정
   - ○ 독립성 보장 : 지휘 및 보고 체계, 소속 직원 인사, 성과 평가 및 급여 등은 상품 개발 또는 영업부서 등으로부터 독립
   - ○ 직원의 전문성 : 보임 자격 및 경력 등 명시
   - ○ 직무 및 권한
     - − 금융소비자보호 업무 관련 기획(기본방침, 직원 교육, 제도 개선 등)
     - − 내부통제환경에 영향을 미치는 사항(조직, 인사, 성과 평가 및 보수 등)에 관련된 의견 제시
     - − 상품 개발 또는 신상품 출시 전에 상품에 대한 위험 평가, 금융소비자보호 측면에서 본 문제 제기 및 의견 반영 여부 모니터링
     - − 6대 판매 규제 이행을 위한 내부 규정의 기안
     - − 규정 준수 여부에 대한 모니터링 및 대응
     - − 민원 처리

6. 금융소비자 피해 사전 예방을 위한 의사소통 및 통제활동

가. 경영계획 수립
○ 경영목표는 조직의 역량과 환경 등을 통계적, 과학적으로 분석하여 결정
○ 경영목표 수립이 금융소비자보호에 미치는 영향을 반드시 고려

나. 상품 개발 및 출시
○ 상품 개발 또는 출시와 관련한 리스크를 점검하고 그 관리방안을 논의하기 위해 연관 분야 대표로 협의체를 구성하고 운영
○ 상품 개발 또는 신상품 출시 담당 부서에서 개발 착수 또는 출시를 결정하기 전에 개발 계획 및 상품 관련 정보(상품 구조, pricing, 원금 손실 가능성과 위험등급 등), 계약서(약관) 및 부속서류(적합성 평가 양식 및 설명서 등), 판매 방식 등을 금융소비자보호 조직에 사전 통지
○ 금융소비자보호 조직은 상품의 내용과 위험, 계약 관련 서류 등을 법률적 관점과 금융소비자 입장에서 분석하여 의견을 반드시 공식 문서로 통보하고 문제점에 대해서는 추후 협의체에서 논의
 – 특히 타 금융회사 상품을 판매대리 하는 경우에는 상품의 신뢰성도 중점 점검
○ 협의체에서 합의가 이루어지면 상품개발 또는 출시를 결정하는 보고 또는 승인(결재) 문서에 금융소비자보호 부서도 합의
 – 합의가 이루어지지 않으면 이사회에서 결정하되, 금융소비자보호 조직에서 회의에 출석하여 입장을 설명

다. 판매 시점
○ 적합성원칙 및 적정성원칙 이행 : 조사목적 설명, 조사 관련 금융소비자 유의사항 설명, 금융소비자가 직접 기록하도록 설명, 금융소비자 투자자성향 결정 및 그 활용, 금융소비자 확인 서명 등의 구체적 방법 명시
○ 설명의무 이행 : 설명 대상 및 방법, 설명서의 작성 및 제공 방법, 금융소비자의 이해여부 확인, 금융소비자의 투자자성향보다 높은 위험등급 상품 계약 시 특별 승인 등 방법 명시
○ 불공정영업행위, 부당권유행위, 광고 규제 등 이행을 위한 구체적 방법
○ 계약 관련 단계별 전결 및 예외사항 특인, 합의 등 기준과 절차
○ 판매 과정의 녹취 및 그 보관 방법

라. 판매 후 사후관리
○ 보험금 지급, 대출금리 인하 요구 등의 처리
○ 청약 철회, 위법계약 해지, 자료 제공 등에 대한 대응방법과 절차

마. 모니터링 및 내부감사
○ 대표이사(준법감시인)은 금융소비자 내부통제시스템 운영상황을 상시 모니터링하고 정기적(예: 반기 1회 이상)으로 현장 점검하고 미비점을 개선
○ 감사는 매년 내부통제시스템 구축과 운영에 대해 평가하고 필요한 조치를 경영진에 요구
○ 금융소비자보호 관련 중요사항(예: 신상품 개발과 출시, KPI 변경 등)은 사전감사 대상에 포함

7. 사후 피해 구제
- ○ 민원 접수
  - – 직접 접수 민원 처리방법 및 절차, 전결 등
  - – 금융감독원 자율 조정 대상 민원 및 이첩 민원의 처리방법 및 절차, 전결 등
- ○ 민원 처리
  - – 조정례, 판례를 기준으로 판단
  - – 분쟁 금액에 따른 전결 기준을 차등 운영
  - – 분쟁 대상 금액이 일정수준 이상이거나 동일 사안의 민원 건수가 일정수준(예: 30인) 이상인 경우 회의체(가칭 '금융소비자보호위원회', 외부 전문가 포함)에서 결정
- ○ 민원 관련 정보 공유 : 민원 유발 요인 분석 및 대책을 마련하여 영업 부서와 공유

8. 금융감독원 조치에 대한 대응
- ○ 분쟁조정 대응 원칙 : 판례 등에 비추어 조정안보다 금융회사에 훨씬 유리한 방향으로 승소할 가능성이 높을 경우에 한정하여 거부
- ○ 조정안 거부 후 소송의 결정 : 준법감시인, 감사부서장, 금융소비자보호 담당 부서장 및 외부 전문가로 가칭 '소송관리위원회'를 설치하여 운영하고 소송은 반드시 동 위원회에 부의, 결정
- ○ 기존 판례나 조정례와 다른 판결이 나올 가능성이 불확실함에도 소송을 제기하였다가 패소하는 경우 소송 결정 당사자들에게 소송비용 부담 요구
- ○ 금융소비자보호 실태평가, 미스터리 쇼핑 등에 대한 대응
- ○ 제재조치의 이행(회사에 부과된 과징금·과태료 해당 사안 관련자에 대한 손해배상 청구 포함)

9. 직원 교육
- ○ 대상자 : 신상품 판매를 담당하는 모든 직원, 신입직원, 판매 업무에 새로 전입한 직원
- ○ 교육 방법 : 집합 대면교육, 비대면 교육(인터넷 등)
- ○ 각 판매담당 상품에 대한 교육 이수 이전에는 해당 상품 판매 금지

10. 기준 이행 실태에 대한 모니터링 및 점검
- ○ 영업관리 부서가 월별, 상품별, 영업점별 판매 실적을 금융소비자보호 총괄 조직에 통지
- ○ 총괄 조직에서 계약 가운데 무작위 추출하여 점검 대상 선정
- ○ 점검 실시 및 분석, 평가
- ○ 결과 보고 및 위규 사항의 감사실 통보
- ○ 감사실 및 준법감시실에서는 정기적으로 6대 판매규제 이행 등에 대한 감사 및 점검 실시

11. Feedback 시스템
- ○ 민원 예방을 위한 활동 및 민원 처리 실적 등을 정기적으로 이사회 또는 위원회 보고
- ○ 민원 등으로 제기된 금융소비자 의견을 경영 정책과 제도에 반영하도록 보고

12. 금융소비자에 대한 정보 공시
- ○ 경영 현황 및 건전성 지표
- ○ 금융상품 정보
- ○ 기타 금융소비자에게 유용한 정보

기준의 실효성을 확보하기 위해서는 법규로 이러한 기준을 제시하여 그 이행을 강제하는 것이 필요하다. 만약 그것이 여의치 않아 금융회사 자율에 의존해야 할 경우에는 금융소비자 보호실태 평가 제도, 건전성검사(경영실태평가), 준법검사 및 제재 등 모든 수단을 동원하여 꾸준히 금융회사를 지도, 감독하여야 한다.

나. 이사회 및 감사의 책임성 강화

대표이사 등 경영진의 독단에 따른 내부통제시스템 무력화, 단기실적 위주의 경영으로 인한 금융소비자 피해 조장 등의 부작용을 방지하기 위해서는 이사회와 감사의 견제기능이 강화되어야 한다. 내부통제와 관련한 역할로만 보더라도 이사회는 금융회사의 최고 의사결정기구로서 내부통제기준을 승인하고 그 이행을 확인할 책임이 있다. 그리고 감사(또는 감사위원회, 이하 같음)는 내부통제시스템 구축과 운영에 대해 평가하고 취약점이 있는 경우 이를 시정하도록 역할을 하여야 한다. 그러므로 이사회와 감사가 본연의 역할과 책임을 다하면 경영진의 독주를 견제하고 내부통제시스템이 제대로 작동할 수 있게 된다.

이사회와 감사가 그 역할과 책임을 다하도록 하기 위해서는 금융감독원이 금융소비자보호와 관련한 위법사항 등을 적발하여 제재할 경우 경영진과 함께 이사회와 감사에 대해서도 반드시 제재를 추진할 필요가 있다. 이를 위해 '2. 금융회사의 금융소비자보호 의식 제고'의 '다. 위법행위에 대한 제재기준 정비'에서 설명한 것과 같이 이사회에는 대표자로 하여금 내부통제기준 이행 여부에 대해 상시 모니터링 및 정기 점검을 실시하도록 하고 그 결과를 보고받아 필요한 조치를 하는 의무를, 감사에게는 매년 1회 이상 내부통제시스템에 대한 평가를 실시하는 의무를 부과할 필요가 있다. 물론 이러한 제재 근거가 도입되지 않더라도 현행 법 테두리 안에서 두 기관의 책임을 묻는 방안을 강구하여야 한다. 예를 들어 내부통제기준은 이사회의 승인사항이므로 그 이행을 보장하기 위한 관리・감독의 최종 책임도 이사회에 있다고 볼 수 있으므로 이를 근거로 제재를 하는 방안을 추진하는 것이다.

한편, 최근에는 많은 금융회사가 상근감사를 두지 않고 비상근 감사위원으로 구성된 감사위원회를 운영하여 감사기능이 저하되고 있다. 이러한 현상을 개선하기 위해 비상근 감사위원들에게도 상근과 동일하게 엄중한 책임을 물음으로써 감사(감사위원회)가 본연의 역할을 다하도록 환경을 조성하여야 한다.[131]

다. 순환근무제도 폐지

순환근무를 하게 되면 임직원의 전문성은 물론 업무에 대한 사명감, 책임감이 떨어져 업무의 효율이 떨어지고 리스크 관리가 어렵게 됨은 주지의 사실이다. 그러므로 금융회사가 업무의 전문성과 효율성을 제고하고 금융소비자보호도 강화하기 위해서는 임직원들이 동일 업무분야 장기근무를 통하여 업무 전문성과 책임성 등을 강화할 필요가 있다. 물론 영업점 소속 직원과 같이 고객과의 유착 등 도덕적 해이가 발생할 수 있는 부서의 경우에는 예외로 순환인사체제를 유지하는 것이 필요하다.

5. 금융소비자 보호실태 평가 제도 정착

금융소비자 보호실태 평가는 금융회사가 금융소비자를 보호하기 위해 상품 개발, 출시 과정에 있어서 금융소비자의 입장이나 의견을 반영하고, 판매 및 사후관리를 함에 있어서 금융소비자보호 의무 등 관련 법규를 준수하며, 금융 민원을 처리할 때는 적법하고 합리적으로 해결하는지를 금융감독기관 입장에서 평가하는 제도이다. 따라서 금융회사로 하여금 금융소비자보호에 대한 인식을 개선하고, 관련 내부통제시스템을 구축하여 운영함으로써 금융소비자 피해를 예방하며, 피해구제도 보다 적극적으로 하도록 유도할 수 있는 가장 종합적이고 핵심적인 감독수단이다. 금융감독원은 그 평가결과를 공개함으로써 금융회사 임직원들이 금융소비자보호에 대한 경각심을 가지게 하고, 금융소비자

---

131) 감사의 내부통제시스템 평가의 신뢰성을 확보하기 위해, 평가를 할 때에는 금융감독원의 '경영실태평가' 등에서 하는 것과 같이 표본검사를 통하여 정확성을 높이도록 할 필요가 있음. 그리고 상호금융과 같이 상근감사나 내부감사 조직을 두기 어려운 소형 금융회사의 경우에는 내부통제시스템 평가업무를 외주(outsourcing)를 줄 수 있도록 제도와 환경을 만드는 것도 필요함.

보호 시스템에 결여되거나 미흡한 부분이 있으면 이를 보완, 개선하도록 한다. 그리고 금융소비자들이 금융회사의 선택이나 금융거래에 참고할 수 있도록 하기도 한다. 그러므로 금융소비자 보호실태 평가를 효과적, 효율적으로 수행하되 평가의 공정성, 객관성, 투명성 및 일관성을 확보하여야 한다.

그런데 과거 평가 사례에서는 그 평가등급이 현실을 잘 반영하지 못하는 등의 문제가 나타났다. 그러므로 이러한 약점을 해소하고 보다 유용한 제도로 발전하기 위해서는 몇 가지 개선해야 할 점이 있다. 이에 대해 살펴보자.

가. 평가 항목 및 평가지표

가-1. 계량지표

우선 평가 항목별 평가지표에 대해 살펴보자. 계량지표에서 민원 사전예방 관련사항 항목에서 평가대상을 금융상품에 대한 민원으로 한정하고 있다. 그런데 민원은 반드시 금융상품이 관련되지 않더라도 발생할 수 있다. 예를 들어 금융회사 직원의 태도나 업무처리 절차 및 방식, 또는 영업장 시설 등에 관한 불만사항이 있을 수 있다. 이런 것은 사실 금융회사 경영진이 금융소비자보호에 조금만 관심을 기울여도 해결될 수 있는 사항이 많다. 그럼에도 이를 무관심하게 방치함으로써 민원 건수가 늘어나면 금융감독원 민원업무 처리에 부담을 주므로 다른 민원의 처리에 지장을 초래하는 등 여러 가지 부작용이 있어 이를 제외할 이유가 전혀 없다. 그렇다고 해서 단순히 모든 민원 건수를 기준으로 평가하면 악성 민원인을 양산하여 금융회사 임직원이 업무를 원칙에 따라 소신껏 처리하기 어렵게 될 수도 있다. 그러므로 이러한 측면을 감안하여 일단 전체 민원 건수를 대상으로 하되 필요에 따라 금융상품 관련 민원이나 분쟁민원에 대해서는 가중치를 달리하는 등의 보다 세밀한 접근이 요구된다고 하겠다. 이에 더하여 동일한 사안으로 다수의 민원이 접수되는 경우에는 가중치를 높이는 방안도 검토해야 한다. 왜냐하면 이러한 민원은 대부분 상품 자체에 문제가 있거나 밀어내기식 판매 전략을 구사하는 등 금융회사 경영의 구조적인 문제가 연계된 사안으로서 금융회사가 대응에 소극적일 가능성이 매우 높기 때문이다.

그리고 자체 민원처리 노력 항목에는 금융회사가 자체 처리한 민원 건수도 반영하여야 한다고 생각된다. 왜냐하면 금융회사 자체 민원처리 건수가 많은 데도 이에 불복하여 금융감독원에 접수되는 민원이 적은 금융회사는 그만큼 경영진의 관심이 많고 자체 민원처리 시스템도 효과적이라는 의미가 된다. 이러한 상황이 지속되면 금융소비자가 금융회사 자체 민원처리 시스템을 신뢰하게 되므로 무조건 금융감독원으로 달려가는 사례가 줄어들게 된다. 그리고 자체 접수 민원이 많더라도 자체 처리로 해결하는 사례가 많으면 업무 부담을 줄이기 위해 스스로 민원 발생 근본원인을 찾아 해결하려는 노력도 하게 되는 등 여러 가지로 선기능이 있다. 그러므로 이러한 요소에 대해서는 실태평가에 있어 보너스를 주는 방법을 강구할 필요가 있다.

그리고 금융회사의 평균 민원처리 기간에 대해서는 일률적으로 기준을 정할 것이 아니라, 분쟁 금액이나 분쟁 관련자 수 등 사건의 복잡성까지 감안하여 기준 처리기간을 정하고 그 기준 준수 정도에 비추어 평가를 해야 합리적일 것이다.

아울러 자율조정 처리 민원 중 조정 성립된 민원 건수만을 기준으로 자율조정 노력을 평가하게 되면 악성 금융소비자로부터 억지 민원을 많이 받는 금융회사가 불리하게 된다. 또 평가를 너무 의식하여 구제하지 않아도 되는 민원도 수용하는 부작용이 나올 수도 있다. 그러므로 단순히 자율조정 건수로만 볼 것이 아니라 자율조정이 되지 않아 금융감독원이 처리한 민원으로서 인용이 되지 않은 건수는 평가대상에서 제외하는 등의 고민이 필요하다고 본다. 왜냐하면 구제할 필요가 없는 민원 때문에 자율조정 비율이 낮았다면 금융회사가 자율조정을 위해 아무리 노력하더라도 아무런 효과가 없었을 것이므로 금융회사가 책임을 질 이유가 없기 때문이다. 반대로 금융감독원이 최종적으로 민원인 주장을 인용하여 지급을 권유한 사안에 대해서는 자율조정을 하였어야 함에도 그렇게 하지 않았음을 감안하여 징벌적 가중치를 부여하는 방법도 검토해야 할 것이다. 그리고 금융회사가 평가를 너무 의식하여 구제할 필요가 없는 민원도 수용하는 부작용을 막기 위해 조정례나 판례 등과 다른 기준을 적용하여 자율조정을 한 사례는 원칙에 맞지 않게 처리한 것으로서, 이러한 사실이 알려지면 악성 금융소비자들이 준동할 우려가 있으므로 자율조정 건수에서 제외하거나 감점하는 등 치밀하게 기준을 운영할 필요가 있다.[132]

소송 패소율을 평가할 때는 분쟁조정안을 거부하여 소송을 제기한 건으로서 판결취지가 분쟁조정안과 동일한 경우에는 금융회사가 불필요한 소송비용과 인력을 낭비하였으므로 징벌적 가중치를 부여할 필요가 있다. 그리고 해당 소송을 추진한 책임자 등에 대해서는 금융회사가 소송비용 등을 부담하도록 하는 등 신상필벌이 이루어지는지를 확인하는 것도 놓치지 말아야 한다.

가-2. 비계량지표

다음으로 비계량지표의 평가 항목으로서 상품개발 과정과 상품판매 과정의 소비자보호 체계는 각각 별도의 항목으로 들어가 있으나, 상품 판매 후 계약 만료 전까지의 업무처리에 관한 사항을 평가하는 항목은 빠져 있다. 금융상품은 일반 제조물품이나 농산품 등의 상품과 달리 계약 체결 후 대출금리 인하 요구권이나 청약 철회권, 위법계약해지권 등의 권리를 행사할 수 있는 데다, 구속성 예금이나 대출 중도상환 수수료 부과 등의 업무 처리로 인한 분쟁도 많이 일어난다. 특히 보험업권의 민원 중 보험금 지급과 관련한 민원이 차지하는 비중이 가장 높은 점을 볼 때, 보험회사의 보험금 지급관련 업무처리 기준 및 방법, 절차, 실제 지급관련 민원 등에 대한 평가를 강화함으로써 보험금 지급 관행을 혁신할 필요가 있다. 이러한 점들을 감안할 때 금융거래 계약 체결 후 업무처리 과정에서의 금융소비자보호 체계도 상품 개발이나 판매 과정과 마찬가지로 매우 중요한 평가요소라고 할 수 있으므로 이와 관련한 평가항목을 추가하는 것이 꼭 필요하다고 생각된다.

그리고 조직, 상품 개발 및 판매과정 민원 관리 등 각 비계량 평가항목에 있어서 금융회사의 조직, 인력, 업무 등에 관한 기준, 절차, 방법 등이 법규와 금융당국이 제시한 가이드라인 등을 제대로 반영하고 있는지를 반드시 점검하도

---

132) 이러한 사항들은 전수조사가 어려우므로 표본을 추출하여 모수를 추정하는 통계적 기법을 이용하여야 함.

록 평가지표에 명시하거나 매뉴얼에 규정할 필요가 있다. 물론 비계량 평가항목 중 다섯 번째 '기타 소비자보호 관련 사항'에서 '금융당국의 소비자보호정책 등에 대한 참여 및 이행'으로 정해놓은 것으로 볼 수도 있다. 그러나 이 사항은 금융당국의 정책이 현장에서 집행이 되도록 함으로써 정책의 실효성을 확보하기 위한 필수 사항이다. 그러므로 이렇게 기타에 속하는 사항에서 정해 놓아 이를 경시하거나 다른 내용으로 이해하지 않도록 각 항목별로 평가할 때마다 필수 점검사항으로 명시해 놓을 필요가 있다.

비계량 평가의 첫 번째 항목인 금융소비자보호 전담조직과 관련한 평가지표는 관련 조직, 인력, 성과 평가 등의 설치나 설계 및 운영을 평가하는 것인데, 시행세칙 [별표 4]에 표현된 문언을 기준으로 평가를 하게 되면 대부분의 평가자는 자칫 형식적 차원에서 관련 조직이나 제도가 마련되어 있는지에 비중을 두고 평가를 하게 될 우려가 있다. 이렇게 되면 조직 등의 실제 작동 여부와는 상관없이 형식적 측면의 조직설치 그 자체를 중시하므로 예산과 조직, 인력이 상대적으로 여유가 있는 대형사가 평가에 유리할 수 있다. 따라서 대형사와 중·소형사 간에 평가 상의 불균형 문제가 제기되지 않도록 하기 위해서는 금융당국이 회사 규모 등에 따라 그룹으로 나누어 각각의 그룹 특성에 맞는 조직과 시스템 등의 설치 기준과 운영기준을 제시하여야 한다. 특히 임직원의 자격요건과 권한, 성과 보상 체계 등에 대해서는 각 금융회사의 규모나 인력구조 등을 감안하여 기준을 달리 정해주어야 한다. 금융감독원의 실태평가 매뉴얼에 이러한 기준을 명시하고 매뉴얼을 공개하면 세칙 등 공식적으로 정한 것과 동일한 효과를 얻을 수 있을 것이다.

이와 아울러 금융회사 경영진의 금융소비자보호에 대한 인식은 조직이나 인사, 성과보상 체계는 물론 금융회사 민원 발생 및 처리 등에 많은 영향을 미치므로 경영진을 면담하여 이를 평가에 반영할 필요가 있다. 특히 조직이나 인사, 성과보상과 관련한 변화가 있을 때는 그 배경이 얼마나 과학적이고 합리적인지 설명을 들어보면 경영진의 인식을 파악하는 데 매우 유용할 것이다.

그리고 비계량지표의 네 번째 항목인 민원관리와 관련하여 민원처리 기준이 금융감독원이 기준으로 제시하고 있는 판례와 조정례에 바탕을 두고 있는지를 점검하는 것도 매우 중요하다. 금융회사의 민원처리가 금융감독원과 같은 기준에 의해 이루어져야 금융소비자들이 금융감독원에 민원신청을 하더라도 금융회사와 동일한 처리결과가 나오게 되면 금융회사 민원처리를 신뢰하게 되므로 금융회사 민원처리 결과에 무조건 불복하고 금융감독원에 민원을 제기하는 사례가 줄어들어 민원처리에 불필요한 비용과 노력의 낭비를 막을 수 있기 때문이다. 따라서 만약 금융회사의 기준을 금융감독원이 제시한 기준과 다르게 운영하는 경우, 계량지표의 민원처리 노력 평가에 있어 자율조정 과정에서 금융감독원이 제시하는 기준을 적용하지 않는 경우와 같이 감점을 하는 등의 방안을 도입하여야 한다.

아울러 금융소비자보호 시스템이 당초 의도대로 작동되고 있는지 자체적으로 모니터링하고, 미흡한 부분에 대해서는 그 원인을 분석하여 시스템을 보완·개선하는 체제가 구축되고 운영되는지 점검하는 것에 대해서는 명확하게 언급하고 있지 않으므로 분명히 평가항목으로 추가하여야 한다. 이 부분은 해당 부서 자체적으로, 또는 준법감시인이 수행될 수도 있다. 그리고 감사는 금융회사 전체의 내부통제시스템 평가 차원에서 점검 업무를 수행하여야 하므로 이에 대해서도 잘 살펴보아야 한다.

이 외에도 비계량지표 각 항목별 비중은 모두 12%로 동일하다. 시스템 구축이나 업무처리 단계별로 금융소비자보호 체계의 성공적 운영에 기여하는 정도가 다르다. 예를 들면 금융분쟁이 발생하는 주요 원인인 6대 판매규제 위반은 판매과정에서 일어난다. 그런데도 '금융상품판매과정의 소비자보호체계 구축 및 운영' 항목에 '기타 소비자보호 관련사항'과 동일한 비중을 부여하는 것은 수긍하기 어렵다. 항목별 중요도에 따라 비중을 조정할 필요가 있다.

나. 평가업무 이행 방법

나-1. 평가 방법

실태평가는 우선 계량 분석을 통하여 민원을 종류별로 구분하고 증감 추세

등을 분석하여 민원 및 소비자 불만의 발생 원인을 추정한다. 원인에 대한 윤곽이 잡히면 비계량평가에서는 이를 확인하고 앞으로는 그 원인들이 근본적으로 치유될 것인가 하는 가능성을 판단하는 방식으로 진행해야 한다.

계량지표의 평가는 현장에 나가기 전의 사전 준비과정에서 민원을 상품, 불만의 유형 등을 기준으로 분류하고 과거 수년간(예: 5년 이상)의 변화 추세를 월별 또는 분기별로 분석하는 데서 시작하여야 한다. 상품별, 불만 유형별로 분석해보면 상품 자체에 문제가 있는 것인지, 판매 과정에서 적합성원칙이나 설명의무가 제대로 이행되지 않았는지 등을 바로 알 수 있다. 또 증감 추세를 보면, 이런 것을 유발한 원인이 경영진의 방침 때문인지 직원들의 태도가 문제인지, 시스템이 문제인지 등을 추정할 수 있다. 예를 들어 단기간에 민원이 급증하거나 급감하면 분명 하자가 있는 신상품 출시, 경영진의 경영전략이나 금융소비자보호와 관련한 방침 변경 등에서 원인을 찾을 수 있다. 또 만약 일정한 증가 또는 감소 추세가 지속된다면 그것은 금융회사 시스템의 문제일 수 있다. 시스템을 개선하면 곧바로 효과가 나타나는 것이 아니라 그 시스템이 정착되어 금융소비자와 금융회사 임직원 모두가 적응이 되면서 효과가 점차 나타나기 때문이다. 이러한 점을 파악하면 비계량 평가의 방향을 잡는 데 많은 도움이 될 수 있다.

비계량지표를 평가할 때는 미리 금융감독원에서 민원처리나 분쟁조정 업무를 담당하는 직원들의 의견도 들어보는 것이 필요하다. 오랫동안 실무를 하면서 여러 금융회사를 접촉하다 보면 금융회사별 시스템과 그 운영 수준은 물론 임직원들의 금융소비자보호에 대한 인식과 대처 방식의 특성 등 다양한 측면에서 비교하여 차별성을 파악할 수 있으므로 평가를 하는 데 필요한 정보를 많이 얻을 수 있을 것이다.

다음으로는 검사에 착수하여 계량지표 등을 근거로 금융회사 금융소비자보호 담당 경영진을 면담하여 금융회사 금융소비자보호 시스템의 구축 및 운영 현황과 함께 경영진의 인식 및 실천 의지 등을 알아보는 작업이 필요하다. 그 과정에서 금융소비자보호와 관련한 위험 요인과 시스템의 장단점 등에 관한 정보를 얻을 수 있으며, 이를 이용하여 중점 점검 분야를 정하는 등 평가업무 수행에 많은 도움이 될 수도 있다.

그리고 나면 평가 항목별로 법규나 금융당국이 제시한 기준에 맞게 조직이나 내규 등 시스템을 설치, 구축하고 있는지 점검하는 것이 필요하다. 이때는 기준의 기계적 반영 여부를 판단할 것이 아니라 얼마나 조직 특성에 맞게 합목적적으로 구축하였는지를 근거로 평가하여야 한다. 다소 기준과 다르거나 통상적인 경우와 다른 부분이 있더라도 분명하고 합리적인 이유가 있으면 이를 인정할 필요가 있다. 그 이유는 기준이 강제 규정이 아니고, 설사 강제 규정이라 하더라도 제도 자체가 완벽한 경우는 없기 때문이며, 또 금융회사의 창의적 노력을 존중해야 혁신과 발전이 가능하기 때문이다.

아울러 시스템이 실제로 작동하는지 점검하는 것은 더욱 중요하다. 이를 위해서는 통계적 유의성이 보장되도록 표본을 추출하여 표본을 점검하여야 한다. 만약 이러한 노력이 생략되면 금융회사가 형식적으로만 시스템을 구축하고, 실제로는 작동하지 않아 제도가 유명무실해지게 된다. 또 실제 작동 여부를 통계적으로 유의한 수준의 표본을 추출하여 점검한 결과를 바탕으로 평가하게 되면 평가 근거가 명확해져 평가의 공정성과 투명성을 확보할 수 있으며, '평가결과에 대한 객관적인 근거를 확보'하도록 규정한 법 시행령 제30조 제4항 제3호를 준수하게 되므로 반드시 이 방식의 작업을 실시하여야 한다.

이러한 점검을 위해서는 반드시 평가를 위한 준비단계에서 전체 모집단, 즉 모든 상품 판매 계약, 민원 처리 사건 등을 그 구성이나 특성 등을 기준으로 그룹을 구분하여 그룹별로 표본을 추출한다. 그리고 금융회사에 통보하여 이를 평가 현장에서 점검할 수 있도록 선정한 표본에 해당하는 자료를 미리 준비하도록 한다. 예를 들어 설명의무를 제대로 이행하는지 확인하기 위해서는 전체 금융상품별 계약 현황을 파악한 후, 금융감독원에서 미리 정한 내부 기준에 의해 정해진 표본 수와 추출 방법에 따라 상품별 위험도 등을 감안하여 점검 대상 계약을 결정하고 금융회사에 통보하여 미리 준비하도록 한다. 그리고 현장에서는 금융회사가 준비한 표본에 해당하는 계약과 관련된 문서와 녹취 등을 대상으로 법규 준수여부를 확인한다. 필요하다면 녹취의 관리 등에 대한 이상 유무를 확인하기 위하여 전산 로그인 기록을 점검하는 등의 절차도 필요하다. 상품판매 과정에서의 6대 판매 규제 이행여부를 점검하는 외에 금융회사가 민원을 관련 법규 및 판례나 조정 사례 등을 기준으로 원칙에 따라 처리하였는지 점검하기 위한 표본 검사도 위와 동일한 방법으로 실시하면 된다.

만약 표본을 점검하는 과정에서 법규에 위반된 사항이 나타나면 통계적 유의성 등을 감안하여 전체 계약 중 법 위반사항 해당 계약 건수를 추정하여 평가에 반영하여야 한다. 아울러 그 내용을 검사국에 통보하여 필요시 준법검사를 할 수 있도록 하여야 한다.

나-2. 평가등급

비계량지표의 평가등급을 정할 때는 반드시 동일 권역 내 금융회사를 자산 규모나 거래 건수, 인원 등을 기준으로 비슷한 회사들을 묶어 그룹으로 구분하고 동일그룹 내에서 이행 수준을 분포로 그려보고 그것을 기준으로 등급을 분류하여야 한다. 경우에 따라서는 사전에 등급별로 배분 비율을 정하는 것도 필요하다. 이 이유는 평가자 간에는 업무 전문성이나 경험, 신념과 철학 등에 차이가 있으므로 동일한 상황도 사람에 따라 평가가 달라질 수 있기 때문이다. 만약 상대평가가 아닌 절대평가로 하게 되면 이러한 편차 문제를 해결하기 어렵고, 경우에 따라서는 대부분이 매우 우수한 등급을 받게 되면 평가의 의미가 없어질 수도 있다.

그리고 평가자 간 편차로 인한 평가 오류를 줄이기 위해 과거 평가결과를 반영하는 이동 평균법(moving average)을 이용하는 것도 고려할 수 있을 것이다. 예를 들면 과거 3~5년간의 평가 결과에 대해 평가대상 당해 연도의 비중을 가장 크게(예: 50%)하고 전년도, 전전년도로 갈수록 비중을 낮추는(예: 30%, 20%) 방식이다.

아울러 실태평가를 할 때에는 반드시 금융감독원이 보유하거나 수집하고 있는 모든 정보를 반영하여야 한다. 예를 들어 금융감독원이 실시하는 미스터리 쇼핑이나 상품 감리, 상시 감시, 검사 등의 과정에서 확인된 사실들은 모두 평가에 반영하는 것이다.

평가에 대한 공정성, 객관성 및 일관성 확보 외에도 금융회사의 수용성을 높이기 위해서는 평가 결과를 미리 금융회사에 알려주고 금융회사가 이에 대해 이의신청이나 기타 의견을 제기할 수 있는 기회를 주어야 한다. 이를 위해 평가의 공정성 등을 검증하고 심의하는 위원회를 운영하고, 금융회사가 그 위원회에 참석하여 의견을 표출할 수 있도록 하는 것도 방법이라고 생각된다. 그렇게 함으로써 금융감독원 평가의 오류를 사전에 걸러낼 수 있고, 또 평가 과정에서 빠뜨린 부분이나 오해한 사항 등도 정당하게 반영할 수 있는 장점도 있다. 뿐만 아니라 이는 법 시행령 제30조 제4항 제4호에 따라 평가대상자의 의견을 확인할 의무를 이행하기 위함이기도 하다.

이와 같은 실태 평가를 차질 없이 수행할 수 있도록 평가의 기준과 그 운영 등에 대해 구체적인 매뉴얼을 제작하여 평가자들을 대상으로 연수를 실시하여야 한다. 그리고 실제평가 결과를 일정기간이 지난 후 과학적, 통계적으로 분석하여 실제 개인별, 시기별, 권역별 편차를 분석하여 편차를 줄이기 위한 방안을 찾아야 한다.

나-3. 실태평가 제도의 운영

금융소비자 보호실태 평가는 원칙적으로 매년 실시할 필요가 있다. 그래야 법 시행령 제30조 제3항에서 매년 금융소비자보호 실태를 평가·공표해야 한다고 규정한 취지에 부합한다고 생각된다. 그런데 금융감독원이 밝힌 실태평가 계획에 따르면 총 74개 금융회사를 실태평가 대상회사로 지정하고, 금융회사의 부담을 완화하고 실태평가 업무의 내실화를 도모하기 위해 금융소비자보호실태 평가의 평가 주기제를 도입, 대상 금융회사를 총 3개 그룹으로 구분하여 3년 주기로 평가하기로 하였다. 그리고 평가 대상으로서 평가를 받지 않는 2년 동안은 금융회사 자체적으로 자율 진단을 실시하도록 하였다[133]. 이것

---

133) 2021년 7월 6일, 금융감독원, 보도자료, '2021년도 금융소비자 보호실태 평가 실시 계획'

은 대통령령 제30조에서 평가대상을 매년 지정하고, 「감독규정」 제28조 제1항 제2호에서 실태평가 주기를 사전에 금융위원회와 협의하여 정하도록 한 것을 근거로 한 것으로 보인다.

실태평가 부서의 제한된 인력 수준[134]으로는 커버할 수 있는 금융회사 수에 한계가 있는 점 등을 고려한 부득이한 결정이라는 점에서 충분히 이해가 되는 측면이 있다. 그러나 자율 진단이라는 것이 그 공정성이나 객관성 등을 신뢰하기가 어렵고 평가등급도 '적정'과 '미흡' 두 개로 구분하고 있어 스스로 '미흡'으로 평가할 가능성은 매우 낮아 등급의 차등화가 어려울 것이다. 평가의 근거가 되는 구체적 내용도 드러내지 않을 것이 분명하므로 그 평가가 금융소비자들에게 도움이 될 정도로 실효성이 있을지는 의문이다. 그리고 감독규정 제28조 제1항 제3호에서 자율진단은 분명 금융감독원 실태평가 대상에서 제외하고 있으므로 그 결과를 근거로 금융감독원이 실시한 실태평가 결과라고 공표할 수는 없을 것이다. 결국 실태평가는 3년 주기로 하게 되는 것이 분명한데, 이것이 법 취지에 위반되는 것이 아닌지 살펴볼 필요가 있다.

그리고 무엇보다도 금융산업과 금융시장의 변화 속도가 다른 어떤 산업보다도 빠른 점을 감안할 때, 3년을 주기로 하게 되면 그 사이에 금융소비자의 판단에 영향을 줄 수 있는 큰 변화가 있었더라도 이를 알 수 없게 되어 제도 자체의 실효성이 문제가 될 수 있다. 예를 들어 2015년에 사모펀드 규제를 완화하는 조치를 한 후 불과 3~4년 사이에 대형 사모펀드 사태가 터진 것을 보면 3년이라는 기간이 엄청 긴 기간이라는 것을 알 수 있다. 또 다른 예로, 금융회사 경영진 교체로 경영전략이 공격적으로 바뀌면 그 영향은 이러한 정책 변화에 따른 효과보다 훨씬 빠르게 나타나므로 3년 주기의 실태평가를 통하여 이러한 위험을 예방하기는 어렵다.

한편, 실태평가는 금융소비자들이 금융회사들의 평가등급을 비교하여 금융소비자보호 수준이 보다 우수한 금융회사를 선택하도록 함으로써 금융회사들

---

134) 2021년 7월 현재 금융소비자 보호실태 평가 담당부서는 금융상품분석국이며 담당인력은 소비자보호 점검팀 소속 2명에 불과함.

이 각성하고 노력하게 만들도록 하는 것이 가장 중요한 목적의 하나일 것이다. 그럼에도 평가대상 금융 권역의 금융회사 전부를 대상으로 하지도 않으면서 그 가운데서도 3분의 1만 평가를 하게 되면 금융회사 간 비교가 사실상 무의미한데 실태평가가 무슨 의미가 있겠는가?

따라서 금융소비자보호를 위해 마련한 제도가 금융회사 부담 완화와 금융감독원의 해당 업무 내실화를 이유로 주기를 늦추는 것은 명분이 부족하다. 차라리 평가가 가능한 수준으로 대상을 줄여 매년 실시하는 것이 더 법률에 부합되는 것이 아닐까? 그것도 여의치 않다면 오히려 차제에 실태평가의 비용과 효과에 대해 근본적으로 검토하여 볼 필요가 있다. 비용과 노력보다 효과가 적다면 지금이라도 폐지를 추진하는 것이 낫다. 검증 결과 시행하는 것이 더 효과적이라는 결론에 따라 법률에 반영하여 시행하는 것이라면 많은 비용과 노력이 들더라도 합목적적으로, 공정하고 객관성 있게 평가하여 공표하여야 한다.

이러한 문제를 해결하기 위해서는 금융소비자보호처는 금융소비자 보호실태평가 중 계량평가만 실시하고 비계량 평가는 검사국의 경영실태평가 과정에서 병행하여 실시하는 방법을 고려할 수 있을 것이다. 검사국에서 경영실태평가를 할 때 금융소비자 보호실태 평가에 해당하는 부분도 경영관리 적정성(Management) 및 리스크관리(Risk Management) 부문 평가의 일부로서 금융소비자보호 관련 내부통제 및 보호기준 등의 구축 및 제정과 그 운영 및 이행상황을 점검하면 된다. 그러므로 검사국이 건전성검사를 할 때 금융소비자보호처 직원이 참여하는 등 검사와 병행하여 실시하면 검사국의 도움을 받을 수 있어 인력 낭비를 줄일 수 있다. 또 검사업무의 일환으로 평가를 하게 되면 자료를 받거나 경영진 면담 등 업무를 수행하는데 매우 편리하고 효율적이다. 또 금융소비자보호 업무 수행의 방법, 절차 등의 실제 이행상태를 평가하기 위해 표본 검사를 하는 과정에서 위법사항이 발견되면 이에 대한 검사를 해서 제재조치도 할 수 있어 업무 생산성을 높일 수 있다. 게다가 검사와 별도로 평가를 실시하는 데 따라 금융회사의 업무부담이 가중되는 문제도 해결할 수 있다. 이렇게 하기 위해서는 금융회사 경영실태평가를 매년 실시하는 것을 전제로 하는데, 경영실태평가(건전성검사)를 매년 해야 하는 이유와 그 방법은 '1. 금융회사 경영 및 금융상품 건전성 강화'에서 이미 살펴본 바와 같다.

그리고 연중 평가결과를 익년도에 한꺼번에 발표함에 따라 금융회사별로 평가시기가 차이가 있어 평가 당시 실태와 연말기준 실태가 다를 수 있다. 이러한 약점을 해결하기 위해서는 개별 금융회사별로 평가가 끝나면 지체하지 말고 평가결과를 즉시 발표하면 될 것이다. 이렇게 하는 것이 어렵다면, 매년 전년도 평가 결과를 한꺼번에 발표하기 위해 평가결과를 종합할 때 해당 금융회사 평가 이후 상시감시, 민원 처리 등 업무를 수행하는 과정에서 평가에 반영할 중요한 사항이 나타나는 경우 최종 평가 전에 금융회사로부터 관련 자료를 받아 이를 반영하면 된다.

아울러 실태평가를 하는 금융권역에 속하면서도 규모가 작아 대상에서 제외된 금융회사에 대해서는 간격은 두더라도 평가하는 방안을 강구할 필요가 있다. 평가대상에 포함되지 않는 금융회사들의 경우에는 금융소비자에게 관련 정보를 제공하지 못하여 이들 금융회사를 거래하는 금융소비자에 대한 차별이라는 문제가 제기될 수도 있다. 차라리 최상위급 평가등급을 받은 금융회사는 한 해 정도 평가를 면제하면서 그 대신 소형사들을 포함하는 방안도 추진하는 것이 합리적이라고 생각된다. 또 부득이한 경우에는 소형사는 계량적 요소 및 금융감독원의 감독, 검사, 민원처리 등의 과정에서 나타난 사실을 기준으로 약식 평가를 실시하는 방안을 고려하는 것도 좋을 것이다.

평가결과의 발표는 가급적 평가대상 연도의 익년도 1월 내에 마쳐야 한다.[135] 만약 발표가 지연되면 그 사이에 대형 분쟁 사고 등이 나타나게 될 경우 이를 감안하지 않을 수가 없으므로 그 과정에서 평가가 왜곡되는 문제가 생긴다.

그리고 평가등급만이 아니라 등급의 근거가 되는 평가내용도 공개하여야 한다. 그래야만 금융소비자에게 각 금융회사의 금융소비자보호 실태에 대한 정보를 충분히 전달하여 금융회사 선택 등에 활용하도록 도움을 줄 수 있고,

---

135) 2020년 금융소비자 보호실태 평가 결과는 2021년 1월 6일 발표하였음.

금융당국도 책임의식을 가지고 평가의 공정성 등을 확보하기 위해 노력하게 된다.

이와 아울러 평가 후 일정기간이 지난 뒤에는 금융소비자 보호실태 평가 결과가 그 후의 금융민원이나 대형 분쟁사태 발생 등을 예측하는 데 효과가 있는지, 금융회사로 하여금 금융소비자보호에 대한 인식을 바꾸어 금융소비자보호를 위해 노력하도록 경각심을 높이고, 금융소비자에게는 금융회사별 금융소비자보호 수준을 감안하여 금융회사를 선택하거나 금융 계약을 할 때 참고하도록 도움이 되었는지 등을 재평가하여야 한다. 무엇보다도 평가자의 전문성 부족, 평가자 간의 편차 등으로 평가의 공정성과 객관성 및 투명성에 대한 논란이 일어나거나 평가등급의 중심화 경향 등으로 변별력이 떨어지면 금융당국의 신뢰성에 흠이 생길 수 있으므로 제도 운영에 신중을 기해야 한다. 1996년에 제도가 도입된 경영실태평가도 아직 완전히 정착되지 못하고 유사한 논란이 계속되고 있는 상황인 점을 감안하면, 금융소비자 보호실태 평가도 같은 전철을 밟지 않으리라는 보장이 없다. 만약 예상되는 문제가 실제로 나타나고 또 지속된다면 금융감독원이 줄 세우기를 통해 금융회사를 망신주려고 제도를 만들었다는 비판에서 자유로울 수가 없을 것이다.

제3절 금융소비자의 자기 보호능력 배양

　제Ⅱ장 제3절에서 금융소비자가 금융거래에서 피해를 입는 근본적인 원인에는 금융소비자의 금융관련 지식 부족, 리스크 경시, 자기책임 의식 미흡, 재산 증식에 대한 과욕 등이 있는 것으로 분석하였다. 이와 같은 문제는 금융소비자 스스로가 해결해야 할 문제로서 다른 사람이나 기관이 대신해줄 수가 없다. 금융소비자가 금융거래를 할 때는 자기가 계약의 주체로서 모든 책임을 진다는 의식을 갖추고, 자기 권익을 보호하는 데 필요한 지식과 능력을 갖추어야만 해결할 수 있다는 것이다.

　그런데 금융거래를 하는 데 필요한 지식은 무한하다. 금융의 개념과 기능, 실물경제와의 관계, 금융시스템의 작동 원리, 금융상품과 그 위험, 신용관리, 재무 설계 등 범위도 넓고 내용 또한 복잡하고 어렵다. 이러한 지식을 모두 습득하기 위해서는 별도의 체계적인 금융교육을 받는 것이 필요하다. 그런데 이와 같이 체계적인 금융교육을 하는 곳은 금융감독원이 거의 유일하다. 한국은행이나 다른 기관들도 교육 프로그램을 운영하고 있으나 대부분 간헐적이거나 교육내용이 제한적이다. 그러므로 체계적이고 실용성이 있는 금융지식을 얻기를 원하는 사람은 금융감독원의 금융교육을 받을 것을 권한다.

금융감독원에서는 연령이나 신분 등에 따른 맞춤교육을 실시하고 있으므로 금융감독원 인터넷 홈페이지(https://www.fss.or.kr/fss/kr/main.html)의 포털 '금융교육센터'(https://www.fss.or.kr/edu/main/main.do)을 찾아 내용을 알아보고 교육을 신청하면 된다. 그리고 교육을 받기에 시간이나 여건이 잘 맞지 않는 경우에는 각 프로그램별로 사용하는 교재를 무료로 다운받을 수 있도록 되어 있으므로 이것을 활용하면 된다. 대학교수 등 우리나라 최고의 집필진이 쓴 교재로서 그 내용이 상당히 충실하고 체계적으로 구성되어 있어 많은 도움이 될 것이다.

아울러 개별 금융상품을 거래할 때 유의할 사항과 같은 실전적 금융지식은 금융감독원 금융소비자 정보포털 「파인」의 '금융꿀팁'과 '금융상품 거래단계별 핵심정보'에서 다양하게 소개하고 있으므로 참고하면 된다.

그러므로 여기서는 금융에 관한 복잡하고 어려운 이론이나 법규 등은 제외하고 일반 금융상품을 거래하는 데 있어서 불의의 피해를 입지 않기 위해 금융거래 단계별로 유념해야 할 사항 중심으로 설명하고자 한다.

1. 금융소비자의 기본 자세

가. 나는 내 스스로가 보호해야

우선 금융거래를 할 때는 내가 책임을 진다는 각오가 분명해야 한다. 내가 내 집을 지키지 않으면 경찰이 지켜주지 못하는 것과 같이 내가 금융거래를 할 때 피해를 보지 않도록 스스로 준비하고 살피지 않으면 누구도 도와주지 못한다. 상인은 물건을 파는 것이 목적이므로 그 목적을 달성하기 위해서는 갖은 감언이설로 유혹하지만 일단 팔고 나면 태도가 달라진다. 뒤에 문제가 생기면 발뺌부터 하고 다음에는 핑계를 갖다 댄다. 금융회사도 정도의 차이가 있을 뿐이지 이와 크게 다르지 않다. 그러므로 금융회사 직원을 너무 믿고 의지하지 말아야 한다. 주변 사람들의 말을 듣고 금융거래를 하더라도 그 사람이 성공을 보장해주지 못한다.

그리고 일단 금융거래에서 피해를 입으면 금융회사가 법을 위반한 것이 드러나 소송에서 이기더라도 손실의 40% 수준에서 배상받는 것이 일반적이다. 금융소비자가 계약 서류에 기명날인한 이상 60% 정도는 책임을 져야한다는 것이 판례다.

그러므로 자기가 가지고 있는 지식과 경험에다 자기가 수집한 정보를 종합하여 자기 책임과 판단으로 거래를 하여야 한다. 그러기 위해서는 스스로 금융에 대한 지식을 늘리고 경험을 쌓아야 한다. 실력을 쌓아서 금융상품을 바로 볼 줄 알고 위험은 피해갈 수 있도록 하여야 한다. 특히 수익률에 욕심을 내어 자기가 관리할 수 있는 능력보다 위험한 금융상품을 넘봐서는 곤란하다. 그렇게 하는 것은 아무런 준비도 없이 맨몸으로 정글에 들어가 자기 스스로 야수의 먹잇감이 되려는 것과 같다.

나. 내 권리는 내가 주장해야

금융소비자는 자기에게 주어진 권리를 절대로 포기하거나 양보해서는 안 된다. 권리 위에 낮잠 자는 사람은 보호받지 못한다. 자기 권리를 보장받고 권익을 침해당하지 않도록 자기에게 주어진 권리를 주장하여야 한다.

「금융소비자보호법」에서는 금융소비자의 권리를 6가지로 명시하고 있다. 이러한 권리를 잘 알고 권리를 침해당하지 않도록 스스로 노력하여야 한다. 금융거래를 할 때 자기가 잘 알지 못하는 것이 있으면 금융회사 측에 관련되는 지식과 정보를 제공해 달라고 당당하게 요구하여야 한다. 한 번의 설명으로 이해가 되지 않으면 반복해서라도 설명을 해달라고 요구해야 한다. 충분히 이해하지 못했으면서도 다시 묻기가 민망하거나 모르는 것이 부끄러워서 그만두고 대충 넘겨짚고서는 계약을 하면 자기 권리를 포기하는 것이다.

상대의 행동이 이치에 맞지 않거나 이상스러우면 그것을 따지고 확인하여야 한다. 그래야 상대방이 부당한 행위를 하지 못하게 된다. 예를 들어 적합성 조사서류에 본인이 말한 내용과 다르게 기록을 하였으면 고쳐달라고 하여야 한다. 금융회사 직원이 나보다 더 잘 아니까 나를 도와주기 위해 그렇게 한 것이라고 지레짐작하고 그냥 두면 자기가 감당하기 힘든 위험한 상품을 계약하여 큰 손실을 볼 수 있다.

그리고 불편한 것이 있으면 고쳐달라고 해야 한다. 예를 들어, 어떤 금융상품 약관은 어려운 전문용어나 까다로운 표현의 문구가 많고 책만큼 두꺼워, 다 읽고 계약을 하자면 하루 종일 걸려도 부족하다. 만약 미리 이런저런 사정을 감안하여 계약서를 읽지도 않고 적당하게 설명만 듣고 계약을 해주면 금융회사는 그것을 당연한 것으로 생각하고 고치지 않는다. 때로는 그러한 금융소비자의 행동 양태를 이용하여 금융소비자에게 불리한 내용을 슬쩍 넣을 수도 있다. 그러므로 그러한 약관은 읽고 이해한 후에 계약을 할 수 있도록 고쳐달라고 하여야 한다. 그러한 요구가 받아들여지고 충족되지 않으면 당연히 그 상대와는 거래를 하지 않아야 한다.

그리고 내 권리를 포기하면서까지 다른 고객에게 방해가 되지 않도록 배려할 필요는 없다. 금융회사 영업점 창구에서 금융거래를 하기 위해서 서류를 읽고 금융회사 직원으로부터 설명을 듣고 모르는 것 질문하고 하느라 시간이 걸리면 뒷사람을 오래 기다리게 해야 하므로 미안하다는 생각에 적당히 대충 이해하고 서명하면 자기 권리를 포기하는 것이다. 내가 내용을 정확히 이해하고 의사결정 하는데 시간이 걸리더라도 뒤에서 기다리는 사람에 대한 불편을 해소할 책임은 금융회사 몫이다. 내가 보통 수준의 금융소비자라면 금융거래를 하는데 시간이 지체되는 이유는 서류 내용이 어렵거나, 양이 많거나, 금융회사 직원이 내 수준에 맞게 잘 설명하지 못하거나 하는 이유 때문이니 이것이 금융회사 책임이 아니고 무엇인가? 그러므로 다른 고객이 아무리 기다리게 되더라도 금융소비자는 전혀 자기 권리를 포기할 이유가 없다.

또 금융회사의 금융상품이나 금융소비자를 위한 설명 등 서비스가 불만이라면 자기에게 유리한 금융회사를 찾아가는 노력도 필요하다. 그래야 금융회사들이 자기들에게 유리하고 편리한대로 상품을 개발하거나 오로지 실적에만 정신이 팔려 적당히 설명하고 계약만 권하는 식으로 고객을 대접하던 영업방식을 고쳐나간다. 가깝다는 이유로, 오래 거래했다는 이유로, 지인이 근무한다는 이유로 상품이나 서비스가 마음에 들지 않는 부분이 있더라도 참고 견디면 만만하게 보아 이용하기만 하고 무시하는 것이 세상인심이다.

2. 금융거래를 하기 전에

가. 금융에 대한 바른 소양을 가져야

가-1. 금융의 유익한 기능

금융을 이용하려면 우선 금융이 어떤 기능을 하는지, 금융소비자가 그 기능을 이용하여 어떤 이득을 얻을 수 있는지를 알아야 한다.

1) 자금 중개

금융은 자금의 여유가 있는 경제 주체(주로 가계)로부터 자금을 모아서 자금이 부족한 경제 주체(주로 기업)에 대해 전달해주는 역할을 담당한다. 은행은 가계나 기업에 이자를 주고 예금을 받아 자금이 필요한 가계나 기업 등에 대출을 해주고 이자를 받는다. 그리고 기업이나 정부가 회사채나 국채를 발행하면 금융회사가 이를 인수하여 예금자나 투자자에게 판매한다. 이와 같은 자금중개 기능으로 자금이 효율적으로 배분되고 기업 투자가 일어나 고용과 국민소득의 증가에 기여하게 한다.

이러한 자금중개 기능을 통하여 가계, 즉 개인인 금융소비자는 재산을 금융회사에 안전하게 보관(예금)할 수 있고, 이자 수입이나 투자 수입을 얻어 재산 형성이 가능하다. 그리고 자금이 부족한 기업은 수익성 있는 투자 기회가 있을 때 대출을 받거나 채권을 발행하는 등 금융을 이용하여 자금을 조달함으로써 투자가 가능하게 된다.

2) 위험관리 수단 제공

금융을 이용하여 실물경제나 금융상품이 가지고 있는 위험을 관리할 수 있다. 파생상품을 이용하여 헤지를 하는 것이 그 대표적인 예이다. 그리고 보험을 이용하면 위험을 보험 가입자 모두가 나누어서 부담하게 되므로 적은 보험료를 부담하고 해상 또는 화재 같은 사고로 인한 거액의 손실을 만회하거나, 사고나 질병으로 인한 치료비용을 보장받을 수 있다. 또 금융상품이 다양하고 그 금융상품 가격의 변동 방향이나 크기가 서로 다른 점을 이용하여 복수의 금융상품에 분산 투자(포트폴리오)를 하게 되면 그만큼 위험이 줄어들 수 있다.

3) 거래비용 절감

물물교환을 하거나 현금으로 거래를 하게 되면 현물이나 현금을 직접 소지하고 다녀야 하므로 그 운반과 분실위험 등의 비용을 부담하여야 한다. 그러나 신용카드나 자금이체 같은 금융수단을 이용할 경우 이러한 비용이 절감된다. 그리고 금융 결제를 이용하여 해외에 있는 기업이나 쇼핑몰과도 거래가 가능하여 편리함이 더해진다.

아울러 금융회사가 거액 투자자금을 모아 금융회사의 전문 인력들이 자금을 운용하여 높은 수익률을 냄으로써 투자의 효율을 높일 수 있으며, 투자자들은 본인의 능력보다 훨씬 많은 수익을 얻을 수 있게 된다.

가-2. 금융, 그리 만만한 게 아니다

사람들은 이와 같은 금융의 유익한 기능을 이용하는 데만 그치지 않고 소액의 자금으로 투자가 가능한 주식이나 펀드 같은 자산에 투자를 하며 대박을 꿈꾼다. 그러나 개인이 금융자산에 투자하여 대박을 터뜨리는 경우는 매우 드물다. 개인이 획득 가능한 정보와 그 분석 능력은 기관에 비해 매우 열위에 있어 금융시장에서 수익을 내는 것은 매우 어려운 일이다. 2005년 변영훈의 연구[136]에 의하면 1999년부터 2005년까지 개인 투자자들의 연평균 투자 실적은 시장평균 수익률보다 낮았으며, 시장평균 수익률을 상회한 투자 실적을 낸 개인투자자가 다음 해에도 같은 투자 실적을 내는 투자자는 40% 이하, 2년간

136) 변영훈, '개인투자자의 주식투자 성과 분석', 『재무관리 연구』, 통권 제22호 2005년 2호

지속되는 경우는 사실상 없는 것으로 나타났다. 이를 바꾸어 말하면 전체적으로 장세가 좋아서 시장 전체 주식가격이 상승하더라도 그만큼의 이익을 내지 못한다는 것이며, 상당한 이익을 보았다는 투자자들도 어떤 주식에 대한 탁월한 정보력과 그 분석 능력 등 실력으로 돈을 버는 것이 아니고 소 뒷걸음에 쥐 잡듯이 운수에 따라 수익을 내는 수준이라는 것을 알 수 있다. 그럼에도 불구하고 사람들은 누가 무슨 주식에 투자해서 대박을 쳤다는 소문에 현혹되어 자기도 그러한 아주 특별한 경우에 해당될 것이라는 허튼 꿈을 꾸며 이런 저런 소문을 믿고 투자를 했다가 큰 손해를 보는 경우는 비일비재하다. 왜 그런가?

우리가 일상에서 사용하는 생활용품이나 가전제품 같은 것들은 사고 나서 몇 번 써보면 그 성능이나 효용을 금방 알 수 있다. 그러나 금융상품으로 인한 만족도(투자의 성공 여부)는 만기의 금융상품 가치에 의해서만 결정된다. 사치품과 같은 상품에서 얻는 주관적 만족감 같은 것은 전혀 작용하지 않는다. 더구나 금융상품의 가치가 결정되는 원리가 상당히 복잡하고 어렵다.

저축은행 사태나 동양 사태에서는 저축은행 후순위채와 ㈜동양 회사채가 문제가 되었으므로 회사채를 예로 들어보자. 당시에 금융소비자들이 해당 금융상품을 계약할 때는 단순히 채권의 약정이자율을 정기예금금리와 같은 금융상품의 이자율과 비교하여 볼 때 채권 이자율이 더 높고 채권 발행회사가 부도날 가능성은 낮다는 말만 듣고 채권을 구매한 것으로 보인다.

그러나 채권 가격을 결정하는 원리는 이처럼 단순한 것이 아니라 상당히 어렵고 복잡하다. 채권의 가치는 이론적으로 다음과 같이 그 액면가와 약정이자 및 할인율[137](투자자의 요구 수익률, yield to maturity)을 변수로 하는 모형에 의해 평가된다.[138]

---

137) 화폐가치는 인플레이션 등으로 인해 시간이 흐름에 따라 변화하는데, 할인율은 화폐의 현재가치와 미래가치를 동일하게 해주는 비율로서 투자자의 요구 수익률(동일한 위험을 지닌 다른 투자에서 얻을 수 있는 수익률, opportunity cost of capital)이라고도 하며, 일반적으로 부도위험이 가장 낮은 국채 수익률을 많이 이용함.

138) 이자를 지급하는 채권은 이표채(level coupon bond)라고 하며 가장 일반적인 형태이고, 이자를 지급하지 않고 만기에 액면 가액을 지급하는 채권은 할인채(pure discount bond) 또는 무이표채(zero coupon bond)라 하며, 산식에서 C = 0로 하여 그 가치를 평가할 수 있음.

$$PV_B = \frac{C}{(1+r)} + \frac{C}{(1+r)^2} + \frac{C}{(1+r)^3} + \frac{C}{(1+r)^4} + \cdots + \frac{C}{(1+r)^n} + \frac{F}{(1+r)^n}$$

$$= \sum_{i=1}^{n} \frac{C}{(1+r)^i} + \frac{F}{(1+r)^n}$$

단, PV_B : 채권 가치(현재가치, present value)

　　C : 약정이자 = 액면가 × 표면 이자율(coupon rate)

　　F : 액면가(face value, principal)

　　r : 할인율(요구 수익률, yield to maturity)

　　n : 만기(maturity, 연(year) 단위로 가정)

이 모형에 따르면 약정 이자율이 높을수록, 할인율이 낮을수록 채권가치는 높은 것으로 평가된다. 그리고 투자자는 시장에서 유통되는 채권가격이 이 모형에 의한 평가액보다 싸면 사고, 비싸면 팔아야 한다고 한다. 이 모형에서는 액면가와 약정 이자는 확정되어 있고, 할인율도 예측 가능한 것으로 가정하고 있다.

그러나 현실은 모형의 가정과는 전혀 다르다. 우선 액면가와 약정 이자는 발행회사가 지급하겠다고 약속한 것일 뿐 회사가 회사채 만기 전에 부도가 나면[139] 액면가는 전액 회수를 보장할 수 없으며, 약정이자도 회사가 지급능력이 있을 때 받을 수 있다. 회사의 액면가와 약정이자 지급능력은 회사의 재산이나 신용도뿐만 아니라 경제, 정치 등 외부 여건에도 영향을 받는다. 그리고 할인율은 시장금리에 의해 결정되는데, 시장금리는 주가, 환율 등 다른 금융지표와 같이 경제성장률 등 실물경제적 변수와 정부의 재정·경제 정책 및 중앙은행의 통화신용정책 등 정책적 변수는 물론 시장 참가자들의 심리적인 요인에도 영향을 받는다. 군중심리에 의해 쏠림현상(Herd Behavior)이 나타나면 어떤 논리로도 설명할 수 없는 결과가 나타난다. 게다가 현대는 교통과 수송 및 정보통신의 발달로 온 세계가 밀접하게 연결되어 아무리 먼 나라에서 일어나는 사건도 그 영향이 온 세계에 신속하게 파급된다. 그동안 우리가 경험한 글로벌 금융위기나 미중 무역전쟁, 고베 지진과 같은 천재지변, 코로나19와 같은 전염

---

139) 부도율을 예측하는 방법에는 전문가 판단 모형(Expert Judgement Approach), Z-score 모형, EDF 모형 (Expected Default Frequency Model) 등이 있음.

병 창궐 등 지극히 예외적이면서도 경제에 엄청난 영향을 미치는 사태들도 수시로 발생한다. 이에 따라 시장금리의 예측[140]은 거의 불가능에 가깝다. 그러므로 채권 투자로 성공하기가 결코 쉬운 것이 아니다. 채권만 하더라도 이렇게 어려운데 파생상품 같은 복잡한 상품은 더 말할 나위가 없다.

결론적으로 말하자면 금융이라는 것이 쉽게 볼 만한 것이 절대 아니라는 것이다. 따라서 전문 금융소비자가 아닌 일반 금융소비자로서 재산을 모으는 것은 자기 본업에 충실해서 그 대가로 받는 급여나 사업소득을 저축해서 목표를 이루고, 금융은 금전적 재산의 안전한 관리와 이자수입, 부족 자금의 융통, 위험 관리 등의 기능을 활용하는 것이 바람직하다고 생각된다. 이러한 자세만이 위험한 상품에 무리하게 투자하여 평생 피땀 흘려 모은 재산 다 날리는 비극을 예방할 수 있다. 격투기 선수도 아니면서 거액 파이트머니에 대한 과한 욕심 때문에 프로들과 맞부딪히면 승산이 없을뿐더러 몸만 망가지고, 잘못하면 목숨을 잃을 수도 있다.

가-3. 수익률이 높을수록 위험하다

수익률은 리스크(risk)[141]와 비례한다. 리스크는 미래의 불확실성에 노출(exposure to uncertainty)된 정도를 의미한다. 금융에서의 위험(financial risk)은 수익률의 변동성(volatility)으로 나타낸다. 투자를 하게 되면 그 때 그 때의 상황에 따라 이익이 나기도 하고 손실이 나기도 하는데, 이익과 손실의 크기가 불확실할수록, 즉 큰 이익이 나거나 큰 손실이 날 가능성이 높을수록 리스크가 크다고 한다. 바꾸어 말하면, 수익률이 높을수록 그만큼 큰 손실이 발생할 가능성도 높아 위험하다는 것을 의미한다.

---

140) 만기의 장단에 따른 시장금리의 결정 과정을 시장금리의 기간 구조(term structure of interest rates)라고 하는데, 이를 추정하는 모형에는 The Vasicek Model, The Cox-Ingersol-Ross Model, The Ho-Lee Model, The Black-Derman-Toy Model, The Heath-Jarrow-Morton Model 등이 있으며, 모두가 복잡한 수리적·통계적 원리를 기반으로 하고 있음.

141) 리스크(risk)는 위험과 같은 의미로도 쓰이나, 위험은 기대하지 않는 상황, 즉 손실 등 부정적인 결과를 의미하는 반면, 금융에서 쓰는 리스크는 부정적 상황(손실)은 물론 긍정적 상황(이익)도 포괄하는 개념인 점에서 차이가 있음.

이와 같이 수익률이 높을수록 위험도 높아지는 것은 금융거래가 제로섬 (Zero-Sum) 게임이기 때문이다. 금융거래에서 내가 이득을 보면 거래 상대방이 되는 그 누군가는 손해를 본다.

앞에서 사례로 든 키코의 경우, 그것을 매수한 기업들은 완전 쪽박이 되었지만 그것을 매도한 해외 IB나 헤지 펀드는 대박을 쳤다. 키코가 출시된 당시 환율이 계속 내려가는 추세인 상황에서는 대부분의 사람들은 앞으로도 환율이 내려갈 것으로 예상하며 환리스크의 헤지 등을 위해 키코를 매수 (long position)하였다. 그런데 모두가 환율 하락을 예상하여 환율이 올라가는 데는 아무도 베팅하지 않으면 키코를 매도(short position)하는 자가 없게 되므로 계약이 성립되지 않는다. 그러므로 환율 상승에 베팅할 상대방에게 환율 상승 확률이 지극히 낮은 만큼 이에 상응하여 엄청난 금액의 이득을 얻을 가능성을 열어주어야 한다.[142] 그래서 키코의 구조가 매수자에게는 환율이 하락할 경우에는 그 확률이 높은 만큼 이득은 크지 않은 반면, 상승할 경우에는 확률이 아주 낮은 만큼 손실 폭이 아주 크게 만들어졌다. 매도자에게는 그 반대가 된다.

실제로 키코 출시 후 초기에는 환율이 Knock Out 환율 범위 내에서 하락하는 추세가 지속되는 상황에서 많은 수출기업들이 무료(0원)로 키코를 매수하여 수출대금의 환리스크를 헤지하거나, 현물 없이 환투기를 한 경우에는 쉽게 환차익을 얻었다. 수익률이 무한대(∞)이다. 그러나 환율이 상승세로 돌아서자 환율 하락을 예상하고 키코를 구매한 기업은 엄청난 손실을 본 것이다.[143] 이와 반대로, 확률은 매우 낮지만 엄청난 수익이 걸려 있는 환율 상승에 베팅하여 키코를 매도한 IB 등은 그 매우 낮은 확률이 현실화되어 수많은 중소기업들의 돈을 쓸어갔다. 슬롯머신에서 푼돈을 여러 번 잃는 것을 감수하고 한 번의 잭팟(jackpot)을 노렸는데 잭팟이 현실로 나타난 것과 같다. DLF의 사례도 이와

---

142) [키코 구매자 수익($) × 환율 하락 확률(%) = 키코 매도자 수익($) × 환율 상승 확률(%)]이 성립해야 함.

143) 주식, 펀드 등 금융자산의 손익 분포는 가우스 정규분포가 아니라 확률이 극단적으로 낮은 값들의 발생 빈도가 높아 꼬리가 두꺼운(fat-tailed) 형태로서 투자가들이 예상보다 훨씬 큰 손실을 입게 되는 사례가 빈번함.

유사한 경우이다.

키코의 손익은 환율 변동에 의해 결정되며, 환율은 시장참가자 그 누구도 마음대로 결정할 수 없고 수많은 경제적, 경제외적 요인들이 작용하여 결정되므로 그 변화를 예측하기 어렵다. 따라서 내가 이득을 보는 상황이 발생했으면 다음에는 또 다른 상황이 전개되므로 그만큼 손해를 볼 가능성은 항상 열려 있는 것이다.

키코 사례는 특수한 경우이지만 수익률과 위험의 비례관계에 관한 이치를 현실에서 쉽게 찾을 수 있는 설명 사례로서 금융회사의 예금 금리를 들 수 있다. 한국은행 경제통계시스템(http://ecos.bok.or.kr/EIndex.jsp)에 의하면 2021년 5월말 현재 예금은행의 1년 만기 정기예금 가중평균 금리(신규 취급액 기준)는 0.92%이며 상호저축은행은 1.63%, 신협은 1.73%이다.

왜 이같이 금리 차이가 나는가? 은행은 상호저축은행이나 신협에 비해 자산 규모가 훨씬 크고, 여신, 수신을 막론하고 거래처가 대기업부터 중소기업 및 개인까지 분포되어 있으며 업종도 다양하게 이루어져 있다. 이에 따라 자금의 조달과 운용이 안정되어 손익의 변동성(리스크)이 상대적으로 적어 부도위험이 낮다. 그러므로 은행은 예금금리가 상당히 낮더라도 안전을 선호하는 사람들을 상대로 낮은 금리를 주면서 예금을 유치할 수 있다. 그러나 은행에 비해 상대적으로 위험한 상호저축은행이나 신협은 그 위험의 대가에 해당하는 높은 금리를 제시해야 예금자들이 찾아오게 된다. 이런 이치를 모르고 은행보다 높은 금리를 준다는 데만 현혹되어 상호저축은행이나 신협에 예금을 하였다가는 금융회사가 부도가 나면 예금보호 한도(5천만 원)를 초과하는 부분은 원금 손실을 입게 될 수 있는 것이다.

그런데 금융회사는 위험한 상품을 팔 때 높은 수익률만 강조하고 위험은 언급을 하지 않거나 가급적 줄여서 설명을 한다. 그러다보니 마치 '안전한 고수익 상품' 또는 '보험료는 싸고 보장은 최고인 보험'이 있는 것처럼 들린다. 그러나 이런 상품은 없다. 만약 어떤 상품이 고수익이면서도 안전하다면 누구나가 투자해서 상품이 순식간에 동이 나버릴 것이다. 그런 상품이 나오면 상품을 팔기 전에 금융회사 직원들이 대출을 받고 친인척을 동원해서라도 먼저 다 계약해 버릴 수도 있다.[144] 안전한 고수익 상품이란 있을 수 없는 데도 그렇게 설명하면 그 사람은 거짓말쟁이, 사기꾼이다. 금융소비자 중에 그 말을 곧이듣고 계약을 하면 그 사람은 바보이거나 아니면 사기꾼이다. 사기꾼이란 남을 속여 대가 없이 공짜로 돈을 벌려는 사람인데, 위험 부담이라는 대가 없이 높은 수익을 얻으려 하면 그 사람 역시 사기꾼이지 않은가? 세상에 공짜는 없다. 충분한 대가를 지불해야 좋은 물건을 얻을 수 있고, 노력을 해야 성공을 할 수 있다. 세상 어디에도 원인 없는 결과는 없다.

산이 높으면 골이 깊은 것과 같이 수익률이 높으면 그만큼 손실이 날 위험도 크다. 대박은 쪽박과 늘 붙어 다닌다.

가-4. 금융회사는 영리법인

금융회사에 가보면 금융회사 직원들이 매우 친절하다. 입구에 들어가면 친절한 인사말이 들리고, 공기는 쾌적하고 기다리는 의자도 편안하며, 직원들은 의복이 단정하고 표정도 밝고 매우 친절하다. 그리고 금융회사가 내놓은 광고를 보면 자기들과 거래하면 자기네들이 가진 모든 것을 다 내어주면서 고객들을 도와줄 것 같아 보인다.

그리고 금융회사는 일반 기업체와 달리 금융당국으로부터 인가를 받아 설립하며, 금융감독원의 검사를 받는다. 특히 은행은 중앙은행(한국은행)이 통화신용정책을 수행하는 데 있어 중요한 파트너이기도 하다. 더구나 1961년부터 1980년대 초반까지는 정부가 은행을 직접 소유[145]하기도 하였다. 또 실제로 은행은 많은 금융상품과 서비스를 개발하여 금융소비자들이 재산을 형성하는데 많은 도움을 주었고, 국민저축 운동을 통하여 1960년대 이후 우리나라 산업자본 축적에 큰 공헌을 하였다. 이러한 연유로 은행을 준공공기관으로 취급하여

---

144) 이런 것을 무위험 차익거래(arbitrage)라고 하며 시장이 효율적이면 이러한 일이 일어나기 어려움.

145) 1961년 6월 「부정축재 처리법」에 따라 정부가 기업가들이 소유하던 주식을 모두 환수함으로써 은행을 국유화하였으며, 1972년 상업은행이 시중은행 최초로 민영화 된 이후, 1981년 한일은행, 1982년 제일은행, 1983년 조흥은행이 민영화 됨.

금융관련 법규에서는 '금융기관'이라고 지칭하였으며 지금도 무료로 제세공과금을 수납하는 등 공적 업무를 많이 하고 있다.

이러한 배경 때문에 사람들, 특히 IMF 외환위기 이전에 금융거래를 했던 사람들은 금융회사가 나를 위해 뭔가 도움이 되도록 해줄 것이라고 기대하며 금융회사 직원들의 말을 쉽게 믿는 경향을 보인다. 이렇게 자기 나름의 판단에 따라 형성된 신뢰를 바탕으로 그들이 권유한 대로 금융거래를 하였다가 막상 손해를 보았다고 생각되면 기대가 컸던 만큼 실망도 크게 되어 더 많은 스트레스를 받게 되고, 민원도 제기하게 된다.

그러나 금융소비자가 항상 기억해야 할 것은 모든 금융회사는 영리법인이라는 점이다. 이익을 얻기 위해 설립된 조직이다. 제조업체가 물건을 만들어 시장에서 팔아서 돈을 버는 것과 마찬가지로 금융회사도 돈을 벌기 위해 자본을 투입해서 설립되었다. 계속기업(going concern)으로서 존속하고 나아가 지속적으로 성장, 발전하는 데 필요한 이익을 내기 위해 금융시장에서 영업활동을 하는 것이다.

더구나 금융회사들이 활동하는 금융시장은 돈이 도는 곳이다. 한마디로 돈의 정글이다. 사람 사는 세상에 어느 곳 하나 전쟁터가 아닌 곳이 없지만, 금융시장은 돈을 밑천으로 돈을 버는 곳이므로 상당기간 동안에 축적된 기술과 마케팅 등을 기반으로 일반 재화를 거래하는 일반 시장보다는 훨씬 더 쉽게 대박을 꿈꾸는 사람들과 기업들이 치열한 투쟁을 벌이는 곳이다. 여기에서는 돈이 말을 하는 곳이다. 돈에게는 인정이나 자비, 사랑은 없다. 올인 해서 한 푼 없이 다 털리더라도 차비를 주는 인심이 없다.

그러므로 금융회사가 이미지 광고를 통하여 고객의 만족과 행복이 성취될 수 있도록 보장하겠다고 약속하거나, ESG 경영[146]을 내세워 친환경을 추구하고 사회적 기업으로서 봉사하며 도덕적, 윤리적이고 투명한 경영을 하겠다고 열을 올리지만 그것은 금융회사 자신의 유지와 성장을 위해 필요한 돈을 벌기 위한 것이지 결코 자기를 전적으로 희생해가며 고객을 위해 봉사하겠다는 뜻

---

146) 친환경(Environment), 사회적 책임(Social), 지배구조(Governance)를 통하여 지속가능 경영을 추구함.

은 아니다. 바꾸어 말하면 자기 이익을 위해 필요하다면 언제든 야수의 이빨과 발톱을 드러낼 수 있다는 것이다.

이러한 금융회사에서 일하는 임직원들도 그 환경에 잘 적응된 사람들이다. 금융회사가 원하는 실적을 올려줌으로써 승진하거나 좋은 보직을 받고 급여도 더 많이 받거나, 연수 등 여러 가지 혜택을 받기 위해 눈에 쌍심지를 돋우고 노력한다. 사람은 누구나가 선한 마음을 가지고 있는 것은 분명하다. 금융회사 임직원들도 누군가에게는 인자하고 따뜻한 마음을 가진 부모나 형제자매다. 그렇지만 정작 현실에 부딪히면 금융시장의 작동 원리에 따라 움직인다. 그러므로 겉으로는 최대한 예의바르고 친절한 태도로 고객을 상대하지만 그것은 겉모습일 뿐, 금융회사 또는 자기 이익과 고객의 이익이 충돌될 때는 고객의 이익을 지켜주지 않는 것이 일반적이다. 인간적 의리는 찾기 어렵다. 때로는 평생 고객의 신뢰를 배신하는 악마가 되기도 한다.

그러므로 이러한 속성을 잘 알고 금융소비자가 금융거래를 위해 금융회사 직원과 상대할 때는 경계심을 놓아서는 아니 된다. 평소 아무리 자주 만나고 친하게 지내는 사이라 하더라도 한번 쯤 뒤로 물러서서, 내가 이 사람 입장이라면 어떤 생각으로 나를 대할까를 생각해보아야 한다. 사실 부모 자식 간이나 형제간이라도 믿지 못하는 경우가 많다. 그런데 하물며 단순히 금융회사 직원과 고객 사이인, 전혀 남인 사람을 어찌 100% 신뢰할 수 있을까?

가-5. 대박은 반복되지 않는다

'장군 지고 장에 간다.'는 옛말이 있다. 거름 내려고 오줌장군을 지고 들에 가다가 남들이 오일장에 가니까 자기도 따라 장에 간다는 말이다. 누가 주식해서 대박 쳤다고 하면 그걸 따라서 주식에 투자하고, 누가 비트코인 투자해서 한 재산 모았다고 하면 비트코인 투자하러 나서는 것과 같다. 그러나 남의 말을 따라가서는 성공하기는 어렵다. 왜냐하면 똑같은 모양의 파도가 절대 일어나지 않는 것과 같이 금융시장에서는 똑 같은 패턴의 지수 흐름이 절대로 반복되지 않기 때문이다.

예를 들어, 특정 주식에 투자해서 돈을 번 사람이 있다면 그것은 그 사람이 주식을 산 이후에 경제 상황이 호전되었거나 그 회사가 속한 산업 또는 그 회사가 큰 이익을 낼만한 요인, 즉 호재가 생겼고 그것이 시장에 알려져 사람들이 전보다 더 비싼 값을 주더라도 그 주식을 사들였기 때문이다. 그런데 그 사람이 주식 투자해서 돈 벌었다는 말을 듣고 그 주식을 사게 되면 그 때는 같은 호재가 다시 나타난다는 보장이 없다. 소문이 나오는 상황이면 이미 그 주식 가격은 거의 정점일 가능성이 크다. 오히려 이미 나타난 호재에 대한 사람들의 기대가 실제보다 너무 커서 시장이 과도하게 반응(over shooting)한 결과 너무 오른 가격이 조정되느라 가격이 내려 오히려 손해를 볼 수도 있다. 남의 뒤를 따라 가다보면 상투를 잡게 되므로 득을 보는 경우는 그리 많지 않다.

분쟁 사례에서 본 키코의 경우에도 처음에 이 상품을 산 기업들은 원–달러 환율의 하락추세가 지속됨에 따라 상당한 이득을 보았다고 한다. 특히 외환 현물을 헤지하기 위해서가 아니라 현물이 없는 상태에서 투기적 목적으로 상품을 계약(open position을 취함)한 기업들은 이로 인해 많은 이득을 보았다고 한다. 그래서 이러한 사실을 알게 된 중소기업 사장들 중에는 돈 한 푼 안들이고 키코 투자해서 돈 벌었다는 말만 듣고 키코를 산 사람들도 있었다고 한다. 그러나 결과는 폭망이어서 회사를 넘기거나 문을 닫게 된 사례가 한두 건이 아닌 것을 누구나 알고 있다. 왜 그런가? 처음에는 환율이 하락하였지만 도중에 정부의 경제정책이 바뀌면서 환율이 상승하는 방향으로 상황이 돌변한 때문이다.

저축은행 사태도 마찬가지이다. 처음에는 일부 저축은행이 고금리로 부동산 PF 대출을 한 결과 부동산 프로젝트가 성공함에 따라 큰 이익을 남겼다. 그러자 많은 저축은행들이 PF 대출에 뛰어들었고, 은행까지도 가세하였다. 이에 따라 자금융통이 용이해진 부동산업자들 간에 경쟁이 치열해졌는데, 부동산 개발 사업이 성공할 수 있는 유리한 조건을 갖춘 곳은 한정되어 있으므로 갈수록 여건이 불리한 지역까지 무리하게 사업을 추진하게 되었다. 그런데 2008년 글로벌 금융위기로 부동산 경기가 가라앉으면서 개발에 차질을 빚고 실패하는 프로젝트가 늘어나게 되어 결국 PF 대출이 부실화된 것이다. 이 사례도 처음의 성공할 수 있었던 조건이 계속 지속될 것이라는 잘못된 판단에 다른 결과라 할 것이다.

또 하나 기억할 것은 남의 말을 믿고 투자하더라도 투자해서 성공했다고 말을 해준 사람은 내가 손실을 보더라도 책임을 져주지 않는다는 거다. 투자자문회사도 자기의 컨설팅을 받고 그에 따라 투자한 투자자에 대해 투자 결과를 책임지지 않는다.

오래 전에 모 은행이 파생상품인 CDO, CDS에 투자를 하였다가 큰 손실을 보았는데, 국회에서 의원들이 대표자에게 책임을 추궁하자 은행 측은 세계적인 신용평가회사가 AAA 등급으로 평가한 것을 믿고 투자하였으므로 책임이 없다고 답변하는 것을 본 적이 있다. 사실 신용평가라는 것이 대부분 기업이나 유가증권의 과거 실적과 그 추세, 그리고 강점과 약점 및 앞으로 예상되는 여건변화를 바탕으로 이루어지는 것으로서, 과거 실적은 이미 지나간 것이며 그것이 반복된다는 보장은 없다. 또 미래는 누구도 완벽하게 예측할 수 없는 것이다. 그러므로 신용평가등급은 단지 참고사항일 뿐이지 100% 신뢰하기는 어렵다. AAA등급인 회사도 1년 내에 부도날 확률이 0%에 가까운 것은 분명하지만 그렇다고 완전 0%는 아니다. 세계적인 신용평가회사라고 하는 것은 다른 글로벌 경쟁 회사들에 비해 그가 평가한 평가등급에 속한 기업이나 유가증권의 예상 부도율이 실제 부도율과의 오차가 적기 때문에 얻은 명성이다. 그 회사가 평가한 AAA 등급 회사도 부도가 날 수 있다. 그러므로 그 등급에 속한 회사가 부도가 나더라도 그것을 믿고 투자한 사람들에 대해 책임을 지지는 않는다.

사람들이 부동산을 거래할 때는 금액이 크지 않은 물건이라도 광고지나 신문에 나오는 광고를 보고 곧바로 투자하지 않는다. 현장에 가서 실사를 해보고 도시계획도 확인해 보고 소유권 등등 다 확인하고 나서 확신이 서면 계약을 하는 것이 정석이다. 또 남이 한다고 같이 하면 안 된다. 다른 조건은 다 같은데 다른 사람과 함께 투자한다고 손실이 줄어들 가능성은 없다. 금융거래도 이러한 마음자세로 해야 한다. 어떤 경우에도 남의 성공사례나 금융회사가 광고하는 과거 실적을 듣고 따라가는 식으로 금융거래를 하지 말고 현재를 원점으로 해서 상황을 검토하여 거래를 하여야 한다. 그래야 나중에 후회하지 않는다.

나. 상대를 파악하라

상대를 알고 나를 알면 백번 싸워도 위태롭지 않다(知彼知己 百戰不殆). 가장 많이 인용하는 손자병법의 명구이다. 금융거래를 하는 것도 싸움과 마찬가지로 금융소비자가 더 많은 이익을 얻기 위해 금융회사와 맞서는 것이므로 이러한 이치는 통한다. 그러므로 금융소비자가 금융거래에서 손해를 보지 않고 원하는 목적을 달성하기 위해서는 먼저 상대인 금융회사가 취급하는 금융상품은 무엇인지, 그리고 그 금융상품에는 어떤 위험이 있는지, 금융회사가 어떤 속성을 지니고 있는지 등에 대해 잘 알아야 한다.

나-1. 금융회사와 금융상품

우리나라 금융회사는 제공하는 금융서비스에 따라 은행, 비은행 예금취급기관, 보험회사, 금융투자회사로 나눈다.

은행은 예금(적금 포함)과 대출, 그리고 내 · 외국환을 고유업무로 하는 금융회사이다. 그러므로 은행의 금융상품은 이것들로 한정된다. 그리고 은행이 취급하는 예금은 한국예금보험공사의 예금보험기금에 의해 5천만 원까지 보장을 받는다. 그 외에 은행이 취급하는 펀드나 보험, 신탁, 신용카드 등은 은행 상품이 아니라 다른 금융업종의 상품으로서 은행이 판매를 대행하는 것이다. 그러므로 이들 상품의 계약 상대방은 은행이 아니라 자산운용사, 보험사 등이므로 해당 금융회사의 신용도를 확인하고 계약하는 것이 보다 안전하다.

비은행 예금취급기관에는 상호저축은행, 상호금융, 여신전문금융회사 등이 있다. 상호저축은행은 지역 서민들과 중소기업을 대상으로 예금을 받고 대출을 한다. 그리고 상호금융은 조합원을 대상으로 예탁금을 받고 대출을 함으로써 조합원 상호간 부조하는 것을 목적으로 하며, 신용협동조합, 새마을금고, 지역 농 · 수협 등이 있다. 여신전문금융회사는 예금을 수취하지 않고 자체적으로 조달한 자금으로 대출을 취급하는데, 신용카드, 리스, 할부금융 등이 여기에 해당한다. 상호저축은행은 예금보험공사의 예금보험기금에 의해, 신용협동조합은 신용협동조합중앙회의 예금자보호기금에 의해, 새마을금고는 새마을금고중앙회의 예금자보호준비금에 의해, 농·수협은 농협중앙회 또는 수협중앙회의 예금자보호기금에 의해, 그 예금은 각 금융회사 또는 조합별로 1인당 원리금 5천만 원 한도 내에서 보장을 받는다.

보험회사는 보험 가입자로부터 보험료를 받고, 보장한 사건이나 사고가 발생할 경우 약정한 보험금을 지급한다. 사람의 생명에 관한 사건에 대해서는 생명보험사가, 재산에 관한 사고에 대해서는 손해보험사가 담당한다. 다만 사람의 질병이나 상해, 그리고 이로 인한 간병을 대상으로 하는 보험은 생보·손보 어느 쪽에도 한정되지 않아 제3보험이라 하며, 생보·손보사 모두가 취급할 수 있다. 보험에 대해서는 예금보험공사에 의해 해지 환급금이나 만기보험금 또는 사고보험금 지급금액을 기준으로 1인당 5천만 원 한도에서 지급이 보장된다. 다만 보험계약을 중도해지 하는 경우에는 사업비 등 해약 공제액을 차감하므로 원금 손실이 발생할 수 있다.

보험은 가입 목적에 따라 저축성보험과 보장성보험으로 나뉜다. 저축성보험은 위험 보장보다는 보험료의 일부를 적립하여 목돈마련이나 노후 대비에 중점을 둔 보험으로서 납입보험료 합계보다 만기 환급금이 더 크도록 설계되어 있다. 보장성보험은 보험기간 중 사고나 상해, 질병 등 위험 보장을 주목적으로 하므로 보험 본래의 취지에 잘 맞는다. 보장성보험은 원칙적으로 만기에 환급금이 없으므로 보장하는 사건이 발생하지 않으면 다행이고, 사건이 발생하면 불행 중 다행이라고 생각하는 것이 바람직하다.

금융투자회사에는 증권회사, 선물회사, 자산운용사, 신탁회사, 투자자문회사, 투자일임회사 등이 있다. 증권회사는 자본시장에서 유가증권(주식, 채권)의 발생을 주선하고 발행된 유가증권과 펀드의 매매를 중개하는 업무를 한다. 은행은 자기계산으로 예금자들로부터 예금을 받아 그 자금으로 자기계산으로 기업이나 개인에게 대출을 하는 것과 달리 증권회사는 중개만 하므로 투자자(금융소비자)가 유가증권 발행회사의 주주 또는 채권자가 되며, 주식이나 채권, 펀드의 가치 변화로 인한 이익이나 손해는 모두 투자자가 책임을 부담한다. 또 자산운용사는 펀드를 만들고 운용하는 회사이다. 투자자문회사는 투자자로부터 주식, 채권, 펀드 등 금융투자 상품이나 부동산 등에 대한 투자자문을 주로 하는 금융회사이다. 금융투자회사가 취급하는 주식, 채권 및 펀드 등은 모두 원금을 보장하는 장치가 없으며, 경제 환경 변화나 발행회사의 경영성과, 그리고 펀드에 귀속된 자산의 가치변화에 따라 가격이 변동하므로 예금보다 높은 수익률을 얻을 수 있으나 반대로 원금 손실을 입을 수도 있다.

그런데 금융 권역별 금융회사와 금융상품에 관한 내용과 관련하여 반드시 유의할 것은 금융회사가 자기가 만든 금융상품만 취급하는 것이 아니라 교차판매를 할 수 있다는 사실이다. 대형 분쟁 사태에서 등장하는 키코나 사모펀드 등은 은행이나 증권회사가 판매하였으나 이들은 모두 자체 상품이 아니다. IB 또는 자산운용사의 상품을 은행이나 증권회사는 판매를 대행한 것이다. 또 은행에서 파는 보험도 모두 보험회사 상품을 은행이 판매 대행만 하고 있다. 그러므로 이러한 상품을 안전한 은행 상품으로 알고 계약을 하여 크게 낭패를 본 사례는 매우 흔히 나타난다. 특히 이러한 사실을 잘 알지 못하는 고연령층이나 사회 초년생들은 주의를 요한다.

나-2. 금융회사의 경영 건전성

그리고 금융거래를 하기 전에 거래하려는 금융회사에 대해서 꼭 확인해야 할 사항은 금융회사 경영의 건전성이다. 바꾸어 말하자면 금융회사의 부도 가능성이다. 특히 보험의 경우 20~30년 이상 장기간 계약을 유지하는 경우가 많으므로 보험회사의 장기 생존가능성을 확인하는 것은 매우 중요하다.

금융회사의 건전성을 확인하려면 금융감독원의 금융소비자 포털인 「파인」(http://fine.fss.or.kr/main/index.jsp)의 '금융회사' - '금융회사 핵심경영지표'에서 찾을 수 있다. 이곳에서는 은행, 보험, 금융투자, 저축은행 및 신용카드사에 대한 건전성 정보인 경영통계가 각 지표의 개요와 함께 게시되어 있다. 지표가 7~8개 정도에 불과하지만 금융회사 건전성을 판단하는데 상당한 도움이 될 수 있다. 그리고 예금보험공사 홈페이지의 '금융회사 종합 정보'(https://www.kdic.or.kr/bank/manage_info.do) 에서도 예금보험에 가입한 금융회사인 은행, 금융투자, 보험 및 상호저축은행의 건전성(재무상태)을 확인할 수 있는 주요 통계와 주요 재무비율 추이 등을 게시하고 있다. 그리고 '건전성 판단 가이드'도 게시하여 금융소비자들이 통계와 재무비율을 이해하는데 도움을준다.

참고로 예금보험공사의 '건전성 판단 가이드' 내용을 그대로 소개하면 다음과 같다.

〈건전성 판단 가이드〉

금융회사의 재무적 건전성은 일반적으로 자본 적정성(Capital adequacy), 자산 건전성(Asset quality), 수익성(Earnings), 유동성(Liquidity)등 4개 부문을 종합적으로 고려하여 판단할 수 있으며, 통상 각 부문을 잘 나타내는 재무지표는 다음과 같습니다.

1. **자본 적정성(Capital adequacy) – BIS 자기자본비율**

BIS 자기자본비율(이하 "BIS비율")이란 은행의 위험가중 자산1) 대비 자기자본 비율로서, BIS 비율이 낮을수록 자본이 취약한 은행입니다. 현재 금융감독당국은 BIS비율 최소 8% 이상을 유지하도록 지도하고 있으며, BIS비율이 8%미만2)일 경우 경영개선을 위한 적기 시정조치를 부과하고 있습니다.

2. **자산 건전성(Asset quality) – 고정이하 여신 비율**

은행의 대출채권 등은 건전성이 높은 순서대로 정상·요주의·고정·회수 의문·추정 손실로 분류되고 있습니다. 고정이하 여신 비율이란 연체기간이 3개월 이상인 고정이하여신 합계액(고정+회수 의문+추정 손실)이 여신총액에서 차지하는 비율로 고정이하 여신 비율이 높을수록 부실자산이 많은 은행입니다.

3. **수익성(Earnings) – 총자산 순이익률(ROA)**

총자산 순이익률(ROA)은 은행의 총자산에 대한 당기순이익의3) 비율로서 은행이 자산을 얼마나 효율적으로 운용하여 수익을 창출했는가를 나타내며, 동 비율이 지속적으로 양(+)이고 높을수록 수익성이 좋은 은행입니다.

4. **유동성(Liquidity) – 유동성 커버리지 비율(LCR)**

유동성 커버리지 비율(LCR)이란 극심한 스트레스 상황에서 향후 30일간의4) 순현금 유출액에 대한 고유동성 자산의 보유비율로서, 100%를 기준5)으로 동 비율이 낮을수록 유동성이 부족한 은행입니다.

* **도움말(각주 설명)**
  1) 1대차대조표 상 자산을 위험 수준에 따라 분류하고 위험이 높을수록 높은 가중치를 적용하여 다시 계산
  2) BIS비율 8% 미만(권고), 6% 미만(요구), 2% 미만(명령)
  3) 은행이 일정기간동안 얻은 수익에서 지출한 모든 비용을 공제하고 순수하게 남은 이익
  4) '30일'의 의미는 현금 유출입 시기가 불확실한 심각한 유동성 위기상황에 직면하여 은행이 적절한 조치를 취하고 문제를 해결하는데 필요한 최소한의 기간
  5) 금융감독당국의 규제비율은 '15년 60%부터 매년 10%p씩 단계적으로 상향 조정되어 '19년 최종 100% 기준 적용

예금보험공사의 건전성 판단 가이드는 주로 은행 및 상호저축은행의 지표를 중심으로 설명하여 놓았다. 이해를 돕기 위해 타 권역의 지표에 대해 간단하게 설명하면, 보험회사는 위험기준 자기자본비율인 RBC비율과 ROA, 영업이익률이 높으면, 금융투자는 순자본비율, 자기자본이익률, 유동성비율이 높으면 건전성이 좋다고 할 수 있다. 신용카드사는 조정자기자본 비율이 높을수록, 고정이하 여신 비율과 연체율은 낮을수록 건전성이 양호하다고 보면 된다.

참고로 모든 금융권역 공통으로 자산은 클수록 건전성이 높다고 보아도 된다. 물론 자산규모가 크더라도 효율성이 낮거나 부실위험이 있는 자산이 많으면 반드시 건전하다고 볼 수는 없다. 그러나 대형사일수록 분산 투자로 위험 분산이 가능하며, 대마불사(Too big to fail)의 원칙도 작용할 수 있기 때문에 다른 조건이 같다면 더 안전하다. 그리고 당기순이익도 클수록 좋다고 볼 수 있다.

다. 자기를 바로 봅시다

싸움에서 위태롭지 않으려면 상대방뿐만 아니라 자기에 대해서도 잘 파악하고 있어야 된다. 금융을 이용하여 재산 형성이나 노후 복지, 위험 관리 등의 혜택을 누리려면 금융상품이나 서비스 등의 내용과 위험을 잘 알아야 한다. 그러나 이것들만 알아서는 금융을 자신에게 유리하게 이용하기 어렵다. 자신이 현재 처한 상황, 즉 연령이나 건강 상태, 경제활동 상황 및 소득, 자금력 등과 함께, 향후 인생 목표와 계획을 바탕으로 예상되는 주요 자금 소요 내역과 금액 및 보장 등 목표를 세우는 재무 설계가 되어있어야 가능하다. 재무 설계와 관련한 내용은 금융감독원의 금융교육 자료 '대학생을 위한 실용 금융' 등에 자세히 설명되어 있으므로 참고하면 된다.

재무 설계를 할 때 금융소비자들이 반드시 유의하여야 할 사항은 자기가 가지고 있는 역량과 재산을 정확하고 냉정하게 평가하고 그것에 입각하여 목표를 세워야 한다는 것이다. 본인의 처지에 입각하지 않고 금융을 이용하다 보면 큰 낭패를 당할 수가 있다. 예를 들어 자기 소득 수준을 고려하지 않고 과도한 대출을 받거나 신용카드를 썼다가 대출 상환이나 신용카드대금 결제가 되지 않아 신용불량 거래자가 되면 모든 금융거래에서 불이익을 받게 된다. 또 몇 달 후에 있을 결혼을 위해 준비한 자금을 그 동안이라도 잘 굴려보겠다고 주식 투자 했다가 주가가 떨어지는 바람에 전세자금 날리고 월세 방으로 주저앉는 일이 생길 수도 있다. 그리고 노후생활 자금으로 모은 재산을 사모펀드에 투자 했다가 투자 원금을 다 날려 노후가 암담하게 된 경우도 많다.

이러한 사태를 막으려면 우선 자기가 노후 자금, 자녀 학자금, 결혼 준비자 금 등 자금 용도별로 중요도에 따라 우선 순위를 정하고 최소한 원금은 반드시 유지해야 하는 자금은 완전히 따로 빼어서 안전한 은행 정기예금으로 넣어놓 고 절대로 건드리지 않도록 하여야 한다. 나머지 자금 중에서 만일을 위한 예 비용 성격이 있는 자금은 비교적 위험성이 낮은 상품까지로 제한하여 투자하 고, 전액 손실이 나도 거의 영향을 받지 않을 부분은 수익률을 노리고 위험성 이 있는 상품에 투자하는 것도 가능할 것이다.

결론적으로 말하자면 금융거래를 위해 금융회사 영업점을 방문하거나 인터 넷을 열기 전에 미리 충분한 고민을 거쳐 나름대로 어떤 금융상품을 계약할 것 인지를 마음속으로 정하고 있어야 한다는 것이다. 그래야만 주위의 사람들이 나 금융상품판매원의 말에 끌려 즉흥적으로 계약을 했다가 나중에 후회하는 일이 없을 것이다.

라. 정보 포털을 활용하라

마주하고 있는 상황에 연관되는 정보가 충분히 있으면 어떤 상황에서도 흔 들리지 않을 수 있고, 자기의 과도한 욕심이나 상대방의 감언이설에 쉽게 현혹 되지 않게 된다. 금융소비자가 금융거래를 할 때도 해당 금융상품이나 금융회 사 등 미시적 정보뿐만 아니라 금융시장이나 경제 동향 등 거시적 정보까지 충 분히 확보하고 이를 활용하면 자기에게 가장 유리한 금융상품을 유리한 조건 으로 계약할 수 있다. 금융소비자가 금융전문가 같이 많은 정보를 얻어서 활용 하기는 어렵지만, 금융거래에 필요한 기본적인 정보만이라도 활용하면 적어도 자기에게 불리한 금융상품을 계약하거나, 판매직원의 허위 또는 과장된 설명에 유혹되지 않을 수가 있다. 그러므로 평소에 금융소비자에게 유익한 금융관련 정보를 제공하는 포털을 자주 방문하여 자기가 관심 있는 금융상품이나 서비스에 관련이 있는 정보를 파악하는 노력이 필요하다.

다행히도 금융당국과 금융 권역별 협회는 물론 개별 금융회사들도 포털에서 금융소비자에게 유용한 금융 및 금융상품 등에 대한 정보를 다양하게 제공하고 있으므로 이를 활용하면 편리하다.

특히 금융감독원의 금융소비자 정보포털 「파인」에는 금융상품 거래 단계별 핵심정보, 비교공시('금융상품 한 눈에'에서 제공), 개별 금융상품 거래 시 유의사항('금융 꿀팁 200선'에서 제공), 금융회사 정보 등 다양한 정보를 제공하고 있으므로 활용하면 많은 도움이 될 것이다.

3. 금융계약 현장에서

가. 금융상품의 출생을 확인하라

금융거래를 하기 위해 금융회사 영업점을 방문할 때는 그 전에 자기가 거래할 금융상품을 정하는 것이 필요하다. 그러나 그렇지 못하고 금융회사에 방문하였을 때 판매 직원을 믿고 그 권유에 따라 금융상품을 결정할 경우도 있다. 그런 경우에는 반드시 먼저 그 상품이 어느 금융회사 상품인지를 먼저 확인하여야 한다. 왜냐하면 요즈음은 금융회사 간에 금융상품을 교차 판매를 하는 경우가 많으므로 자기 회사 금융상품이 아니라 다른 금융권역의 금융회사에서 만든 상품을 단순히 판매 대행을 하는 경우가 많기 때문이다.

예를 들면, 은행에서 예금만이 아니라 무슨 펀드다, 보험(방카)이다, 환헤지 상품이다 하면서 자산운용사나 보험사, 또는 해외 IB나 헤지 펀드 등이 만든 금융상품도 판다. 이런 상품은 은행의 겸영 업무에 속하는 것으로서, 은행 입장에서는 판매 수수료를 받아 수익을 높일 수 있으므로 은행은 예금하러 오는 고객에게도 예외 없이 일단은 펀드나 보험 같은 상품을 권해보는 것이다. 그런데 이러한 상품 중에는 은행 예금과는 비교할 수 없을 정도로 위험한 상품도 있다. 그러나 금융상품에 대한 최종 책임은 판매회사가 아니라 그것을 만든 금융회사가 부담한다. 만약 그 상품을 제조한 금융회사가 부실화되는 등의 문제가 발생하면 금융소비자가 곤란한 처지에 이를 수도 있다.

그런데도 사람들은 은행은 그 상품이 매우 안전하고 어떤 다른 금융회사들보다 공신력이 있는 금융회사라고 생각하기 때문에 은행에서 파는 상품이 그렇게 위험하지 않을 것이라고 생각하고 가입하는 경우는 매우 흔하다. 과연 키코로 불리는 통화옵션 계약을 우리나라 은행이 아닌 해외은행이 만든 상품이며, 따라서 국내 금융회사는 수수료 몇 푼 챙겼을 뿐 금융소비자들이 입은 피해는 모두 해외은행이 다 챙겼다는 사실을 알고 있는 사람이 몇이나 될까?

그리고 은행에서는 이것을 명확하게 알려주지 않는 경향이 있다. 심지어 펀드 계약 관련 서류에도 은행 로고를 새겨놓아 은행 상품으로 오해할 수 있도록 만들어 놓기도 한다.

만약 금융회사 직원의 말을 듣고 아무 생각 없이 덜컥 가입했다가는 여러 가지 어려운 상황이 발생할 수 있다. 예를 들어 이제 막 취업한 사회 초년생이 은행에서 보험이라는 것을 밝히지 않고 금리가 정기예금 금리보다 1%p 높아 젊은 세대가 장기적으로 재산을 형성하는 데 유리한 안성맞춤 상품이라고 하며 20년 만기 저축성보험을 권하는 것을 예금인줄 알고 가입했다가 나중에 돈이 급해 중도에 해지하고 보니 원금 손실이 나서 황당해하는 경우는 주변에서 쉽게 볼 수 있는 사례이다.

그리고 무엇보다도 키코나 DLF 같은 상품은 은행이 만든 상품이 아니라 해외 IB 같은 글로벌 금융회사가 만든 금융상품이므로 금융회사 임직원들도 그 상품에 대해 완벽하게 알지 못하고 파는 경우도 있을 수 있다. 그러므로 그 상품이 금융소비자에게 불리한지 여부나 상품에 내재된 위험성을 정확하게 설명하지 못할 수도 있다. 말하자면 수퍼마켓 주인은 자기가 파는 물건에 대해 구체적인 구조나 작동 원리, 성능, 원가 등에 대해 잘 알지 못하니 고객이 작동하는 방법을 물으면 대충은 설명이 가능하겠지만 아주 전문적으로는 설명하지 못하는 것과 마찬가지이다.

이러한 점을 감안하여 금융소비자가 금융계약을 체결하기 전에 반드시 금융 상품이 어느 금융회사 것인지를 확인하여 그 상품이 가지고 있는 위험과 함께 제조 금융회사의 건전성까지도 확인할 필요가 있다.

한편, 금융소비자가 시설이 갖추어진 금융회사 영업점을 방문하거나 인터넷을 통해 금융거래를 하는 경우 외에 보험 설계사나 대출, 또는 신용카드 모집인을 통하여 금융상품 계약을 할 경우에는 사기 피해 등을 막기 위해 반드시 그 사람의 모집인 신분증을 확인하여야 하고, 상품 설명서에 모집인 등록번호가 기재된 명함을 받아 둘 필요가 있다.

나. 적합성 조사 기록은 반드시 자기가 확인하라

금융회사는 적합성원칙을 이행하기 위하여 면담과 질문을 통해 금융소비자의 연령, 재산상황, 금융상품 계약목적, 해당 금융상품 거래경험과 이해도, 위험에 대한 태도 등을 조사한다. 그 결과를 바탕으로 금융소비자의 유형을 안정형, 안정추구형, 위험중립형, 적극투자형, 공격투자형 등으로 분류하고 그 유형에 적합한 금융상품을 권유하여야 한다. 그리고 조사한 결과를 기록한 서류(투자자정보확인서 등)에 기명날인, 녹취 등의 방법으로 금융소비자의 확인을 받은 후 이를 유지·관리하여야 하며, 확인받은 내용을 투자자에게도 지체 없이 제공하여야 한다.

적합성원칙은 금융회사가 금융소비자의 투자 목적·재산 상황 및 투자 경험 등에 비추어 적합하지 아니하다고 인정되는 금융상품을 권유하지 못하도록 하기 위해 만들어진 제도이므로 금융거래 과정에서 금융소비자를 보호하기 위한 제1차 관문에 해당한다. 즉 금융소비자 입장에서 볼 때 이 규제가 제대로 작동하면 적어도 자기가 과도하게 위험한 투자를 하는 경우를 피할 수 있다. 그런데 앞의 분쟁 사례에서 나타난 것과 같이 판매 직원이 위험성이 높은 금융상품을 판매할 수 있는 투자자유형으로 분류하기 위하여 조사한 내용을 사실대로 기록하지 않고 임의로 조작하기도 한다.

따라서 금융소비자가 적합성 조사에 응할 때에는 반드시 사실대로 답을 하되, 확인 서명을 하기 전에 반드시 판매 직원이 본인이 답한 대로 기록하였는지를 확인하여야 한다. 그리고 가급적이면 자기가 직접 '투자정보 확인서'를 작성하는 것이 더욱 바람직하다. 왜냐하면 자기가 작성하지 않은 문서를 하나하나 다시 살펴가며 확인하는 것은 쉽지 않은 일이므로 대강 훑어보고 사인하기가 쉽기 때문이다.

다. 서류를 정독하고 설명 내용과 비교하라

계약서에 기명날인을 하면 일단은 계약이 성립된다. 기명날인을 한다는 것은 본인의 판단 하에 자기 의사로 계약을 한 것이 되므로 자기책임 원칙이 적용된다. 그래서 법원의 판결이나 분쟁조정 결정은 모두 계약서에 기재된 내용에 기반을 둔다. 그러므로 계약서에 서명을 하기 전에 반드시 계약서와 설명서 등 부속서류를 한자 한자 또박또박 정성들여 읽고 그 내용을 완전하게 이해하여야 한다. 만약 부득이 계약서를 꼼꼼히 읽어보기가 어려운 상황이면 상품설명서만이라도 꼼꼼히 읽어야 한다. 판매원의 설명을 먼저 들으면 그 사람의 화술이나 분위기 등에 영향을 받아 상품의 내용이나 위험을 정확하게 파악하지 못할 가능성이 높으므로 자기가 직접 읽는 것이 필요하다. 그리고 부득이 판매원으로부터 계약의 핵심 내용과 상품의 장점과 위험 등에 대한 설명을 먼저 들을 경우에는 그 설명이 해당 서류에 있는 내용인지, 그리고 서류에 기재된 내용과 정확하게 일치하는지 확인하여야 한다. 자기가 확인하기가 어려우면 판매원에게 해당 내용을 확인하기 쉽도록 서류에서 찾아서 짚어달라고 하는 것이 좋다. 만약 상품설명서 등 계약관련 서류 내용에는 없는 사항을 별도로 구두로 이런 저런 약속을 하거나 설명을 하면 그 내용을 관련 서류에 기록해 달라고 요구하여야 한다. 이렇게 하면 적어도 판매원이 계약서나 설명서와 달리 허위 또는 과장하여 상품의 장점과 효용을 설명하는 것을 막을 수 있으므로, 화술 등에 현혹되어 자기에게 맞지 않거나 문제가 있을 상품을 구입하는 위험을 막을 수 있다.

그런데 현장에서 계약서류 등을 꼼꼼히 읽고 이해하기가 어려운 경우가 있다. 예를 들어, 계약 서류가 양이 많아서 꼼꼼히 읽는 데 시간이 너무 많이 걸리거나, 용어가 어려워 이해하기 힘들거나, 그리고 상품 자체가 어려운 경우 등이다. 양이 너무 많은 경우는 대부분 금융회사 직원이 설명만 듣고 서류는 나중에 읽어보라고 하면서 바로 계약을 하기를 권한다. 그러나 이런 경우에는 가급적이면 집에 가서 읽어본 후에 계약을 할 것인지를 결정하는 것이 안전하다. 왜냐하면 먼저 계약을 하고난 후에는 그 서류를 정독하기가 쉽지 않기 때문이다. 그리고 용어가 너무 어려운 경우에는 직원의 설명에 의존하기보다는 사전이나 검색 포털 등을 이용하여 스스로 확인해보는 것이 좋다. 왜냐하면 나중에 분쟁이 생겼을 때 법관이나 분쟁조정위원들은 금융회사 직원이 설명한 것을 기준으로 하지 않고 사전적 해석이나 사회 통념에 의지하여 의미를 해석하기 때문이다.

또 키코나 DLF 같은 파생상품 또는 파생결합상품과 같이 상품구조나 가격 책정 방법 자체가 매우 고차원적인 수리ㆍ통계적, 금융공학적 이론을 기반으로 만들어진 상품은 설명하는 용어나 내용이 일반인에게는 어려울 수밖에 없다. 그러므로 이러한 상품을 거래하고자 할 때는 먼저 그런 종류의 상품과 관련된 이론 등 기본적인 지식을 갖추고 금융회사에 가야 한다. 금융회사 직원들이 대학이나 대학원 등에서 전공으로 공부하고 나서 여러 해 동안 경험과 훈련을 통하여 습득한 지식을 학술적, 경험적 배경이 없는 사람이 짧은 시간 동안에 설명을 듣고 이해하여 해당 상품을 구매한다는 것은 어쩌면 바보 같은 행동일 수 있다. 물론 금융회사 직원이나 소비자의 예상대로 금융시장이 움직여서 바라는 대로 결과를 얻을 수 있으면 다행이지만 그렇지 못한 경우에는 금융소비자가 손실을 보더라도 달리 호소할 길이 없다. 그러므로 이러한 상품은 금융회사 직원의 설명을 들어보고 쉽게 이해가 되지 않으면 포기하는 것이 가장 현명하다. 굳이 구매하겠다고 하면 적어도 자기 입장에서 판단해 줄 수 있는 변호사나 지인을 대동해서 그 사람으로 하여금 자기를 대리하여 결정을 하도록 하는 것이 합리적이다.

그런데 또 한 가지 주의해야 할 것은 전문가인 금융회사 직원으로부터 설명을 들을 때는 이해가 다 된 듯도 하지만 그것은 자기 착각일 수가 있다는 점에 유의해야 한다. 왜냐하면 복잡하고 어려운 상품을 고객이 이해하기 쉽게 설명하려다 보면 상품구조나 내용 등을 단순화하게 되고, 그러다 보면 그 안에 내재된 실질은 가려질 수밖에 없어 제대로 이해할 수 없게 되는 위험이 뒤따르기 때문이다. 또 금융회사 직원은 판매하는 것이 우선 목적이므로 의도적이건 아니건 간에 주로 상품의 장점을 강조하기 때문에 그것에 현혹되기 쉽기도 하다. 그러므로 내가 내용을 듣고 제대로 이해하였는지 확인하는 가장 좋은 방법은 상대방에게 자기가 이해한 것을 설명하면서 맞는지 확인하는 것이다. 가르치면서 배운다고 하듯이 내가 배운 바를 남에게 설명해보면 내가 제대로 알고 있는지 쉽게 확인할 수 있다.

라. 의심되면 물어라

설명서나 계약서류를 정독하면서 잘 모르는 용어나 이해가 되지 않는 부분이나 의심나는 부분이 있으면 반드시 판매 직원에게 묻고 정확히 설명해 달라고 요구하여야 한다. 우리나라 사람들은 그러한 설명을 요구하는 것을 꺼리는 경향이 있는데 그 이유를 생각해보면, 첫째는 직원에게 너무 힘들게 하고 뒤에 기다리는 사람에게 폐를 끼치지 않을까 하는 배려 차원과, 다음으로는 자기가 모르는 것이 부끄럽다는 생각 때문으로 보인다. 그러나 금융회사 직원은 설명 의무가 있으므로 고객이 의문이 생기면 그 의문이 해소될 때까지 설명해주는 것이 당연하다. 설사 법률에 그런 의무를 정해놓지 않았더라도 금융회사는 고객과의 거래에서 이익을 얻는 입장이니 고객의 신뢰와 충성심을 이끌어내려면 설명을 해야 하는 의무를 지는 것은 당연하다. 의무를 굳이 따지지 않더라도 고객은 금융 분야에 전문가가 아닌 사람이므로 자기 권익 보호를 위해 금융 전문가인 금융회사 직원에게 잘 모르는 것에 대해 질문을 하거나 이해가 되지 않는 사항에 대해 설명해 달라고 요구하는 것은 당연한 권리다. 하물며 내용을 잘못 이해하고 서명을 했다가는 자칫 큰 손해를 볼 수도 있는 것이 금융거래인

데 묻는 것을 부끄러워할 일이 무엇이겠는가! 오히려 일일이 미리부터 철저히 챙기고 따져서 나중에 분쟁의 소지를 남기지 않는 것이 중요하다.

그리고 고객이 모르는 것이나 의심나는 것을 물어야 판매 직원도 그 고객의 수준을 파악하고 그에 맞는 수준의 설명을 할 수 있다. 판매직원이 상품을 설명할 때는 대개 평균 고객에 맞추어 그 수준에 맞는 용어나 표현을 사용하고, 판매 포인트로서 강조하는 것도 평균 수준인 고객의 관심사항에 맞추게 된다. 그러므로 내가 의문이 나거나 제대로 이해되지 않는 부분에 대해 질문을 하여야 판매원이 내 수준에 맞는 용어나 표현을 이용하여 설명을 해주게 되므로 제대로 이해할 수 있게 된다. 또 내가 가지고 있는 특수한 상황이나 환경에 따라 다른 사람들과는 다른 관심 분야나 필요로 하는 장점에 대해서는 내가 물어보아야 비로소 제대로 설명을 들을 수 있게 된다.

마. 너무 좋아 보이면 일단은 의심해 보라

대부분의 판매원은 상품의 장점을 강조하고 때로는 부풀리며 약점이나 위험은 숨기려고 한다. 상품의 약점이나 위험을 있는 그대로 다 드러내면 고객이 계약을 하지 않을 가능성이 크기 때문에 이런 상황을 피하여 성공적으로 계약을 체결하고 싶어 하기 때문이다. 그러므로 금융상품이 너무나 좋아 보이면 고객인 금융소비자 입장에서는 판매원이 친구나 가족이라 하더라도 그 설명을 일단은 의심해볼 필요가 있다. 예를 들어 펀드의 수익률이 경쟁 상품보다도 훨씬 높다고 하면 금융감독원의 금융소비자 포털 「파인」의 금융상품 비교공시 코너인 '금융상품 한 눈에' 등을 통해 사실인지 확인하거나 왜 그런지 판매원에게 캐물어 납득할 만한 이유가 있는지 확인해야 한다. 왜냐하면 시장은 효율적이고 역동적이기 때문에 다른 투자안보다도 높은 수익률(abnormal profit, 초과수익률)을 낼 수 있는 투자안이 있다면 그 정보가 금세 시장에 퍼져서 그곳에 투자가 몰리게 되므로 그러한 초과 수익을 낼 수 있는 기회는 곧 사라져버린다.

그러므로 그런 높은 수익률을 지속할 수는 없는데도 고수익을 보장하겠다는 것은 무언가 이상한 것이다. 실력이 뛰어난 자산운용 전문가들이 있기 때문이라고 한다면 절대로 그것을 믿어서는 안 된다. 아무리 뛰어난 전문가라 하더라도 실패하지 않고 계속 높은 수익률을 내는 경우는 없다. 그런 경우가 있다면 대부분 무엇인가 문제가 있는 것이다. 또 단순히 과거 실적을 가지고 설명하면 그것은 이미 지나간 것이고 미래에도 다시 그것이 반복되리라는 보장은 없다. 매 순간마다 새로운 상황이 전개되고 새로운 정보가 유통되고 또 사람들이 그것에 반응하여 움직이는데 어떻게 과거 실적이 미래를 장담할 수 있을까? 반복하지만 세상에 공짜는 없다. 수익률이 높으면 반드시 그 위험도 크다.

그리고 판매원이 수익률에 상응하는 위험이 있음에도 수익률은 높고 위험은 없거나 아주 적은 것이 확실하다고 하거나 다른 회사 상품과는 비교할 수 없을 정도라고 하면서 상품을 권유하면 「금융소비자보호법」상의 '부당권유행위 금지' 위반에 해당될 수도 있다. 즉 미래의 시장 상황이 어떻게 될지는 아무도 알 수 없는데 마치 금융회사나 판매원이 설정한 시나리오대로 갈 것이 확실하다고 단정적으로 말한 것이 될 수 있고, 객관적인 근거 없이 다른 상품에 비교하여 해당 상품이 유리하다고 알리는 것이 될 수 있다. 그러므로 경우에 따라서는 설명하는 판매원에게 이러한 사실을 들어 질문을 해보면 그 설명이 사실에 입각한 것인지 쉽게 알 수 있는 방법이 될 것이다.

바. 완전히 이해가 되지 않으면 절대 서명하지 말라

금융상품의 내용과 위험이 완전히 이해가 되지 않거나 의심이 있는데도 계약을 하면 위험하다. 그러므로 금융상품이 완전히 이해가 되지 않으면 계약을 하지 않는 것이 안전하다. 계약서류와 설명서 등 부속서류를 정독하고 나서 계약서 내용을 확실히 파악하여 계약 대상인 금융상품의 내용과 그것이 가지고 있는 위험이 충분히 이해되고, 그것이 자기가 당초 생각하고 기대하던 거래 목적과 일치하면 비로소 서명을 해야 한다.

모르는 금융상품을 계약하는 것은 어린 아이가 성냥이나 칼과 같은 위험한 물건을 가지고 노는 것과 같다. 성냥이나 칼을 잘못 다루면 다치거나 목숨이 위험

할 수도 있는 것과 같이 금융상품도 잘 모르고 계약하였다가 큰 손실을 입을 수 있음을 명심하고 반드시 완벽하게 이해가 된 다음에 서류에 서명하여야 한다.

그리고 금융상품을 계약하려면 계약을 위한 서명을 하는 외에도 많은 서명을 하게 된다. 적합성 조사 관련 서류에 서명하고, 상품에 대한 설명을 받은 사실에 대한 서명, 개인정보 수집 및 이용에 대한 동의 등등 수 없이 많은 서명을 한다. 그런데 대부분의 금융소비자는 판매원이 미리 형광펜 등으로 표시해놓은 부분이나 손가락으로 가리키는 곳에 아무 생각 없이 서명을 한다.

그러나 이와 같이 무심하게 한 서명이지만 일단 서명을 하면 그에 따른 책임은 본인이 부담한다. 계약서에 서명함으로써 계약이 유효하게 성립되는 것과 마찬가지이다. 그러므로 모든 서명을 할 때는 분명히 서명을 하는 목적이 무엇인지, 그 효력은 어떤 것인지를 반드시 확인한 후 내용이 사실이며, 본인이 알고 있거나 이해한 것과 일치하는 경우, 그리고 꼭 필요한 경우에만 서명하여야 한다. 예를 들어 만약 개인정보 제공 동의의 경우 필수 사항과 선택 사항이 있는데, 선택 사항의 경우에는 반드시 동의해주지 않아도 문제가 없는 것으로서 본인에게 이득이 되지 않으면 굳이 동의해 줄 필요가 없다. 그러므로 절대로 금융회사 직원들이 지정하는 대로 생각 없이 따라가며 기명날인하지 말아야 한다.

사. 설명 내용을 녹취하라

판매원의 설명 내용은 나중에 분쟁이 발생했을 때 위법 여부나 책임 범위를 결정하는 데 매우 중요한 기준이 될 수 있다. 예·적금 같이 안전성이 높은 상품은 분쟁 가능성이 낮아 굳이 녹음을 해 둘 필요가 적지만 보장성 상품이나 투자성 상품은 보험금 지급이나 투자 손실과 관련하여 분쟁 가능성이 높으므로 가능하면 이를 녹음해두는 것이 필요하다.

금융회사는 계약 과정을 녹취하는 경우가 많지만 그것을 공인전자문서 센터와 같은 기관에 보관하지 않고 자체 보관하는 경우가 대부분이다. 그러므로 녹취를 금융회사에 유리한 방향으로 관리할 가능성이 있으므로 신뢰하기가 어렵다. 또 보험 설계사와 같은 금융상품 모집인은 녹취 장비를 지참하지 않아 녹취를 하지 못할 수도 있다. 그러므로 만일의 경우를 대비하여 판매 직원에게 사전 양해를 구한 후에 녹음을 하거나 동영상을 촬영하는 것이 바람직하다. 이러한 방법은 후일의 분쟁 등에 대비하여 증거를 남기기 위한 것이기도 하지만 판매 직원이 금융상품을 허위, 과장하여 설명하거나 중요한 사항을 누락하는 등의 문제를 예방하는 길이기도 하다.

4. 계약 하고 나서

가. 다시 한 번 생각해 보라

계약을 하고 나면 시간을 내어 계약서류들을 다시 한 번 더 꼼꼼히 읽어보아야 한다. 깨알 같은 글씨도 빼놓지 말고 다 읽어보기를 권한다. 왜냐하면 그 가운데는 금융상품의 가치나 위험 등 금융소비자가 의사결정을 하는 데 고려하여야 할 아주 중요한 내용이 있을 수 있기 때문이다.

그리고 의문 나는 내용이 있으면 판매원에게 또 물어야 한다. 다시 따져보고 조금이라도 본인이 계약하려고 의도했던 상품이 아니거나 만족스럽지 않은 상품이면 계약 철회를 고민해 볼 필요가 있다.

「금융소비자보호법」 제46조에서는 보장성 상품, 투자성 상품, 대출성 상품 또는 금융상품 자문계약의 청약을 한 일반금융소비자는 법에서 정한 기간 내에 청약을 철회할 수 있도록 보장하고 있다. 보장성 상품은 15~30일, 투자성 상품은 7일, 대출성 상품은 14일이다.

나. 관련 서류를 잘 보관하라

계약하면서 받은 계약서류(약관, 거래신청서 등)와 상품설명서는 물론 본인이 서명한 적합성 조사 서류(투자자 정보확인서) 사본 등을 잘 챙겨서 보관하여야 한다. 특히 연금, 보험 등 계약기간이 장기인 상품은 분실할 수 있으니 관리에 유의하여야 한다. 추후 분쟁이 있을 경우를 대비하여 따로 보관함을 마련하여 관련 서류와 함께 계약 과정에서 녹취한 자료 등을 함께 간수하는 것이 좋다. 그리고 판매 직원이 설명할 때 보조 자료로 쓴 유인물 등도 잘 챙겨두면 분쟁조정 등에서 유리하게 활용할 수 있다.

다. 계약관련 의무를 다하고 권리는 행사하라

금융 계약을 한 후 이메일이나 전화번호, 주소 등 개인정보의 변경이 있는 경우에는 금융회사가 안내할 사항이 있을 경우 연락이 가능하도록 이를 금융회사에 알려야 한다. 그리고 계약 내용에서 금융소비자가 금융회사에 알려야 하는 것으로 명시된 것들도 반드시 통지하여 금융소비자로서의 의무를 다하여야 한다. 그렇게 하지 않으면 나중에 불이익을 받을 수 있다.

그리고 대출을 받은 후 개인이 승진하거나 급여가 오르는 경우, 기업의 경우 신용등급이 오르거나 재무상태가 호전되는 등 금리 책정에 영향을 주는 요인이 발생하면 금리 인하를 요구하는 등 주어진 권리를 행사하여야 한다.

5. 거래 후 불만이 생기면

가. 사실관계를 확인하고 증거를 수집하라

금융거래를 한 후에 금융회사의 업무처리가 계약 내용이나 약속한 것과 차이가 있어 본인이 기대하던 결과를 얻지 못하였다고 생각되면 먼저 금융회사에 이의를 제기하여야 한다. 이때는 먼저 자기가 보관하고 있는 계약관련 서류와 상품설명서, 적합성 조사 관련 서류, 설명 상황 녹취 등을 면밀히 살피고 검토하고 나서 이의 제기가 합당한지 살펴보는 것이 필요하다.

나. 금융회사에 먼저 민원을 제기하라

검토 결과 회사의 업무처리가 부당하다고 판단이 되면 먼저 거래를 한 금융회사 영업점이나 판매 직원에게 연락하여 문제점을 이야기하고 설명을 들어볼 필요가 있다. 그러나 설명을 들어보아도 납득할 수 없으면 금융회사에 민원을 제기한다. 만약 금융회사에 민원을 신청하기 전에 먼저 금융감독원에 민원을 제출하면 금융감독원은 이를 도로 금융회사에 보내어 금융회사가 우선 민원인과 자율조정을 하도록 요구하고 있으므로, 금융감독원이 자율조정 요구를 하기 위해 내부에서 업무처리를 하는 동안만큼 시간이 소요되어 처리가 지연될 뿐이다. 대부분의 금융회사가 홈페이지에 '금융소비자보호' 등의 메뉴를 마련해두고 민원 제기하는 방법과 절차 등을 안내하고 있으므로 이를 이용하면 된다. 그리고 민원을 접수한 후 금융회사 민원 담당자가 연락을 해오면 자기 입장을 솔직하게 설명하면 된다.

다. 금융감독원 민원 제기

만약 금융회사가 민원을 처리한 결과에 승복할 수 없다면 금융감독원에 민원을 접수한다. 금융감독원 홈페이지(https://www.fss.or.kr/fss/kr/main.jsp) 상단의 '민원·신고' 또는 하단의 '사용자별 맞춤 메뉴'에서 '민원인'의 '민원신청' 메뉴를 터치하면 'e-금융민원센터'에서 민원신청이 가능하다. 민원신청을 하기 전에 분쟁조정 사례 등을 참고하면 민원신청을 할 것인지 의사결정 하는 데 도움이 된다. 금융감독원 민원신청은 인터넷 외에도 팩스나 우편 등으로 접수가 가능하다.

그리고 금융감독원에 민원을 신청하기 전에 금융감독원의 금융상담을 이용하는 것도 많은 도움이 된다. 국번 없이 1332로 전화를 하면 상담원과 연결되어 상담을 할 수 있다. 본인의 불만이나 건의사항 등을 상담원에게 설명하면 상담원이 대응 방안을 안내하므로 그것을 참고하여 자기 행동을 결정하면 된다. 필요하면 직접 방문하여 상담을 할 수도 있다.

민원을 신청할 때는 사실 관계를 금융거래의 시기, 장소, 계약 내용과 금융회사 측 상품 설명 내용, 금융회사의 주장과 처리, 그 처리가 부당하다고 주장하는 이유, 조치요구 사항 등의 내용을 육하원칙에 맞게 기술하는 것이 좋다. 그래야 민원인의 진정성이 느껴지므로 보다 깊은 관심을 기울여 처리할 가능성이 높다. 만약 민원 내용이나 의도가 명확하지 않으면 민원 처리 담당자가 일일이 내용과 요구사항을 확인해야 하므로 피로도가 높아져 열의가 떨어지기 쉽기 때문에 민원인에게 불리하게 작용할 수 있다.

그리고 민원처리 결과에 승복할 수 없으면 소송을 제기할 수 있다. 그러므로 민원처리가 마음에 들지 않는다고 해서 민원처리 담당자들에게 심하게 항의하거나 험담이나 욕설을 하는 등의 행동은 피하는 것이 좋다. 만약 처리가 부당하다고 하는 증거가 있으면 이를 금융감독원 감찰실이나 감사원 등에 알리면 된다.

한편, 분쟁조정 신청인의 청구가 인용 결정된 사건으로서 피신청인인 금융회사가 조정결정을 수락하지 않고 소송을 제기하는 경우에는 금융감독원이 소송을 지원하는 제도가 있으므로 이를 이용하는 것이 큰 도움이 될 수 있다. 분쟁조정의 당사자인 금융소비자가 금융감독원에 소송 지원을 신청하면 금융회사의 소송제기가 현저히 부당하다고 금융분쟁조정위원회가 인정하는 경우에는 1,000만 원 한도 내에서 소송지원 변호인단 선임 및 소송비용을 지원하며, 금융감독원이 가지고 있는 자료 등을 소송에 활용할 수 있도록 제공하기도 한다.

제4절 금융소비자 자기보호 능력 향상을 위한 금융당국의 역할

1. 금융소비자의 경각심 고취

가. 대형 분쟁사례 백서 발간 등

사람은 누구나가 자기 재산이나 권리를 스스로 지키겠다는 자각과 의지가 있을 때 이를 지킬 수 있다. 의지가 있으면 지키는 방법을 알아보거나 찾게 된다. 그러면 그 방법을 찾는 것은 어렵지 않다. 특히 요즘은 정보통신이 발달하여 쉽게 정보를 검색하여 활용할 수 있다. 그러나 개인의 자각과 의지가 없으면 이런 것들이 아무런 도움이 되지 않는다. 담배 피는 사람에게 주위에서 아무리 조언을 해주어도 본인이 금연하겠다는 의지가 없으면 아무 효과가 없는 것과 같은 이치이다.

금융거래를 할 때도 마찬가지이다. 내가 스스로 책임지고 금융자산을 관리해서 바라는 이득을 얻겠다는 의지가 있으면 어떤 금융상품은 어떤 이득을 볼 수 있는지, 어떤 위험이 있는지를 자기가 직접 면밀히 살펴서 정확히 알고 난

다음에 계약을 한다. 그렇지 않고 남의 말만 믿고 계약을 했다가 나중에 많은 손해를 보고 나서 남을 원망하는 것은 마치 귀중품을 소홀히 보관했다가 잃어버리고 나서 경찰이나 이웃을 탓하는 것과 같다.

앞서 소개한 금융분쟁 사례에서도 많은 금융소비자들이 금융회사 직원의 말을 믿고 서명을 했다가 피해를 본 것으로 나타났다. 은행이 이런 위험한 상품을 취급하는 줄 몰랐다거나, 늘 거래하던 PB이니까 거짓말을 하리라고 생각을 못했기 때문에 위험한 상품을 안전한 상품으로 믿고 가입을 했다고 한다. 자기가 주인으로서 자기 재산을 챙긴 것이 아니라 남에게 맡기거나 남이 하라는 대로 했다가 황당한 일을 당한 것이다.

그러므로 이러한 사례가 재발하지 않도록 하기 위해서는 우선 금융소비자들이 무턱대고 남의 말만 믿지 말고 자기 판단과 책임 하에 금융거래에 관한 의사결정을 해야겠다는 자각이 일어나도록 해야 한다. 이를 위해서는 과거 분쟁 사례를 분석하여 금융소비자들이 실수하고 놓친 부분들과 함께 결과적으로 금융소비자가 부담해야 할 책임과 그에 따른 손해를 정리하여 금융소비자들에게 알리는 것이 보다 효과가 있을 것이다. 건수가 적거나 소액인 사례까지 일일이 포함할 필요는 없겠고, 사람들의 기억에 남아있는 큼직한 사례들만으로도 충분할 것이다. 여력이 있으면 평소 가장 빈번하게 제기되는 민원사례를 추가하는 것도 생각해 볼만하다.

사례를 분석하여 정리할 때는 금융소비자가 자기 판단이 아니라 금융회사 직원이나 친구 등 다른 사람의 말을 믿고 계약을 한 것이 어떤 결과를 초래하는지를 자세하게 알릴 수 있도록 해야 한다. 특히 본인이 자필로 기명날인이나 서명을 하였으면 그 계약에 대한 책임은 자기에게 있다고 판결하는 것이 일반적이며, 금융회사 측에서 법을 위반하여 본인에게 일부 잘못된 설명을 하거나 틀린 정보를 제공한 부분이 있다 하더라도 손해액의 100%를 금융회사가 책임을 지게 된 경우는 거의 없다는 것, 결과적으로 금융소비자가 입은 피해가 어느 정도라는 것 등을 이해하기 쉽도록 자료를 작성하여야 한다.

아울러 법률상의 제약과 함께 인력 등 물리적 한계 등으로 인해 금융당국이 금융소비자의 권익을 완벽하게 보호해줄 수 없다는 점도 분명히 알려야 한다. 이 부분은 금융당국으로서는 매우 피하고 싶은 점이겠지만 사실을 명확히 알림으로써 금융소비자가 경각심을 가질 수 있으므로 회피해서는 안 될 것이다.

그리고 이에 대한 국민의 관심이 일어나도록 상당기간 동안에 걸쳐 보도자료 배포, 설명회 개최, 학술 발표회나 토론회 등 홍보를 할 필요가 있다. 지방자치단체를 통하여 주민회의 자료로 배포하는 방법도 함께 추진할 만하다고 생각되는데, 이 경우 주민들이 언론 등을 통해 알게 된 정보를 이용하여 회의에서 자연스럽게 토론이 일어날 수 있으므로 상당한 효과가 있을 수 있기 때문이다.

그동안은 특정 사태를 백서 형태로 정리한 사례는 있었지만, 대형 금융사고나 분쟁 사례를 정리하여 전 국민을 대상으로 시사점과 행동요령에 대해 널리 알리고 주의를 당부한 사례는 많지 않은 것으로 알고 있다. 또 작성한 백서마저도 널리 알리지 않고 일부 인사들에게만 배포하였으며, 그 내용에서 금융소비자보호에 관한 내용이 차지하는 비중은 미미하여 그 사건의 교훈을 금융소비자들이 공유하는 것은 기대하기 어려웠다. 그러나 「금융소비자보호법」이 시행된 것을 전환점으로 삼아 이제부터는 이러한 노력을 통하여 금융소비자들이 금융거래에 있어 주인의식을 가지고 자기 책임 하에 계약을 해야 한다는 인식을 확고히 하도록 금융당국이 앞장설 필요가 있다. 실패 사례에서 중요한 교훈을 얻어 다시는 실패를 반복하지 말도록 다함께 경각심을 갖도록 하자는 것이다.

나. 계약 서류 읽기 캠페인 전개

이와 같이 금융소비자의 각성을 촉구하는 노력과 병행하여 추진할 사항은 금융소비자의 '계약관련 서류 읽기' 캠페인이다.

금융소비자가 스스로 자기 권익을 보호해야겠다는 자각이 일어났을 때, 자기를 보호하기 위해 당장 실행할 수 있고 또 가장 효과적인 수단은 서류를 읽고 확인하는 것이다. 금융제도와 금융시장의 작동 원리, 금융상품의 내용과 위험 등을 충분히 이해하고 활용하는 데 필요한 지식을 갖추는 데는 상당한 시간이 걸린다. 그러므로 당장 금융거래를 해야 하는 상황에서 이런 지식, 저런 능력을 갖추라고 해도 아무 소용이 없다. 따라서 비록 금융관련 지식이 부족하더라도 스스로 권익을 보호하는 데 가장 효과적인 방법은 계약 관련 서류를 읽는 것이다. 읽어보고 이해가 되지 않는 부분은 금융회사 직원에게 묻고 확인하면 된다. 그리고 확실히 이해가 되고 그것이 본인이 원하는 상품이라면 계약을 하면 되고, 만약 설명을 들어도 이해가 되지 않으면 그 상품은 계약을 피하도록 하면 된다. 그러면 적어도 아무 것도 모르고 피해를 당하는 불상사는 피할 수 있다.

그동안 대형 금융분쟁 사태에서 나타나는 위법행위는 주로 금융회사 직원의 적합성원칙과 설명의무 위반 등이며, 이러한 위법 행위가 일어날 수 있는 원인을 제공한 밑바닥에는 금융소비자가 관련 서류를 읽지 않는 습관이 있다. 예를 들어, 동양그룹 사태의 경우 상품 설명서에 회사채 등의 원금 손실 가능성, 유동성 위험 등 위험에 대해 제대로 기재되어 있어, 만약 계약 전에 이를 잘 읽어보았다면 피해를 입지 않았을 수도 있었을 것이다.

이러한 점에 비추어 금융소비자 서류 읽기 운동은 반드시 추진해야할 사항이라고 본다. 특히 최근 금융의 디지털화로 인해 비대면 영업이 확대되고 있는데, 이러한 환경에서는 금융소비자가 직접 관련 전자서류를 읽고 이해한 후 계약을 체결(전자서명)하여야 피해를 예방할 수 있으므로 서류 읽기 운동은 더욱 그 필요성이 높다고 할 것이다.

나-1. 서류 읽기의 이점

금융소비자가 서류를 꼼꼼하게 읽으면 얻을 수 있는 이점은 많다. 우선 자기가 가장 이성적이고 중립적으로 금융상품의 내용과 위험을 판단할 수 있다. 다른 사람들의 말이나 설명을 듣기 전에 문서로 된 자료를 읽으면 선입관을 가지지 않은 상태에서 문서에 기술된 내용을 이해하게 되므로 가장 객관적인 시각에서 의사결정을 할 수 있게 된다. 그러므로 금융회사 직원의 설명을 먼저 들었다가 그 언변이나 화술에 끌려 내용도 모르고 계약을 하는 사례를 막을 수 있다.

또 금융회사 직원이 허위 또는 과장된 설명을 하지 못하게 막을 수 있다. 금융소비자가 설명서나 계약서(약관)를 읽고 그 내용을 알고 있는데 그 내용대로 설명하지 않으면 바로 엉터리 설명임이 드러나 버리기 때문이다. 적합성 평가를 위한 조사과정에서도 금융회사 직원이 조사결과를 기록한 서류(예: 투자자정보확인서)에 확인 서명을 하기 전에 내용을 읽어보고 확인하면, 고객의 답변을 금융회사가 적당히 포장하여 실제와는 다르게 투자자성향을 결정하는 사례도 막을 수 있다. 금융회사도 이로 인해 법률에서 정한 적합성원칙과 설명의무는 물론 부당권유행위 금지도 위반할 소지가 크게 줄어들게 되므로 이득이 된다. 금융회사 판매실적이 줄게 되니 반드시 득이라고 할 수 없다는 주장이 있을 수 있으나, 그 말은 금융회사가 고객을 속여 가며 이익을 내어도 된다는 주장과 같아서 더 이상 논할 필요가 없을 것이다.

그리고 계약 관련 서류를 읽게 되면 금융소비자가 스스로 금융교육을 받아야 할 필요성을 느끼게 된다. 만약 금융소비자가 금융회사 직원의 설명만 들으면 금융회사 직원은 고객의 지식이나 경험 수준에 맞는 용어와 사례만 이용하여 설명을 하기 때문에 쉽게 이해가 된 것으로 생각하게 되니까 금융관련 지식이 부족하다는 것을 인식하지 못한다. 그러므로 금융교육을 받아야 하겠다는 자각을 하기가 어렵다. 그러나 계약서나 설명서 그 외에 금융회사가 작성한 문서를 읽다보면 전문적인 용어나 표현 등을 많이 접하게 된다. 그 가운데 본인이 익숙하지 못한 표현이나 내용이 있으면 스스로가 금융관련 지식이나 경험이 부족함을 알게 되며, 그러면 금융과 관련된 공부를 하게 되는 계기가 될 수 있다.

그리고 금융거래를 할 때 반드시 계약서류를 읽는 문화를 확립해야 하는 이유 가운데 가장 현실적인 것으로는, 실제 문제가 생겼을 때는 계약서 내용이 문제를 해결하는 기준이 되기 때문이다. 아무리 구두로 약속을 했다고 하더라도 그것을 입증할만한 증거가 없으면 구두약속은 법정에서는 받아들여지지 않는다. 「금융소비자보호법」 시행에 따라 사실상 모든 금융상품 계약에 설명의무가 부과되었으므로 앞으로 판례가 어떻게 바뀔지는 알 수 없으나 기존 판례를 기준으로 대응하는 것이 보다 안전하다.

나-2. 서류 읽기 운동 전개를 위한 여건 조성

계약 관련 서류를 읽는 것은 매우 중요하고 실질적 이득이 있지만 금융소비자가 그 필요성을 인식하더라도 이 풍토가 확산되기에는 많은 장애 요인이 있다. 가장 우선적으로 해결되어야 할 부분은 금융소비자가 금융상품 계약을 체결하려는 그 자리에서 읽을 수 있고 이해할 수 있는 서류를 금융회사가 만들어야 한다는 것이다.

그 동안 금융소비자가 계약 관련 서류를 면밀히 읽는 풍토가 조성되지 않은 원인 중에는 관련 서류의 양이 너무 많아 단시간 내에 읽기가 어렵거나, 너무 어려운 전문용어로 작성하여 읽어도 이해가 되지 않는 것도 포함된다. 이에 대한 세부적인 내용은 앞서 제2절 2. 가. 가-1. '금융회사의 계약관련 문서 작성기준 정비'에서 설명하였으므로 여기서는 설명을 생략한다.

아울러 설명의무 이행 방식을 현행과 같이 무조건 모든 설명 대상이 되는 고객에게 설명을 하는 것이 아니라 앞서 제2절 2. 가. 가-2. '금융소비자보호 의무 이행기준 제시'에서 제안한 것과 같이 고객이 계약 관련 서류를 읽고 설명을 요청하거나 질문을 하는 내용만 답변하는 형식으로 설명을 하더라도 무방하도록 금융당국의 명확한 유권해석이나 제도 운영지침을 정해주는 등의 조치를 하여야 한다. 그래야만 금융소비자가 스스로 서류를 읽는 습관을 기르고, 금융회사 직원의 설명에 의존하는 태도를 바꿀 수 있다. 그리고 현행 방식의 부작용인 설명에 많은 시간과 비용이 드는 점, 설명의무 이행 여부를 확인하기 어려운 점 등의 문제점도 해결될 수 있다.

2. 금융교육 시스템 개선

최선의 금융소비자보호 방법은 피해를 사전에 예방하는 것이다. 그것은 금융소비자가 스스로 권익을 보호하기에 충분한 지식과 정보 및 안목을 갖추고, 실제로 금융거래를 할 때 이를 바탕으로 자기 책임 하에 자기 판단으로 의사를 결정할 수 있을 때 가능하다. 이러한 능력을 키워주는 가장 효과적 수단이 금융교육이다. 이러한 취지에서 「금융소비자보호법」에서도 금융위원회가 금융교육을 하도록 규정하고 있다. 그러므로 금융당국은 금융소비자보호를 위해서는 무엇보다도 먼저 금융교육에 집중하여야 한다.

그동안 금융소비자교육은 금융감독원이 중심이 되어 다양한 금융교육 프로그램을 운영하여 많은 성과를 거두었지만 금융소비자들이 금융교육을 받도록 하는 제도 미비, 금융감독원 재정 및 인력 부족 등으로 한계가 있었음은 제Ⅱ장 제3절에서 이미 살펴보았다. 이제 「금융소비자보호법」 시행으로 금융교육의 법적 근거가 마련되었다. 이에 따라 금융위원회가 교육프로그램 개발 등 다양한 노력을 하고, 금융교육협의회도 금융교육의 종합적 추진 및 관련 부처 간 협력 등을 추진함으로써 금융교육 활성화에 기여할 것으로 기대된다. 이러한 여건 하에서 금융교육의 실효성을 높이기 위한 방안에 대해 살펴보자.

가. 금융교육의 실용성 제고

가-1. 실전용 금융교육 확대
기존의 금융교육 내용은 금융이 무엇인지, 그 역할이 무엇인지, 금융시장의 작동 원리와 그 결과물인 금융지표 등 금융에 대한 기본적인 이론이 상당한 부분을 차지한다. 그리고 각 권역별 금융상품에 대해 설명하고 거래 시 유의사항 등을 소개하며, 신용관리와 연령대별 재무설계 방법 등도 소개한다. 그러나 이러한 내용은 금융에 대한 전반적인 이해와 함께 금융상품의 특성과 위험 등을 이해하는 데는 도움이 되겠지만 당장 금융상품 계약을 체결하는 현장에서는 활용도가 떨어질 수 있다. 또 교육시간도 상당히 많이 소요되므로 금융당국이 교육에 투입해야 하는 자원과 비용도 상당하지만 일반인은 시간적 제약으로 교육을 받기가 어려운 문제가 있다.

그러므로 일반인, 특히 고연령층을 대상으로 한 금융교육을 할 때는 이러한 표준적인 내용의 금융교육보다는 금융 거래 현장에서 당장 활용할 수 있는 내용으로 단기간 내에 교육을 마칠 수 있는 프로그램을 중심으로 편성하여야 한다. 예를 들어 금융소비자 정보포털 「파인」의 '금융꿀팁 200선' 또는 '금융상품 거래단계별 핵심정보' 등에 소개된 금융거래 시 유의사항이나, 과거 금융분쟁이나 민원의 사례에 비추어 금융소비자가 간과하거나 소홀히 함으로써 피해를 입게 된 원인이 된 사항들을 중심으로 금융 거래를 할 때 명심할 사항을 주요 내용으로 하는 교육프로그램을 확대하여야 한다. 이러한 내용은 사례연구 (case study)와 같이 금융소비자들이 생생한 교훈을 얻을 수 있으므로 다른 어떤 교육보다도 효과가 높을 것으로 생각된다. 그 내용은 제3절에서 설명한 것과 같이 계약 전부터 단계별로 준비사항, 사안별로 대응하는 요령과 유의사항 등이 될 것이다.

가–2. 금융위험 관련 교육 강화

무모한 용기는 용기가 아니라 만용이다. 잘 알지도 못하는 파생상품에 겁 없이 투자하는 사람, 남의 말 믿고 투자하는 사람 등등, 우리나라에는 이런 만용을 부리는 사람이 많다. 과거에는 이러한 만용도 통할 때가 있었다. 예를 들어 정주영 회장이 아직 조선소도 건립하지 않은 상태에서 거북선 그림이 있는 만 원짜리 지폐를 꺼내들고 선박왕 오나시스를 설득하여 선박을 수주하였다는 전설 같은 이야기는 우리에게 많은 감동을 준다. 그러나 실물경제 부문에서는 몰라도 금융시장에서는 그런 일은 일어나지 않는다. 왜냐하면 금융시장에서는 인간의 감성이 통하지 않기 때문이다. 만약 시장 금리가 변하여 계약한 금융상품의 수익률이 당초 예상보다 낮아졌다면 아무리 딱한 사정을 잘 설명하여 금융회사 직원의 마음을 움직이게 하더라도 금융회사가 실적보다 높은 수익률을 적용해줄 수는 없다.

그러므로 금융교육은 국민들에게 금융 위험의 본질이 어떠한지, 얼마나 무서운 것인지를 바로 알리는 데 많은 비중을 할애하여야 한다. 그리하여 금융소비자들이 허황된 꿈에 부풀지 말고, 냉정하게 현실을 바라보며 이성적이고 합리적으로 생각하고 행동하는 문화를 형성해야 한다. 이것이 금융시장이나 금융상품에 대한 지식을 교육하는 것보다 더욱 우선되어야 할 사항이라고 생각된다. 최고 금융전문가들도 과욕으로 위험을 무시하다가 살얼음판 같은 금융시장에서 졸지에 나락으로 떨어지는 사례는 비일비재하다.

나. 금융교육의 양적 확대

우리나라에서 모든 국민이 잠재적, 현재적 금융소비자이므로 금융교육은 전 국민을 대상으로 해야 하는 광범위한 사업이다. 금융교육은 학교에서 실시하는 것이 가장 효과적이겠지만, 현재의 우리나라 교육은 입시, 취업 위주로 이루어지므로 단기간 내에 금융교육이 각급 학교에서 정식 교육과정으로 채택되어 이루어지기는 어려울 것으로 보인다. 이에 대해서는 금융교육협의회를 통하여 지속적으로 논의하겠지만 그 때까지 기다리기에는 너무 막연하다. 무엇보다도 우리나라 금융 이해력 수준이 OECD 평균보다 낮으며, 금융 민원이 지속적으로 증가하고 있는 상황에서 당장의 금융소비자 피해를 막기 위해서도 교육이 시급하다고 할 수 있다. 그러므로 금융교육의 우선순위를 정하여 횟수와 참가인원을 최대한 늘려가는 것이 무엇보다 중요하다.

우선, 현재적 금융소비자로서 피해를 입기 쉬운 은퇴자 등 고연령층을 대상으로 하는 금융교육을 가장 우선적이고 적극적으로 확대할 필요가 있다. 그동안 분쟁사례에서 나타난 것과 같이 60대 이상 고령자의 피해가 많은 점과 은퇴한 고령자들은 시간적 여유가 있으므로 금융교육에 대한 수요가 있을 것으로 생각된다. 그러므로 금융감독원에서 일반인을 대상으로 실시하는 금융교육 외에 행정안전부 및 지자체 등과 협조하여 고령자들이 쉽게 접근할 수 있는 주민센터 등에서 교양강좌의 일환으로 특강 또는 일정기간 운영하는 금융교육 프로그램을 개설하는 것을 적극 추진할 필요가 있다.

다음으로는 미래의 금융소비자인 학생들을 대상으로 금융교육을 실시할 수 있도록 금융교육이 가능한 강사 요원을 확충하기 위한 금융교육을 적극 추진해야 한다. 금융교육이 정규 교육과목으로 채택되는 것을 대비하기 위해서라도 교사를 대상으로 한 금융교육은 그 중요성을 아무리 강조해도 부족함이 없을 것이다. 지금 금융감독원이 추진하고 있는 교사를 대상으로 한 연수프로그램을 최대한 확대하여 금융교육이 정규 교육과목으로 채택되기 전이라도 뜻있는 선생님들이 수업 중에 금융 관련 내용을 전달하거나 방과 후 과정에서 강좌를 개설하는 등 학교에서 학생들에게 금융교육을 하는 기회를 만들어 갈 수 있게 해주어야 한다. 누구나 경험하는 것이지만 학교에서 배운 것이 평생을 간다. 학교에서 충실하게 금융교육을 해야 금융문맹[147]을 만들지 않는다.

다. 금융교육의 접근성 강화

다음으로는 금융교육을 강의실 같은 특정 공간이나 시간의 제약을 받지 않고 일상에서도 쉽게 접할 수 있도록 하는 방안을 강구해야 한다. 예를 들어 EBS 같은 교육방송과 금융관련 종편 방송 등에 상설 금융교육 프로그램을 마련하거나 동영상을 만들어 유튜브(Youtube) 등을 이용하는 금융교육도 적극 추진할 필요가 있다.

아울러 금융 거래 현장에서 당장 활용할 수 있는 '실전용 금융교육' 내용을 보다 적극적으로 금융소비자에게 전달하기 위한 다양한 방법을 강구하여야 한다. 우선 금융소비자 포털 「파인」의 '금융상품 거래단계별 핵심 정보'에도 이러한 내용을 반영하여 포털을 방문하는 금융소비자들이 참고할 수 있도록 하는 방법이 있다. 또 짧은 동영상을 만들어서 TV의 공익광고 같은 형태로 전달하고, 금융회사 영업점에서 방영하도록 하는 것도 좋은 효과가 있을 것이다. 그리고 핵심적인 내용을 팜플렛으로 만들어 금융회사 영업점에서 배포하거나 게시하도록 하는 것도 고려할만하다. 행정안전부와 지방자치단체의 협조를 받아 반상회나 주민자치회의 등에도 금융 교육용 자료와 소비자경보 같은 시의성 있는 자료를 배포하는 것도 추진할 수 있다. 이러한 활동을 하게 되면 주민들의 금융교육에 대한 관심이 높아질 수 있으므로 주민센터에 금융교육 프로그램을 개설하는 계기로 작용할 수도 있을 것이다.

---

147) 전 미 연방준비제도(Fed) 의장 앨런 그린스펀: "금융 문맹은 생존을 불가능하게 한다."

라. 금융소비자교육원 설치

금융교육의 양적 확대 필요성 등을 감안할 때 현재 금융교육을 사실상 전담하고 있는 금융감독원(금융소비자보호처 금융교육국) 수준의 조직과 인력(금융교육국 및 지원단 41명)으로는 그 수요를 충분히 감당할 수 없다. 그러므로 전담 조직을 획기적으로 확대 개편하여 별도의 독립된 조직으로 만드는 것은 불가피하다고 본다. 조직 확대로 인해 추가로 충원해야 할 인력은 금융감독원 인력을 증원하거나 다른 업무 분야에서 이동 배치하는 것은 지양하고 현직에서 물러나 임금 피크제에 들어간 직원들을 강사요원으로 활용하는 것을 가장 우선적으로 고려하여야 한다.

그러면 금융소비자교육원을 어느 기관 산하에 둘 것인가에 대해 논란이 있을 수 있다. 금융소비자교육원을 금융위원회 산하에 두거나 다른 독립기관으로 만드는 등 대안도 고려할 수 있으나 금융감독원 산하의 별도기구(구 한국은행 은행감독원 형태)로 두는 것이 합리적이라고 본다. 왜냐하면, 그동안 금융감독원이 그동안 금융소비자보호처에 금융교육국을 두고 운영하면서 금융교육에 대한 많은 노하우를 축적하였고, 전문교수 등 전문 인력도 상당히 확보하고 있기 때문에 이를 확대 개편하기만하면 되는 장점이 있다. 다음으로 예산을 금융감독원에서 배정받아서 해결할 수 있으므로 이 또한 상당한 장점이 된다. 만약 금융위원회 산하기관이나 다른 독립기관으로 두면 한국소비자원과 같이 정부로부터 예산을 받거나 따로 조달하는 다른 방법을 강구해야 하는 어려움이 예상된다.

마. 금융교육 의무화 추진

금융당국이 모든 가용자원을 동원하여 금융교육을 실시하더라도 대부분의 금융소비자들이 스스로를 보호하는 데 충분한 금융지식을 갖추도록 하는 등 소기의 성과를 거두기는 매우 어렵다. 우선 거의 전국민을 대상으로 하는 금융교육을 실시할 수 있는 인력과 시설 등이 절대적으로 부족하다. 또 금융소비자들이 스스로 금융교육의 필요성을 인식하고 교육에 참가하도록 유도하는 것도 매우 어려워 교육 희망자를 모집하는 것도 쉬운 일이 아니다. 「금융소비자보호법」에 의해 법정기관으로서의 지위가 확보된 '금융교육협의회'가 출범하였지만 이러한 근본적인 문제를 해결하는 데는 한계가 있다. 그러므로 제대로 금융교육이 이루어지기 위해서는 누구나 다 아는 대로 교육부가 결단을 내려 금융교육을 정규 학교교육 과정에 포함하도록 만드는 것이 무엇보다도 우선되어야 할 과제이다.

이러한 과제를 달성하기 위해서는 금융당국의 전략적인 접근이 필요하다. 사모펀드 사태와 같이 수많은 금융소비자들이 피해를 입은 사실을 바탕으로 이러한 사태의 재발을 방지하기 위해서 체계적인 금융교육이 꼭 필요하다는 점, 이를 위해서는 학교에서 정식 교과과정으로 금융교육이 필요하다는 점을 홍보하고 국민적 공감대를 얻을 수 있도록 하여야 한다.

물론 이렇게 하기에는 금융당국의 입장이 다소 옹색한 측면이 있다. 왜냐하면 금융소비자 피해가 금융당국의 정책 실패나 감독실패에서 비롯되었다는 여론이 강한 상태에서 금융당국이 나서서 금융소비자 피해를 막기 위해서는 금융교육을 받아야 된다고 여론을 형성하려다 오히려 역공을 당할 수도 있기 때문이다. 그러나 옳은 길이고, 어차피 가야할 길이라면 어떠한 질타를 받더라도 솔직하게 잘못은 인정하고 현실적 한계도 분명히 알려 장기적인 안목에서 금융당국으로서 역할을 다하는 길을 선택해야 한다.

3. 금융소비자의 정보 비대칭 해소

일반 금융소비자는 대부분 금융에 대한 기본적인 지식은 물론 금융상품과 그 가치에 영향을 미치는 각종 경제지표에 대한 지식과 정보도 매우 부족하다. 그러므로 판매원이 자기 또는 금융회사에게 유리한 금융상품 위주로 소개하고, 위험에 대한 정보를 제대로 제공하지 않거나 축소하여 설명하면 금융소비자가 피해를 입을 가능성이 커지게 된다. 이러한 사례를 예방하기 위해서는 금융교육과 함께 금융소비자가 금융상품 거래를 할 때 필요로 하는 정보를 적기에 쉽고 간편하게 얻어 활용할 수 있도록 금융당국의 정보제공 시스템을 정비하는 것이 꼭 필요하다. 이에 대한 방법을 살펴보자.

가. 금융경제 관련 정보

금융당국은 금융정책 수립과 금융회사의 건전성 감독 등에 활용하기 위해 금융·경제 현황과 전망에 대한 정보를 수집, 축적하고 있다. 또 국내외 전문 연구기관 및 학자, 애널리스트 등이 내놓는 연구보고서나 경제·금융 전망 등에 대한 자료도 쉽게 접근할 수 있다. 그런데 이러한 정보들은 금융소비자에게 매우 유용한 정보가 된다. 왜냐하면 신문이나 방송 등을 통해 간헐적으로 얻는 정보나 주변의 지인들로부터 얻는 정보가 거의 전부인 일반 금융소비자로서는 그 정도로는 자기에게 유리한 금융상품을 선택하는 데 많은 어려움이 있기 때문이다. 이러한 일반금융소비자들을 위해 금융당국이 수집하여 놓은 금융·경제 현황과 전망, 금융지표인 금리, 환율, 주가의 추이와 전망 등에 대한 정보 등을 홈페이지 등에 체계적으로 분류하여 제공하고, 가능하면 이러한 지표의 변화가 금융상품의 가치 및 금융회사 경영에 미치는 영향 등도 정리하여 제공하면, 금융소비자의 금융생활에 크게 도움이 될 것이다.

나. 금융회사 경영 건전성에 대한 정보

이미 앞에서 살펴본 바와 같이 금융회사의 건전성은 금융소비자 뿐만 아니라 그 금융회사의 모든 이해관계자에게 많은 영향을 미친다. 만약 자기가 거래하는 금융회사가 부실화되면 금융소비자는 예금보험으로 보장되지 않은 부분은 원금 회수가 불확실해지므로 엄청난 금전적 피해를 입을 수 있는 것은 물론, 예금보험으로 보호되는 부분이라도 회수하는 데 많은 시간과 함께 육체적, 정신적 노력을 기울여야 하므로 그 피해가 클 수 있다. 그러므로 금융회사 경영 건전성은 금융소비자가 금융거래를 할 때 가장 우선적으로 살펴보아야 할 사항이다.

금융당국은 금융회사의 건전성에 대한 감독·검사과정에서 획득한 금융회사의 건전성 관련 정보를 풍부하게 보유하고 있다. 그러므로 금융당국이 가지고 있는 금융회사 건전성 정보를 충분히 제공하는 것은 금융소비자 권익 보호는 물론 금융사고 예방을 위해서도 매우 필요한 일이다. 그런 취지에서 금융감독원은 홈페이지의 「파인」에 은행, 비은행예금기관, 보험회사, 금융투자, 저축은행의 개별 금융회사의 핵심 경영지표를 공개하고 있다.

여기서 나아가 금융소비자에게 보다 정확하고 실질적인 도움이 되도록 하기 위해서는 제2절에서 이미 살펴본 것과 같이 금융당국이 금융회사 경영실태평가의 공정성, 객관성, 투명성, 일관성 등을 제고하는 것은 물론, 그 보고서를 공개하여야 한다. 경영실태평가 결과 내용을 공개함으로써 회계 자료의 시차 문제를 해결하여 금융소비자가 보다 사실적인 금융회사 경영 현황을 파악하는 데 도움이 될 수 있기 때문이다. 이에 대해 부연설명 하자면, 금융회사의 회계 정보는 금융회사의 재무 건전성을 파악하기가 매우 용이하나 회계 정보 자체가 실제 금융회사 경영 상태를 제대로 반영하지 못하는 경우가 많다. 왜냐하면 경영 상황이 변하더라도 그것이 회계에 반영되는 데는 시차가 있기 때문이다. 예를 들어 저축은행 사태에 있어 2008년 말 부동산관련 대출 연체율이 25.8%에 이르는 등 저축은행의 부실화 조짐이 있는 것으로 나타났는데, 실제 연체는 그 훨씬 전부터 일어났다. 그러나 회사가 연체 사실을 반영하여 요주의, 고정, 회수의문, 추정손실 등으로 여신 건전성을 분류[148]한 후에야 해당 기말 기준의 회계에 반영이 되므로 실제 연체 발생 당시에는 금융소비자는 물론 회사의 이해관계인들이 그 내용을 알기가 어렵다. 더구나 회계 분식을 위해 연체사실을

---

148) 금융감독원 「자산건전성 분류업무 해설」에 따르면, [정상]은 채권회수에 문제가 없는 거래처(정상거래처)에 대한 자산.

[요주의]는 향후 채무상환 능력 저하를 초래할 수 있는 잠재적인 요인이 존재하는 거래처(요주의 거래처)이거나 1개월 이상 3개월 미만 연체대출금을 보유하고 있는 거래처에 대한 자산.

[고정]은 채권회수에 상당한 위험이 발생한 것으로 판단되는 거래처(고정거래처)이거나 3개월 이상 연체대출금을 보유하고 있는 거래처의 자산 중 회수예상 가액, 또는 최종 부도 발생, 파산·청산 절차 진행, 폐업 거래처에 대한 자산 중 회수 예상가액 및 "회수의문 거래처" 및 "추정손실 거래처"에 대한 자산 중 회수 예상 가액.

[회수의문]은 채권회수에 심각한 위험이 발생한 것으로 판단되는 거래처(회수의문 거래처)에 대한 자산 중 회수 예상 가액 초과 부분 및 3개월 이상 12개월 미만 연체대출금을 보유하고 있는 거래처에 대한 자산 중 회수 예상 가액 초과 부분.

[추정손실]은 회수 불능이 확실하여 손실처리가 불가피한 거래처(추정손실 거래처)에 대한 자산 중 회수 예상가액 초과 부분, 12개월 이상 연체대출금을 보유하고 있는 거래처에 대한 자산 중 회수 예상가액 초과 부분, 최종부도 발생, 청산·파산 절차 진행 또는 폐업 등의 사유로 채권 회수에 심각한 위험이 존재하는 것으로 판단되는 거래처에 대한 자산 중 회수 예상가액 초과 부분임.

제대로 반영하지 않으면 이러한 내용을 알 길이 없으며, 비록 연체로 인한 영향 등을 회계에 반영하더라도 주석(註釋)으로 알리지 않으면 일반인이 연체 현황을 알기 어렵다. 그러므로 「파인」이나 금융회사가 공시하는 회계자료는 현시점의 금융회사 건전성과는 괴리가 있다.

　금융감독원의 경영실태평가 중 계량 평가도 마찬가지로 이러한 회계 상의 시차문제가 있다. 게다가 경영실태평가는 기준 시점이 검사 착수일을 기준으로 하여 전전 또는 전분기말이다. 검사가 종료되고 경영실태평가 결과가 나오면 대개 검사 기준일보다 6개월 이상 시차가 있다. 그러므로 그 사이의 경영실적 변화는 알 수가 없다. 그러나 경영실태평가는 계량적 평가 외에 비계량 평가부문이 포함되어 있으며, 이 부분은 금융회사의 경영진의 특성이나 경영전략, 리스크에 대한 성향, 내부통제시스템 구축과 운영 현황 등을 바탕으로 한 향후의 경영 전망까지 포함하고 있다. 이러한 내용은 이해관계자들에게 회계 정보, 즉 계량 정보가 가지고 있는 시차 관련 문제를 넘어설 수 있는 유용한 정보가 된다. 그러므로 금융당국은 금융소비자보호를 위해 단순히 평가등급이나 주요 경영지표 등 계량적 정보에 그치지 않고 경영실태평가 내용 전체를 공개하여 그 안에 포함된 비계량 평가 등 해당 금융회사 경영 건전성에 영향을 미칠 수 있는 사항을 금융소비자 등 이해관계자들이 인지하고 활용하도록 하여야 한다. 또 이러한 공개를 통하여 금융감독원 내부에서 경영실태평가 보고서의 공정성, 객관성, 투명성, 일관성 등에 대해 보다 관심을 기울이게 되므로 건전성 검사와 평가 보고서의 충실도가 높아지는 효과도 있게 된다.

　그런데 일부에서는 금융회사의 위험을 곧이곧대로 알리면 예금인출(bank run) 사태가 일어나 부실화를 오히려 촉진할 수 있으며, 감독당국이 그 책임을 부담하게 될 수 있음을 이유로 경영실태평가 결과의 공개에 대해 부정적이다. 그러나 이러한 생각을 뒤집어서 생각하면, 부실 가능성이 높은 금융회사 건전성을 공개하지 않아 금융소비자들이 부실 우려가 있는 금융회사임을 모르고 거래를 함으로써 나중에 손실을 입도록 방치하는 결과를 초래한다면, 이것이야말로 금융당국이 책임을 부담해야 할 사례가 될 것이다. 오히려 금융회사의 건전성을 명백히 알려주어 금융소비자들이 부실 우려가 큰 금융회사와의 거래를 피하게 함으로써 금융소비자를 보호하는 한편, 경쟁력이 떨어지는 금융회사가 자연히 퇴출되도록 하는 것이 바람직하다. 이와 같이 정보 공개로 건전성이 취약한 금융회사가 퇴출되는 시장 규율(market discipline)이 작동하게 되면 좀비급 금융회사가 생존을 위해 각종 부당행위를 저질러 금융 질서를 혼란하게 하는 것을 막고 금융시장에 활력을 불어넣어줄 것이다.

또 경영실태평가 내용에는 영업 비밀에 해당하는 사항이 포함되어 있으므로 이를 공개하면 해당 금융회사의 경쟁력을 훼손할 가능성이 있음을 이유로 공개를 반대하는 의견도 있다. 그러나 경영실태평가 내용에 영업 비밀에 속하는 사항을 포함하는 경우는 거의 없는 것으로 안다. 설사 그런 내용이 있더라도 경영실태평가 보고서 작성과정에서 금융회사 의견을 반영하므로 그런 민감한 부분이 있으면 금융회사 의견을 들어 제외하면 되므로 보고서 공개 반대의 명분이 되지 못한다고 생각된다.

다. 금융상품 및 위험에 대한 정보

금융당국은 「금융소비자보호법」과 그 시행령 등에 의해 금융회사가 금융소비자보호를 위해서 해야 할 사항에 대해 정할 수 있다. 그러므로 금융회사가 금융소비자에게 금융상품 및 그 위험에 대한 정보를 어떻게 제공할 것인지에 대한 구체적 기준을 정해주는 것과 함께 그것이 제대로 이행되는지를 점검하는 것은 매우 중요한 금융당국의 역할이라 할 것이다. 아울러 「금융위원회법」 제37조, 「금융소비자보호법」 제48조 및 제49조 등에 의거하여 금융회사의 업무에 대한 감독·검사권을 가지고 있으며, 따라서 금융상품에 대한 감독 권한도 당연히 보유하고 있다. 또 「은행법」 제52조, 「보험업법」 제5조 등 개별 금융업법에 따라 약관에 대한 인가나 신고 수리 등에 관한 권한이 있다. 그러므로 금융당국은 금융상품에 대해 살펴보고 만약 금융상품이 금융소비자에게 불리하거나, 금융회사의 건전성에 영향을 미치거나, 건전한 사회의 미풍양속을 해할 우려가 있는 있을 경우 이를 시정하게 할 수 있다. 그러므로 금융당국은 금융상품의 내용과 위험에 대해 가장 잘 알고 있으며, 이러한 정보를 금융소비자에게 제공하여 그들이 금융상품을 거래하는 데 활용할 수 있도록 도와주는 것도 필요하다.

이와 같은 관점에서 금융소비자에게 필요한 정보가 제공되도록 하기 위해 금융당국이 어떠한 방안을 강구할 것인지에 대해 살펴보기로 한다.

다-1. 금융민원 처리과정에서 나타난 상품의 위험 공개

금융감독원(금융소비자보호처)에서는 이미 발생한 금융소비자 피해를 사후적으로 구제하기 위하여 금융민원 및 분쟁조정 업무를 담당한다. 그러므로 이 과정에서 민원이 제기된 사안에 연관된 금융상품이 안고 있는 문제점과 위험을 파악할 수 있다. 그러므로 이러한 내용을 발견하는 즉시 금융소비자들에게 알려주면 일반 금융소비자들이 동일한 피해를 막는 데 도움이 될 수 있다. 이러한 취지에서 금융감독원은 2012년부터 '소비자경보' 제도를 운영하고 있다. 이 제도는 금융소비자보호를 위해 매우 유용하므로 지속적으로 확충, 발전시켜나갈 필요가 있다.

다-2. 금융상품 감독 및 검사 과정에서 발견한 금융상품 위험 공개

아울러 상품 감리부서나 검사부서에서도 감리 또는 상시감시 및 현장검사 과정에서 금융상품의 내용과 위험에 대한 정보를 수집하고 점검하게 된다. 그러므로 이와 관련한 정보에 대해서도 금융소비자들에게 정기 또는 수시로 제공하여야 한다. 이를 위해 지속적인 상품 감리를 실시하고, 상시감시 과정에서도 정기적으로 상품별 판매 현황을 파악하여 그 변동이 큰 상품에 대해서는 그 원인과 금융소비자 권익과 금융회사 건전성에 미치는 영향 등을 분석하여야 한다. 특히 새로운 상품을 출시하는 경우 반드시 출시 후 2~3년간은 상품의 판매 상황과 금융소비자 및 시장의 반응 등을 면밀히 살펴 상품이 가지고 있는 문제점에 대해 조기에 파악하여 대응하고, 그 내용을 소비자경보 등을 통해 금융소비자에게 알리고, 해당 금융상품으로 인해 금융소비자 피해가 클 것으로 우려되는 경우에는 금융위원회에 상품의 판매제한·금지를 명령하도록 건의하여야 한다. 또 그것이 금융정책의 부작용으로 인해 나타나는 것으로 판단되는 경우에는 금융정책 당국에도 알리고 대응책을 건의하여야 한다.

라. 금융회사의 영업 행태, 금융소비자보호에 대한 정보

라-1. 금융상품판매실태 점검 및 그 결과 공개

금융당국은 금융회사가 현장에서 적합성원칙에 따라 금융상품의 내용과 그 위험을 금융소비자가 충분히 이해하도록 설명하는 등 '금융상품별 영업행위 준수사항(6대 판매 규제)'을 철저히 준수하면서 계약을 체결하고 있는지 점검하기 위해 미스터리 쇼핑을 실시하고 있다. 이 제도는 금융회사로 하여금 늘 경각심을 가지고 영업활동을 하도록 하는 긍정적 효과가 있다. 다만 예산 제약 등으로 실시 규모 확대에 한계가 있고, 시행 결과에 따른 평가의 입증과 그 공정성 시비, 금융회사의 수용 및 시정 효과 미흡 등의 문제점이 있다.

그러므로 이를 해결하기 위해서는 6대 판매 규제 이행실태를 점검하기 위한 부문검사 횟수를 대폭 늘리거나 경영실태평가 또는 금융소비자보호 실태 평가 과정에서 실시하는 방식으로 변환하여 제도를 운영하는 것이 보다 효율적, 효과적일 것으로 생각된다. 즉, 상시감시나 민원처리 등을 통하여 나타난 금융상품의 위험 요인을 바탕으로 점검 대상 상품과 금융회사를 정하고, 그 상품 계약 가운데서 표본을 추출하여 계약관련 서류 및 녹취를 점검하면서 6대 판매 규제 등 소비자보호 의무 및 판매 업무 관련 절차를 준수하고 있는지 살펴본다. 또 상품 판매직원의 상품 관련 지식수준 등에 대한 사항은 판매원들을 임의 선정하여 면담을 통해 확인하는 방식으로 진행하면 될 것이다. 이러한 방식은 외부업체에 위탁하여 미스터리 쇼핑을 실시하는 방식보다는 많은 표본을 점검할 수 있고, 위법사항이 발견되면 제재도 할 수 있으므로 그 실효성도 확보할 수 있다. 또 법규 준수 수준도 통계적으로 명확히 드러나므로 금융회사 간 비교가 용이하며, 공정성에 대한 시비가 일어날 소지가 훨씬 줄어들 것이다.

미스터리 쇼핑이나 상시감시 및 현장검사(건전성 검사 및 준법검사) 결과 드러난 문제점에 대해서는 금융회사로 하여금 시정하도록 지도함과 동시에 그 사실과 내용을 공개함으로써 금융소비자들이 해당 금융회사를 거래할 때 그러한 사실을 알고 참고할 수 있도록 하여야 한다. 필요한 경우에는 금융소비자 유의사항을 정리하여 소비자경보도 울려야 한다. 이로써 금융소비자가 스스로를 보호할 수 있도록 도움을 주고, 또 금융회사도 즉각 문제점을 개선하도록 촉구하는 효과가 있을 것이다.

라-2. 금융소비자보호 업무 처리과정에서 드러난 문제점 공개

금융감독원이 금융민원을 처리하고 분쟁조정을 하는 과정에서 사실 관계 조사나 검사 등을 통해 민원 대상이 된 금융상품이나 서비스가 가지고 있는 근본적인 문제 외에도 금융회사가 그 상품과 서비스를 개발하고 거래하며, 거래를 유지, 관리, 종결하는 과정에서 취하는 행태 가운데 금융소비자에게 피해를 줄 수 있는 요인이 되는 부분이 발견되기도 한다. 예를 들면 금융회사 내부통제 상의 취약점 등으로 적합성원칙이나 설명의무, 불공정 행위, 부당권유행위 등 영업행위 준수사항 위반이 드러나게 된다. 그러므로 민원처리가 종결되면 그 내용을 검토하여 금융소비자들이 유의할 사항이 있는지 점검하고 해당사항이 있는 경우에는 금융소비자들이 이해하기 쉽게 정리하여 공개할 필요가 있다.

아울러 금융분쟁과 관련된 판례가 나올 경우에도 마찬가지 방법으로 그 의미와 금융소비자가 유의할 사항을 정리하여 금융소비자들에게 전달하는 것도 효과가 클 것이다. 이미 시행 중인 '소비자경보' 제도가 금융민원이 발생하는 초기 단계에서 미리 위험을 추정하고 예상하여 소비자들에게 정보를 제공하는 것이라면 이 업무는 이미 위험이 현실화 된 뒤에 경고를 하는 것이어서 효과에 대해 의문을 제기할 수도 있다. 하지만 상품이 안고 있는 위험이 명백히 드러나고, 또 금융회사의 행위가 부당한 것이 확인되었기 때문에 금융소비자가 더 이상 피해를 입지 않도록 보장해야 하는 것도 금융당국의 책임인 만큼 이를 소홀히 해서는 아니 될 것이다.

예를 들어 재해사망보험금(자살보험금)의 경우 2007년 금융분쟁조정 결과 및 대법원 판결을 근거로 보험회사 회의를 소집하여 동일 유형의 재해사망보험금은 반드시 지급하도록 지도하는데 그치지 않고 만약 그 내용을 금융소비자들에게도 널리 알리고 보험회사가 이러한 이유로 지급하지 않을 가능성이 있으므로 권익을 침해받지 않도록 유의할 것을 당부하였다면 2014년부터 2017년까지 세상을 떠들썩하게 하는 사태는 일어나지 않았을 것이다[149]. 민원이 처음 불거졌을 때 한꺼번에 많은 피해자가 나타나지는 않았지만 그것이 꾸준히 쌓여 피해 규모가 엄청나게 커진 것이라 할 수 있다. 그러므로 처음 민원이 제기된 사례라 하더라도 예외 없이 처리 결과와 소비자 유의사항을 공지하는 것은 금융소비자보호를 위해서 뿐만 아니라 금융회사를 위해서도 매우 중요하다.

물론 지금도 연간 또는 분기별 금융민원 동향에 관한 보도 자료를 내면서 이러한 내용을 정리하여 첨부하고 있다. 그러나 이런 방식으로는 발표 시기가 지연되고, 사례가 누락되는 경우도 있을 수 있다. 또 첨부 자료 형태로 발표하는 부분은 기자나 금융소비자들의 주의를 끌지 못하여 기사화되지 않아 전달 효과가 떨어질 가능성이 크다. 그러므로 금융분쟁을 처리할 때마다 그때그때 발표를 함으로써 적기에 보다 많은 사람들이 관심을 가지도록 할 필요가 있다. 그리고 이러한 사례들을 모아서 금융감독원 포털 등에 올려놓고 금융소비자들은 물론 금융회사 임직원들도 수시로 열람할 수 있도록 하면 금융소비자들에게 많은 도움이 될 뿐만 아니라 금융회사도 평소에 금융소비자 피해를 유발하는 행위가 발생하지 않도록 경각심을 가지게 하는 효과도 있을 것이다.

마. 정보 공개의 방법

금융당국이 지득한 정보로서 금융소비자에게 유용한 모든 정보는 금융당국의 인터넷 홈페이지에 별도의 포털을 마련하여 게재함으로써 모든 금융소비자가 쉽게 접근하여 활용할 수 있도록 할 필요가 있다. 그러므로 금융감독원 홈페이지의 금융소비자 포털인 '파인'에 감독당국이 지득한 국내외 금융경제 현황과 금

---

149) 일반인이 꺼리는 자살을 담보하는 보험이므로 금융당국이 드러내어 이슈화하기에는 많은 어려움이 있었을 것으로 이해가 되는 부분은 있음.

융시장 동향, 금융경제 정책, 주요 금융경제 지표 통계, 주요 연구기관이나 단체가 발표한 금융경제 전망 등 자료와 함께 금융당국이 보유하고 있는 금융회사 건전성 관련 정보 및 각종 금융상품과 그 위험에 대한 정보, 금융당국의 금융소비자보호 관련 감독 활동 현황과 결과 등을 체계적으로 게시하면 될 것이다.

다만, 금융소비자들이 쉽게 접근할 수 있도록 '파인'에서는 이러한 내용들을 금융 권역별, 상품 유형별 등으로 분류하여 목차 형식으로 단축 메뉴를 만들고, 필요한 경우 연관 검색어 기능을 활용하여 금융소비자들이 쉽고 편리하게 찾을 수 있도록 하여야 한다. 특히 금융소비자가 상품 거래 현장에서도 금융당국의 해당 사이트를 방문하여 필요한 정보를 확인하고 참고할 수 있도록 금융회사가 연결시스템을 구축하도록 하고, 그 활용을 권장하기 위한 홍보를 강화할 필요가 있다.

그리고 포털을 운영할 때 무엇보다도 유의해야할 사항은 바로 상시 업데이트 체제를 갖추어 가급적 최신 정보를 게재하는 것이다. 아무리 시스템이 잘 구축되어 있어도 이미 지나간 정보를 올려놓으면 이용자에게는 아무런 쓸모가 없다. 전담자를 지정하여 최신 자료를 매일 실시간으로 바꾸는 노력이 있어야 이용자들이 지속적으로 찾아오게 된다.

이와 아울러 디지털화된 정보시스템에 접근하는 데 어려움이 있는 금융소비자들이 금융회사 관련 정보, 금융상품의 내용과 위험, 금융 계약 시 유의사항 등은 물론 금융시장 동향이나 금융정책 등 금융과 관련한 모든 의문사항을 언제든지 즉석에서 문의할 수 있도록 금융감독원에 금융소비자 종합서비스 창구를 설치하는 것도 필요하다. 현행 금융상담 전용 전화인 1332의 기능을 보다 확대하여 이러한 기능을 담당하게 하는 것도 생각해볼 수 있을 것이다.

4. 금융소비자의 교섭력 강화 지원

가. 금융회사의 우월적 지위 남용 방지를 위한 제도 개선

그동안 법률 규제가 강화되고 금융회사도 자율 규제를 실천하는 등 금융회사의 우월적 지위 남용을 방지하고 금융소비자 권익을 보호하기 위해 노력한 결과 금융소비자의 교섭력은 상당히 신장된 것으로 볼 수 있다.

예를 들면, 우선 1987년 7월 시행된 「약관법」에서는 약관[150]에 대해 행정관청의 인가 또는 심사를 받게 하고 있다. 그리고 약관을 해석할 때는 객관적으로 해석하되 뜻이 모호할 때는 소비자에게 유리하게 해석하여야 한다고 규정하고 있다. 또 고객에게 불리한 조항이나 사업자 측의 면책을 정한 조항은 무효로 하는 등의 내용을 담고 있다.

또 2010년 「은행법」 제52조의2 신설에 따라, 은행이 '구속성예금'을 수취하거나, 차주 등에게 부당하게 담보를 요구하거나 보증을 요구하는 행위, 은행업무, 부수업무 또는 겸영업무와 관련하여 은행 이용자에게 부당하게 편익을 요구하거나 제공받는 행위 등이 금지되었다. 2018년에는 「은행법」 제30조의2 신설에 따라 금리인하 요구권이 마련되었다.

그 외에도 「채권의 공정한 추심에 관한 법률」이 2009년 8월 시행되어 금융소비자가 금융회사로부터 부당하게 또는 과도하게 채무변제를 요구받는 사례가 발생하지 않도록 하였다.

이러한 내용들 중 상당부분이 새로 제정된 「금융소비자보호법」에도 영업행위 준수사항, 불공정영업행위 금지, 계약서류 제공의무 등으로 반영되었다. 그러므로 금융회사가 우월적 지위를 남용하여 금융소비자에게 불공정한 행위를 할 여지는 상당히 줄어들었다고 볼 수 있다.

가-1. 금융회사 소송 남발 방지

그런데 한 가지 금융회사가 우월적 지위를 이용하여 금융소비자를 옥죄지 않도록 해야 할 필요가 있는 부분이 금융회사의 소송 남발 문제이다. 금융회사는 거액 소송비용도 부담이 가능하고, 대부분 고문변호사 등 전문가들의 도움을 받을 수 있으므로 소송을 제기하기가 금융소비자에 비해 훨씬 쉽다. 그러므

---

150) "약관'이란 그 명칭이나 형태 또는 범위에 상관없이 계약의 한쪽 당사자가 여러 명의 상대방과 계약을 체결하기 위하여 일정한 형식으로 미리 마련한 계약의 내용을 말함('약관규제법」제2조).

로 금융소비자와 분쟁이 발생하면 소송을 제기하여 금융당국이 간여할 수 없게 만드는 경우가 많다. 금융회사가 이러한 우월적 지위를 활용하여 소송을 남발하는 사례는 금융소비자보호를 위해서도 바람직하지 않다.

대부분의 금융회사들은 소송 여부를 실무자급에서 결정하도록 하고 있다. 따라서 금융회사의 소송 남발을 방지하기 위하여 내부통제의 일환으로 보험권역에서 자율적으로 운영하고 있는 「소송관리위원회」와 같은 내부심의 기구를 설치하여 그 구성과 심의 대상 및 범위 등 운영기준과 운영 실태를 공개하도록 함으로써 금융회사의 소송이 합리적인 검토를 거쳐 꼭 필요하다고 판단되는 경우에만 소송을 제기하도록 유도하여야 한다.

그리고 이미 조정례가 있거나 판례가 있음에도 이에 반하는 취지로 소송을 제기하였다가 패소한 경우에는 불필요한 비용을 지출하도록 하여 금융회사 재산상의 손해를 끼친 것이므로, 금융회사가 해당 소송을 하기로 결정한 책임자들에게 소송과 관련된 비용을 부담시키고 인사 상의 책임도 부과하도록 검사 및 제재 제도의 운영을 바꿀 필요가 있다.

가-2. 불공정영업행위 금지의 부작용 완화

한편 금융소비자가 금융회사로부터 대출을 받을 때 금융회사가 자기가 우월한 지위를 이용하여 금융소비자에게 일방적으로 불리한 거래 조건을 강요하는 등 금융소비자의 권익을 침해할 소지가 있다. 그러므로 이러한 사례를 방지하기 위해 「금융소비자보호법」 제20조에서는 구속성 예금, 부당한 보증이나 담보제공 요구 등 불공정영업행위를 하지 못하도록 구체적으로 규정하고 있다. 이러한 규제의 근본 취지는 존중되어야 하며 훼손되어서는 아니 될 것이다.

그러나 이와 같은 규제로 인해 금융소비자가 오히려 불이익을 당할 소지도 있으므로 이와 관련하여 재검토가 필요한 부분이 있다. 예를 들어 담보나 연대보증을 요구하는 것을 금지하는 것은 차주의 신용상태가 양호함에도 금융회사가 만약을 대비하고 채권 회수의 편의성을 높이기 위해 무조건 가족이나 회사 임직원의 연대보증을 요구하는 폐단을 방지하기 위한 제도이다. 그런데 보증 또는 담보를 제공하도록 요구하는 것을 규제함에 따라 대부분의 금융회사들이 대출을 할 때 신용보증기금이나 기술신용보증기금의 보증서를 요구한다. 따라서 차주가 보증서를 받기 위해 상당한 보증비용을 지불해야 하는 불이익이 생긴다. 또 보증서를 담보로 여신을 취급함에 따라 은행이나 저축은행 등의 자체 신용평가 기능이 취약해지는 문제도 생긴다.

그리고 연대보증 규제로 인해 차주의 신용 상태가 약간 부족한 부분이 있어 연대보증으로 신용을 보강하면 대출을 받을 수 있는 기업이나 개인이 대출을 받지 못하게 되는 결과를 초래하게 되는 문제도 있다. 특히 스타트업 기업과 같이 업력이 일천하고 재무구조나 영업실적 등이 취약하여 대출이 가능한 높은 신용등급을 받기가 어려운 기업이 제3자 담보나 연대보증 등으로 신용을 보강하여 대출을 받을 길을 막아버리면 아무리 좋은 기술과 발전의 잠재력을 가지고 있어도 그러한 자원이 사장될 수도 있다.

이러한 점에 비추어, 무조건 담보나 연대보증을 금지하는 것보다는 담보나 연대보증 제도를 활용하는 것이 금융소비자에게 도움이 되는 경우에는 허용할 필요가 있다. 실제로 도움이 되는가에 대한 판단의 기준을 명확히 하면 큰 부작용이 없을 것이다.

아울러 구속성예금(꺾기)을 금지하는 것은 차주가 대출받은 자금 일부를 은행에 다시 예금으로 맡기게 함으로써 대출자금을 전액 활용하지 못하게 하면서, 쓰지도 못하는 자금에 대해 예금과 대출의 금리차만큼 이자 부담을 하게 되므로 차주에게 불리하게 작용하기 때문이다. 특히 차주의 자금상환 능력이나 해당 금융회사에 대한 기여도 등이 충분함에도 금융회사 임직원이나 점포의 영업실적을 높이기 위해서 구속성 예금을 요구하거나 펀드, 보험 등 다른 금융상품을 구매하도록 하는 것은 우월적 지위를 남용하는 것으로 보아 금지하는 것은 마땅하다.

원래 구속성 예금은 선진 외국에서 차주가 대출금 상환자금을 마련하도록 구속하기 위해 운영하는 제도로서, 차주의 신용 상태와 예상 현금흐름(cash flow)을 볼 때 대출 만기에 상환 재원을 일시에 마련하는 것이 불확실하므로 미리 상환 자금을 축적하게 하기 위한 것이다. 이런 측면에서 생각해보면 구속성 예금도 나름의 순기능이 있다. 만약 금융회사가 차주의 자금흐름(cash flow)을 추정해 본 결과 매달 영업이익 중에서 일부를 적립하지 않으면 만기에 대출금 상환 또는 일부 내입 후 만기연장을 할 자금이 나오기 어렵겠다고 판단되는데도 상환 자금을 적립하도록 요구할 수 없으면 금융회사는 대출을 하지 않게 될 것이다. 그러면 차주는 구속성 예금으로 부담하는 비용보다 더 많은 비용(금리 등)을 부담하면서 보다 신용도가 낮은 금융회사나 사금융 시장에서 자금을 조달해야 하는 상황을 맞이할 수 있다.

그리고 법에서 정한 대로 1% 기준을 위반하지 않기 위해 금융회사가 계약 체결 1개월 이전 또는 이후에 차주에게 예금보다 위험(금융회사는 수입 측면에서 유리)한 보장성 상품이나 투자성 상품을 가입하도록 요구할 가능성이 높다. 그런데 이런 상품들은 대출만기 시점에 원금손실 상태일 수도 있는데, 가입자 입장에서는 시간이 지나면 손실이 회복될 수 있음에도 만기연장이나 상환을 위해 부득이 상품 만기 전에 손해를 보고 처분하여야 하는 상황이 될 수 있게 된다. 대출금 상환을 목적으로 하는 구속성 예금도 지나치게 엄격하게 규제하다보니 오히려 금융소비자의 피해를 늘릴 수 있다는 것이다. 따라서 예금의 경우에는 필수 상환 예상액, 예를 들자면, 만기에 신용등급이 하락하여 대출 연장이 어려운 경우로서 특인을 받아 연장을 하기 위해 필요한 상환액(예: 원금의 20%)을 적립할 수 있는 수준까지 한도를 늘려줌으로써 다른 투자성 상품이나 보장성 상품 가입을 요청하는 명분을 없애는 것이 오히려 더 바람직할 것으로 생각된다. 다만, 구속성예금에 대해서는 차주가 그 자금을 이용하지 못하는 데 따른 불이익을 보상받을 수 있는 수준의 우대금리를 적용하도록 하면 차주의 불만을 줄일 수 있을 것이다.

한편 구속성예금의 운영을 보다 탄력적으로 운영하여야 할 필요성은 대출에 대한 금융소비자의 인식을 바꾸기 위해서도 필요하다고 생각된다. 과거부터 우리나라는 은행에서 대출을 받으면 상환에 대한 관심이 거의 없으며, 일부에서는 은행 돈은 상환할 필요가 없다는 인식까지도 가지고 있다. 그러나 금융회사가 대출을 하고나서 만기에 대출금 회수를 하지 않게 된다면 어떻게 계속기업으로 존립하면서 영업을 할 수 있을까? 그러므로 우리나라가 신용사회로 발전하기 위해서라도 금융회사의 신용평가 및 여신심사 기준과 절차를 존중해주어야 하며, 이에 맞추어 금융소비자도 대출금을 만기에 상환하여야 하므로 예금을 가입하여 상환자금을 축적하는 것이 당연하다는 인식이 확산될 필요가 있다.

나. 금융소비자의 협상력 강화를 위한 제도 개선

나-1. 금융상품 비교공시 강화

금융소비자는 금융회사에 비해 자기가 구매하고자 하는 금융상품의 내용이나 위험은 물론 효용 및 가격 등에 대한 정보가 부족하므로 전체 금융시장에서 거래되는 상품 중에서 자기에게 가장 유리한 상품을 골라서 구입하기가 매우 어렵다. 그러므로 금융소비자는 금융회사와의 협상에서 불리할 수밖에 없다. 이러한 상황을 개선하기 위해서는 금융시장에서 거래되는 모든 상품에 대한 정보를 금융소비자가 쉽게 접하며 동종 상품 간에 비교할 수 있도록 시스템을 구축하는 것이 최선으로 생각된다.

이러한 취지에서 금융감독원이 금융소비자 정보포털 '파인'(FINE)에 금융상품 통합 비교공시 사이트 '금융상품 한 눈에'를 운영하고 있다. 이 시스템은 무료로서 금융권역별 금융상품을 종류별로 비교할 수 있도록 소개하고 있어 금융소비자에게 매우 유용한 시스템이다. 그러나 일부 권역의 경우 상품의 구체적 거래 조건 등이 미비되어 있고, 최신 상품을 즉시 반영하지 못하는 등 부족한 면이 있다. 또 업계의 이익을 대변하는 금융권역별 협회 사이트로 링크하는 등 의존도가 높으므로 다소 무책임하다는 인상을 줄 수 있으며, 이로 인해 사이트의 신뢰성에 흠이 갈 수도 있을 것으로 보인다. 따라서 출시된 모든 금융상품이 비교 가능하도록 업데이트를 철저히 하고 단순히 계량적으로 또는 극히 단편적으로는 비교할 수 없는 상품 특징까지도 나타날 수 있도록 해당 상품의 내용과 위험에 대한 설명을 제공하는 등 금융소비자에게 실질적인 도움이 되는 서비스가 되도록 노력해야 할 것이다. 아울러 금융당국이 감독, 검사 과정에서 발견된 상품의 특징이나 소비자 유의사항 등 서비스를 제공하면 보다 경쟁력 있는 비교 포털이 될 것이다.

한편, 최근에는 일부 플랫폼 기업이나 금융업자들 가운데서 금융상품 비교 서비스를 제공하고 있으며, 은행권에서는 비교 플랫폼 구축을 추진 중이다. 「전자금융업법」 개정을 통하여 핀테크 플랫폼, 카드사 등에 계좌를 개설하고 급여를 이체 받아 바로 결제 및 송금, 공과금 및 카드 청구금 납부 등이 가능한 '종합지급결제 사업자' 제도를 도입하는 방안도 논의 중이다. 이러한 새로운 시스템이 도입되면 금융소비자들의 선택 폭이 넓어지기 때문에 협상력이 높아지는 효과가 있다. 그런데 이들 서비스는 수수료를 받는 경우도 있어 금융회사 또는 금융소비자에게 부담이 될 수 있다. 또 보험업의 경우에서 보는 바와 같이 제조와 판매가 분리되면 판매사(GA, 보험중개업자 등)가 판매에 대한 1차적 책임은 지지 않기 때문에 불완전 판매 등의 문제가 나타나기 쉬운 점을 감안하면, 상품비교 서비스를 영리법인이 운영하는 것은 금융소비자 입장에서는 객관성이나 공정성을 보장받기 어려운 점이 있을 수 있다. 예를 들어 상품비교 서비스 포털을 운영하는 회사가 특정 회사 상품을 화면 제일 앞에 뜨게 한다든가, 검색창에 상품 이름을 한두 글자만 치면 특정회사 상품이 드러난다든가 하는 등 공정성, 객관성이 떨어질 수 있게 된다.

그러므로 영리법인이 이러한 포털을 운영하거나 방카슈랑스, TM(telemarketing), CM(cyber marketing), GA 등 판매 채널에서 비교 서비스를 제공하는 것을 당국이 직접 규제하지는 않더라도 그 공정성 등에 대해서는 금융당국이 점검하고, 금융소비자에게 잘못된 정보를 제공하는 경우에는 시정시키고 제재할 필요가 있다. 아울러 '파인'을 보다 유용하고 편리하게 개선하여 운영함으로써 영리법인이 운영하는 포털의 공정성과 객관성을 높일 수 있도록 유도하는 역할을 해야 한다.

나-2. 상품 비교 공시의 실효성 제고를 위한 선결 과제

그런데 이러한 상품비교 서비스가 제대로 기능을 하려면 선결되어야 할 과제가 있다. 우선 비교대상 금융상품의 동질성이 있어야 비교의 의미가 있다. 은행의 경우 예금이나 대출이 대부분 정형화 되어 있어서 비교적 비교가 용이하다. 그러나 펀드의 경우, 펀드를 구성하는 자산 포트폴리오의 위험과 수익률이 펀드마다 다르므로 사실상 비교가 불가능하다고 하는 게 옳을 것이다. 또 보험의 경우 주계약의 보장 내용이 같다고 하더라도 수많은 특약이 붙어있고 또 특약에 따라 보장 내용이나 보험료 등이 천차만별이므로 사실상 정확한 비교가 불가능한 경우가 많다. 그러므로 이러한 상품을 비교하는 서비스는 하더라도 우선은 이러한 한계를 명확히 설명함으로써 금융소비자가 오해나 착각을 일으키지 않도록 하는 데 많은 노력을 기울일 필요가 있다.

그리고 보험 상품의 경우, 이미 앞에서 살펴본 대로 금융당국이 보험회사들로 하여금 각 보장별로 분리한 보험 상품을 만들도록 유도함으로써 보장과 보험료에 대한 비교를 통해 유·불리를 쉽게 확인할 수 있게 하는 등 실질적인 비교가 가능한 여건을 만들어야 한다. 또 암보험 및 상해보험 등과 같이 가입 수요가 많은 보험 상품은 기본 보장 범위가 동일한 표준화 상품으로 개발하도록 유도하면 금융소비자가 보험 상품의 가격과 보장 내용 등을 상품별 회사별로 쉽게 비교할 수 있게 될 것이다.

아울러 금융상품의 투명성을 강화하여야 한다. 즉 금융상품의 개발과 판매 및 관리 등과 관련된 세부 정보를 소비자에게 공개하도록 하는 것이다. 만약 금융소비자가 어떤 금융상품의 원가와 판매 등에 소요되는 경비 등을 알게 되면 자기가 기대하는 수령액과 비교하거나 다른 금융상품 또는 다른 금융회사 상품의 원가 등과 비교할 수 있게 되므로 어느 것을 선택할 것인지는 물론, 금융회사와 금리, 보험료, 수수료 등에 대한 협상을 할 수 있는 가능성이 생겨난다. 특히 보험이나 대출, 신용카드 등 모집인이 있는 금융상품의 경우 금융소비자가 모집인을 위해 자기가 부담하는 판매수수료를 알게 되면 판매원에 대해서도 당당하게 자기 권리를 주장할 수 있게 된다.

그러므로 금융상품별로 조달 금리 또는 보험료 등 금융상품 원가에 관한 정보와 함께 판매수수료 등을 금융소비자에게 공개하도록 하여야 한다. 그러면 금융소비자가 이러한 정보와 함께 금융회사의 신용도를 살펴 금융회사를 선택하거나, 본인이 금융회사나 판매인에게 기여하는 수준이 어느 정도인지 알 수 있게 되어 그에 상응하는 서비스를 요구하거나 할인을 요구할 수 있게 되는 등 협상력이 강화될 것이다.

다. 금융소비자 운동 활성화

금융회사가 우월적 지위를 남용하여 불공정 행위를 하는 것에 대해 개별 금융소비자가 대항하는 것은 쉬운 일이 아니다. 무엇보다도 금융당국의 금융정책 입안 과정에서부터 금융소비자의 입장을 반영하도록 하는 것이 쉽지 않으며, 금융소비자의 피해를 예방하고 피해가 발생할 경우 이를 구제하기 위해 금융회사와 금융당국이 경각심을 가지고 최선을 다하도록 하기도 어렵다. 그러므로 금융소비자들도 금융회사의 횡포에 대해 효과적으로 대항하고, 금융당국에 대해서도 금융소비자보호에 대해 늘 유념하도록 하기 위해서는 조직적으로 활동할 필요가 있다. 이를 위해서는 금융소비자 단체를 구성하여 전문가들이 금융소비자의 목소리를 대변하고 금융소비자 권익을 옹호하기 위하여 역할을 하도록 하여야 하는 것이 시급한 과제이다. 아울러 이들 단체가 앞장서서 금융소비자들이 자기보호 능력 향상을 위해 금융교육을 받도록 하고 자기책임 의식을 고취하는 등 금융소비자 스스로 인식을 전환하도록 계몽하는 노력을 하도록 하여야 한다.

우리나라에는 금융소비자보호 단체로서 금융소비자연맹과 금융소비자원 등이 있으나 이들의 활동은 매우 제한적으로 보인다. 이는 예산의 대부분이 기부금 등으로 운영되며, 이에 따라 상근인력을 채용하기가 어렵고 전문가들의 조력을 받기도 힘들 수밖에 없는 현실에 따른 결과라고 생각된다. 그러므로 금융당국이 금융소비자 단체들이 보다 활성화될 수 있도록 방안을 함께 모색할 필요가 있다. 다만, 금융당국이 직접 금융소비자 단체가 활성화되도록 하기 위해 방안을 강구하고 시행하는 것은 바람직하지 않다. 그러므로 제한적이긴 하지만 각종 행사에서 일정 부분의 역할을 담당하도록 하거나 금융정책 등에 금융소비자 단체에 공식적으로 의견을 요청하는 등의 방안을 적극적으로 활용해야 할 것으로 보인다.

5. 금융소비자의 과욕을 줄일 수 있는 여건 조성

금융소비자들이 쉽게 고수익의 유혹에 빠지는 것은 근본적으로는 한없는 욕심 때문이겠지만, 그 밑바탕에는 경제적인 부족함으로 인한 노후 불안, 주거 불안 등이 깔려 있다.

저축은행 사태나 동양 사태, 사모펀드 사태 등 주요 분쟁 사례에서 알 수 있듯이 60대 이상 연령층이 전체 피해자의 절반 이상인 점을 보면, 이들은 지금의 재산 수준으로는 자신의 노후를 안심하기에는 부족하다는 판단에 조금이라도 수익을 더 낼 수 있는 상품을 선택한 것으로 볼 수 있다. 만약 이들이 노후 문제가 걱정이 되지 않을 정도로 여유가 있으면 굳이 고수익을 추구하지 않아도 되므로 고위험 상품을 선택할 필요가 그만큼 줄어들게 된다. 그러므로 금융소비자들, 특히 은퇴를 앞둔 중장년층들이나 은퇴한 고령층이 금융거래를 할 때 고수익의 유혹에 빠지지 않고 이성적이고 합리적인 의사결정을 하도록 도와주기 위해서는 금융소비자들이 노후에 대해 걱정하지 않을 수 있는 여건을 마련해 주어야 한다. 따라서 정부 및 금융당국이 국민연금, 개인연금, 퇴직연금 등 복지제도가 노후생활의 안정을 보장할 수 있도록 운영하여야 한다.

또한 주거 안정을 위해 주택구입이 최우선 과제인 청·장년층은 주택가격이 급등하는 상황에서 조금이라도 가격이 오르기 전에 주택을 구입하기 위한 자금을 마련하기 위해 주식이나 비트코인 투자에 뛰어들었다가 실패하거나, 상환 능력을 초과하는 과도한 대출을 받아 원리금 상환 부담으로 어려움을 겪기도 한다. 그러므로 금융당국을 포함한 정부가 이러한 여건을 개선하여 금융소비자들이 과도한 위험을 부담하는 금융거래를 하지 않을 수 있도록 정책적인 지원이 필요하다.

가. 연금상품 수익률 제고

　금융소비자가 지나치게 위험한 금융거래를 하지 않도록 그들의 노후 안정을 지원하기 위해서는 개인연금 및 퇴직연금의 수익률을 높이는 방안 모색과 함께 수수료 부과의 합리성 제고에 관심을 가져야 한다. 2021년 4월 5일 고용노동부와 금융감독원이 발표한 '2020년 퇴직연금 적립금 운용현황 통계'에 따르면 2020년 적립금은 255.5조 원으로 전년(221.2조 원)대비 15.5% 증가하였으며 연간수익률은 2.58%로 전년(2.25%)대비 0.33%p 상승하였다. 최근 5년 및 10년간 연환산 수익률은 각각 1.85%, 2.56%로 나타났다. 이는 2013~2019년 호주(8.87%), 미국(9.49%)의 수익률에 비해 너무 많은 차이가 난다. 그러므로 퇴직연금의 수익률을 크게 높일 수 있는 방안이 필요하다.

　퇴직연금은 확정 급여형(DB)과 확정 기여형(DC)으로 나뉜다. DB형은 직원을 고용한 회사가 근로자의 퇴직연금 재원을 외부 금융회사에 적립하여 운용하는 방식이고, DC형은 근로자가 직접 금융회사와 적립금 운용 방식을 선택한다. DB형은 최종적으로 고용 회사가 퇴직금 지급을 책임지게 되므로 그 수익률은 문제가 되지 않는다. 그러나 DC형은 그 수익률이 근로자의 퇴직연금액에 영향을 미치므로 수익률이 높으면 근로자에게 유리하다. 이와 관련하여 DC형의 경우 디폴트 옵션 제도를 도입하기로 하였다.[151] DC형은 취업 후 퇴직할 때까지 장기간 동안 각 개인이 직접 자산을 운용해야 하기 때문에 사실상 주로 안전자산에 투자하고 거의 관리를 하지 않으므로 수익률이 낮을 수밖에 없다. 그러므로 퇴직연금을 가입한 근로자가 퇴직연금 적립금을 운용하는 방법을 지정해주지 않으면 퇴직연금 재원을 운용하는 금융회사가 내부적으로 사전에 정해놓은 운용 방법에 따라 운용한다는 것이다. 이 제도를 도입하기 위해 법안이 발의된 후 원금 손실로 인해 수익률이 오히려 낮아질 가능성도 있으므로 도입에 대한 논란이 있었다. 미국, 호주와 같은 퇴직연금 선진국들은 디폴트 옵션을 적극 활용하고 있다.

　그런데 이와 맞물려 꼭 논의되어야 할 사항은 바로 연금 적립금 운용에 대한

---

151) 매일경제, 2021년 12월 1일, '여야 퇴직연금 수익률 높일 '디폴트옵션' 도입한다'

수수료 부과 문제이다. 퇴직연금에 대해서는 수익률과 상관없이 자산운용 수수료를 부과하는 것이 일반적이다. 2020년 중 은행은 연간 수익률이 2.26%로 금융투자나 생명보험보다 낮은데도 불구하고 수수료는 가장 많이 뗀 것으로 나타났다. 한마디로 모순이다. 이로 인해 실질 수익률을 더욱 낮추는 결과를 낳게 된다.

이러한 문제를 해결하기 위해서는 수수료를 수익률을 기준으로 일정비율을 부과하도록 개선할 필요가 있다. 수익률에 연동되지 않고 운용 자산규모 등을 기준으로 할 경우 금융회사로서는 수익률을 높여야 할 유인이 없으므로 퇴직연금의 수익률에 전혀 관심을 가질 필요가 없다. 만약 수수료가 수익률에 연동된다면 가입자가 운용 방식을 정해주는 현행 제도 하에서도 퇴직연금의 수익률을 높이기 위해 가입자에게 유리한 자산을 물색하여 권유하는 등의 노력을 할 것이다. 그리고 수수료를 수익률에 연동하게 되면 연금 운용 금융회사는 수수료 수입을 더 올리기 위해 최선을 다할 것이므로 원금손실 우려는 크게 줄어들게 되어 디폴트 옵션의 실효성에 대한 논란이 줄어들 수 있을 것이다.[152]

금융 권역별 퇴직연금 연간 수익률 현황

(단위 : %, %p)

구 분		금투	생보	은행	손보	근로복지공단	전체
'20년	[A]	3.78	2.39	2.26	2.03	1.90	2.58
원리금 보장형		1.88	1.92	1.47	1.92	1.67	1.68
실적 배당형		11.20	11.17	10.05	12.06	17.56	10.67
'19년	[B]	3.04	2.15	2.01	2.02	1.99	2.25
증감	[A-B]	0.74	0.24	0.25	0.01	△0.09	0.33

주) 수수료를 차감한 적립금 가중평균 수익률이며, 원리금 보장형에는 대기성 자금 포함

금융 권역별 총비용 부담률 현황

(단위 : %, %p)

구 분	은 행	금융투자	생명보험	손해보험	근로복지공단
'20년	0.46	0.41	0.36	0.34	0.07
'19년	0.48	0.42	0.42	0.38	0.08
증감	△0.02	△0.01	△0.06	△0.04	△0.01

자료출처: 금융감독원

---

152) 퇴직연금 문제를 보다 근본적으로 해결하기 위해서는 국민연금과 같은 방식으로 관리하는 것이 필요함.

퇴직연금에 관련된 문제는 개인연금에 대해서도 마찬가지로 적용된다. 금융감독원의 금융소비자 포털 「파인」의 '금융상품 한눈에'에서 공시한 자료를 기준으로 적립금 기준 5개 대형사의 2021년 2분기 현재 장기수익률(10년, 수수료 차감후 기준)과 수수료를 보면, 은행의 연평균 수익률은 2.17~2.66%인데, 수수료는 0.66~0.88% 수준이다. 보험회사 가운데 생명보험사는 수익률이 −0.96~1.97%인데 수수료는 0.82~3.12%, 4개 대형 손해보험은 수익률 0.12~0.99%, 수수료는 1.99~3.03%이다.

수익률이 음(−)인데도 불구하고 수수료는 떼는 사례도 나타난다. 이와 같은 상황에서는 개인연금이 연금으로서 기능을 다하기가 어려워 외면 받게 될 수밖에 없다. 그러므로 개인연금도 수수료를 부과하는 기준을 수익률에 연동하도록 하여야 할 것이다. 최근 증권회사를 중심으로 일부 금융회사가 수수료를 부과하지 않거나 크게 낮추는 사례가 있어 다행이라는 생각이 들지만, 수수료를 부과하지 않을 경우에도 금융회사가 수익률에 관심을 가지지 않게 되는 것은 마찬가지일 텐데 낮은 수익률을 해결하는 데 도움이 될지는 의문이다.

나. 고용 및 주거 안정

그리고 일상생활에 가장 중요한 영향을 미치는 고용과 주거의 안정을 위한 정책도 강화하여야 한다. 취업이 어렵거나 고용이 불안정하면 누구나 미래에 대한 불안감을 가지게 되는데, 이를 해소하기 위해 허황된 욕심을 가지고 일확천금을 노리게 되기 쉽다. 이런 과정에서 취업 사기에 걸려들거나 빚을 내어 과도하게 위험한 투자를 성급하게 감행함으로써 오히려 피해를 입게 될 가능성이 커진다. 그러므로 고용이 늘어나고 안정될 수 있도록 기업이 투자를 확대하고 지속 발전할 수 있는 여건을 조성하는 정책을 정부가 적극 추진하는 것이 금융소비자보호를 위한 길이 되기도 한다. 또 주택가격이 안정되도록 하는 것도 청년층이 주택을 구입하기 위해 '영끌'이라 하여 과도한 부채를 부담하게 하거나 '동학개미'다 '서학개미'다 하며 주식투자에 뛰어들어 오히려 손해를 보는 일이 생기지 않도록 하는 길이다.

주택가격 안정을 위해서는 시장원리에 따라 수요에 맞게 공급을 확대하는 것이 가장 효과적인 정책이라는 데는 이견이 없을 것이다. 그런데 수요 측면에서는 가격 상승에 따른 차익을 노리는 가수요를 줄이기 위한 정책도 중요한 과제라고 본다. 왜냐하면 앞으로 우리나라 인구가 감소할 것이 분명한데도 주택가격이 오르는 것은 실수요가 아니라 투기적 목적의 가수요가 많기 때문이라 할 수 있다. 이러한 상황에서는 주택 공급을 늘리더라도 주택가격 상승을 막기 어려울 것이다. 그동안에도 투기적 수요를 차단하기 위해 조세정책 등을 많이 이용하였지만 별 효과를 보지 못하고 있다. 그것은 오랜 동안 풀린 유동성이 투자 대안이 없어 그동안 지속적으로 높은 수익률을 올린 주택 투자에 몰려 주택가격이 상승하는 측면을 외면하고 단순히 대증요법 식의 미시적 정책수단을 이용하였기 때문이다.

그러므로 장기적이고 보다 근본적인 방안으로서 주택 투자에 몰린 자금이 빠져나갈 수 있는 다른 투자 기회를 만들어 주어야 한다. 기업들이 국내에서는 물론 해외에서도 고수익을 올릴 수 있는 투자 기회를 발굴할 수 있도록 정부와 금융당국이 적극적으로 길을 터주기 위해 노력하여야 한다. 기업가 정신을 존중하고 정당한 부의 축적을 칭찬하는 사회 분위기를 만들어 가야 한다. 결국 기업을 육성하여 고용 및 주거 안정이 달성 되도록 환경을 만들면 금융소비자들이 위험을 무릅쓰고 투기적 금융거래에 뛰어드는 불행을 막을 수 있을 것이다.

제5절 금융분쟁조정의 실효성 제고

　금융감독원이 법률에 따라 금융분쟁조정위원회를 설치하여 금융소비자와 금융회사간의 금융분쟁을 조정하고 금융민원[153]을 처리하며, 이를 통하여 금융소비자 피해를 구제함으로써 금융소비자보호에 기여하고 있는 것은 주지의 사실이다. 변호사를 선임하고 최대 3심까지 가야하는 소송에 비해 금융당국의 분쟁조정은 사실상 금전 부담이 없는 데다 처리 또한 매우 신속하게 이루어지므로 금융소비자들에게는 매우 유리한 제도이다. 특히 피해 금액이 크거나 피해자가 많은 중대한 사안의 경우에는 금융감독원이 현장검사나 금융회사 자료 징구 등을 통해 금융회사의 업무처리 과정에서 금융소비자에게 불리한 위법 부당한 행위를 한 사실까지 적출하여 판단하므로 당사자가 직접 입증해야 하는 재판에서는 기대할 수 없는 엄청난 혜택을 받을 수 있다.

　금융감독원은 최근 5년간 매년 7~9만 건 정도의 금융민원을 처리하였으며, 3만 건 정도의 분쟁민원, 즉 금융회사와 금전적인 다툼이 있는 민원을 처

---

153) 금융분쟁조정은 금융회사와 금융소비자간 금전적 다툼에 대해 조정안을 만들어 당사자들이 수락할 것을 요청하는 업무로서, 조정안은 금융분쟁조정위원회 의결로 결정한 것과 기존 판례나 조정례를 준용하여 금융소비자보호처가 마련한 것이 있음. 금융민원 처리는 분쟁조정 대상뿐만 아니라 금융소비자 불만도 포함하여 처리하는 점에서 차이가 있음.

리하였다. 그리고 저축은행 후순위채, 동양 사태, 키코, 사모펀드 등 국민의 이목이 집중된 대형 사안들도 처리함으로써 많은 금융소비자들의 피해를 구제하였다.

이러한 공이 있음에도 많은 금융소비자와 금융회사로부터 금융감독원의 금융분쟁조정이나 금융민원 처리에 대해 긍정적인 평가를 받기 못하는 것이 현실이다.

그 첫 번째 이유는 민원처리가 원래 약속한 기간보다 더 오래 걸린다는 점이다. 특히 분쟁민원은 더욱 오래 소요된다.

다음으로는 조정 결정의 공정성에 대한 문제이다. 금융회사 측에서는 너무나 일방적으로 금융소비자 편을 들면서 금융회사를 범죄 집단 취급한다고 생각하고, 금융소비자들은 '가재는 게 편'이라고 하며 금융감독원이 완전히 금융회사에게 유리하게 처리한다고 비난한다. 이렇게 된 원인의 상당부분은 금융회사나 금융소비자나 모두가 이기적인 생각으로 자기가 정한 기준에 따라 상황을 판단하는 데 기인한다고 생각된다.

그러나 금융감독원에서 근본적인 원인을 제공한 책임도 상당히 크다고 보는 것이 합당할 것이다. 왜냐하면, 그동안 금융감독원이 금융소비자보호 강화에 중점을 두겠다는 감독 방향을 발표하여 금융소비자들에게 상당한 기대를 일으키게 하는 경우가 많았다. 그런데 시장에서는 그러한 방향 제시가 약자인 금융소비자를 일방적으로 보호하고 도와주는 방식으로 금융소비자보호 업무를 추진하겠다는 의지를 표현한 것으로 읽혀져 무분별하게 민원을 내게 된다. 그러나 현실에서는 금융감독원이 충분한 양적(인력, 설비), 질적(인적 전문성과 사명감) 준비가 되어 있지 않은 상태이므로 폭발적으로 민원이 늘어남에 따라 정성을 다해 민원처리를 하지 못하게 되는 사례가 많아지게 된다. 또 법률과 판례 등의 제약을 벗어날 수 없는 현실에서 금융소비자에게 일방적으로 유리하게 민원을 처리할 수 없는 상황임에도 금융소비자의 기대수준은 오히려 더 높아져 그만큼 금융소비자의 실망을 키우게 되는 것이다.

이와 반대로 금융회사 입장에서는 금융감독원이 표방하는 금융소비자보호 방향에 미루어 볼 때 지나치게 금융소비자에 편향된 결정을 하게 될 것이라는 선입관을 가지게 되므로 분쟁조정 결정이 공정한가를 냉철히 따지기 이전에 무조건 의심부터 품게 된다. 이런 상황에서 다소 금융소비자 입장을 많이 반영한 듯한 결정이 나오면 이러한 의심은 불신으로 바뀌게 된다. 실제로 대형 금융분쟁 사례 가운데 일부에서 금융회사들이 분쟁조정 결과에 대해 불만을 드러낸 것은 금융당국에 대한 불신의 표현으로 보인다. 이러한 측면에서 금융당국이 불신을 스스로 자초한 부분도 상당하다는 것이다.

이러한 불신을 해소하고 금융감독원 분쟁조정 업무가 금융소비자와 금융회사 모두로부터 신뢰를 받기 위해서는 우선 지금까지 유지하던 금융소비자 일변도의 보호 개념에서 벗어나 금융소비자가 부당하게 권익 침해를 받은 경우 이를 회복하도록 도와주는 개념으로 바꾸어야 한다. 나아가 금융회사나 금융소비자 모두가 금융당국의 결정을 존중하고 흔쾌히 수락하도록 하게하는 권위를 갖추어야 한다. 금융감독원이 그러한 권위를 갖추려면 금융감독원이 분쟁조정 업무뿐만 아니라 다른 모든 업무에서도 공정성과 객관성, 투명성 및 일관성을 확보하여야 한다. 이를 위해서는 법률에 기반을 두고 공정한 판단을 할 수 있는 업무 전문성과 함께 충분한 정보를 바탕으로 정성적 형평성까지 확보하여야 한다. 모든 업무 처리과정은 공개되고 이해관계 당사자의 의견은 충실히 반영되며, 충분한 정보 제공과 소통을 통하여 조정안을 수락하는 것이 당사자에게 도움이 된다는 확신을 주고, 업무 담당자들도 모두 사명감과 책임감과 함께 불편부당하게 업무를 처리하는 도덕성까지 갖추도록 하여야 한다.

아울러 금융민원 담당직원의 업무 부담이 과도함에 따라 업무처리에 최선을 다하지 못할 소지가 많으므로 인력확보 외에 불요불급한 민원을 줄이기 위한 노력도 병행하여야 할 것이다. 또 직원의 책임감과 사기를 앙양하는 것도 업무 품질을 높이는 데 많은 영향을 미치므로 이에 대한 해결책도 강구하여야 한다.

이러한 관점에서 금융당국의 사후적 금융소비자보호 제도인 금융민원처리 및 분쟁조정 제도가 보다 효과적으로 목적을 달성하기 위해서는 어떻게 해야 하는지 살펴보기로 하자.

1. 금융민원 처리의 신속성 보장

가. 금융소비자의 과도한 기대 유발 요인 차단

금융당국의 금융민원 처리나 분쟁조정 제도는 금융소비자보호에 있어 필수적이고 매우 효과적인 제도이지만 분명히 한계가 있다. 우선 금융당국이 법을 뛰어 넘어 금융소비자를 보호해 줄 수는 없다. 금융회사가 법규에서 정한 범위 내에서 금융소비자와 거래를 하고 결과적으로 금융소비자가 손실을 보았다면 금융당국도 이를 보호할 수 없는 것은 당연하다. 또 금융감독원의 아무리 법규에 기반을 둔 합리적인 분쟁조정 결정이라도 금융회사가 조정안을 수용하지 않으면 이를 강제할 수 있는 수단이 없다. 그러므로 금융감독원도 민원을 처리함에 있어서 이와 같은 한계가 있다는 사실을 금융소비자가 분명히 인식하고 민원을 제출하도록 충분히 안내함으로써 금융당국이 무조건 금융소비자의 손실을 회복하게 해 줄 것이라는 기대를 가지지 않도록 노력하여야 한다.

그런데 과거 금융감독원이 금융소비자보호 정책에 관하여 보도자료를 내는 등의 움직임이 있을 때마다 민원이 급증하는 사례를 많이 보았다. 이러한 사례는, 금융당국이 의도하였거나 의도하지 않았거나를 막론하고, 금융소비자들은 금융감독원이 무엇이든 억울하다고 생각되는 모든 민원을 다 해결해 주겠다는 메시지로 이해하고 지나친 기대를 가진 데 따른 것으로 볼 수 있다.

기대가 높아져 민원 건수가 급격히 늘어나다 보니 그 가운데는 민원거리에 해당되지도 않는 민원도 마구 쏟아져 민원 금융회사에 이첩하거나 기각하는 건도 늘어나게 된다. 또 민원 증가로 직원들 업무 부담이 급격히 늘어나 정해진 민원 처리기간 중에 처리하지 못하는 경우가 늘어난다. 일에 몰리다 보니 야근을 하는 등 피로가 쌓이게 됨에 따라 정확한 사실관계 파악과 분석 및 충실한 법규 검토 등을 하지 못하여 판단에 오류가 생기는 사례도 발생할 위험이 커지게 된다. 그러므로 금융감독원의 이미지를 개선하려는 당초의 의도와는 달리 금융소비자들의 불만은 줄어들지 않고 직원들의 고생만 늘어나게 되는 것이다.

또 금융소비자 권리를 강화하는 정책을 발표할 때도 금융소비자들의 기대를 너무 높여놓아 그에 따른 부작용도 많이 나타난다. 예를 들어, 대출금리 인하 요구권과 같은 제도 도입방안을 발표하면서 그 제약 조건과 자격, 처리에 필요한 증빙 및 처리 절차 등에 대해서는 크게 드러내지 않는 것이 일반적이다. 그러나 이러한 형식의 발표는 금융소비자들이 대출 금리 인하를 요구만 하면 무조건 적용되는 것으로 호도하게 될 가능성도 커진다. 그러므로 금융소비자들이 당연히 혜택을 받을 것으로 기대하면서 실제로 신청을 했으나 받아들여지지 않게 되어 오히려 불만만 늘어나게 되는 수도 있다. 이와 더불어 금융당국이 금리인하 이행 실적을 점검하고 그 결과를 발표하는 등 금융회사가 금리를 인하하도록 압박하는 모양새를 취하면 금융회사는 이에 대응하여 금리는 내려주고 다른 수수료를 올리는 등 고객 수익성 분석을 통해 나름대로 균형을 찾는다. 결국 금융소비자에 대한 서비스가 축소되는 결과를 초래하는 것이다. 경제학 이론에서 정부가 가격을 규제하면 소비자 효용이 그만큼 줄어드는 것은 단순히 이론이 아니라 실제로 일어나는 팩트이다. 그러므로 금융당국이 금융소비자보호라는 명분으로 금융시장 원리를 도외시하거나 금융회사의 신용관리 체계, 영업 관리 체계의 근간을 흔드는 규제나 권고를 하게 되면 결국 소비자의 효용이 줄어드는 역효과를 불러올 수 있다는 점을 충분히 감안하여야 할 것이다.

나. 구제 대상 민원에 집중할 수 있는 여건 조성

금융감독원 민원은 우편, 전화, 이메일, 홈페이지 등록 등 거의 모든 소통 수단으로 제기할 수 있다. 정해진 양식도 없어서 신청인이 마음대로 작성하면 된다. 그리고 내용에도 제한이 없어 금융회사 업무처리 방법이나 행태에 대한 불만이건 직원의 개인적 사안이건 금융소비자에게 불만을 일으키는 것은 무엇이든 다 민원을 제기할 수 있다. 이와 같이 전혀 문턱이 없다보니 부작용도 만만치 않다. 금융회사의 부당한 업무처리에 관한 것뿐만 아니라 직원들의 태도 등 조금이라도 본인 마음에 들지 않으면 무조건 민원을 내기도 한다. 또 민원 중 상당 부분은 민원인이 절실한 필요에 의해 민원을 낸 것이 아니라 '되면 좋고, 아니면 말고' 하는 식의 진정성이 없는 민원도 많다. 또 민원 내용이나 형식에 제한이 없어서 민원인들이 자기 나름대로 민원 신청서를 작성하다보니 도대체 사실관계가 어떻고 요구사항이 어떠한지 알지 못하도록 두서없이 쓴 경우도 너무나 많다. 이런 경우에는 담당직원이 본인에게 연락을 하여 구체적인 사실 관계와 요구사항 등을 일일이 확인하여야 한다. 그러고 나서 정해진 업무처리 절차에 따라 문서 작업과 보고 및 결재 등 처리를 하여야 한다. 민원의 절대량 은 계속 증가하는데도 금융감독원의 민원 업무처리 인력은 무한정 늘릴 수 없 으므로 직원 일인당 처리해야 하는 민원 건수가 계속 늘어나고 있다.

그런데 금융민원 처리는 민원의 핵심 주장 내용을 파악하고 금융회사로부터 관련 자료 요구와 함께 회사 측 입장을 들어 구체적 사실관계를 확인한 후, 관 련 법규나 판례, 업무 관행 등에 비추어 민원인과 금융회사 중 어느 주장이 타 당한지 판단하여야 한다. 그런데 담당하는 민원 건수가 너무 많으면 정해진 기 일 내에 업무처리를 하기 위해 서두르는 과정에서 한 가지라도 소홀하거나 착 오가 있거나 간과하게 되는 등 문제가 발생할 수 있다. 결국 반드시 구제받아 야 할 대상이 아닌 민원을 처리하는 부담 때문에 꼭 구제받아야 할 선량한 금 융소비자까지 구제받지 못하게 되는 결과를 초래할 수 있는 것이다.

그러므로 금융감독원이 금융민원을 제대로 처리하기 위해서는 민원 건수에 맞게 담당 인원을 늘리거나 불필요한 민원 건수를 줄이는 방법을 고민하여야 한다. 그런데 담당 직원 수를 늘리는 것은 예산의 제약이나 조직 차원의 인력 수급 문제 등으로 무한정 늘리는 데 한계가 있다. 따라서 인력 확보를 위한 노 력은 지속적으로 해 나가되 불요불급한 민원의 제출을 억제하기 위해 거름망 역할을 하는 문턱을 만드는 것이 차선일 수 있다. 아울러 금융회사의 금융소비 자 피해 구제 기능을 확립함으로써 금융민원이 근본적으로 줄어들 수 있도록 하는 방안도 필요하다. 이에 대해 살펴보기로 한다.

나-1. 진정성 없는 민원 사전 차단

맨 먼저, 금융소비자가 처음부터 무조건 금융감독원에 민원을 접수하지 않고 우선 금융회사에 민원을 제출하여 그 처리결과를 보고 이의가 있을 때만 금융회사로부터 받은 문서를 첨부하여 민원을 제기하도록 하여야 한다. 금융회사가 1차적으로 민원을 처리하여 수용할 것은 수용하고 나면 금융감독원이 처리할 민원은 그만큼 줄어들게 된다. 지금도 금융회사에 민원을 신청한 사실이 없는 경우로서 권리구제를 요청하는 이의 신청성(異議申請性) 민원에 대해서는 금융회사와 민원인이 자율적으로 문제를 해결할 수 있도록 금융회사로 보냄으로써 자율 조정 기회를 부여하고 있으나, 이 과정에서 금융회사에 통보하고 그 결과를 관리하는 등의 업무처리 절차가 필요하여 이에 소요되는 시간과 노력도 상당하다. 따라서 금융회사에 민원을 제기하지 않고 금융감독원에 직접 민원을 제출하였거나 청와대, 감사원 등에 제출하여 이첩된 사안에 대해서는 아예 처음부터 민원인이 금융회사에 민원을 제출하도록 안내할 필요가 있다.

금융감독원 홈페이지를 통해 인터넷으로 민원을 신청하는 경우로서 금융회사에 민원을 신청한 적이 없는 민원에 대해서는 제도의 취지를 설명하는 화면을 띄운 다음 자동으로 해당 금융회사 민원신청 사이트로 연결되도록 하는 전산시스템을 구축하는 것을 검토할 수 있을 것이다. 이런 방식으로 처리할 경우 금융소비자들의 비난이 부담스럽다면 이런 유형의 민원은 일단 금융감독원 민원으로 접수하되 자동으로 해당 금융회사로 송부하여 자율 조정을 거치도록 하고 이러한 조치에 대한 안내도 자동적으로 민원인에게 전달되도록 전산시스템을 구축하는 방법도 추진할 수 있을 것이다. 이와 같은 방식으로 일차적으로 금융회사가 민원을 걸러서 민원을 수용하여 해결해주는 경우가 있으면 그만큼 금융감독원 민원이 줄어들게 된다.

일단 금융회사가 일차적으로 민원처리를 하게 되면 자율 조정이 되지 않아 금융감독원에서 민원을 처리하게 되더라도 금융회사의 회신문을 보면 곧바로 금융회사 판단 근거를 명확히 알 수 있고, 금융회사의 민원처리에 이용된 관련 증빙 등을 받는 데도 시간을 크게 단축할 수 있어 민원처리가 효율적으로 이루어질 수 있을 것이다. 물론 금융회사의 판단을 거칠 필요가 없이 금융감독원이 직접 처리해야하는 사항 즉, 금융회사 및 임직원의 위법 부당한 행위를 고발하거나, 금융관련 법규 해석을 요청하는 민원이나 상속인 금융거래 조회 등은 당연히 예외로 하여야 한다.

다음으로는, 구제 필요성이 적은 민원의 범람을 막기 위해서는 금융감독원에 민원 제출을 할 때는 소액(예시: 500원)의 정부수입인지를 첨부하게 하는 것을 적극 검토해야 한다. 이 방법은 이 정도의 적은 돈이 아까우면 민원을 내지 않아도 될 정도로 진정성이 부족한 심심풀이 식의 민원을 거를 수 있을 것이다. 물론 초기에 금융감독원이 민원인으로부터 금전을 갈취한다는 등 악성 여론이 만들어질 소지는 있지만, 소액인 데다 수입인지 대금은 정부로 귀속되고 금융감독원이 얻는 이득은 없으므로 제도 도입 초기에 취지를 제대로 알리도록 노력하면 자연히 해결될 것으로 생각된다. 다만, 인터넷 등 전자적 방식으로 민원을 접수하는 경우에는 전자 수입인지를 첨부하는 데 전혀 어려움이 없도록 시스템 구축에 신경을 써야하는 것은 당연하다.

또 민원 건수를 늘리는 요인 중 하나인 동일 반복 민원에 대한 대응 방식을 바꾸어야 한다. 이미 민원으로 접수하여 금융당국의 공식적 처리가 끝난 것인데도 이를 수긍하지 않고 민원인이 본인의 주장을 관철하기 위해 많게는 수십 번씩 계속하여 민원을 제출하는 경우에는 공식 문서로 경고를 한 다음 업무방해 등을 이유로 형사 고발하여야 한다. 다만, 이러한 반복 민원에 대해서는 경고를 하기 전에 반드시 기존 민원처리 부서가 아닌 독립된 부서 등에서 민원의 부당성 여부에 대해 신중한 검토를 할 필요가 있다. 실제로는 구제받아야 할 사안인데도 담당 라인의 사실 관계 확인이나 법규 적용 등 판단 과정에서 실수나 오류로 인해 억울하게 된 경우도 있을 수 있기 때문이다.

그리고 민원업무 처리의 효율성을 제고하기 위해서는 금융민원 제출 양식을 통일할 필요가 있다. 만약 민원 내용이 6하 원칙에 맞지 않아서 사실 관계, 피해 내용, 구제 요구 내용은 물론 관련 본인 연락처나 금융회사 등이 불분명하면 일일이 연락을 하여 다시 확인하는 절차를 거쳐야 하므로 엄청난 업무 부담이 된다. 따라서 금융감독원 홈페이지의 금융소비자 포털을 통하여 전자적으로 접수되는 민원과 같이 민원인이 기본적으로 필수 기재사항을 다 기재하도록 양식을 마련하여 금융소비자 포털 등에 게시하고, 금융회사 객장 등에도 비치하여, 이메일이나 우편 등으로 금융감독원에 민원을 제기하는 경우에는 이 양식을 쓰도록 유도할 필요가 있다.

나-2. 금융회사의 민원처리 기능 강화 유도

금융회사가 민원이 발생되지 않도록 모든 업무를 적법하게 처리하거나 민원이 발생하더라도 금융회사가 적극적으로 역할을 하게 되면 금융감독원에 접수되는 민원을 크게 줄일 수 있다. 그러므로 '금융소비자보호기준'에 금융회사 내부 규정에서 금융민원의 발생을 예방하기 위한 업무처리 방법 및 절차를 명확히 하고 이를 어길 경우에는 그에 대한 자체 처벌을 엄정하게 하도록 지도하여야 한다. 금융회사가 영업부문과는 독립적인 민원처리 조직을 갖추고 전문성을 갖춘 직원들이 민원을 적극적으로 해결하기 위해 노력하면 금융감독원에 제기되는 민원은 크게 줄어들 수 있다.

동시에 민원처리 기준을 금융감독원의 민원처리 기준, 즉 판례나 조정례와 일치시키도록 지도할 필요가 있다. 민원처리 기준이 금융감독원의 그것과 일치하면 금융회사의 민원 처리결과에 대해 불복하고 금융감독원에 민원을 제기하더라도 별 차이가 없고 또 소송을 제기하더라도 차이가 없다는 사례들이 계속 축적되게 되면 굳이 금융감독원에 민원을 제기하거나 소송을 제기할 필요가 없다는 인식이 널리 퍼지게 될 것이다. 그러면 당연히 금융감독원 민원 건수는 크게 줄어들게 된다.

이와 아울러 금융소비자의 민원이 기존의 판례나 조정례에 해당되는 것이 명확함에도 불구하고 금융회사가 판례 등과 다르게 처리하여 자율 조정이 되지 않은 경우에는 금융감독원이 반드시 검사(현장검사 또는 서면검사)를 실시하여 위법 사항에 대해서는 엄정하게 제재 조치를 함으로써 민원 건수를 줄이는 외에도 금융회사의 금융소비자보호에 대한 경각심을 높이도록 할 필요가 있다.

이 외에 금융회사가 스스로 민원 발생을 예방하고 발생된 민원을 적극적으로 처리하여 금융감독원에 제기된 민원 건수를 줄이는 방법으로서 민원이나 분쟁 건수를 금융감독원의 감독분담금 산출에 반영하는 방안이 있다. 이것은 금융회사가 민원을 유발함에 따라 금융감독원에서 처리하는 데 드는 비용이 증가하게 되므로 이를 해당 금융회사가 부담하도록 하자는 것이다. 이 제도가 도입되면 금융회사 경영진은 해당 금융회사의 분담금을 줄이기 위해 금융소비자보호에 관심을 가지고 적극적으로 노력하게 되므로 금융감독원 민원이 많이 줄어들 것으로 생각된다.

〈보험민원 처리의 협회 이관, 올바른 선택인가?〉

1. **논의의 개요**
■ 과다한 보험민원 대비 금융감독원 인력부족으로 민원처리가 지연되어 금융소비자 만족도 저하
  ○ 단순 민원(보험회사의 단순 업무처리 실수, 보험료 할인·할증 또는 교통사고 과실비율 문의 등) 처리를 협회로 이관하는 방안 추진
  ○ 금투협회와 여전협회 등도 법에 따라 민원 처리를 하고 있음.
■ 금융소비자단체 등은 보험회사의 이익을 대변하는 협회에 보험민원의 처리를 이관하는 것은 이해 상충 등 문제를 이유로 반대(고양이에게 생선 맡기는 격)

2. **문제점**
■ 보험회사 이익을 대변하는 협회에 민원처리를 이관할 경우 소비자 만족도가 제고될지 의문
  ○ 단순 민원이라도 보다 중립적인 금융감독원에 제기하는 경우가 많을 것으로 예상되므로 금융감독원이 업무 이첩 등 업무부담이 지속될 가능성
  ○ 소비자의 선택권을 인정하여 금투협회의 경우와 같이 소비자가 협회로 신청한 경우에 한하여 협회가 처리할 수 있도록 하면 금융감독원의 실질적 업무부담 감소의 보장이 불가
■ 단순 민원을 모두 협회가 처리하도록 할 경우 그 범위가 모호하여 혼란이 가중될 우려
  ○ 업무 관할을 둘러싼 갈등도 발생할 가능성
■ 단순 민원에서 얻을 수 있는 정보 수집 불가능
  ○ 외형상 단순 민원이라 하더라도 그 속에 매우 중요한 정보를 내포하고 있을 수 있음.
  ○ 협회로 이관할 경우 이러한 정보를 얻기 어려워지게 되므로 상시감시 또는 소비자 경보 등 업무에 차질 우려
■ 금융감독원이 보험민원을 줄이기 위한 근본적인 방안을 강구하거나 부족한 인력을 확충하는 등 최선의 노력을 하는 모습을 보이지 않고 있는 상태에서 협회 이관을 추진하면 감독기관의 무책임한 태도에 대한 금융소비자의 비난과 불신이 증폭될 가능성

3. **결론**
■ 금융감독원이 보험민원 전체를 부담하되 민원을 줄이기 위한 장단기 계획을 수립, 추진

다. 민원처리 실무 직원들의 사명감과 사기 앙양

금융소비자는 물론 금융회사도 금융감독원의 민원 처리 및 금융분쟁조정위원회의 조정 결정에 대해 만족하도록 하기 위해서는 공정한 판단과 신속한 업무처리 등은 당연히 중요하지만, 또 하나 유의해야 할 점은 업무를 처리하는 직원들의 태도가 그들의 신뢰를 얻을 수 있어야 한다는 것이다. 아무리 의술이 뛰어난 의사라 하더라도 말과 행동에 성의가 없이 마지못해 하는 듯 보이고 환자를 무시한다는 생각이 들면 그 의사에 대한 신뢰감이 낮아지고 다시 찾기가 꺼려지는 것과 마찬가지로, 금융감독원 직원이 아무리 공정하게 민원업무를 처리하더라도 업무에 최선을 다하고 사람에게 친절하게 대하는 진정성이 보이지 않으면 자기에게 불리하게 일을 처리하는 것이 아닐까 하는 의구심을 갖게 된다. 그러므로 금융감독원 직원이 상냥하고 친절한 태도로 최선을 다하여 사람을 대하고 일하는 모습을 보이는 것은 매우 중요하다. 그런데 이렇게 일하는 모습을 보이기 위해서는 직원들이 투철한 사명감과 책임감을 지니고 자기가 하는 일을 기쁘고 즐거운 마음으로 할 수 있도록 여건이 되어 있어서 사기가 높아야 한다. 특히 최일선에서 민원을 처리하는 직원들의 사기는 매우 중요하다.

금융소비자가 민원을 제출하기 전에 전화 또는 대면으로 상담을 해주는 상담전문역과, 접수된 민원을 신속처리 대상이나 분쟁조정 대상으로 분류하고 그 중 신속처리 대상 민원은 직접 처리하는 민원전문역은 금융소비자와 접촉하면서 금융소비자의 피해를 구제받을 수 있는 길을 알려주거나 직접 민원을 처리하므로 이들이 사실상 최전선에서 금융소비자보호 업무의 성패를 결정하는 중요한 전사들이다. 그런데 이들은 모두 정규직이 아닌 계약직으로서의 신분을 가지고 있어 무기 계약직으로 전환된 사람을 제외하고는 신분이 불안정한 상태다. 그리고 급여도 그리 많지 않은 편이다. 그러므로 정규직 직원들에 비해서는 이들이 사명감을 가지고 최선을 다하여 임무를 수행하며 전문성을 높이기 위해 자기계발을 하기를 기대하기에는 어느 정도 한계가 있을 것이다.

또 이들 중 대부분은 금융업계에 종사하다가 퇴직을 한 사람들이어서 기본적으로 금융실무에 대한 전문성을 부인할 수는 없으나 그것이 곧 금융소비자보호 업무처리의 전문성을 보장한다고 하기는 어렵다. 왜냐하면 금융실무를 잘 아는 것과 금융소비자보호 업무를 수행하는 능력과는 괴리가 있는 경우가 많기 때문이다. 즉, 금융실무에서는 주로 금융회사 또는 금융회사 임직원의 이해득실을 중심으로 의사결정을 하지만 금융소비자보호 업무에서는 그 반대로 금융소비자 입장에서 살펴보면서 동시에 법규에 비추어 적정한지를 객관적이고 공정하게 판단하여야 한다. 금융회사에서 일할 때는 당연한 것들이 금융감독적 관점이나 금융소비자 입장에서는 그렇지 않은 경우가 많으므로 영업 중심의 관점을 금융소비자 중심적이고 객관적인 관점으로 바꾸는 데는 상당히 시일이 걸린다.

또 팀장 한 사람이 관리하는 전문역 수도 10명이 넘어가는 등 너무 많아 이들의 업무나 행동을 관리 · 감독하거나 교육을 하기도 힘들어 소관 업무처리의 전문성과 공정성을 사후적으로나마 보장하기에도 상당히 어려움이 있다고 생각된다. 게다가 일인당 민원 건수가 너무 많아 민원전문역들이 능동적으로 민원인들과 통화를 하거나 면담을 하는 등 적극적으로 민원인의 의견을 듣고 그에게 도움이 될 수 있도록 업무를 처리하기를 기대하기가 어렵다고 본다. 금융소비자들도 이들과 접촉하는 과정에서 자기가 적극적으로 보호받을 수 있으리라고 느끼기가 힘들 것으로 생각된다. 그러므로 금융소비자들이 금융감독원의 민원처리에 대한 신뢰감을 높이기 위해서는 이들 상담 및 민원전문역들의 전문성과 사기를 높이기 위한 방안을 강구할 필요가 있다.

그 방안으로 첫째는 이들을 모두 정규직으로 대체해 나가는 것이 필요하다고 생각된다. 현재 직원들을 전환시킬 것인가, 아니면 정규직원으로 충원할 것인가는 인사당국에서 고민할 일이다. 어쨌든 서비스의 질적 수준을 높이려면 그만큼 비용과 노력을 들여야 한다. 예산 등 여러 가지 제약으로 일시에 정규직으로 바꾸기는 어렵겠지만 시간을 두고 점진적으로라도 추진해야 한다.

다음으로 최일선에서 민원인들과 접촉하면서 민원을 상담하고 처리하는 직원들의 근무 환경을 개선하기 위해 노력하여야 한다. 대부분의 금융소비자는 순박하고 심성이 착하여 남에게 부담을 주거나 피해를 입히거나 비난하는 행동을 하지 않는다. 그런데 그 중 일부는 성미가 급하고 다혈질이며 남에게 부담을 주거나 피해를 입히더라도 개의치 않는 사람들도 있다. 실제로 상담전문역이나 민원전문역들이 전화 또는 대면으로 민원을 상담하거나 받은 민원을 처리하는 과정에서 통화나 면담을 할 때 이런 악성 금융소비자로부터 폭언이나 인격 모독적 말을 듣게 되면 그로 인한 정신적인 스트레스는 상상을 초월한다. 이러한 일로 마음이 충격을 받으면 직원들은 일에 대한 의욕이 떨어지고 금융소비자에 대한 인식도 부정적으로 바뀌어 금융소비자 친화적인 자세가 흔들릴 수도 있다. 그러므로 이러한 악성 금융소비자의 횡포로부터 직원을 보호하여 그들의 사기를 올려주는 일은 금융소비자보호를 위해서도 매우 중요하다.

2020년 6월 시행된 「산업안전보건법」 제41조 및 「동법 시행령」 등에 따르면 사업주는 고객응대 근로자에 대하여 고객의 폭언, 폭행, 그 밖에 적정 범위를 벗어난 신체적 · 정신적 고통을 유발하는 행위로 인한 건강 장해를 예방하기 위하여 고객에게 폭언 등을 하지 않도록 요청하는 문구 게시 또는 음성 안내, 고객과의 문제 상황 발생 시 대처방법 등을 포함하는 고객응대 업무 매뉴얼 마련, 그 매뉴얼 내용과 건강 장해 예방 관련 교육 실시 등 필요한 조치를 하여야 한다. 또한 고객의 폭언 등으로 인하여 고객응대 근로자에게 건강 장해가 발생하거나 발생할 현저한 우려가 있는 경우에는 업무의 일시적 중단 또는 전환, 휴게 시간의 연장, 폭언 등으로 인한 건강 장해 관련 치료 및 상담 지원, 고객응대 근로자 등이 폭언 등으로 인하여 고소, 고발 또는 손해배상 청구 등을 하는 데 필요한 지원 등(관할 수사기관 또는 법원에 증거물 · 증거서류를 제출하는 등) 필요한 조치를 하도록 하고 있다.

그러므로 이러한 법률을 근거로 금융감독원은 직원들을 악성 금융소비자로부터 보호하기 위해서는 폭언 등을 하는 악성 금융소비자가 횡포를 부릴 때는 조직 차원에서 아주 적극적으로 대응하여야 한다. 통화내용 가운데 욕설이나 모욕적인 발언 등 부당하게 담당직원에게 정신적 고통을 줄 수 있는 사항이 있거나 계속 동일 내용을 가지고 반복적으로 상담을 요구하는 경우에는 금융감독원이 녹취 등 증거를 바탕으로 예외 없이 사법당국에 업무방해죄, 모욕죄 등으로 고발하고, 고문변호사 등의 도움을 받아 직원의 정신적 피해에 대한 손해배상도 청구하도록 적극 지원하여야 한다.

상담 과정에서 일어나는 언어 폭력 등을 이유로 형사 처벌이나 손해배상을 요구하는 소송을 벌인다 해서 당연히 승소한다는 보장은 없다. 그러나 소송 과정에서 악성 민원인이 시간적, 금전적, 육체적 측면에서 비용과 부담이 발생하므로 예방 효과는 상당히 클 것으로 예상된다. 금융소비자를 보호한다는 기관이 악성 금융소비자를 고발한다면 초기에는 평판에 부담이 가는 등 어렵고 힘이 들겠지만, 대다수의 선량한 금융소비자들에게 보다 나은 서비스를 제공하기 위해서는 반드시 시행해야 한다고 생각된다.

그리고 상담전문역과 민원전문역들이 하루 종일 상담을 하는 중노동이며 악성 민원인들로부터 받는 스트레스가 상당한 수준임을 고려하여 조직의 일반적인 급여체계와 별도로 일정 수준의 수당을 지급하는 것이 필요하다고 생각된다. 상담전문역과 민원전문역들은 업무로 인한 스트레스 등으로 추후 질병에 걸릴 위험이 있으며, 때로는 민원 처리결과에 불만을 품은 민원인으로부터 직·간접적인 위협을 받는 경우도 실제로 발생하는 등 위험한 업무인 점에 비추어 보면 위험 직종에 일하는 사람들에게 지급하는 일종의 위험수당 성격의 보상을 충분히 하는 것은 당연하다고 생각된다.

그리고 현행 인사제도 하에서는 상담전문역들은 계약직으로 채용하고 있어 아무리 오래 근무를 하더라도 승진 기회가 전혀 없으므로 인사를 통한 동기부여가 불가능하다. 그러므로 시간이 갈수록 적극성이 줄어들고 능력 개발을 위한 노력도 소극적으로 될 가능성이 다분하다. 그리고 수십 명의 상담전문역을 팀장이 관리하기에는 통제 범위(span of control)가 너무 넓다고 생각된다. 소수의 인원이 많은 상담전문역들을 속속들이 이해하고 그들이 충실하게 직무를 수행할 수 있도록 관리·감독하며, 직무의 품질을 확인하기는 매우 어렵다. 따라서 이러한 관리의 문제를 해결하고 상담전문역들의 사기도 진작하기 위해서는 팀장의 지휘감독을 받는 반장 등과 같이 관리자에 준하는 직위를 신설하고 장기간 상담전문역으로 근무를 하고 근무성적이 우수하며 리더십 등 자격을 갖춘 사람을 그 직위에 임명하여 상담 직원들에 대한 감독, 교육 및 지원 등 역할을 담당하도록 하는 방안을 검토할 필요가 있다. 보수나 대우는 팀장 등 관리자에 미치지 못하더라도 상담전문역에게도 승진의 기회를 부여함으로써 그들이 승진에 대한 희망으로 사명감을 가지고 일하며 서비스의 품질을 높일 수 있도록 할 수 있을 것이다. 민원전문역들도 상담전문역들과 비슷한 상황이므로 같은 고민이 필요하다고 하겠다.

2. 금융당국의 권위 확보

근래의 분쟁조정 사례를 살펴보면 금융분쟁조정위원회의 결정이 상당히 금융소비자 편향적이라고 하는 비판의 목소리가 있었다. 예를 들어, 라임펀드(무역금융펀드)의 경우 분쟁조정위원회가 판매회사로 하여금 투자자의 투자 원금 전액을 환급하도록 결정한 것에 대해 많은 사람들이 고개를 갸우뚱하는 반응을 보였다. 라임펀드 사태의 근본 원인은 운용사의 사기적 행태에 있음에도 이 부분은 도외시한 채 전적으로 판매회사에 책임을 묻는 것은 납득하기 어렵다고 생각된다는 것이다. 결국 우리은행, 하나은행, 신한금투 등 판매사들이 조정 결정을 수락함으로써 일단락되었지만 판매회사로서는 금융당국으로부터 가해질 직·간접 압박이 무서워 조정안을 수용하였지, 마음에서 우러나서 한 것이 아니라는 평가도 있었다.

그리고 키코에 관해서는 이미 대법원에서 최종 판결이 난 사항을 분쟁조정 대상으로 한 것부터가 논란을 일으켰다. 그리고 이미 대법원에서 금융회사의 손을 들어준 것과 반대로 분쟁조정위원회에서는 적합성원칙과 설명의무를 위반하여 불완전 판매를 한 것으로 보아 금융소비자(기업)에게 평균 23%의 손해배상을 하도록 결정한 점도 상당한 반발을 불러일으켰다. 게다가 이미 거래가 10년이 지났고 금융회사의 신의칙 위반 정황도 드러나지 않았으므로 소멸시효가 완성되어 거래기업이 소송을 제기하더라도 손해배상을 받을 가능성이 사실상 0인데도 분쟁조정으로 해결하겠다고 나선 것은 이해가 가지 않는다는 견해도 있었다. 실제로 대부분 은행들이 수용을 거부하였다.

더구나 최근에는 금융감독원의 제재에 대해 금융회사 측이 소송을 제기하여 금융감독원이 패소하는 상황까지 발생하여 금융감독원의 위신이 크게 실추되었다고 볼 수 있다.

금융당국은 금융회사가 당국의 결정에 반발하는 상황을 만들지 않도록 하여야 한다. 왜냐하면 분쟁조정의 경우에는 당사자가 조정 결정을 수용하여야 효력이 발생하기 때문이다. 또 검사 및 제재를 통하여 상당한 강제력을 갖춘 감독관련 도덕적 권유나 조치요구 사항도 금융회사가 수용하지 않거나 소송을 제기하면 그만큼 많은 사회적 비용이 발생한다. 특히 위기 상황에 대응하기 위하여 존재하는 금융당국의 특성상 위기상황 하에서 취하는 권고나 조치가 적기에 작동하지 않으면 그에 따른 국민경제적 피해는 엄청날 수가 있다.

원래부터 금융당국의 조정 결정을 금융회사가 무조건 수용해야 하는 것은 아니다. 금융회사는 법규 위험(legal risk), 평판 위험(reputation risk), 소송비용, 손해배상에 따른 손실 등을 종합적으로 고려하여 비용에 비하여 수익이 같거나 많을 때 수용하는 것이다.

그러므로 금융분쟁조정제도의 도입 취지를 살려 금융소비자 권익을 실질적으로 보호하려면 금융회사는 물론 금융소비자도 금융분쟁조정위원회 결정을 수락하였을 때 거부하는 것보다 늘 이득이 많으므로 당연히 그 결정을 신뢰하고 존중하여 수락하게 되는 힘, 즉 권위(權威)가 있어야 한다. 이는 금융분쟁조정위원회의 권위, 나아가 분쟁조정제도를 운영하는 기관인 금융감독원의 권위와 등치되는 것이라 할 수 있다. 그러므로 여기서는 금융분쟁조정제도의 권위 확보방안만이 아니라 이 제도를 관장하고 있는 기관인 금융감독원의 권위 확보 방안까지 포괄하여 살펴보기로 한다.

가. 권위의 개념과 필요성

표준국어대사전에 따르면 '권위'의 의미는 '남을 지휘하거나 통솔하여 따르게 하는 힘' 또는 '일정한 분야에서 사회적으로 인정을 받고 영향력을 끼칠 수 있는 위신'이라고 한다. 막스 베버(Max Weber)는 권위를 전통이나 관습에 기반을 둔 전통적 권위, 법과 합리적 제도에 의존하는 법적·합리적 권위, 개인의 비범한 매력이나 강인함에 따른 카리스마적 권위 3가지로 구분하였으며, 현대 사회에서는 법적·합리적 권위에 의한 지배가 이루어진다고 하였다. 금융감독원과 같이 법률에 따라 설립된 기관은 법률의 의해 보장된 권한을 행사할 때 그 대상이 되는 단체나 개인은 그에 따라야 하므로 당연히 법적·합리적 권위가 확보된다고 할 수 있다. 다만 이러한 경우는 마음에서 우러나서가 아니라 법이 무서워서 따르는 것이므로 권위라기보다는 권력(power)에 더 가깝다고 할 수 있다.

이와 달리 법률이나 사회적인 관습 등에 의해 강요당하지 않더라도 자발적으로 따르게 하는 힘이 있을 때 진정한 권위라 할 수 있다. 이러한 의미에서 권위는 반드시 부정적인 의미를 지니는 어휘가 아님에도, 일반적인 사실이나 상대의 의견은 무시한 채 기존의 권위에 기대어 사람을 대하거나 사태를 바라보는 사고방식이나 행동 양식[154]인 '권위주의'나, 인간관계에 있어서 약자에게 군림함으로써 자기의 힘을 과시하는 행태를 보이는 '권위적' 성격이라는 의미를 지닐 때는 권위가 매우 부정적인 의미로 쓰인다. 특히 가부장제, 신권 정치 같은 전근대적 체제나 독재국가에서 권위를 이용하여 맹목적이고 강압적으로 순종을 요구하던 역사적 경험으로 인해 부정적 이미지가 더욱 강화되었다고 할 수 있다.

그러나 엄밀히 따져보면 권위는 사회가 효율적으로 작동하기 위해서 반드시 필요한 요소이다. 예를 들면, 과거 농경사회에서는 지역사회에서 일어나는 웬만한 갈등이나 분쟁은 지역사회에서 자율적으로 해결하였다. 어느 지역사회나 소위 어른이라 불리는 권위가 있는 원로가 있어서, 친구나 이웃이 서로 중재를 해도 해결이 되지 않는 다툼이라도 그 어른이 나서면 지역주민들이 그의 권위를 인정하고 그 말에 따랐기 때문이다. 이러한 전통으로 인해 사회적 비용이 적었을 뿐더러 관권의 개입으로 인한 주민의 불편을 막을 수도 있었으며, 막판에 송사까지 가서 이웃 간에 불구대천의 원수가 되는 상황도 피할 수 있었다.

개인이나 지역사회뿐만 아니라 법률에 의해 설립된 기관도 권위가 필요하

154) 고려대 한국어대사전

다. 법률이 미래에 발생할 수 있는 모든 상황을 감안하여 완벽하게 규율할 수가 없으므로 법률에서 명확하게 세부적으로 규정하지 않은 상황이 발생하였을 때 그 기관은 법이 허용한 재량권 범위 내에서 법률의 취지에 맞는 조치를 취하는 것이 당연하다. 그러한 상황에서 만약 조치 대상인 조직이나 개인이 이를 따르지 않고 번번이 소송을 제기하여 그 조치의 적법성을 따진다면 그에 따른 부작용과 사회적 비용은 엄청나게 될 것이다. 그러므로 법률에 의해 설립된 기관들도 모든 사람들이 법에 의해 부여된 기관의 힘이 무서워서가 아니라 그 기관의 조치나 지시를 믿고 따를 때 이득이 되는 것을 알고 자발적으로 따르는, 긍정적 의미의 권위가 있어야 한다.

나. 금융감독원 권위 실추 원인

그러면 왜 금융감독원의 조치나 권고에 대해 시장이 반발하는가? 간단히 말해 왜 권위가 서지 않는가? 그것은 권위를 부정적 인식이 강한 권위주의와 혼동하는 데서 출발하지 않았는가 하고 생각된다.

돌이켜보면 통합 금융감독원은 출범과 함께 금융 및 기업 구조조정의 주역으로 데뷔하여 수많은 금융회사들과 기업들을 퇴출시키는 역할을 맡아 악명을 드날렸다. 구조조정은 당시 IMF 외환위기를 극복하기 위한 불가피한 선택이었고, 그 과정에서 누군가가 그 악역을 맡아야 하는 것은 어쩔 수 없는 것이었는데도, 구조조정 대상이 된 사람들은 그 역할을 한 사람을 원망할 수밖에 없다. 금융감독원으로서는 당시의 악역으로 인해 원망을 많이 받는 상태에서 직원들의 비리 의혹이 불거지는 등 출범 초기부터 신뢰에 상당한 타격을 입었다. 그 후에도 저축은행 부실과 직원 비리 등으로 국민 신뢰는 더욱 하락하였다.

이러한 과정에서 금융감독원이 '실력은 없으면서도 너무 권위적'이라는 비판이 증폭되자 이러한 처지를 벗어나기 위해 장기간 소요되는 '실력을 키우고 업무의 품질을 높이는 방안'은 젖혀두고 당장의 '권위주의적' 이미지를 바꾸는 데만 치중하였다. 그 예로 '시장 친화적 감독'과 같은 구호 아래 금융회사들이 싫어한다는 이유로 검사를 대폭 줄이거나, 검사역들이 검사받은 금융회사로부터 평가를 받는다거나 하는 등의 조치를 취하였다. 이러한 조치들로 인해 검사업무를 시장과 피감기관의 눈치를 보아가며 수행해야 하는 상황을 연출하였으니, 마치 사법당국이 수사 대상자들 편익을 우선적으로 고려하고, 수사를 한후에는 그들로부터 평가를 받는 것과 같은 형국이 되었다. 이에 따라 금융감독원 본연의 업무로서, 금융감독 기능은 물론 금융정책이 작동할 수 있게 하는밑바탕이 되는 검사가 조직 내·외부에서 그 가치를 제대로 인정받지 못하게됨에 따라 검사 전문성[155]이 크게 손상되어 조직의 핵심 역량(core competency)을 스스로 갉아먹는 결과를 낳았다. 그런데도 정작 금융회사가정부 정책이나 정무적 지도 사항을 이행하도록 강제하기 위해 검사를 이용함에 따라 정교하지 않은, 우격다짐 식의 검사 및 제재 사례가 자주 나타났다. 이러한 것들이 누적되어 금융감독원의 검사에 대한 부정적 인식이 더욱 만연하게 되었다. 이러한 점에 비추어 볼 때, 금융감독원은 원칙 없는 검사 운영으로조직 존재의 이유가 되는 검사의 권위를 스스로 훼손하였다고 볼 수 있다. 분쟁조정에 있어서도 법과 원칙이 아니라 정무적 판단에 기초한 조정 결정을 한다는 비판이 일어나고, 조정 결정을 금융회사들이 수락하지 않는 것도 종전에금융소비자보호 업무를 경시한 결과 전문성과 일관성 부족으로 조정의 권위를떨어뜨린 때문이라 할 것이다.

그런데 이러한 근본과 원칙을 경시한 제도 운영의 결과는 참혹하다. 금융감독원의 검사업무에 대한 부정적 여론이 날로 비등하게 되자 이를 기화로 그동안에는 검사업무에 대해 금융감독원의 독자성을 인정하던 금융위원회가 법률상의 권한을 최대한 활용하여 검사업무에 대해서도 깊이 개입하고 있다. 검사방법인 종합검사 실시여부에 대해 간섭하고, 검사계획도 금융위원회에 보고하도록 하고 있다. 제재 조치는 오래 전부터 사실상 금융위원회가 결정하는 상황

---

155) 검사업무는 금융회사 경영에 대한 지식과 안목을 기반으로 금융회사 경영에 대한 자문을 해야 할뿐만 아니라, 법규위반 사항을 적발하고 처리방향을 결정해야 하므로 그 업무에 필요한 지식과 기법 등의 범위가 매우넓은 데다 사람을 대하는 법, 자료를 요구하고 보안을 유지하는 법, 일정에 맞춰 업무를 진행하고 관리하는 법, 다른 환경에서 적응하고 건강을 관리하는 법 등을 상당한 기간에 걸쳐 다양한 현장 실무 경험과 함께 나름의연구를 하여야만 전문성이 확보되고 나아가 창의적이고 수용성이 확보되는 검사를 수행할 수 있음.

이 되어 있으니 이제 금융시장 참가자들은 금융감독원을 도외시하는 상황으로 가고 있다. 그러니 금융감독원이 분쟁조정을 하거나 도덕적 권고를 하더라도 이를 거부하는 단계에 이른 것이다. 그러므로 금융감독원은 그 존립을 위해서 라도 그 핵심 업무인 감독, 검사 및 금융분쟁조정 업무에 관하여 시장으로부터 신뢰를 회복하고, 그 조치에 대해 시장이 존중하고 수용할 수 있도록 권위를 확립하는 것은 매우 시급한 과제라고 할 수 있다.

다. 권위 확보 방안

금융감독원은 법률에 의해 설립되고 그 권한도 법률에 의해 보장되는 기관 이므로, 금융감독원이 금융회사와 금융시장을 대상으로 금융감독업무를 수행 하는 권위는 막스 베버의 세 가지 권위 중 법적·합리적 권위에 해당한다. 그 러므로 금융감독원은 그 업무를 철저히 법률에 따라 수행할 때 권위가 나온다 고 할 것이다.

법률에 따라 업무를 수행한다는 것은 법률이 정해준 권한을 법률에서 정한 방법과 절차에 따라 행사하고, 권한을 행사할 때는 법률의 제정 취지에 충실하 여야 한다는 것을 의미한다. 따라서 업무처리의 결과는 법률에 비추어 공정하 고, 누구든지 수긍할 수 있으며(객관적), 의사결정 절차가 투명하여야 한다. 아 울러 시간과 공간을 넘어 일관성이 유지됨으로써 누구나가 예측 가능하여 감 독대상자들이 그것을 기준으로 준비 및 대응할 수 있게 되어야 한다.

이러한 공정성, 객관성, 투명성 및 일관성의 네 가지 가치는 금융감독원에 대한 국민의 신뢰를 확보하는데 꼭 필요한 요소라고 생각된다. 또 이 네 가지 가치를 확보하기 위해서는 금융감독원의 업무 전문성, 정보 및 소통 체제, 임 직원의 도덕성, 효과적인 내부통제시스템 등이 뒷받침되어야 한다. 만약 이러 한 요건들이 충족된다면 금융회사나 금융소비자들은 자연히 금융감독원의 결 정이나 조치가 최선이며, 결과적으로 다른 대안을 택하는 것보다는 이에 따르 는 것이 자기에게 유리하다는 것을 알게 되어 수긍하고 수용하게 되므로 금융 감독원의 권위가 확보될 수 있을 것이다.

금융감독원의 권위 회복을 위한 자세한 방안은 금융감독원 조직 내부의 과제이므로 〈부록4〉에서 따로 정리하였다.

〈금융분쟁조정 결정에 대한 편면적 구속력 부여에 대한 의견〉

- 주요 내용: 2,000만 원 이하 분쟁조정(전체 사례의 78% 차지)에 대해 금융소비자가 조정안을 수용하면 금융회사는 무조건 수용하도록 의무 부여
- 목적: 금융회사가 금융분쟁조정 결정에 불복하여 소송을 제기하면 경제적으로나 전문성에서나 약자인 금융소비자가 불리하므로 금융소비자를 실질적으로 보호하고 금융회사의 우월적 지위를 이용한 도덕적 해이를 방지
- 문제점
  - 분쟁조정은 본래부터 법원 판결과 달리 법적 구속력이 없는 것이 원칙
    - 만약 분쟁조정에 법적 구속력을 가하면 분쟁조정이 사실상 법원 판결과 같은 효력을 갖게 되어 기존 사법체계의 근간을 흔들 수 있는 위험이 있음.
  - 편면적 구속력을 부여하기 위해서는 금융분쟁조정위원회 결정의 공정성 보장이 전제되어야 함.
    - 만약 그렇지 못할 경우 금융회사는 억울하더라도 무조건 손해를 감수해야 하므로 금융회사의 권익이 침해되는 결과 초래
  - 분쟁금액이 개별 금융소비자에게는 2천만 원 이하이나 금융회사 입장에서는 동일한 계약자가 다수인 경우 엄청난 규모일 수 있음
- ➡ 금융분쟁조정 결정의 공정성, 객관성, 투명성, 일관성을 확보하여 금융회사가 소송으로 가더라도 조정 결정과 같은 결과를 얻게 되어 이득이 없다는 확신을 심어주는 것이 근본적인 해결책
  - ▶ 분쟁조정을 수락하지 않고 소송을 제기하였다가 분쟁조정 결과와 같은 취지의 판결을 받고 패소한 경우, 불필요한 소송비용을 지출하여 금융회사에 손해를 끼친 데 대해 제재 조치를 함으로써 소송을 남발하는 풍토를 근절
  - ▶ 금융감독원의 소송 지원제도 활용

3. 금융민원 처리결과 공개

매분기 또는 반기 등 정기적으로 그 기간 중 제기된 민원에 대해 금융회사, 상품, 민원 내용(보험금 지급, 불완전 판매, 금리, 등등), 민원제기 수단(방문, 우편, 인터넷, 팩스 등) 등을 기준으로 분류하고, 그 처리 결과를 인용, 기각, 이첩 등 유형별로 공개하여야 한다. 그러면 금융소비자가 금융민원을 제기하는 데 참고가 되고, 금융회사도 민원의 처리뿐만 아니라 소속 금융권의 민원 유형을 감안하여 금융상품 개발이나 판매 등 경영 전략을 수립, 실행하는 데 활용할 수 있게 될 것이다.

법」등 금융업법에 따른 예금, 대출, 금융투자상품, 보험상품, 신용카드, 시설대여, 연불판매, 할부금융과 아울러 대통령령(영 제2조 제1항)에서 정한 「대부업법」에 따른 대부, 「신용협동조합법」에 따른 예탁금, 대출 및 공제, 「온라인투자연계금융업법」에 따른 연계투자 및 연계대출, 「자본시장법」에 따른 신탁계약 및 투자일임계약, 중소기업은행 및 한국산업은행의 예금 및 대출 등을 말한다.

금융상품은 예금성, 대출성, 투자성, 보장성 등 4가지로 분류하고 있다. 금융상품의 유형을 구분하는 것은 금융상품별로 계약 내용이나 거래 방식과 절차, 거래로 인한 효익과 위험, 금융소비자가 입을 수 있는 피해 유형이나 규모 등이 큰 차이가 있기 때문에 그 차이에 따라 전문금융소비자의 정의, 금융상품판매업자등의 영업행위 준수사항이나 청약의 철회 등의 법 적용도 달리 할 필요가 있기 때문이다. 「금융소비자보호법」을 제정하기 전에는 각 금융권역별 업법에서 해당 권역 특성에 맞추어 금융소비자를 보호하기 위해 금융상품과 금융거래 행위를 규제하였다. 그러나 전 금융권역을 아우르는 통합법을 제정하면서 이러한 당초의 법률 취지를 살릴 수 있도록 하기 위해 금융상품을 특성에 따라 구분하고 금융상품별 규제를 달리하고 있다.

구 분	법	시행령
예금성	■은행법·저축은행법상 예금 및 이와 유사한 것	■신협 예탁금, 금융소비자로부터 금전 등을 받고 대가(이자)를 지급하는 상품
대출성	■은행법·저축은행법상 대출, 여전법상 신용카드·시설대여·연불판매·할부금융 및 이와 유사한 것	■신협 대출, P2P대출, 대부상품 등, 금융소비자에게 금전 등을 제공하고 대가(이자)를 받는 상품
투자성	■자본시장법상 금융투자상품 및 이와 유사한 것	■신탁, 투자일임, P2P투자 등
보장성	■보험업법상 보험상품 및 이와 유사한 것	■신협 공제 등

나-2. 금융상품판매업종과 금융회사(법 제2조 제2, 3, 4, 5, 6, 7호 및 제4조)

이 법에서는 금융상품판매업종(채널)을 금융상품판매업자와 금융상품자문업자로 구분하고 있다.

금융상품판매업자란 금융상품판매업을 영위하는 자로서 금융관계 법률에 따라 금융상품판매업에 해당하는 업무에 대한 인허가를 받거나 등록을 한 자 및 이 법 제12조 제1항에 따라 금융상품판매업의 등록을 한 자를 말하며, 금융상품직접판매업자와 금융상품판매대리 · 중개업자로 구분한다.

　금융상품자문업자란 금융상품자문업을 영위하는 자로서 금융관계 법률에 따라 금융상품자문업에 대한 인허가를 받거나 등록을 한 자 및 이 법 제12조 제1항에 따라 금융상품자문업의 등록을 한 자를 말한다.

　법률에서 정한 금융상품판매업과 금융상품자문업에 대한 개념은 다음과 같다.

구 분		내용
금융상품 판매업	금융상품직접판매업	자신이 직접 계약의 상대방으로서 금융상품에 관한 계약의 체결을 영업으로 하는 것. 투자중개업을 포함
	금융상품판매 대리 · 중개업	금융상품에 관한 계약의 체결을 대리하거나 중개하는 것을 영업으로 하는 것
금융상품자문업		이익을 얻을 목적으로 계속적 또는 반복적인 방법으로 금융상품의 가치 또는 취득과 처분결정에 관한 자문에 응하는 것

　그리고 금융상품판매채널로서 금융회사란 은행(중소기업은행, 한국산업은행, 신용협동조합중앙회의 신용사업 부문, 농협은행, 수협은행 및 상호저축은행중앙회 포함), 투자매매업자, 투자중개업자, 투자자문업자, 투자일임업자, 신탁업자, 종합금융회사, 보험회사(농협생명보험 및 농협손해보험 포함), 상호저축은행, 여신전문금융회사, 그리고 대통령령으로 정한 자이다. 대통령령으로 정한 자는 이 법 제12조 제1항에 따라 등록을 한 금융상품직접판매업자 및 금융상품자문업자, 그리고 겸영금융투자업자(「자본시장법」 제8조 제9항)이다(영 제2조 제5항).

　금융회사등이란 금융회사 외에 「자본시장법」 제51조 제9항에 따른 투자권유 대행인, 「보험업법」에 따른 보험설계사, 보험대리점, 보험중개사, 「여신전문금융업법」에 따른 겸영여신업자, 모집인, 그 밖에 대통령령으로 정하는 자를 포함한다. 대통령령에서는 이 법 제12조 제1항에 따라 등록을 한 금융상품판매대리 · 중개업자, 대부업자 및 대부중개업자, 신용협동조합중앙회(공제사업 부문), 온라인투자연계금융업자, 집합투자업자, 증권금융회사, 단기금융회사 및 자금중개회사, 그 밖에 금융위원회가 정하여 고시하는 자(신용협동조합, 규정 제2조 제5항)로 규정되어 있다(영 제2조 제6항 제6호). 이와 같이 금융회사 외에 금융회사등을 별도로 규정한 것은, 법률상의 금융회사는 아니나 실질적으로 금융상품판매채널을 구성하고 있는 보험설계사, 모집인 등에 대해 이 법을 적용하기 위한 목적으로 풀이된다.

따라서 금융위원회가 감독하는 상호금융회사 가운데 신협을 제외한 단위농협, 수협, 우체국, 산림조합, 새마을금고 등은 이 법에서 정한 금융회사등에 포함되지 않는다. 이것은 법 제정 당시 금융위원회가 신협 이외의 다른 상호금융 신용사업 건전성에 대한 감독권은 있으나 기관제재 권한이 없는 등, 상호금융에 대한 관계 부처 간 감독과 조치에 관한 권한체계가 정비되지 않은 데서 비롯되었다. 금융위원회에서는 신협 외의 상호금융회사에 대해서도 이 법의 적용을 받도록 추진하겠다는 입장이다.

그리고 법에서는 모든 금융회사등을 금융상품직접판매업자, 금융상품판매대리·중개업자 또는 금융상품자문업자로 구분하여 규정하고 있다(제4조). 이와 같이 업종을 구분하여 규정한 것은 금융회사의 겸업화로 인해 금융회사와 금융소비자와의 거래관계가 다양하기 때문에 그에 따라 금융회사의 기능이 달라지고 금융소비자보호를 위한 규제도 달라져야 하기 때문이라고 볼 수 있다. 예를 들어 은행이 예금을 받거나 대출을 하면 금융상품직접판매업자이나, 펀드나 보험을 팔게 되면 금융상품판매대리·중개업자가 되며, 이에 따른 책임도 달라진다. 실제로 이 법에서 업종에 따라 자본이나 인력, 전산설비 등 등록 요건이 달리 정해져 있을 뿐만 아니라, 영업행위 준수사항에 있어서도 적정성원칙은 금융상품판매업자에게만 적용된다. 또 금융상품판매대리·중개업자에 대해서는 투자금, 보험료 등 급부를 받는 행위 등 금지사항과 고지의무 등이 별도로 규정되어 있고, 금융상품자문업자에 대해서도 별도로 영업행위준칙을 규정하는 등 업종의 특성에 따라 규제 내용이 다르다.

「금융소비자보호법」(제4조)과 대통령령 등에서 정한 금융회사등의 업종은 다음과 같이 정리하였다.

금융회사	판매업종
은행, 투자매매업자, 투자중개업자, 신탁업자, 종합금융회사, 보험회사, 상호저축은행, 여신전문금융회사 및 겸영여신업자, 온라인투자연계금융업자*, 신용협동조합*	금융상품직접판매업자 또는 금융상품판매대리·중개업자
투자권유 대행인, 보험설계사, 보험대리점, 보험중개사, 여신전문금융회사 모집인, 대부중개업자*	금융상품판매대리·중개업자
투자자문업자	금융상품자문업자
투자일임업자*, 대부업자*, 신용협동조합중앙회(공제사업부문)*, 집합투자업자*, 증권금융회사*, 단기금융회사 및 자금중개회사*	금융상품직접판매업자

주) * 표시는 대통령령 또는 감독규정에서 정한 금융회사등

나-3. 금융소비자(법 제2조 제8호)

금융소비자란 금융상품에 관한 계약의 체결 또는 계약 체결의 권유를 하거나 청약을 받는 것에 관한 금융상품판매업자의 거래상대방 또는 금융상품자문업자의 자문업무의 상대방인 전문금융소비자 또는 일반금융소비자를 말한다. 이와 같이 금융소비자를 구분하는 것은 그 특성에 따라 법률에 의한 보호수준을 차별화하기 위한 것으로 볼 수 있다.

일반금융소비자란 전문금융소비자가 아닌 금융소비자를 말한다. 일반금융소비자는 이 법에서 정한 적합성원칙, 적정성원칙, 설명의무, 불공정영업행위의 금지, 부당권유금지, 광고규제 등 6대 영업행위 준수사항의 보호대상이 되며, 청약철회권, 소액분쟁조정 이탈금지와 같은 금융소비자보호를 위한 제도적 장치의 적용 대상이 된다.

전문금융소비자란 금융상품에 관한 전문성 또는 소유자산규모 등에 비추어 금융상품 계약에 따른 위험감수능력이 있는 금융소비자로서 국가, 한국은행, 금융회사, 주권상장법인, 그 밖에 금융상품의 유형별로 대통령령으로 정하는 자이며, 일반금융소비자와는 달리 적합성원칙, 적정성원칙, 설명의무, 청약철회권, 소액분쟁조정 이탈금지의 적용대상이 아니다.

대통령령으로 정한 금융상품 유형별 전문금융소비자는 공공기관이나 금융 또는 그 연관 사업을 영위하는 법인, 조합, 단체 등이다(영 제2조 제10항). 다만, 예금성 상품의 경우 「민법」상 성년이 아닌 사람, 피성년 후견인 및 피한정후견인, 만 65세 이상인 사람 등 세 가지에 모두 해당되지 않는 개인은 전문금융소비자로 본다. 따라서 정상인인 성인은 예금이나 적금 등 예금성 금융상품을 가입할 때 적합성원칙 및 설명의무의 적용 대상이 아니다. 또 투자성 상품의 경우 금융투자상품 잔고가 100억 원(외부감사 대상 법인은 50억 원) 이상인 법인 또는 단체(「자본시장법시행령」 제10조 제3항 제16호), 최근 5년 중 1년 이상의 기간 동안 금융투자상품 월말 평균잔고 5천만 원 이상 보유한 경험이 있는 개인(「자본시장법 시행령」 제10조 제3항 제17호)을 전문금융소비자에 포함하고 있는 것도 눈여겨 보아둘 필요가 있다.

한편 주권상장 법인이 장외파생상품 계약 등을 체결할 때는 전문금융소비자 대우를 받겠다는 의사를 서면으로 통지하는 경우에만 전문금융소비자에 해당한다고 규정하고 있는데, 이는 장외파생상품의 경우 위험이 매우 높은 금융상품이므로 웬만한 금융전문가가 아닌 경우 그 상품의 내용이나 위험을 제대로 이해하고 파악하기가 어려운 점을 감안하여 비록 상당한 수준의 전문 인력과 설비 및 자본 등을 갖추고 있는 상장법인이라 하더라도 일반금융소비자로 대우함으로써 보다 안전하게 보호하기 위한 취지로 이해할 수 있다.

또 전문금융소비자 가운데 대통령령으로 정한 자(영 제2조 제7항)가 일반금융소비자와 같은 대우를 받겠다는 의사를 금융상품판매업자등에게 서면으로 통지하는 경우 금융상품판매업자등은 정당한 사유가 있는 경우를 제외하고는 이에 동의하여야 하며, 금융상품판매업자등이 동의한 경우에는 해당 금융소비자는 일반금융소비자로 본다고 규정하고 있다. 이는 전문금융소비자라 하더라도 보다 두터운 보호를 받기를 원하는 경우에는 금융회사가 일반금융소비자에 준하여 적합성원칙, 설명의무 등 영업행위 준수사항을 이행하도록 하고자 하는 취지이다.

대통령령으로 정한 자(영 제2조 제7항)는 다음과 같다.

금융상품	일반금융소비자로 의제하는 전문금융소비자
대출성 상품	상시근로자가 5명 이상인 법인 · 조합 · 단체
투자성 상품	■ 주권상장 법인 ■「국가재정법」 별표 2에 따른 법률에 따라 설치된 기금(기술보증기금 및 신용보증기금은 제외)을 관리 · 운용하는 공공기관 ■ 개별 법률에 따라 공제사업을 영위하는 법인 · 조합 · 단체 ■「자본시장법 시행령」 제10조 제3항 제16호에 따른 법인 · 단체: 금융투자 상품 잔고가 100억 원(외감 대상 주식회사는 50억 원) 이상(외국법인 · 단체 제외) ■「자본시장법 시행령」 제10조 제3항 제17호에 따른 개인: 최근 5년 중 1년 이상 금융투자 상품(금융위 고시)을 월말 평잔 5천만 원 이상 보유하고, 금융위가 고시하는 소득액 · 자산 기준이나 금융 관련 전문성 요건을 충족(외국인, 개인종합자산 관리계좌 가입자, 전문투자자와 같은 대우를 받지 않겠다는 의사를 표시한 개인 제외) ■ 주권을 외국 증권시장에 상장한 법인 ■ 지방자치단체
보장성 상품	■ 주권상장법인, 「국가재정법」 별표 2에 따른 법률에 따라 설치된 기금(기술보증기금 및 신용보증기금은 제외)을 관리 · 운용하는 공공기관, 주권을 외국 증권시장에 상장한 법인, 지방자치단체 ■ 다음에 해당하는 외국법인 　○ 금융회사, 신용협동조합중앙회 공제사업 부문, 온라인투자연계금융업자, 집합투자업자, 증권금융회사, 단기금융회사 및 자금중개회사, 신용협동조합, 금융지주회사 ■「보험업법 시행령」 제6조의2 제3항 제18호에 해당하는 자(전문보험계약자): 감독규정 제7-49조 제2호 각 목의 요건을 충족하는 단체보험계약을 체결하고자 하는 자, 기업성 보험계약 또는 퇴직연금계약을 체결하고자 하는 자, 공공기관, 지방공기업, 특별법에 따라 설립된 기관, 감독규정 제7-49조 제2호 가목1 해당 단체(5인 이상 근로자 고용 단체)

나-4. 법의 적용범위(법 제5조)와 다른 법률과의 관계(법 제6조)

이 법은 「자본시장법」 제6조 제5항 제1호에 해당하는 개별법(부동산투자회사법, 선박투자회사법 등)상 사모펀드에 대해서는 적용되지 않는다. 그 이유는 개별법상 사모펀드는 「자본시장법」상 집합투자(펀드)에서 제외되고 해당 개별법에 따른 규제를 받는 점을 감안한 것이다.

또 금융소비자보호에 관하여 다른 법률에서 특별히 정한 경우를 제외하고는 이 법에서 정하는 바에 따른다고 규정하고 있다. 이는 이 법이 금융소비자보호를 위한 기본 법률임을 명확히 밝히기 위한 것이다.

2. 금융소비자의 권리와 책무 및 국가와 금융상품판매업자등의 책무

금융소비자의 권리와 책무 및 국가와 금융상품판매업자등의 책무는 이 법 제정의 취지와 함께 금융소비자보호 정책의 방향을 제시하는 것이다. 법에서는 금융소비자가 권익을 보호받기 위한 기본 권리와 함께 스스로를 보호할 수 있는 역량을 강화하여야하는 책무와 함께 국가 및 금융상품판매업자등이 금융소비자보호를 위해 노력할 책무도 규정하고 있다(법 제7, 8, 9, 10조).

금융소비자의 권리와 책무, 국가 및 금융상품판매업자등의 책무는 다음과 같다.

구 분	내 용
금융소비자의 기본적 권리	■금융상품판매업자등의 위법 영업행위로 인한 재산상 손해로부터 보호받을 권리 ■금융상품을 선택하고 소비하는 과정에서 필요한 지식 및 정보를 제공받을 권리 ■금융소비생활에 영향을 주는 국가 및 지방자치단체의 정책에 대하여 의견을 반영시킬 권리 ■금융상품 소비로 인하여 입은 피해에 대하여 신속·공정한 절차에 따라 적절한 보상을 받을 권리 ■합리적인 금융 소비생활을 위하여 필요한 교육을 받을 권리 ■금융소비자 스스로 권익을 증진하기 위하여 단체를 조직하고 이를 통하여 활동할 수 있는 권리
금융소비자의 책무	■금융상품판매업자등과 함께 금융시장을 구성하는 주체임을 인식하여 금융상품을 올바르게 선택하고 금융소비자의 기본적 권리를 정당하게 행사 ■스스로의 권익을 증진하기 위하여 필요한 지식과 정보를 습득하도록 노력
국가의 책무	■금융소비자 권익 증진을 위하여 필요한 시책의 수립 및 실시 ■금융소비자보호 관련 법령의 제정, 개정 및 폐지 ■필요한 행정조직의 정비 및 운영 개선 ■금융소비자의 건전하고 자주적인 조직 활동의 지원과 육성
금융상품 판매업자등의 책무	■국가의 금융소비자 권익 증진 시책에 적극 협력 ■금융상품을 제공하는 경우 공정한 금융소비생활 환경을 조성하기 위하여 노력 ■금융상품으로 인하여 금융소비자에게 재산에 대한 위해가 발생하지 아니하도록 필요한 조치를 강구 ■금융상품을 제공하는 경우에 금융소비자의 합리적인 선택이나 이익을 침해할 우려가 있는 거래조건이나 거래방법을 사용하지 말 것 ■금융소비자에게 금융상품에 대한 정보를 성실하고 정확하게 제공 ■금융소비자의 개인정보가 분실, 도난, 누출, 위조, 변조 또는 훼손되지 아니하도록 개인정보를 성실하게 취급

3. 금융상품판매업자등의 등록 등

가. 금융상품판매업자등을 제외한 영업행위 금지(법 제11조)

이 법에 따라 등록한 금융상품판매업자등이 아니면 금융상품판매업 등을 영위할 수 없도록 금융상품판매시장의 진입을 규제하고 있다. 이는 일정 자격을 갖춘 자만이 금융상품판매업 등을 영위할 수 있도록 함으로써 금융소비자를 보호할 수 있도록 하기 위해서이다. 이 법에 의해 그동안 개별금융업법에는 등록요건이 없던 투자성 상품, 보장성 상품, 대출성 상품 및 예금성 상품의 독립자문업자와 신협 공제상품 모집인 및 대출모집인이 등록단위로 신설되었다. 신협 공제상품모집인 및 대출모집인은 금융상품판매대리 · 중개업자에 해당한다.

【벌칙】금융상품판매업 등의 등록을 하지 아니하고 금융상품판매업 등을 영위하거나 거짓이나 그 밖의 부정한 방법으로 등록을 한 자는 5년 이하의 징역 또는 2억 원 이하의 벌금에 처한다(법 제67조).

나. 금융상품판매업자등의 등록(법 제12조, 영 제5,6,7,8조, 규정 제5,6,7조)

금융상품판매업 등을 영위하려는 자는 금융상품직접판매업자, 금융상품판매대리 · 중개업자 또는 금융상품자문업자별로 예금성, 대출성, 투자성, 보장성 상품 중 취급할 상품의 범위를 정하여 금융위원회에 등록하여야 한다. 다만, 금융관계 법률에 따라 금융상품판매업 등에 해당하는 업무에 대하여 인허가를 받거나 등록을 하였거나 면제된 경우에는 예외로 한다.

등록요건이 변동된 경우에는 1개월 이내에 그 변동사항을 금융위원회에 보고하여야 한다(법 제48조 제3항). 이를 위반한 경우에는 1천만 원 이하의 과태료를 부과한다.

금융상품판매업자등의 등록요건은 다음과 같다.

〈금융상품직접판매업자 또는 금융상품자문업자의 등록 요건〉

구분	등록 요건
자격요건	상법상 주식회사 등 법인에 해당할 것

인적요건	■ 업무 전문인력 및 전산 전문인력 1명 이상 포함 ■ 업무 전문인력은 해당 상품유형의 금융상품자문업을 영위하는데 필요한 자격*을 취득하거나 해당 상품유형의 금융상품판매업에 3년 이상 경력자(등록신청일로부터 5년 내 해당 업무 종사자)로서 해당 상품 자격증 수여기관이 제공하는 교육을 받은 자여야 함 　* ① 대출성 상품: 신용회복위원회의 신용상담사 자격, ② 보장성 상품: 생·손보협회의 관련 자격(종합자산관리사를 특화·변형한 자격), ③ 투자성 상품: 금융투자협회의 투자권유 자문인력 또는 투자자산운용사
물적요건	■ 전산 설비 : 컴퓨터 등 정보통신 설비, 전자적 업무처리에 필요한 설비 ■ 물적 설비 : 고정사업장, 사무장비 및 통신수단, 업무 관련 자료의 보관 및 손실방지 설비, 전산설비 등을 안전하게 보호할 수 있는 보안설비
자기자본	■ 금융상품직접판매업: 5억 원 이상, ■ 금융상품자문업: 예금성, 대출성, 보장성 상품 취급은 각 1억 원, 투자성 상품 취급은 2억 5천만 원 등
재무상태	부채비율 200% 이하
사회적 신용요건	신청인이 벌금형 이상의 형사 처벌이나 부실금융기관 지정, 인·허가 취소, 영업정지 등 중대한 제재 전력이 없을 것
임원 결격요건	■ 미성년자, 피성년 후견인 또는 피한정 후견인 ■ 파산선고를 받고 복권되지 아니한 사람 ■ 금고 이상의 실형 선고 후 그 집행 종료 또는 면제된 날부터 5년이 경과하지 아니한 자 ■ 금고 이상의 형의 집행유예기간 중에 있는 자 ■ 이 법이나 금융관련 법률 또는 외국 금융 관련 법령에 따라 벌금 이상의 형을 선고받고 그 집행이 종료 또는 면제된 날부터 5년이 지나지 않은 자 ■ 이 법 또는 금융관련 법률에 따라 제재를 받은 후「금융사지배구조법」시행령 제7조 제2항에 정한 기간(임원: 해임 후 5년, 직무정지 후 4년, 문책경고 후 3년, 직원: 면직요구 후 5년, 정직요구 후 4년, 감봉요구 후 3년 등)이 경과하지 않은 자 등
이해상충방지 요건	■ 온라인 방식으로만 자문서비스를 제공하는 경우에는 이해상충 방지를 위한 기준*이 포함된 소프트웨어를 설치할 것 　* ① 금융소비자가 제공한 정보를 고려하여 거래성향을 분석할 것 　　② 자문에 응한 내용이 특정 상품이나 업체에 집중되지 않을 것 　　③ 금융소비자별로 매년 1회 이상 자문서비스 내용에 따른 거래의 안정성 및 수익성, 금융상품 거래 성향 등을 평가하여 기존 자문서비스 내용을 조정할 것 ■ 그 밖에 자문서비스를 제공하는 경우에는 이해상충행위 방지 기준의 문서화, 이해상충행위 방지를 위한 교육·훈련 체계 수립, 기준 위반 시 조치 체계 수립 등의 이해상충 방지 체계를 수립할 것
독립성 요건	■ 금융상품판매업과 대통령령으로 정하는 금융업(금융투자업, 농협, 산림조합, 새마을금고 또는 수협의 신용사업 또는 공제사업)을 겸영하지 아니할 것 ■ 금융상품판매업자의 계열회사 등이 아닐 것(금융상품직접판매업자에 대해서는 적용 제외) ■ 그 임직원이 금융상품판매업자의 임직원을 겸직하거나 그로부터 파견받은 자가 아닐 것

구분			등록요건
신협공제 상품모집인		인력요건	해당 상품을 취급하는 금융상품판매대리 · 중개업을 영위하는데 필요한 연수 또는 평가를 받은 사람 등에 해당할 것
대출 모집인	개인	결격요건	■ 미성년자, 피성년 후견인 또는 피한정 후견인이 아닌 자 ■ 파산선고를 받고 복권되지 아니한 자 ■ 금고 이상의 형의 집행유예기간 중에 있는 자 ■ 금고 이상의 실형을 선고받고 그 집행 종료 또는 면제된 날부터 　2년이 지나지 아니한 자 ■ 금융관련법률 또는 외국금융관련법령에 따라 벌금 이상의 형을 　선고받고 그 집행 종료 또는 면제된 날부터 2년이 지나지 아니 　한 자
	법인	사회적 신용	신청인의 형사처벌 및 중대한 제재 전력 등이 없을 것
		임원 결격요건	개인인 대출모집인의 결격요건과 동일
		업무수행기준 마련	■ 금융소비자를 대상으로 하는 직무 수행에 관한 사항 ■ 금융소비자를 대상으로 직무를 수행하는 자의 교육수준 또는 　자격에 관한 사항 ■ 금융소비자와의 이해상충 방지에 관한 사항 ■ 광고물 제작 및 내부심의에 관한 사항
		인력요건	■ 취급하는 금융상품의 판매대리 · 중개업 영위에 필요한 연수 또 　는 평가를 받은 사람 등*에 해당하는 1명 이상 필요 　* 여신금융협회의 인증을 받은 자 또는 여신금융협회 지정기관의 교 　　육 이수자(법인 대표자나 임원이 해당 교육을 이수해야 함) ■ 전산설비 운용 · 관리 관련 전문인력을 1명 이상 필요
		물적요건	금융상품직접판매업자 요건과 동일
		온라인법인 요건	■ 5천만 원의 보증금 예탁(금감원) 또는 보험가입(배상책임 담보) ■ 금융소비자와의 이해상충 방지를 위한 소프트웨어를 전자적 장 　치에 설치 　○ 금융소비자가 이자율 · 신용점수 · 상환기간 등 자신에게 　　필요한 사항을 선택하여 이에 부합하는 상품을 검색할 수 　　있을 것 　○ 소비자의 선택에 따라 소비자에 유리한 조건의 우선순위를 　　기준으로 상품 배열 　○ 금융상품 검색 화면에서 검색결과와 무관한 동종 금융상품 　　광고 금지 　○ 직접판매업자가 제공하는 수수료 등에 따라 검색기능 등이 　　왜곡되지 않을 것

4. 금융상품판매업자등의 영업행위 준수사항

　금융상품판매업자등의 영업행위 준수사항은 이를 위반할 경우 징벌적 과징금과 과태료가 부과될 수 있으며, 관련 임직원들이 제재를 받을 수 있으므로 금융소비자보호를 위해 매우 강력한 효과가 기대되는 규제이다. 그러므로 이 제도를 도입한 취지를 보다 명확하게 드러내기 위해 법에서는 금융상품판매업자등이 영업행위를 할 때 지켜야 할 일반원칙을 제시하고 있다.

가. 영업행위 일반원칙(법 제13, 14, 15조)

우선 영업행위 준수사항 해당 규정을 해석·적용할 때 금융소비자의 권익을 우선적으로 고려하여야 하며, 금융상품 또는 계약관계의 특성 등에 따라 금융상품 유형별 또는 금융상품판매업자등의 업종별로 형평에 맞게 해석·적용하도록 하고 있다.

또 금융상품판매업자등이 업무를 영위할 때는 신의성실의 원칙에 따르도록 하고, 정당한 사유 없이 금융소비자의 이익을 해치면서 자기가 이익을 얻거나 제3자가 이익을 얻지 말 것을 요구하고 있으며, 정당한 사유 없이 성별·학력·장애·사회적 신분 등을 이유로 계약조건에 관하여 금융소비자를 부당하게 차별하지 말도록 규정하고 있다.

나. 내부통제기준(법 제16조, 영 제10조, 규정 제9조)

금융상품판매업자등은 임직원 및 금융상품판매대리·중개업자(보험중개사 제외)가 업무를 수행할 때 법령을 준수하고 건전한 거래질서를 해치는 일이 없도록 성실히 관리하여야 하며, 이를 위해 법인인 금융상품판매업자등은 그 임직원 및 금융상품판매대리·중개업자가 직무를 수행할 때 준수하여야 할 기준 및 절차, 즉 내부통제기준를 마련하여야 한다. 금융상품판매업자등이 내부통제기준을 제정·변경하는 경우 이사회의 승인을 받아야 하며, 그 사실을 공지해야 한다.

이와 같은 관리책임은 민법 제756조에 따라 사용자는 피용자가 그 사무집행에 관하여 제삼자에게 가한 손해를 배상할 책임이 있으며, 사용자가 피용자의 선임 및 그 사무감독에 상당한 주의를 한 때 또는 상당한 주의를 하여도 손해가 있을 경우에는 책임을 면할 수 있으므로 내부통제기준의 마련과 운영은 매우 중요하다.

다만 상호저축은행중앙회, 온라인소액투자중개업자, 대부업자 및 대부중개업자, 온라인투자연계금융업자 등은 내부통제기준을 마련하지 않아도 된다(영 제10조제1항).

⊙ **대통령령(영 제10조 제2항)**

1. 업무의 분장 및 조직구조
2. 임직원이 업무를 수행할 때 준수해야 하는 기준 및 절차
3. 내부통제기준의 운영을 위한 조직·인력
4. 내부통제기준 준수 여부에 대한 점검·조치 및 평가
5. 내부통제기준에 따른 직무수행 교육에 관한 사항
6. 업무수행에 대한 보상체계 및 책임확보 방안
7. 내부통제기준의 제정·변경 절차
8. 그 밖에 제1호부터 제7호까지의 사항에 준하는 것으로서 금융위원회가 정하여 고시하는 사항

⊙ **감독규정 [별표 2]**

1. 업무의 분장 및 조직구조
2. 임직원이 업무를 수행할 때 준수해야 하는 기준 및 절차

　가. 금융상품의 개발, 판매 및 사후관리에 관한 정책 수립에 관한 다음의 사항

　　1) 민원 또는 금융소비자 의견 등의 반영

　　2) 금융상품으로 인해 금융소비자에 발생할 수 있는 잠재적 위험요인에 대한 평가

　나. 광고물 제작 및 광고물 내부 심의에 관한 사항

　다. 권유, 계약 체결 등 금융소비자를 대상으로 하는 직무의 수행에 관한 사항

　라. 금융소비자와의 이해상충 방지에 관한 사항

　마. 금융소비자보호 관련 교육에 관한 사항

　바. 금융소비자의 신용정보, 개인정보 관리에 관한 사항

　사. 금융상품 등에 관한 업무 위탁 및 관련 수수료 지급에 관한 사항

　아. 금융소비자로부터 받는 보수에 관한 사항(금융상품자문업자만 해당한다)

3. 내부통제기준의 운영을 위한 조직 및 인력

　가. 금융소비자보호에 관한 내부통제를 수행하는데 필요한 의사결정기구(이하 "금융소비자보호 내부통제위원회"라 한다)의 설치 및 운영에 관한 사항

　　1) 조정·의결하는 의제에 관한 사항

　　　가) 금융소비자보호에 관한 경영 방향

　　　나) 금융소비자보호 관련 주요 제도 변경사항

　　　다) 금융상품의 개발, 영업방식 및 관련 정보공시에 관한 사항

　　　라) 임원·직원의 성과보상 체계에 대한 금융소비자보호 측면에서의 평가

　　　마) 법 제16조 제2항에 따른 내부통제기준 및 법 제32조 제3항에 따른 금융소비자보호기준의 적정성·준수실태에 대한 점검·조치 결과

　　　바) 법 제32조 제2항에 따른 평가(금융소비자 보호실태 평가), 감독(법 제48조 제1항) 및 검사(법 제50조) 결과의 후속조치에 관한 사항

　　　사) 중요 민원·분쟁에 대한 대응결과

　　2) 대표자, 금융소비자보호를 담당하는 임원 및 사내 임원(「금융회사 지배구조법」 제2조 제2호)으로 구성할 것

3) 대표자가 주재하는 회의를 매년 반기마다 1회 이상 개최할 것
나. 금융소비자보호에 관한 내부통제를 금융상품 개발·판매 업무로부터 독립하여 수행하는데 필요한 조직(금융소비자보호 총괄기관)의 설치 및 운영에 관한 사항
  1) 수행하는 업무에 관한 사항[사는 금융소비자보호 내부통제위원회를 운영하는 자만 해당]
    가) 금융소비자보호에 관한 경영방향 수립
    나) 금융소비자보호 관련 교육의 기획·운영
    다) 금융소비자보호 관련 제도 개선
    라) 금융상품의 개발, 판매 및 사후관리에 관한 금융소비자보호 측면에서의 모니터링 및 조치
    마) 민원·분쟁의 현황 및 조치결과에 대한 관리
    바) 임원·직원의 성과보상 체계에 대한 금융소비자보호 측면에서의 평가
    사) 금융소비자보호 내부통제위원회의 운영[가)부터 마)까지의 사항을 금융소비자보호 내부통제위원회에 보고하는 업무 포함]
  2) 대표자 직속으로 설치할 것
  3) 업무수행에 필요한 인력을 갖출 것
다. 금융소비자보호 총괄기관의 업무를 수행하는 임원 및 직원의 임명·자격요건 및 직무 등에 관한 사항
라. 대표이사, 이사 등 법인의 업무집행에 관한 의사결정 권한을 가진 자의 내부통제기준 운영에 관한 권한 및 책임에 관한 사항
마. 내부통제기준 준수에 관한 금융소비자 총괄기관과 그 외 기관 간의 권한 및 책임에 관한 사항 (금융소비자 총괄기관과 그 외 기관 간 금융상품의 개발 및 판매에 관한 사전협의 절차 포함)
바. 그 밖에 금융소비자보호 및 건전한 거래질서를 위해 필요한 사항
4. 내부통제기준 준수 여부에 대한 점검·조치 및 평가
5. 개별 금융상품에 대해 권유, 계약체결 등 금융소비자를 대상으로 직무를 수행하는 사람이 갖추어야 할 교육수준 또는 자격에 관한 사항
6. 업무수행에 대한 보상체계 및 책임확보 방안: 영업행위를 수행하는 담당 임원·직원과 금융소비자 간에 이해상충이 발생하지 않도록 하는 성과 보상체계의 설계·운영에 관한 사항
7. 내부통제기준의 제정·변경 절차
8. 고령자 및 장애인의 금융거래 편의성 제고 및 재산상 피해 방지에 관한 사항

그런데 금융회사는 「금융사지배구조법」 제24조에 따른 내부통제기준도 마련하여야 하므로 이 법에 다른 내부통제기준과 혼동이 될 수도 있다. 이 두 가지를 굳이 구분하여 설명하자면, 「금융사지배구조법」에 따른 내부통제기준은 당해 금융회사의 경영목표 달성을 위 해 조직 내부의 임직원이 수행하는 모든 직무활동을 대상으로 적용하는 포괄적인 기준이지만, 이 법에 의한 내부통제기준은 해당 금융회사(금융상품판매업자등)의 경영활동 중 금융소비자의 이해와 연관이 있는 금융상품의 개발 및 판매 등에 한정되며, 기준의 적용 대상자는 해당 업무를 담당하는 조직 내부 임직원뿐만 아니라 해당 금융회사와 금융상품판매의 대리 또는 중개에 관한 계약 관계에 있는 금융

상품판매대리 · 중개업자도 포함한다는 점에서 차이가 있다고 할 수 있다.

【벌칙 등】내부통제기준을 마련하지 아니한 자는 1억 원 이하의 과태료를 부과하며 (제69조 제1항 1호), 위반한 금융상품판매업자등과 임직원에 대해서는 금융당국이 제재조치를 한다.

다. 금융상품 유형별 영업행위 준수사항(6대 판매규제)

다-1. 적합성원칙(법 제17조, 영 제11조, 규정 제10조)

금융상품판매업자등은 일반금융소비자의 금융소비자의 연령, 재산, 계약 목적, 해당 금융상품 거래 경험과 이해도 등에 비추어 적합하지 아니하다고 인정되는 계약의 체결을 권유하여서는 아니 된다. 이 제도는 일반금융소비자가 금융상품의 내용이나 위험에 대한 지식이나 거래 경험이 부족하며, 재산도 넉넉하지 않고 앞으로 재산을 축적할 수 있는 가능성도 크지 않은 상태에서 위험성이 높은 금융상품을 거래하여 큰 손실을 입는 것을 예방하기 위해 도입한 것이다.

〈금융상품 유형별 파악할 정보 및 적합성 판단기준〉

구분	파악할 정보	적합성 판단기준
보장성	■ 금융소비자의 연령 ■ 재산상황(부채를 포함한 자산 및 소득에 관한 사항) ■ 계약체결의 목적 ■ 금융상품의 취득 · 처분 경험 ■ 금융상품에 대한 이해도 ■ 기대이익 및 기대손실 등을 고려한 위험에 대한 태도	■ 손실에 대한 감수능력이 적정한 수준일 것 ■ 이 법 제19조 제1항 제1호 나목에 따른 '위험등급'에 관한 정보와 비교하여 평가할 것
투자성	■ 해당 금융상품 취득 또는 처분 목적 ■ 재산상황(부채를 포함한 자산 및 소득에 관한 사항) ■ 금융상품 취득 또는 처분 경험 ■ 금융소비자의 연령 ■ 금융상품에 대한 이해도 ■ 기대이익 및 기대손실 등을 고려한 위험에 대한 태도	
대출성	■ 재산상황(부채를 포함한 자산 및 소득에 관한 사항) ■ 신용* 및 변제 계획 　*「신용정보법」에 따른 신용정보 또는「자본시장법」에 따른 신용등급으로 한정 ■ 금융소비자의 연령 ■ 계약체결의 목적(대출에만 해당)	■ 상환능력이 적정한 수준일 것

※ 보장성 상품은 변액보험과 보험료 또는 공제료의 일부를 「자본시장법」에 따른 금융투자상품의 취득 · 처분 또는 그 밖의 방법으로 운용할 수 있도록 하는 보험 또는 공제가 해당되며, 투자성 상품에는 수익률이 변동 가능한 예금성 상품도 포함

이 원칙 적용대상 금융상품은 보장성, 투자성 및 대출성 상품이다. 금융상품판매업 자등은 금융상품 유형별로 일반금융소비자의 정보를 파악하고, 그 소비자로부터 서명(전자서명 포함), 기명날인, 녹취 등의 방법으로 확인을 받아 이를 유지·관리하여야 하며, 확인받은 내용을 그 소비자에게 지체 없이 제공하여야 한다.

금융상품판매업자등은 파악한 정보를 종합 고려하여 금융상품 유형별 판단기준에 따라 해당 금융상품이 일반금융소비자에게 적합한지 여부를 평가하여야 하며 그 평가결과를 평가근거와 함께 문서로 기록하여야 한다(규정 제10조 제1항 1호 다목 및 제2호 나목).

이 원칙은 「자본시장법」 제249조의2에 따른 전문투자형 사모집합투자기구의 집합투자증권(사모펀드)을 판매하는 경우에는 적용되지 않는다. 다만, 같은 법 제249조의2 및 대통령령 제271조에 따른 적격투자자[1] 중 일반금융소비자[2]가 서면 교부, 우편 또는 전자우편, 전화 또는 팩스, 휴대전화 문자메시지 또는 이에 준하는 전자적 의사표시(대통령령 제11조 제5항)를 통해 요청하는 경우에는 예외로 한다. 금융상품판매업자등은 계약 체결의 권유를 하기 전에 이러한 내용과 함께 일반금융소비자가 별도의 요청을 하지 않을 경우에는 일반금융소비자에 적합하지 않은 계약의

---

1) 전문투자자와 대통령령으로 정하는 금액 이상을 투자하는 개인 또는 법인, 그 밖의 단체이며 전문투자자는 국가, 한국은행, 대통령령으로 정한 금융기관(제10조제2항: 은행, 특수은행, 농협중앙회, 수협중앙회, 증권, 보험, 여전, 상호저축은행 및 중앙회, 산림조합중앙회, 새마을금고연합회, 신협중앙회, 이에 준하는 외국금융기관 등), 주권상장법인, 기타 대통령령으로 정한 재제10조 제3항: 예금보험공사 및 정리금융회사, 한국자산관리공사, 주택금융공사, 한국투자공사, 협회, 예탁결제원, 전자등록기관, 거래소, 금융감독원, 집합투자기구, 신보, 기보, 기타기금 및 기금 관리·운용법인, 공제사업 경영 법인, 지방자치단체, 해외 상장 국내법인, 금융투자상품 잔고가 100억 원(외감법인은 50억 원) 이상인 단체나 법인, 최근 5년 중 1년 이상의 기간 동안 금융투자상품을 월말 평균잔고 기준으로 5천만 원 이상 보유한 경험이 있고 금융위가 고시하는 소득액·자산 기준이나 금융 관련 전문성 요건을 충족한 개인, 외국 정부, 조약에 따라 설립된 국제기구, 외국 중앙은행, 이에 준하는 외국인)임.
2) 적격투자자 중 전문투자자에 해당되지 않는 자, 즉 대통령령(제271조 제2항)으로 정하는 금액 이상(전문투자형 사모집합투자기구의 파생상품 위험평가액, 채무보증액 및 담보제공가액, 차입금의 합산액이 그 자산총액에서 부채총액을 차감한 가액의 100분의 200을 초과하지 않는 전문투자형 사모 집합투자기구에 투자하는 경우 3억 원, 그 외의 전문투자형 사모 집합투자기구에 투자하는 경우 5억 원)을 투자하는 개인 또는 법인, 그 외의 단체와 함께 전문투자자 중 일반투자자와 같은 대우를 받겠다는 의사를 금융투자업자에게 서면으로 통지하여 금융투자업자의 동의를 받을 수 있는 재외국금융기관, 기타기금 및 기금 관리·운용법인, 공제사업 경영 법인, 지방자치단체, 해외 상장 국내법인, 금융투자 상품 잔고가 100억 원(외감법인은 50억 원) 이상인 단체나 법인, 최근 5년 중 1년 이상의 기간 동안 금융투자 상품을 월말 평균잔고 기준으로 5천만 원 이상 보유한 경험이 있고 금융위가 고시하는 소득액·자산 기준이나 금융 관련 전문성 요건을 충족한 개인, 외국인으로서 그 동의를 받은 자가 해당됨.

체결로 인한 손해에 대해 금융상품판매업자등이 해당 규정에 따른 책임을 지지 않는다는 사실을 일반금융소비자에게 알려야 한다(규정 제10조 제4항).

【벌칙 등】금융소비자의 정보 파악, 확인, 유지·관리 및 제공 의무(법 제17조 제2항)를 위반한 경우와 부적합한 금융상품의 계약체결 권유금지 의무(동 제3항)를 위반한 경우에는 3천만 원 이하 과태료를 부과하며(법 제69조 제2항 1호), 이를 위반한 금융상품판매업자등 및 임직원은 감독당국으로부터 제재를 받게 된다(법 제52조). 또 금융상품판매업자등이 고의 또는 과실로 적합성원칙을 위반하여 금융소비자에게 손해를 발생시킨 경우 이를 배상할 책임이 있으며(법 제44, 45조), 금융상품판매업자등이 일반금융소비자에게 부적합한 금융상품을 권유하여 계약을 체결한 경우 해당 금융소비자는 계약의 해지를 요구할 수 있다(법 제47조).

다-2. 적정성원칙(법 제18조, 영 제12조, 규정 제11조)

금융상품판매업자가 일반금융소비자에게 계약 체결을 권유하지 아니하고 금융상품판매 계약을 체결하려는 경우에는 미리 면담·질문 등을 통하여 각 상품별로 적합성원칙에 준하여 정보를 파악하고 금융상품의 적정성을 판단하여야 한다. 이 원칙은 대부분 적합성원칙과 비슷하나, 적합성원칙은 금융상품판매업자등의 계약 체결권유가 있는 경우에 적용되는 반면, 적정성원칙은 계약 체결 권유가 없어도 금융소비자가 자발적으로 계약 체결 의사를 밝힌 경우에 적용된다. 또 적용되는 금융상품의 범위에 있어, 보장성 상품은 적합성원칙의 그것과 동일하나, 투자성 상품은 파생상품 및 파생결합증권, 조건부 자본증권[3], 고난도 금융투자상품, 고난도 투자일임계약 및 고난도 금전신탁계약과 감독규정에서 정한 집합투자증권으로, 대출성 상품으로는 주택담보대출, 증권이나 지식재산권 등을 담보로 계약을 체결하는 대출 상품으로 제한되는 점에 차이가 있다.

또 금융상품판매업자는 해당 금융상품이 그 일반금융소비자에게 적정하지 아니하다고 판단되는 경우에는 적합성원칙에 준하여 일반금융소비자에게 그 사실을 알리고 그 일반금융소비자로부터 서명, 기명날인, 녹취, 그 밖에 대통령령으로 정하는 방법으로 확인을 받아야 한다. 이 경우 금융상품의 적정성 판단 결과 및 그 이유를 기재한

---

3) 사채(社債) 중 일정한 사유가 발생하는 경우 주식으로 전환되거나 원리금을 상환해야 할 의무가 감면될 수 있는 사채(「상법」 제469조 제2항, 제513조 또는 제516조의2에 따른 사채는 제외)

서류와 이 법 제19조 제2항에 따른 설명서를 제공하여야 한다.

이 외에 파악해야 할 정보, 적정성 판단기준, 사모펀드의 적용 제외, 벌칙 등은 적합성원칙의 해당 내용보다 완화되어 있거나 대동소이하므로 설명을 생략한다

다-3. 설명의무(법 제19조, 영 제13조, 규정 제12조)

금융상품판매업자등은 일반금융소비자에게 계약 체결을 권유 또는 자문하는 경우 및 일반금융소비자가 설명을 요청하는 경우에는 금융상품에 관한 중요한 사항을 일반금융소비자가 이해할 수 있도록 설명하여야 한다. 일반금융소비자가 특정 사항에 대한 설명만을 원하는 경우 해당 사항에 한정하여 설명하는 것은 허용된다.

법과 시행령에서 규정한 각 상품별 중요한 설명사항은 다음과 같다.

〈상품별 중요한 설명사항〉

	보장성	투자성	예금성	대출성
법	■상품 내용 ■보험료 ■보험금 지급제한 사유 및 지급절차 ■위험보장 범위	■상품 내용 ■투자에 따른 위험 ■위험등급주)	■상품 내용	■금리 및 변동 여부, 중도상환수수료 부과 여부 · 기간 및 수수료율 등 대출성 상품 내용 ■상환방법에 따른 상환금액 · 이자율 · 시기 ■담보권 설정에 관한 사항, 담보권 실행사유 및 담보권 실행 시 권리변동에 관한 사항 ■대출원리금, 수수료 등 금융소비자가 부담하는 총금액
시행령	■위험보장 기간 ■계약의 해지 · 해제 ■보험료 감액 청구 ■보험금 또는 해약환급금의 손실 발생 가능성	■금융소비자가 부담하는 수수료 ■계약의 해지 · 해제 ■증권의 환매(還買) 및 매매 ■「온라인투자연계금융업법」 제22조 제1항 각호의 정보 (연계투자만 해당)	■이자율 및 산출 근거 ■수익률 및 산출 근거 ■계약의 해지 · 해제 ■이자 · 수익의 지급시기 및 지급제한 사유	■계약의 해지 · 해제 ■신용에 미치는 영향 ■원금리 납부 연체에 따른 연체 이자율 및 그 밖의 불이익 ■계약기간 및 연장에 관한 사항

주) 금융상품직접판매업자가 「자본시장법」에 따른 기초자산의 변동성 및 신용등급과 금융상품 구조의 복잡성, 최대 원금손실 가능금액, 환매(還買)나 매매의 용이성, 환율의 변동성 등을 고려하여 결정 가능

한편 감독규정에서는 대통령령에서 위임한 바에 따라 보다 구체적으로 상품별 중요한 설명사항을 명시하고 있다.

〈감독규정상의 상품별 중요한 설명사항〉

구분	중요한 설명사항
보장성	■ 주된 위험보장 사항, 부수적 위험보장 사항 및 각각의 보험료와 보험금 ■ 보험료 납입기간 ■ 해약을 하거나 만기에 이른 경우에 각각의 환급금 및 산출근거, 환급금이 납부한 보험료보다 적거나 없을 수 있다는 사실 ■ 일반금융소비자 또는 피보험자가 고지의무나 통지의무를 위반한 경우 계약을 해지할 수 있다는 사실 ■ 보험금을 지급받는 자를 일반금융소비자가 지정할 수 있는지 여부 ■ 상품별 설명사항 　○ 변액보험 등(영 제11조 제1항 제1호 각 목의 금융상품) 　　− 소비자가 중도에 해지하는 경우 만기 시 보장하는 금액을 제공하지 못할 수 있다는 사실 　　− 금융상품 구조 및 자산운용 방식 　○ 간단손해보험대리점이 취급하는 보장성 상품: 판매나 중개하는 재화나 용역의 매매와 별도로 소비자가 보험계약을 체결 또는 취소할 수 있고, 그 계약의 피보험자가 될 권리가 보장된다는 사실 　○ 피보험자 생존 시 지급하는 보험금 합계액이 소비자가 납입한 보험료를 초과하는 보장성 상품 　　− 적용이율 및 산출기준 　　− 보험료 중 사업비 등을 뺀 일부 금액만 특별계정에서 운영되거나 적용이율이 적용된다는 사실 및 그 사업비 금액(적용이율이 고정되지 않는 계약에 한정) 　○ 65세 이상을 보장하는 실손 의료보험 및 이에 준하는 공제: 65세 시점의 예상보험료 및 보험료 지속 납입에 관한 사항 　○ 해약환급금이 지급되지 않는 보장성 상품: 위험보장 내용이 동일하지만 해약환급금이 지급될 수 있는 다른 보장성 상품 　○ 소비자에 배당이 지급되는 보장성 상품: 배당에 관한 사항 　○ 계약 종료 이후 금융소비자가 청약에 필요한 사항을 금융상품직접판매업자에 알리지 않고 해당 금융상품에 관한 계약을 다시 체결할 수 있는 보장성 상품: 가입조건 및 보장내용 등의 변경에 관한 사항 　○ 그 밖에 보통의 주의력을 가진 일반적인 금융소비자가 오해하기 쉬워 민원이 빈발하는 사항 등 보험금 지급 등과 관련하여 일반금융소비자가 특히 유의해야할 사항
투자성	■ 투자성 상품(사모펀드 제외) 　○ 계약기간 　○ 금융상품의 구조 　○ 기대수익(객관적·합리적인 근거가 있는 경우에 한정). 이 경우 객관적·합리적인 근거를 포함하여 설명해야 함. 　○ 손실이 발생할 수 있는 상황(최대 손실이 발생할 수 있는 상황을 포함한다) 및 그에 따른 손실 추정액. 이 경우, 객관적·합리적인 근거를 포함하여 설명해야 함. 　○ 위험등급에 관한 다음의 사항 　　− 해당 위험등급으로 정해진 이유 　　− 해당 위험등급의 의미 및 유의사항

투자성	○계약상 만기에 이르기 전에 일정 요건이 충족되어 계약이 종료되는 금융상품의 경우 그 요건에 관한 사항 ■ 사모펀드 　○기본정보 　　－집합투자기구의 명칭 　　－집합투자업자의 명칭 　　－판매회사, 수탁회사 및 사무관리회사의 명칭 　　－집합투자기구의 종류 　　－집합투자기구의 최소투자금액 및 만기일자 　　－판매일정, 환매일정, 결산 및 이익분배 　○집합투자기구에 관한 사항 　　－집합투자기구의 투자전략 　　－집합투자기구의 주요 투자대상 자산 　　－투자구조 및 최종 기초자산(다른 집합투자증권이 편입되는 경우에만 적용) 　　－레버리지(차입 등) 한도 　　－여유자금의 운용방법 　　－집합투자재산의 평가 및 기준가 산정 방법 　　－보수 및 수수료에 관한 사항
	○집합투자기구의 위험에 관한 사항 　－위험등급 및 관련 세부설명 　－위험요소 　－유동성 리스크 및 관리방안 ○집합투자기구의 환매에 관한 사항(환매방법, 환매수수료 포함)
대출성	■ 이자율 산출기준 ■ 신용카드 대금 리볼빙 서비스의 위험, 신용카드 연회비 등 거래조건과 연회비 반환 등에 관한 사항 등

이 외에도 금융상품과 연계되거나 제휴된 금융상품 또는 서비스 등이 있는 경우 그 내용과 연계·제휴서비스 등의 이행책임에 관한 사항, 제공기간, 변경·종료에 대한 사전통지 등을 설명하여야 하며, 청약 철회의 기한·행사방법·효과에 관한 사항(법 제46조)과 아울러 민원처리 및 분쟁조정 절차, 「예금자보호법」 등 다른 법률에 따른 보호 여부 등 금융소비자보호를 위하여 정한 사항(영 제13조 제8항)까지도 설명하여야 한다.

다-3-1. 설명서(법 제19조 제2항, 영 제14조, 규정 제13조)

금융상품판매업자등은 금융상품 설명 전에 설명에 필요한 설명서를 서면교부, 우편 또는 전자우편, 휴대전화 문자메시지 등의 방식으로 일반금융소비자에게 제공하여야 한다. 그리고 설명한 내용을 일반금융소비자가 이해하였음을 서명, 기명날인,

녹취 또는 그 밖에 대통령령으로 정하는 방법으로 확인을 받아야 한다.

다만 다음의 경우에는 설명서를 제공하지 않아도 된다(영 제14조 제4항).

첫째, 금융상품자문업자가 해당 금융소비자의 자문에 대한 답변 및 그 근거, 자문의 대상이 된 금융상품의 세부정보 확인 방법 등의 내용이 포함된 서류를 일반금융소비자에게 제공한 경우,

둘째, 온라인투자연계금융업자가 일반금융소비자에게 「온라인투자연계금융업법」상의 설명의무를 다한 경우와 대부업자가 「대부업법」상의 설명의무를 다한 경우,

셋째, 기존 계약과 동일한 내용으로 계약을 갱신하는 경우

넷째, 이상 3가지에 준하는 경우로서 금융위원회가 고시한 경우로서(규정 제13조 제2항)

가. 기본 계약을 체결하고 그 계약내용에 따라 계속적 · 반복적으로 거래를 하는 경우,

나. 해상보험계약 또는 자동차보험계약을 반복하여 체결하는 경우,

다. 여행자인 일반금융소비자를 위해 해당 계약을 체결한 여행업자에게 설명서를 제공한 경우와 구성원이 5명 이상인 단체의 구성원인 일반금융소비자를 위해 계약을 체결한 해당 단체 또는 그 단체의 대표자에게 설명서를 제공한 경우,

라. 전화를 이용하여 모집하는 자가 보장성 상품에 관한 계약의 체결을 대리 · 중개하는 경우,

마. 전화권유 판매업자가 대출성 상품에 관한 계약의 체결을 대리 · 중개하는 경우 (전화로 설명한 내용과 설명서가 일치하고 전화로 설명한 내용을 녹취한 경우로 한정),

바. 보장성 상품에 관한 중요한 사항(법 제19조 제1항 각호)을 청약서에 반영한 경우로서 개인 또는 가계의 일상생활에서 발생 가능한 위험을 보장하고 피보험자가 보험료를 부담하는 보장성보험 가운데 월보험료가 5만 원 이하인 계약 또는 연간보험료가 60만 원 이하인 계약에 해당하며 보장기간이 1년 초과 3년 이하인 보장성 상품 또는 여행 중 발생 가능한 위험을 보장하는 보장성 상품

설명서에는 법령 및 규정에서 정한 중요한 설명사항(앞의 설명의무 참조)이 포함되어야 하며, 일반금융소비자에게 「자본시장법」상 투자설명서 또는 간이 투자설명서를

제공하는 경우에는 해당 내용을 설명서에서 제외할 수 있다. 설명서는 그 내용이 일반금융소비자가 쉽게 이해할 수 있도록 작성되어야 한다. 또 설명서에는 설명을 한 사람이 일반금융소비자에게 설명한 내용과 실제 설명서의 내용이 같다는 사실을 확인하는 서명(전자서명 포함)이 있어야 한다. 다만, 예금성 상품 또는 대출성 상품에 관한 계약, 전자적 장치를 이용한 자동화 방식을 통해서만 서비스가 제공되는 계약의 경우는 제외된다.

설명서를 작성할 때 지켜야 할 사항은 다음과 같다(규정 제13조 제1항).

〈설명서 작성 시 준수사항〉

1. 소비자가 쉽게 이해할 수 있도록 알기 쉬운 용어를 사용하여 작성할 것
2. 계약 내용 중 소비자의 선택에 따라 재산상 이익에 상당한 영향을 미칠 수 있는 사항이 있는 경우에는 선택할 수 있는 사항들을 쉽게 비교할 수 있도록 관련 정보를 제공할 것
3. 중요한 내용은 부호, 색채, 굵고 큰 글자 등으로 명확하게 표시하여 알아보기 쉽게 작성
4. 일반금융소비자가 해당 금융상품에 관한 계약으로 받을 수 있는 혜택이 있는 경우 그 혜택 및 혜택을 받는데 필요한 조건을 함께 알 수 있도록 할 것
5. 일반금융소비자의 계약 체결여부에 대한 판단이나 권익 보호에 중요한 영향을 줄 수 있는 사항으로서 다음 각 목의 사항을 요약(이를 "핵심설명서"라고 함)하여 설명서의 맨 앞에 둘 것. 다만, 예금성 상품 등 설명서의 내용이 간단하여 요약이 불필요한 금융상품은 제외 가능.
  가. 유사한 금융상품과 구별되는 특징
  나. 금융상품으로 인해 발생 가능한 불이익에 관한 사항(민원, 분쟁 또는 상담요청이 빈번하여 일반금융소비자의 숙지가 필요한 사항 및 아래의 사항을 반드시 포함).
    1) 투자성 상품: 위험등급의 의미 및 유의사항
    2) 보장성 상품: 해약환급금이 이미 납부한 보험료(공제료 포함)보다 적거나 없을 수 있다는 사실
    3) 대출성 상품: 다음의 구분에 따른 사항
      가) 대출: 원리금 연체 시 불이익
      나) 신용카드: 다음의 사항
        ① 매월 사용대금 중 일정 비율만 지불하고 나머지 금액은 이후에 지불하는 서비스의 위험성 및 관련 예시
        ② 연회비 등 신용카드의 거래조건 및 연회비 반환에 관한 사항(반환사유, 반환금액 산정방식, 반환금액의 반환기한을 포함한다.)
  다. 민원을 제기하거나 상담을 요청하려는 경우 이용 가능한 연락처
6. 보험료 및 보험금에 대한 일반금융소비자의 이해를 돕기 위한 내용으로서 감독규정 [별표 4]에 해당하는 사항 기재(보험만 해당)

감독규정 [별표4] 보장성 상품 설명서에 포함되어야 하는 사항

1. 피보험자가 생존 시 보험금의 합계액이 이미 납입된 보험료를 초과하는 보장성 상품의 보험료에 관한 다음 각 목의 사항
   가. 계약을 체결·관리하는데 사용되는 금액
   나. 위험을 보장하는데 사용되는 금액
   다. 특별계정을 설정·운용하는데 사용되는 금액
   라. 중도인출수수료
   마. 주된 위험보장사항·부수적인 위험보장 사항 외의 서비스 제공을 위해 사용되는 금액
   바. 계약 해지 시 공제되는 금액

2. 피보험자가 생존 시 보험금의 합계액이 이미 납입된 보험료를 초과하지 않는 보장성 상품에 관한 다음 각 목의 사항. 이 경우, 나목은 「보험업법」에 따른 자동차 보험계약에 적용하지 않음.
   가. 「보험업감독규정」에 따른 보험가격 지수 및 보장범위 지수에 관한 사항(예시를 포함한다). 다만, 「보험업감독규정」 제1-2조 제11호에 따른 일반손해보험은 제외
   나. 「보험업감독규정」 제7-46조 제1항 마목에 따른 계약체결 비용지수 및 부가보험료 지수(예시 포함). 다만, 다음의 어느 하나에 해당하는 경우는 설명하지 않아도 됨.
      1) 계약을 체결하는데 사용되는 금액(계약체결 비용)이 「보험업감독규정」 별표 14에 따른 표준 해약공제액보다 작거나 같은 경우
      2) 위험보장 기간이 종신이고 사망 위험을 보장하는 보장성 상품의 계약체결 비용이 표준 해약 공제액의 1.4배(사망 외의 위험도 보장하는 보장성 상품인 경우에는 사망 위험에 한정하여 적용) 이내인 경우

3. 다음 각 목의 구분에 따른 사항
   가. 「보험업감독규정」 제1-2조 제8호에 따른 자산연계형 보험: 적용이율 산출근거. 다만, 공시이율을 적용하는 경우는 제외
   나. 보험금이 금리 등에 연동되는 상품: 직전 1년간 적용금리의 변동현황
   다. 만기 시 자동갱신되는 보장성 상품: 최대 갱신 가능나이 또는 75세 이상을 포함하여 최소 5개 이상 갱신시점의 예상 보험료

그리고 금융상품판매업자등이 이러한 설명을 할 때에는 일반금융소비자의 합리적인 판단 또는 금융상품의 가치에 중대한 영향을 미칠 수 있는 사항을 거짓으로 또는 왜곡(불확실한 사항에 대하여 단정적 판단을 제공하거나 확실하다고 오인하게 할 소지가 있는 내용을 알리는 행위)하여 설명하거나 빠뜨려서는 아니 된다.

【벌칙 등】중요사항의 설명(법 제19조 제1항), 설명서의 제공 및 설명내용 확인의무(동 제2항)를 위반할 경우 수입 등의 50% 이내에서 과징금을 부과하며(법 제57조 제1항), 1억 원 이하의 과태료를 부과한다(법 제69조 제1항2호, 6호 가목). 또 위반한 금융상품판매업자등 및 임직원에 대해서는 감독당국이 제재조치를 한다. 금융상품판매

업자등이 설명의무를 위반하여 금융소비자에게 손해를 발생시킨 경우 이를 배상할 책임이 있으며, 손해배상 책임을 면하기 위해서는 고의 및 과실이 없었음을 입증해야만 한다(법 제44조). 그리고 금융상품판매업자등이 일반금융소비자에 대한 설명의무를 위반하여 계약을 체결한 경우 해당 금융소비자는 계약 해지를 요구할 수 있다(법 제47조).

다-3-2. 금융상품 설명의무 가이드라인

한편, 금융회사의 부담을 줄여주면서도 금융소비자가 만족할 수 있는 수준으로 금융회사가 설명의무를 이행하는 지침으로서 금융당국이 2021년 7월 14일 「금융상품 설명의무의 합리적 이행을 위한 가이드라인」을 발표하였다. 주요 내용은 다음과 같다.

〈설명의무 가이드라인 주요 내용〉

구분	주요내용
설명의무 이행범위 관련	▪ 하나의 금융상품에 대해 유사한 설명서들을 제공함에 따른 소비자와 판매업자의 과도한 부담을 완화하기 위해 「금소법」 및 「자본시장법」 상 설명사항을 통합 · 정리하여 제공해야 함. ▪ 금소법상 설명의무의 이행범위는 현장의 위법 · 제재 불확실성 해소를 위해 법령에서 정하는 사항으로 한정함 ※ 법령에서 정하지 않는 사항은 판매업자가 필요 시 자율적으로 설명하되, 소비자의 정보 수용능력(capacity)을 반영할 필요
설명의 효율성 제고 관련	▪ 판매업자는 일반금융소비자에게 금융상품을 권유하는 경우에 금융소비자보호법령에 열거된 중요사항을 모두 설명해야 함. ▪ 다만, 설명의무의 합리적 이행을 위해서는 설명의 정도(depth), 설명 방식 등을 자체적으로 마련한 기준*을 통해 조정 가능 　* 금융상품직접판매업자가 내부통제기준에 반영해야 함. ○ (설명의 정도) 판매업자는 설명사항의 중요도, 난이도, 소비자 상황 등을 고려하여 "소비자가 설명 간소화를 선택할 수 있는 범위"를 정할 수 있음. 〈 "소비자가 설명 간소화를 선택할 수 있는 범위"에 대한 지침 〉 • 설명서의 요약자료인 「금소법」상 "핵심설명서"는 반드시 설명 • 핵심설명서 외의 사항 중 일부는 자체 기준에 따라 "소비자가 설명 간소화를 선택할 수 있는 사항"으로 분류 가능 － "소비자가 설명 간소화를 선택할 수 있는 사항"의 경우 판매업자는 해당 정보의 목록 및 설명서상의 위치를 알리고, 소비자가 이해했는지를 확인 ○ (설명방식) 소비자의 효과적인 이해를 돕기 위해 원칙적으로 구두설명 대신 동영상, AI* 등을 활용할 수 있음 　* 법령에서 전화모집 절차를 규율하고 있는 보험의 경우, 전화모집시 AI 활용을 허용하기 위해 보험업감독규정 개정 추진중(「비대면 · 디지털 모집규제 개선방안(5.17일)」)

설명서 이해도 제고 관련	■ 판매업자는 금융소비자보호 감독규정(§13①)상 설명서 작성 시 준수사항*을 설명의무 취지를 벗어나지 않는 범위 내에서 자율 이행하되, 　* 일반인을 기준으로 쉽게 쓸 것, 그림·그래프 등을 활용하여 가독성을 높일 것 등 ○ 소비자 행태에 대한 실증자료 및 민원·분쟁 분석자료 등을 토대로 자체 설명서 　작성기준을 마련해야 함.

다-4. 불공정영업행위의 금지(법 제20조, 영 제15조, 규정 제14조)

　금융상품판매업자등은 우월적 지위를 이용하여 금융소비자의 권익을 침해하는 행위, 즉 불공정영업행위를 해서는 아니 된다. 이 의무는 앞의 3가지 의무와 달리 일반금융소비자 뿐만 아니라 전문금융소비자에 대한 행위도 해당이 된다.

　법에서는 다음과 같은 사항을 불공정영업행위로 규정하고 있다.

　첫째, 대출성 상품 등 금융상품에 관한 계약체결과 관련하여 금융소비자의 의사에 반하여 다른 금융상품의 계약체결을 강요하는 행위

　둘째, 대출성 상품 등 금융상품에 관한 계약체결과 관련하여 부당하게 담보를 요구하거나 보증을 요구하는 행위

　셋째, 금융상품판매업자등 또는 그 임직원이 업무와 관련하여 편익을 요구하거나 제공받는 행위

　넷째, 대출성 상품과 관련하여 자기 또는 제3자의 이익을 위하여 금융소비자에게 특정 대출 상환방식을 강요하는 행위, 수수료, 위약금, 중도상환 수수료를 부과하는 행위 및 개인대출 등 대출상품의 계약과 관련하여 제3자의 연대보증을 요구하는 행위

　다섯째, 연계·제휴서비스 등이 있는 경우로서 그 서비스 등을 부당하게 축소하거나 변경하는 행위

　여섯째, 그 밖에 금융상품판매업자등이 우월적 지위를 이용하여 금융소비자의 권익을 침해하는 행위

　이러한 불공정영업행위의 구체적 유형과 예외사항은 다음과 같다.

1 대출성 상품 등 계약체결과 관련하여 다른 금융상품의 계약체결을 강요하는 행위

구체적 유형(영 §15 ④ 1)	예외사항(규정 §14 ⑤)
■ 제3자의 명의를 사용하여 다른 금융상품의 계약을 체결할 것을 강요하는 행위 ■ 다른 금융상품직접판매업자를 통해 다른 금융상품에 관한 계약을 체결할 것을 강요하는 행위 ■ 중소기업에 대해 그 대표자 또는 관계인(대표자 · 임원 · 직원 및 그 가족)에게 다른 금융상품의 계약체결을 강요하는 행위 ■ 대출성 상품에 관한 계약(금전제공 계약)의 최초 이행일 전 · 후 각각 1개월 내에 다음에 해당하는 계약을 체결하는 행위(구속성예금, 규정 §14 ④) 　○ 보장성 상품 또는 투자성 상품(집합투자증권, 금전신탁계약, 투자일임 계약 및 연계투자 계약에 한정) 계약: 　　– 중소기업 및 그 기업의 대표자, 개인신용 평점이 하위 10%에 해당하는 사람, 피성년 후견인 또는 피한정 후견인과의 계약 　　– 전기 금융소비자가 아닌 금융소비자와의 계약: 금융소비자(투자성 상품인 경우 개인 금융소비자에 한정)가 매월 금융상품직접판매업자에 지급해야 하는 금액(월지급액)이 금전제공 계약 금액의 1000분의 10을 초과하는 계약 　○ 예금성 상품(수시 입 · 출금 금융상품 제외)에 관한 계약: 금융소비자(중소기업 및 그 기업의 대표자에 한정)의 월지급액이 금전제공 계약 금액의 1000분의 10을 초과하는 경우. 다만 월지급액이 10만 원 이하인 경우 또는 금융상품직접판매업자에 지급하는 금액이 총 100만 원 이하인 경우는 제외	〈구속성예금의 예외사항〉 ■ 금전제공 계약이 지급보증, 보험약관대출, 신용카드 및 신용카드회원에 대한 자금의 융통, 투자자에 대한 신용공여인 경우, ■ 주택담보 노후연금보증에 의한 대출과 연계한 제3보험(상해보험, 질병보험, 간병보험) 계약, ■ 중소기업이 아닌 기업과의 퇴직연금 자산관리업무 수행 계약(「근로자퇴직급여 보장법」 제29조 제1항), 퇴직보험 또는 종업원의 복리후생을 목적으로 하는 보장성 상품 계약, ■ 단체가 그 단체의 구성원을 위하여 체결하는 보장성 보험(단체의 구성원이 보험료를 납입하는 경우 한정), 일반손해보험, 장기손해보험(채권확보 및 자산보호를 목적으로 담보물건 가액 기준에 의해 산정되는 장기화재보험 등 재물보험)에 관한 계약, ■ 금전제공 계약이 최초로 이행된 날 전 · 후 1개월 이내에 해지한 예금성 상품에 대하여 해지 전의 금액 범위 내에서 다시 계약을 체결한 경우 등(감독규정 제14조 제5항)

2 대출성 상품 등 계약체결과 관련하여 부당하게 담보나 보증을 요구하는 행위

구체적 유형(영 §15 ④ 2)	예외사항
■ 담보 또는 보증이 필요 없음에도 이를 요구하는 행위 ■ 통상적으로 요구되는 담보 또는 보증 범위보다 많은 담보 또는 보증을 요구하는 행위	–

3 금융상품판매업자등 또는 그 임직원이 편익을 요구하거나 제공받는 행위

구체적 유형(규정 §14 ⑥ 3)	예외사항
■ 금융상품판매업자 또는 그 임직원이 업무와 관련하여 직 · 간접적으로 금융소비자 또는 이해관계자로부터 금전, 물품 또는 편익 등을 부당하게 요구하거나 제공받는 행위	–

4 대출성 상품의 경우

구체적 유형 (법 §20 ① 4)	예외사항(영 §15 ②)
▪특정 대출 상환방식을 강요하는 행위 ▪수수료, 위약금, 중도 상환수수료를 부과하는 행위 ▪제3자의 연대보증을 요구하는 행위	▪수수료, 위약금, 중도상환수수료 부과 ㅇ대출계약이 성립한 날부터 3년 이내에 상환하는 경우 ㅇ다른 법령에 따라 중도상환수수료 부과가 허용되는 경우, ㅇ금융소비자가 「여신전문금융업법」에 따른 시설대여, 연불판매 또는 할부금융에 관한 계약을 해지한 경우로서 계약에 따른 재화를 인도받지 못한 경우나 인도받은 재화에 하자가 있어 정상적인 사용이 어려운 경우에 해당하지 않는 경우 ▪제3자 연대보증 요구 ㅇ개인 대출의 경우 사업자등록증 상 대표자의 지위에서 대출을 받는 경우로서 –해당 사업자등록증에 기재된 다른 대표자, –「건축물의 분양에 관한 법률」에 따른 분양대금을 지급하기 위해 대출을 받는 경우 같은 법에 따른 분양사업자 및 해당 건축물의 시공사 ㅇ법인 대출에 있어 해당 법인의 –대표이사 또는 무한책임사원, –해당 법인에서 가장 많은 지분을 보유한 자, –해당 법인의 의결권 있는 발행 주식 총수의 100분의 30(배우자·4촌 이내의 혈족 및 인척이 보유한 의결권 있는 발행 주식을 합산한다)을 초과하여 보유한 자, –그 밖에 금융위원회가 정하여 고시하는 자(금융소비자와 같은 기업 집단에 속한 회사, 프로젝트금융(대출) 대상사업의 이익을 금융소비자와 공유하는 법인)에게는 연대보증 요구가 가능하며, 조합·단체에 대한 대출의 경우 해당 조합·단체의 대표자

5 연계·제휴서비스 등을 부당하게 축소하거나 변경하는 행위

구체적 유형(영 §15 ③)	예외사항(법 §20 ① 5, 영 §15 ③ 2)
▪연계·제휴서비스 등의 축소·변경 사실을 미리(6개월 전부터 매월 또는 부득이한 경우 즉시, 서면 교부, 우편 또는 전자우편, 전화 또는 팩스, 휴대전화 문자메시지 가운데 2가지 이상의 방법으로) 알리지 않고 축소하거나 변경하는 행위 ▪연계·제휴서비스 등을 정당한 이유 없이 금융소비자에게 불리하게 축소하거나 변경하는 행위	▪연계·제휴서비스 등을 불가피하게 축소하거나 변경하더라도 금융소비자에게 그에 상응하는 다른 연계·제휴서비스 등을 제공하는 경우 ▪금융상품판매업자등의 휴업·파산·경영상의 위기 등에 따른 불가피한 경우 ▪연계·제휴서비스 등이 3년 이상 제공된 후 그 연계·제휴서비스 등으로 인해 해당 금융상품의 수익성이 현저히 낮아진 경우(영§15 ③2)

6 기타 우월적 지위 남용

구체적 유형(영 §15 ④ 3)	예외사항
▪금융소비자의 계약 변경·해지(요구 포함)에 대해 정당한 사유 없이 금전을 요구하거나 그 밖의 불이익을 부과하는 행위 ▪계약 또는 법령에 따른 금융소비자의 이자율·보험료 인하 요구에 대해 정당한 사유 없이 이를 거절하거나 그 처리를 지연하는 행위	

- 적합성원칙과 관련하여 확인한 금융소비자의 정보를 이자율이나 대출 한도 등에 정당한 사유 없이 반영하지 않는 행위
- 금융위원회가 정하여 고시하는 행위(규정 §14 ⑥)
  - 금융상품직접판매업자가 계약이 최초로 이행된 날 전·후 각각 1개월 내에 다음과 같은 상품에 관한 계약을 체결하는 행위
  - 중소기업과 중소기업중앙회의 소기업과 소상공인을 위한 공제사업 관련 공제상품(「중소기업협동조합법」 제115조 제1항) 또는 중소벤처기업진흥공단의 공제사업 관련 공제상품(「중소기업 인력지원 특별법」 제35조의6 제1항) 계약으로서 금융소비자의 월지급액이 금전제공 계약에 따라 금융소비자가 제공받거나 받을 금액의 1000분의 10을 초과하는 경우
  - 상품권(온누리상품권 및 지방자치단체가 발행한 상품권 제외)
  - 금융상품판매업자가 보장성 상품(신용생명보험 제외) 계약 체결을 위해 금융소비자에 금융상품 계약 체결과 관련하여 이자율 우대 등 특혜를 제공하는 행위
  - 금전제공 계약을 체결한 자의 의사에 반하여 보험에 관한 계약조건 등을 변경하는 행위(은행만 해당)
  - 금융소비자가 계약 해지를 막기 위해 재산상 이익의 제공, 다른 금융상품으로의 대체 권유, 또는 해지 시 불이익에 대한 과장된 설명을 하는 행위
  - 금융소비자가 청약을 철회(법 제46조 제1항)하였다는 이유로 금융상품에 관한 계약에 불이익을 부과하는 행위. 다만, 같은 금융상품직접판매업자에 같은 유형의 금융상품에 관한 계약에 대하여 1개월 내 2번 이상 청약의 철회의사를 표시한 경우는 제외
  - 금융소비자가 금융상품에 관한 계약에 따라 예치한 금액을 돌려받으려 하는 경우에 그 금액을 정당한 사유 없이 지급하지 않는 행위
  - 금융소비자 또는 제3자로부터 담보 또는 보증을 취득하는 계약과 관련하여
    - 해당 계약서에 그 담보 또는 보증의 대상이 되는 채무를 특정하지 않는 행위
    - 해당 계약서상의 담보 또는 보증이 장래 다른 채무에도 적용된다는 내용으로 계약을 하는 행위
  - 금융소비자와 기존 대출계약을 해지하고 그 계약과 사실상 동일한 계약(신규 계약)을 체결한 후에 기존 계약과 신규 계약의 유지기간을 합하여 3년이 넘었음에도(법 제20조 제1항 제4호 나목1) 금융소비자의 계약해지에 대해 중도상환 수수료를 부과하는 등 계약의 변경·해지를 이유로 금융소비자에 수수료 등 금전의 지급을 부당하게 요구하는 행위
  - 근저당이 설정된 금전제공 계약의 금융소비자가 채무를 모두 변제한 경우에 해당 담보를 제공한 자에 근저당 설정을 유지할 것인지를 확인하지 않는 행위
  - 「수표법」에 따른 지급제시 기간 내 같은 법에 따라 발행된 자기앞수표에 도난, 분실 등 사고가 발생했다는 신고가 접수되었음에도 불구하고 그 날부터 5영업일 이내에 신고를 한 자가 아닌 자기앞수표를 제시한 자에게 해당 금액을 지급하는 행위(해당 기간 내에 신고자가 공시최고 절차를 신청하였음을 입증하는 서류를 제출하지 않은 경우는 제외)

【벌칙 등】불공정영업행위 금지 의무를 위반하면 수입 등의 50% 이내에서 과징금을 부과한다(법 제57조 제1항 2호). 아울러 1억 원 이하 과태료를 부과한다(법 제69조 제1항 3호, 6호 나목). 또 위반한 금융상품판매업자등 및 임직원에 대해서는 금융감

독당국이 제재 조치를 하게 된다.

이와 아울러 금융상품판매업자등이 고의 또는 과실로 불공정영업행위 금지를 위반하여 금융소비자에게 손해를 발생시킨 경우 이를 배상할 책임이 있으며(법 제44조), 금융상품판매업자등이 금융소비자에 대해 불공정영업행위 금지의무를 위반하여 계약을 체결한 경우 해당 소비자는 계약 해지를 요구할 수 있다(법 제47조).

다-5. 부당권유행위 금지(법 제21조, 영 제16조, 규정 제15조)

금융상품판매업자등은 계약 체결을 권유(금융상품자문업자의 자문 포함)하는 경우에 다음과 같이 금융소비자의 합리적 판단을 저해하는 행위를 해서는 아니 된다. 이 의무도 불공정영업행위와 같이 일반금융소비자는 물론 전문금융소비자에 대한 행위도 해당된다.

첫째, 불확실한 사항에 대하여 단정적 판단을 제공하거나 확실하다고 오인하게 할 소지가 있는 내용을 알리는 행위

둘째, 금융상품의 내용을 사실과 다르게 알리는 행위

셋째, 금융상품의 가치에 중대한 영향을 미치는 사항을 미리 알고 있으면서 금융소비자에게 알리지 아니하는 행위

넷째, 금융상품 내용의 일부에 대하여 비교대상 및 기준을 밝히지 않거나 객관적인 근거 없이 다른 금융상품과 비교하여 해당 금융상품이 우수하거나 유리하다고 알리는 행위

다섯째, 보장성 상품의 경우로서

가) 금융소비자(피보험자 포함)가 보장성 상품 계약의 중요한 사항을 금융상품직접판매업자에게 알리는 것을 방해하거나 알리지 아니할 것을 권유하는 행위

나) 금융소비자가 보장성 상품 계약의 중요한 사항에 대하여 부실하게 금융상품직접판매업자에게 알릴 것을 권유하는 행위

여섯째, 투자성 상품의 경우로서

가) 금융소비자로부터 계약의 체결권유를 해줄 것을 요청받지 않고 방문 · 전화 등 실시간 대화의 방법을 이용하는 행위

나) 계약의 체결권유를 받은 금융소비자가 이를 거부하는 취지의 의사를 표시하였는데도 계약의 체결권유를 계속하는 행위

일곱째, 기타 대통령령으로 정하는 행위(영 제16조 제3항)

가) 내부통제기준에 따른 직무수행 교육을 받지 않은 자로 하여금 계약체결 권유와 관련된 업무를 하게 하는 행위

나) 일반금융소비자의 적합성원칙 관련 정보를 조작하여 권유하는 행위

다) 투자성 상품에 관한 계약의 체결을 권유하면서 일반금융소비자가 요청하지 않은 다른 대출성 상품을 안내하거나 관련 정보를 제공하는 행위

라) 그 밖에 이에 준하는 것으로서 금융상품에 대한 금융소비자의 합리적 판단을 저해하는 금융위원회가 정하여 고시한 다음의 행위(규정 제15조 제4항)

① 투자성 상품의 가치에 중대한 영향을 미치는 사항을 알면서 그 사실을 금융소비자에 알리지 않고 그 금융상품의 매수 또는 매도를 권유하는 행위

② 자기 또는 제3자가 소유한 투자성 상품의 가치를 높이기 위해 금융소비자에게 해당 투자성 상품의 취득을 권유하는 행위

③ 금융소비자가 「자본시장법」상 미공개 중요정보 이용행위 금지(제174조), 시세조종 행위 등 금지(제176조) 또는 부정거래행위 등의 금지(제178조)에 위반되는 매매, 그 밖의 거래를 하고자 한다는 사실을 알고 그 매매, 그 밖의 거래를 권유하는 행위

④ 금융소비자(신용카드 회원)의 사전 동의 없이 신용카드를 사용하도록 유도하거나 다른 대출성 상품을 권유하는 행위

⑤ 적합성원칙(법 제17조)을 적용받지 않고 권유하기 위해 일반금융소비자로부터 계약 체결의 권유를 원하지 않는다는 의사를 서면 등으로 받는 행위

다만, 증권 또는 장내 파생상품에 대해서는 금융소비자로부터 계약의 체결권유 요청을 받지 아니하고 방문·전화 등 실시간 대화의 방법을 이용하는 행위(법 제21조 제6호 가목 해당 행위)가 허용되며, 금융위원회가 정하여 고시한 '다른 금융상품'에 대해서는 투자성 상품에 대한 계약의 체결권유 거부의사를 표시한 후 1개월(금융위원회가 정하여 고시)이 지난 경우에는 해당 상품에 대한 체결권유 거부의사 표시에도 불구하고 계약의 체결권유를 계속하는 행위(법 제21조 제6호 나목 해당 행위)가 허용된다(법 제21조 각 호 외의 부분 단서, 영 제16조 제1항).

금융위원회가 정하여 고시한 「자본시장법」상 '다른 금융상품'은 다음과 같다.

구분	상품
금융투자상품	수익증권, 장내 파생상품, 장외 파생상품, 증권예탁증권, 지분증권, 채무증권, 투자계약증권, 파생결합증권
신탁계약	금전신탁계약, 그 외 신탁계약[「자본시장법」제103조 제1항 제2~7호, 증권, 금전채권, 동산, 부동산, 부동산 관련 권리(지상권, 전세권, 부동산임차권, 부동산소유권 이전등기청구권), 무체재산권]
투자자문 계약 또는 투자일임 계약	장내 파생상품, 장외 파생상품, 증권

【벌칙 등】부당권유행위 금지의무를 위반하면 수입 등의 50% 이내에서 과징금을 부과하며(법 제57조 제1항 3호), 1억 원 이하의 과태료를 부과한다(법 제69조 제1항 4호). 그리고 위반한 금융상품판매업자등과 그 임직원에 대해서는 금융감독당국이 제재 조치를 하게 된다.

아울러 금융상품판매업자등이 고의 또는 과실로 부당권유행위 금지를 위반하여 금융소비자에게 손해를 발생시킨 경우 이를 배상할 책임이 발생하며(법 제44조), 금융상품판매업자등이 일반금융소비자에 대해 계약 체결 시 부당권유행위를 한 경우 해당 금융소비자는 계약의 해지를 요구할 수 있다(법 제47조).

다-6. 금융상품 등에 관한 광고 관련 준수사항(법 제22조, 영 제18~21조, 규정 제16~20조)

1) 광고의 주체

금융상품판매업자등이 아닌 자 및 투자성 상품에 관한 금융상품판매대리 · 중개업자 등은 그 업무 또는 금융상품에 관한 광고를 할 수 없다(법 제22조 제1항). 다만, 협회 등(금융투자협회, 생명보험협회, 손해보험협회, 상호저축은행중앙회, 여신전문금융업협회)과 이에 준하는 기관(영 제17조 제3항, 대부업 및 대부중개업 협회, 전국은행연합회, 신용협동조합중앙회), 금융상품판매업자등을 자회사 또는 손자회사로 하는 금융지주회사, 「자본시장법」에 따른 증권의 발행인 또는 매출인(해당 증권 광고로 한정), 주택도시보증공사, 한국주택금융공사, 집합투자업자(영 제17조 제2항)는 예외로 한다.

대통령령에서는 모든 금융상품판매대리 · 중개업자의 금융상품 광고를 금지하고, 투자성 상품을 취급하는 금융상품판매대리 · 중개업자는 금융상품판매업자등의 업무에 관한 광고도 금지하였다(영 제17조 제1항). 다만, 금융상품직접판매업자가 금융상품판매대리 · 중개업자에게 허용한 경우(투자성 상품을 취급하는 경우는 제외)로서 사전에 광고의 법령 위배여부를 확인한 경우(감독규정 제16조)에는 금융상품판매대리 · 중개업자도 금융상품 광고를 할 수 있다.

2) 광고의 내용 등(법 제22조 제2, 3항, 영 제18조, 규정 제17조)

첫째, 금융상품 등에 관한 광고를 할 때는 금융소비자가 금융상품의 내용을 오해하지 아니하도록 명확하고 공정하게 전달하여야 한다.

둘째, 광고에 포함하여야 하는 내용은 다음과 같다[전문투자형 사모집합투자기구의 집합투자증권(법 제17조 제5항) 광고는 제외]

① 금융상품에 관한 계약을 체결하기 전에 금융상품 설명서 및 약관을 읽어 볼 것을 권유하는 내용
② 금융상품판매업자등의 명칭, 금융상품의 내용
- 금융상품의 내용에는 금융상품의 명칭, 이자율(대부이자율 및 연체이자율 포함), 수수료, 그리고 이에 준하는 사항으로서 금융위원회가 고시하는 사항이 해당(영 제18조 제1항)

〈금융위 고시사항〉

구분		광고 내용
보장성		■ 보험금 지급제한 사유 ■ 이자율의 범위 및 산출기준
투자성	연계투자 계약	■ 「온라인투자연계금융업법」 제19조 제4항에 따른 연계투자 상품의 내용 ㅇ 자신의 명칭 ㅇ 연계투자 상품의 내용 ㅇ 연계투자에 따른 위험 ㅇ 그 밖에 대통령령으로 정하는 사항 － 온라인투자연계금융업자의 연계투자 상품에 대한 충분한 정보제공 의무에 관한 사항 － 이 의무에 따라 제공받은 정보를 확인한 후 투자할 것을 투자자에게 권고하는 사항 － 수수료의 부과기준에 관한 사항 등
	기타 투자성 상품	■ 이자 · 수익의 지급시기 및 지급제한 사유
예금성		■ 이자율 · 수익률 각각의 범위 및 산출기준 ■ 이자 · 수익의 지급시기 및 지급제한 사유

대 출 성	신용카드	연회비, 연체율
	시설대여 · 연불 판매 · 할부금융	■ 연체율 ■ 수수료 ■ 금융소비자가 계약기간 중 금전 · 재화를 상환하는 경우 적용받는 조건
	기타 대출성 상품	■ 이자율(연체이자율 포함)의 범위 및 산출기준 ■ 이자 부과시기 ■ 금융소비자가 계약기간 중 금전 · 재화를 상환하는 경우 적용받는 조건(규 정 제17조 제1항)

③ 금융상품별 구분에 따른 내용

■ 보장성 상품: 기존 계약을 해지하고 다른 계약을 체결하는 경우에는 계약체결
의 거부 또는 보험료 등이 인상되거나 보장내용이 변경될 수 있다는 사항

■ 투자성 상품: 투자에 따른 위험, 광고에 과거 운용실적을 포함하는 경우에는 그
운용실적이 미래의 수익률을 보장하는 것이 아니라는 사항

ㅇ투자에 따른 위험: 원금 손실 발생 가능성과 원금 손실에 대한 소비자의 책임
이 포함(영 제18조 제1항)

■ 예금성 상품: 만기지급금 등을 예시하여 광고하는 경우에는 해당 예시된 지급
금 등이 미래의 수익을 보장하는 것이 아니라는 사항(기초자산의 가치에 따라
수익이 변동하는 예금성 상품에 한정, 영 제18조 제2항)

■ 대출성 상품: 대출조건

ㅇ대출조건은 갖춰야 할 신용 수준 및 원리금 상환방법(영 제18조 제1항)

④ 그 밖에 금융소비자보호를 위하여 대통령령으로 정한 내용(영 제18조 제3항)

■ 금융소비자가 설명을 받을 수 있는 권리

■ 법령 및 내부통제기준에 따른 광고 관련 절차의 준수에 관한 사항

■ 「예금자보호법」 등 다른 법률에 따른 금융소비자의 보호 내용(대출성 상품 제외)

■ 금융상품판매대리 · 중개업자인 경우로서 법 제26조 제1항1~3호 해당사항(대
리 · 중개하는 금융상품직접판매업자의 명칭, 업무 내용, 대리 · 중개하는 금융
상품직접판매업자, 금융상품직접판매업자로부터 금융상품 계약체결권을 부여
받지 아니한 금융상품판매대리 · 중개업자의 경우 자신이 금융상품 계약을 체
결할 권한이 없다는 사실)

■ 금융상품자문업자로서 법 제27조 제3항 제1~4호 해당 사항(법 제12조 제2항

제6호 각목에 해당하는 독립금융상품자문업자인지 여부, 금융상품판매업자로부터 자문과 관련한 재산상 이익을 제공받는 경우 그 재산상 이익의 종류 및 규모, 금융상품판매업을 겸영하는 경우 자신과 금융상품 계약체결 등 업무의 위탁관계에 있는 금융상품판매업자의 명칭 및 위탁 내용, 자문업무를 제공하는 금융상품의 범위)

■ 그 밖에 금융소비자의 계약 체결이나 권리·의무에 중요한 영향을 미치는 사항으로서 금융위원회가 정하여 고시하는 사항(감독규정 [별표 5])

⑤ 위의 규정(영 제18조 제3항)에 불구하고 금융위원회는 광고의 목적, 광고매체의 특성, 광고시간의 제약 등에 따라 광고에 모두 포함시키기 곤란하다고 인정하는 경우에는 금융위원회가 정하여 고시하는 바에 따라 일부 내용을 제외할 수 있도록 하였는데(영 제18조 제4항), 이에 따라 감독규정에서 정한 기준은 다음과 같다.

■ 보장성 상품에 관한 광고인 경우 금융상품의 편익, 금융상품에 적합한 금융소비자의 특성 또는 가입요건, 금융상품의 특성, 판매채널의 특징 및 상담 연락처 등의 사항 전부 또는 일부 개괄적으로 알릴 것과, 영상 또는 음성을 활용하는 광고인 경우에는 광고 시간이 2분 이내일 것

■ 그 밖의 금융상품에 관한 광고인 경우 광고에 영 제18조 제3항 각 호의 내용 중 일부를 제외함으로 인해 금융소비자의 합리적 의사결정이 저해되거나 건전한 시장질서가 훼손될 우려가 없을 것

광고에 포함해야 하는 사항(규정 제17조 제2항 관련 [별표 5])

1. 모든 금융상품 및 관련 업무: 다음 각 목의 사항
 가. 광고의 유효기간이 있는 경우 해당 유효기간
 나. 통계수치나 도표 등을 인용하는 경우 해당 자료의 출처
 다. 연계·제휴서비스 등 부수되는 서비스를 받기 위해 충족해야할 요건(연계·제휴서비스 등 부수되는 서비스를 광고하는 경우만 해당)
2. 보장성 상품 및 관련 업무: 다음 각 목의 사항
 가. 보험료 중 일부를 금융투자상품을 취득·처분하는데 사용하거나 그 밖의 방법으로 운용한 결과에 따라 보험금 또는 해약환급금에 손실이 발생할 수 있다는 사실(영 제11조 제1항 제1호 각 목의 금융상품만 해당)
 나. 보험료·보험금에 관한 다음의 사항(보험료·보험금 각각의 예시를 광고에 포함하는 경우만 해당)
  1) 주된 위험 보장사항·위험 보장사항 및 각각의 보험료·보험금 예시
  2) 특정 시점(계약체결 후 1년, 3년 및 5년)에 해약을 하거나 만기에 이른 경우의 환급금 예시 및

산출근거

　　3) 해약환급금이 이미 납부한 보험료보다 적거나 없을 수 있다는 사실

3. 투자성 상품 및 관련 업무: 다음 각 목의 구분에 따른 사항(투자성 상품 관련 업무는 가목1)만 해당)

　가. 투자성 상품(연계투자는 제외)

　　1) 수수료 부과기준 및 절차

　　2) 손실이 발생할 수 있는 상황(최대 손실이 발생할 수 있는 상황을 포함) 및 그에 따른 손실 추정액. 이 경우, 객관적·합리적인 근거를 포함해야 함

　　3) 다른 기관·단체로부터 수상, 선정, 인증, 특허 등(이하 "수상 등"이라 함)을 받은 내용을 표기하는 경우 그 기관·단체의 명칭, 수상 등의 시기 및 내용

　　4) 과거의 재무상태 또는 영업실적을 표기하는 경우 투자광고 시점(또는 기간) 및 미래에는 이와 다를 수 있다는 내용

　　5) 최소비용을 표기하는 경우 그 최대비용과 최대수익을 표기하는 경우 그 최소수익

　　6) 세제(稅制) 변경 등 새로운 제도가 시행되기 전에 그 제도와 관련된 금융상품을 광고하는 경우에는 그 제도의 시행 시점 및 금융소비자가 알아야 할 제도 관련 중요사항

　나. 연계투자: 「온라인투자 연계금융업 및 이용자 보호에 관한 법률」 제19조 제4항에 따른 연계투자에 따른 위험

4. 대출성 상품 및 관련 업무: 다음 각 목의 사항 및 관련 경고문구

　가. 상환능력에 비해 대출금, 신용카드 사용액이 과도할 경우 개인 신용평점이 하락할 수 있다는 사실

　나. 개인 신용평점 하락으로 금융거래와 관련된 불이익이 발생할 수 있다는 사실

　다. 일정 기간 납부해야할 원리금이 연체될 경우에 계약만료 기한이 도래하기 전에 모든 원리금을 변제해야할 의무가 발생할 수 있다는 사실

5. 금융상품판매대리·중개업자: 다음 각 목의 사항

　가. 법 제26조 제1항 제1호부터 제3호까지의 사항

　나. 법 제2조 제3호에 따른 금융관계 법률에 따라 등록되어 있다는 사실

6. 금융상품자문업자: 법 제27조 제3항 제1호부터 제4호까지의 사항

3) 광고의 방법 및 절차(영 제19조, 규정 제18조)

금융상품판매업자등이 금융상품 등에 관한 광고를 하는 경우에는 금융소비자가 광고의 내용을 쉽게 이해할 수 있도록 광고의 글자, 영상 및 음성 등 전달방법에 관하여 금융위원회가 정하여 고시하는 기준을 준수해야 한다(영 제19조 제1항).

금융위원회가 고시한 기준은 광고에서 글자의 색깔·크기 또는 음성의 속도·크기 등이 해당 금융상품으로 인해 금융소비자가 받을 수 있는 혜택과 불이익을 균형 있게 전달할 것(감독규정 제18조)으로 되어있다.

그리고 금융상품판매업자등이 금융상품 등에 관한 광고를 하는 경우에는 준법감시인(준법감시인이 없는 경우에는 감사)의 심의를 받아야 한다(영 제19조 제2항).

4) 광고 시 금지행위(법 제22조 제4항, 영 제20조, 규정 제19조)

금융상품판매업자등이 금융상품 등에 관한 광고를 하는 경우 다음과 같은 행위를 해서는 아니 된다(법 제22조 제4항).

〈광고 시 금지행위〉

구분	금지사항
보장성	■ 보장한도, 보장 제한 조건, 면책사항 또는 감액지급 사항 등을 빠뜨리거나 충분히 고지하지 아니하여 제한 없이 보장을 받을 수 있는 것으로 오인하게 하는 행위 ■ 보험금이 큰 특정 내용만을 강조하거나 고액 보장 사례 등을 소개하여 보장내용이 큰 것으로 오인하게 하는 행위 ■ 보험료를 일(日) 단위로 표시하거나 보험료의 산출기준을 불충분하게 설명하는 등 보험료 등이 저렴한 것으로 오인하게 하는 행위 ■ 만기 시 자동갱신되는 보장성 상품의 경우 갱신 시 보험료 등이 인상될 수 있음을 금융소비자가 인지할 수 있도록 충분히 고지하지 아니하는 행위 ■ 금융소비자보호를 위하여 대통령령으로 정하는 행위(영 제20조 제1항) ○ 이자율 및 투자실적에 따라 만기환급금이 변동될 수 있는 보장성 상품의 경우 만기환급금이 보장성 상품의 만기일에 확정적으로 지급되는 것으로 오인하게 하는 행위 ○ 보험료를 일(日) 단위로 표시하는 등 금융소비자의 경제적 부담이 작아 보이도록 하거나 계약체결에 따른 이익을 크게 인지하도록 하여 금융상품을 오인하게끔 표현하는 행위 ○ 비교대상 및 기준을 분명하게 밝히지 않거나 객관적인 근거 없이 다른 금융상품 등과 비교하는 행위 ○ 불확실한 사항에 대해 단정적 판단을 제공하거나 확실하다고 오인하게 할 소지가 있는 내용을 알리는 행위 ○ 계약 체결 여부나 금융소비자의 권리·의무에 중대한 영향을 미치는 사항을 사실과 다르게 알리거나 분명하지 않게 표현하는 행위 ○ 그 밖에 금융소비자의 합리적 의사결정을 저해하거나 건전한 시장질서를 훼손할 우려가 있다고 금융위원회가 정하여 고시하는 행위(규정 제19조 제1항) − 금융소비자에 따라 달라질 수 있는 거래조건을 누구에게나 적용될 수 있는 것처럼 오인하게 만드는 행위 − 보험금 지급사유나 지급시점이 다름에도 불구하고 각각의 보험금이 한꺼번에 지급되는 것처럼 오인하게 만드는 행위 − 금융상품에 관한 광고에 연계하여 「보험업법 시행령」 제46조에서 정한 금액(보험계약 체결 시부터 최초 1년간 납입되는 보험료의 100분의 10과 3만 원 중 적은 금액)을 초과하는 금품을 금융소비자에 제공하는 행위 − 감독규정 제17조 제3항 제1호 각 목의 기준을 충족하는 광고로서, 광고 시 보장성 상품의 가격, 보장내용 및 만기에 지급받는 환급금 등의 특징과 그 이행조건을 안내하는 방법(음성 또는 자막 등을 말한다)이 동일하지 않은 경우 또는 광고 시 금융상품의 주요 특징을 유사한 단어로 3회 이상 연속 또는 반복하여 음성으로 안내하는 경우에 해당하는 행위 − 광고에서 금융상품과 관련하여 해당 광고매체 또는 금융상품판매대리·중개업자의 상호를 부각시키는 등 금융소비자가 금융상품직접판매업자를 올바르게 인지하는 것을 방해하는 행위

투자성	■ 손실보전 또는 이익보장이 되는 것으로 오인하게 하는 행위. 다만, 금융소비자를 오인하게 할 우려가 없는 경우로서 대통령령(영 제20조 제2항)으로 정한 사항은 제외 　○「자본시장법」 제104조 제1항 단서(연금이나 퇴직금의 지급을 목적으로 하는 신탁)에 따라 손실을 보전하거나 이익을 보장하는 경우 ■ 대통령령(영 제20조 제3항)으로 정하는 투자성 상품(집합투자증권)에 대하여 해당 투자성 상품의 특성을 고려하여 대통령령(영 제20조 제3항)으로 정하는 사항 외의 사항을 광고에 사용하는 행위 　○ 집합투자증권을 발행한 자의 명칭, 소재지 및 연락처 　○ 집합투자증권을 발행한 자의 조직 및 집합투자재산 운용 인력 　○ 집합투자재산 운용 실적 　○ 집합투자증권의 환매 　○ 기타 위의 행위에 준하는 것으로서 금융위원회가 고시하는 사항(규정 제19조 제2항) 　　−법 제19조 제1항 각 호의 사항(금융상품 유형별 중요한 설명의무 해당 사항) 　　−「자본시장법」 제9조 제20항에 따른 집합투자재산은 같은 법 제8조 제7항에 따른 신탁업자의 고유재산과 분리하여 안전하게 보관·관리된다는 사실 　　−준법감시인 및 외부감사인이 집합투자재산이 적법하게 운용되는지를 감시한다는 사실 　　−집합투자기구의 투자목적에 적합한 금융소비자에 관한 사항 　　−집합투자기구의 수익구조 　　−「자본시장법」에 따른 집합투자기구평가회사 등의 평가결과 　　−일반적인 경제상황에 대한 정보 　　−투자금의 한도 및 적립방법 　　−비교하는 방식의 광고를 하는 경우에는 그 비교의 대상이 되는 다른 집합투자업자 및 집합투자기구의 유형, 운용기간, 운용실적 및 그 밖에 비교의 기준일자 등에 관한 사항 　　−광고의 특성상 필요한 표제·부제 ■ 수익률이나 운용실적을 표시하는 경우 수익률이나 운용실적이 좋은 기간의 수익률이나 운용실적만을 표시하는 행위 등 금융소비자보호를 위하여 대통령령(제20조 제4항)으로 정하는 행위 　○ 제1항 제2호부터 제5호까지의 규정에 따른 행위(만기환급금이 변동되는 보장성상품에 대해 확정금액이 지급되는 것으로 오인하게 하는 행위) 　○ 투자성 상품 또는 예금성 상품의 수익률이나 운용실적을 표시하는 경우 수익률이나 운용실적이 좋은 기간의 수익률이나 운용실적만을 표시하는 행위 　○ 그 밖에 위의 행위에 준하는 것으로서 금융소비자의 합리적 의사결정을 방해하거나 건전한 시장질서를 훼손할 우려가 있다고 금융위원회가 정하여 고시하는 행위(규정 제19조 제3항) 　　−금융소비자에 따라 달라질 수 있는 거래조건을 누구에게나 적용될 수 있는 것처럼 오인하게 만드는 행위 　　−「자본시장법」 제31조 제3항에 따른 경영실태 및 위험에 대한 평가의 결과(관련 세부내용 포함)를 다른 금융상품직접판매업자와 비교하여 광고하는 행위(투자성 상품만 해당)
예금성	■ 이자율의 범위·산정방법, 이자의 지급·부과 시기 및 부수적 혜택·비용을 명확히 표시하지 아니하여 금융소비자가 오인하게 하는 행위 ■ 수익률이나 운용실적을 표시하는 경우 수익률이나 운용실적이 좋은 기간의 것만을 표시하는 행위 등 금융소비자보호를 위하여 대통령령(제20조 제4항)으로 정하는 행위: 위의 투자성 상품과 공통

대출성	■ 대출이자율의 범위 · 산정방법, 대출이자의 지급 · 부과 시기 및 부수적 혜택 · 비용을 명확히 표시하지 아니하여 금융소비자가 오인하게 하는 행위 ■ 대출이자를 일 단위로 표시하여 대출이자가 저렴한 것으로 오인하게 하는 행위 등 금융소비자보호를 위하여 대통령령(제20조 제4항)으로 정하는 행위: 위의 투자성 상품과 공통

5) 협회 등의 확인(법 제22조 제6항, 영 제21조, 규정 제20조)

협회 등은 금융상품판매업자등의 금융상품 등에 관한 광고와 관련하여 기준을 준수하는지를 확인하고 그 결과에 대한 의견을 해당 금융상품판매업자등에게 통보할 수 있다.

기준 준수를 확인하는 대상은 소속 회원사인 금융상품판매업자등(금융상품판매업자와 위탁계약을 체결한 금융상품판매대리 · 중개업자 포함)이다(영 제21조).

금융위원회가 고시한 확인대상과 확인기준은 다음과 같다(규정 제20조 제1항).

〈확인대상 및 확인기준〉

구분	금지사항
확인 대상	■ 여신전문금융업협회: 여신전문금융회사(겸영여신업자 포함) 및 여신전문금융회사가 취급하는 대출성 상품의 금융상품판매대리 · 중개업자의 광고 ■ 금융투자협회: 금융투자업자(겸영금융투자업자 포함)의 광고
확인 기준	■ 보통의 주의력을 가진 일반적인 금융소비자의 관점에서 법 제22조 제1항부터 제4항까지의 광고 관련 기준이 지켜졌는지를 확인할 것 ■ 광고심의 대상을 선정하는 기준은 금융상품의 특성 및 민원 빈도, 광고매체의 파급효과 등을 종합적으로 고려할 것

협회 등이 기준 준수 확인을 위해 필요한 경우에는 관련 기관 · 단체 또는 전문가 등에게 자료 또는 의견의 제출을 요청할 수 있다. 협회 등이 의견을 통보하는 경우에는 문서로 하며, 법 위반사실이 있는 때에는 그 사실을 금융위원회에 알릴 수 있다. 협회 등의 확인 절차 및 방법 등에 관하여 필요한 세부 사항은 금융위원회가 고시하며(영 제21조 제3,4항) 그 내용은 다음과 같다.

〈금융위원회 고시(규정 제20조 제3항)〉

■ 광고가 이루어지기 전에 확인할 것. 다만, 생방송인 경우 협회등이 달리 정할 수 있음.
■ 광고심의가 종료 후 그 결과(광고 수정이 필요한 경우 구체적인 사유 포함)를 지체 없이 해당 금융상품판매업자(동 업자가 하나의 금융상품직접판매업자가 취급하는 금융상품만 대리 · 중개하는 경우 해당 금융상품직접판매업자)에 통보할 것
■ 광고심의 결과에 대한 이의신청 절차를 마련할 것

6) 준용 법규(법 제22조 제5항)

금융상품 등에 관한 광고를 할 때 「표시·광고의 공정화에 관한 법률」 제4조 제1항에 따른 표시·광고사항이 있는 경우에는 같은 법에서 정하는 바에 따른다.

7) 벌칙 등

광고의 필수 포함사항이나 금지행위를 위반한 경우, 수입 등의 50% 이내에서 과징금을 부과하며, 1억 원 이하의 과태료를 부과한다(법 제57조). 그리고 위반한 금융상품판매업자등 및 임직원에 대해서는 감독당국이 제재 조치를 한다.

또 금융상품판매업자등이 고의 또는 과실로 광고규제를 위반하여 금융소비자에게 손해를 발생시킨 경우 이를 배상할 책임이 있다(법 제44조).

다-7. 계약서류의 제공의무(법 제23조, 영 제22조, 규정 제21조)

금융상품직접판매업자 및 금융상품자문업자는 금융소비자와 금융상품 또는 금융상품 자문에 관한 계약을 체결하는 경우 금융상품의 유형별로 대통령령으로 정하는 계약서류를 금융소비자에게 지체 없이 제공하여야 한다. 다만, 「대부업법」, 「자본시장법」(온라인소액투자 중개업자만 해당), 및 「온라인투자연계금융업법」에 따라 계약서류를 제공한 경우, 그 밖에 계약서류를 제공하지 않아도 금융소비자보호가 저해될 우려가 없는 경우로서 금융위원회가 고시하는 경우(2021년 9월말 현재는 고시한 바가 없음)에는 계약서류를 제공하지 않을 수 있다(영 제22조 제2항).

계약서류의 제공 사실에 관하여 금융소비자와 다툼이 있는 경우에는 금융상품직접판매업자 및 금융상품자문업자가 이를 증명하도록 입증책임을 부과하고 있다.

〈계약서류 제공방법 등〉

구분	세부내용
제공 대상 계약 서류	■ 금융상품 계약서 ■ 금융상품의 약관 ■ 금융상품 설명서(금융상품판매업자만 해당) ■ 보험증권(보장성 상품 중 보험만 해당)
제공 방법	■ 서면교부, 우편, 전자우편 또는 이에 준하는 전자적 의사표시(휴대전화 문자메세지 등)로 하되, 　○ 금융소비자가 이 중 한 가지를 지정한 경우 그 방법으로 제공(영 제22조 제3항) 　○ 전자우편 또는 이에 준하는 전자적 의사표시로 교부하는 경우 금융소비자가 계약서류를 확인하는데 필요한 소프트웨어 및 안내자료를 제공해야 함(규정 제21조)

제공 시 준수 사항	■ 해당 계약서류가 법령 및 내부통제기준에 따른 절차를 거쳐 제공된다는 사실을 해당 계약서류에 적을 것 ■ 전자우편 또는 휴대전화 문자메시지 등(영 제22조 제3항 제3호)의 방법으로 제공하는 경우에는 해당 계약서류가 위조 · 변조되지 않도록 기술적 조치를 취할 것

【벌칙 등】 금융소비자에 대해 계약서류를 제공하지 않은 경우 1억원 이하 과태료를 부과한다. 그리고 위반한 금융상품판매업자등 및 임직원에 대해서는 금융감독당국이 제재 조치를 취한다.

라. 금융상품판매업자등의 업종별 영업행위 준수사항

금융소비자보호를 강화하고 건전한 금융거래질서를 확립하기 위해 직접 금융소비자와 접촉하는 금융상품판매대리 · 중개업자 및 금융상품자문업자에 대하여 추가적인 의무를 부과하고 있다.

라-1. 미등록자를 통한 금융상품판매 대리 · 중개 금지(법 제24조)

금융상품판매업자는 금융상품판매대리 · 중개업자가 아닌 자에게 금융상품 계약체결 등을 대리하거나 중개하게 해서는 아니 된다. 이 규제는 금융상품판매를 위한 인적, 물적 자격을 갖춘 적법한 판매채널에게만 금융상품 계약체결 등을 대리, 중개하도록 허용함으로써 부적격자의 금융상품판매로 인한 금융소비자 피해를 예방하기 위한 것이 목적이라 할 수 있다. 이 규제는 법 제11조에서 이 법에 따른 금융상품판매업자등을 제외하고는 금융상품판매업 등을 영위하지 못하도록 규제하고, 제12조에서 금융상품판매업자등으로 등록한 자만 금융상품을 판매할 수 있도록 허용하는 것과 같은 취지로서, 미등록자로서 대리 · 중개한 자와 함께 미등록자에게 대리 · 중개를 의뢰한 자에게도 규제를 병행함으로써 부적격자에 의한 불법판매를 보다 근원적으로 예방하고자 하는 것이다.

【벌칙 등】 이 규제를 위반하면 5년 이하 징역 또는 2억 원 이하의 벌금에 처한다(법 제67조 1호). 아울러 위반한 금융상품판매업자등과 그 임직원은 금융감독당국으로부터 제재를 받는다.

라-2. 금융상품판매대리 · 중개업자의 금지행위(제25조, 영 제23조, 규정 제22조)

금융상품판매대리 · 중개업자는 급부 수취나 재위탁, 이해상충 행위, 불공정 행위를 해서는 아니 된다. 이를 위반하면 3천만 원 이하의 과태료를 부과하며, 위반한 금융상품판매대리 · 중개업자와 그 임직원은 제재를 받는다. 아울러 금융상품판매대리 · 중개업자가 고의 또는 과실로 금지행위를 위반하여 금융소비자에게 손해를 발생시킨 경우 이를 배상하여야 한다.

금융상품판매대리 · 중개업자의 금지행위는 다음과 같다.

■ 급부 수취 금지

주요내용	예외사항
금융소비자로부터 투자금, 보험료 등 계약의 이행으로서 급부를 받는 행위	금융상품직접판매업자로부터 급부 수령 권한을 부여받아 보장성 상품의 보험료 또는 공제료를 수령하는 행위(영 제23조 제1항)

② 재위탁 금지

주요내용	예외사항
금융상품판매대리 · 중개업자가 대리 · 중개하는 업무를 제3자에게 하게 하거나 그러한 행위에 관하여 수수료, 보수나 그 밖의 대가를 지급하는 행위	■ 금융상품직접판매업자의 이익과 상충되지 아니하고 금융소비자보호를 해치지 아니하는 경우로서 대통령령으로 정하는 행위(영 제23조 제2항)) ○ 다음의 위탁계약을 체결하고 수탁자에게 보장성 상품 계약의 체결을 대리 · 중개하는 업무를 하게 하거나 그 행위에 관하여 위탁자가 수수료, 보수나 그 밖의 대가를 지급하는 행위 －보험설계사가 같은 보험회사, 보험대리점 또는 보험중개사에 소속된 다른 보험설계사와 위탁계약을 체결한 경우 －보험대리점이 소속 보험설계사 또는 같은 보험회사의 다른 보험대리점과 위탁계약을 체결한 경우. 다만, 같은 보험회사의 다른 보험대리점과 위탁계약을 체결하는 경우에는 금융상품직접판매업자로부터 그 계약의 내용에 대해 사전 동의를 받아야 함 －보험중개사가 소속 보험설계사 또는 다른 보험중개사와 위탁계약을 체결한 경우 ○ 법인인 금융상품판매대리 · 중개업자가 개인인 금융상품판매대리 · 중개업자에게 예금성 상품 또는 대출성 상품에 관한 계약의 체결을 대리 · 중개하는 업무를 하게 하거나 그 행위에 관하여 수수료, 보수나 그 밖의 대가를 지급하는 행위

❸ 이해상충 행위 금지

주요내용	예외사항

■ 금융상품직접판매업자를 대신하여 계약 체결하는 행위
■ 금융소비자를 대신하여 계약을 체결하는 행위
■ 금융소비자로 하여금 금융상품직접판매업자 또는 금융상품자문업자로 오인할 수 있는 상호를 광고나 영업에 사용하는 행위
■ 금융상품직접판매업자에게 자신에게만 대리·중개 업무를 위탁하거나 다른 금융상품판매대리·중개업자에게 위탁하지 않도록 강요하는 행위
■ 다른 금융상품판매대리·중개업자의 명의를 사용하거나 다른 금융상품판매대리·중개업자가 자신의 명의를 사용하도록 하는 행위
■ 기타 금융위원회가 고시한 행위(규정 제22조)
  ○ 같은 유형의 금융상품에 대하여 둘 이상의 금융상품직접판매업자를 위해 금융상품에 관한 계약의 체결을 대리·중개하는 행위(동일인이 다수의 금융상품판매대리·중개업자에 각각 사실상 영향력을 행사하는 경우에 해당 법인들은 모두 하나의 금융상품판매대리·중개업자로 봄)
  ○ 대출성 상품에 관한 계약의 체결을 대리하거나 중개하는 자가 다음 각 목의 업을 영위하는 행위
  –대부업·대부중개업(대부업자 및 대부 중개업자에는 적용하지 않음.)
  –다단계판매업
  –사행산업
  –단란주점 영업 및 유흥주점 영업
  ○ 투자성 상품에 관한 계약의 체결을 대리하거나 중개하는 행위로서 다음 어느 하나에 해당하는 행위
  –『자본시장법』에 따른 투자일임 재산이나 신탁재산을 각각의 금융소비자별 또는 재산별로 운용하지 않고 모아서 운용하는 것처럼 투자일임 계약이나 신탁계약의 체결, 계약 체결의 권유 또는 청약을 받는 것을 대리·중개하거나 광고하는 행위
  –금융소비자로부터 금융투자 상품을 매매할 수 있는 권한을 위임받는 행위
  –투자성 상품 계약 체결과 관련하여 제3자가 금융소비자에 금전을 대여하도록 대리·중개하는 행위
  –보험설계사가 위탁계약을 체결하지 않은 보험회사의 투자성 상품 계약 체결을 대리·중개하는 행위
  ○ 업무수행 과정에서 알게 된 금융소비자의 정보를 자기 또는 제3자의 이익을 위해 이용하는 행위
  ○ 위탁 계약을 체결한 금융상품직접판매업자가 발행한 주식의 매수 또는 매도를 권유하는 행위
	■ 직판업자를 대신하는 계약 체결 허용: 보험대리점이 해당 금융상품직접판매업자로부터 계약에 관한 의사표시를 할 수 있는 권한을 받은 경우
	■ 같은 유형 금융상품에 대해 둘 이상의 금융상품직접판매업자를 위한 계약의 체결을 대리·중개 금지의 예외:
	  ○ 보장성 상품을 취급하는 금융상품 판매대리·중개업자가 둘 이상의 금융상품직접판매업자를 위해 보장성 상품에 관한 계약의 체결을 대리·중개하는 행위
	  ○ 대출성 상품을 취급하는 금융상품직접판매업자가 다른 금융상품직접판매업자의 대출성 상품에 관한 계약의 체결을 대리·중개하는 행위
	  ○ 신용카드, 시설대여, 연불판매 또는 할부계약에 관한 계약 체결을 대리·중개하는 자가 다른 하나의 금융상품직접판매업자를 위해 대출 계약 체결을 대리·중개하는 행위
	  ○ 시설대여, 연불판매 또는 할부계약에 관한 계약의 체결을 대리·중개하는자가 다른 하나의 금융상품직접판매업자를 위해 신용카드에 관한 계약의 체결을 대리·중개하는 행위
	  ○ 다음의 자가 둘 이상의 금융상품직접판매업자를 위해 대출성 상품에 관한 계약의 체결을 대리·중개하는 행위
	  –대부중개업자
	  –대출성 상품의 금융상품판매대리·중개업을 전자금융거래 방식으로만 영위하는 법인
	  –신용협동조합이 취급하는 대출성 상품에 관한 계약 체결만 대리·중개하는 금융상품판매대리·중개업자
	  –시설대여·연불판매·할부금융 또는 이와 유사한 금융상품에 관한 계약의 체결을 대리·중개하는 행위
	  –『방문판매 등에 관한 법률』에 따른 전화권유 판매로만 대출성 상품에 관한 계약의 체결을 대리·중개하는 행위

주요내용	예외사항
○상품소개와 판매에 관한 전문편성을 행하는 방송채널 사용사업(「방송법」제2조)을 승인받은 금융상품판매대리 · 중개업자(보장성 상품을 취급하는 자에 한정)가 보장성 상품에 관한 금융상품판매대리 · 중개업을 영위할 수 없는 개인으로 하여금 방송을 통해 그 금융상품을 설명하게 하는 행위 ○보장성 상품을 취급하는 금융상품 대리 · 중개업자(전화를 이용하여 모집하는 자 및 사이버몰을 이용하여 모집하는 자 제외)가 일반금융소비자와 만나지 않고 설명(법 제19조)을 하는 행위	■보장성 상품 취급 금융상품 대리 · 중개업자가 비대면 설명 하는 행위 금지의 예외: 다음 조건을 동시에 충족할 경우 ○「보험업감독규정」제4-36조 제6항의 표준상품 설명 대본에 따라 설명 ○해당 금융상품을 취급하는 금융상품직판매업자가 녹취된 전자파일을 통해 해당 설명내용이 표준상품 설명 대본과 일치하는지를 확인하고 그 전자파일을 보관

4 불공정 행위 금지

주요내용	예외사항

■금융상품판매대리 · 중개업자는 그 업무를 수행할 때 금융상품직접판매업자로부터 정해진 수수료 외의 금품, 그 밖의 재산상 이익의 요구나 수령을 금지
※ 재산상 이익의 구체적 내용(영 제4항)
  −금전 등의 지급 또는 대여
  −금융상품판매대리 · 중개업 수행 시 발생하는 비용 또는 손해의 보전
  −금융상품직접판매업자가 취급하는 금융상품에 대한 계약 체결 시 우대 혜택
  −그 밖에 금융위원회가 고시하는 재산상 이익(고시한 사항 없음)
	−

라−3. 금융상품판매대리 · 중개업자의 고지의무 등(법 제26조, 영 제24조, 규정 제 23조)

금융상품판매대리 · 중개업자가 그 업무를 수행할 때는 금융소비자에게 다음 사항을 미리 알려야 한다.

- 대리 · 중개하는 금융상품직접판매업자의 명칭 및 업무 내용
- 하나의 금융상품직접판매업자만을 대리하거나 중개하는지 여부
- 금융상품직접판매업자로부터 금융상품 계약체결권을 부여받지 아니한 업자의 경우 자신이 금융상품 계약을 체결할 권한이 없다는 사실
- 손해배상 책임(법 제44조와 제45조)에 관한 사항
- 그 밖에 대통령령으로 정한 사항(영 제24조 제1항)
  ○ 대통령령 제25조 제1항 제1호 본문에 따라 급부를 받을 수 있는지 여부
  ○ 대통령령 제23조 제2항 제1호 각 목에 따른 위탁계약을 체결한 경우 그 업무를 위탁한 금융상품판매대리 · 중개업자의 명의와 위탁받은 업무 내용
  ○ 금융소비자가 제공한 신용정보 또는 개인정보 등은 금융상품직접판매업자가

보유 · 관리한다는 사실(보험중개사는 제외)

ㅇ그 밖에 금융위원회가 고시하는 사항(규정 제23조)

   −투자성 상품: 금융소비자의 금융상품 매매를 대신할 수 없다는 사실

   −보장성 상품 중 보험: 다음 각 목의 사항을 전자적 장치로 확인할 수 있다는
사실 및 확인방법

      □보험설계사의 이력(위탁계약을 체결했던 법인 및 그 법인과의 계약기간 포함)

      □다음의 조치를 받은 경우 그 이력

        ·「보험업법」에 따른 영업정지, 등록취소 또는 과태료 처분

        · 보험사기 행위(「보험사기방지특별법」 제2조 제1호)에 대한 3개월 이상의
업무정지

      □불완전 판매비율 및 계약 유지율(「보험업감독규정」 제9−4조의2 제7호)

그리고 금융상품판매대리 · 중개업자는 그 업무를 수행할 때 자신이 금융상품판매
대리 · 중개업자라는 사실을 나타내는 표지를 게시하거나 증표를 금융소비자에게 보
여 주어야 한다(법 제27조 제2항). 표지나 증표는 권한 있는 기관이 발급한 것을 사용
하여야 하며, 표지는 사업장 및 인터넷 홈페이지(홈페이지가 있는 경우만 해당)에 항
상 게시하여야 한다(영 제24조 제2항).

【벌칙 등】고지의무를 위반하거나 표지 게시 및 증표 제시를 위반한 금융상품판매
대리 · 중개업자에게는 3천만 원 이하의 과태료를 부과한다(법 제69조 제2항 7호). 또
위반한 금융상품판매대리 · 중개업자 및 그 임직원은 제재를 받는다.

라−4. 금융상품자문업자의 영업행위준칙 등(법 제27조, 영 제25조, 규정 제24조)

금융상품자문업자는 그 영업행위를 함에 있어 다음 사항을 준수하여야 한다.

〈금융상품자문업자 영업행위준칙〉

구분	주요내용
선관주의 의무 등	■금융소비자에 대하여 선량한 관리자의 주의로 자문에 응하여야 함 ■금융소비자의 이익을 보호하기 위하여 자문업무를 충실하게 수행하여야 함

고지의무 등	■ 자문업무를 수행하는 과정에서 금융소비자에게 알려야 할 사항
	  ○ 독립금융상품자문업자(금융상품판매업자와 이해관계를 갖지 않는 자로서 법 제12조 제2항 제6호 각 목의 요건을 갖춘 자)인지 여부
	  ○ 금융상품판매업자로부터 제공받는 재산상 이익의 종류 및 규모
	    − 예외사항: 경미한 재산상 이익(20만 원 이내의 범위에서 금융위원회가 정하여 고시)을 제공받은 경우(영 제25조 제1항)
	  ○ 금융상품판매업을 겸영하는 경우 자신과 금융상품 계약체결 등 업무의 위탁관계에 있는 금융상품판매업자의 명칭 및 위탁 내용
	  ○ 자문업무를 제공하는 금융상품의 범위
	  ○ 자문업무의 제공 절차
	  ○ 그 밖에 대통령령으로 정하는 사항(영 제25조 제2항)
	    − 자문업무에 따른 보수 및 그 결정 기준
	    − 자문업무에 따른 보수 외에 추가로 금전등을 요구하지 않는다는 사실
	    − 금융소비자의 금융상품 취득·처분에 따른 손실에 대해 책임지지 않는다는 사실
	■ 자신이 금융상품자문업자라는 사실을 나타내는 표지를 게시하거나 증표를 금융소비자에게 내보여야 함.

독립금융자문업자의 의무 등	■ 독립금융상품자문업자가 아닌 자는 독립이라는 문자 사용 금지
	  ○ 대통령령으로 정하는 외국어 문자(영어·프랑스어·스페인어·일본어·중국어 또는 금융위원회가 정하여 고시하는 외국어로 쓰인 문자) 포함(영 제25조 3항)
	■ 독립금융상품자문업자의 금지행위
	  ○ 금융소비자 자문에 대한 응답과 관련하여 금융상품판매업자(임직원 포함)로부터 재산상 이익을 받는 행위
	    − 예외사항: 금융상품판매업자의 자문에 응하여 대가를 받는 경우(영 제25조 4항)
	  ○ 그 밖에 금융소비자와의 이해상충이 발생할 수 있는 행위(영 제25조 5항)
	    − 특정 금융상품직접판매업자의 금융상품으로 한정하여 자문에 응하는 행위
	    − 금융소비자의 개인정보, 신용정보 등을 자신 또는 제3자의 이익을 위해 사용하는 행위
	    − 특정 금융상품판매업자 또는 특정 금융상품을 광고하는 행위
	    − 자문업무 계약 체결 이후에 금융소비자의 동의 없이 자문업무를 제3자에게 위탁하는 행위
	    − 그 밖에 금융위원회가 고시한 행위(규정 제24조)
	      □ 임원·직원이「자본시장법」제63조 제1항 각 호의 방법(금융투자업자 임직원의 금융투자상품 매매 규제)을 준수하지 않고 자기의 계산으로「자본시장법 시행령」제64조 제2항 각 호의 어느 하나에 해당하는 금융상품[상장 지분증권, 이와 관련된 상장 증권예탁증권, 주권 관련 사채권(전환사채, 신주인수권부 사채 등)으로서 위의 지분증권이나 증권예탁증권과 관련된 것, 장내파생상품, 위의 지분증권, 증권예탁증권이나 이들을 기초로 하는 지수의 변동과 연계된 파생결합증권 또는 장외파생상품]을 매매하는 행위
	      □ 분기별로 임원·직원의 투자성 상품을 매매한 내역을 확인하는 경우에「자본시장법」제63조 제2항에 따른 기준 및 절차를 준수하지 않는 행위
	      □「자본시장법」제98조 제1항 제5호에 해당하는 행위(투자자문에 응하거나 투자일임재산을 운용하는 경우 금융투자상품 등의 가격에 중대한 영향을 미칠 수 있는 투자판단에 관한 자문 또는 매매 의사를 결정한 후 이를 실행하기 전에 그 금융투자상품 등을 자기의 계산으로 매매하거나 제삼자에게 매매를 권유하는 행위)
	      □「자본시장법」제98조의2 제1항 해당 행위(운용실적에 연동된 성과보수 제한)

【벌칙 등】금융상품자문업자가 고지의무나 표지게시 또는 증표제시 의무를 위반한 경우, 독립 금융자문업자가 아닌 자가 독립이라는 문자 등을 사용한 경우, 또는 독립 금융자문업자가 금지행위를 위반한 경우에는 1억 원 이하의 과태료를 부과하며(법 제69조 제1항9, 10, 11호), 해당 자문업자 및 그 임직원은 금융당국의 제재 대상이 된다.

아울러 금융상품자문업자가 고의 또는 과실로 영업행위준칙을 위반하여 금융소비자에게 손해를 입힌 경우에는 이를 배상하여야 한다(법 제44조).

라-5. 자료의 기록 및 유지 · 관리 등(법 제28조, 영 제26조, 규정 제25조)

금융상품판매업자등은 금융상품판매업 등의 업무와 관련한 자료로서 대통령령으로 정하는 자료를 기록하고, 자료의 종류별로 대통령령으로 정하는 기간 동안 유지 · 관리하여야 한다. 또 금융상품판매업자등은 기록 및 유지 · 관리하여야 하는 자료가 멸실 또는 위조되거나 변조되지 아니하도록 적절한 대책을 수립 · 시행하여야 한다.

금융소비자는 분쟁조정(법 제36조) 또는 소송의 수행 등 권리구제를 위해 금융상품판매업자등이 기록, 유지 · 관리하는 자료의 열람(사본 제공 또는 청취 포함)을 요구할 수 있다.

금융상품판매업자등은 열람을 요구받았을 때에는 해당 자료의 유형에 따라 요구받은 날부터 10일 이내의 범위에서 대통령령으로 정하는 기간(8일, 영 제26조 제4항) 내에 금융소비자가 해당 자료를 열람할 수 있도록 하여야 한다. 해당 기간 내에 열람할 수 없는 정당한 사유가 있을 때에는 금융소비자에게 그 사유를 알리고 열람을 연기할 수 있으며, 그 사유가 소멸하면 지체 없이 열람하게 하여야 한다.

이러한 의무를 부과하는 것은 금융소비자가 계약서나 상품 설명서 등 직접 기명날인한 서류 외에 금융상품 거래와 관련한 자료들을 대부분 금융회사만 보관하고 있어 금융소비자가 분쟁이나 소송을 제기한 경우 이를 일방적으로 은닉하거나 파기하는 등 금융소비자의 권익 보호를 방해할 가능성을 배제할 수 없으므로 이를 방지하기 위한 것이다.

자료의 기록, 유지 및 관리에 대한 세부 내용은 다음과 같다.

<h2 align="center">〈자료의 기록, 유지 및 관리〉</h2>

구분		주요 내용
대상자료		■ 계약체결에 관한 자료 ■ 계약의 이행에 관한 자료 ■ 금융상품 등에 관한 광고 자료 ■ 금융소비자의 권리행사에 관한 다음의 자료 　○ 금융소비자의 자료 열람 연기, 제한 및 거절에 관한 자료 　○ 청약의 철회에 관한 자료(법 제46조) 　○ 위법계약의 해지에 관한 자료(법 제47조) ■ 내부통제기준의 제정 및 운영 등에 관한 자료 ■ 업무 위탁에 관한 자료 ■ 기타 금융위원회가 정하여 고시하는 자료(고시 없음.)
자료의 유지 관리 기간		■ 공통: 10년(영 제26조 제2항) ■ 예외: 　○ 계약체결에 관한 자료, 계약의 이행에 관한 자료(보장기간이 10년을 초과하는 보장성 상품만 해당): 해당 보장성 상품의 보장기간 　○ 내부통제기준 관련 자료: 5년 이내(규정 제25조 제1항에서 5년으로 규정) 　○ 기타 금융위가 정하여 고시하는 자료: 10년 이내의 범위에서 금융위원회가 정하여 고시하는 기간(고시 없음)
열람	열람 요구	■ 금융소비자가 자료의 열람을 요구하려는 경우에는 금융위원회가 고시하는 열람요구서를 금융상품판매업자등에게 제출해야 함(영 제26조 제3항) 　○ 열람요구서에 포함될 사항(규정 제25조 제2항) 　　−열람의 목적: 분쟁조정 신청내역 또는 소송제기 내역 　　−열람의 범위: 열람하고자 하는 자료의 내용 및 해당 자료와 열람목적과의 관계 　　−열람 방법
	열람 의 제한 이나 거절	■ 법령에 따라 열람을 제한하거나 거절할 수 있는 경우 ■ 다른 사람의 생명 · 신체를 해칠 우려가 있거나 다른 사람의 재산과 그 밖의 이익을 부당하게 침해할 우려가 있는 경우 ■ 그 밖에 대통령령으로 정하는 경우(영 제26 조제6항) 　○ 영업비밀(「부정경쟁방지법」 제2조 제2호)을 현저히 침해할 우려가 있는 경우 　　−개인정보의 공개로 인해 사생활의 비밀 또는 자유를 부당하게 침해할 우려가 있는 경우 　　−열람하려는 자료가 열람목적과 관련이 없다는 사실이 명백한 경우 　※ 열람 제한이나 거절의 사유를 알려야 함.
	자료 열람 요구 에 대한 통지	■ 열람, 열람의 연기 및 열람의 제한 · 거절을 알리는 경우에는 금융위원회가 정하여 고시하는 바에 따라 문서로 해야 함. ■ 열람을 알리는 경우에는 전화, 팩스, 전자우편 또는 휴대전화 문자메시지 등의 방법으로도 가능 ■ 열람, 열람의 연기 및 열람의 제한 · 거절을 문서로 알리는 경우에 기재해야할 사항(규정 제25조 제3항) 　○ 열람이 가능한 경우 　　− 열람이 가능한 자료의 목록 　　−열람이 가능한 날짜 및 시간 　　−열람 방법 　○ 열람을 요구한 자료 중 일부만 열람이 가능한 경우

	−위 열람이 가능한 경우의 해당 사항 −열람을 요구한 자료 중 일부만 열람이 가능한 이유 −이의제기 방법 ○ 열람이 불가한 경우 −열람이 불가한 사유 −이의제기 방법
열람 비용	■ 금융상품판매업자등은 열람에 따른 수수료와 우송료(사본 우송의 경우) 청구 가능 ○ 수수료나 우송료는 실비를 기준으로 청구해야 하며, 필요한 경우 미리 청구할 수 있음(영 제26조 제7항).

【벌칙 등】 자료의 기록, 유지 및 관리 의무를 위반하면 1억 원 이하의 과태료를 부과하며(법 제69조 제1항 12호), 위반한 금융상품판매업자등과 그 임직원은 금융당국의 제재 대상이 된다.

5. 사전적 금융소비자보호

가. 금융소비자보호 정책(법 제29조)과 금융교육(법 제30조)

금융위원회는 금융소비자 정책에 대한 책임을 진다. 법에서는 금융소비자의 권익보호와 금융상품판매업 등의 건전한 시장질서 구축을 위해 금융소비자 정책을 수립하여야 한다고 정하고 있다. 또 금융소비자의 권익 증진과 건전한 금융생활 지원 및 금융소비자의 금융역량 향상을 위해 노력해야 한다. 금융위원회가 금융소비자보호 정책 수립에 대한 책임을 진다는 선언적 규정이다.

아울러 금융위원회는 금융교육을 통하여 금융소비자가 금융에 관한 높은 이해력을 바탕으로 합리적인 의사결정을 내리고 이를 기반으로 하여 장기적으로 금융복지를 누릴 수 있도록 노력하여야 하며 예산의 범위에서 필요한 지원을 할 수 있다. 또 금융소비자의 금융역량 향상을 위한 교육프로그램을 개발하여야 하며, 금융교육과 학교교육·평생교육을 연계하여 금융교육 효과를 높이기 위한 시책을 수립·시행하여야 한다. 또 3년마다 금융소비자의 금융역량 조사를 실시하고 그 결과를 금융교육 정책을 수립할 때 반영하여야 한다.

금융위원회는 금융교육에 관한 업무를 금융감독원장 또는 금융교육 관련 기관·단체에 위탁할 수 있는데, 감독규정에서는 금융감독원장에게 위탁하는 것으로 정하였다(규정 제26조 제1항). 위탁대상 업무는 법 제30조 제2, 3, 4항에 해당하는 교육프로그램의 개발, 교육효과 제고 시책의 시행 및 금융소비자 금융역량의 조사이다. 금융교육 업무를 위탁받은 금융감독원은 업무수행계획 및 업무추진실적 등을 금융위원회에 보고해야 한다(규정 제26조 제2항).

그리고 금융교육에 대한 정책을 심의·의결하기 위하여 금융위원회에 금융교육협의회를 설치하도록 하였다(법 제31조). 이는 2007년부터 자율기구로 운영되던 것을 법정 기구로 개편한 것이다. 협의회의 권한, 구성 및 운영 등은 다음과 같다.

〈금융교육협의회〉

구분	주요 내용
심의·의결 사항	▪ 금융교육의 종합적 추진에 관한 사항 ▪ 금융소비자 교육과 관련한 평가, 제도개선 및 부처 간 협력에 관한 사항 ▪ 그 밖에 의장이 금융소비자의 금융역량 강화를 위하여 토의에 부치는 사항
구성	▪ 의장 1명을 포함하여 25명 이내의 위원 ▪ 의장: 금융위원회 부위원장 ▪ 위원: 　○ 금융위원회, 공정거래위원회, 기획재정부, 교육부, 행정안전부, 보건복지부, 고용노동부, 여성가족부 장관이 지정하는 공무원(고위공무원단) 　○ 금융소비자보호 업무 담당 금융감독원 부원장
자료제출 요구권	▪ 협의회는 심의·의결을 위하여 필요한 경우 관련 자료의 제출을 관계 행정기관에 요구할 수 있음
회의	▪ 회의 개최 　○ 정기회의: 매년 2회 　○ 임시회의: 협의회의 의장이 필요하다고 인정하는 경우 ▪ 위원 과반수의 출석으로 개의하며, 출석 위원 과반수의 찬성으로 의결 　○ 위원을 소집할 수 없는 불가피한 사정이 있는 때에는 서면으로 의결 가능 ▪ 안건의 효율적인 심의를 위해 필요한 경우 관계 기관·단체 또는 전문가 등을 회의에 참석시켜 의견을 듣거나 자료의 제출을 요구 가능

금융교육은 금융소비자가 금융제도나 금융상품 등에 대한 지식과 정보를 축적하여 금융거래에서 활용할 수 있도록 함으로써 금융회사와 금융소비자간 정보비대칭 문제를 완화할 수 있는 중요한 금융소비자 사전보호 수단이다. 그러므로 금융교육에 대한 책임소재와 교육방향 및 방법 등을 명확하게 법률로 정한 것은 금융교육의 실효성을 높일 수 있는 바탕이 마련되었다는 점에서 큰 의미가 있다고 하겠다.

나. 금융상품 비교공시(법 제32조 제1항, 영 제29조, 규정 제27조)

금융위원회는 금융소비자가 금융상품의 주요 내용을 알기 쉽게 비교할 수 있도록 금융상품의 유형별로 금융상품의 주요 내용을 비교하여 공시할 수 있다. 이는 종전에 금융감독원이 금융소비자 포털 '파인'을 통해 자율적으로 운영하던 제도를 법제화한 것으로서, 금융소비자가 동일한 유형의 금융상품을 위험과 수익률 등 거래조건을 금융회사별로 비교하여 가장 유리한 금융상품을 선택할 수 있도록 도움을 주기 위한 목적에서 시행하는 것이라고 할 수 있다.

금융위원회는 비교공시의 효율적 운영을 위해 관계 중앙행정기관, 지방자치단체, 금융 관련 기관·단체 또는 전문가의 의견을 듣거나 자료의 제출을 요청할 수 있다. 또 금융위원회는 협회 등에도 비교공시에 필요한 자료를 주기적으로 제출할 것을 요청할 수 있으며, 이 경우, 협회 등이 금융감독원장에 제출할 필요가 있는 자료, 자료의 제출 시기 및 제출 방법, 자료의 작성방법 등을 협회 등과 사전 협의하여야 한다.

금융감독원장은 매년 금융감독원장이 운영하는 비교공시 전산처리시스템[4]과 협회 등이 비교대상 금융상품에 대한 정보를 공시하기 위해 운영하는 전산처리시스템이 제공하는 공시정보에 대한 일반금융소비자의 만족도를 조사해야 한다. 또 금융감독원장은 만족도 조사 결과에 따라 금융소비자의 편익을 제고하기 위해 개선이 필요한 사항은 지체 없이 조치해야 하며, 그 조사결과와 관련하여 협회 등의 조치결과도 확인하고 조사 결과 및 조치 결과를 홈페이지에 게시해야 한다.

비교공시의 주요 내용은 다음과 같다.

---

4) 법에서는 금융상품 비교공시 업무를 금융감독원장에게 위탁하는 등의 근거가 분명하지 않은 상태에서 실체는 인정하고 있는 방식으로 규정하고 있어 금융감독원이 운영하는 비교공시 시스템의 법률적 근거가 분명하지 않으므로 추후 보완이 필요하다고 생각됨.

<h2 align="center">〈금융상품 비교공시의 주요 내용〉</h2>

구분	주요 내용
비교공시 대상 금융상품 범위	■ 예금성 상품 중 예금 ■ 대출성 상품 중 대출 ■ 투자성 상품 중 집합투자증권 ■ 보장성 상품 중 보험 ■ 그 밖에 금융위원회가 고시하는 금융상품 　○ 예금성 상품 중 적금 　○ 연금저축계좌 　○ 퇴직연금제도
비교공시 내용	■ 이자율 ■ 보험료 ■ 수수료 ■ 그 밖에 금융위원회가 고시하는 사항 　○ 중도상환 수수료율, 위험등급 등 금융소비자가 유의해야할 사항 　○ 비교공시 된 정보에 관한 사항 　　− 해당 정보를 제공한 금융상품직접판매업자의 담당부서 및 연락처 　　− 비교공시 시점 　　− 그 밖에 금융감독원장이 정하는 사항 　　　□ 예금: 계약기간별 이자율, 이자 계산방식, 만기 후 이자율, 가입방법, 우대조건 등 　　　□ 적금: 적립유형, 계약기간별 이자율, 이자 계산방식, 만기 후 이자율, 적립방식, 가입방법, 우대조건 등 　　　□ 대출: 　　　　· 주택담보대출: 주택종류, 상환방식, 이자 계산방식, 이자율 구간, 전월취급 평균 이자율, 대출부대비용, 중도상환수수료, 연체이자율, 대출한도, 가입방법 등 　　　　· 전세자금대출: 이자 계산방식, 상환방식, 이자율 구간, 전월취급 평균 이자율, 대출부대비용, 중도상환수수료, 연체이자율, 대출한도, 가입방법 등 　　　　· 개인신용대출: 개인신용 평점구간별 이자율 및 평균이자율 등 　　　□ 연금저축계좌: 판매개시일 또는 설정일, 수익률, 공시이율 · 최저보증이율(연금저축보험에 한함), 수수료율, 납입원금, 적립금 등 　　　□ 퇴직연금제도(「퇴직연금감독규정시행세칙」 제7조): 적립금 운용금액, 최근 1년, 3년, 5년, 7년, 10년간 적립금 운용수익률, 총비용 부담률, 퇴직연금 수수료율, 퇴직연금 사업자가 제시하는 원리금 보장상품, 다른 퇴직연금 사업자에 대한 원리금보장 상품 제공 현황
비교공시 내용 구비요건	■ 금융소비자가 필요로 하는 정보를 간단명료하게 전달할 것 ■ 보통의 주의력을 가진 일반적인 금융소비자가 알기 쉽도록 할 것 ■ 내용의 정확성 · 중립성 · 적시성을 유지할 것 ■ 일관되고 통일된 기준에 따라 산출된 정보일 것 ■ 협회 등의 공시 내용과 차이가 없을 것

다. 금융소비자 보호실태 평가(법 제32조 제2항, 영 제30조, 규정 제28조)

금융소비자 보호실태 평가 제도는 종전에는 「금융소비자보호 모범규준」에 따라 2016년 3월부터 운영하였는데, 이제는 법제화 되어 금융감독원장이 대통령령으로 정하는 금융상품판매업자등의 금융소비자 보호실태를 평가하고 그 결과를 공표할 수 있도록 하였다. 대통령령(제30조 제3항)에서는 금융감독원장은 매년 금융소비자 보호실태를 평가 · 공표하도록 의무화하고 있으며, 금융소비자보호 및 건전한 거래질서를 위해 필요하다고 인정하는 경우에는 수시로 평가 · 공표할 수 있도록 하였다. 금융소비자 보호실태란 금융소비자보호 내부통제기준 및 금융소비자보호기준의 운영에 관한 사항을 말한다. 바꾸어 말하면, 금융상품판매업자등이 이 두 가지 기준에 따라 금융소비자를 위한 내부통제시스템과 내규를 마련하고 그것을 제대로 이행하고 있는지를 평가하는 것을 금융소비자 보호실태 평가 제도라고 할 수 있다.

금융소비자 보호실태 평가는 현장 평가를 원칙으로 하며, 국가적 재난상황 등 현장 평가가 곤란한 경우에는 서면평가 등으로 변경 가능하다. 금융감독원장은 현장 평가를 실시하는 경우 실시 1개월 전까지 평가대상에 평가 기간, 일정, 방식, 항목, 평가 담당자 등의 사항을 서면, 전자문서, 전자우편, 팩스 등을 통해 알려야 한다. 현장 평가와 별도로 금융감독원장은 금융상품판매업자등이 스스로 금융소비자 보호실태를 진단('자율진단'이라고 함)하도록 요청할 수 있다.

그리고 금융소비자 보호실태의 평가 · 공표를 위해 필요하다고 인정하는 경우 금융감독원장은 금융 관련 기관 · 단체 또는 전문가의 의견을 듣거나 자료의 제출을 요청할 수 있다. 또 금융소비자 보호실태의 평가 결과를 공표하는 경우에는 금융감독원 및 관련 협회등의 인터넷 홈페이지에 지체 없이 이를 게시하여야 한다. 평가대상 금융상품판매업자등은 평가결과를 이사회 또는 대표이사를 포함한 회사 내부의 부문별 업무집행 임원이 참석하는 내부 의사결정기구인 경영위원회 등에 보고하여야 하며, 평가결과가 미흡 이하인 평가대상 금융상품판매업자등은 평가결과를 통지받은 후 2개월 이내에 위의 내부보고 절차를 거쳐 구체적인 개선계획을 금융감독원장에게 제출하여야 한다.

금융감독원장은 실태평가 종료 후 2개월 이내에 실태평가 결과에 따른 해당 금융상품판매업자등의 개선계획을 확인하고, 개선계획 확인 후 1년 이내에 해당 금융상품판매업자등의 개선계획에 따른 조치결과를 확인하여야 한다. 그리고 그 확인 결과 부적정 또는 미흡한 부분이 있는 경우에는 적절한 기한을 정하여 개선계획을 다시 요구할 수 있다.

〈금융소비자 보호실태 평가 주요내용〉

구분	주요 내용
평가대상 지정	■ 금융감독원장이 다음사항을 고려하여 매년 지정 ○ 영업의 규모 및 시장점유율 ○ 취급하는 금융상품의 종류 및 성격 ○ 법 제48조에 따른 감독 및 법 제50조에 따른 검사 결과 ○ 해당 금융상품에 대한 민원 또는 분쟁 현황 ○ 그 밖에 금융위원회가 고시하는 사항: 자율진단 결과, 실태평가 결과에 따른 금융상품판매업자등의 개선계획 또는 조치내용 ■ 제외 대상: 직전연도에 실태평가를 받은 자, 해당연도에 금융감독원장의 요청으로 자율진단을 실시하고 그 결과를 금융감독원장에 제공한 자
평가 시 준수사항	■ 신뢰성과 타당성이 있는 평가지표를 사용 ■ 금융상품의 유형별 특성을 반영 ■ 평가결과에 대한 객관적인 근거를 확보 ■ 평가 대상자의 의견을 확인
실태평가 방법 등	■ 금융소비자 보호실태 평가 결과는 부문평가 결과와 종합평가 결과로 구분 ■ 부문평가 결과는 [별표4]에 따라 평가항목별 평가한 결과를 말하며, 종합평가 결과는 부문평가 결과를 감안하여 평가한 결과임. ■ 부문평가 결과와 종합평가 결과는 1등급(우수), 2등급(양호), 3등급(보통), 4등급(미흡), 5등급(취약) 등 5단계 등급으로 구분(자율진단의 경우는 적정, 미흡 등 2단계 등급으로 구분)하며, 각 평가등급별 정의는 [별표 5]와 같음. ■ 평가대상에 다음 각 호의 1에 해당하는 사유가 발생한 경우 종합등급을 하향조정 가능 ○ 소비자보호와 관련한 금융관계법령 위반으로 기관경고 및 임원 문책경고 이상의 조치가 확정된 경우 ○ 소비자보호와 관련한 중대한 금융사고가 발생하거나 사회적 물의를 야기한 경우 ○ 금융소비자 보호실태 평가를 정당한 사유 없이 거부ㆍ방해하거나, 허위의 부실자료를 제출한 경우
평가결과 공표방법	■ 평가대상은 부문평가 결과와 종합평가 결과를 평가대상이 운영ㆍ관리하는 인터넷 홈페이지에 게시하고, 관련 협회등 홈페이지에 연동하여 함께 공시되도록 하여야 함. ■ 관련 협회 등은 홈페이지에서 평가대상의 부문평가 결과와 종합평가 결과를 모두 조회할 수 있도록 공시하여야 함. ■ 평가대상 및 관련 협회등은 평가등급 및 평가등급 정의를 금융소비자가 명확하게 알 수 있도록 작성하여 공표하여야 함.

〈평가항목 및 평가지표〉

구분	평가항목	평가지표
계량 지표	민원 사전예방	– 금융상품에 대한 민원ㆍ분쟁의 발생건수 – 금융상품에 대한 민원ㆍ분쟁의 증감률
	민원 처리노력 및 금융소비자 대상 소송	– 평균 민원처리 기간 – 자율조정처리 의뢰된 민원건 중 조정 성립된 민원건수 비율 – 소송건 중 패소율 및 분쟁조정 중 금융회사의 소송제기 건수
		– 금융소비자보호 내부통제위원회, 금융소비자보호 총괄기관의 설치ㆍ권한 및 운영현황 등

비계량 지표	금융소비자 보호 전담조직	– 금융소비자보호 총괄기관의 업무를 수행하는 임직원의 임명 · 자격요 건 · 권한 · 직무 현황 및 성과 보상체계 설계 · 운영 등 – 금융소비자보호 업무계획 수립 및 유관 부서의 소비자보호 노력에 대한 성과 보상체계 설계 · 운영 등
	금융상품 개발 과 정의 소비자보호 체계	– 금융상품 개발 단계에서 부서 간 정보공유, 금융소비자에 대한 잠재적 위험 평가 관련 절차 · 방법 · 기준 및 운영현황 등 – 외부 전문가 · 금융소비자 등 의견 반영 관련 절차 · 방법 · 기준 및 운영현황 등
	금융상품판매 과 정의 소비자보호 체계	– 금융상품판매 관련 절차 · 방법 · 기준 및 운영현황 등 – 영업 담당 임직원의 자격요건, 교육 및 소비자보호 관련 성과 보상체계의 운영 현황 등 – 금융상품판매 후 프로세스(미스터리 쇼핑 등) 운영 현황 등
	민원 관리 시스템 및 소비자 정보 공시	– 민원 접수채널, 규정 · 매뉴얼 및 전산시스템 운영 현황 등 – 민원 모니터링, 사전예방 프로그램 및 인력운영 현황 등 – 홈페이지, ARS 등을 통한 소비자정보 접근성 – 금융상품 설명 등 관련 공시, 안내 현황
	기타 소비자 보호 관련 사항	– 고령자, 장애인의 편의성 제고 및 소비자 피해 예방을 위한 절차 · 방법 및 기준 현황 등 – 임직원 대상 교육 프로그램 운영 현황 등 – 금융당국의 소비자보호 정책 등에 대한 참여 및 이행 – 그밖에 금융회사의 내부통제기준, 소비자보호 기준에서 소비자보호 관련 기타 사항

※ 금융시장 상황 및 금융상품판매업자등의 영업형태 등을 고려하여 조정하여 적용 가능

라. 금융소비자보호기준(법 제32조 제3항, 영 제31조 제2항, 규정 제29조)

금융소비자보호기준은 금융소비자 불만 예방 및 신속한 사후구제를 통하여 금융소비자를 보호하기 위하여 그 임직원이 직무를 수행할 때 준수하여야 할 기본적인 절차와 기준이며, 내부통제기준을 마련해야 하는 금융상품판매업자등은 금융소비자보호기준을 정하여야 한다.

금융소비자보호기준을 제정 · 변경하려면 내부통제기준의 경우와 마찬가지로 이사회 승인을 받아야 하며, 제정 · 변경한 경우 금융상품판매업자등은 그 사실을 공지하여야 한다.

금융소비자보호기준에 포함하여야 할 사항은 다음과 같다.

구분	주요 내용
대통령령	■ 금융소비자의 권리 ■ 민원·분쟁 발생 시 업무처리 절차 ■ 금융소비자보호기준의 운영을 위한 조직·인력 ■ 금융소비자보호기준 준수 여부에 대한 점검·조치 및 평가 ■ 민원·분쟁 대응 관련 교육·훈련 ■ 금융소비자보호기준의 제정·변경 절차 ■ 그 밖에 금융위원회가 정하여 고시하는 사항
금융위 고시 (감독규정)	○ 금융소비자의 민원 상황 및 처리결과와 금융소비자와의 분쟁조정·소송 진행상황 및 결과를 효율적·체계적으로 관리하기 위한 전산처리시스템의 구축 ○ 금융소비자의 자료열람 요구(법 제28조 제3항)에 대한 대응 ○ 일반금융소비자의 청약 철회(법 제46조 제1항)에 대한 대응 ○ 계약의 해지 요구(법 제47조 제1항)에 대한 대응 ○ 법령 및 약관상 금융소비자의 권리를 안내하는 방법 ○ 계약 체결 후 금융소비자보호를 위해 필요한 사항 점검 및 관련 제도 개선에 관한 사항

6. 사후적 금융소비자 권익 보호

가. 금융분쟁 조정

법에서는 금융감독원에 금융분쟁조정위원회를 두고 금융회사와 금융소비자 간에 발생하는 금융관련 분쟁의 조정에 관한 심의의결을 하도록 하고 있다. 이에 관한 사항은 본서 제Ⅰ장 제2절에서 금융분쟁 조정 제도를 소개하므로 여기서는 생략한다.

나. 금융상품판매업자등의 손해배상 책임(법 제44, 45조)

금융상품판매업자등이 고의 또는 과실로 이 법을 위반하여 금융소비자에게 손해를 발생시킨 경우에는 그 손해를 배상할 책임이 있음을 명시하였다. 다만 금융상품판매업자등이 설명의무를 위반하여 금융소비자에게 손해를 발생시킨 경우에는 금융상품판매업자등은 자신의 고의·과실이 없음을 입증하여야 손해배상책임을 면할 수 있도록 하였다. 원래 민법상 손해배상을 청구할 때는 피해자가 가해자의 고의·과실, 위법성, 손해, 위법성과 손해와의 인과관계 등을 입증하여야 하나, 설명의무 위반에 대하여는 고의·과실의 입증책임을 금융상품판매업자등으로 전환함으로써 금융소비자 피해구제를 강화하고자 하는 것이다.

그러므로 금융소비자가 금융상품판매업자등의 「금융소비자보호법」 위반을 이유로 손해배상을 청구할 경우 책임의 발생요건을 금융소비자가 모두 입증하여야 하나, 금융상품판매업자등의 설명의무 위반으로 손해가 발생한 경우에는 금융소비자의 입증 책임 부담을 완화한 것이다. 다만 금융소비자가 금융상품판매업자등의 설명의무 위반으로 손해가 발생하였다고 주장하더라도 고의·과실 이외의 손해배상 책임 발생요건은 금융소비자가 입증하여야 한다.

그리고 금융상품판매대리·중개업자등이 판매과정에서 소비자에 손해를 발생시킨 경우, 금융상품직접판매업자도 손해배상 책임을 진다. 이것은 민법상 '사용자 책임' 법리를 적용한 것으로서 손해배상의 '자기책임' 원칙의 예외에 해당하는 것으로서, 피용자가 제3자에 손해를 끼친 경우에 사용자도 배상책임을 부담하도록 하는 법리이다. 다만, 금융상품직접판매업자가 금융상품판매대리·중개업자 등의 선임과 업무 감독에 대해 적절한 주의를 하고 손해 방지를 위한 노력을 한 경우에는 손해배상 책임을 면할 수 있다.

다. 청약의 철회(법 제46조, 영 제37조, 규정 제30조)

일반금융소비자는 금융상품판매업자등과 보장성 상품, 투자성 상품, 대출성 상품 또는 금융상품 자문에 관한 계약의 청약을 한 후 일정기간 내에 청약을 철회할 수 있다. 청약 과정 등에 하자가 있었는가는 문제가 되지 않는다. 이것은 일반금융소비자가 청약 이후 계약의 필요성, 적정성 등을 다시 생각해보고 해당 계약을 철회할 수 있는 기회를 제공함으로써 불요불급한 금융상품 계약을 체결한 금융소비자를 보호하는 것이 목적이라 할 수 있다.

청약이 철회된 경우 금융상품판매업자등은 일반금융소비자에 대하여 청약의 철회에 따른 손해배상 또는 위약금 등 금전의 지급을 청구할 수 없다(청약 철회로 인한 불이익 금지). 그리고 보장성 상품의 경우 청약이 철회된 당시 이미 보험금의 지급사유가 발생한 경우에는 청약 철회의 효력은 발생하지 아니한다. 다만, 일반금융소비자가 보험금의 지급사유가 발생했음을 알면서 청약을 철회한 경우는 예외로 한다.

아울러 이러한 청약철회 규정에 반하는 특약으로서 일반금융소비자에게 불리한 것은 무효가 된다.

청약 철회에 관한 주요 내용은 다음과 같다.

구분	주요 내용
가능 기간	■ 보장성 상품: 일반금융소비자가 보험증권을 받은 날부터 15일과 청약을 한 날부터 30일 중 먼저 도래하는 기간 ■ 투자성 상품, 금융상품 자문: 다음에 해당되는 날부터 7일 ○ 계약서류를 제공받은 날 ○ 계약서류 제공을 생략한 경우 계약체결일 ■ 대출성 상품: 다음에 해당되는 날(금전ㆍ재화ㆍ용역의 지급이 이보다 늦은 경우에는 지급일)로부터 14일 ○ 계약서류를 제공받은 날 ○ 계약서류 제공을 생략한 경우 계약체결일

대상 상품	■ 보장성 상품: 다음을 제외한 금융상품
	○ 청약의 철회를 위해 제3자의 동의가 필요한 보증보험
	○ 자동차 책임보험(일반금융소비자가 동종의 다른 책임보험에 가입한 경우는 제외)
	○ 해당 금융상품에 대한 보장기간이 1년 이내의 범위에서 금융위원회가 고시하는 기간(90일, 규정 제30조 제1항) 이내인 금융상품
	○ 그 밖에 청약의 철회가 건전한 시장 질서를 해칠 우려가 높은 것으로서 금융위원회가 고시하는 보장성 상품(규정 제30조 제2항)
	   – 법률에 따라 가입의무가 부과되고 그 해제ㆍ해지도 해당 법률에 따라 가능한 보장성 상품(일반금융소비자가 동종의 다른 보험에 가입한 경우는 제외)
	   – 금융상품판매업자가 계약을 체결하기 전에 일반금융소비자의 건강상태 진단을 지원하는 보장성 상품
	■ 투자성 상품: 다음의 금융상품. 다만, 일반금융소비자가 청약 철회의 기간(법 제46조 제1항 제2호) 이내에 예탁한 금전 등을 운용하는 데 동의한 경우는 제외
	○ 「자본시장법 시행령」에 따른 고난도 금융투자상품(일정 기간에만 금융소비자를 모집하고 그 기간이 종료된 후에 금융소비자가 지급한 금전 등으로 「자본시장법」에 따른 집합투자를 실시하는 것만 해당), 고난도 투자일임계약, 고난도 금전신탁계약
	○ 신탁계약(「자본시장법」에 따른 금전신탁은 제외)
	■ 대출성 상품: 다음의 것을 제외한 금융상품
	○ 「여신전문금융업법」에 따른 시설대여ㆍ할부금융ㆍ연불판매(청약 철회의 기간 이내에 해당 계약에 따른 재화를 제공받은 경우만 해당)
	○ 연계대출
	○ 「자본시장법」제72조 제1항에 따른 신용의 공여(법 제46조 제1항 제3호에 따른 청약 철회의 기간 이내에 담보로 제공된 증권을 처분한 경우만 해당)
	○ 그 밖에 금융위원회가 고시하는 대출성 상품: 지급보증(청약철회에 대해 제3자 동의를 받은 경우 제외), 신용카드

효력 발생 시기	■ 보장성 상품, 투자성 상품, 금융상품 자문: 일반금융소비자가 청약의 철회의사를 표시하기 위하여 서면 등(전자우편, 휴대전화 문자메시지 등 포함)을 발송한 때 ■ 대출성 상품: 일반금융소비자가 청약의 철회의사를 표시하기 위하여 서면 등을 발송하고, 이미 공급받은 금전ㆍ재화 등과 관련 이자, 지급 수수료 등 비용을 반환한 때

소비자로부터 받은 금전·재화 등의 반환	■ 보장성 상품: 금융상품판매업자등은 청약의 철회를 접수한 날부터 3영업일 이내에 이미 받은 금전·재화 등을 반환 ■ 투자성 상품, 금융상품 자문: 금융상품판매업자등은 청약의 철회를 접수한 날부터 3영업일 이내에 이미 받은 금전·재화 등을 반환 ■ 대출성 상품: 금융상품판매업자등은 일반금융소비자로부터 금전·재화 등과 이자 및 수수료를 반환받은 날부터 3영업일 이내에 일반금융소비자로부터 받은 수수료를 포함하여 이미 받은 금전·재화 등을 반환 ■ 금융상품판매업자등이 청약철회로 일반금융소비자에게 금전·재화·용역을 반환하는 경우에 그 반환이 늦어진 기간에 대해서는 해당 금융상품의 계약에서 정해진 연체이자율을 금전·재화·용역의 대금에 곱한 금액을 일 단위로 계산하여 지급

라. 위법계약의 해지(법 제47조, 영 제38조, 규정 제31조)

금융소비자는 금융상품판매업자등이 6대 판매 규제 중 금융상품 광고관련 준수사항을 제외한 적합성원칙, 적정성원칙, 설명의무, 불공정영업행위의 금지 또는 부당권유행위 금지를 위반하여 대통령령으로 정하는 금융상품에 관한 계약을 체결한 경우 5년 이내의 범위에서 금융소비자가 계약 체결에 대한 위반사항을 안 날부터 1년 이내의 기간 내에 서면 등으로 해당 계약의 해지를 요구할 수 있다. 이것은 금융소비자가 수수료나 위약금 등의 불이익이 없이 위법한 계약으로부터 탈퇴할 수 있는 기회를 제공하여 금융소비자를 보호하려는 목적에서 마련된 권리이다.

이것은 위법한 계약에 따른 손해배상을 요구하는 손해배상청구권과는 성격이 다르다. 위법계약 해지의 효과는 장래를 향해 발생하기 때문에 해당 계약은 해지 시점부터 무효가 된다. 따라서 계약체결 후 해지시점까지 계약에 따른 서비스 제공 과정에서 발생한 비용(대출 이자, 카드 연회비, 펀드 수수료·보수, 투자손실, 위험보험료 등)은 원칙적으로 계약해지 후 소비자에 지급해야할 금전의 범위에 포함되지 않는다.[5]

금융소비자가 계약 해지를 요구하려는 경우 금융상품의 명칭과 법 위반사실을 명시한 해지요구서에 위반사항을 증명하는 서류를 첨부하여 금융상품직접판매업자 또는 금융상품자문업자에게 제출해야 한다. 다만, 책임보험과 같이 금융소비자가 법률에 따라 가입의무가 부과되고 그 해제·해지도 해당 법률에 따라 가능한 보장성 상품에 대해 계약의 해지를 요구하려는 경우에는 동종의 다른 보험에 가입되어 있어야 한다.

---

5) 금융위·금융감독원, 금융소비자보호법 FAQ 답변(1차), 2021년 2월 18일

금융상품판매업자등은 해지를 요구받은 날부터 10일 이내에 금융소비자에게 수락 여부를 통지하여야 하며, 거절할 때에는 거절사유를 함께 통지하여야 한다. 금융소비자는 금융상품판매업자등이 정당한 사유 없이 해지 요구를 따르지 않는 경우 해당 계약을 해지할 수 있다.

위법 계약이 해지된 경우 금융상품판매업자등은 수수료, 위약금 등 계약의 해지와 관련된 비용을 요구할 수 없다.

<위법계약 해지대상 상품 등>

구분	주요 내용
대상 금융상품	■ 금융소비자와 금융상품직접판매업자 또는 금융상품자문업자 간 계속적 거래가 이루어지고 금융소비자가 해지 시 재산상 불이익이 발생하는 금융상품 중 다음의 금융상품을 제외한 것 ○ 온라인투자연계금융업자와 체결하는 계약 ○ 원화 표시 양도성 예금증서 ○ 표지어음 ○ 그 밖에 위와 유사한 금융상품
위법계약 해지를 거절할 수 있는 정당한 사유의 범위	■ 위반사실에 대한 근거를 제시하지 않거나 거짓으로 제시한 경우 ■ 계약 체결 당시에는 위반사항이 없었으나 금융소비자가 계약 체결 이후의 사정 변경에 따라 위반사항을 주장하는 경우 ■ 금융소비자의 동의를 받아 위반사항을 시정한 경우 ■ 그 밖에 금융위원회가 고시하는 경우 ○ 금융상품판매업자등이 계약의 해지 요구를 받은 날부터 10일 이내에 법 위반사실이 없음을 확인하는데 필요한 객관적ㆍ합리적인 근거자료를 금융소비자에 제시한 경우. 다만, 10일 이내에 금융소비자에 제시하기 어려운 경우에는 다음 각 목의 구분에 따름 −계약 해지를 요구한 금융소비자의 연락처나 소재지를 확인할 수 없거나 이와 유사한 사유로 통지기간 내 연락이 곤란한 경우: 해당 사유가 해소된 후 지체 없이 알릴 것 −법 위반사실 관련 자료 확인을 이유로 금융소비자의 동의를 받아 통지기한을 연장한 경우: 연장된 기한까지 알릴 것 ○ 금융소비자가 금융상품판매업자등의 행위에 법 위반사실이 있다는 사실을 계약을 체결하기 전에 알았다고 볼 수 있는 명백한 사유가 있는 경우

7. 감독 및 처분

가. 금융위원회의 명령권(법 제49조, 영 제40조, 규정 제33조)

금융위원회는 금융소비자의 권익 보호 및 건전한 거래질서를 위하여 필요하다고 인정하는 경우에는 금융상품판매업자등에게 다음 사항에 관하여 시정ㆍ중지 등 필요한 조치를 명할 수 있다.

■ 금융상품판매업자등의 경영 및 업무개선에 관한 사항

447

- 영업의 질서유지에 관한 사항

- 영업 방법에 관한 사항

- 금융상품에 대하여 투자금 등 금융소비자가 부담하는 급부의 최소 또는 최대한도 설정에 관한 사항

- 그 밖에 대통령령으로 정하는 사항인 내부통제기준 및 금융소비자보호기준과 수수료 및 보수

그리고 금융위원회는 금융상품으로 인하여 금융소비자의 재산상 현저한 피해가 발생할 우려가 있다고 명백히 인정되는 경우로서 대통령령으로 정하는 경우에는 그 금융상품을 판매하는 금융상품판매업자에 대하여 해당 금융상품 계약 체결의 권유 금지 또는 계약 체결의 제한·금지를 명(판매제한·금지명령)할 수 있다. 대통령령으로 정하는 경우란 투자성 상품, 보장성 상품 또는 대출성 상품에 관한 계약 체결 및 그 이행으로 인해 금융소비자의 재산상 현저한 피해가 발생할 우려가 있다고 명백히 인정되는 경우이다(영 제40조 제2항).

〈판매제한·금지명령 절차 등〉

구분	주요 내용
판매제한·금지명령 조치 전 절차	■판매제한·금지명령 대상자에 다음 사항을 알릴 것 ○판매제한·금지명령의 필요성 및 판단근거 ○판매제한·금지명령 절차 및 예상시기 ○의견제출 방법 ■판매제한·금지명령 대상자가 해당 조치에 대한 의견(근거자료 포함)을 제출할 수 있는 충분한 기간을 보장할 것. 이 경우, 다음 사항을 고려해야 함. ○판매제한·금지명령의 시급성 ○판매제한·금지명령 대상자가 해당 조치로 입는 경영상 불이익 ○그 밖에 판매제한·금지명령 대상자가 의견 제출과 관련하여 자료 수집·분석 등을 하는데 불가피하게 소요되는 기간
판매제한·금지명령을 한 경우 게시할 사항	■해당 금융상품 및 그 금융상품의 과거 판매기간 ■관련 금융상품판매업자의 명칭 ■판매제한·금지명령의 내용·유효기간 및 사유. 이 경우, 그 명령이 해당 금융상품판매업자의 금융 관련 법령 위반과 관계없는 경우에는 그 사실을 알려야 함. ■판매제한·금지명령이 그 발동시점 이전에 체결된 해당 금융상품에 관한 계약의 효력에 영향을 미치지 않는다는 사실 ■판매제한·금지명령 이후 그 조치의 이행현황을 주기적으로 확인한다는 사실 ■그 밖에 다음 각 사항을 고려하여 공시가 필요하다고 금융위원회가 인정한 사항 ○금융소비자보호 ○공시로 인해 판매제한·금지명령 대상자가 입을 수 있는 불이익(금융소비자보호와 관계없는 경우에 한정)

판매제한·금지명령 중단	■ 판매제한·금지명령을 받은 자가 판매제한·금지명령 대상인 금융상품과 관련하여 금융소비자의 재산상 현저한 피해가 발생할 우려를 없애거나 그 금융상품에 관한 계약체결을 중단한 경우 ■ 그 밖에 다음 각 사항을 고려하여 판매제한·금지명령을 중단해야할 필요성을 금융위원회가 인정한 경우 ○ 판매제한·금지명령의 필요성 및 판단근거 ○ 판매제한·금지명령 대상자가 해당 조치로 입는 경영상 불이익 * 판매제한·금지명령을 중단한 경우에는 대상자에 알리고 그 사실을 홈페이지에 게시해야 함

나. 금융상품판매업자등에 대한 처분 등

금융위원회는 이 법 또는 이 법에 따른 명령을 위반하는 경우 금융상품판매업자등에 대해 등록취소, 업무정지 등 기관제재와 함께 그 임직원에 대해서도 제재를 할 수 있다. 다만, 금융상품판매업자에 대한 등록의 취소, 임원의 해임요구 또는 직원의 면직요구의 조치를 할 때에는 청문을 하여야 한다.

나-1. 등록취소(법 제51조 제1항)

금융위원회는 금융상품판매업자등이 다음 어느 하나에 해당하는 경우에는 금융상품판매업 등의 등록을 취소할 수 있다

■ 거짓이나 그 밖의 부정한 방법으로 등록을 한 경우(무조건 취소해야 함.)

■ 등록요건(법 제12조 제2항 또는 제3항)을 유지하지 아니하는 경우

■ 업무의 정지기간 중에 업무를 한 경우

■ 금융위원회의 시정명령 또는 중지명령을 받고 금융위원회가 정한 기간 내에 시정하거나 중지하지 아니한 경우

■ 그 밖에 대통령령으로 정하는 경우

 ○ 금융위의 명령(법 제49조 제2항)에 따르지 않은 경우

 ○ 1년 이상 계속하여 정당한 사유 없이 영업을 하지 않는 경우

 ○ 업무와 관련하여 제3자로부터 부정한 방법으로 금전 등을 받거나 금융소비자에게 지급해야 할 금전 등을 받는 경우

 ○ 업무정지, 시정명령 등 조치(법 제51조 제2항 각호)를 받은 날부터 3년 이내에 3회 이상 동일한 위반행위를 반복한 경우

나-2. 업무정지 등(법 제51조 제2항)

금융위원회는 금융상품판매업자등이 등록취소 사유에 해당하거나 이 법 또는 이 법에 따른 명령을 위반하여 건전한 금융상품판매업등을 영위하지 못할 우려가 있다고 인정되는 등의 경우에는 다음에 해당하는 조치를 할 수 있다.

- 6개월 이내의 업무의 전부 또는 일부의 정지(제12조에 따른 등록을 한 금융상품판매업자등에 한정)
- 위법행위에 대한 시정명령
- 위법행위에 대한 중지명령
- 위법행위로 인하여 조치를 받았다는 사실의 공표명령 또는 게시명령
- 기관경고
- 기관주의
- 그 밖에 대통령령으로 정하는 조치
  - 영업소의 전부 또는 일부의 폐쇄
  - 수사기관에 통보
  - 다른 행정기관에 행정처분 요구
  - 경영이나 업무에 대한 개선 요구

나-3. 임직원에 대한 제재

금융위원회는 법인인 금융상품판매업자등의 임원이 이 법 또는 이 법에 따른 명령을 위반하여 건전한 금융상품판매업등을 영위하지 못할 우려가 있다고 인정되는 경우에는 해임요구, 6개월 이내의 직무정지, 문책경고, 주의적 경고, 주의에 해당하는 조치를 할 수 있다.

그리고 금융상품판매업자등의 직원에 대해서는 금융상품판매업자등에게 면직, 6개월 이내의 정직, 감봉, 견책, 주의 조치에 해당하는 조치를 하도록 요구할 수 있다.

다. 과징금(법 제57~60조) 및 과태료(법 제69조)

금융위원회는 금융상품직접판매업자 또는 금융상품자문업자가 설명의무, 불공정 영업행위의 금지, 부당권유행위 금지, 허위과장 광고 금지를 위반한 경우 위반행위와 관련된 계약으로 얻은 수입 등(계약 체결 또는 그 이행으로 인해 금융소비자로부터

얻은 모든 형태의 금전 등)의 100분의 50 이내에서 과징금을 부과할 수 있다. 또 금융상품직접판매업자에 전속된 금융상품판매대리·중개업자 또는 금융상품직접판매업자의 소속 임직원이 위반 행위를 한 경우에도 그 금융상품직접판매업자에 대하여 그 위반행위와 관련된 계약으로 얻은 수입등의 100분의 50 이내에서 과징금을 부과할 수 있다.

다만, 위반행위를 한 자가 그 위반행위와 관련된 계약으로 얻은 수입 등이 없거나 수입 등의 산정이 곤란한 경우로서 대통령령으로 정하는 경우에는 10억 원을 초과하지 아니하는 범위에서 과징금을 부과할 수 있다. 이와 같이 징벌적 과징금을 부과하는 것은 위법행위로 인한 부당이득을 환수함으로써 규제의 실효성을 높이기 위한 것이다.

그리고 금융위원회는 금융상품판매업자등에 대하여 업무정지(법 제51조 제2항 제1호)를 명할 수 있는 경우로서 업무정지가 금융소비자 등 이해관계인에게 중대한 영향을 미치거나 공익을 침해할 우려가 있는 경우에는 업무정지 처분을 갈음하여 업무정지 기간 동안 얻을 이익의 범위에서 과징금을 부과할 수 있다.

과징금을 부과할 때는 위반행위의 내용 및 정도, 위반행위 지속기간 및 위반횟수, 위반행위로 인해 취득한 이익의 규모, 업무정지 기간(업무정지 처분에 갈음한 과징금 부과에만 해당) 등을 고려하여야 한다.

이와 아울러 6대 판매 규제 위반, 내부통제기준 미수립, 계약서류 제공의무 위반 등에 대해서는 과태료를 부과한다. 기존 「자본시장법」 및 「보험업법」에서는 적합성·적정성원칙 위반행위에 대해 과태료가 없었으나 이 법에서는 과태료(3천만 원) 부과 규정을 두어 금융회사의 책임을 보다 강화하였다.

과태료 부과대상은 과징금의 경우와 달리 금융상품판매대리·중개업자도 포함된다. 그리고 관리책임이 있는 금융상품판매대리·중개업자나 직접판매업자에 대해서도 과태료 부과가 가능하므로 원(原)금융상품판매대리·중개업자로부터 업무 위탁받은 금융상품판매대리·중개업자가 설명의무, 불공정영업행위의 금지, 부당권유행위 금지, 광고규제를 위반한 경우에는 원(原)금융상품판매대리·중개업자에게 과태료를 부과한다. 그리고 업무를 위탁받은 금융상품판매대리·중개업자가 재위탁 금지를 위반한 경우에는 금융상품직접판매업자에게 과태료를 부과한다.

과태료는 부과대상 행위별로 1억 원, 3천만 원, 1천만 원 범위 이내에서 부과한다.

라. 벌칙(법 제67, 68조)

금융상품판매업자등의 등록(법 제12조)을 하지 아니하고 금융상품판매업 등을 영위한 자, 거짓이나 그 밖의 부정한 방법으로 금융상품판매업자등의 등록을 한 자, 금융상품판매대리·중개업자가 아닌 자에게 금융상품 계약체결 등을 대리하거나 중개(법 제24조)하게 한 자에 대해서는 5년 이하의 징역 또는 2억 원 이하의 벌금에 처한다.

법인(단체 포함)의 대표자나 법인 또는 개인의 대리인, 사용인, 그 밖의 종업원이 그 법인 또는 개인의 업무에 관하여 이와 같은 위반행위를 하면 그 행위자를 벌하는 외에 그 법인 또는 개인에게도 해당 조문의 벌금형을 과(科)한다(양벌규정). 다만, 법인 또는 개인이 그 위반행위를 방지하기 위하여 해당 업무에 관하여 적절한 주의와 감독을 게을리 하지 아니한 경우에는 그러하지 아니한다.

키코(KIKO)의 개념

우리에게 키코로 알려진 금융상품은 '키코(Knock-In Knock-Out) 통화옵션 상품'이다. 수출기업은 수출 후 실제로 수출대금을 수취할 때 환율이 하락하면 원화로 환전한 금액이 줄어들어 손해를 볼 수 있는 위험(환위험)이 있다. 이러한 위험(손실)을 헤지(hedge)하기 위해 일반적으로 외환 선물(currency futures)을 이용한다.

그런데 외환 선물을 이용하여 환위험을 헤지하려면 계좌 개설, 증거금 납입 등 절차가 복잡하고 거래비용이 들며 1계약 당 금액이 정형화(원달러 선물 USD10,000) 되어 있어 수출대금에 맞추기가 쉽지 않아 중소기업이 활용하기에는 어려움이 있다. 그러므로 중소기업이 환헤지에 이용할 수 있도록 국제 IB나 헤지펀드 등이 통화옵션을 이용하여 외환 선물과 같은 구조를 만든 것이 키코 통화옵션 상품이다. 원래 만기(expiration or maturity date)가 동일하고 행사가격(exercise or strike price)도 동일한 풋옵션(put option) 매입(long position)과 콜옵션(call option)[6] 매도(short position)를 각각 1계약씩 동시에 취하면 손익(payoff)이 외환선물 매도와 동일한 구조가 되는데 키코는 이 원리를 이용하여 만들었다.

판매 당시에는 원달러 환율이 하락하는 추세여서 수출기업의 거래상대방인 콜옵션 매수자(IB 또는 헤지펀드)는 손해 볼 확률이 매우 높기 때문에 불리한 입장이었다. 그러므로 이러한 불리한 입장을 커버하면서도 동시에 계약 매수자인 수출기업에 비용부담이 없도록 상품가격을 0으로(zero cost) 만들기 위해 환율이 상승할 확률은 지극히 낮지만 만약 상승하게 될 경우에는 매수자가 환율 하락으로 인해 입은 손실을 일거에 만회할 수 있도록 상품을 설계하였다. 이런 이유에서 키코는 풋옵션(put option) 매입(long position)과 콜옵션(call option) 매도(short position)를 1:2의 비율로 결합하되 환율이 계약기간 중 한번이라도 계약에서 정한 수준(trigger price) 이

---

6) 풋옵션은 현물자산이나 금융자산을 일정 시기에 일정한 가격으로 팔 수 있는 권리를 매매하는 계약이며, 콜옵션은 자산을 일정 시기에 일정 가격으로 살 수 있는 권리를 매매하는 계약이다. 파는 사람이 그 위험을 부담해야하므로 그에 따른 premium을 받는다.

상으로 상승하면 콜옵션이 생성되어 기업이 달러를 매도해야 하는 의무가 발생하는 knock-in, 한번이라도 환율이 정한 수준(trigger price) 이하로 하락하면 기업은 달러를 매도할 수 있는 권한을 상실하는 knock-out 조건이 붙은 형태이다. 어떤 경우는 1:2보다 높은 배율로 결합한 스노우 볼이라는 형태까지도 있었다.

그런데 키코를 보유한 기업은 달러로 수출대금을 받았을 때, 환율이 키코 범위 안에 있으면 풋옵션을 행사하여 계약에서 미리 정해진 환율(행사가)로 달러를 팔 수 있으므로 환위험을 줄일 수 있다. 또 풋옵션을 사고 콜옵션을 파니까 옵션가격(option premium)이 상쇄되어 비용이 거의 들지 않고, 수출대금을 환전해주는 은행에서 구입할 수 있어 편리한 장점도 있다. 그러나 환율이 일정수준 이하로 떨어져 knock-out 되거나 환율이 일정수준 이상으로 많이 올라가 knock-in 되면 환차손뿐만 아니라 더 큰 손실을 볼 수 있다.

좀 구체적인 예를 들어 설명하면, A기업은 월 수출액이 1백만 달러인 중견기업이며, 수출 후 대금이 결제되는 기간이 3개월이다. 현재 환율이 950원인데, 환율이 하락 추세여서 앞으로도 계속 하락하게 되면 환차손이 발생할 것을 우려하여 수출대금에 대한 환위험을 헤지하기 위해 B은행과 3개월 후 만기가 도래하는 통화옵션 계약을 체결하였다. 계약 조건은 다음과 같다.

- 키코(풋옵션 1계약[1백만 달러] 매수, 콜옵션 2계약[2백만 달러] 매도) 계약
- Knock-Out 환율 930원, Knock-In 환율 970원, 행사 환율 950원

만약 계약기간 중 환율이 하락하더라도 Knock-Out 환율인 930원까지 내려가지 않으면 A기업은 풋옵션을 행사하여 계약금액인 1백만 달러를 행사환율인 950원에 매도할 수 있으므로 키코에서는 환차익이 발생한다. 이것으로 수출대금을 환전하였을 때 발생하는 환차손과 상쇄되므로 손해를 보지 않게 된다(헤지 효과). 예를 들어, 환율이 950원에서 940원으로 내려갔다면 수출대금은 시장(은행)에서 달러당 940원으로 환전하여 달러 당 10원 손해지만, 풋옵션을 행사하면 달러를 시장 환율인 940원에서 사서 950원에 팔 수 있으므로 달러 당 10원의 이익을 보므로 현물 보유로 인한 손해를 만회할 수 있다.

그런데 만약 계약 만기 이전에 환율이 계속 하락하여 Knock-Out 환율인 930원

이하로 떨어지면 곧바로 풋옵션 계약의 효력이 소멸(통화옵션 계약 자체가 소멸)되므로 키코에서는 손익이 0이다. 그러나 수출대금에서는 환차손이 발생한다.

이와 반대로 환율이 상승하여 행사가격인 950원을 초과하게 되면 풋옵션은 행사할 실익이 없다. 왜냐하면 만약 환율이 960원일 때 풋옵션을 행사하면 960원에 달러를 사서 행사가격인 950원에 팔겠다고 하는 것이니 달러당 10원 손해를 보게 되는데도 권리를 행사할 사람은 없기 때문이다. 또 콜옵션은 계약에 따라 이 구간에서는 효력이 발생하지 않았으므로 행사될 수 없다. 그러므로 이때에는 키코의 손익은 0이어서 수출대금을 헤지 하지 않은 것과 동일한 결과가 된다. 그러나 기업은 환율이 올랐으므로 환차익을 본다.

그러나 환율이 계속 올라 Knock-In 환율인 970원에 한번만 도달하거나 초과하면 상대에게 판 Call Option이 효력을 얻게 된다. 그러면 만기 또는 상대방이 콜옵션은 행사하는 시점에 행사 환율로 계약액만큼의 달러를 무조건 인도해야 하는데, 콜옵션이 2계약이므로 원달러 환율이 높을수록 손실이 불어나게 된다. 그나마 회사가 수출대금으로 받는 외화 현물이 있는 경우에는 그 금액을 초과하는 달러만 사서 인도하면 되므로 손실 폭이 그만큼 줄어드나, 현물이 없는 회사는 손실이 콜옵션 매도계약 배수만큼 폭발적으로 늘어난다.

이를 그림으로 나타내면 다음과 같다.

〈키코의 Payoff: 콜옵션 1계약 상당의 외화 현물이 있는 수출기업〉

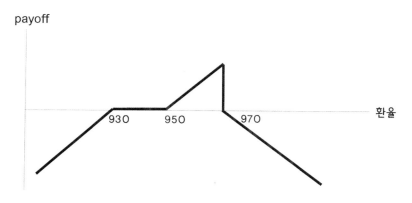

〈키코의 Payoff: 외화 현물이 없는 수출기업〉

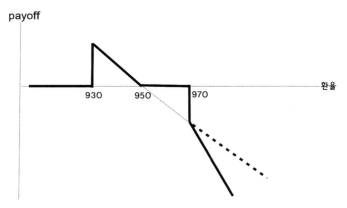

payoff

930   950   970

환율

* 굵은 점선은 콜옵션 매도가 1계약인 경우

그러므로 키코는 환율이 하락하는 국면에서 Knock Out barrier 환율까지만 헤지 효과가 있고 그 이하로 하락하면 헤지 효과가 없으며, 상승 국면에서도 헤지 효과가 없을 뿐 아니라 환율이 일정수준 이상 상승하면 오히려 거액 손실이 날 수 있는 위험한 상품이다.

이런 점을 볼 때 키코는 마치 1995년 베어링스은행의 도산을 초래한 닉 리슨(Nick Leeson)의 투자 사례와 여러 가지 면에서 매우 비슷하다. 당시 리슨은 일본의 '니케이255' 지수가 안정적일 것으로 예상하고 스트래들 매도(Short Straddle)[7] 포지션을 택하였는데 스트래들 매도도 키코와 같이 풋옵션과 콜옵션을 합성하여 만든 파생상품으로서 지수가 일정 범위 내에서 안정적일 때는 계속 이익이 나지만 일정 범위를 초과하면 손실이 나게 되는 구조이다. 그래서 리슨도 스트래들을 이용하여 초기에는 상당한 수익을 올려 은행 내에서 엄청나게 좋은 평가를 받았다고 한다.

그런데 1995년 1월 17일 전혀 예상하지 못한 일본 고베 대지진으로 니케이255 지수가 폭락하면서 2천만 파운드의 손실을 입었고, 이를 만회하기 위하여 점점 더 위험한 투자를 하였다가 손실이 눈덩이처럼 불어나 보름 만에 손실이 13억 파운드로 확대되어 결국 은행이 파산하게 되었다.

---

7) 행사가격과 만기가 동일한 풋옵션과 콜옵션을 동시에 매도하는 포지션

경영실태평가의 실효성 제고 방안

경영실태평가의 구체적인 내용과 평가 방법은 매뉴얼 등에 소개되어 있으므로 이에 대한 설명은 불필요하다. 다만 여기에서는 평가의 공정성과 객관성, 투명성 및 일관성을 제고하기 위한 방안 위주로 기술한다.

1. 경영실태평가 개요

경영실태평가는 계량부문과 비계량부문으로 구성되어 있다. 계량부문은 주로 금융회사의 과거 경영 실적과 현재의 재무구조 등 경영건전성을 드러내어 보여주는 지표의 산출과 그 정확성을 검증하는 것으로 구성되어 있다. 계량지표를 산출하면 정해진 기준에 따라 그 등급이 정해진다. 계량부문 평가등급이 높으면 현재 해당 금융회사의 재무구조와 경영건전성은 양호하다는 의미가 된다. 계량지표는 정확성이 생명이므로 이를 확인하기 위해 각 지표의 근간이 되는 재무제표 및 기타 보고서의 수치가 정확한지 금융회사가 제출한 검사 자료와 현물, 장부 및 각종 기록 등을 점검하고 대사하여야 한다.

계량평가 기준을 운영하는 데 있어 한 가지 유의할 점은 경제·금융 환경이 변화함에 따라 계량지표 등급의 실효성이 약해지는 경우가 있다는 점이다. 예를 들면, 수익성 관련 지표의 등급별 기준을 IMF 외환위기 같은 시기에 마련하였다면 호황기에는 모든 금융회사의 지표가 하나같이 우수한 등급으로 평가되어 금융회사 간 등급의 차별화가 이루어지지 않아 평가의 실효성이 떨어질 가능성이 있다. 그러므로 일정 기간마다 계량지표의 평가등급별 구간을 조정하는 노력이 필요하다고 본다.

이와 달리 비계량부문 평가는 금융회사 경영진의 경영능력, 인적자원, 상품과 판매채널, 내부통제 및 리스크관리 시스템, 각종 설비 및 전산 인프라 등을 점검하여 금융회사의 경쟁력과 위기 대응 능력 등을 평가하는 것이다. 이것은 주로 법규나 감독당국에서 제시한 기준을 어느 정도 내규에 반영하는 등 시스템을 구축하고 이를 제대로 준수하고 운영하는지, 법규 등에 정한 기준이 없는 부문의 경우 해당 금융회사가 채택하고 있는 제도나 시스템이 동종의 금융업계에서 채택하고 있거나 일반적으로 합리적 또는 효율적, 효과적으로 알려진 시스템이나 방법과 비교하여 보다 합리적이고 효율적, 효과적인지, 또 그것을 잘 이행하고 운영하고 있는지 등을 점검, 평가하여 등급을 부여한다. 이러한 평가를 기반으로 향후 경제 및 금융시장 환경 변화까지 고려하여 향후 금융회사의 경영건전성 및 성장 가능성을 예측하는 것이 비계량평가의 목적이 된다. 비계량평가등급이 높으면 해당 금융회사가 경쟁력이 높고 위기 대응 능력도 양호하므로, 앞으로 금융회사의 경영건전성이 유지 또는 개선될 것으로 기대된다는 의미로 볼 수 있다.

물론 계량지표만 시계열로 분석하여 그 추세를 보더라도 미래의 경영건전성을 추정할 수 있다. 그러나 질적 요소(비계량평가)에 대한 평가가 뒷받침되지 않으면 그 추정의 유의성은 담보하기가 어렵다. 왜냐하면 조직의 역량(인적, 물적 인프라)이 뒷받침되지 않는 실적은 단기간의 무리한 경영, 또는 일시적 행운으로 인한 결과일 수 있으므로 곧 부작용이 드러나거나 행운에 다하여 다시 실적이 과거 수준으로 돌아갈 것이기 때문이다. 그러므로 계량부문 각종 지표의 추세 분석 결과와 비계량평가를 결합하면 그 예측의 정확도는 더욱 높아질 수 있다. 건전성검사(경영실태평가)가 해당 금융회사의 미래의 경영건전성을 예측하고 위험 요인과 부실 가능성 등에 대비하는 것이 목적인만큼 경영실태평가에 있어서 계량평가 이상으로 비계량평가를 중시하여야 한다고 생각된다.

2. 경영실태평가의 신뢰성 확보 방안

그런데 비계량평가는 각 등급별 기준이 매우 추상적이다. 따라서 평가자가 어느 정도 면밀하고 깊이 있게 들여다보느냐, 그리고 평가자의 관점, 즉 내면에 설정된(주관적인) 등급별 기준이 어떠냐에 따라 달라질 수 있다. 같은 사람을 보고도 어떤 사람을 잘 생겼다고 하고 어떤 사람을 못 생겼다고 하는 것과 같은 이치이다. 만약 동일한 금융회사에 대해 평가자에 따라 평가등급에 차이가 난다면 평가의 생명인 공정성, 객관성 등이 보장되지 않아 평가의 신뢰성과 실효성이 떨어질 수 있다. 또 경우에 따라서는 평가 결과가 어느 한 등급에 치우치는 중심화 또는 집중화 경향이 나타나 변별력이 없어지기도 한다. 이에 따라 경영실태평가 무용론이 나오기도 한다. 그러나 현재로서는 이 제도 외에 다른 대안이 없고, 선진국 감독당국이 활용하고 있는 제도이므로 이것을 활용할 수밖에 없다. 그러므로 제도의 공정성과 실효성을 높일 수 있도록 평가 방법을 개선하고 검사원의 전문성을 높이는 것이 최선으로 생각된다. 경영실태평가와 관련하여 그간에 제기된 문제와 해결 방안에 대해서는 아래에 요약, 정리하였다.

경영실태평가의 문제점과 해결 방안

1. 문제점
   - 검사 결과 평가등급의 중심화 경향(대부분 2, 3등급에 집중)으로 평가의 변별력과 실효성, 공정성 및 객관성이 미흡
   - 적기시정조치 등 하위 등급에 대한 불이익은 있으나 우수 등급에 대한 인센티브는 부족

2. 중심화 경향 등 발생 원인
   - 검사팀별로 담당 금융회사를 지정하고, 경영실태평가를 담당 검사팀에서 주관하므로 매 검사마다 평가 담당자가 바뀜에 따라 평가업무의 전문성이 부족하고,
   - 경영실태평가를 실시하는 종합 검사의 주기가 길어 각 검사원이 평가 기회가 부족하여 시계열 및 동류그룹 간에 비교하여 차이를 변별하고 등급을 부여하기가 어려움.
   - 검사원의 전문성 부족으로 자신감이 결여되어 최상위나 최하위 등급 평가를 기피하며, 특히 종합 평가등급이 4등급 이하인 경우 적기시정조치(경영개선요구) 대상에 해당되는 등 부담이 있으므로 4등급 이하로 평가하는 것도 기피
   - 경제·금융 환경이 크게 호전되더라도 이를 적기에 반영하여 계량평가등급 기준을 조정하지 못하면 모든 금융회사의 계량평가등급이 높게 나타남.
   - 금융회사 간 위험 관리 및 내부통제시스템의 구축은 대부분 비슷한 수준이고 실제 운영 및 실행에는 차이가 있으나 운영의 적정성에 대한 평가를 제대로 하지 않아 변별력이 높지 않음.

3. 해결 방안
   - 평가 업무 분야별로 전담반을 지정하여 전담분야 평가를 반복해서 수행함으로써 검사 전문성을 제고하고 타 금융회사와 비교하여 등급을 부여할 수 있는 여건 마련
   - 경영실태평가 주기를 단축(예: 1년)
   - 계량평가 지표가 경제·경영 환경 변화를 반영할 수 있도록 주기적(예: 3년)으로 지표를 재조정
   - 적기 시정조치 기준을 논란의 소지가 없는 자본 적정성으로만 한정하고 종합등급 4등급 이하 등 기준은 제외
   - 내부통제시스템 운영 및 실천 평가를 위한 실제 금융 거래 등의 표본 검사 및 금융회사 간 비교 분석을 실시하고 이를 비계량평가등급에 반영
   - 동일 검사역이 연속하여 동일 금융회사 경영실태평가에 참여하는 것을 금지하여 선입관이나 편견에 따른 평가 오류 방지
   - 제재심의위원회에 준하는 위원회를 운영하는 등 검사국 이외의 별도 조직에서 평가 결과 심의
   - 일정기간 경과 후 평가 결과 위험 예측과 실제를 점검하는 등 평가 결과의 공정성, 객관성, 일관성 등을 재평가(quality assurance)하는 시스템 구축
   - 실효성 제고를 위해 평가 결과를 예보료, 중앙은행 대출금리 등 결정 시 반영하도록 예보, 한국은행 등과 협의(FRB의 경우 경영실태평가(CAMELS) 등급에 따라 Primary Credit에 대한 '적격성 기준'을 차별 운영하는데 4, 5등급은 부적격에 해당)

가. 비계량평가 시 유의사항

비계량평가를 통하여 금융회사의 미래 경영건전성을 보다 정확히 예측하고 평가의 공정성과 변별력 등을 확보하기 위해서는 먼저 금융회사의 실체를 들여다볼 수 있도록 검사의 깊이를 충분히 확보하여야 한다. 금융회사 경영진의 경영능력, 인적자원, 상품과 판매 채널, 내부통제 및 리스크관리 시스템, 각종 설비 및 전산 인프라 등을 금융회사의 보고서로만 보아서는 그 강점과 약점이 드러나지 않는다. 정관이나 내규 등 내부통제 및 리스크관리 시스템이나 물적 인프라는 경쟁사 간에 서로 모방하기 때문에 거의 비슷하다. 상품과 판매 채널도 마찬가지로 보인다. 경영진과 임직원의 능력도 프로필 등이 모두 비슷해 보인다.

그럼에도 금융회사마다 실적이 다르고 위기 대응 방법과 속도가 다르며 평판도 다르다. 그것은 각종 제도의 구축이 아니라 실제 운영이 차이가 있고, 경영진이나 임직원의 생각에 차이가 있기 때문이다. 그러므로 비계량평가에서는 이러한 것들을 끄집어내어 반영하여야만 그 정확성과 변별력이 확보된다. 이를 위해 어떻게 할 것인지 살펴보자.

가-1. 시스템 구축 실태 점검

비계량평가를 할 때는 우선 각 평가 항목별로 리스크 요인에 맞게 리스크관리 및 내부통제를 위한 시스템이 구축되어 있는지를 확인하여야 한다. 예를 들어 은행 자산관리(CAMEL-R 가운데 A)에 관한 사항으로서 신용리스크 관리의 적정성을 평가할 때는 은행의 신용평가 기준, 여신심사 기준, 담보가치 평가기준, 건전성 분류기준 등이 정비되어 있는지를 살펴보는 것이다. 이러한 시스템 구축의 적정성에 대해 확인하기 위해서는 검사 착수 전 상시감시 과정에서 개별 금융회사의 내규, 관행 등에 관한 자료를 조사하고 정리한다. 그리고 나서 관련 법규에 규정되어 있거나 감독당국이 모범 규준 등으로 제시한 기준이 있는 경우 그 기준을 충실히 내규에 반영하고 있는지를 살펴보아야 한다. 만약 그런 기준 등이 없다면 동류 그룹(peer group)의 시스템이나 일반적으로 합리적 또는 효율적, 효과적으로 알려진 시스템 등과 비교하여 특이한 점은 없는지 등을 검토하여야 한다. 그리고 기준에 합치하지 않거나, 특이한 점이 있는 경우에는 현장 검사를 할 때 경영진 면담 등을 통해 그 이유를 확인하여야 한다.

그런데 시스템 구축의 적정성에 대한 평가를 할 때 유의할 사항은 각 금융회사의 특성과 여건이 다른 점을 충분히 감안하여야 한다는 것이다. 법규 등에서 정한 기준은 금융회사의 규모나 인프라, 주요 상품, 인적 구성 등에 맞게 세세하게 구분하여 정한 것이 아니므로 모든 금융회사가 기준의 100%를 그대로 시행하도록 규정한 경우는 드물다. 대부분은 법이 정해준 범위 내에서 금융회사가 자율적으로 정하도록 하고 있으므로, 이와 관련한 평가를 할 때는 단순히 기준을 그대로 반영한 것을 우수하게 평가할 것이 아니라 회사의 특성에 가장 적합하도록 조정하여 적용하였는지를 보아야 한다. 또 기준과 다르게 생략하거나 변형하여 정하였더라도 그 회사의 특성상 그것이 부득이하거나 오히려 더 합리적이라면 그것을 인정하고 평가에서 불이익을 주지 않아야 한다.

또 법규에서 정한 기준이 없는 사항으로서 타 금융회사들이 대부분 채택하고 있는 시스템이나 업무운영 방식 등과 다른 독특한 시스템 등을 도입하여 운영하고 있다고 하더라도 마찬가지이다. 왜냐하면 경영실태평가는 준법검사와 달리 규정중심 감독(rule based supervision)이 아니라 원칙중심 감독(principle based supervision)을 적용해야 하는 분야이기 때문이다. 만약 이러한 입장이 유지되지 않으면 금융회사가 새로운 시도를 하기가 어려우므로 혁신이 일어나기가 매우 어렵게 될 것이다. 그러므로 때로는 금융당국이 이러한 시도를 권장할 필요도 있다. 다만 통상적인 경우와 다른 시스템을 적용한 사례에 대해서는 금융회사가 분명한 명분과 논리의 바탕 위에 조직의 현실과 여건 등을 종합적으로 고려한 것임을 입증하는가에 따라 적합성 여부를 판단하여야 할 것이다.

시스템 구축의 적정성을 점검할 때 또 하나 유의할 사항은 5개 내부통제 요소 중 통제활동에 관한 사항으로서 내부 의사결정 과정에서 이해 상충을 방지하고 견제와 균형이 이루어지도록 하기 위한 기본적인 장치인 전결 규정, 예외 사항 보고, 특정 거래 또는 한도 초과 거래에 대한 특별 승인, 업무 연관 부서의 합의(dual signature), 직무 분리, 명령 휴가 등의 제도가 정비되어 있는지 살펴보아야 한다. 특히 조직 전체의 역량을 결집하여 시너지 효과를 낼 수 있도록 중요한 사항에 대해서는 회의체나 협의체 등을 통하여 의견을 수렴하여 반영하도록 체계가 갖추어져 있는지에 대해서도 점검하여야 한다.

가-2. 시스템 작동 실태 점검

다음으로 시스템이 정해진 기준에 따라 작동되고 있는지를 확인하여야 한다. 이를 위해서는 반드시 경영관리에 관한 의사결정이나 영업 등 실제로 업무를 수행한 개별 사례를 살펴보아야 한다. 만약 평가 항목별로 점검할 건수가 적으면 전수 조사를 하고, 건수가 많아 전수 조사를 하기 어려운 경우에는 통계적 기법을 이용하여 표본을 추출하고 이를 점검하여야 한다. 예를 들어 자산건전성(CAMEL-R 중 A) 평가에 있어 신용리스크 관리, 자산건전성 분류 등의 적정성을 평가하기 위해서는 검사 사전준비 과정에서 전체 여신 중 일정비율 이상의 개별 여신을 무작위로(random) 표본을 추출하여 해당 여신 파일을 검사 착수일에 검사 현장에서 제출하도록 하고, 이를 대상으로 하나하나 검토를 해보아야 한다. 아무리 내부 기준이 잘 갖추어져 있어도 실제 업무에서 이를 지키지 않아 신용등급이 미달인 고객에게 대출이 이루어지고, 자산건전성도 기준보다 완화하여 분류하게 되면 실제 신용 리스크는 금융회사가 평가하고 있는 것보다 훨씬 크게 된다. 특히 부실 여신에 대한 점검에서도 대상이 많은 경우 정상여신과 같이 추출한 표본을 대상으로 왜 부실이 발생했는지, 즉 여신 심사 등 내부 기준이나 업무수행 방법 및 절차 등에 문제가 있기 때문인지 아니면 기준 등에 대한 예외 취급 또는 위반 때문인지, 법령이나 내규 위반이 있었던 경우 고의나 과실 정도에 따라 문책은 제대로 이루어졌는지 등을 검토하게 되면 해당 금융회사의 신용리스크 관리 시스템과 그 운영의 약점을 정확하게 파악할 수 있다.

그리고 금융소비자보호와 관련된 리스크관리에 대한 평가를 예로 들자면, 실제 계약 과정에서 6대 판매 규제가 법령과 내규에 따라 잘 시행되고 있는지, 민원처리도 법규와 판례, 조정례 등에 따라 잘 이행되고 있는지도 표본을 점검하여야 한다. 6대 판매 규제 이행 여부를 점검하기 위해서는 검사사전 준비기간 중 검사 대상기간 동안 체결한 금융상품 계약 가운데 일정 비율의 표본을 추출하여 금융회사가 해당 계약 관련 서류와 녹취를 준비하도록 하였다가 검사에 착수하면 현장에서 이를 점검하는 방식으로 진행하면 될 것이다. 이러한 과정을 통하여 법규 위반에 따른 과태료나 제재조치 등 법규리스크(legal risk)와 금융소비자보호를 소홀히 한 데 따른 평판리스크(reputation risk) 등을 제대로 평가하고 이를 관리하기 위한 대책을 마련할 수 있을 뿐만 아니라 금융회사 임직원들의 금융소비자보호에 대한 경각심을 높일 수 있다. 한편, 이 검사를 '금융소비자 보호실태 평가'와 병행하여 실시하면 검사가 효율적으로 이루어질 수 있고 금융회사의 검사 부담도 줄일 수 있을 것이다.

이러한 표본 또는 전수 검사를 할 때는 매 건별로 점검한 내용과 점검 결과 검사원의견을 양식에 기록하여 검사반장 확인 후 보관함으로써 평가의 명확한 근거로 삼아 금융회사의 이의 제기에 대항할 수 있도록 하여야 한다.

또 표본 검사 결과 법령이나 내규 위반 사항이 발견되면 그 통계적 유의성을 감안하여 모집단의 위반 건수를 추정하고 경영실태평가에 반영한다. 예를 들어 주택담보 대출은 총 2만 건인데 그중 표본 200건을 추출하여 점검한 결과 자산 건전성 분류의 오류가 8건(설명의 편의를 위해 모두 정당 분류는 고정이나 요주의로 분류한 것으로 가정)이라면, 전체 주택담보 대출 가운데 4%인 800건에 오류가 있었다고 추정하며, 이 수준이 속하는 등급으로 평가하고, 대손충당금 적립 등의 조치를 하도록 하는 것이다. 만약 은행이 통계적 추정에 대해 이의를 제기하면 은행이 전수 조사를 하는 등의 방식으로 입증하도록 하면 된다.

다만, 표본에서 법령 위반 사항이 발견되어 제재를 해야 하는 경우에는 여건에 따라 직접 전수 검사를 하거나 준법검사 부서에 검사 실시를 요청할 필요가 있다. 내규 위반 사항은 금융회사 감사에게 해당 분야에 대한 감사를 요구하여 조치를 하도록 할 필요가 있다.

그리고 경영관리(CAMEL-R 중 M) 부문에 있어 법규나 감독당국이 제시한 기준이나 모범 규준 등이 없고 개별 금융회사마다 다른 기준이나 방식으로 업무가 이루어지는 사항에 대해서도 반드시 통계적, 과학적 근거에 따라 나름의 논리와 명분에 의해 의사결정 등이 이루어지는지 점검하고 평가하여야 한다. 예를 들면, 경영계획(목표) 수립의 적정성에 대해 점검할 때는 통계적, 과학적인 근거 위에 SWOT 분석[8] 등을 통하여 금융회사의 능력과 금융·경제 환경 등을 분석한 결과 금융회사가 노력하면 달성할 수 있는 능력 범위 내에서 수립하였는지 점검하는 것이다. 만약 경영진이 주먹구구식으로 금융회사 역량에 비해 과도한 수준의 경영계획을 세울 경우 이를 달성하기 위해 무리한 영업을 추진함에 따라 경영건전성이나 금융소비자보호에 악영향을 끼칠 것이다.

또 경영계획 달성을 위한 전략의 일환으로 금융상품 개발 또는 타회사 상품 판매 대리를 결정하는 과정에서도 관련된 리스크를 전문가들이 충분히 검토하고 그 의견을 반영하였는지, 금융소비자보호 부서의 의견을 수렴하여 반영하였는지 등은 전수

---

8) 기업의 내·외부 환경 요인인 강점(strength), 약점(weakness), 기회(opportunity), 위협(threat) 요인을 분석하여 경영 전략을 수립하는 기법으로서 미국의 Albert Humprey가 고안

조사를 통해 철저히 점검하여야 한다. 만약 이러한 부분을 소홀히 하면 키코나 사모펀드 사태 같은 상황이 재발할 수 있다.

아울러 경영관리에 대한 평가를 위해서는 반드시 대표이사를 비롯한 최고경영층을 직접 면담하고 각각의 경영에 대한 생각을 들어보는 것이 필요하다. 아울러 검사 결과 발견된 현안들에 대해 의견을 듣고 그 대응 방향에 대한 생각도 들어보아야 한다. 이러한 대화를 통하여 경영진의 경영철학이나 선호하는 전략, 위험성향(risk appetite) 등을 파악하고 경영능력을 평가할 수 있어야 한다. 이러한 과정을 통해 앞으로 해당 금융회사가 어떤 방향으로 나아가고 어떠한 위험 요인을 만나게 될지를 가늠할 수 있다.

나. 평가등급 부여

이러한 과정을 통하여 각 평가 항목이나 지표별로 검사원들이 관찰하고 발견한 것들을 모두 모아서 정리, 기록하여 여러 금융회사 간에 비교함으로써 보통(3등급)에 해당하는 실행 수준을 정하고, 감독당국이 기대하는 바람직한 수준도 정하여 이를 우수등급으로 평가하도록 기준을 공유하여야 한다. 그리고 비계량평가 결과 향후 예상되는 상황 변화까지 감안하여 등급을 평가하는 것도 필요하다. 예를 들어, 지금은 2등급 수준이나 조만간 3등급 이하로 떨어질 것이 거의 확실하고, 금융회사가 이에 대해 반박할 수 있는 근거를 제시하지 못한다면, 판단의 근거를 명시하고 3등급으로 평가하는 것이다. 이렇게 함으로써 이해관계자들에게 보다 유용한 정보를 제공할 수 있으며, 이것이 경영실태평가의 목적 가운데 하나다.

아울러 평가등급에 대한 검사원 간의 공감대를 형성하는 노력이 필요하다. 검사 종료 후 경영실태평가 결과에 대해 부서 내에서 평가 부문별로 검사원 간에 토론을 벌이는 과정을 거치는 것이 방법이 될 것이다. 이러한 작업을 통해 검사원 간 평가등급의 편차를 줄일 수 있고, 등급의 중심화 경향 등의 문제점도 해결할 수 있다.

또 평가의 공정성, 객관성 등을 보장하기 위해 제재심의위원회에 준하는 외부 전문가가 포함된 심의위원회를 운영하는 등 검사국 이외의 별도 조직에서 경영실태평가 결과를 심의하는 체제를 갖추어야 한다. 그리고 일정기간 경과 후에는 비계량평가에 의해 이루어진 금융회사의 경영건전성 및 성장 가능성에 대한 예측이 어느 정도 실제와 가까웠는지도 점검하고, 편차가 큰 경우에는 그 원인을 분석하여 평가 방

법이나 기준을 개선하는 등 평가의 신뢰성을 높일 수 있도록 지속적으로 노력을 기울여야 한다.[9]

한편, 계량, 비계량평가결과를 정리하여 보고서로 작성할 때는 금융회사 경영진과 임직원은 물론 주주나 금융소비자 등 이해관계자들에게 금융회사의 경영건전성을 판단하는 데 도움이 되도록 하기 위해서는 그 내용이 금융회사의 현재 경영 상태 뿐만 아니라 금융회사가 안고 있는 잠재적 위험까지 가감 없이 포함되어 있어야 한다. 이로써 금융감독원이 감독 책임을 다하는 것이 되고 후일에 불거질 수 있는 책임 문제에서도 부담을 덜 수도 있다.

3. 경영실태평가의 향후 과제

아울러 경영실태평가가 실질적으로 금융회사 경영에 도움이 될 수 있도록 경영 컨설팅 방식의 평가로 발전하여야 한다. 이를 위해서는 각 금융회사의 상품과 마케팅, 재무구조, 인력 구성 및 경영진의 위험성향(risk appetite), 내부통제 및 리스크관리 시스템, 조직문화 등을 다른 경쟁 금융회사와 비교하여 그 강점과 약점을 찾아내고, 정치, 경제, 사회, 정보통신 기술 등 외부 환경 변화와 그로 인한 금융경제 지표의 변화는 물론, 경영진 교체 및 경영 전략의 변화 등이 금융회사 경영에 위기로 작용할 것인가 아니면 기회로 작용할 것인가를 분석(SWOT)하여야 한다. 그리고 그 결과를 바탕으로 금융회사의 예측 재무제표를 작성하여 미래 경영건전성을 예측하고, 위험 요인에 대응하기 위한 전략을 제시함으로써 금융회사에 실질적인 도움이 되는 검사가 되도록 하여야 한다. 이 과정에서 금융회사와 긴밀하게 협의하여 협조와 동의를 이끌어 내는 것은 평가의 성패를 결정하는 중요한 요소가 될 것이다. 만약 검사반별로 전문 분야를 정하여 지속, 반복적으로 전문 분야를 검사하다 보면 MBA 과정에서 사례연구(case study)를 통하여 단기에 학생들의 경영에 대한 안목과 능력을 향상시켜주는 것과 같이 검사역들도 이와 유사하게 동류(peer) 그룹과의 비교 분석 등을 통하여 안목과 능력을 향상시킬 수 있을 것으로 본다.

경영실태평가는 금융회사가 경영건전성을 유지, 강화하도록 도와주기 위한 제도로서 금융감독원의 존재 이유가 되는 업무이며, 금융감독원이 금융회사로부터 분담금

---

9) 이와 같은 기능을 수행하기 위한 것이 검사 품질관리 제도(quality assurance)임.

을 받는 명분도 제공하므로 금융감독원으로서는 절대 경시할 수 없는 업무이다. 또한 이 업무를 수행하려면 금융ㆍ경제적 변화와 금융회사 경영이라는 거시적ㆍ미시적 안목을 모두 갖추어야 하고, 특히 원칙 중심의 감독 구현, 리스크 관리와 같은 고도의 전문성을 필요로 하므로, 금융감독원 이외에 어떤 기관도 넘볼 수 없는 고준한 업무 영역이다. 그러므로 이 제도는 금융감독원 핵심 업무로서 반드시 품질을 개선하고 실효성을 확보할 수 있도록 발전시켜나가야 한다고 본다. 금융소비자 보호실태 평가도 마찬가지라 할 것이다.

금융감독원 권위 확보 방안

1. 업무의 공정성, 객관성, 투명성 및 일관성 확보

금융감독원이 권위를 확보하기 위해서는 우선 금융시장으로부터 신뢰를 얻어야 한다. 이를 위해서는 분쟁조정과 민원처리는 물론 검사 및 제재 조치 등 모든 감독업무를 철저하게 법률과 판례, 그리고 건전한 상식에 기반을 두고 수행함으로써 그 결과가 어느 한쪽에 치우치지 않고 공정하여야 한다. 검사 과정에서 법률에 근거가 분명하지 않은 것을 임의로 유추 또는 확대 해석하여 금융회사의 반발에도 불구하고 막무가내 식으로 지적사항으로 만들었다가 내부 심의 과정에서 제동이 걸려 장기 미처리 사항으로 진퇴양난이 되거나, 제재 절차는 다 거쳤더라도 제재 대상자가 이를 수용하지 않고 소송을 제기하여 패소하게 되면 금융감독원의 신뢰가 무너져 시장에서 영이 서지 않게 된다. 또 금융분쟁조정 업무 처리도 금융소비자에 편향된 조정안을 제시하면 금융회사가 수락을 거부하고 소송을 제기하게 되므로 마찬가지 결과를 초래하게 된다. 반대로 금융감독원 업무의 공정성이 유지되면 금융감독원의 조치나 결정에 불복하여 소송을 제기하더라도 소송 비용만 지출하고 결과는 금융감독원의 조치 등과 달라지지 않으므로 이러한 경험이 쌓이면 자연히 조치 등에 불복하는 사례는 사라질 것이다. 그러므로 금융감독원이 업무를 처리할 때 관련 법률에 충실하여 공정성을 확립해야 된다는 것은 더 이상 강조할 필요가 없다.

다만, 분쟁조정 결정 시에는 법규를 지나치게 문언적으로만 해석하거나 판례에 의존하여 사법부의 판결을 추종하는 것은 지양할 필요가 있다. 금융당국은 금융에 관한 한 우리나라 최고의 전문가 집단이므로, 금융의 속성이나 금융 관행 등에 가장 정통하다. 또 바람직한 금융소비자보호 방향 설정은 물론 금융산업과 국민경제의 발전에 대한 책임을 부담하므로, 이러한 관점에서 분쟁조정을 함으로써 사법부를 향해 방향성을 제시하는 역할도 할 수 있어야 하기 때문이다. 그러므로 분쟁조정에는 이러한 금융당국의 철학이 녹아들어 있도록 연구하고 고민하여야 한다.

그리고 금융감독원의 판단과 결정에 대해 누구나 인정하고 수긍할 수 있도록 객관성이 확보되어야 한다. 아무리 법규의 문언이나 법리에 충실하게 입각하여 판단하였더라도 구체적 사실 관계나 사회통념에 비추어 조치나 처리 내용이 합리적이지 않으면 그 조치나 결정은 받아들여지기 어렵다. 검사에 있어서 법규 위반사항에 속하지만 검사 목적 달성에 영향을 주지 않는 아주 특수하거나 미미한 사항, 또는 거의 사문화된 법규를 근거로 지적하는, 소위 '지적을 위한 지적'을 하거나, 분쟁조정 대상이 되는 사안과 전혀 무관한 사항에 속하는 위법 사항을 적발하여 이를 지렛대로 삼아 분쟁을 해결하려 하는 등 대의명분이 부족한 업무처리를 하면 불신만 키워 이해당사자의 수용성(acceptability)을 높이기 어렵다.

다음으로는 업무처리 과정이 투명하여야 한다. 업무처리를 할 때는 법률에서 정해져 있거나, 합리적이라고 공인된 관행, 또는 자체적인 공식 검증을 거쳐 공개한 절차와 방법에 따라서 해야 한다. 그리고 각 단계마다 이해관계자들이 업무 진행 상황이나 관련 자료를 들여다볼 수 있어야 하며, 필요시 의견을 개진할 수 있도록 하여야 한다. 이와 아울러 이해관계자들의 의견에 대해서는 반영 결과를 분명히 알려주고, 만약 반영하지 않은 경우에는 그 이유를 이해할 수 있도록 정확히 알려주어야 한다. 이러한 과정을 거치면 담당자와 기관에 대한 신뢰가 높아져 결과를 쉽게 수용하게 된다.

끝으로 업무처리에 일관성이 있어야 한다. 동일한 내용의 민원에 대한 처리 결과나 동일한 내용의 위법사항에 대한 조치 내용은 늘 같아야 한다. 법리에 충실하면 당연히 일관성도 유지되겠지만 판결도 사람이 하는 일이라 어느 정도는 편차가 있듯이 분쟁조정이나 검사 결과 조치도 분쟁조정 또는 제재심의 담당 임직원들이나 위원회 위원들의 생각에 차이가 있을 수 있으므로 조정례나 제재 조치 내용들 사이에 간극이 생길 가능성이 있다. 그러나 법률이 바뀌지 않았는데도 단순히 사람이 바뀌거나 시대가 바뀌었다고 판결이 달라지는 것이 있을 수 없듯이, 분쟁조정이나 제재도 늘 일관성을 유지하여야만 한다. 그러므로 이러한 업무를 처리할 때는 반드시 과거 사례를 살펴 동일한 유형은 동일한 결과가 나오도록 유의하여야 한다. 그리고 동일 유형에 대해 다른 결론에 이른 경우에는 반드시 누구나 납득할 수 있도록 그 배경을 충분히 설명하여야 한다. 유사한 유형이지만 구체적 사실관계나 배경 등에 차이가 있어 결론이 다른 경우에도 그 차이에 대한 충분한 설명이 뒤따라야 한다. 이와 아울러 감독 방침이나 업무 수행의 절차, 방법 등도 일관성이 있어야 한다. 사람이 바뀌더라도 감독 방향이나 중점 업무는 크게 변하지 않아야 하며, 검사 계획이 수립되면 특별한 이유가 없는 한 그

계획을 지켜야 한다. 금융소비자보호 업무처리 원칙도 변화가 적어야 금융소비자들이 혼란을 겪지 않는다. 오랜 기간 동안 업무처리의 일관성이 유지되면 자연히 기관에 대한 신뢰가 형성되며, 예측 가능성이 높아져 시장도 이에 맞추어 자동적으로 규율되는 효과가 생기므로 감독 및 분쟁조정 제도가 유효하게 작동될 수 있다.

이와 같이 금융감독원이 업무 처리에 있어 공정성과 객관성 및 투명성과 일관성을 유지하면 금융감독원 업무에 대한 국민의 신뢰도가 높아지므로 당사자 입장에서는 그 조치 또는 처리 결과가 만족스럽지 않더라도, 수용하지 않으면 사회적 지탄을 받는 등 평판 위험이 높아지게 되므로, 수용하게 될 가능성이 매우 높아지게 되며, 이러한 분위기가 지속되면 자연히 금융감독원의 권위가 확립될 것이다.

그런데 너무 원칙에 따라 분쟁조정과 민원처리를 하면 수용률, 즉 처리 민원 중 당사자가 금융당국의 결정을 수락한 건의 비율을 높일 수 없어 금융분쟁조정 제도의 무용론이 나올 수 있음을 우려하는 목소리도 있다. 그러나 이러한 우려는 기우에 불과하다고 본다. 왜냐하면 수용률은 금융당국 분쟁조정 결정의 공정성이나 합리성뿐만 아니라 민원의 자체의 품질과 분쟁 당사자의 판단에 의해 결정되는 것이기 때문이다. 예를 들어, 제기된 민원 자체가 억지여서 구제할 대상이 아닌 것이 많으면 그만큼 수용률은 낮아지게 된다. 또 아무리 공정한 수준에서 조정을 하더라도 민원인의 기대가 지나치게 높은 경우에는 민원인이 조정안을 거부할 수도 있다. 또 금융회사도 각각 나름의 입장과 판단기준이 있으므로 아무리 공정한 조정안이라도 거부할 수 있는 것이다. 수용률을 높이기 위해 무턱대고 무리하게 금융회사를 다그칠 수는 없는 것이다. 다만 구제받아야 할 금융소비자를 놓치지 않도록 최선을 다하면 그것으로써 제도는 충분히 쓸모가 있다고 할 수 있다.

그리고 금융소비자 입장에서 볼 때 금융분쟁조정은 소송에 비해 비용이 적게 드는 점과 결정에 오랜 시간이 걸리지 않는다는 점 외에 금융당국이 직접 조사나 검사를 통해 사안과 관련된 증거를 찾아서 전문가적 관점에서 검토하는 것은 소송에서는 도저히 기대할 수 없는 장점이다. 즉 소송에서는 본인이 증거를 찾아 제출해야만 되지만 금융소비자가 금융회사에서 관련 증거를 확보하기는 거의 불가능에 가깝다. 설사 분쟁조정 후 금융회사 측이 수락을 거부하여 소송으로 가더라도 확보한 증거를 활용할 수 있다. 이러한 사실만으로도 금융분쟁조정 제도는 금융소비자에게 엄청난 혜택을 제공하는 것이므로 존재가치가 충분하다고 할 수 있다.

2. 업무 전문성 강화

업무 처리의 공정성과 객관성을 확보하려면 무엇보다도 담당 임직원들의 업무에 대한 전문성이 보장되어야 한다. 그것도 단순한 전문성이 아니라 금융시장 모든 참가자들의 전문성을 압도할 수 있고, 그 누구도 시비를 걸 수 없도록 뛰어난 전문성이다. 그렇지 않으면 금융감독 당국의 판단이나 결정이 소송에서 뒤집어지거나 금융시장에서 조롱거리가 되어 금융당국의 권위를 확보하기 어렵다.

분쟁조정과 관련한 전문성은 관련 법규, 금융 상품과 금융시장의 관행 등에 대한 전문지식과 경험만이 아니라, 금융회사의 생리와 금융회사 임직원들의 인식, 금융소비자들의 인식과 행동 양식 등에 대한 통찰력과 안목이 있어야 한다.

그런데 금융상품은 종류가 다양하고, 어려운 통계적, 수학적 이론이나 때로는 금융공학적 이론을 내포하고 있는 데다, 관련 법규도 매우 복잡하고 까다롭다. 특히 보험 같은 상품은 계약기간이 20~30년에 걸친 장기인 경우에는 계약 당시의 사실 관계나 업무처리 절차 등을 파악하기도 어렵다. 또 금융분쟁은 유형이 비슷하더라도 구체적 내용을 보면 서로 상당한 차이가 있다. 상품 자체의 문제, 판매 권유 과정의 문제, 계약서 작성 등 계약 과정에서의 문제, 사후처리 문제 등 사안에 따라 천차만별이다. 그러므로 분쟁 처리과정에서 이러한 모든 사항들을 감안하여 금융회사와 금융소비자가 모두 수긍할 수 있는 공정한 결론을 만들어 낼 수 있는 전문성을 갖추기는 매우 어렵다. 그러므로 우선 분쟁조정 담당 직원이 상사나 동료 등의 도움이 없이 혼자서 제대로 업무를 처리할 수 있을 정도로 법률이나 금융회사가 취급하는 금융상품과 금융 실무에 관한 지식은 물론 금융회사의 공식·비공식적 업무 관행 등에 대해서도 지식을 갖춘 직원을 금융소비자보호처에 배치하고, 오랫동안 자기가 담당하는 분야에서 다양한 사례를 두루 섭렵하면서 법률 및 금융상품과 금융 실무에 대한 지식을 실제로 적용하여 보는 경험을 거치도록 하여야 한다.

다음으로 검사업무의 전문성에 대해 살펴보자. 검사업무도 충실히 이행하려면 검사 담당자들의 전문성이 반드시 갖추어져야 한다. 왜냐하면, 검사업무 자체가 금융에 대한 충분한 지식은 물론 금융 현장의 업무와 그 프로세스에 대해서도 밝아야 할 뿐 아니라 피검기관 임직원을 대하는 기술이나 매너, 검사 업무 과정을 관리하고 조정하는 능력 등 매우 다양한 능력을 필요로 하기 때문이다. 게다가 현장에서는 검사역 개개인이 모두 금융감독원장을 대리하여 다른 동료나 상사의 도움 없이 단독으로 금융회사 임직원들을 상대하여 업무를 진행하여야 하므로 충분한 실력은 물론 그에 걸맞는 품위와 권위도 유지하여야 하는데, 그러려면 금융관련 법규나 업무에 대한 정확한 지식과 판단력은 물론 인격적으로나 품행까지도 부족함이 없어야 하기 때문이다. 또 금융에 대한 풍부한 지식과 검사 경험이 부족한 사람이 검사를 하게 되면 관련 법규의 취지에 맞지 않는 지적을 하거나 현실에 비추어 무리한 지적을 하게 됨으로써 제대로 처리를 하지 못하고 장기간 미처리 건으로 넘어가 많은 시간과 인력을 낭비하게 되고, 무리한 조치로 당국이 금융시장으로부터 신뢰를 잃는 요인으로 작용하기도 한다. 특히 건전성검사는 일종의 컨설팅에 속하는 업무로서 금융회사 경영은 물론 금융환경 변화와 그 영향에 대해 금융회사 임직원보다 뛰어난 전문성과 통찰력을 갖추어야 가능한 일이다. 그런데도 이와 같은 전문성이 없는 사람이 이런 업무를 담당하면, 시장에서는 감독당국이 경영실태평가 자체에 의미를 부여하지 않는, 구색 갖추기 식의 지극히 형식적이고 가치가 없는 업무로 간주한다는 것으로 읽혀질 것이다. 그러므로 이들이 실시한 경영실태평가 결과를 경영유의사항 등으로 통보하면 그것을 컨설팅 결과 또는 도덕적 권고로 받아들이기 어려울 것이다.

그러므로 검사 전문성을 확보하기 위해서는 우선 금융에 대한 지식은 물론 금융회사가 취급하는 업무의 목적과 세부 내용 및 절차, 관련 법규와 규제의 근본 취지, 현장에서의 업무처리 관행, 해당 업무가 금융회사 경영과 금융소비자 등 이해관계자에게 미치는 영향, 금융감독원 업무와 연관성 등을 숙지한 사람을 검사역으로 보임하여야 한다. 이를 위해 검사역 자격시험을 통과한 사람에 한하여 보임하는 등 방안이 필요하다.

다음으로 검사부서에 처음 배치된 직원은 직급과 상관없이 일단 검사아카데미 등 검사역으로서 기본적인 연수를 받은 다음에 검사업무에 투입하여야 한다. 그리고 검사역 자격시험을 제도화하지 않는다면 선진 외국의 감독기관과 같이 일정기간 검사역보(Assistant Examiner)로 근무하면서 EIC(Examiner In Chief, 검사팀장)의 감독과 지도하에 검사 현장 실무연수(OJT)를 받고 금융 이론 및 실무 등에 대한 연수와 함께 연수 이수를 증명하는 소정의 시험을 거치도록 하되, 실무 평가 성적과 이론 연수 및 테스트 결과가 일정 수준을 초과하는 경우에 정식 검사역으로 임명하는 절차를 거치도록 하는 것도 필요하다.

그리고 검사부서 각 검사팀별로 전문 분야를 정하고 해당 검사팀 소속 검사원은 지정된 분야에 대한 검사를 반복하여 실시하도록 하여야 한다. 그리고 평소 검사팀별로 전담 분야와 관련된 금융회사의 업무 내용과 실무 관행, 관련 법규의 내용과 취지, 이들과 전담 분야 검사 및 평가에 미치는 영향 등을 연구하고 자료 징구 범위와 방법, 자료 분석 기법 등을 자체 연수나 토론 등을 통해 각 개인의 역량을 신장시키도록 노력하여야 한다.

한편, 검사업무는 이론이나 간접 경험으로 배울 수 있는 것이 아니라 도제와 같이 멘토(mentor)로부터 현장에서 배우고 익혀서 전문가가 될 수 있다. 그러므로 검사팀장(또는 검사반장, EIC)의 역할을 강화하여야 한다. 검사팀장은 군대로 치면 야전사령관으로서 현장에서 검사 전반을 통합하면서 각 검사원에게 업무를 배분하고 조율하며 진행을 통제하는 역할을 한다. 그러므로 검사원들의 매일 검사 내용과 그 진행 상황을 점검하고 필요할 경우 검사 진행 방향과 기법 등에 대해 조언해주고, 수시로 검사역간 업무 분담을 조정해 나간다. 모든 검사원은 EIC의 통제 과정 가운데서 자기보다 검사에 대한 지식과 경험이 많은 EIC로부터 검사 관련 지식과 기법은 물론 전체 검사의 흐름 관리, 금융회사 직원 대하는 법, 출장지에서의 언행 등 모든 것을 배우고, 지시에 협조하여야 한다. 이와 함께 검사 과정에서 EIC가 조직과 업무를 통제하고, 검사원을 지도할 수 있도록 검사팀 내부통제시스템도 정비하여야 한다. 미국 FRB의 경우 Lotus라는 시스템을 통하여 검사원이 그 때 그 때 자기가 실시한 검사 내용과 함께 검사 의견(conclusion memo)을 기록하면 EIC가 확인하고 승인하며 이를 바탕으로 검사서를 EIC가 작성하는 방식으로 통제가 된다.

그리고 전문성을 강화하기 위해서는 2년 주기의 순환 근무제를 고쳐나가야 한다. 그 방법으로서는 미국이나 유럽에서 실시하고 있는 내·외부 공모(job posting) 방식의 인사시스템을 구축하는 것이 최선으로 생각된다. 이것은 빈자리가 나면 대내외 채용공고를 통하여 그 자리에 적합한 사람을 공모하는 방식이다. 그러면 본인이 내부에서 다른 자리가 비었을 때 공모에 응하여 다른 자리로 이동하거나 승진을 하거나 퇴직을 하는 경우 외에는 그 자리에서 계속 같은 일을 담당하게 되는 것이다. 물론 상시감시 업무와 같이 피감기관 직원들과 지속적으로 접촉하여야 하므로 유착의 소지가 있는 부문은 예외적으로 일정 기간마다 담당기관을 바꾸는 방식의 순환인사를 하기도 한다. 오랫동안 운영하던 인사시스템을 근본적으로 바꾸는 것은 무척 어려운 과제이지만 전문성 문제는 금융감독원 조직 전체 문제이므로 과감한 결단이 필요하다.

아울러 순환 인사 문제와 연결된 사항으로서 금융소비자보호 업무를 담당하는 직원들이 과거 담당한 업무와 관련되는 민원을 처리하게 되면 업무를 원칙대로 처리하기가 어렵다. 예를 들어 과거에 자신이 마련하여 추진한 제도로 인해 분쟁이 발생하였다거나, 본인이 심사하거나 신고 수리한 약관이나 상품이 민원 대상이 되었다거나, 민원관련 사안이 금융회사의 위법 사항이 포함된 것으로서 과거 검사업무에서 적발하지 못한 사안이라는 등등의 상황인 경우에는 중립적인 입장에서 민원을 처리하기가 어려울 수 있다. 자신이 모시던 상사나 친밀히 지내는 다른 직원이 연관된 경우에도 마찬가지이다. 이러한 상황은 순환 인사로 인해 발생하는 결과이다. 그러므로 순환 인사를 폐지하는 것은 당연하지만, 현실적 이유로 당장 제도를 변경하기가 어렵다면 적어도 그런 소지가 있는 직원을 금융소비자보호 업무 담당 부서로 발령을 내는 것을 엄격히 금하여야 한다. 특히 업계와 유착이 심한 직원들은 금융회사에 경도된 업무처리를 할 가능성이 있으므로 이러한 직원들도 배제하여야 한다.

3. 정보 및 소통 체계 확립

일반적으로 권위는 정보에서 나온다고 한다. 정보를 많이 가질수록 시야가 넓어지고, 정보를 잘 분석하면 판단력이나 예지력을 갖추게 되어 상대방의 입장, 또는 객관적으로 사안을 바라보고 남들이 생각하지 못한 부분까지 감안하여 행동할 수 있다. 또 이러한 정보와 능력 등을 남들과 공유하고 남에게 이롭게 쓰면 도움을 받은 사람들이 자기 의견에 동조하고 존중하므로 권위가 생긴다. 과거 농경사회에서는 직접 경험 외에는 새로운 정보를 접할 수 없는 사회 구조이므로 노인들이 젊은이들보다 오래 사는 동안에 겪은 경험을 바탕으로 축적된 정보가 훨씬 많고, 또 새로운 상황이 벌어지면 그 경험에 비추어 보다 현명한 대안을 제시할 수 있었다. 그러므로 젊은이들은 노인들의 경험을 토대로 한 가르침을 받아 보다 슬기롭게 살 수 있으므로 노인을 공경하고 따르게 마련이었다. 그리고 조선시대의 사대부가 권력 확보는 물론 권위를 인정받게 된 배경에는, 그들이 문자를 아는 지식인으로서 교육과 학문 연구를 통하여 간접 경험을 함으로써 직접 경험에만 의존하는 서민이나 천민과는 비교하기 어려운 풍부한 정보를 보유하였고, 또 정보를 활용하여 미래를 예측하고 새로운 상황에 대응하는 방법을 강구할 줄 알았기 때문이었다고 할 수 있다. 그리고 자신의 능력을 개인의 영달만을 위해 쓰지 않고 가족 구성원이나 이웃, 그리고 지역사회 사람들의 편의와 안락을 위해 활용하며, 나아가 도덕적으로나 윤리적으로도 모범이 됨으로써 존경받고 권위를 인정받게 되었다. 그리하여 민란과 같이 사회질서가 무너진 상황에서도 오히려 자기를 따르던 사람들로부터 도움을 받아 곤경을 피해나갈 수 있었다. 4백년 가까이 오랜 세월동안 가문을 유지한 경주 교동 최부자집이 그러한 사례라 할 수 있다. 서구에서도 마찬가지로 귀족계급 등 사회 지도층이 정보를 독점하여 부와 권력, 명예를 확보하면서도 병역의무에서 모범을 보이고 기부활동을 하며 여성이나 어린이 노인 등 약자를 배려하는 등 사회적 활동을 하는 것을 당연시 하는 노블레스 오블리지(noblesse oblige)의 전통으로 인해 사회로부터 존경받고 권위를 인정받은 것이다.

그러므로 금융감독원도 권위를 인정받으려면 우선 금융감독원이 공식, 비공식적으로 수집하는 자료와 정보를 잘 관리하는 데서부터 시작하여야 한다. 금융당국이 법률에 따라 금융회사로부터 받는 업무보고서와 함께 상시감시, 검사, 민원, 회계 및 상품의 감리, 불공정 거래 조사 등 업무를 하는 과정에서 획득하는 정보는 무궁무진하다. 또 금융회사등 피감 기관은 물론 그 유관기관이나 정부기관, 법원, 국회, 학계와 연구원 등 다양한 조직이나 인사들과 접촉하면서 얻는 법률, 학술, 정책 등 정보도 엄청나다. 그러므로 우선 이러한 정보의 정확성을 검증한 후 체계적으로 집적, 분류, 관리하며, 필요한 곳에 제공하는 인적, 물적 시스템의 확보가 우선되어야 한다. 이러한 기능을 수행할 수 있도록 조직을 만들고 시스템도 구축하여야 한다. 원내 모든 개인 또는 부서 등 사일로(silo)별 칸막이에 나누어져 있는 정보를 융합할 수 있도록 전산시스템을 조정할 필요가 있다. 개별 PC에 쌓여있는 정보를 모두 한 저수지에 모을 수 있도록 개인 PC는 저장기능을 없애고 메인 서버(main server)에만 저장하도록 하는 방안도 검토할 만하다.

다음으로는 이 정보를 종합하고 분석하는 전담 조직을 만들어서 운영하여야 한다. 과거 조사연구 기능을 부활하여 금융감독에 대한 연구와 함께 정보 업무도 함께 맡는 것도 좋을 것으로 보인다.

그리고 정보를 종합하고 분석한 결과를 업무별 용도에 따라 당시 상황에 가장 알맞게 활용할 수 있도록 공유하여야 한다. 특히 여러 가지 통계적 기법이나 AI, 빅데이터 등 첨단 기법을 활용함으로써 정보의 결합을 통하여 새로운 정보와 지식을 창조하는 것은 물론 사람들의 생각이나 행태 등 사회적 변화와 그 영향을 분석, 예측하고 그에 맞는 소관 업무와 관련한 대응책을 마련할 수 있어야 한다. 이러한 활동을 통하여 축적한 정보와 그 정보를 활용한 지적 자산을 활용하게 되면 국내외 금융환경은 물론 금융회사나 금융소비자 등 금융시장 참가자들이 처한 상황과 그들의 생각 및 입장 등에 대해서도 정확히 파악하고 이를 반영할 수 있다.[10] 그러므로 그들보다 훨씬 거시적이고 장기적인 시각에서 정책을 수립할 수 있고, 도덕적 권고, 검사 및 제재, 분쟁조정 등 조치의 객관성도 더욱 높아져 수용성(acceptability)이 크게 향상될 것이다. 이에 따라 금융감독 당국이 금융회사나 금융소비자들로부터 더욱 신뢰를 얻고 권위를 인정받게 될 것이다.

아울러 금융감독원은 축적하고 있는 정보를 금융위원회 등과 같은 관련 기관은 물론 금융회사와 금융소비자들에게도 제공하고 공유하여야 한다. 유용한 지식이나 정보 또는 자원을 나누어주는 것만으로도 남의 존경을 받고 권위를 얻을 수 있다. 특히 학계에서는 정보와 자료의 부족으로 연구에 많은 어려움을 겪는 것으로 알려져 있으므로, 금융관련 연구의 활성화를 통한 금융 발전을 위해서도 이러한 정보 공유는 매우 의미가 있다.

4. 직업윤리 강화

금융감독기관 임직원들이 철저한 사명감과 책임의식에 기반을 둔 신념과 철학을 가지고 법과 원칙에 따라 업무를 처리하게 되면 업무의 공정성이나 객관성, 투명성, 일관성이 확보될 수 있다. 그리고 소극적 의미의 직업윤리라고 할 수 있는 도덕적 해이 방지는 적극적 의미의 직업윤리를 견지하기 위해 반드시 필요한 사항이다. 도덕적 해이가 생기면 사명감이나 책임의식, 그리고 신념과 철학도 무너지기 때문이다.

그런데 일반적으로 적극적 의미의 직업윤리는 업무수행 결과에 반영되므로 외부로 잘 드러나지 않지만, 소극적 의미의 직업윤리인 도덕적 해이는 그 사실 자체만으로도 이슈가 되고, 또 상대가 있으므로 쉽게 드러나며 정보가 빠르게 확산된다. 그러므로 도덕적 해이를 막지 못하면 금융당국의 권위는 쉽게 무너진다. 검사를 수행하고 제재를 하며 금융분쟁조정이나 민원처리 업무를 담당하는 금융감독기관의 임직원이 뇌물이나 향응을 받았다고 하면 모든 사람이 분노할 뿐만 아니라 기관 업무 처리의 공정성까지 의심하게 된다. 곧바로 금융감독원에 대한 신뢰가 무너지므로 권위도 추락한

---

10) 예시: 분쟁조정 결정에 대해 금융회사 임직원이 배임죄에 해당될 것을 우려하여 수락하지 않을 경우를 대비하여 미리 이에 대한 법률적 해석을 준비한 사례

다. 그리고 경우에 따라서는 책임까지도 도맡아서 지기도 한다. 과거 저축은행 사태에서 그러한 경험을 하였으며, 사모펀드의 경우에도 마찬가지였다. 그러므로 금융감독원 임직원들은 도덕적으로나 실정법적으로나 비난받을 만한 행동을 하지 않아야 된다.

이러한 비리가 일어나지 않도록 하려면 개인의 도덕성과 윤리의식이 전제가 되어야 하므로 이를 위해 직원 채용 과정에서 이를 거를 수 있는 시스템을 갖추고 윤리의식을 함양하기 위한 교육도 강화하여야 한다. 아울러 관리자와 동료 상호간에 관심을 가지고 소통하는 노력도 필요하다. 자체 감찰 활동도 조직 내부의 자정 기능을 강화하여 직원들의 도덕적 해이를 예방하는 효과가 있다.

직원들이 금품이나 향응을 받는 등의 부도덕한 행동을 하는 것은 개인적 측면에서 손익을 따져보아도 절대로 손해라는 것을 명심하여야 한다. 예를 들면, 금융감독원 직원으로서 받는 소득의 현금흐름(cash flow)에 비하여 금품이나 향응은 그야말로 '새 발의 피'에 불과하다. 금품이 생활에 전혀 도움이 되지도 않는다. 기껏해야 친구들과 저녁 식사하는 정도의 금품에 눈이 어두워 60세까지 우리나라 상위의 급여를 받는 직장을 거는 도박을 할 이유가 없다.

그리고 금융감독원 직원들이 도덕적 해이를 일으키지 않도록 윤리의식으로 무장하기 위한 노력도 중요하지만 외부의 청탁과 같이 도덕적 해이를 유발하는 요인을 차단하기 위한 조직 측면의 노력도 중요하다. 그 방법은 내부통제시스템을 강화하여 개인이 임의로 업무를 처리할 수 있는 여지를 최소화함으로써 외부에서 권역을 이용하거나 금품 등으로 유혹하며 청탁을 하더라도 그것을 들어줄 수 없게 하는 것이다. 이에 대해서는 뒤에서 상세히 설명한다.

도덕성 또는 윤리성에 연결하여 한 가지 첨언할 것은 친절한 태도를 갖추어야 한다는 것이다. 금융감독원 임직원들은 늘 '갑'의 입장이므로 친절과는 조금 거리가 있다. 영업을 하는 사람들 같이 피감기관 임직원에게 상냥하게 인사하고 말을 걸며 겸손한 자세를 보이는 것이 습관화되어 있지 않다. 전화 받는 음성에서 거만함이 묻어나는 경우도 있다. 감독기관이 스스로를 낮추면 피감기관은 오히려 더욱 자세를 낮추면서 신뢰와 존경을 드러내게 된다. 그러므로 금융위원회나 국회 같은 곳에 대해서만 공손하고 친절한 태도를 보이지 말고 금융소비자나 금융회사 임직원에 대해서도 겸손하고 친절하여 존중하는 태도를 보이도록 노력할 필요가 있다.

5. 내부통제시스템 재정비

금융감독원도 하나의 조직이므로 내부통제시스템이 있다. 그리고 그 시스템이 원활하게 작동하여야만 조직 목표를 효율적, 효과적으로 달성할 수 있다. 특히 조직 내부의 견제와 균형, 정보의 공유와 내부 소통이 이루어져야만 각 분야별 전문 능력을 원만하게 결합하여 조직의 능력을 최대한 발휘할 수 있으며, 업무의 공정성, 객관성, 투명성, 일관성이 보장된다. 또 임직원들의 도덕성 유지도 가능하다. 내부통제가 철저하게 이행되어 견제와 균형이 이루어지면 소수가 임의로 의사결정을 할 수 없으므로 로비가 원천적으로 불가능하기 때문이다. 쉽게 말해 하위 직원은 물론, 원장도 마음대로 할 수 있는 게 없을 정도로 촘촘하게 내부통제시스템이 갖추어지면 외부에서 청탁을 해도 이를 들어줄 수 없기 때문에 자연히 청탁이 사라지므로 도덕적 해이가 일어날 수가 없다.[11] 그러나 1인 또는 소수의 결탁으로 임의적 의사결정이 가능하면 방만하고 부당한 업무처리와 임직원의 도덕적 해이가 일어나기 쉽다.

지금까지 일어난 금융감독원의 도덕적 해이 중 사회적 파장을 일으킨 사례를 보면 대개 검사와 연관이 많다. 그것은 그만큼 검사와 관련한 내부통제가 느슨하기 때문이라고 생각된다. 검사계획 수립의 원칙에 일관성이 부족하고 그나마도 검사계획이 제대로 지켜지지 않는다. 검사계획 변경은 대개 국장 선에서 결정되며 그 변경에 대해 아무도 관심을 가지지 않는다. 그러므로 어떤 금융회사의 검사계획을 바꾸는 것은 어려운 일이 아니다. 검사현장에서의 통제도 제대로 이루어지지 않아 검사원이 임의로 검사범위를 확대하거나 중요한 사안을 짚어내지 못하더라도 그냥 넘어갈 수도 있다. 이로 인해 검사원의 도덕적 해이가 일어나기 쉬운 환경이 조성된다. 검사 관련 내부통제 문제에 대해서는 뒤에서 다시 살펴본다.

금융민원 처리 과정에서도 마찬가지로 소수의 독단적인 의사결정이 가능한 부분이 있으면 법과 원칙에 어긋난 민원처리가 이루어져 금융감독원의 업무처리에 대한 불신과 임직원의 도덕성에 대한 비난이 발생하여 기관의 권위가 훼손될 수 있다.

또 일반 감독업무에서도 상하 간 보고체계와 같은 내부통제시스템이 확립되지 않으면 실무자 사견이나 소수의 의견이 공식의견으로 둔갑하거나 금융회사의 업무상

---

11) 금융감독원 임직원이 금융회사 감사로 취업하는 데 대한 외부의 비판도 그들이 금융감독원에 대한 로비용으로 활용된다는 관점에서 출발하는 것으로서, 만약 금융감독원 내부통제가 철저하여 로비가 통하지 않는다는 것을 모두가 인정하게 되면 금감원 출신이라도 실력으로 당당하게 금융회사에 재취업할 수 있게 될 것임.

질의나 민원이 무시되거나 처리가 무한히 지연되기도 한다. 특히 인·허가나 사전신고 등을 위해 금융회사로부터 정식 신청서류를 접수하기 전에 비공식 협의 단계를 거치면서 이러한 문제들이 나타나 시장으로부터 원성을 듣게 된다.

이러한 점들을 감안할 때 금융감독원의 내부통제 강화는 매우 중요한 의미를 지닌다. 조직 내 각 부문의 전문성이 시너지 효과를 발휘하여 업무의 공정성, 객관성, 투명성 및 일관성이 강화되고 도덕성도 제고될 수 있으므로 금융감독원의 권위를 확보하는 데 큰 도움이 되기 때문이다. 그러므로 감독기관으로서 내부통제에 모범을 보여야 할 것이다. 이를 위해 업무매뉴얼을 정비하고, 문서의 접수 및 공람, 신청인과의 협의, 직무 전결, 정보 보고 및 소통 체계 등 내부통제시스템을 재정립하여 조직문화를 바꾸는 노력을 계속하여야 한다.

6. 검사 및 제재 업무 운영 원칙 확립

금융감독원의 검사 및 제재 업무는 조직의 핵심 업무이며 금융당국의 권력이 작동할 수 있는 기반이기도 하므로 그 성패가 금융감독원의 권위는 물론 존립까지도 좌우할 수 있다. 그런데 그 동안 검사업무와 관련하여 도덕적 해이 등 여러 가지 잡음이 많았고, 그 전문성이나 공정성은 물론 유효성 등에 대해 논란이 많았다. 그것은 다른 원인도 많겠지만 검사업무가 본래 목적에 맞게 일관된 원칙에 따라 운영되지 않았고, 또 그 전문성을 유지, 강화하기 위한 노력은 기울이지 않은 채 활용하는 데만 급급하였던 것이 주요 원인으로 생각된다.

그러면 금융감독원 검사의 신뢰성과 유효성을 제고하고 임직원의 도덕적 해이를 방지하여 기관의 권위를 확보하기 위해 검사 및 제재 업무를 어떻게 운영할 것인가에 대해 살펴보기로 하자.

가. 명확한 검사 실시기준 설정 및 준수

검사, 특히 준법검사는 금융감독원의 가장 강력한 권력이다. 금융당국의 권력은 검사에서 나온다. 검사 결과 위법 사항에 대한 제재를 할 수 있기 때문이다. 그러나 어떤 권력이든 권력은 칼과 같이 매우 위험하다. 칼을 잘못 다루면 자기가 그 칼에 베일 수도 있다. 칼은 칼집 속에 있을 때 안전하면서도 위력이 있는 것이다. 그러나 일단 칼을 뽑으면 칼의 위력과 그에 따른 공포심은 크게 줄어든다. 상대방도 죽기 살기로 모든 수단을 동원하여 덤비기 때문이다. 그러므로 검사는 꼭 필요할 때 필요한 만큼만 해야 한다. 또 검사는 아이 교육을 위해서 부모가 매를 드는 것과 같다. 매를 든 이유가 분명하고 수긍할 수 있어서 아이가 잘못을 인정하고 체벌 수준에 승복하게 하여야 효과가 있다. 그러므로 검사도 그 실시의 목적이 분명하고 명분이 있어야 한다. 그럴 때 검사에 대한 거부감도 줄어들게 된다. 겉으로 내세우는 검사 목적과 실제 의도가 다르거나, 다른 경쟁사와 비교할 때 형평성에 어긋난다고 생각하면 금융당국에 대한 반감과 불신이 생겨 당국의 권위가 훼손된다.

이러한 상황을 예방하기 위해서는 검사대상 금융회사 선정 기준을 보다 명확하게 규정하고 실제 운영도 투명하고 일관성 있게 하여야 한다. 현행 검사규정에는 이러한 검사 실시 기준에 대한 사항이 명확하게 규정되어 있지 않다. 금융회사에 대해 내부통제기준을 제정하여 운영하라고 지도하는 감독기관으로서 시장에 모범이 될 수 있도록 그 기준을 명확하게 설정하고 이를 공개하여야 한다.

그러면 그 기준을 어떻게 설정할 것인가?

우선 준법검사의 경우, 정기검사는 금융회사의 규모와 거래량 및 금융소비자 수 등과 이에 상응하는 내부감사 조직 및 운영 체제와 내부통제시스템 구축 및 운영 수준을 기준으로 몇 개의 그룹으로 나누고 각 그룹별로 검사 빈도를 차별화하되, 내부감사 조직과 내부통제 기능이 취약한 금융회사에 대해서는 검사 빈도를 보다 높여야 한다. 아울러 각 그룹 내에서는 금융회사별로 순서를 정하여 실시하는 것을 원칙으로 하되 순서를 바꾸는 경우는 그 이유가 명확한 경우에 한정하여야 하며, 검사 계획 수립보다 더 엄격한 승인 절차 등의 내부통제를 거치게 하여야 한다.

그리고 어떤 중대한 사안이 발생했을 때 실시하는 수시검사는 그 요건을 가급적 엄격하게 정하여야 한다. 왜냐하면 준법검사는 금융 법규를 위반한 사항이 그 대상인데, 이러한 법 위반사항은 금융회사 내부통제시스템(통제활동 및 모니터링)에 의해 걸러지고 처리되는 것이 가장 바람직하기 때문이다. 그러므로 금융회사에서 발생한 대규모 법규 위반사항이 외부로 드러났거나 금융감독원이 그 징후를 먼저 포착하였더라도 우선 금융회사가 자체처리하고 보고하도록 기회를 주는 것을 원칙으로 할 필요가 있다. 다만 피해자가 아주 많거나 사회적 관심이 지대한 경우, 금융 질서를 훼손하는 대형 금융 사고, 금융회사 최고경영진의 연루 등으로 금융회사 내부감사시스템에 의해 제대로 처리를 하기가 어렵다고 판단되는 경우, 금융회사가 자진하여 금융감독원 검사를 요청하는 경우 등은 예외적으로 금융감독원이 직접 검사를 실시할 수 있을 것이다. 또 금융회사가 자체 처리하도록 한 사안으로서 조치 결과 보고내용을 검토해본 결과 자체 처리 내용이 적정하지 않다고 판단되는 경우, 또는 금융회사가 자체 처리한 사안으로서 금융당국이 금융관련 법규 위반에 대한 제재 조치를 해야 하기 때문에 검사가 필요한 경우에도 금융감독원이 직접 검사를 실시하는 것은 당연하다.

한편 건전성검사는 앞에서 이미 언급한 대로 1년에 1회 실시하는 등 검사 주기에 따라 금융회사별 검사 순서대로 정기 검사를 실시하되 자산규모, 거래량, 금융거래 고객 수 등을 기준으로 검사 주기를 차별화 할 필요가 있다. 또 상시감시 결과 금융회사 경영건전성에 일정 기준 이상의 위험 신호가 감지되면 수시검사를 실시하도록 원칙을 정하면 될 것이다.

그리고 종합검사 체제에서는 자산 규모, 거래량, 고객 수, 자체감사 및 내부통제시스템 등을 기준으로 그룹을 구분하여 정기 검사 주기를 정하고, 각 그룹 내에서 순서를 정하여 검사를 실시하며, 특별한 이유가 없는 한 그 순서도 철저히 지키는 것이 필요하다. 왜냐하면 종합검사에는 준법검사가 포함되어 있으므로 종합검사를 정기검사 계획 외에 수시로 실시할 수 있도록 허용하면 검사를 본연의 목적과 다른 목적으로 이용하게 될 가능성이 생기기 때문이다. 또 외부의 불필요한 오해를 일으키거나, 금융회사의 업무 부담을 가중시키는 등의 문제의 소지도 있다. 다만, 특정 금융회사의 건전성이 급격히 악화되거나 대형 금융 사고가 발생한 경우 등으로 갑자기 검사의 필요성이 생긴 경우에는 해당 부문에 한정하여 수시 검사를 실시할 수 있을 것이다.

나. 검사 현장 내부통제 강화

이러한 검사 실시 원칙과 아울러 현장에서의 검사업무 운영에 대한 관리도 강화하여야 한다. 검사를 하는 과정에서 금융회사들이 어려워하는 것 중에 하나가 자료요구 문제이다.

검사 실시 전에 엄청나게 많은 자료를 이미 제출하였음에도 검사과정에서 또다시 많은 자료를 요구하면 금융회사 직원들이 검사 받으면서 또 자료도 준비하여야 한다. 더욱이 기존의 검사 범위를 벗어나 새로운 분야에 대한 자료를 요구하게 되면 그것에 대응하기 위한 증빙 준비 및 대응방안 검토 등까지 해야 하므로 업무 부담은 크게 늘어난다. 자칫 검사반에서 추가 자료 검토를 하는 데 시간이 걸리면 검사 기간이 연장될 수도 있다.

이러한 추가 자료 요구는 기존에 제출받은 자료를 중심으로 검사를 하는 과정에서 의문사항이 있을 때 일어나는 경우도 많지만, 상당부분은 지적 위주의 투망식 준법검사로 인해 일어나기도 한다.

그런데 이러한 방식의 검사 운영은 금융감독원 입장에서 볼 때도 위험을 안고 있다. 왜냐하면 검사 현장에서 검사원이 임의로 자료를 추가 징구하는 것을 허용하게 되면 검사 범위가 검사 실시 전에 결재를 받은 범위를 벗어나게 될 수 있고, 이로 인해 경우에 따라서는 검사반의 검사 책임 범위가 무한정으로 늘어나게 될 수 있다. 따라서 검사가 종료된 후 검사반의 검사대상 기간 중에 금융사고와 같은 문제가 있었음이 드러날 경우에는 이를 적발하지 못한 책임에서 자유로울 수가 없게 된다. 또 금융회사로부터 금융감독원이 특정 목적을 가지고 검사를 하는, 소위 표적 검사를 한다는 오해를 받을 수도 있다.

그러므로 이러한 문제를 방지하기 위해서는 우선 검사원의 감이나 돌발적 아이디어에 의존하는 투망식 검사 방식을 버리고 통계적, 과학적 방법으로 검사 범위와 중점검사 분야를 정하고 통계적 표본추출 방식으로 점검 대상 자료를 받아 검토하는 방식으로 검사를 운영하여야 한다. 또 현장에서 검사 자료를 징구하는 것은 서면에 의해 검사반장의 정식 승인을 받는 등 내부통제 절차를 거치도록 할 필요가 있다. 물론 검사원이 검사 사전에 정해진 절차에 따라 징구한 검사 자료를 검토하는 과정에서 의심이 해소되지 않는 부분이 있어 이에 대한 소명을 요구하면서 그 일환으로 증빙을 제출하도록 하는 것은 당연하다고 할 수 있으나 이런 경우에도 예외를 두지 말아야 한다. 특히 검사 과정에서 당초 검사 범위에 포함되지 않은 사안으로서 법규를 위반한 것으로 의심이 가는 사항을 발견하여 부득이 검사 범위를 넘어야 하는 경우에는 검사 실시 전결권자의 공식 승인을 받아 시행하는 것이 필요하다.[12]

그리고 검사기간 중 검사원과 검사반장 간, 검사반장과 검사국 간에 검사업무 진행 상황과 이슈에 대해 빠짐없이 보고되는 시스템이 구축되어야 한다. 왜냐하면 우선 검사원이나 검사반이 임의로 사안을 덮어버려도 그 사실이 드러나기 어려우므로 검사

---

12) 검사현장에서 수시로 자료를 받는 것을 금지하면 사전에 검사자료를 징구할 때 내부에서 충분히 숙고하고 검토하여 꼭 필요한 자료를 결정하여 요구하게 되고, 검사기간 중에는 해당 자료 중심으로 검토, 분석하는 검사를 하게 됨으로써 피검기관 임직원을 수시로 호출할 필요가 줄어들어 수검부담도 획기적으로 줄일 수 있음.

와 관련한 도덕적 해이가 나타나기 쉽기 때문이다. 검사반은 정해진 검사기간 동안에 검사목적을 달성해야 하며, 금융 업무는 서로 연계되어 있는 경우가 많기 때문에 여러 가지 금융회사 업무를 나눠서 담당하는 검사원 간의 협업이 매우 중요하다. 그러므로 검사반장이 전체 검사 업무를 잘 조정, 통제하여야 검사가 원활하게 진행된다.

검사반장의 통제가 필요한 또 하나의 이유는 검사원들의 검사 능력에는 서로 차이가 많기 때문이다. 문제의 핵심을 정확히 짚고 이를 적발하는 기법은 물론 징계 양정에 대한 정확한 판단력도 겸비하여 그에 필요한 증빙 등을 체계적으로 정리하는 등 검사결과 처리까지 깔끔하게 할 수 있는 검사역이 있는 반면, 문제의 핵심 파악이 제대로 되지 않아 엉뚱한 사항을 붙들고 변죽만 울리다가 검사기간이 지나가버리거나 제재 대상이 되기 어려운 사항을 붙들고 있다가 억지로 제재 대상으로 만들려고 무리를 하게 되어 금융회사의 반발을 일으키는 사람도 있다. 이 과정에서 자기가 맡은 검사 범위를 모두 커버하지 못하여 검사가 부실하게 되거나, 검사가 부족한 부분을 커버하기 위하여 검사기간을 연장하여야 하는 상황도 발생할 수 있다. 그리고 제재 건이 되지 않는 사안을 무리하게 제재하려고 하다 보니 내부 법률 검토 등으로 처리기간이 너무나 많이 소요되고 법무실 등 연관 부서의 업무 부담이 크게 늘어나는 문제도 나타난다. 이러한 것들은 모두 금융회사로부터 불신을 받게 되는 원인이 된다. 그러므로 검사반장은 각 검사원과 정기적(매일)으로 면담하면서 검사 진행상황을 점검하고 필요한 조언을 하거나 업무 분담을 조정하는 등 검사반이 검사 목적을 충분히 달성하고, 동시에 검사결과 처리도 원활하게 할 수 있도록 하는 역할을 하여야 한다. 그리고 검사원은 검사반장의 조언이나 지시를 따라야 하며 이를 어길 경우에는 엄중하게 책임을 묻는 체제를 만들어야 한다.

다. 법률에 근거한 제재 제도 운영

다-1. 제도 운영 현황
검사결과 제재에 있어서도 법규에 위반되는 사안으로서 그에 따른 벌칙이나 제재의 근거가 분명한 경우 외에는 제재를 하지 않는다는 원칙의 확립이 필요하다.

「금융위원회법」 제41조 및 제42조에서 금융감독원장이 금융회사 임직원에 대한 시정 명령 및 징계 요구 또는 해임 권고를 할 수 있는 대상 행위로 이 법 또는 이 법에 따른 규정·명령 또는 지시를 위반한 경우, 보고서 또는 자료를 거짓으로 작성하거나 그 제출을 게을리 한 경우, 금융감독원의 감독과 검사 업무의 수행을 거부·방해 또는 기피한 경우, 금감원장의 시정 명령이나 징계 요구에 대한 이행을 게을리 한 경우 등으로 정하고 있으며, 그 외의 여러 금융업법 등에서도 금융감독원의 제재 대상은 모두 법률을 위반한 경우로서 그에 따른 제재 또는 벌칙이 명확히 규정되어 있을 때 가능하다.

그럼에도 불구하고 현행「금융기관검사 및 제재에 관한 규정」제5조(제재대상 위법·부당행위)에서는 제재 대상이 되는 금융기관 또는 그 임직원의 행위를 금융관련 법규를 위반하거나 그 이행을 태만히 한 경우 외에도, 금융회사의 경영 악화를 초래하거나 금융기관 또는 금융거래자의 이익을 해한 경우, 금융사고 등으로 금융기관의 공신력을 훼손하거나 사회적 물의를 일으킨 경우, 고의 또는 과실로 업무상 장애 또는 분쟁을 야기한 경우, 금융시장의 신용 질서를 문란하게 하거나 부당·불건전한 영업 또는 업무처리를 한 경우 등도 포함하는 것으로 규정하고 있어 명확히 법규 위반이 아닌 경우에도 제재를 할 수 있는 것처럼 보인다.

이와 같이 상위법에서 명확하게 권한을 부여하지 않은 사항을 하위 규정에서 정한 것은 당연히 적법성 논란 등을 일으킬 소지가 있다.

우선, 규정 제5조 제3호에 따르면 금융기관의 건전한 경영 또는 영업행위를 저해하는 행위를 함으로써 경영 악화를 초래하거나 금융기관 또는 금융거래자의 이익을 해한 경우 제재 대상이 된다. 그런데 건전한 경영 또는 영업행위를 저해하는 행위, 경영 악화 등에 대한 명확한 기준이 없어 금융당국이 마음먹기에 따라서는 금융회사에 손해가 나거나 금융소비자가 손실을 보게 되면 해당 업무 처리과정에서 위법행위가 없었음에도 제재 조치를 할 수 있다는 것으로 해석될 소지가 있다. 법규를 위반한 부분이 있다면 당연히 그에 따라 금융감독원이 제재를 해야 하겠지만 그렇지 않은 경우에는 금융회사가 내규에 따라 자율 처리하도록 해야 한다. 다만 금융감독원은 상시감시나 현장 검사를 통해 금융회사가 이러한 사안에 대해 고발(업무 방해 등), 손해배상 요구, 징계 등의 합당한 조치를 하였는지 확인하고, 합당한 조치를 하지 않은 경우에는 경영진 및 감사에 대해 운영리스크(operational risk) 관리를 제대로 하지 않은 책임을 물어 징계하도록 요구하고, 내부통제시스템을 법규의 취지에 맞게 정비하고 운영하도록 시정을 요구함으로써 금융회사가 업무를 태만하게 하는 것을 막는 방식으로 제재 제도를 운영하는 것이 바람직하다.

금융회사 임직원의 횡령, 배임, 절도, 금품수수 등은 범죄 행위이므로, 당연히 금융회사가 먼저 나서서 고발하여 형사법 등에 의해 처벌을 받도록 해야 하고, 그러한 비행에 따른 면직, 감봉 등 금융회사 임직원에 대한 인사 조치도 금융회사가 내규에 따라 반드시 처리해야 할 부분이다. 그럼에도 종전에는 금융감독원이 검사를 통하여 이러한 사안을 적출하는 데에 주력하고 직접 제재 조치를 취함으로써, 금융회사가 내부통제시스템을 통하여 이러한 사안을 적발하여 신속하고 엄정하게 조치하는 것을 당연시하는 조직문화가 형성되는 것을 저해하였다. 그러므로 이러한 사안에 대해서도 금융회사가 준법감시 활동이나 내부감사를 실시하여 적발하고 처리하도록 맡기는 것을 원칙으로 하되 자체 감사 등을 통하여 조치하는 징계 양정 등이 금융감독원이 적발하여 조치하는 것과 차이가 있을 경우, 이에 대해서는 금융감독원 검사 과정에서 형평성을 유지하도록 지도하는 것이 바람직하다고 생각된다.

아울러 '금융기관의 공신력을 훼손하거나 사회적 물의를 일으키는 경우', '금융 질서를 문란하게 한 경우' 등도 법률에 제재할 수 있는 명확한 근거가 없는 사항들일 뿐아니라 그 용어의 정의조차 불분명하므로 이러한 사항들을 근거로 제재를 할 수 있도록 한 검사 규정은 금융당국이 자의적으로 제재 제도를 운영할 소지만 키울 우려가 있다고 생각된다. 사실 공신력 훼손이나 신용질서 문란은 금융 관련 법률을 위반하면 그에 따라 부수적으로 일어나는 현상으로서 해당 법규를 근거로 위반 사항을 제재하면 공신력 훼손 등에 대해서도 제재하는 것이 되므로 그로써 충분할 것이다. 만약 법률에 규정되지 않은 사유로 공신력 훼손 등을 초래하는 경우가 있다면 해당 법규에 그것을 처벌할 수 있게 법규에 반영하도록 관계 부처에 건의하고, 그 내용이 법규에 반영되면 그에 따라 조치를 하면 되는 것이다. 그리고 사회적 물의라는 것도 개념이 너무나 모호하고 반드시 법규를 위반하지 않더라도 일어날 수 있는 사안이다.

이러함에도 언론에 크게 보도되거나 많은 사람들이 피해를 입었다는 사실 등만을 이유로 검사를 실시하고, 공신력 훼손, 사회적 물의, 금융 질서 문란 등을 이유로 제재를 할 수 있다고 한다면 금융감독원이 지나치게 자의적으로 검사 및 제재 제도를 운영할 수 있어 그에 따른 부작용이 나타날 가능성은 크게 마련이다. 일부에서는 공신력 훼손 등을 이유로 별도로 제재하는 것이 아니라 징계 양정을 가중할 때 활용하기 때문에 문제될 것이 없다고 주장하기도 한다. 그렇지만 이러한 법률에서 처벌 기준은 해당 행위로 인한 파급 효과를 감안하여 정한 것으로 보아야 하므로 그 파급효과를 임의로 해석하여 가중하는 것은 무리가 있다고 생각된다.

그리고 「금융사지배구조법」 제24조 등에서 금융회사가 내부통제기준을 마련하도록 하고 있다. 그런데 종전에는 금융감독원이 금융회사 내규를 적용하여 금융회사와 그 임직원을 제재하는 경우가 있었으므로, 금융회사들은 이러한 상황을 우려하여 내부통제기준을 매우 성글고 엉성하게 만들어 놓아 내부통제시스템이 제대로 작동되지 않도록 하는 결과를 초래한 부분도 있다. 특히 금융회사가 자체 감사나 내부통제시스템에 의해 적발하여 조치한 사항에 대해서도 금융감독원이 다시 검사를 실시하여 기관과 감독책임자에 대해 제재 조치를 하고, 과징금, 과태료 등도 차별 없이 부과하는 경우도 있었다. 이에 따라 금융회사 입장에서는 죄를 자백하고서도 벌은 똑같이 받는다고 생각하게 되므로 자체 감사를 철저히 할 유인이 줄어들게 된다. 결국 금융회사 자체감사 기능을 스스로 약화시키게 하는 결과를 초래하게 될 뿐 아니라, 오히려 금융회사가 기관과 경영진에 대한 감독기관의 제재를 우려하여 그런 비리가 외부로 드러나지 않도록 감추고자 하며, 동시에 비리를 저지른 임직원을 감독기관의 제재로부터 보호하려는 행태까지 보이게 된다.

여기에 더하여 금융감독원이 동 법률상 내부통제기준 마련과 그 운영과 관련한 벌칙 조항이 없음에도 금융회사 최고경영진이나 금융회사에 대해 징계를 결정함에 따라 제재의 법률적 근거에 관한 논란이 지속되면서 금융시장으로부터 많은 비난을 받아왔다. 지금은 내규 위반을 이유로 제재를 하는 관행은 없어졌지만 그동안의 행태로 인해 금융감독원이 금융업 종사자 전체로부터 적대시되는 처지가 되어 금융감독원의 결정을 존중하고 따르거나 적어도 수긍함으로써 권위를 인정받기를 기대하기가 매우 어려운 실정이다.

다—2. 부작용

이와 같이 법률상 명확한 근거가 없어 불법은 아니지만 사회 통념에 비추어 부당하거나 금융감독 목적을 달성하는 데 방해가 된다는 등의 이유로 제재를 하는 데 따른 부작용을 살펴보자.

우선 금융감독원의 권한 남용이라는 논란이 일어날 수 있다. 명확한 법률적 근거가 없는 것을 제재하다 보면 당연히 일어날 수 있는 이슈이다.

그리고 금융감독원이 금융회사 자체적으로 처리해야 사항까지도 도맡아 처리해야 하므로 업무 부담은 커지게 되는 반면, 금융시장 및 금융회사의 자율 정화 기능은 오히려 저하시키는 부작용이 생길 수 있다. 예를 들면, 과거에는 은행 대출이 부실화 된 경우, 절차나 형식, 구비서류 등 내규 위반, 영업 손실이 발생하거나 차입금이 매출액보다 많아지는 등 내규에서 정한 부실 징후가 드러났는데도 갱신이나 기한 연장해준 것 등을 이유로 문책을 하는 것이 관행으로 굳어져 있었다. 검사역들은 부실 대출(고정이하 분류여신) 파일을 검사자료로 제출받아 그 중에서 법률이나 내규에 어긋난 사항을 찾아내는 데만 전력을 기울였다. 이와 같은 지적 위주의 검사로 은행 전반적 관점에서의 경영건전성 문제나 리스크관리 및 내부통제시스템 등에 대한 사항은 도외시하였기 때문에, 금융회사가 자율적인 시스템 정비 등 근본적인 문제를 개선하기 보다는 검사 과정에서 문제로 드러난 사항을 지적사항에서 빼거나 제재 수준을 낮추는 데 주력하였다. 또 이러한 검사 관행 때문에 은행이 담보 위주의 여신을 운용하고 장래성 있는 스타트업이나 중소기업에 대한 여신은 외면하는 등의 관행이 굳어져 은행의 신용평가 및 여신심사 기능 등을 강화하는 데는 소홀히 하여 자금중개 기능이 저하되는 부작용을 초래하였다는 비난을 받기도 했다.

법률적 근거나 용어의 정의가 불분명한 검사 규정을 근거로 제재를 함에 따라 예상되는 중대한 부작용은 또 있다. 그것은 정치권력, 재력 등의 힘을 가진 세력이나 개인이 자기 목적을 달성하기 위해 금융감독원 임직원의 재량권을 이용하려는 시도를 할 가능성을 키운다는 점이다. 이렇게 될 경우 금융감독원이 끊임없이 외부의 영향을 받게 되어 그 공정성이나 일관성 등이 훼손될 뿐만 아니라 금융감독원 임직원들은 청탁이나 무고 등에 시달리게 될 수 있으며, 결국 그 유혹에 굴복하여 재량권 남용, 뇌물수수, 직무 유기 등 독직 사건으로 고초를 겪을 수도 있다.

한편, 법률적 근거와는 별도로 실제 제재업무 운영에 있어 문제가 되는 부분으로서, 지극히 기계적으로 법규를 적용함으로써 나타나는 부작용도 있다. 지극히 단순한 과실 등으로 법규를 위반하였으나 그로 인한 금융소비자 피해나 금융회사의 손해 등 부정적 영향이 전혀 없고 사후에 원상 회복 또는 시정된 사안에 대해서까지 엄중 문책을 하는 사례도 금융시장으로부터 신뢰와 권위를 잃는 요인이 된다.

또 금융질서나 금융기관의 공신력 등 차원에서 볼 때 분명히 문제가 있는 것으로는 보이지만 관련 법규 위반 여부가 불분명한 사안을 지적하여 조치를 하려고 한다. 또

누가 보더라도 지적거리가 되지 않는 것이 거의 확실한 사안임에도 검사역 입장에서는 문제가 있어 보인다는 독단적 생각 때문에 무리하게 법규를 적용하여 제재를 추진하는 경우도 자주 발생한다. 이런 사안은 대부분 검사가 끝난 후 사후적으로 소관 기관으로부터 유권해석을 받거나 법무법인 또는 고문변호사로부터 법률 자문을 받은 후에야 겨우 위법으로 판단하여 제재를 하게 된다. 이러한 방식의 업무 처리도 금융회사의 반발을 초래하고 금융감독원의 권위를 훼손하는 사례들이다. 금융감독원 임직원도 확신하지 못하는 사항을 금융회사 임직원들이 미리 알고 지켜야 한다고 하면 어떻게 수긍할 수 있겠는가? 그리고 무리하게 법규를 적용하면 처리 과정에서 검사부서 내 직원 상하 간 또는 검사부서와 심의부서 간 논란으로 제재 조치의 진행이 신속히 이루어지지 않음에 따라 장기 미처리 건으로 남게 되는 등 부작용이 넘치게 된다.

다-3. 개선 방향

검사 실시 기준과 제재 기준을 불투명하게 운영하게 되면 이러한 부작용들로 인해 결국 금융감독원 검사 및 제재 업무의 공정성, 객관성, 투명성, 일관성을 유지하기 어려우므로 금융시장으로부터의 신뢰와 권위를 잃게 된다. 그러므로 금융감독원은 검사 실시 기준을 객관적이고 투명하게 명확하게 규정하고 시행하는 것과 아울러 제재 조치도 법률상 근거가 명확한 사안에 한정하도록 제도를 개선하여야 한다.

그리고 금융회사 임직원의 부정이나 비리, 부도덕한 행위 등으로 인해 금융 질서를 문란하게 하거나 공신력을 훼손하거나 사회적 물의를 일으키는 등 금융인으로서의 의무를 이행하지 못하는 사례가 발생하는 경우 금융회사 스스로 적발하여 처리하도록 하여야 한다. 다만 자체 징계가 금융감독기관 제재보다 훨씬 가혹하다 싶을 정도로 엄정하게 조치를 할 수 있도록 내부감사 및 징계 체제를 확립하는 방안을 마련하여 운영하도록 지도하여야 한다.

그리고 금융회사가 조치한 사항에 대하여는 가급적 금융회사 입장을 존중하여 금융회사 조치를 최대한 인정하여 주고, 법률에 따른 과징금이나 과태료도 대폭 삭감(예: 50% 이상)함으로써 금융회사가 자율적으로 해당 사안들을 조치할 수 있는 여건을 마련해 주어야 한다. 다만 금융회사가 임직원의 비리 등에 대해 고의로 감사를 하지 않았거나 감사가 미흡한 경우, 조치가 지나치게 온정적이고 불투명한 경우, 또는 금융감독원의 권고를 철저하게 이행하지 않을 경우 등과 관련하여서는 감사 및 감사 조직에 대해 엄정하게 그 책임을 물어야 한다.

또 상근 내부감사 조직 등 시스템이 제대로 구축되지 않은 금융회사가 이러한 사례에 해당되는 경우에는 시스템 구축을 소홀히 한 이사회와 경영진을 엄중 문책함으로써 내부감사 시스템을 철저하게 구축, 운영하도록 유도할 필요가 있다. 필요시 내부통제시스템 구축에 대한 책임을 명확히 하기 위해 관련법을 개정하여 제재 근거를 명확히 하도록 노력하여야 한다(제Ⅲ장 제2절 2, 4 참조). 이러한 과제는 상당한 어려움이 있겠지만 책임이 있는 사람에게 합당한 책임을 물을 수 있는 제도적 장치를 마련하는 것은 불가피한 사항임을 홍보하여 반드시 성취해야 할 과제이다. 자율이라는 그늘을 의지하여 겉으로는 금융회사의 입장을 존중한다고 하면서도 실제로는 강제 규제하려는 비겁한 모습을 보이면 결코 시장이 감독당국의 권위를 인정하고 조치에 흔쾌히 승복하는 것을 기대하기는 어려울 것이다.

그리고 금융질서 문란, 공신력 훼손 등을 초래하는 행위로서 많은 피해자가 거액 피해를 입은 경우에 해당됨에도 법률적 근거가 불분명하여 관리·감독 책임이 있는 최고경영진에 대한 제재가 곤란한 경우에는 무리하게 법을 적용하려 하지 말고 관계기관이나 국회 등을 통하여 법률에 그러한 내용을 명백히 규정하도록 하기 위한 노력부터 하여야 한다. 만약 금융회사 경영진이 금융감독원의 명령이나 지시, 또는 권고나 지도 등에 대한 이행을 태만히 하는 경우[13]에는 보다 엄정하게 책임을 묻는 것으로 제재 제도를 운영하되 현행 법규로는 그러한 근거가 부족하다면 법률에 보다 명확하게 반영하도록 노력할 필요가 있다. 또 단순 과실로 법규를 위반했을 경우로서 그로 인한 피해나 부작용이 없었고, 입법취지가 그러한 사례까지 제재하는 것이 목적이 아니라면 금융회사 자체 처리에 맡기는 것이 바람직하다고 할 것이다.

아울러 제재 대상 사안과 관련하여 법률 적용에 상당한 논란이 있고 다른 금융회사도 대부분 유사한 방식으로 업무처리를 하고 있는 경우로서, 금융감독원이 유권해석이나 법률 자문 등을 통하고서야 제재 대상임이 명확해진 사항도 제재를 하지 않는 것이 합리적이라고 생각된다. 그 대신 법규 위반 사례와 유권해석 결과 등을 모든 금융회사에 유의사항으로 통지하고, 그 후부터 발생한 사안에 대해서는 제재를 하는 것

---

13) 금융위원회법 제41조(시정 명령 및 징계 요구)에서는 금융감독원장은 금융기관의 임직원이 법에 따른 규정·명령 또는 지시를 위반하거나 원장의 시정 명령이나 징계 요구에 대한 이행을 게을리 한 경우 시정 명령 또는 징계 요구를 할 수 있도록 규정되어 있음.

이 공정한 업무처리로서 금융시장으로부터 신뢰를 얻을 수 있게 된다.

또 검사결과 제재 절차를 신속히 진행하여 단기간 내에 종결하여야 한다. 검사를 받은 이후 제재가 완결될 때까지 금융회사는 계속 제재에 대한 부담감으로 신경이 곤두서있게 된다. 따라서 조속히 불확실성을 해소해 주는 것이 최고의 감독 서비스이다. 그러나 현실은 이와 달라서 검사결과 제재가 1년을 초과하는 경우는 허다하다. 심지어 2년 정도가 경과하고 나서 처리하는 사례도 있다.

아울러 검사 실시 상황이나 검사결과 제재 등에 대해 여론의 주목을 가급적 적게 받도록 노력하여야 한다. 금융감독기관의 업무가 언론 등에서 다루어지면 기관 실무자나 간부들이 그만큼 신경을 쓰게 되고, 그러다 보면 그것에 영향을 받게 될 가능성이 있다. 그리고 시작과 끝의 내용이 다른 경우에는 금융시장에 잘못된 메시지를 전달하는 결과를 초래할 수도 있다. 그러므로 적어도 금융감독원이 제재 등 조치가 완료되기 전에 공개적으로 특정 검사에 대해서 어떤 내용이든 언급하는 것은 피하여야 한다. 금융회사에 대해서도 협조를 요청하는 것이 필요하다. 검사는 공소장으로 말하고, 판사는 판결문으로 말하듯이, 검사역은 검사서로 말하는 것이다. 결론이 나지도 않았는데 자랑삼아 떠들다 보면 스스로 자기 말의 덫에 걸리거나 시장에 혼란을 초래하고, 결국 금융감독원의 권위를 실추시킬 수 있게 되므로 조심할 필요가 있다. 미국에서 금융감독당국이 검사를 실시하거나 그에 따른 조치를 하는 것과 관련하여 언론보도를 하는 사례를 보기 어려운 것은 시사하는 바가 크다.

이와 같이 검사 등 소위 금융감독원 권력의 원천인 검사 및 제재와 관련한 제도의 개선을 통하여 기관의 권한은 강하더라도 개인의 재량권은 최소화 될 때 비로소 감독업무가 법과 원칙에 의한 공정성, 객관성, 투명성과 아울러 일관성이 확립되므로 금융감독원의 권위도 확립될 수 있다.

▍맺음말 ▍

세 사 금 삼 척　생 애 주 일 배
世事琴三尺　生涯酒一杯
서정강상월　동각설중매
西亭江上月　東閣雪中梅

　여말선초(麗末鮮初), 격랑의 시대를 살았던 전순(全順) 선생의 글이라고 합니다. 까까머리 고교 시절부터 줄곧 가슴 속에 담고 있습니다. 깐동한 구성과 간결한 언어로 보여주고 들려주는 우주만물의 이치, 그리고 그것을 깨달은 분의 세계에 빨려듭니다.

　시절인연에 따라 거문고가 만들어지고 줄이 울립니다. 술도 익습니다. 그 자리에는 좋고 나쁨이 없고 낮고 못함도 없습니다. 있는 그대로 완전합니다. 이것을 깨달은 대자유인은 달이 드리우는 고요의 빛과 꽃이 전하는 진리의 향기를 있는 그대로 누립니다.

　그런데 현의 울림이 가락이 되고 술이 흥취를 자아내면서 팔만사천가지 사연이 벌어집니다. 그저 달이 뜨고 꽃이 피는데 느낌은 사람마다 다릅니다. 그때마다의 생각에 따라 희로애락이 일어나고 지옥과 천당이 갈라집니다. 사물이나 현상이 이러하듯 제도나 습속도 마찬가지입니다. 늘 내 것이 낫고 네 것은 못합니다.

　하지만, 우주에서 보면 지구도 산과 물이 나뉘지 않고 그저 둥근 별인 것처럼, 크게 보면 그 낮고 못함도, 천당도 지옥도 모두 하나이며, 그대로 완벽한 것입니다. 그러니 구분하여 따지는 것이 모두 칼로 허공을 베는 격입니다.

　그동안 저 글을 보며 이런 이치에 따라 살고자 애써왔지만, 한없이 오랜 동안 청맹과니로서 익혀온 분별의 먼지를 자못 떨치지 못한 탓에 소금쟁이가 되어 소발자국 고인 물에 평지풍파를 일으키게 되었습니다. 그 허물은 당연히 제 몫입니다.

　엎드려 눈 밝은 분들의 가르침을 기다립니다.

▌참고문헌 ▌

[단행본 및 보고서]

• 금융감독원, 「검사서비스 품질제고 Road Map」, 2009
• 금융감독원, 『금융감독 개론』, 2015
• 금융감독원, 「금융소비자보호에 관한 법률 설명 자료」, 2021
• 금융감독원, 「금융소비자의 소리」 2021-01호, 2021-02호
• 금융감독원, 「금융회사 감사업무를 위한 실무지침서」, 2003
• 금융감독원, 「대학생을 위한 실용금융」 제2판, 2018
• 금융감독원, 「미 감독당국의 내부통제 및 감사제도 운영기준」, 2002
• 금융위원회, 금융감독원 외, 상호저축은행 백서, 2012
• 김은경, 『보험계약법』, 보험연수원, 2016
• 김준석, 코로나19 국면의 개인투자자, 「자본시장포커스」(자본시장연구원) 2021-04
  호, 2021
• 민병조 외, 『금융소비자보호』 제5판, 한국금융연수원, 2018
• 박삼철 외, 『사모펀드 해설』, 지원출판사, 2015
• 변영훈, 개인투자자의 주식투자 성과 분석, 「재무관리연구」 통권 제22호, 2005
• 성대규, 『한국보험업법』, 두남, 2012
• 손보협회, 「해외 선진국의 모집제도 및 수수료 체계에 관한 연구」, 2011
• 이상복, 『금융소비자보호법』, 박영사, 2021
• 이장로 외, 『국제경영 제7판』, 무역경영사, 2018
• 조남희, 『금융소비자보호』, 연암사, 2019
• 조하현 외, 『신용리스크』, 세경사, 2003
• 한기정, 『보험법』, 박영사, 2017
• Jorion, P., 『Value at Risk』, McGraw-Hill, 2001
• Hull, J. C., 『Options, Futures, & Other Derivatives』, Prentice Hall, 2000

[보도자료]

- 고용노동부 · 금융감독원, 확정기여형, 개인형 퇴직연금 적립금 100조 원 돌파 퇴직연금 총 적립금 255.5조 원 달성, 2021년 4월 5일
- 금융위원회 · 금융감독원, 저축은행 후순위채 관련 제도개선 방안, 2011년 6월 1일
- 금융위원회 · 금융감독원, 주요 해외금리 연계 DLF 관련 중간 검사결과 보고, 2019년 10월 2일
- 금융위원회 · 금융감독원, 「사모펀드 현황평가 및 제도개선 방안 최종안」 발표, 2020년 4월 27일
- 금융위원회 · 금융감독원, 사모펀드 투자자 보호 및 관리 · 감독 강화를 위한 「자본시장법 시행령 개정안」 국무회의 통과, 2021년 3월 9일
- 금융위원회, 「금융소비자보호에 관한 법률 공포안」 국무회의 의결, 2020년 3월 17일
- 금융위원회 · 금융감독원, 금융소비자보호법 FAQ 답변(1차), 2021년 2월 18일
- 금융위원회 · 금융감독원, 금융소비자보호법 FAQ 답변(2차), 2021년 3월 17일
- 금융위원회 · 금융감독원, 금융소비자보호법 관련 10문10답, 2021년 3월 24일
- 금융위원회 · 금융감독원, 「금융소비자보호법 FAQ 답변(3차)」, 2021년 4월 26일
- 금융위원회 · 금융감독원, 「금융상품 설명의무의 합리적 이행을 위한 가이드라인」, 2021년 7월 14일
- 금융감독원 · 한국은행, 「2020 전국민 금융이해력 조사」 결과, 2021년 3월 30일
- 금융감독원, 2021년도 금융소비자 보호실태 평가 실시 계획, 2021년 7월 6일
- 금융감독원, 「금융소비자 보호실태 평가제도」 도입방안, 2015년 7월 3일
- 금융감독원, 2015년도 금융소비자 보호실태 평가 결과, 2016년 8월 29일
- 금융감독원, 2016년도 금융소비자 보호실태 평가 결과, 2017년 8월 29일
- 금융감독원, 2017년도 금융소비자 보호실태 평가 결과, 2018년 9월 3일
- 금융감독원, 2018년도 금융소비자 보호실태 평가 결과, 2019년 12월 17일
- 금융감독원, 2020년도 금융소비자 보호실태 평가 결과, 2020년 12월 31일
- 금융감독원, 민원자율조정제도 전면 확대 실시, 2006년 6월 7일
- 금융감독원, 「파인」 서비스 개시, 2016년 9월 1일
- 금융감독원, 「파인」 개설 1주년 맞아 새단장, 2017년 9월 1일

- 금융감독원, 금융상품 "비교에서 관리까지" – 「파인」에서 거래단계별 핵심정보를 이용하세요!, 2019년 5월 7일
- 금융감독원, 2018년 증권사 · 은행의 파생결합 · 증권 판매에 대한 미스터리쇼핑 실시 결과, 2018년 10월 31일
- 금융감독원, 2018년 보험사의 변액보험 판매에 대한 미스터리쇼핑 결과, 2018년 12월 28일
- 금융감독원, 금융꿀팁 200선 – 사모펀드 투자시 유의사항, 2017년 12월 29일
- 금융감독원, 2020년도 금융민원 및 금융상담 동향, 2021년 4월 8일
- 금융감독원, 라임자산운용에 대한 중간 검사결과 및 향후 대응방안, 2020년 2월 14일
- 금융감독원, 「미 감독당국의 내부통제 및 감사제도 운영기준」, 2002
- 금융위원회, 금융감독원 외, 『상호저축은행 백서』, 2012
- 금융감독원, 하나은행 및 우리은행의 해외금리연계 DLF 관련 검사결과에 대한 조치, 2020년 3월 4일
- 금융감독원, 옵티머스자산운용(주)에 대한 영업 전부정지 등 조치명령, 2020년 6월 30일
- 금융감독원, 주요 해외금리 연계 DLF 관련 중간 검사결과, 2020년 10월 2일
- 금융감독원, 금융분쟁조정위원회, DLF 투자손실 40%~80% 배상 결정, 2019년 12월 5일
- 금융감독원, 금융분쟁조정위원회, 부산저축은행 등에 대하여 후순위채 불완전판매를 인정하여 평균 42%의 손해배상책임을 결정, 2011년 10월 29일
- 금융감독원, 금융분쟁조정위원회, 키코 불완전판매 배상결정, 2019년 12월 13일
- 금융감독원, 금융분쟁조정위원회, 무역금융펀드 투자원금 전액 반환 결정, 2020년 7월 1일
- 금융감독원, 금융분쟁조정위원회, 라임펀드 투자손실 60~70% 배상 결정, 2020년 12월 31일
- 금융감독원, 금융분쟁조정위원회, 라임펀드 투자손실 65~78% 배상 결정, 2021년 2월 24일
- 금융감독원, 금융분쟁조정위원회, 라임 CI펀드 투자손실 배상 결정, 2021년 4월 20일

- 금융감독원, 금융분쟁조정위원회, 라임 국내펀드 투자손실 배상 결정, 2021년 7월 14일
- 금융감독원, 금융분쟁조정위원회, 대신증권 라임펀드 투자손실 배상 결정, 2021년 7월 29일

[기사]

- 뉴데일리경제, 2021년 2월 5일 '원하는 보장 넣는 'DIY보험' 재부각…미니보험과 시너지 기대',
- 뉴시스, 2021년 3월 27일, "비운의 법'이라 불린 금소법 시행됐지만…과제는'
- 디지털투데이, 2021년 3월 19일, 금융소비자 10명 중 4명 "정부 보호 부족", 10명 중 7명 "금융사 윤리 불신"
- 매일경제, 2021년 12월 1일, '여야 퇴직연금 수익률 높일 '디폴트옵션' 도입한다'
- 서울경제, 2021년 6월 18일 '저렴한 보험료에 알찬 보장, 생보 온라인 미니보험 쑥쑥'
- 서울신문, 2021년 3월 25일, 적금인줄 알았는데 암보험 … 방카슈랑스의 배신
- 아주경제, 2020년 8월 27일, 국내 증시 개인이 이끄는데 파생시장은 '외면'… "회복 어렵다"
- 연합뉴스, 2020년 9월 1일, 미 증시 개인 거래 비중 20%로 상승…적어도 10년 새 최고
- 이데일리, 2020년 6월 27일 [부를 키우는 투자지표] 증시 거래대금의 3분의2는 개인
- 조선일보, 2020년 10월 13일, '개미 2조 물린 사모펀드 '쪼개팔기 편법'… 당국은 방치했다'
- 중앙일보, 2020년 11월 11일, 즉시연금 분쟁 16만명, 미지급금 받을 길 열리나
- 중앙일보, 2021년 3월 29일, "약관·상품설명서 너무 어렵다" 금융상품 이해 못 하는 소비자 53%
- 파이낸셜뉴스, 2019년 10월 4일, 삼성생명, 암보험금 지급 분쟁조정 수용율 '부진'

[홈페이지]

- 금융감독원 인터넷 홈페이지(https://www.fss.or.kr/fss/kr/main.html)
- 금융감독원의 금융소비자포털 「파인」(http://fine.fss.or.kr/main/index.jsp)
- 금융위원회(https://www.fsc.go.kr/index)
- 한국은행 경제통계시스템(http://ecos.bok.or.kr/EIndex.jsp)
- 예금보험공사 홈페이지 '금융회사 종합정보'(https://www.kdic.or.kr/bank/manage_info.do)
- 전국은행연합회(https://www.kfb.or.kr/main/main.php)
- 생명보험협회(https://www.klia.or.kr/)
- 손해보험협회(https://www.knia.or.kr/main)
- 금융투자협회(https://www.kofia.or.kr/index.do)
- 저축은행중앙회(https://www.fsb.or.kr/index.act)
- 신협중앙회(http://www.cu.co.kr/cu/main.do)
- 여신금융협회(https://www.cardsales.or.kr/)
- 대부업협회(https://www.clfa.or.kr/)

금융소비자 권익 보호론

2022년 4월 5일 초판 발행

지은이 | 권 순 찬
펴낸이 | 양 진 오
펴낸곳 | (주)교학사
편집 | 김덕영

등록 | 제18-7호(1962년 6월 26일)
주소 | 서울특별시 금천구 가산디지털1로 42(공장)
　　　서울특별시 마포구 마포대로14길 4 (사무소)
전화 | 편집부 (02)707-5311, 영업부 (02)707-5155
FAX | (02)707-5250
홈페이지 | www.kyohak.co.kr

ISBN 978-89-09-54821-2　　13320